蒙 拌 酒 烤
粘 馅 焖 烙
酥 醋 包 烘
腌 醉 馊 蒸
煎 捞 煸 燥

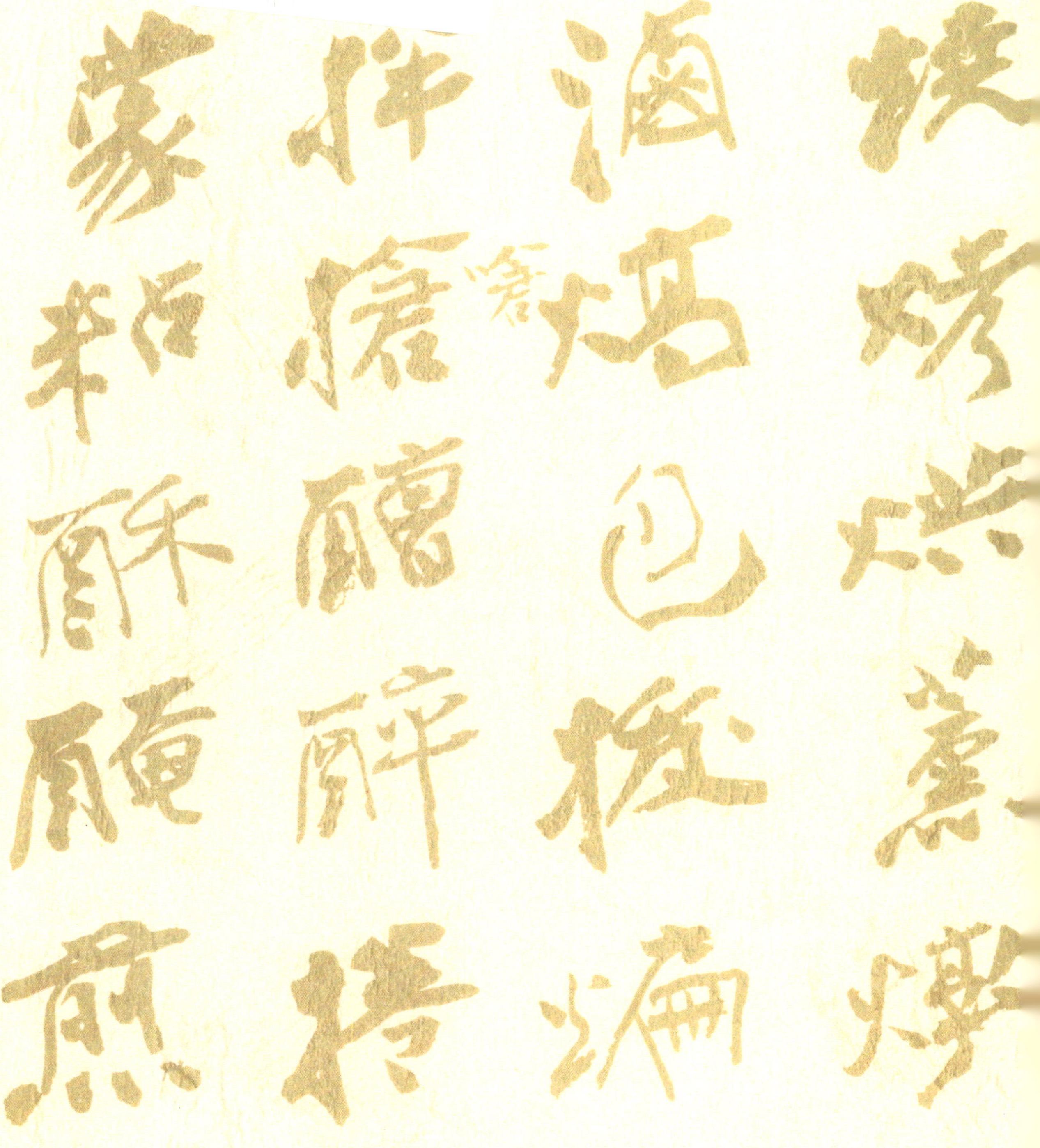

中国料理技術入門

陳 建民・黄 昌泉・原田 治 共著

柴田書店

鳳尾燕窩

汽鍋蒸鶏

遊龍拼盤

（本文の各作り方参照）

雙鳳彩拼

四喜蘋果

紅燒排翅

金醬田鷄

一品豆腐

清湯襍燴

鍋貼三鮮

乾焼明蝦

蟹黄魚肚

炸

宴会料理（本文の各作り方および献立の組み方参照）

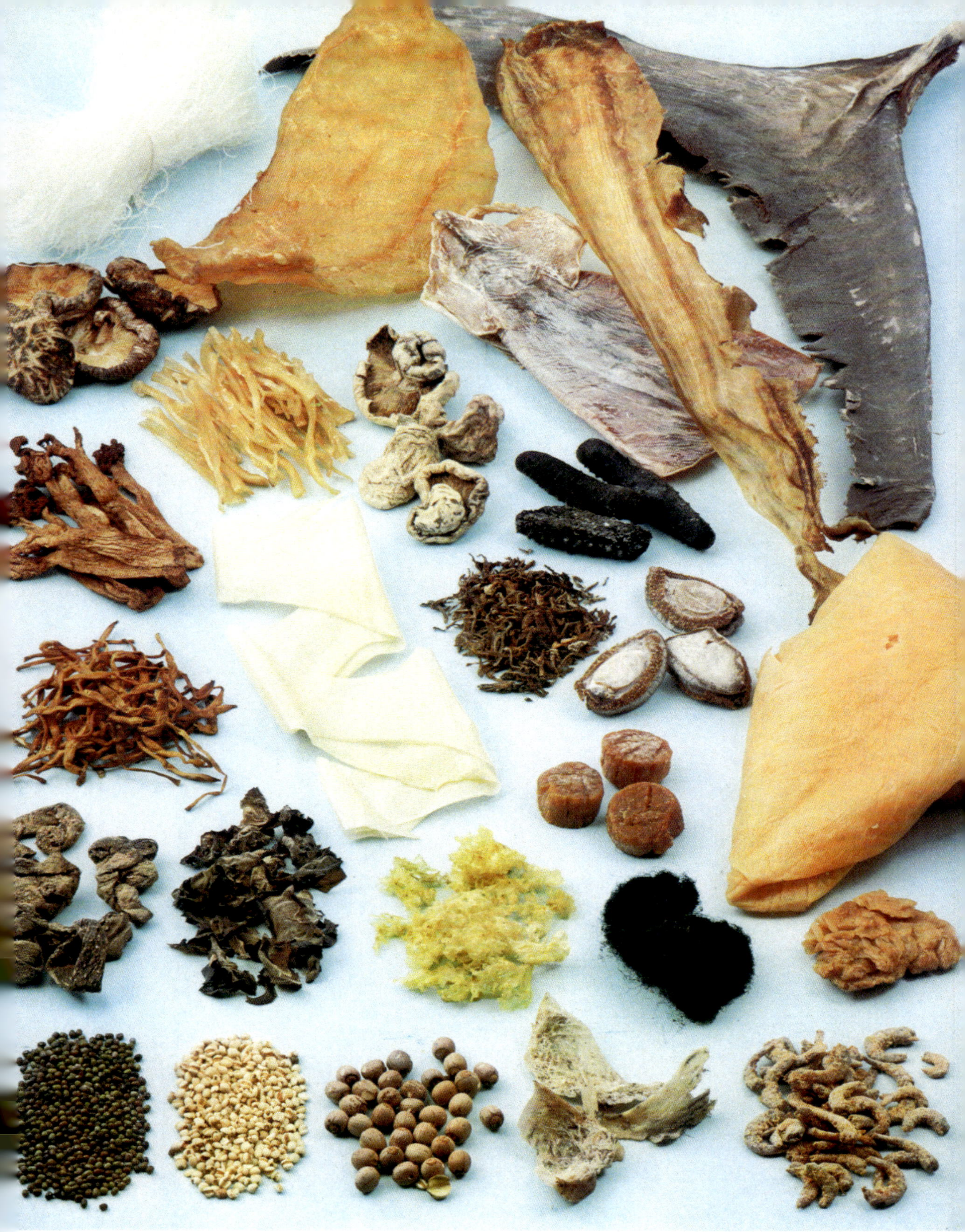

乾貨　（本文12頁参照）

序

一九五二年、私と親友黄昌泉先生は東京に参りました。当時の日本は、戦時の始末をして未来の基礎を建立しようと努力する段階にあり、偉大な日本人民は国家基本の建設と社会の繁栄に没頭しておりました。これが故にすべての飲食業は、あたかも雨後のタケノコの如くに蓬勃たる気勢を呈しましたが、なかでも中華料理はその最たるものでありました。ところが、北京、上海、広東、福建等の流派を名乗る料理屋の看板はいたる処の大通りや横丁に見えましたが、四川料理は一軒もありません。四川料理は中国料理四大流派の一つであり、また中国に来訪した日本の皆様も賞味された料理であるに違いありません。そこで、日本にもこの四川料理を普及させる必要があると考え、それはまた、私と黄先生の責任ではあるまいか、と私たちは決心し実行しました。

十何年を経て、努力と奮闘を重ね、各方面の友情的な協力を賜り、私たちは日本に於ける四川料理の普及発展の基礎を建てました。こうして、私たちの直営または指導下に純四川料理系統のレストランをもつ技術熟達の中日青年調理師多数を養成し、さらに中国四大系統料理の名師を網羅して「中国烹調学会」を結成し、また専門技術者の訓練と家庭食卓改善を目的とする「中国料理学院」を創立しました。現在では四川料理を看板に表わした店が非常に多くなりました。また、他の流派の中国料理店も四川料理数品をメニューにのせるようになりました。これも私たちが最初から考えてはいなかったことであります。

私と黄先生は、幼年の時、故里の四川省で師に従い芸を習いましたが、当時を顧みると労役の時間が学習より多く、調理実習よりも雑務に追われるだけでありました。師は肝要なことを教えず、自分で理解習得しなければなりませんでした。ですから、今私たちは弟子を教える場合には徹底的に了解するまで、隠すことなく教えます。これは四川料理の進歩のために必要なことであると同時に、この「中国料理技術入門」を編集したのも、私たちの経験と技能を残すことなく書き伝えて、学習者が「読めばわかり、分れば作られ、できたものが要望に応ずる」という期待からであります。さいわい、中国語に通じている十数年来の僚友であり、弟子でもある原田治君が私達の意を体してもっぱら翻訳、執筆に当たってくれました。

この本を学習することによって、専門調理師の方々が、少しでも中国料理、四川料理の真ずいを習得することができましたなら、非常にうれしいと思います。

最後に、この本の出版に当たられた柴田書店の御好意に感謝いたします。また、私たちに御指導、御協力された皆様に感謝の御挨拶を申し上げます。

一九六八年七月

陳　建民

目次

装丁／千修
撮影／多賀谷義雄
イラスト／鮎沢まこと
見返しの書／張大千

中国料理の概略

中国料理の歴史と分布

その歴史

中国は世界でもっとも古い歴史を持っている国の一つであるが、その四〜五千年といわれる歴史を背景として広大な国土、国富の中に生まれた中国料理にもまた古い伝統と歴史がある。

三千余年前の春秋時代にすでに食物や料理に関するいい伝えが書になっており、その後朝代で研究、調理された料理が今日に伝わっている。

とはいえ、何百年いや何千年も前に作られた料理が完全な形で今日に伝わっているとは考えられないが、原始的な焼く、煮るといったような調理法の中から蒸す、炒めるなどの調理法が生まれ、今日のような何十種類の調理法に分かれたと考えられる。

文化の発達もいきつくところは食生活の改善、すなわち料理の向上と考えられる。世界でも珍しい豊富な乾燥食品なども、その広い国土の中での運搬、保存の必要性から生まれたものと考えられるし、また各朝代の交替の中でそれぞれ生活条件の違う民族の交流が行なわれ、複雑な調理法が生まれてきたのであろう。

古い書物や記録の中にもこのような食べ物（料理）の起源とか、今日ではすたれて見当たらない調理などを探し出すことができる。

一例をあげると、三世紀の始め頃（今から約千七百年前）、すなわち中国では漢の朝代から三国時代に移った頃（小説「三国志演義」―日本では三国志といわれ、その時代の記録をもとにして書かれたもの―に詳しくのっている）今日の中国でも奥地のうちの一つに数えられている四川省が蜀という名で三国の一つを形成し、何十万という軍隊を擁して他の二国との戦いにあけくれていた。その軍備、それをささえた国富など日本とは比較にならないほど大きくまた古い話といえるが、そのときの一挿話に諸葛孔明という軍師が南蛮遠征（今の雲南、北ベトナム方面）からの帰途、大河を渡る際に河の神の怒りをしずめるためそれまでの蛮人の習慣であった人頭を供える（人身御供）代わりにウドン粉をこねてそれに羊や豚の肉を包んだものを何百と作って供えたという。

これが今の饅頭（マヌ・トウ。包子＝バオ・ズのこと）の起こりであるといわれ、また饅頭の名も蛮頭（マヌ・トウ）からきているという説もある。

このように古い時代から現代へと移り変わっていくまでに各時代の人たちの食味探求というか、調理にたずさわった人たちの研究、努力によって近代中国料理の複雑多岐にわたる調理技術が生まれ発展し、その味が今日全世界に冠たる声誉を得ているのである。

分布と系統

中国の国土は広い。したがって各地方により気候、風土などの自然条件にもかなり差があり、その背景となる古い歴史や文化などの影響によってその食生活、すなわち料理もそれぞれの時代にそれぞれ特色を持った地方料理ができあがり、今日にいたっている。

中国料理はほとんどその料理を一見しただけで、それがどの地方の料理かわかる。

〔注〕中国では料理のことを菜（ツァイ）という。たとえば中国料理は中国菜（ヅォン・グオ・ツァイ）、四川料理は四川菜（ス・チョアヌ・ツァイ）という。

次にその特徴を系統立てて説明してみよう。

中国菜を細かく分けると、必ず省ごとや大都市ごとに一つの独立した特徴ある料理が見出せるが、著者たちが中国菜を分けるときは河によって系統立てる。河はすなわち水、料理と水は切っても切れない仲であり、都市（料理）の発達が河川にそう理にかなっているからである。

地図を見るとはっきりわかるが、北に黄河流域の北方系、中央を横切る揚子江上流（西部）

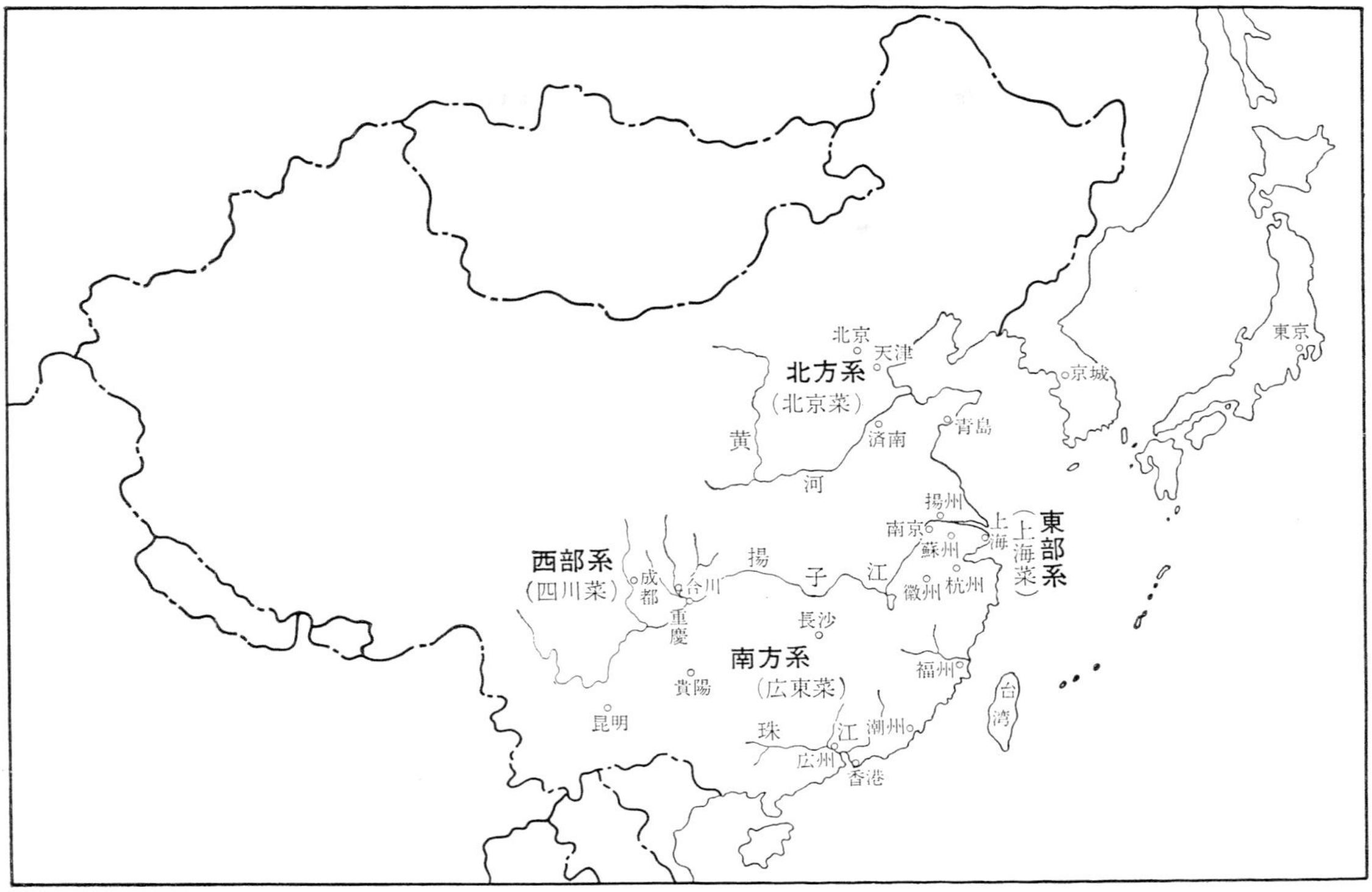

に四川系、揚子江河口付近（東部）に蘇・浙の上海系、南に珠江流域の広東系と、東西南北に大きく分けることができる。

四大別した各地域はそれぞれ大きな特徴を持ってはいるけれども、けっきょくはおのおのの国、それぞれの地方が長い間に交流し合い、その結果共通の料理のようなものができあがってきていることを忘れてはいけない。

なお、豚・牛肉などは共通の材料として特には取り上げなかった。ここでは特徴ある材料、調理、調味を中心に説明していくので、読者の方たちもそのつもりで読んでいただきたい。

系統の細分と特徴

細分と特徴については次頁の地図と五頁の表を参照して読んでいただきたい。

(1) 北部系統

○北京菜（ベイ・ヂン・ツァイ）—北方系の料理は北京菜を代表とする。しかし純粋の北京料理は数少なく、北京烤鴨と羊肉料理（涮羊肉＝シュアヌ・ヤン・ルウ、烤羊肉＝カオ・ヤン・ルウなど）が目立つだけである。

なぜなら北京に首都をきめた清朝（満州族）の持ちこんだ料理といえばほとんど羊肉料理であり、あとは首都に集まってくる他省の料理が幅をきかしていたからである。

○河北菜（ホ・ベイ・ツァイ）—北京、天津は河北菜の中にはいるが、その中心（土台）となっているものは山東省の料理人たちといわれる。

○山東菜（シャヌ・ドン・ツァイ）—山東菜は済南（ヂ・ナヌ）、膠東（ヂアオ・ドン＝青島方面）の二派がおも。

済南菜はきめが細かく、中でも清湯、白湯の料理にすぐれている。

膠東菜は海に面しているところから海産物の調理に長じているが、蘇・浙に近いため調理法は幾分それと似通っている。この山東菜の料理人たちが北京など河北や東北の数省各地で料理界の中心として活躍している。北京菜といわれるより北方菜（ベイ・ファヌ・ツァイ）といわれることが多いのもこのためである。

北方系の調理は炸、爆、溜、扒や清燉、醤味にすぐれている。その口味（コウ・ウェイ＝味付け・持ち味）は八味あるとされている。すなわち甜・咸・酸・辣・香糟・五香・黄醤・麻辣などであるが、ほかに邪（シエ）といって香菜などを使う独特の調味もある。

河南菜（ホ・ナヌ・ツァイ）、山西菜（シャン・シィ・ツァイ）もこの系統にはいる。

(2)　西部系統

○四川菜（ス・チョアヌ・ツァイ）―四川菜には成都菜（ツェン・ドウ・ツァイ）、重慶菜（ツォン・チン・ツァイ）など数派あるが、成都菜がその代表である。材料には野菜、川魚が多く使われ、その料理もすぐれている。また糝、蒙、貼、釀など他省にない独特の調理法を持っている。

その調味は酸・甜・苦・辣・麻・咸・香の七味あるといわれ、混合的な複雑な味わいを喜ぶ。

とりわけ小吃（シアオ・チ＝一品料理）は酸・辣・麻・香の四味が強く、一見して四川菜とわかる。

この四川菜は周囲数省の料理に影響をあたえている。

○湖北菜（フ・ベイ・ツァイ）―口味は油気が多く、煨湯の調理を喜ぶ。

○湖南菜（フ・ナヌ・ツァイ）―燻、蒸、炒が多く、味付けは酸・辣を好み油気が多い。

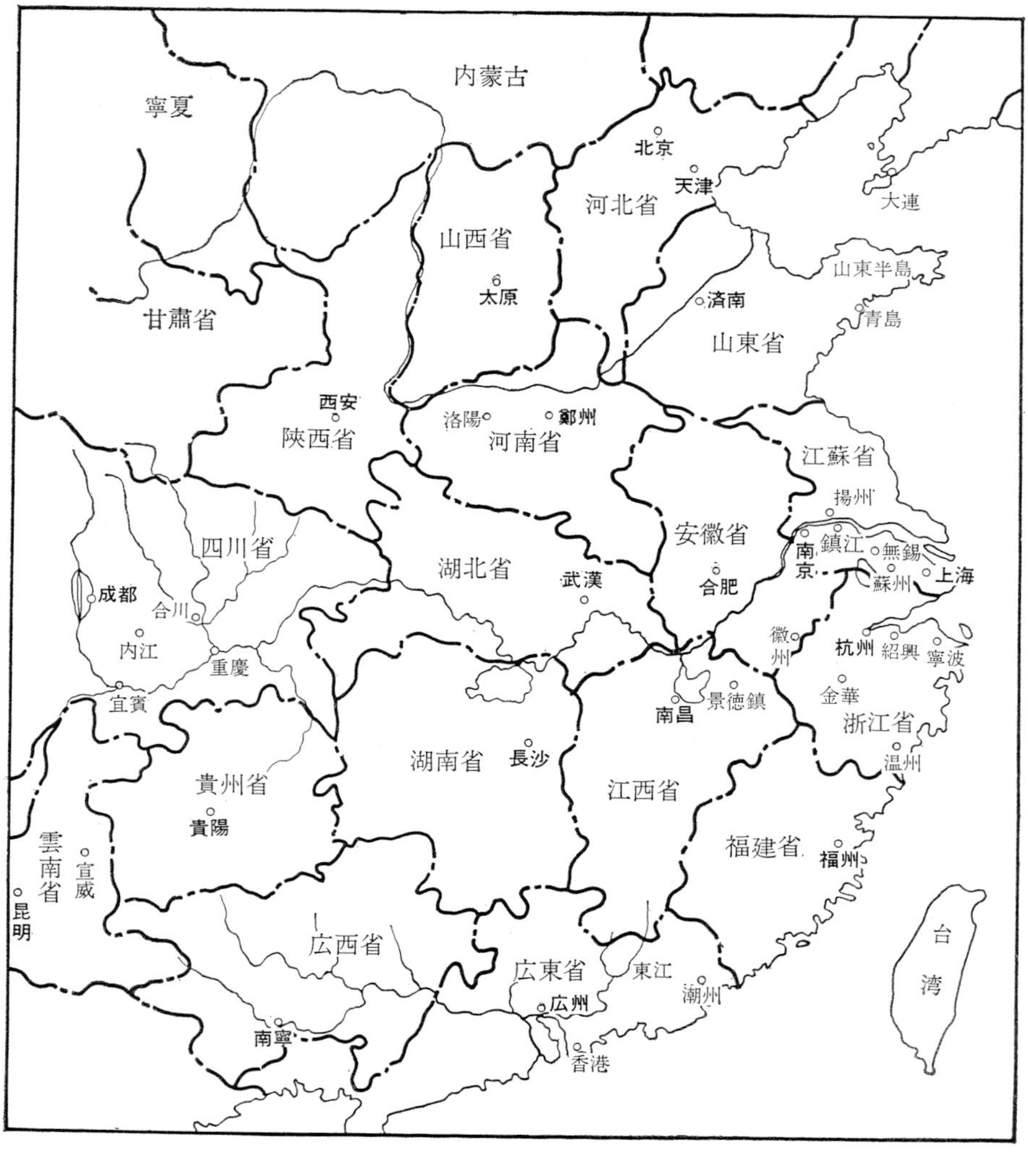

○貴州菜（グェイ・ヅォウ・ツァイ）―煎、炒、炸、燉が多く、生臭みを抜き油を使っても油っこくない作り方にすぐれている。

○雲南菜（ユン・ナヌ・ツァイ）―蒸、炸、炒、焼が多く、味付けは濃く酸、辣、麻、甜を好む。

(3)　東部系統

○上海菜（シァン・ハイ・ツァイ）―上海菜を筆頭にあげたが、この江蘇、浙江一帯はそれぞれ特徴ある料理が多く、いずれも兄たりがたく弟たりがたしで他のどの地方料理を代表にしてもおか

中国料理の分布と区分

日本名	中国名	区分	簡称	省名
北部				
○北京料理	北京菜（ベイ・ヂン・ツァイ）	天津菜（ティエヌ・ヂン・ツァイ）をふくむ	京菜（ヂン・ツァイ） 北方菜（ベイ・ファヌ・ツァイ）	北京市
河北料理	河北菜（ホ・ベイ・ツァイ）			河北省
山東料理	山東菜（シァヌ・ドン・ツァイ）	済南・膠東の二派がある		山東省
河南料理	河南菜（ホ・ナヌ・ツァイ）			河南省
西部				
○四川料理	四川菜（ス・チョアヌ・ツァイ）	成都・重慶の二派がある	川菜（チョアヌ・ツァイ）	四川省
湖南料理	湖南菜（フ・ナヌ・ツァイ）		湘菜（シアン・ツァイ）	湖南省
貴州料理	貴州菜（グェイ・ヅォウ・ツァイ）		黔菜（チエヌ・ツァイ）	貴州省
雲南料理	雲南菜（ユヌ・ナヌ・ツァイ）		滇菜（ディエヌ・ツァイ）	雲南省
湖北料理	湖北菜（フ・ベイ・ツァイ）			湖北省
東部				
○上海料理	上海菜（シァン・ハイ・ツァイ）	上海本地（ベン・ディ）菜	滬菜（フ・ツァイ）	上海市
揚州料理	揚州菜（ヤン・ヅォウ・ツァイ）	揚州菜・鎮江菜	揚菜（ヤン・ツァイ）	江蘇省
京蘇料理	京蘇菜（ヂン・スゥ・ツァイ）	南京菜・蘇州菜	蘇菜（スウ・ツァイ）	江蘇省
無錫料理	無錫菜（ウ・シィ・ツァイ）		錫菜（シィ・ツァイ）	江蘇省
杭州料理	杭州菜（ハン・ヅォウ・ツァイ）		杭菜（ハン・ツァイ）	浙江省
寧波料理	寧波菜（ニン・ポ・ツァイ）	寧波菜・紹興菜	宁菜（ニン・ツァイ）	浙江省
安徽料理	安徽菜（アヌ・ホイ・ツァイ）		徽菜（ホイ・ツァイ）	安徽省
江西料理	江西菜（ヂアン・シィ・ツァイ）			江西省
南部				
○広東料理	広州菜（ゴワン・ヅォウ・ツァイ）	広義には広東菜にふくまれる	奥菜（ユエ・ツァイ）	広東省
潮州料理	潮州菜（チァオ・ヅォウ・ツァイ）		潮菜（チァオ・ツァイ）	広東省
東江料理	東江菜（ドン・ヂアン・ツァイ）	客家菜ともいう	客菜（コ・ツァイ）	広東省
福建料理	福州菜（フゥ・ヅォウ・ツァイ）	福建菜でもよい	閩菜（ミヌ・ツァイ）	福建省
広西料理	広西菜（ゴワン・シィ・ツァイ）		桂菜（グェイ・ツァイ）	広西省
○回教料理	清真菜（チン・ヅェヌ・ツァイ）	北方系と南方系がある		
○精進料理	素菜（スゥ・ツァイ）			

注　○印はその地方の代表料理を示す

しくはない。ただ上海は中国一の大都会なので、まわりの地方料理が一堂に集まった観があり、一応代表としてあげられる。

純粋の上海菜は上海本地菜（シァン・ハイ・ベン・ディ・ツァイ）といわれる。

炒、焼が多く、また料理のできあがりは油気が多い。量も多いが、あまり料理を飾らず見た目を重要視しない。味付けは濃く、砂糖を多く使い、甜、咸、酸、香の四味が特徴。

○揚州菜（ヤン・ヅォウ・ツァイ）—揚州菜には鎮江菜（ヅェヌ・ヂアン・ツァイ）もふくまれている。

材料の持ち味を生かす原湯、原汁、またいろいろな材料を合わせてとったスープなどを重用するのが特徴である。

また、副材料を少なくして主材料を目立たせる料理が多い。

調理法は焼、煮が多く、また点心類は料理より有名なほどである。

四川菜の流れをくむ料理人も多く、これを川揚菜（チョアヌ・ヤン・ツァイ）と表現することがある。

○京蘇菜（ヂン・スゥ・ツァイ）—これは南京菜（ナヌ・ヂン・ツァイ）、蘇州菜（スゥ・ヅォウ・ツァイ）の併称である。蘇州は昔から景勝の地として知られ、また文化も高いところから食べるものにもうるさかったと思われる。

宴会料理がその代表で、飾ることが多く種類も多い。調理法はやわらかくする。燉、燜、煨が目立つ。味付けは濃く、また甘味をおびている。

○無錫菜（ウ・シィ・ツァイ）——太湖に面しているため河魚の調理に長じ、一品料理が多い。味付けは濃厚で甘味をおびている。

○杭州菜（ハン・ヅォウ・ツァイ）——杭州の西湖は中国でも有数の景勝地で、料理もこの景色に似て美しく細かい工夫がこらされている。有名な東坡肉（ドン・ポ・ルウ）は、四川の詩人蘇東坡が杭州に滞在した際客に供して喜ばれたものが今日に伝わったという。

○寧波菜（ニン・ポ・ツァイ）——海に近いため材料に魚をはじめとして海産物を多く使う。調理法は焼が有名で、味付けは少し塩からい。

○安徽菜（アヌ・ホイ・ツァイ）——徽州（ホイ・ヅォウ）で生まれ、杭州、蘇州を経て上海で発展した料理で上海菜に似ている。調理法は炒、焼、燉が主で味付けは濃厚で油気が多い。

○江西菜（ヂアン・シィ・ツァイ）——この地方の料理も味付けは濃厚で、油気が比較的多い。

(4)　南部系統

○広東菜（ゴワン・ドン・ツァイ）——広義に解釈すると潮州菜（チァオ・ヅォウ・ツァイ）、東江菜（ドン・ヂアン・ツァイ）もふくまれるが、一般に広州菜（ゴワン・ヅォウ・ツァイ）すなわち広東菜と考えられている。

「食在広州」といわれるだけあって料理も古くから発達している。広東は昔から南方の要地であり、また亜熱帯に属する土地柄ゆえ物産も豊富である。元来の料理のほか、官吏の帯同する料理人から京、蘇、揚、川などの料理のよいところを吸収したといわれる。古くから外国との貿易が盛んであったため、煎、炸などに西洋料理（西洋菜＝シィ・ヤン・ツァイまたは西菜という）をいち早く取り入れて吸収している。

また蛇、猫、犬などの肉を好んで供するいかもの食いの一面も見られる。

調理は一種独特の風味を持ち、油気は比較的少なく、味付けもさっぱりしたところがある。生に近い調理を好み、しゃきっとした味わいを喜ぶ。

その調味には五滋（松・香・臭・肥・濃）、六味（甜・酸・苦・辣・咸・鮮）があるといわれる。

○潮州菜（チァオ・ヅォウ・ツァイ）——この宴会料理は一つの料理が出るたびに醬碟（ヂアン・ディエ）という各種の混合調味料などを小皿で添えて出す。材料に海産物を多く使い、味付けはややさっぱりとし、甘味は比較的多い。広州菜と違って料理には完全に火を通す。

○東江菜（ドン・ヂアン・ツァイ）——客家菜（コ・ヂア・ツァイ）ともいい、広州菜より油気が多く味も濃い。素朴な田舎料理といった感じの料理である。

○福建菜（フゥ・ヂエヌ・ツァイ）——この料理は東南部と分けたいぐらい独特の風格を持つ料理である。また広東料理とともに古くから日本の料理界に影響をあたえている。

清湯、干炸、爆炒に長じ、紅糟（酒粕）を使った料理が目立つ。味付けは甜、酸に重点をおく。

調味は咸、酸、甜、辣、香、臭の六味あるという。

最後に別格として清真菜と素菜をあげておく。

○清真菜（チン・ヅェヌ・ツァイ）——回教料理のことで豚肉は使わない。北方系と南方系の二派に分かれ、北方系は牛・羊肉が主で、調理法は北京料理に似ている。南方系は鶏、アヒルをおもに使う。

〔注〕この清真菜は各地方にあり、それぞれその地方の調理法に準じて料理されているとみてかまわない。

○素菜（スゥ・ツァイ）——精進料理のことで、完全に肉気を抜いて作る。宴会料理も野菜を用い、魚・鶏・肉類に似せて作るが、調理法は普通の料理と変わらない。

四川料理の由来と特徴

由来

四川料理発祥の地は中国の四川省である。

四川省は中国西部にあたり、長江すなわち揚子江の上流にある。周囲をけわしい山に囲まれた四川盆地という肥沃な土地を中心とし、数多い河川のうちの四本の大きな川（岷・瀘・沱・嘉陵）がすべてこの地をまっすぐ横切って流れる長江にそそぐところから四川省と名づけられている。昔の名は中国の有名な小説「三国志」に出てくる蜀で、現在の簡称も蜀省である。まわりの山部を除いて気候は温暖で、面積は日本の一倍半、人口は七〜八千万人といわれている。

農鉱産物が豊富で（なかでも塩、砂糖、米の産出が多く、隣接する省にも大量に供給している）、中国の二十有余の省の中でもっとも富裕な省の一つである。昔から省民はそれを誇りとし「天府之国」（神からあたえられた土地の意）と自負している。

〔注〕(1) 農産物では米、トウモロコシ、サツマイモ、ジャガイモその他、また棉花、生糸、麻、茶、甘蔗(砂糖)、果実および野菜類など。

(2) 畜産物では牛、豚、羊が中国一の産高を誇り、その副産物の牛皮、羊毛も盛ん。

(3) 林業では木材の産高も大きく、その他白蝋、桐油、変わったものでは漢方薬材料の産出も有名。

(4) 鉱産物では石炭、塩（岩塩）の産出がもっとも多く、その他鉄、石油、硫黄なども有名。

山あり川ありの土地柄ゆえ、風光明眉に加えて自給自足のできる豊かな土地に恵まれ、この地を背景に高度の文化が創造された。有名な文化人としては、唐代の詩人蘇東坡、李太白、近代では画家張善孖、張大千などがあげられる。

また、これはいやな思い出であるが、中日事変のとき、中国政府が重慶を臨時首都とし最後まで戦って勝利を得たという新しい歴史を作った土地でもある。

〔注〕四川省にはいるには揚子江を利用するほかない。その周囲が高い山のため山越えの道はほとんどなく、中日事変のときもこの四川省だけは日本軍がはいれなかったという。この難攻不落の地から、軍人その他何百万もの人を何年も養ったという豊かさが容易にしのばれる。

そのために、当時はこの四川省の力も交通が不便であったので他省の人たちにあまり知られていなかったが、それを全国的に知らせたことにより、四川料理のよさが認められ、今日の隆盛を招いたといえる。

四川省の歴史は三国時代の蜀以前より二千年以上にわたっているが、今日のような高度の四川料理がいつ頃からできたのかははっきりしない。しかし、古くからの調理法にいろいろな要素が加わったものと思われる。

たとえば、山間地で寒さが厳しいところからトウガラシを使った料理、水が豊富なことから当然魚が多く独特の味付けの魚料理（牛、豚、羊中心の肉料理はいうまでもない）、豊かな農産物による野菜料理、また四川榨菜の名に見られる種々の漬け物類、仏教の盛んなところから特有の精進料理などが起こったと思う。そしてまた、その発展途上で、中央から派遣された官吏についてきた料理人たちのよいところを吸収したり、あるいは隣接の省からも調理法を吸収したりしたのではなかろうか（数百年前―明朝時代、ある事件によって省民が大量殺りくに会い、隣接する省から移民が行なわれたといわれている）。

以上のような自然条件や歴史の流れを背景に、文化が高く金持ちが多いという土地柄、おのずから高度な調理への要求も起こり、今日のような高級料理へと発展してきたのであろう。

しかし一方、今日でも農家の人たちが冠婚葬祭などの集まりに用意する大規模な「三蒸九扣」（サヌ・ヴェン・ヂウ・コウ）という素朴な一種の田舎料理も残されている。

今日中国料理を語るとき、必ず四川料理が三指のうちに数えられるのは衆知のことで、けっして著者たちの身びいきではない。

特徴

四川料理は四川菜といい、簡称は川菜である。その分派を細かく分けるときりがないが、大別して成都、重慶の二派が有名であり、成都菜は川菜正宗（四川料理の代表＝正統派の意）の名をもらっている。

また、餐帮（ツァヌ・バン＝高級料理店）、飯帮（ファヌ・バン＝簡単な酒の肴、ご飯のおかず類などを出す店）、麵帮（ミエヌ・バン＝麵類を売る店）その他、区別もうるさい。

〔注〕帮（バン）とは同郷人の組織する同業組合という意味で、この場合餐庁（ツァヌ・ティン＝高級料理店）で修業した者とか麵店（そば屋）出身者とか区別し、他の省に出た場合、川帮は四川省出身の料理人、京帮なら北京料理出身などと分けて呼ぶ。

料理そのものは大吃（ダァ・チ＝宴会料理）、小吃（シアオ・チ＝一品料理）に分かれている。

川菜は酸、辣、麻、香の味が濃厚で、一見して四川料理とわかるが、その味は小吃に多く、大吃のほうは別名小北京といわれる成都に発達した成都菜を中心に、味付けは濃淡自在、種類もきわめて豊富である。

〔注〕成都は四川省の省都で、昔から文化の中心地である。この成都の南方には自貢市または自流井という岩塩の大産地がある。その一帯で塩井を掘り当てた人たちは気候が温暖で風光がよい上、文化の発達した成都に集まるようになった。そのことが今日のような高級料理の発達につながったといえよう。

また、川菜には酸（ソアヌ＝すっぱい味）、甜（ティエヌ＝甘い味）、苦（ク＝苦い味）、辣（ラ＝辛い味）、麻（マ＝サンショウの味）、鹹（シエヌ＝塩味）、香（シアン＝香り）の七つの味、また色・味・香りが三位一体となるのが特色とされている。

調理（味）法のうち、特に他省の料理と異なるものをあげてみると次のようになる（三八頁の表参照）。

乾焼（ガヌ・シャオ）、魚香（ユィ・シアン）、家常（ヂア・チァン）、酸辣（ソアヌ・ラ）、干煸（ガヌ・ビエヌ）、薑汁（ヂアン・ヅ）、麻辣（マ・ラ）、怪味（グアイ・ウェイ）、紅油（ホン・ユー）、椒麻（ヂアオ・マ）

中国料理の基礎知識

器具・備品のいろいろ

中国料理の調理に使われる器具は厨房用具(チュ・ファン・ヨン・ヂュ)と表現される。調理の複雑さに似ず、用具の種類はあまり数の多いほうではない。

菜橈子(ツァイ・ドェン・ヅ＝マナイタ)

写真①のように中国のマナイタは三〇〜八〇cmぐらいの丸太材を輪切りしたものを使う。菜墩子(ツァイ・ドゥヌ・ヅ)ともいう。日本では普通ケヤキが多いが、桜、いちょう、柳の木なども使える。

〔**注**〕 橈子とは背当てのない椅子のことで、多分昔の椅子にこのような形が多かったためこの名が当てられたのであろう。

このマナイタに対し日本のような板状のマナイタを切菜板(チエ・ツァイ・バヌ)という。

菜刀(ツァイ・ダオ＝包丁)

三種類あげたが、薄刃の包丁は片刀(ピエヌ・ダオ)といい薄切り用(写真①—1)、厚刃は砍切刀(カヌ・チエ・ダオ)といい、鶏丁などをたたくような感じで切る場合に用いる(写真①—2)。骨付きの肉類などをたたき切る一番厚い包丁は砍刀(カヌ・ダオ)という(写真①—3)。

〔**注**〕 砍(カヌ)は切るという意味で、調理用語としては切(チエ)に対してたたいて切る意味に使う。

このほかそばを切る大きい切麺刀(チエ・ミエヌ・ダオ)がある。

鍋子(グオ・ヅ＝鍋)

鍋の形には二種類ある。写真②左のように両手で持つようになっている鍋(耳鍋＝アル・グオ)が一般的で、大小いろいろある。

その用途によって炒鍋(チァオ・グオ＝炒めもの用)、炸鍋(ザ・グオ＝揚げもの用)、蒸鍋(ヅェン・グオ＝蒸しもの用)と表現される。写真右の鍋はおもに北方系で使われる片手鍋で、炒めもの、揚げものに多く使われる。鍋の材質は鉄が多いが鋳物《いもの》の鍋もある。このほか煮込みもの・スープ用に土鍋《どなべ》(沙鍋＝シャ・グオ。砂鍋とも書く)が使われる。

鉄勺(ティエ・シャオ＝鉄の玉杓子)

勺(シャオ)は杓とも書く。字が木ヘンになっているようにこれはもともと木製である。料理を炒めるのに使うので炒勺(チァオ・シャオ)の名もある。四川では湯瓢(タン・ピアオ)ともいうが、これはスープをすくう杓子をいう。瓢(ピアオ)とはフクベすなわちヒョウタンなどで作った杓子の意で、それが木製や鉄製に変わっても名称だけはそのまま残っている。

③

④

写真③の1は中国製の杓子で、一枚の鉄板で作ってある。2は日本製で溶接してある。中国製のほうがはるかに丈夫である。

漏杓（ロウ・シャオ＝穴杓子）

鉄勺に小さな穴をたくさんあけたもので、スープの中から材料だけをすくうのに使う。四川では渾漿豆花（ホヌ・ヂアン・ドウ・ホア）という料理（湯豆腐）を専門に売る店があり、その豆腐をすくうのにこの漏勺を使うが、フチは包丁のようによく切れるという。

写真③の3は漏勺の大形のもので、抄勺（チァオ・シャオ）という。抄（チァオ）はすくう意味であり、揚げたり炒めたものの油きりに使う。また、この抄勺を炸鏈（ザ・リエヌ）と表現する地方もある。

写真③の4はスープこしであるが、湯篩（タン・シァイ）という。篩（シァイ）は粉などをふるう意味で、フルイのことを篩子（シァイ・ヅ）という。

また油こし類を漏鏢（ロウ・ビアオ）と表現する地方もある。

そば揚げ網は四川の場合竹製で撈瀝子（ラオ・リ・ヅ）という。撈（ラオ）にはすくい出すという意味がある。竹製の網に対して金網製のものは炸鏈（ザ・リエヌ）、絲漏子（スー・ロウ・ヅ）などという。

蒸籠（ヅェン・ロン＝セイロウ）

籠屜（ロン・ティ）ともいい、写真④の後ろ側のものが普通の型で、他に大小いろいろある。手前はジュラルミン製で底が浅く、料理を蒸してそのまま客席に出せる。

このほか次のような器具がある。

(1) 鏟子（チァヌ・ヅ＝鉄ベラ、フライ返し）
(2) 案板（アヌ・バヌ＝麺・包子用ののし板、麺台）
(3) 麺棒（ミエヌ・バヌ）―字の通りメンボウであるが、麺杖（ミエヌ・ヅアン）の名もある。四川では長いものを麺棒といい、細くて短いギョウザ用のものは擀千子（ガヌ・チエヌ・ヅ）という。
(4) 鋼鉢（ガン・ボ＝鉄製のボール）
(5) 油缸（ユー・ガン＝油入れ）

特殊材料（乾貨＝ガヌ・フオ）

乾貨（ガヌ・フオ）とは中国料理に使われる特殊材料の一つで、乾燥材料のことをいう。

この乾燥材料は海のもの、山のものをとわず数多くあり、みなそれぞれ独特の風味を持っている。

なぜ乾燥させたのち使うのかとの疑問もあろうが、それはやはり本来は腐敗を防ぐため、また輸送の便を考えてのことであったろう。

それが幾千年来の経験によっておのずと生ものと干したのちの材料との質の変化のないものが選び出され、今日に残ったといえる（材料によっては乾燥させたのち、あらためてもどして使ったほうが香りがよくおいしいものもある）。現存する材料はほとんどがこの条件に合うものばかりである。多分その何倍、何十倍もの材料を乾燥させたり塩漬けしたりしたのちしぜんに淘汰され、それだけの手間をかけても美味、香り、栄養のそのまま残っているものだけが今に伝えられているのであろう。ものによっては非常に高価になるが、備蓄食品としていつでもどこにでも運んで食卓へ供することのできる今の形になったのだと思う。

山海の珍味という言葉があるが、中国ではこれを山珍（シァヌ・ヅェヌ）、海味（ハイ・ウェイ）という。

山の幸、海の幸というわけであるが、その選り抜きを八珍八味（バ・ヅェヌ・バ・ウェイ）といい非常に珍重するが、この珍味はすべて乾貨の中から選ぶ。

次に乾貨の中から一般に多く使われており、また手にはいりやすいものを選び、海のものと陸のものに大別して説明を補足しておく。

海味（ハイ・ウェイ＝海産物）

魚翅（ユィ・ツー）—サメヒレのことでフカヒレともいう。背ビレ、胸ビレ、尾ビレの三種あるが、それぞれ用途によって使い分ける。

最上品はフィリッピン付近でとれる呂宋黄翅（リュ・スン・ホアン・ツー＝コトビレ）である。日本ではモウカ、ヨシキリザメの尾ビレが一番多く使われる。大小いろいろあるが、形のくずれないものを排翅（パイ・ツー）に、またバラバラにほぐして散翅（サヌ・ツー）にする。散翅用としてはほかにアオザメのヒレがあるが、これは前記二種より上級品である。またもどしたヒレを型に入れて乾燥し直したものを翅餅（ツー・ビン＝キンシ）という（一四五頁参照）。

魚唇（ユィ・チュヌ）—サメの口まわりの部分で普通はサメヒレの肉の部分で代用する。もどし方は魚翅と同じ。

魚肚（ユィ・ドゥ）—グチなど大魚の浮き袋で、黄魚肚（ホアン・ユィ・ドゥ）、鮰魚肚（ホイ・ユィ・ドゥ）などがある（一四八頁参照）。

海参（ハイ・シェヌ）—生のナマコは海鼠（ハイ・シュウ）といい、干すと海参の名称に変わる。またイボのあるものを刺参（ツ・シェヌ）といい、ないものを光参（ゴワン・シェヌ）という。それぞれ十数種類ある。もどし方は湯に浸け、少しやわらかくしてから腹をさいて中の腸などを取り除き、水を取り替えて沸かし、そのまま冷ますという作業をくりかえして行なう。三〜四日でやわらかくなる。

〔注〕ぐらぐら煮立てないことと、表面の砂と腹部の汚物をきれいに取ることを忘れないようにする。

干鮑（ガヌ・バオ）—アワビをゆでて干したもの。種類はいろいろあるが、小形のものを金銭鮑（チヌ・チエヌ・バオ）といって珍重する。長時間ゆでるか蒸すかするとやわらかくなる。

干貝（ガヌ・ベイ）—ホタテ、タイラギの貝柱を干したもの。よく洗ってヒタヒタに水を入れて二〜三時間蒸すとやわらかくなる。またこの汁も使用する。

〔注〕肉類などを煮込むときはそのままほぐして使う。

干魷魚（ガヌ・ユウ・ユィ）—スルメのこと。もどす場合は最初ぬるま湯に二〜三時間浸け、適当な大きさに切ってからカン水（碱＝チエヌ）か洗濯ソーダに浸け直し、のち弱火で煮る。やわらかくプリプリした感じになったら熱湯に移し、二〜三回湯を取り替えたものを使う。

淡菜（ダヌ・ツァイ）—イガイの干したものであるがカキに似ている。よく洗って水を入れて蒸すとやわらかくなる。肉といっしょに煮込むとおいしい。

蝦米（シア・ミィ）—開洋（カイ・ヤン）ともいい小エビの皮をむいて干したもの。また小さいものを蝦米、大きいものを開洋と区別する場合もある。他に海米（ハイ・ミィ）、金鈎（ヂヌ・ゴウ）ともいう。温湯にひたしたものを使う。

蝦蛋（シア・ダヌ）—蝦子（シア・ヅ）ともいい、エビの卵を干したもの。そのまま海参やタケノコなどと煮込む。

〔注〕海哲皮（ハイ・ヂォ・ピィ）—クラゲの傘の部分で完全な乾燥品ではないが、塩漬けを併用した半乾品として取り上げた。頭の部分を海蜇頭（ハイ・ヂォ・トウ）という。

燕窩（イエヌ・ウォ）—ツバメの巣のこと。海のものとはいいがたいが、南洋の海岸ブチに巣くう金糸燕（ヂヌ・スー・イエヌ＝岩ツバメの一種）が海草などを唾液で固めて作る（一三一頁参照）。

この巣は断崖絶壁に作られるといわれて昔から珍品の一つである。そのツバメの習性を利用して巣をとるため飼育しているところもあるという。

また、デン粉などで作ったニセものもあるので注意していただきたい。

山珍（シァヌ・ヅェヌ＝陸産物）

山珍とは山に産する珍しいものという意味であるが、本書では陸上の動物、野菜・キノコ類などすべてをふくんで陸産物として紹介する。

陸上の動物は各部分がほとんど食用になるが、中でも特に珍しく美味といわれるものが八珍である。現在あまり見かけることがなく、また手にもはいりにくいものであるが、参考までに紹介しておく。

次に現在一般に使われている材料をいくつかあげておく。

(1) 動物

蹄筋（ティ・ヂヌ）—動物のアキレス筋で、生でも使えるが干して使うことが多い。中でも一番多く使われるのが猪蹄筋（ヅウ・ティ・ヂヌ＝豚の筋）である（一五三頁参照）。

熊掌（シュン・ヅアン）—クマの手のこと。生臭みが強いので調理は大変むずかしい。ときたま話にのぼる程度で、あまり使わない。

(2) 野菜・キノコ類

猴頭菌（ホウ・トウ・ヂュヌ）—猴頭とはサルの頭のことで、サルの頭やノウミソを食べるのかと勘違いされそうであるが、実は河南省に産するキノコの一種で珍品である。サルの頭に似ているのでこの名がある。

奶扇（ナイ・シァヌ）—チーズを干したようなもの。雲南省の特産であるが、最近は台湾でも作られるようになったので、入手できることもある。揚げたり蒸したりして供する。

竹蓀（ヅウ・スヌ）—竹笙（ヅウ・シェン）とも書き、キヌガサ茸のこと。竹林に生じ、傘が網の目のようになっている。四川省特産で、温湯に浸けてもどしたのち片栗粉をまぶしてよくもみ洗いし熱湯に浸ける。二〜三回湯を取り替えると使用できる。白色のものほど上等で、次の銀耳とともにツバメの巣に匹敵する珍品。スープ料理に使われる。

銀耳（イヌ・アル）—白キクラゲのこと。四川の特産であったが、台湾で移植栽培に成功してからはときどきみごとな品が手にはいる（二〇二頁参照）。

玉蘭片（ユィ・ラヌ・ピエヌ）—タケノコを干したもの。中国各省に産するが、湖南省が特に有名。採取の時季、またその部分によって名称が異なる。たとえば冬片（ドン・ピエヌ＝冬タケ）、春片（チュヌ・ピエス＝春タケ）、尖片（チエヌ・ピエヌ＝冬タケの先）、笋衣（スヌ・イ＝冬タケまたは春タケの先を包んでいるやわらかい皮）など。

金針菜（ヂヌ・ヅェヌ・ツァイ）—百合科のノカンゾウのツボミを干したもの。温湯でもどしてスープの配料に使用する。

干菜（ガヌ・ツァイ）—干した野菜のこと。温湯でもどして肉などと煮込んだり蒸したりするとおいしい。

また、百合(バイ・ホ)、紅棗(ホン・ヅァオ)、桃油(タオ・ユー)、干蓮子(ガヌ・リエヌ・ヅ)などは干果(ガヌ・グオ)ともいわれ、甜菜(ティエヌ・ツァイ＝甘い料理)などに多く使われる。

緑豆(リユ・ドウ)―厳密には乾貨の部類ではなく豆類(穀類)にはいるものであるが、日本では産出せず、中国料理の材料としてはその用途が豆類の中では特殊なものなので、本書ではここに入れておく。これはミドリアズキと訳せるほどアズキによく似ている。この豆からとったデン粉で粉糸(フェヌ・スー＝ハルサメ)を作るので、中国のハルサメはコシがあり日本のもののように溶けることがない。また豆モヤシの原料もこの豆である(ダイズモヤシの原料はダイズ)。豆そのものの調理ではスープかおかゆ(粥＝ヅォウ、または稀飯＝シィ・ファヌ)などに使われる。

以上乾貨を中心に特殊材料を説明したが、このほかにも日本では産出せず、また食べる習慣のない特殊材料もいくらかあると思う。

その他下表を参照していただきたい。

乾貨(ガヌ・フオ)

日本名	中国名	説明
海産物	海味(ハイ・ウェイ)	
サメヒレ	①魚翅(ユィ・ツー)	フカのヒレともいう．アオ、モウカ、ヨシキリなどの種類がある
	②魚皮(ユィ・ピィ)	魚の皮
	③魚肚(ユィ・ドゥ)	グチなど大きい魚の浮き袋．広肚(ゴワン・ドゥ)、広東産が有名
	魚唇(ユィ・チュヌ)	大魚の口のまわりの部分
	魚脆(ユィ・ツェイ)	魚の軟骨
	魚蛋(ユィ・ダヌ)	魚の卵
カラスミ	烏魚蛋(ウ・ユィ・ダヌ)	烏魚子(ウ・ユィ・ヅ)ともいう．ボラの卵
	鱉裙(ビエ・チュヌ)	スッポンや海ガメのまわりのヒラヒラした部分
キンコ・イリコ	④海参(ハイ・シェヌ)	ナマコをゆでて干したもの
	⑤干鮑(ガヌ・バオ)	アワビをゆでて干したもの
	⑥干貝(ガヌ・ベイ)	ホタテ貝・タイラ貝などの貝柱
スルメ	⑦干魷魚(ガヌ・ユウ・ユィ)	
	淡菜(ダヌ・ツァイ)	イガイ(貽貝)の干したもの
ホシエビ	⑧蝦米(シア・ミィ)	開洋(カイ・ヤン)ともいう．また小を虾米、大を開洋と区別する場合もある
	虾蛋(シア・ダヌ)	虾子(シア・ヅ)ともいう
クラゲ	⑨海蜇皮(ハイ・ヂォ・ピィ)	クラゲの傘の部分
	⑩海蜇頭(ハイ・ヂォ・トウ)	海蜇花(ハイ・ヂォ・ホア)ともいい、クラゲの胴の部分
コンブ	海帯(ハイ・ダイ)	帯はオビ、バンドなどの意．すなわち海のオビの意
干シノリ	紫菜(ヅ・ツァイ)	苔菜(タイ・ツァイ)の名称もある．海のコケの意
寒天	洋菜(ヤン・ツァイ)	
ツバメの巣	⑪燕窩(イエヌ・ウォ)	細かいものを、燕菚(イエヌ・チエヌ)という．南洋の岩ツバメの巣
陸産物	山珍(シァヌ・ヅェヌ)	おもに陸地の動物性のものをいう
	⑫猪蹄筋(ヅウ・ティ・チヌ)	豚のアキレス筋
	牛筋(ニウ・チヌ)	牛のアキレス筋
	鹿筋(ル・チヌ)	シカのアキレス筋
	鹿冲(ル・ツォン)	雄ジカの生殖器
	熊掌(シュン・ヅアン)	以下はあまり使われないが、八珍(陸のものの中で特別珍しいもの八種)のうち特殊なもの クマの手

特殊材料（乾貨）

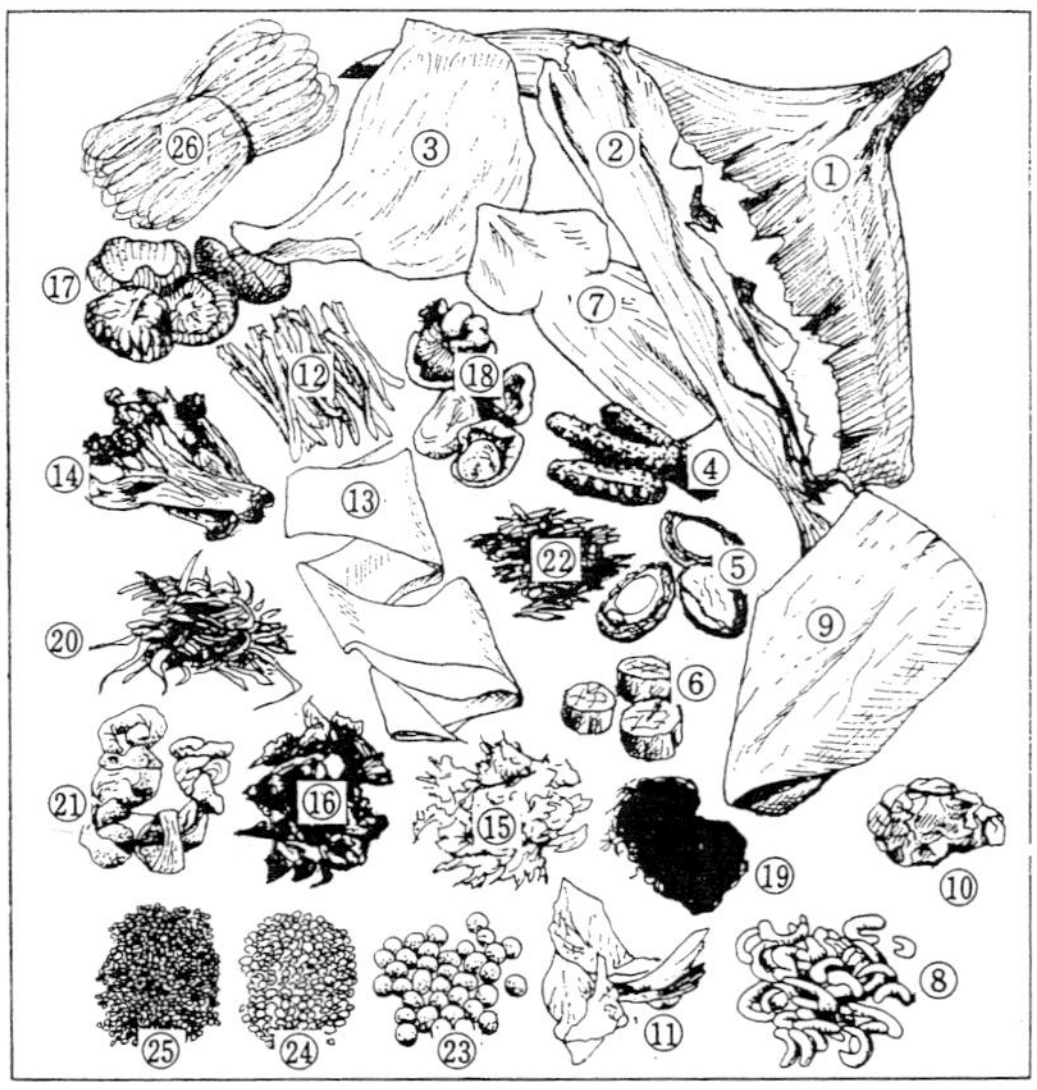

	象　鼻（シアン・ビィ）	ゾウの鼻先
	駝　峯（トォ・フォン）	ラクダのコブの一部分
	猴　頭（ホウ・トウ）	猴頭菌（ホウ・トウ・チュヌ）といい、サルの頭に似たキノコ
	豹　胎（バオ・タイ）	ヒョウの腹子
	虎　膝（フゥ・シィ）	トラのヒザ
	⑬奶　扇（ナイ・シァヌ）	奶餅（ナイ・ビン）ともいい、チーズを干したもの
野菜・キノコ類	蔬　菜（シュウ・ツァイ）	
キヌガサダケ	⑭竹　篠（ヅウ・スヌ）	竹笙（ヅウ・シェン）ともいい、竹林に生じるキノコ．四川産
白キクラゲ	⑮銀　耳（イヌ・アル）	竹篠とともに珍品．四川特産といわれていたが、最近台湾でも優秀な品が産出されている
キクラゲ	⑯木　耳（ムゥ・アル）	
シイタケ	⑰冬　菇（ドン・グ）	香菇（シアン・グ）ともいう．小さく表面に花模様のあるものを花菇（ホア・グ）という
ハラタケ	⑱干口蘑（ガヌ・コウ・モォ）	
フクロダケ	干草菇（ガヌ・ツァオ・グ）	
タケノコ	玉蘭片（ユ・ラヌ・ピエヌ）	冬筍（ドン・スヌ）、春筍（チュヌ・スヌ）など、また各部分でいろいろと種類がある．湖南の品が有名
ホソタケ	干細笋（ガヌ・シィ・スヌ）	
	⑲髪　菜（フア・ツァイ）	淡水に生じる藻の一種．毛髪に似ているのでこの名がある
	⑳金針菜（チヌ・ツェヌ・ツァイ）	ノカンゾウのツボミ（黄花菜＝ホアン・ホア・ツァイ）を干したもの
	㉑干　菜（ガヌ・ツァイ）	葉菜を干したもの
	梅干菜（メイ・ガヌ・ツァイ）	広東産．梅菜（メイ・ツァイ）という葉菜を干したもの
	㉒干菜筍（ガヌ・ツァイ・スヌ）	浙江産．筍の先端が混じる
ユリの根	百　合（バイ・ホ）	
ナツメ	紅　棗（ホン・ヅァオ）	
	桃　油（タオ・ユー）	桃の木に生じる樹脂
ハスの実	㉓干蓮子（ガヌ・リエヌ・ヅ）	
ハトムギの実	㉔苡　仁（イ・レヌ）	漢方薬の一種
	㉕緑　豆（リユ・ドウ）	モヤシなどの原料になる
ハルサメ	㉖粉　糸（フェヌ・スー）	細いものを粉糸、太いものを粉条（フェヌ・ティアオ）という

注　①～㉖については口絵4および上図参照

肉類の部位—鶏・豚・牛・羊・内臓類—

鶏肉（ヂ・ルウ＝トリニク）

鶏は中国料理に欠かすことのできない重要な材料の一つである。また鶏は捨てるところがないといわれている。たとえば羽毛も布団などに使われるし、普通は捨てる血も料理に使える。

また鶏は鳳凰にばける。中国料理の中で鳳○の表現があれば鶏を使った料理と思ってよい。

〈例〉家常鳳肝（ヂア・チァン・フォン・ガヌ）

アヒルは鴨子（ヤー・ヅ）、ガチョウは鵝（鵞＝オォ）といい、調理法は鶏に準じる。名称はそれぞれ鴨（ヤー）、鵞（オォ）の字を鶏（ヂ）と置き替えるとよい。

〈例〉鴨腿（ヤー・トェイ）、鵞肝（オォ・ガヌ）

鶏を丸ごと使うときは全鶏（チュアヌ・ヂ）と表現し、炸・焼・湯菜に用いる。変わった料理では粘土でくるんで丸焼きにする叫化鶏（ヂアオ・ホア・ヂ）などがあり、また皮を破らないように骨を抜き、サメヒレやモチ米その他を詰めて作る料理もある。

〈例〉鶏包翅（ヂ・バオ・ツー）、八宝全鶏（バ・バオ・チュアヌ・ヂ）

部位と適する調理法

①鶏頭（ヂ・トウ＝頭）

②鶏頸（ヂ・ヂン＝首）

以上は料理にはあまり使わず、スープを取る材料として用いる。

③鶏翅膀（ヂ・ツー・バン＝手羽先）—鶏翼（ヂ・イ）ともいい、鹵・白煮にして冷菜にもよいが、焼菜が最適。

〈例〉貴妃鶏翅（グェイ・フェイ・ヂ・ツー）

また炸・湯菜にも使える。別名鳳翅（フォン・ツー）、鳳翼（フォン・イ）。

④鶏脯肉（ヂ・プゥ・ルウ＝手羽ニク）—胸肉のことで、肉に筋はないが旨味はモモニクに劣る。皮を取り細かくたたいて鶏茸にするか、片・糸・丁などに切って炒・溜・湯菜に適する。皮または骨をつけて炒・炸・湯菜にもよい。

〈例〉川鶏糸湯（チョアヌ・ヂ・スー・タン）

⑤鶏柳（ヂ・リウ＝ササミ）—鶏肉の中で一番やわらかいところで鶏茸に最適。また清湯を作るときは脂気がないので使いやすい。その他、片・糸に切って炒・溜・湯菜にも使える。

〈例〉鶏茸魚翅（ヂ・ルォン・ユィ・ツー）

⑥鶏腿（ヂ・トェイ＝モモニク）—モモニクは活動肉（フォ・ドン・ルウ）といって筋はあるがやわらかく、旨味は最高。骨付きで炸・焼菜に、また骨を抜き条・丁・塊に切って炒菜に用いる。

〈例〉家常鶏条（ヂア・チァン・ヂ・ティアオ）

鶏脚（ヂ・ヂアオ＝アシ）—骨などといっしょにスープの材料に用いるが、厚い外皮を取り、骨を抜いて紅焼すると、おいしい。

他に湯・鹵菜に使える。またアヒルの脚は鴨掌（ヤー・ヅアン）と表現する。

〈例〉鳳脚焼鮑魚（フォン・ヂアオ・シャオ・バオ・

ユィ）

鶏皮（ヂ・ピィ＝カワ）―皮だけでも料理が作られる。親鶏の皮をゆで適当な大きさに切り、二～三時間蒸しやわらくして烩菜にする。

〈例〉口蘑烩鶏皮（コウ・モォ・ホイ・ヂ・ピィ）

このほか、全体をぶつ切りにして炸・焼・焖・湯菜に、冷菜には丸ごとゆでて水にさらし（水にさらして冷ますと皮がつっぱらず肉もやわらかい）、前記の区分の要領でそれぞれに分け、塩水鶏（イエヌ・シュェイ・ヂ）その他いろいろな料理に使われる。

鶏雑（ヂ・ヅァ＝内臓類）

内臓は内臓（ルイ・ヅァヌ）で通用するが、普通鶏雑という。

鶏胗（肫）（ヂ・ヅェヌ＝胃・砂ぎも）―炸・炒・鹵菜によい。

鶏肝（ヂ・ガヌ＝肝臓・レバー）―炸・炒・鹵・湯菜に適し、スープには鶏肝湯、肝糕湯（ガヌ・ガオ・タン）などがある。

鶏心（ヂ・シヌ＝心臓）―炸・炒・鹵菜によい。また、鴿鬆（ゴォ・スン）などと鳩の肉にばけることもある。

鶏腰（ヂ・ヤオ＝ホルモン・睾丸）―外腎（ワイ・シェヌ）ともいい、白くカイコのような感じのもの。ゆでて薄い外皮を取り拌・鹵・烩菜に用いる。

〈例〉烩鶏腰（ホイ・ヂ・ヤオ）

鶏胰（ヂ・イ）―第一胃といわれる部分で、食道と砂ぎもの間の三～四cmぐらいの太い部分。烩菜に適当。

鶏腸（ヂ・チァン＝腸）―切り開いてミョウバンを使ってよくもみ洗いし、湯通ししたのち拌・炒・烩菜に用いる。

鶏血（ヂ・シエ＝血）―血を抜くときこれを器に取って凝固させたのち、弱火でゆでる。中国では酸辣湯（ソアヌ・ラ・タン）に欠かせられない材料（水と血を同量入れ、塩を少し入れておくとやわらかいのが作られる）。別名紅豆腐（ホン・ドウ・フゥ）。麻婆豆腐と同じに作るとおいしい。烩・湯菜によい。

〈例〉紅白豆腐湯（ホン・バイ・ドウ・フゥ・タン）

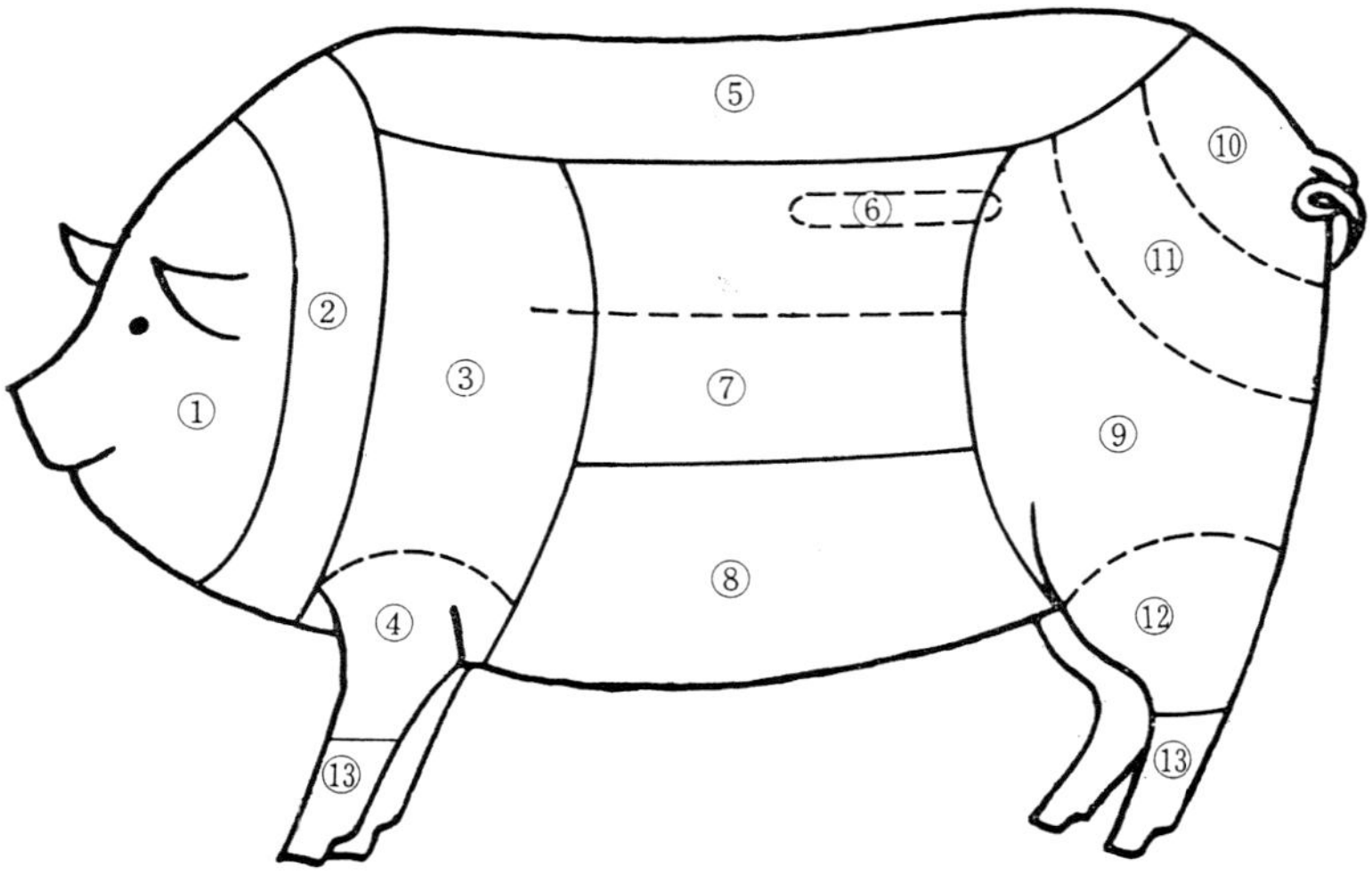

猪肉（ヅウ・ルウ＝ブタニク）

中国では豚肉のことを猪肉（ヅウ・ルウ）という。またあまり使わないが豚（トゥヌ）も猪（ヅウ）に通じる。

ただしイノシシは野猪（イエ・ヅウ）といって豚と区別する。

〔注〕猪肉は肉類の代表で、肉といえば猪肉をさし、肉糸（ルウ・スー）、肉片（ルウ・ピエヌ）、紅焼肉（ホン・シャオ・ルウ）など肉一字だけの場合はすべて豚肉をいう。また他の肉類は牛肉糸（ニウ・ルウ・スー）、羊肉片（ヤン・ルウ・ピエヌ）、紅焼兎肉（ホン・シャオ・トゥ・ルウ）などとその動物名が上につく。

豚を丸ごと使う料理では広東の全焼猪（チュアヌ・シャオ・ヅウ）が有名で、これは丸焼きしたのち切り分けて調理、調味する。また小売りすることも多い。

〔注〕中国では豚肉の場合、皮付きのまま使う。この項の説明のうち、烤菜、紅焼など皮付きのままでなければ作られないものもあるので、そのつもりで読んでいただきたい。

子豚は小猪（シアオ・ヅウ）または乳猪（ルゥ・ヅウ＝子豚の丸焼き）などは焼烤席（シャオ・カオ・シィ＝二三六頁参照）に欠かせられないものである。

部位と適する調理法

①猪頭（ヅウ・トウ＝頭）―文字通り頭の部分で、料理にはあまり使わない。鹵・醃菜が主であるが、大菜としては焼菜の紅焼猪头（ホン・シャオ・ヅウ・トウ）などがある。

②頸頭肉（ヂン・トウ・ルウ＝クビニク）―この部分もあまり使われない。かたロースをふくむ場合には叉焼肉（ツア・シャオ・ルウ）か咕咾肉（ク・ラオ・ルウ）に使われる。

③前腿（チエヌ・トェイ＝カタニク）―この部分は鹵・焼・炸菜またはスープ（燉菜）に使う。

④蹄膀（ティ・パン）―やわらかく煮込むとおいしい。③と同じ調理法でよいが、冷（凍）菜の水晶肴蹄（シュェイ・ヂン・シアオ・ティ）は有名である。

⑤脊背（ヂ・ベイ＝ロース）―この区分は日本とちょっと違うもので、ロースの丸く棒状になった部分をさし、肉質は⑥とともに豚肉の中で一番やわらかいところで、炒・捲・炸菜に最適。

〈例〉酥炸里脊（スゥ・ザ・リ・ヂ）

⑥里脊（リ・ヂ＝ヒレ）―⑤に同じ。

⑦五花肋条（ウ・ホア・レイ・ティアオ）―この部分は硬五花（イン・ウ・ホア）ともいい、図の点線は日本のロースとバラの区分と同じであるが、実線のように両方にまたがるようにとる。全体では烤酥方（カオ・スゥ・ファン）が有名で、切り分けると焼・燉・蒸菜に使われる。

〈例〉粉蒸肉（フェヌ・ヅェン・ルウ）

またこの部分の骨付きを排骨（パイ・グ）といい、チャップの大排骨（ダァ・パイ・グ）に対してバラの骨付きは小排骨（シアオ・パイ・グ）という。煎・焼・燉・蒸・炸菜によい。

〈例〉椒塩排骨（ヂアオ・イエヌ・パイ・グ）

⑧奶脯（ナイ・プゥ＝バラニク）―軟五花（ロワヌ・ウ・ホア）ともいい、焼菜に最適。また湯菜にも使われる。

〈例〉扣肉（コウ・ルウ）、東披肉（ドン・ボォ・ルウ）

⑨後腿（ホウ・トェイ＝モモニク）―豚肉のうちでも一番用途が広く重要な部分。丸のままでは骨付きで作る火腿（フオ・トェイ＝ハム）が有名。

⑩臀尖（トゥヌ・ヂエヌ＝イチボ）―仔蓋（ヅ・ガイ）ともいい脂肉が多い。

〈例〉炸仔蓋（ザ・ヅ・ガイ）

⑪坐臀（ヅォオ・トゥヌ＝ナカニク）―肉質は少しかたく回鍋肉（ホイ・グオ・ルウ）、蒜泥白肉（ソアヌ・ニ・バイ・ルウ）によい。さらに内側のシンタマ、ウチモモの部分は脂肪分の全然ないところなので糸・片・丁などに切り炒菜にするとよい。

〈例〉魚香肉糸（ユィ・シアン・ルウ・スー）

⑫后肘子（ホウ・ヅォウ・ヅ＝ドンブリ）―別名后蹄膀（ホウ・ティ・パン）といい、焼・燉菜によい。

〈例〉清燉肘子（チン・ドゥヌ・ヅォウ・ヅ）

⑬猪脚（ヅウ・ヂアオ＝アシ）―猪爪（ヅウ・ヅォワ）ともいう。おもにスープの材料であるが、主材料にも使える。料理名には蹄の字を用いる。

冷菜の姜汁蹄花（ヂアン・ヅ・ティ・ホア）、その他焼・湯菜に使える。

以上のほか内臓類の用途も広いが、詳しくは内臓類の項参照（二〇頁）。

牛肉（ニウ・ルウ＝ギュウニク）

中国の牛肉は日本と違って食用には役牛を使わず水牛が多い。肉質はかたく、日本の牛肉より数段劣る。そのせいか、羊肉と同様、豚肉のように多く使われる材料とはいえないが、回教料理には欠かせぬ主材料の一つである。調理法はすべて豚肉と同じに扱ってよい。

部位と適する調理法

①牛頭（ニウ・トウ＝頭）―この部分は紅焼にするとよい。

〈例〉紅焼牛头（ホン・シャオ・ニウ・トウ）

大きいので半分に切って煮込むがやわらかくなったら骨を抜いて供する。中でも眼睛肉（イエヌ・ヂン・ルウ＝眼の肉）と核桃肉（ホ・タオ・ルウ＝ホホの肉）がおいしい。

②頸肉（ヂン・ルウ＝クビニク）―この肉はあまり用途がなく、鹵菜に使う程度。

③前腿（チエヌ・トェイ＝カタバラ・ブリスケ）―

肉類の部位

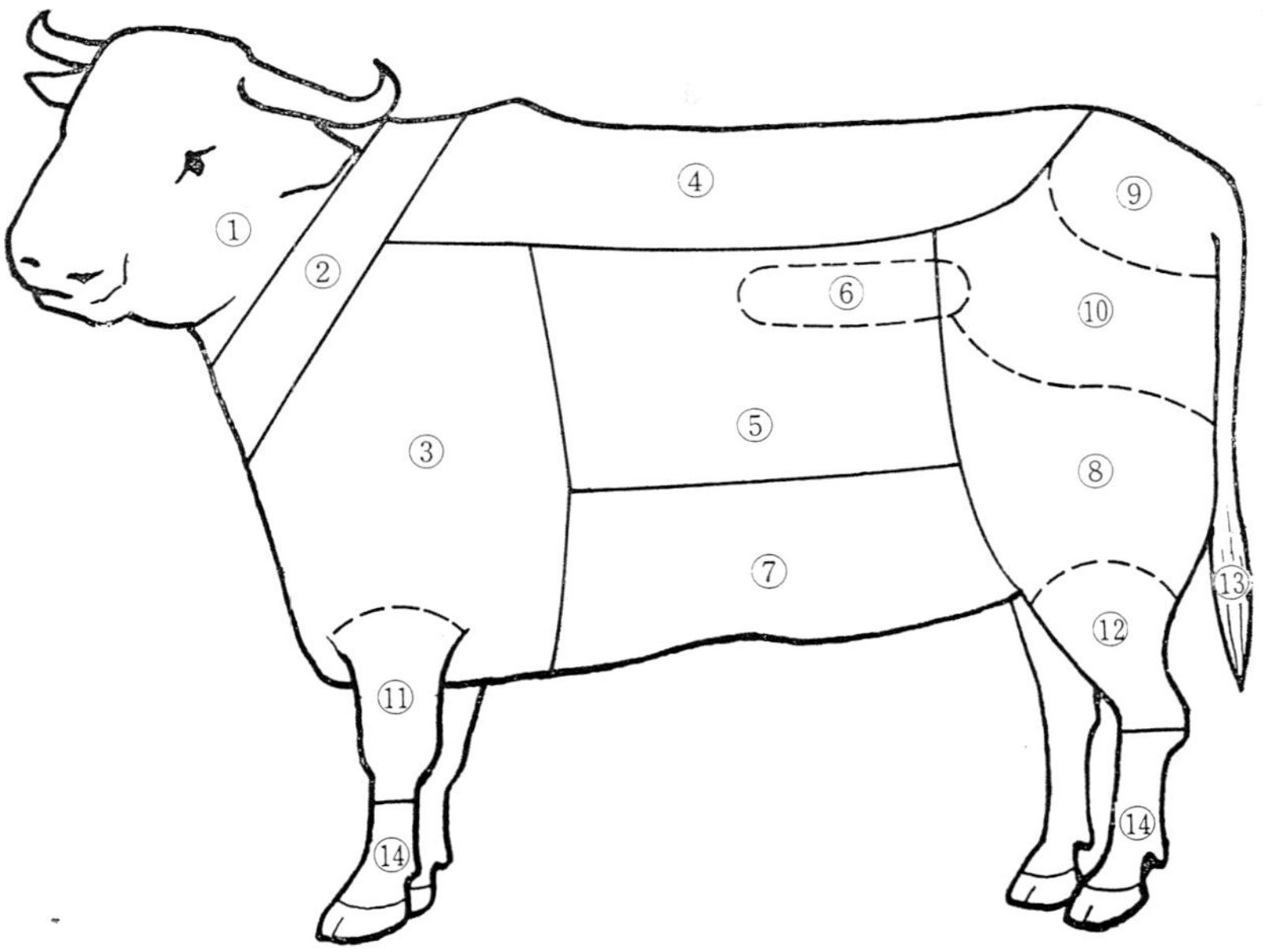

肉質のかたい部分は鹵・焼菜に、その他のやわらかい赤肉の部分は炒・炸・爆・溜菜などに使われる。

④脊背（チ・ベイ＝ロース）—この部分は牛排（ニウ・パイ）などともいわれ、肉質はやわらかく最高品である。炸・煎・炒・湯(川)菜に適する。

〈例〉干煎牛排（ガヌ・ヂエヌ・ニウ・パイ）

⑤肋条（レイ・ティアオ＝バラニク）—この部分はロースに少しかかっている。腑肋（フゥ・レイ）ともいわれ、赤肉、脂肉が交互に混ざって比較的やわらかい。焼・燉・蒸菜に使われる。またカレー粉を使って煮込む吩哩牛肉（ガ・リ・ニウ・ルウ）によい。

⑥里脊（リ・ヂ＝ヒレニク）—⑤の内側にあり、ロース同様肉質は一番やわらかく炒・溜・炸・湯菜に最適。

⑦肚脯（ドウ・プゥ＝トモバラ）—肉質がかたく脂肪が多いのであまり使われないが、調理は肋条に準じる。

⑧後腿（ホウ・トェイ＝モモニク）—この部分は一番多く使われる。大きいので⑨⑩に分ける。⑨外仔蓋（ワイ・ヅ・ガイ＝イチボ）⑩裏仔蓋（リ・ヅ・ガイ＝ナカニク）—内側にシンタマ、ウチモモ、トモサンカクなどがあり、かたい肉質の部分は醤・焼菜に、やわらかい赤肉の部分は、炒・炸・溜・爆・湯(川)菜など利用範囲は広い。

〈例〉青椒牛肉糸（チン・ヂアオ・ニウ・ルウ・スー）

⑪前肘・（チエヌ・ヂォウ）・⑫後肘（ホウ・ヂォウ）＝スネニク—⑪⑫の肘子は腱肉（ヂエヌ・ルウ）ともいい、筋が多く肉はかたいが、鹵・焼菜などゆっくりとやわらかく煮込むと独特の風味がある。

〈例〉紅焼牛肉（ホン・シャオ・ニウ・ルウ）

⑬牛尾（ニウ・ウェイ＝尾）—この部分だけの料理がある。

〈例〉紅焼牛尾（ホン・シャオ・ニウ・ウェイ）清燉牛尾（チン・ドゥヌ・ニウ・ウェイ）

⑭牛蹄（ニウ・ティ＝アシ）—この後ろアシからアキレス筋を抜いて料理に使う。牛蹄筋（ニウ・ティ・ヂヌ）または牛筋といってゼラチン質が多くふくまれている。長時間煮込んだり蒸したりして溶かし、スネ肉などを加えて味付けし冷まして固めると桂花牛肉凍（グェイ・ホア・ニウ・ルウ・ドン）などの凍菜が作られる。

また紅焼牛筋（ホン・シャオ・ニウ・ヂヌ）ややわらかくゆでた筋を細長く切って調味した涼拌牛筋（リアン・バヌ・ニウ・ヂヌ）などは特別な味わいがある。

〔注〕内臓類は次頁参照。

羊肉（ヤン・ルウ＝ヒツジニク）

中国では羊肉の使用範囲は限られており、豚肉のように一般的ではない。

中国料理の中には、各地方菜とは別に清真菜（チン・ヂェヌ・ツァイ）という回教料理があって絶対に豚肉を食べない習慣がある。この清真菜の中でも北方系は羊・牛肉を多く使う。また特に北京の肉料理は有名である。

羊肉料理には丸ごとの調理はほとんどなく、全羊（チュアス・ヤン）といって全部位（内臓もふくむ）を分けて下ごしらえしたのち、全部を一

つの鍋で煮込み揚げるというような手法がとられる。

部位と適する調理法

①羊頭（ヤン・トウ＝頭）—この部分は紅焼羊头（ホン・シャオ・ヤン・トウ）によい。その他、拌（白煮）・鹵菜に適する。

②頸肉（ヂン・ルウ＝クビニク）—この部分の肉はあまり使われない。しいて使えば焼・鹵菜である。

③前腿（チエヌ・トェイ＝カタニク）—胸肉（シュン・ルウ）や⑧の踺子（ヂエヌ・ヅ）をふくみ肉質は少しかたく筋が多い。焼・燉・醤・拌・湯菜に適するが、烤羊肉（カオ・ヤン・ルウ）にもよい。

④脊背（ヂ・ベイ＝ロース）—骨付きを羊排骨（ヤン・パイ・グ）といい、ヒレ肉の里脊（リ・ヂ）とともに肉質は一番やわらかい。炸・炒・爆・湯（川）菜などいろいろ使える。

〈例〉子姜羊肉糸（ヅ・ヂアン・ヤン・ルウ・スー）、酥炸力脊（スゥ・ザ・ヤン・リ・ヂ）

⑤肋条（レイ・ティアオ＝バラニク）—別名三叉（サヌ・ツア）。赤肉と脂肉が交互に混ざり比較的やわらかい肉で焼・凍・扣・燉・蒸菜に適する。

〈例〉凍羊糕（ドン・ヤン・ガオ）、粉蒸羊肉（フェヌ・ヅェン・ヤン・ルウ）

⑥腰窩（ヤオ・ウォ＝三枚バラ）—乳窩（ルゥ・ウォ）ともいい、肋条より少しかたいが、ほぼ同じにあつかってよい。

〈例〉紅焼羊肉（ホン・シャオ・ヤン・ルウ）

⑦後腿（ホウ・トェイ＝モモニク）—この部分は脂が少なく肉もやわらかいので、糸・片・丁などに切って炒菜が最適。また炸・鹵・湯菜など幅広く使える。

〈例〉涮羊肉（シュアヌ・ヤン・ルウ）

⑧踺子（ヂエヌ・ヅ＝スネニク）—筋が多く肉はかたい。焼・鹵菜が多い。

⑨羊蹄（ヤン・ティ＝アシ）—この部分も食べられる。醤・焼・鹵菜によいが、普通は羊尾巴（ヤン・ウェイ・バ＝尾）、内臓類とともに燉・湯菜が多い。

以上のほか内臓類（分類は次項参照）がある。

羊肉には、一種独特の臭みがある。そのため羊肉を調理する際には次の点に注意する。この臭みのもとは脂肪にあるともいえるので脂肪を取り除くことを考える。また水に（ネギ、ショウガを入れた水）さらすことや、ニンニク、ショウガなどを調味に使ったり八角、桂皮、その他の香辛料を使うことも忘れてはいけない。

内臓類（ルイ・ヅァヌ・レイ）

内臓は雑砕（ヅァ・スェイ）ともいわれ、羊雑と書けば羊の内臓を表わす。

内臓は猪、牛、羊ほぼ共通しており、表現も同じなのでそれぞれの内臓名に動物名を冠するとよい。たとえば猪肚（ヅウ・ドゥ）、牛腰（ニウ・ヤオ）、羊肝（ヤン・ガヌ）など。

部位と適する調理法

脳花（ナオ・ホア＝ブレンヅ）—脳髄のことで血管をきれいに取って洗い、湯通ししたのち使用する。豆腐に似た感じのものになる。焼・燉菜、火鍋などに適する。

〈例〉少子脳花（シャオ・ヅ・ナオ・ホア）

舌子（シェ・ヅ＝タン）―舌のことで厚い表皮をけずり取って使用する。鹵・炒・燉・湯菜によい。

〈例〉鹵猪舌（ル・ヅウ・シェ）

肚子（ドゥ・ヅ＝ガツ）―胃袋のことであるが、これだけは豚と牛・羊で違いがある。豚の胃は一つであるが、牛・羊には四つあり、図のようにそれぞれ名称と用途が異なる。

①板肚（バヌ・ドゥ＝第一胃）は一番かたい部分で、やわらかく煮込んだのち鹵・拌・焼・炒菜にする。

②肚梁（ドゥ・リアン）は①の上に帯状についているもの。やわらかいので生のまま爆・炒菜にしたり、ゆでて鹵・拌菜にするとよい。

③蜂窩肚（フォン・ウォ・ドゥ＝第二胃）は蜂の巣状になっているのでこの名がある。鹵・炒・拌・燉菜に適する。

④千層肚（チエヌ・ツェン・ドゥ＝第三胃）はヒラヒラした薄い皮状のものが何層もつながっている部分をいう。黒いが湯に浸けてふくと白くきれいに落ちる。別名に百頁（バイ・イエ）がある。炒・拌・燙（火鍋）菜によい。

⑤散肚（サヌ・ドゥ＝第四胃）は普通の胃に相当する部分。ミョウバン、塩、酢でもみ洗いしてやわらかくゆでる。鹵・焼菜によい。

〈例〉紅焼肚片（ホン・シャオ・ドゥ・ピエヌ）

⑥肚尖（ドゥ・ヂエヌ）は豚の場合食道につながっている部分であるが、牛・羊の場合は十二指腸につながる部分で厚くやわらかい。肚頭（ドゥ・トウ）ともいい、生で炒・爆菜に最適。

〈例〉油爆双脆（ユー・バオ・シュアヌ・ツェイ）

心子（シヌ・ヅ＝ハツ）―心臓のこと。炒・爆・鹵・燉菜によい。

〈例〉醤爆牛心（ヂアン・バオ・ニウ・シヌ）

腰子（ヤオ・ヅ＝マメ）―腎臓のこと。牛のマメにはひだがあって使いにくいが、猪腰（ヅウ・ヤオ）は比較的用途が広い。炒・醃・鹵・拌・湯菜に適する。

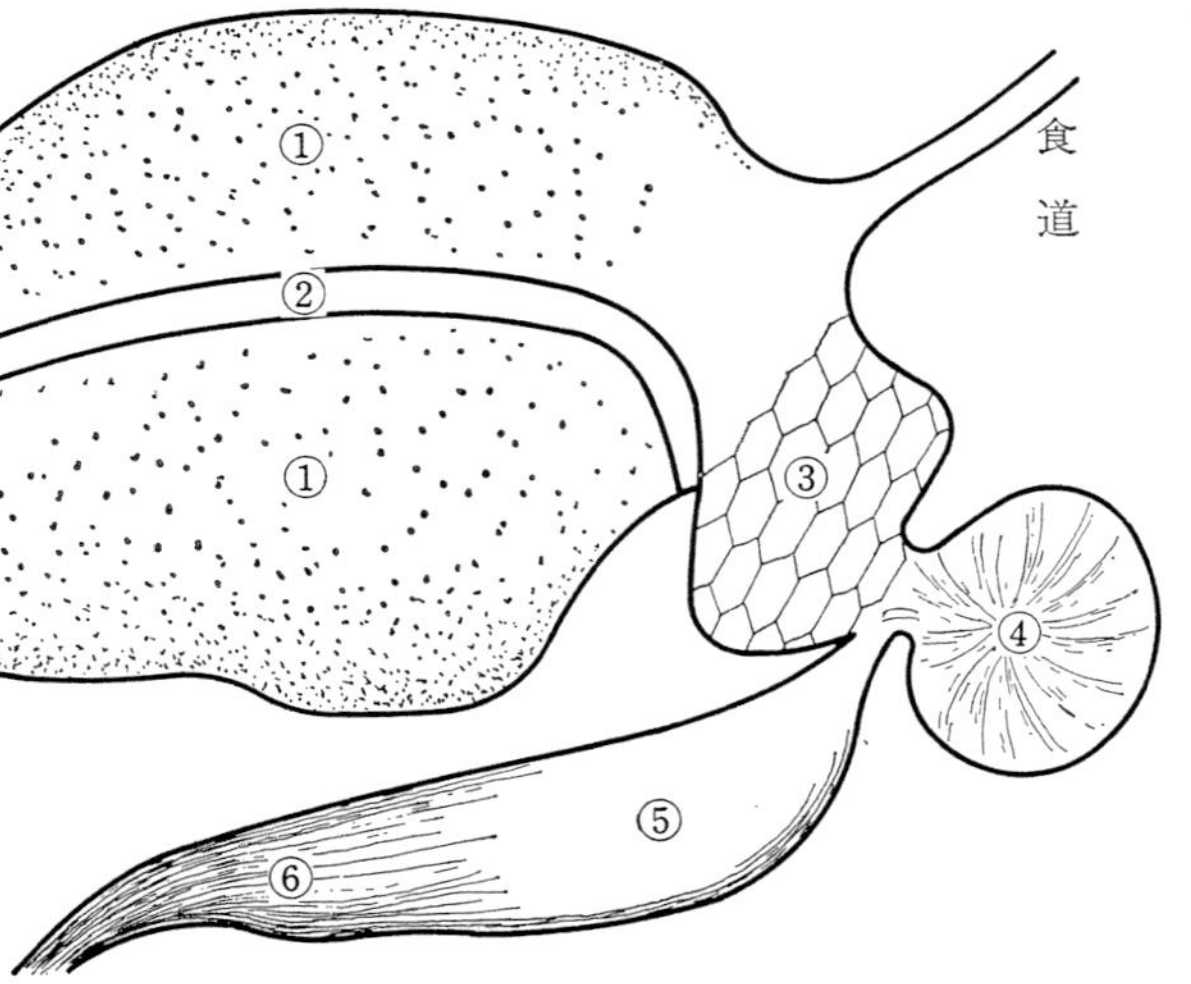

〈例〉家常腰花（ヂア・チァン・ヤオ・ホア）

肺臓（フェイ・ヴァヌ＝フア）―猪肺（ヅウ・フェイ）のように肺一字だけで通用する。気管から水を入れ、ふくらませながら何度も水を取り替えると血が抜けてきれいになる。これをゆでてから使用する。拌・燉菜によい。

肝臓（ガヌ・ヴァヌ＝レバー）―内臓の中で一番用途が広く高価な部分である。生では爆・炒菜に、鹵菜には一度湯通ししてから煮込む。また湯菜にもよい。

〈例〉肝糕湯（ガヌ・ガオ・タン）、葱爆肝片（ツォン・バオ・ガヌ・ピエヌ）

連貼（リエヌ・ティエ）―膵臓のことで、レバーに似ているが、レバーよりかたくて臭みが強い。炒・拌・鹵菜に適する。

〈例〉魚香連貼（ユィ・シアン・リエヌ・ティエ）

小腸（シアオ・チァン）―裏返してミョウバン、塩、酢などでもみ洗いして用いる。拌・焼・爆・炒・燉菜に用いられる。また香腸（シアン・チァン＝腸詰）になくてはならぬ材料。

〈例〉紅焼帽結（ホン・シャオ・マオ・ヂエ）

大腸（ダァ・チァン）―別名肥腸（フェイ・チァン）ともいい、処理は小腸と同じ。炒・爆・焼・蒸・燉菜によい。またやわらかく煮てから、揚げてもよい。

〈例〉炸斑指（ザ・バヌ・ヅ）

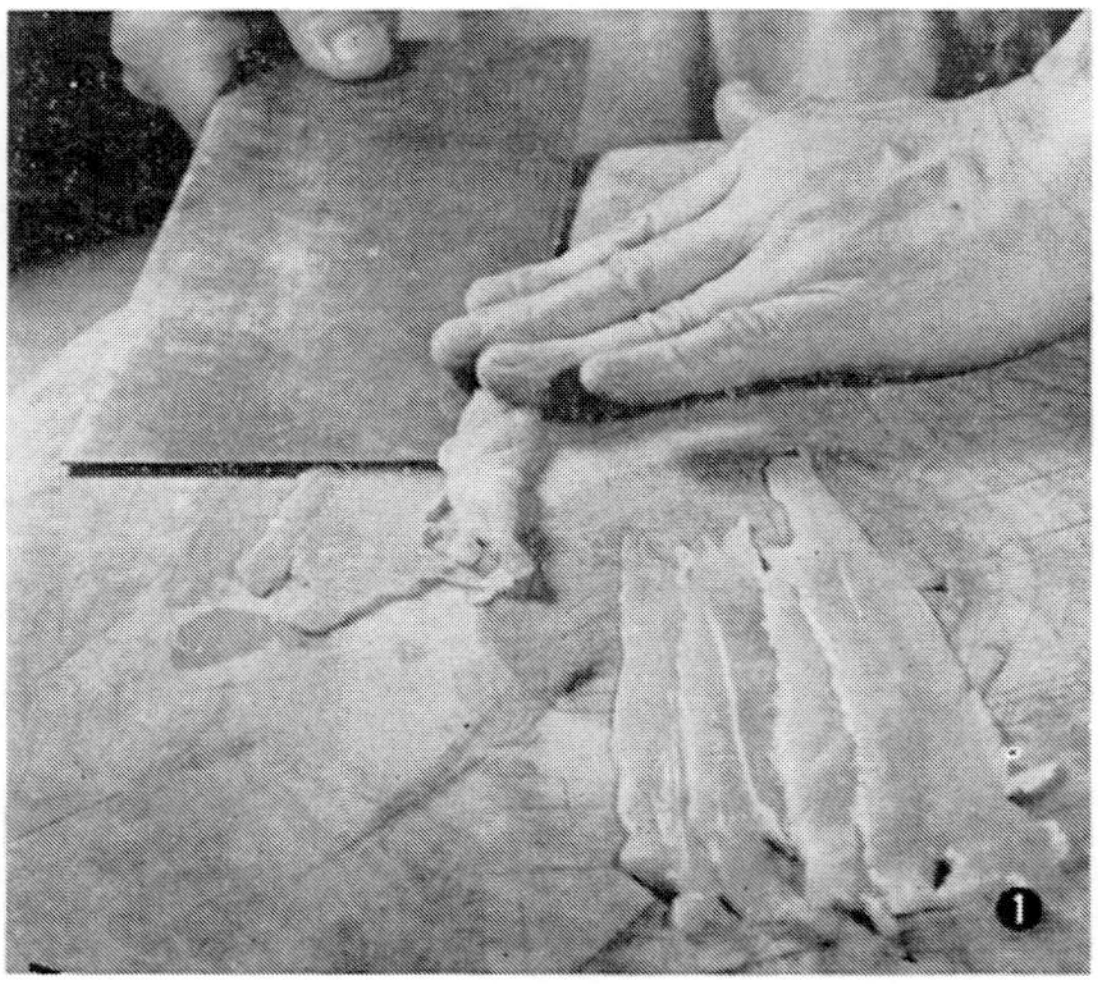

❶

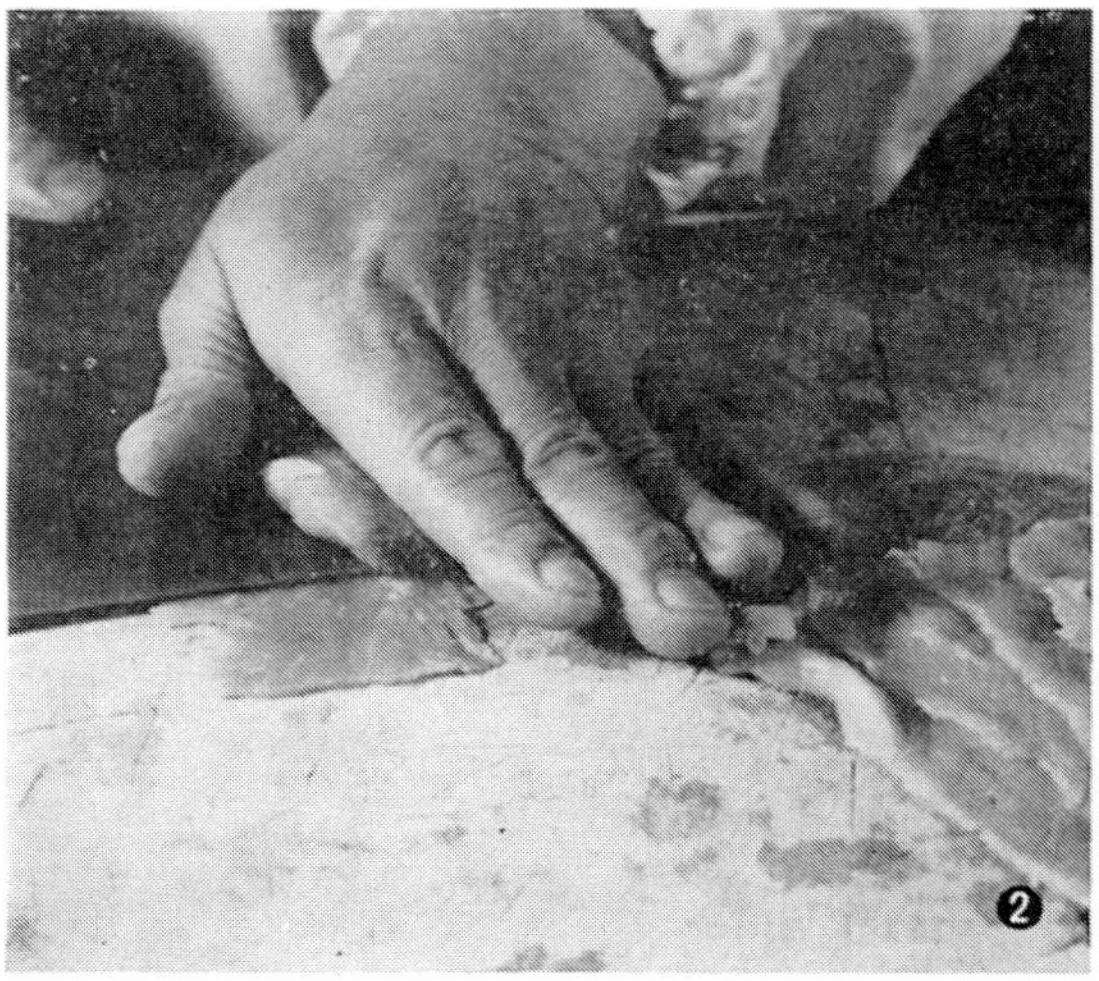

❷

材料の切り方各種（各種刀法＝ゴォ・ヴォン・ダオ・ファ）

中国では包丁のことを菜刀(ツァイ・ダオ)といい、その包丁さばきすなわち切り方を刀工(ダオ・ゴォン)または刀法(ダオ・ファ)という。

切り方の基本となるものを五種形法(ウ・ヴォン・シン・ファ)といい、次の五種類ある。

糸(スー)、片(ピエヌ)、丁(ディン)、塊(クアイ)、條(ティアオ＝条とも書く)。

この五種類の切り方がもととなって太く、細く、大きく、小さく、厚く、薄くなど、またいろいろな飾り切りへと、何十、何百種類の切り方に発展する。

また、切り方の調理用語には切る、そぎ切り、たたき切り、たたきつぶす、さき切り、花切り、けずる、彫るなど、それぞれ表現の違いがあるが、そう細かく分けて覚える必要はないと思う。

ここに紹介する切り方は生の肉類の場合にのみ通用するものである（これが切り方の基本となるもの）。

また、配料(ペイ・リアオ＝副材料)の切り方はこれと同じものも違うものもある。

主材料（肉類）でも、生と水煮したあとのものでは、同じ切り方でもいくらか違いがある。

全部は紹介しきれないが、本書では原則として肉類の切り方の写真を上段に、下段にはそれに配する副材料の切り方をのせ、上下合わせて説明していく。

〔注〕スペースの都合上、中段に肉類（または配料）をのせたところもある。

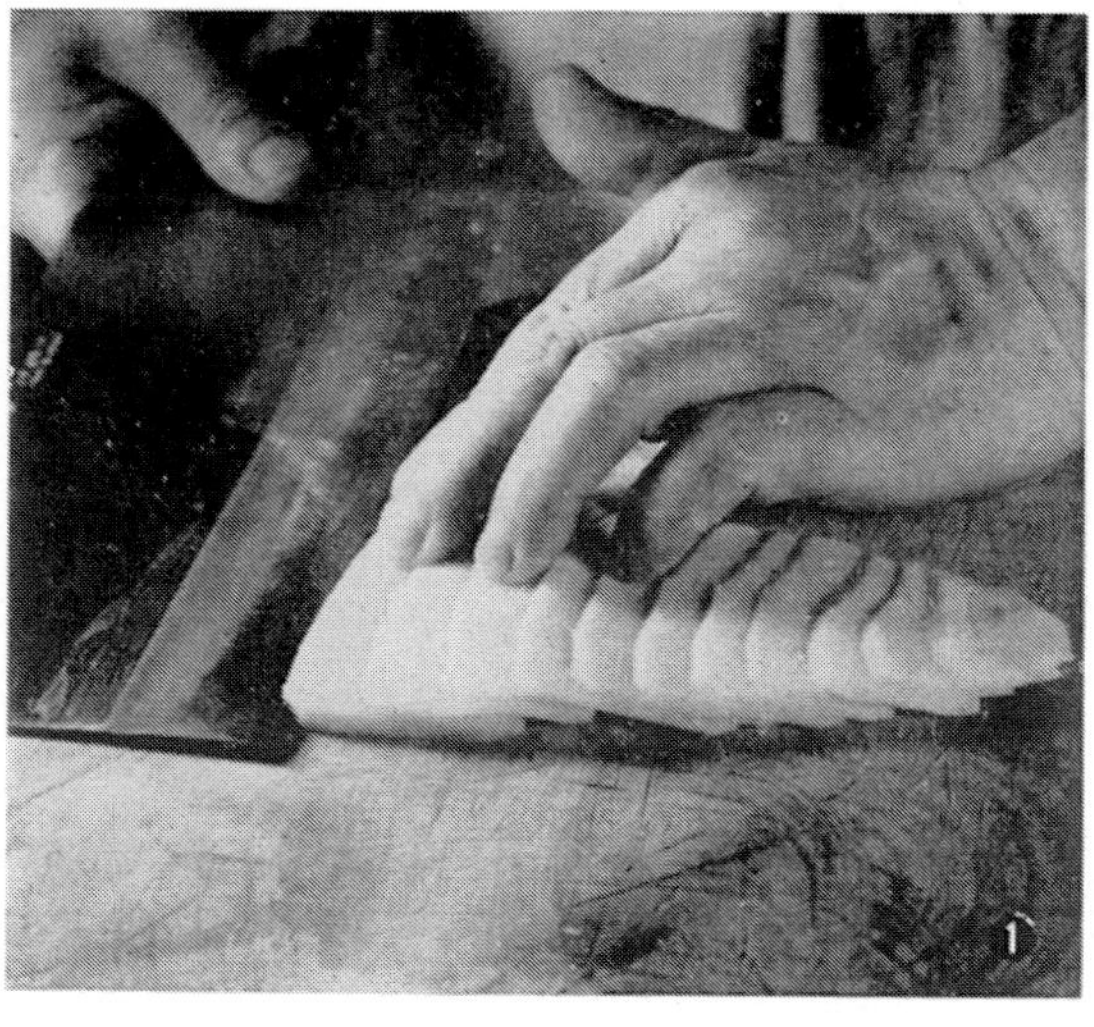

①

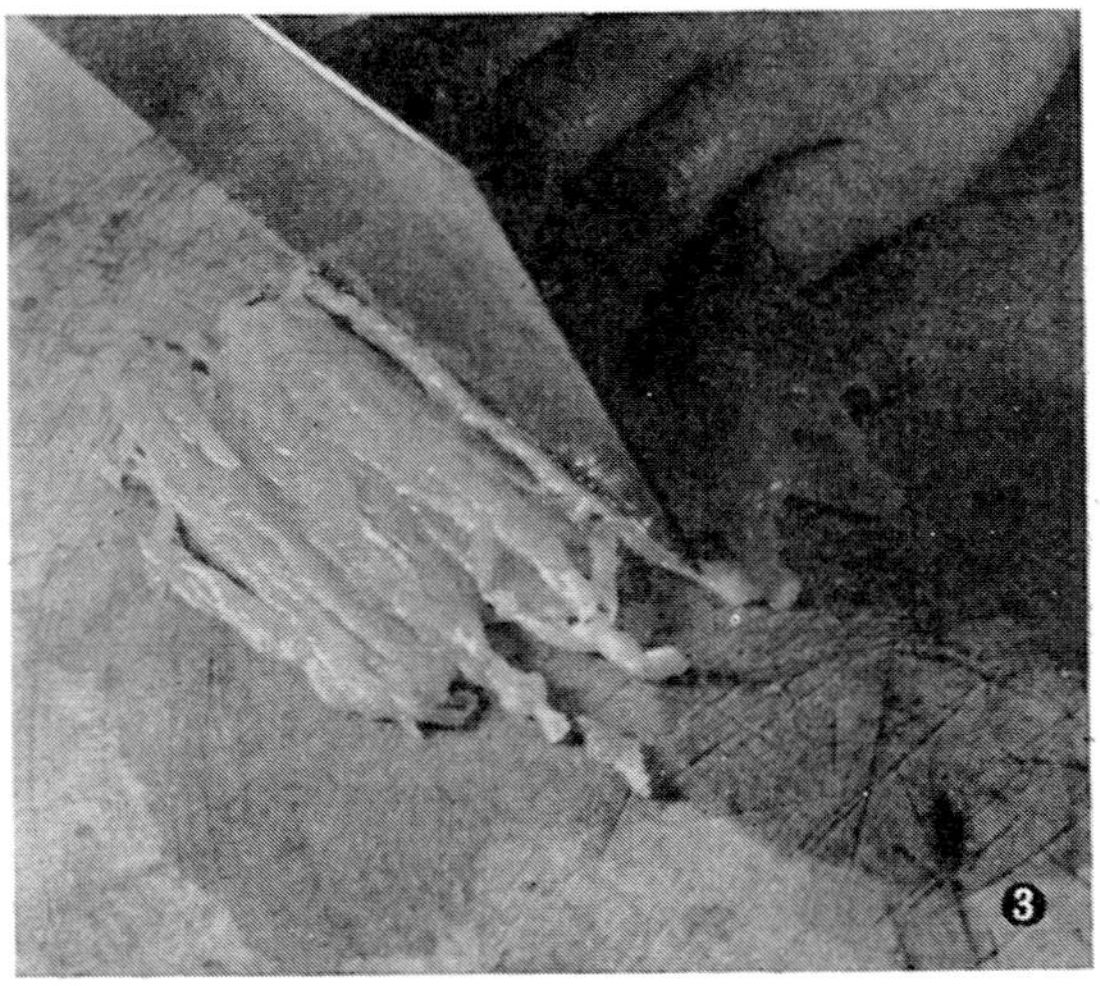

❸

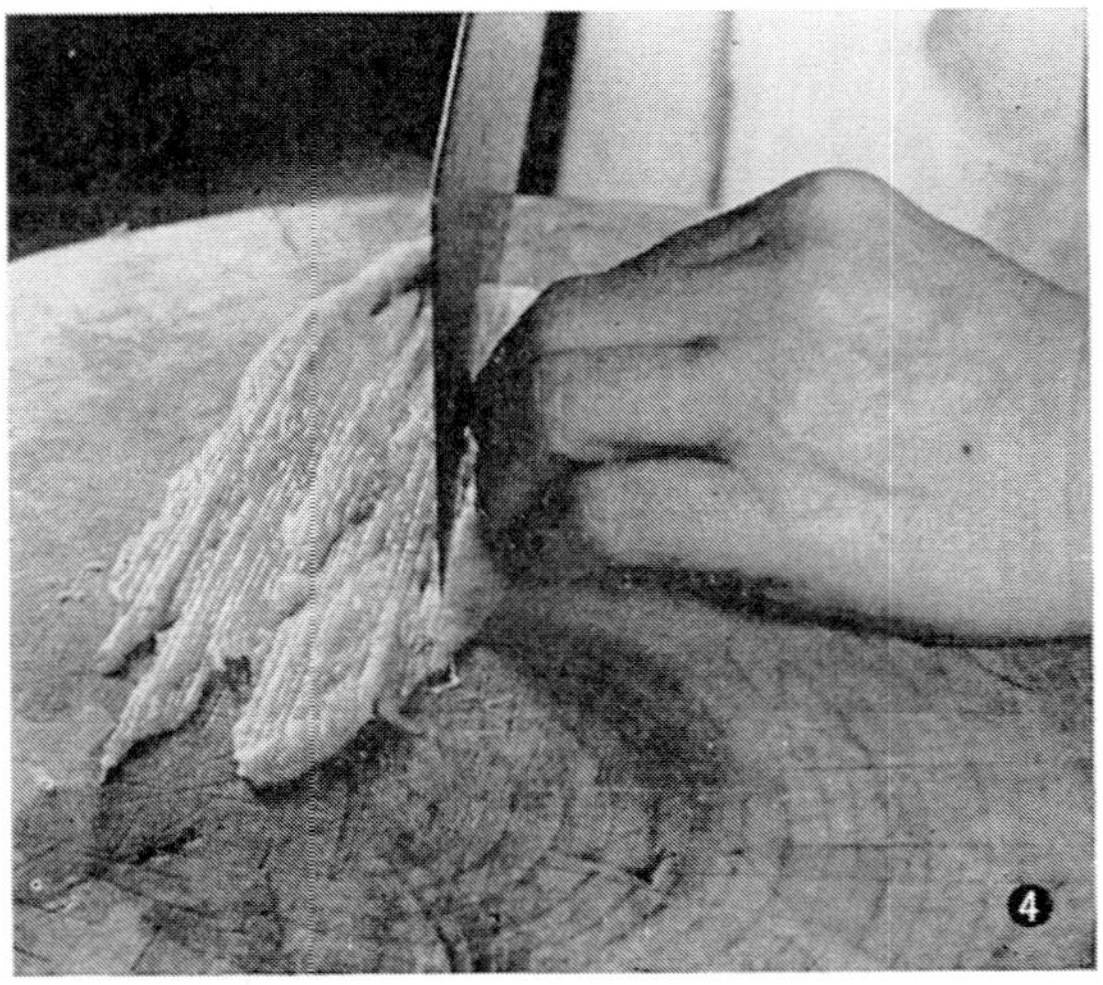

❹

糸類切法（スー・レイ・チエ・ファ＝細切り類の切り方）

糸（スー）とはせん切りなどをふくむ細切りのことである。切り方は次の五種である。

(1) 片碼切（ピェヌ・マ・チエ）

この切り方は写真上①②のように一枚々々薄切りしたのち横に順に重ねて並べ、包丁を上から押えるようにして切るが、その際引かずに右側に倒していく（写真上③）。慣れると一番早く、各肉類に共通する切り方である。

副材料は写真下①のように上部から平らに重ねたまま薄切りしていき、次に写真下②のように細切りする。

〔**注**〕碼（マ）は積み重ねるとか並べ重ねる意。

写真下③のように材料自体が薄い場合はそのまま重ねて切る。

(2) 台刀切（タイ・ダオ・チエ）

写真上④のように手前に一本々々引いていく切り方で、鶏のササミのようなやわらかい肉類に適する。

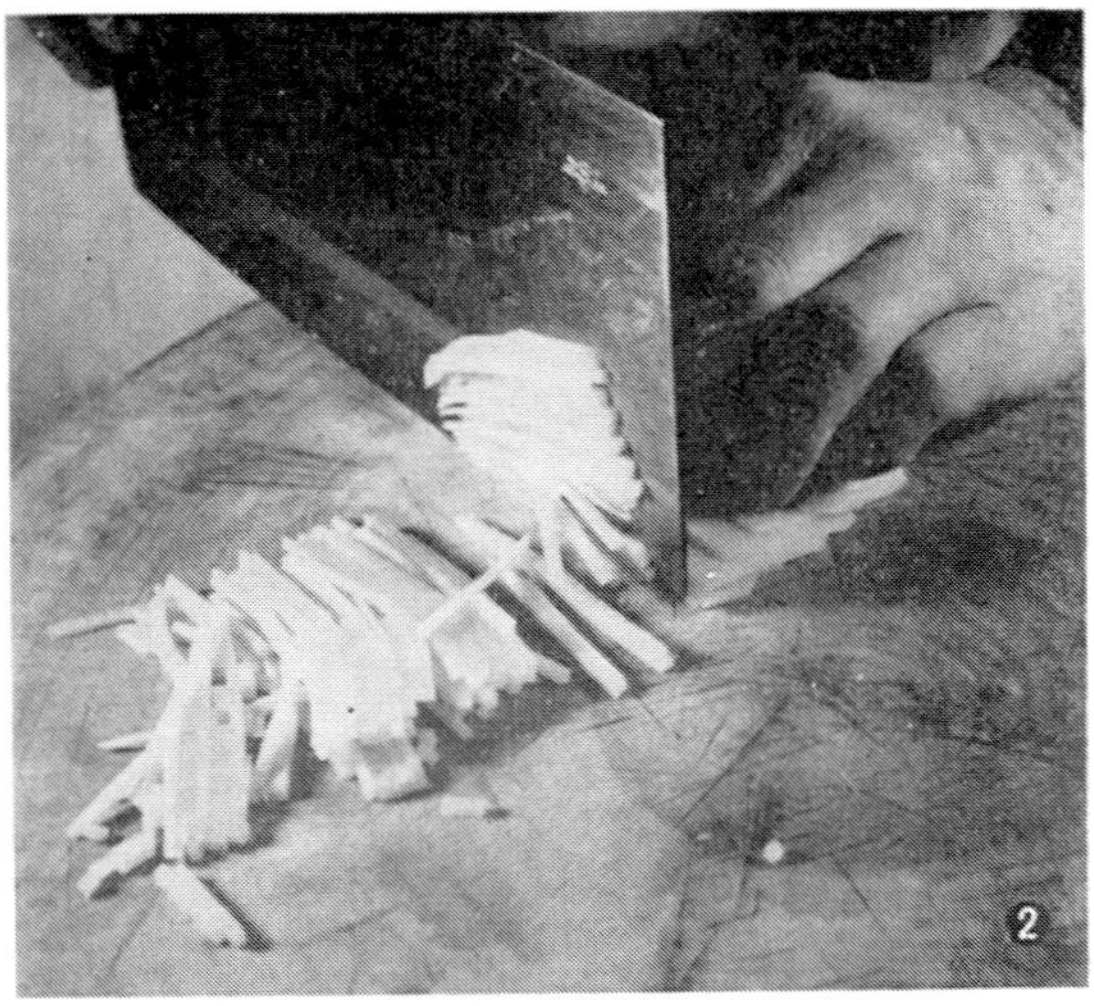

❷

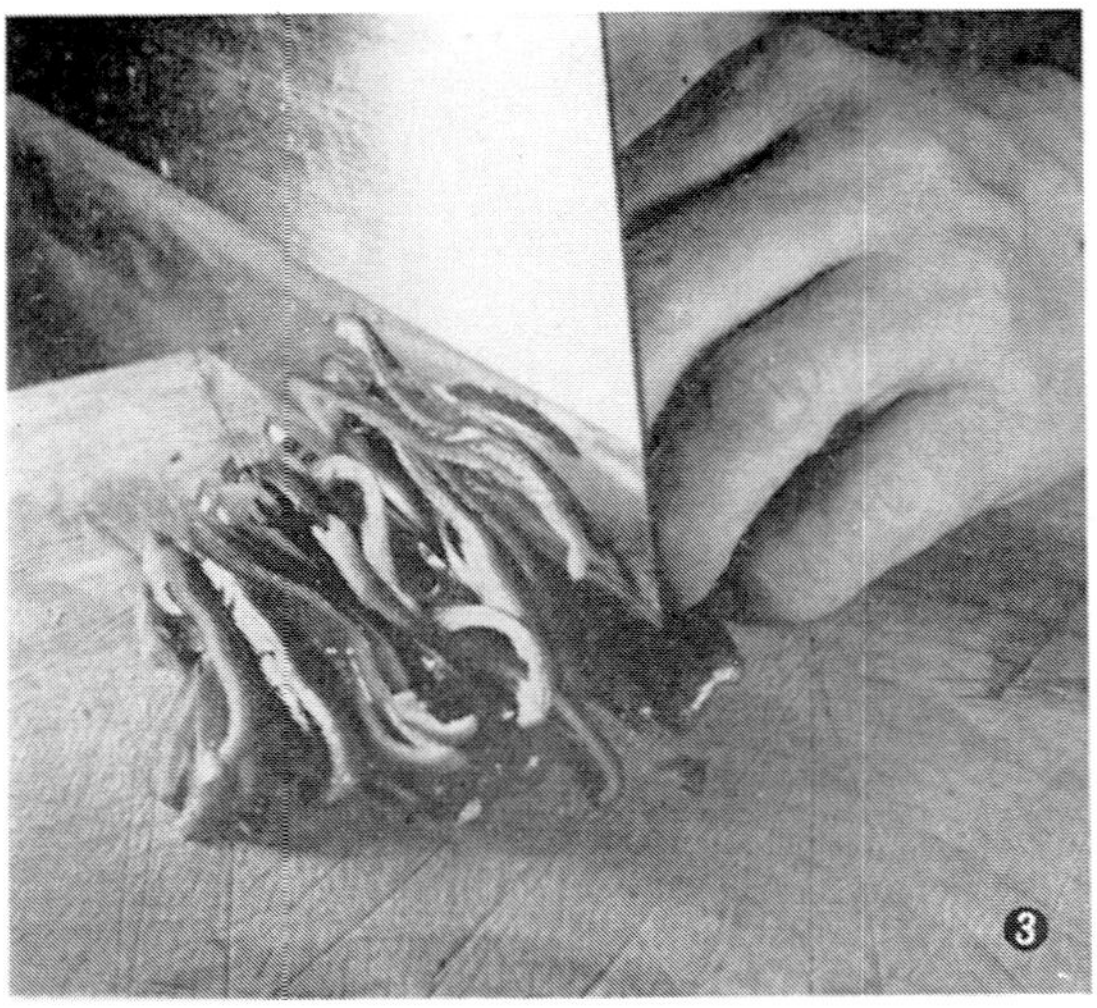

❸

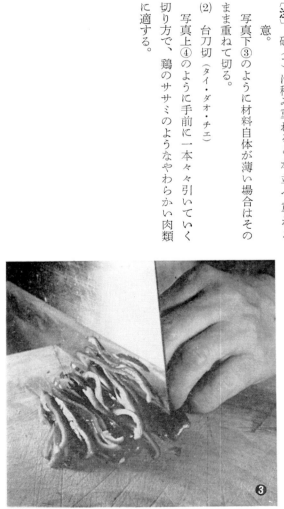

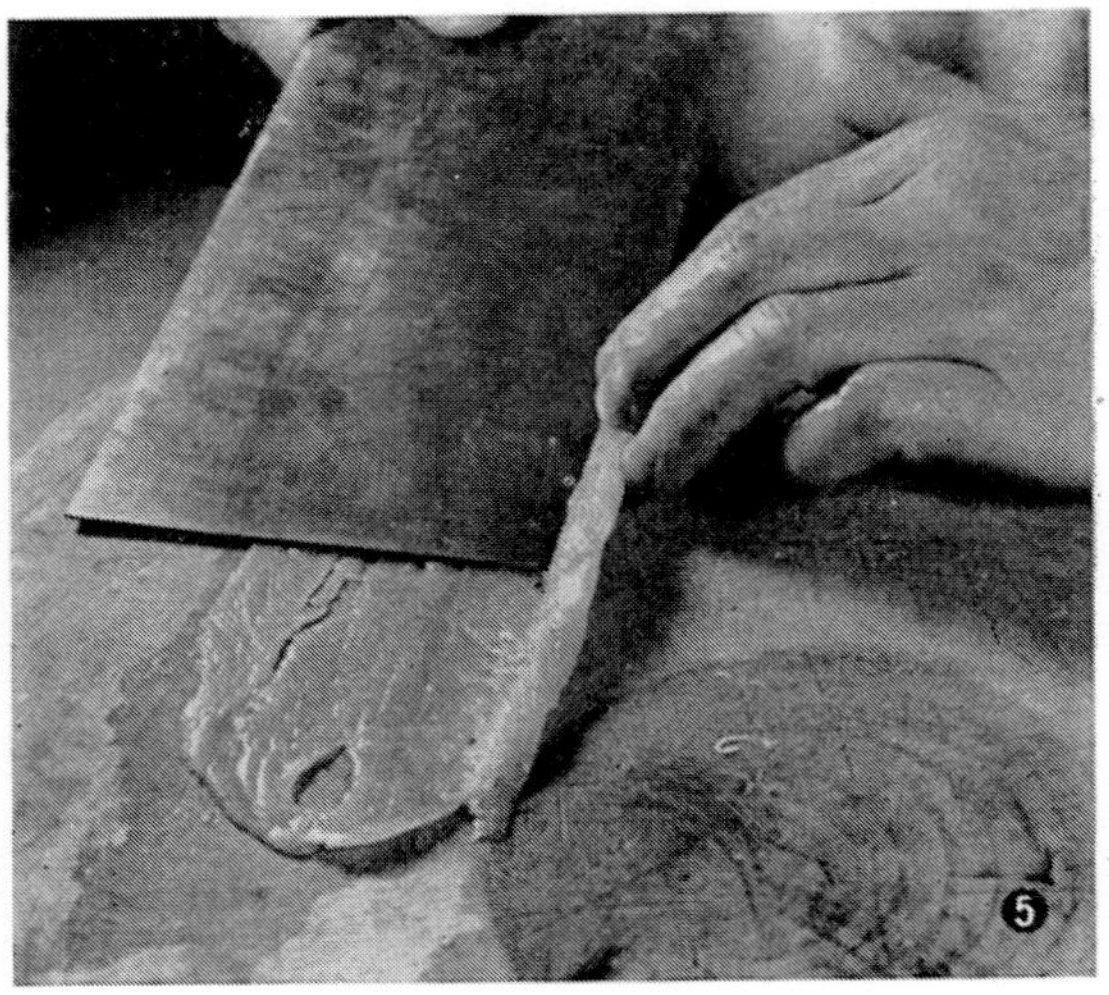

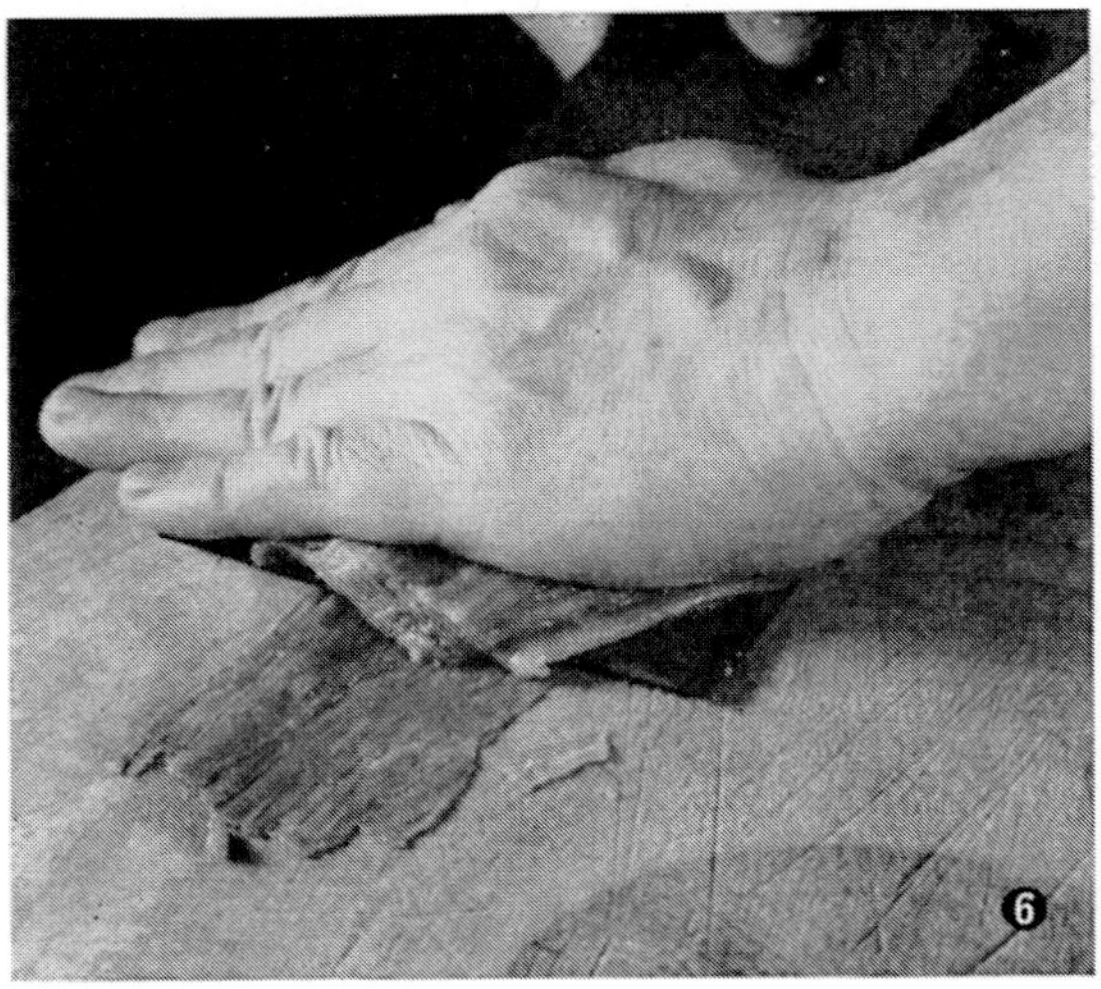

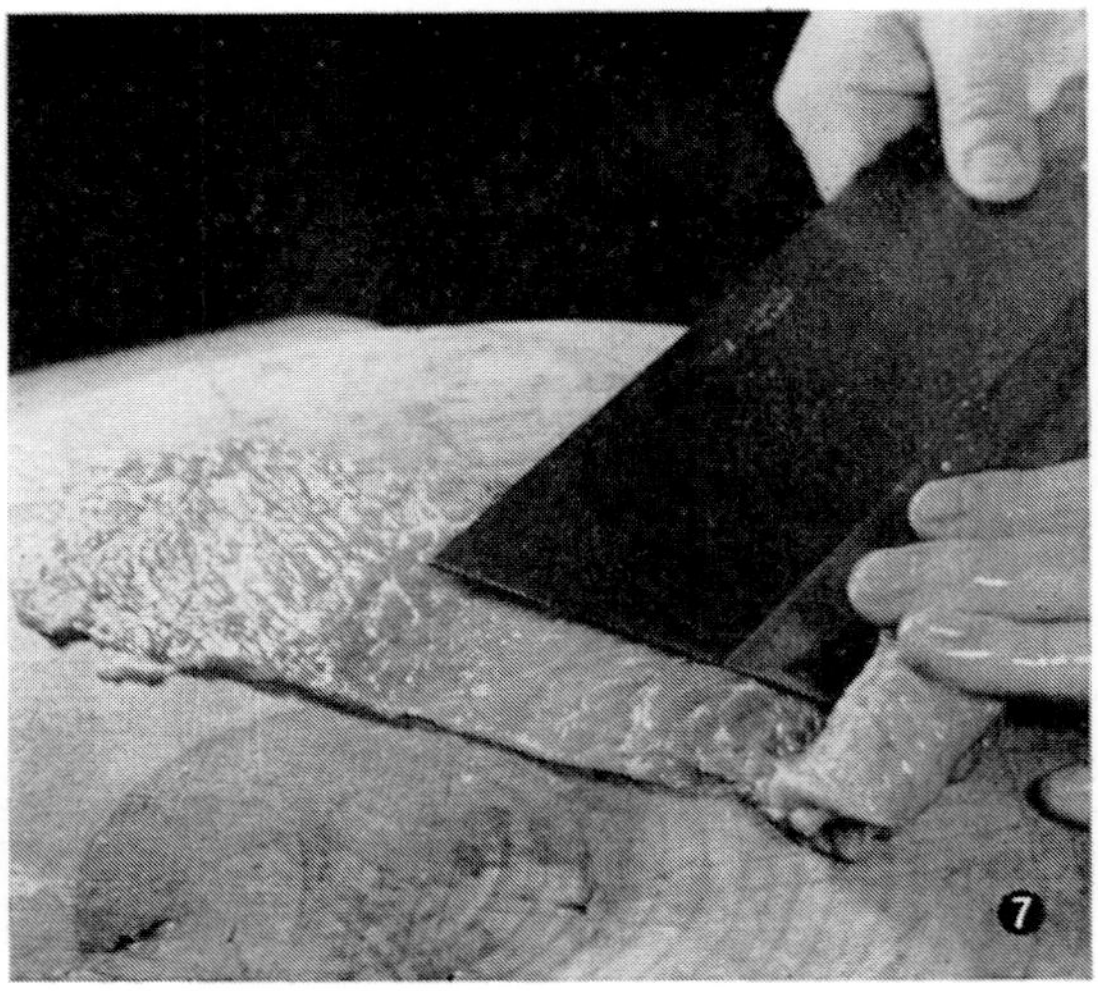

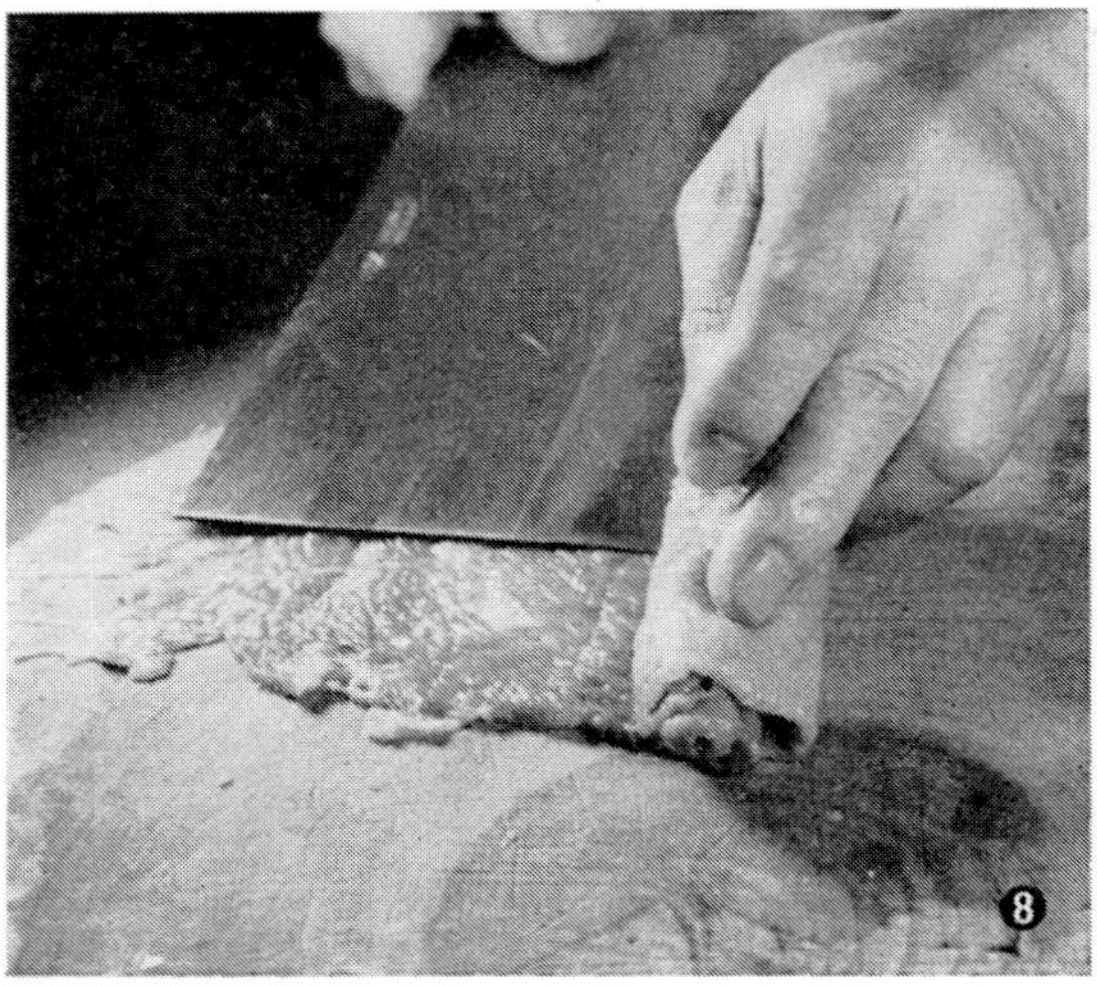

(3)　随片切（スェイ・ピエヌ・チエ）

写真上⑤のように材料をまわしながら横に一枚に開くようにして薄切りしたのち細切りする。

台刀切と併用したほうがよい。やわらかい肉や丸く細長い肉に適当。

(4)　片単切（ピエヌ・ダヌ・チエ）

写真上⑥のように薄切りしたのち重ねずに一枚ずつ切る。

台刀切と併用すると、細切りの中でもっともきれいにそろった仕上がりになるが時間がかかる。

(5)　滾筒切（グェヌ・トン・チエ）

これは肉のかたい場合や長いものがほしい場合の切り方で、写真中⑦のように肉を横にころがしながら幅広く薄切りして写真中⑧のように筒状に巻きもどし、薄切りの要領で切っていく（写真上⑨）。

〔**注**〕滾（グェヌ）にはころがすという意味がふくまれる。

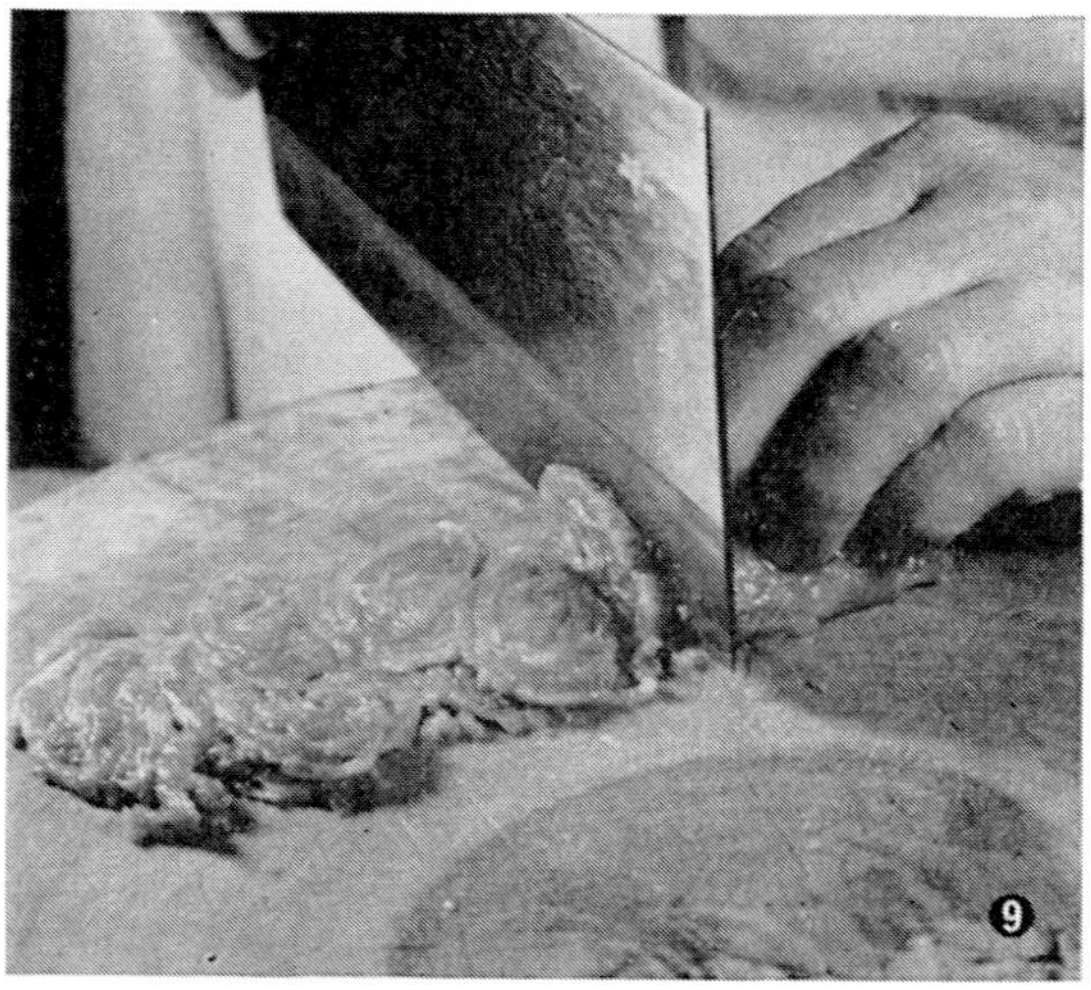
⑨

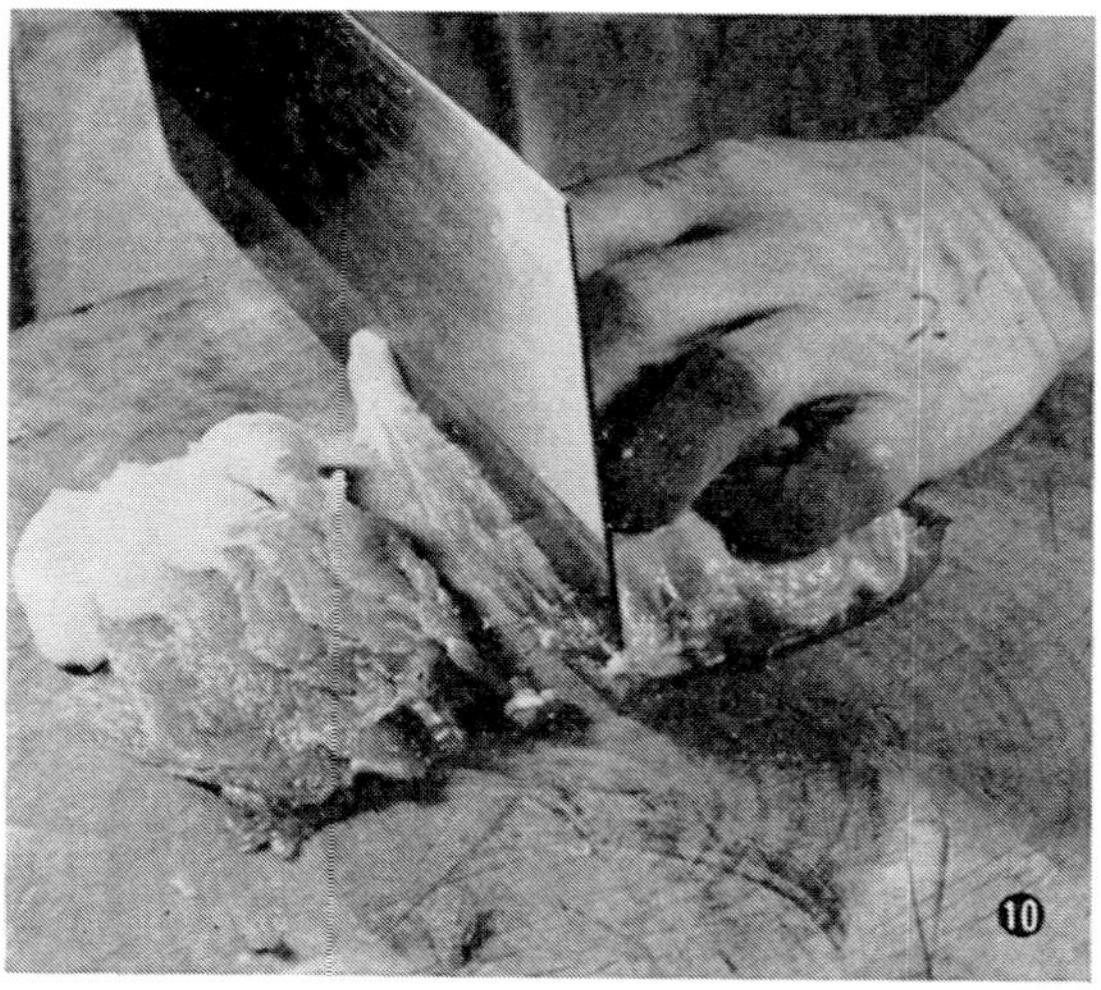
⑩

片類切法（ピエヌ・レイ・チエ・ファ＝薄切り類の切り方）

片（ピエヌ）とは薄切りのことで、大小、厚薄、いろいろ種類があるが、そのおもなものは次の四種である。

(1) 順切法（シュヌ・チエ・ファ）

これは写真上⑩のように上から前に押し出すようにして切る普通の切り方。

配料は写真下④のように包丁を上からおろすようにして切り、高級料理には花包丁を入れる。

また写真下⑤のような切り方もある。

(2) 斜刀片（シエ・ダオ・ピエヌ）

写真中⑪のように包丁を斜めにし、そぐよう

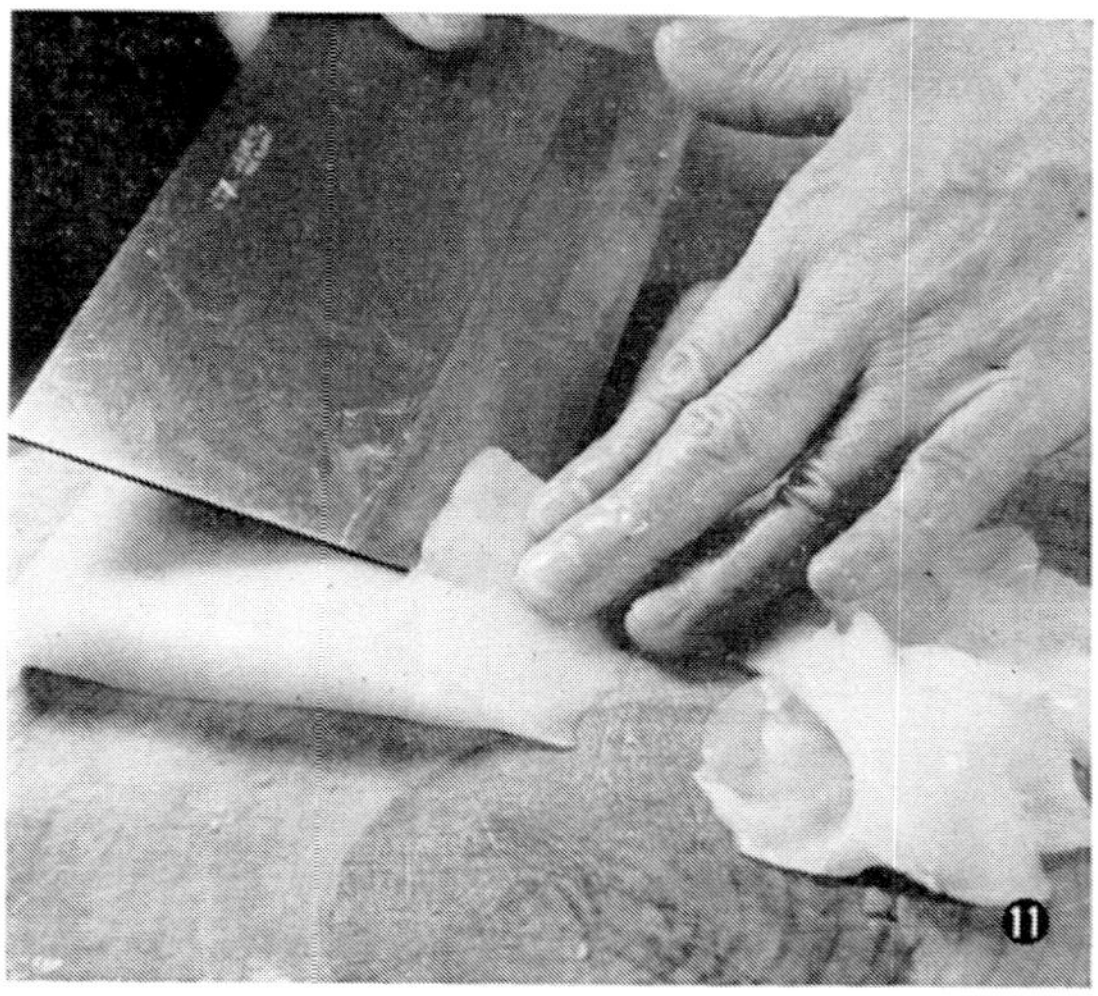
⑪

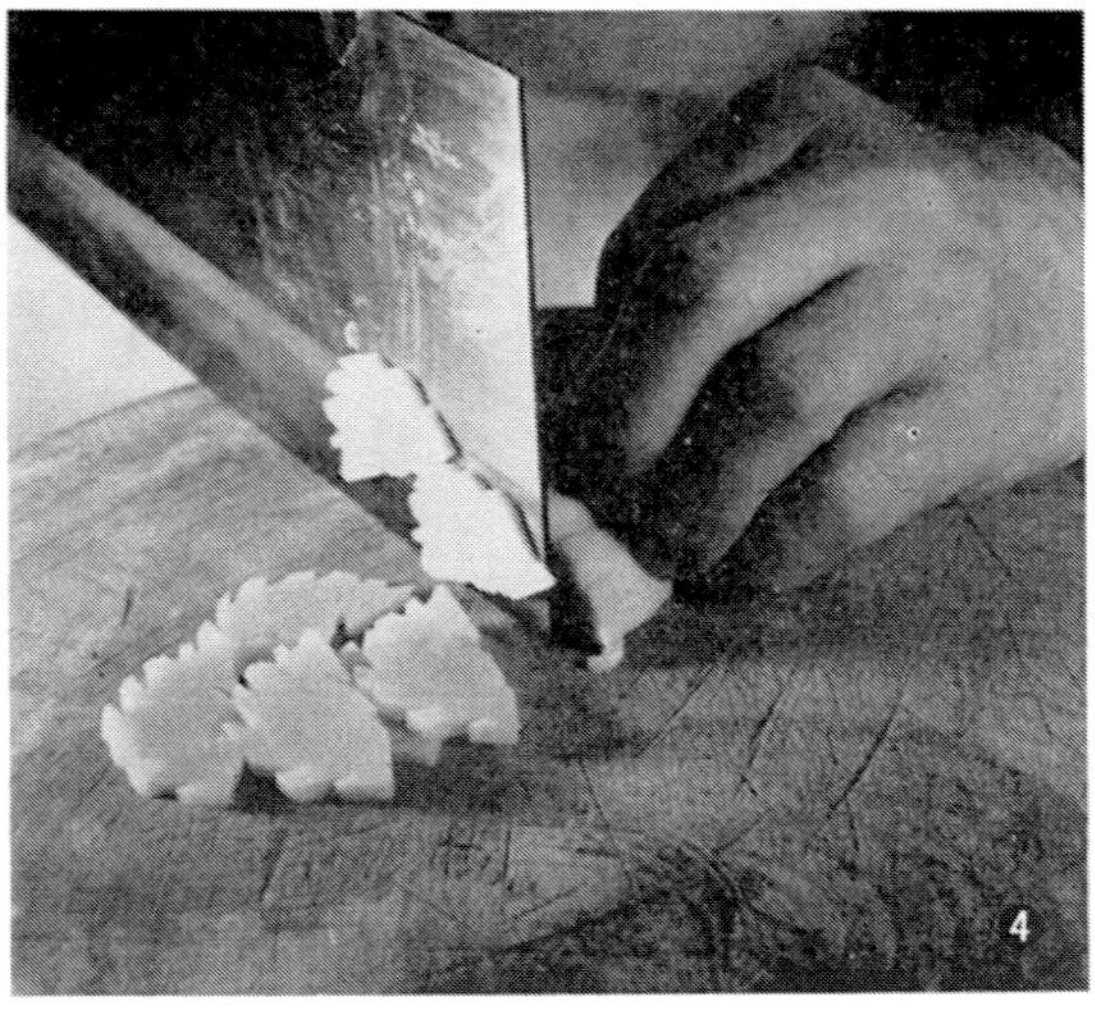
④

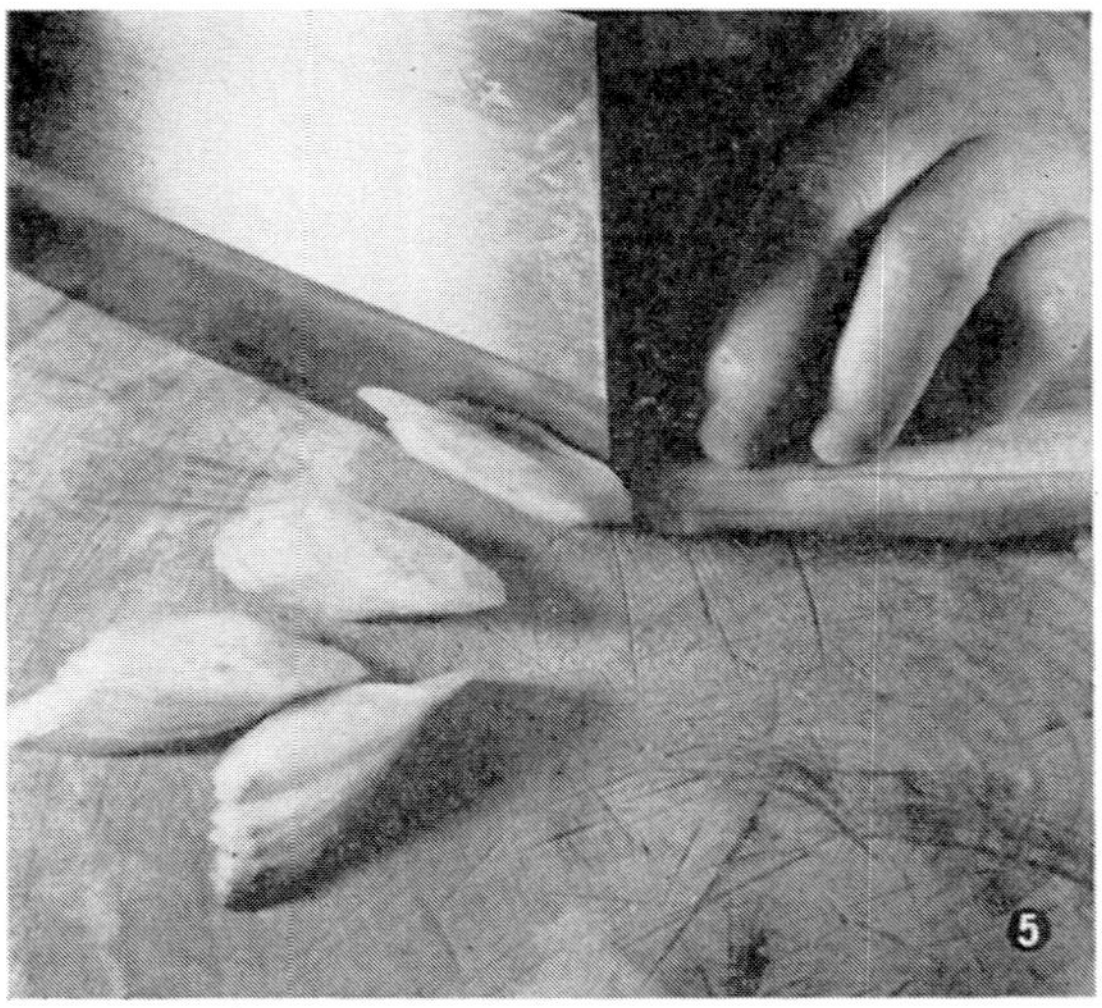
⑤

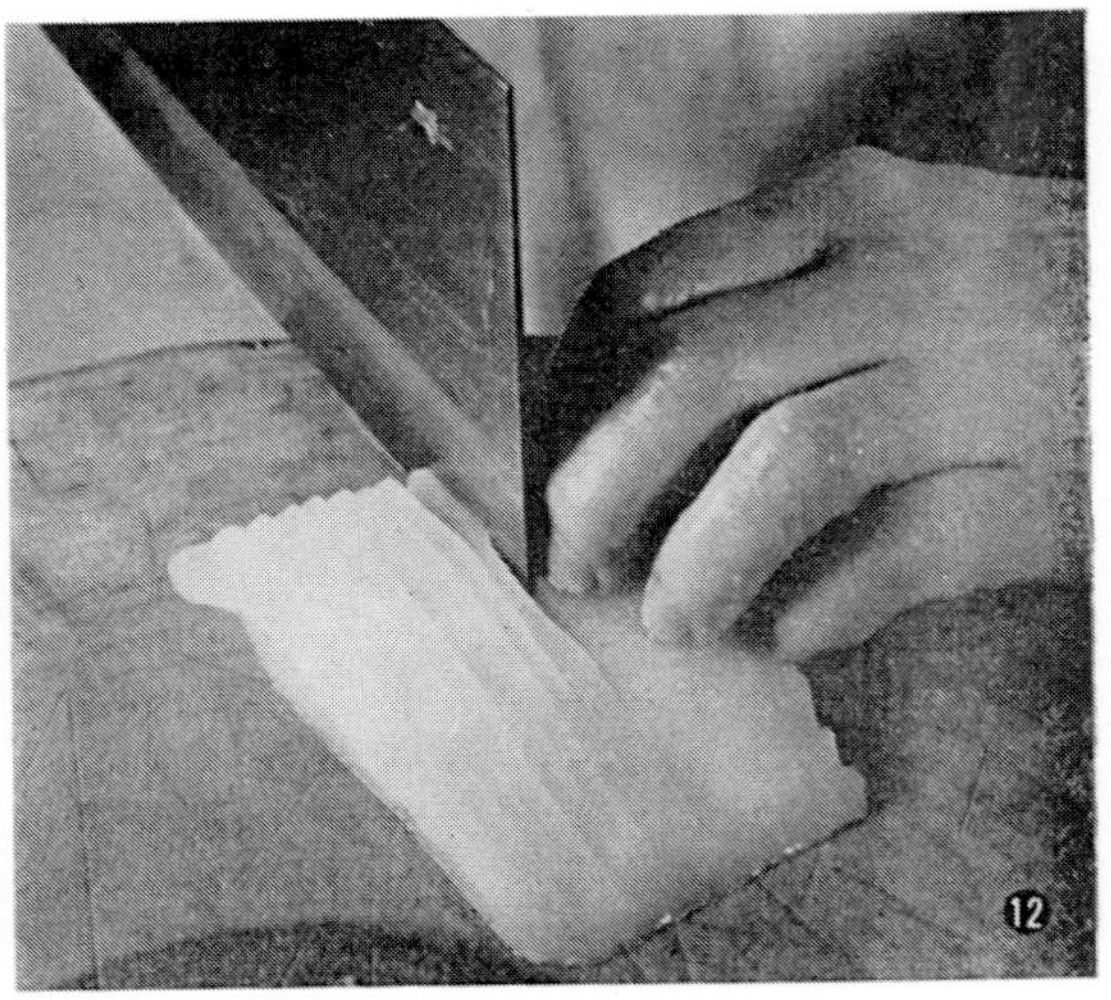

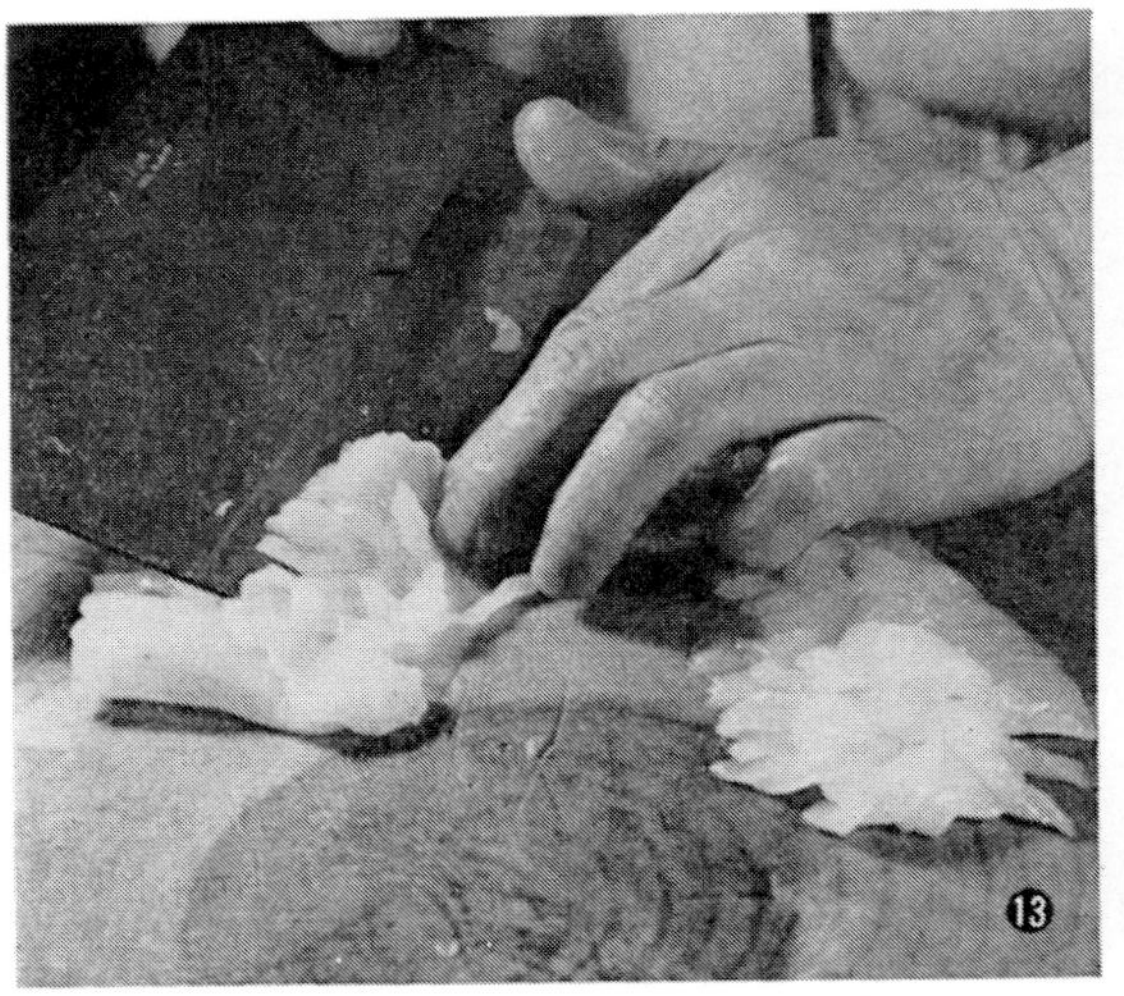

にして切る方法。

花切りの場合は写真上⑫のように$\frac{1}{2}$の厚さぐらいまでに包丁目を入れ、前記の要領で薄切りする。これを斜刀花片（シエ・ダオ・ホア・ピエヌ）といい、一枚切りを單片（ダヌ・ピエヌ）、間に包丁目を入れ二枚目で切り離すものを双飛片（シュアン・フェイ・ピエヌ）という（写真上⑬）。

配料は写真下⑥の要領。

(3)　平片（ピン・ピエヌ）

横に平らに切っていくもの。写真中⑭のように上からでもよいし、下から切ってもよい。

配料を少し厚く切る場合は写真下⑦、ごく薄く切る場合は写真下⑧の要領。

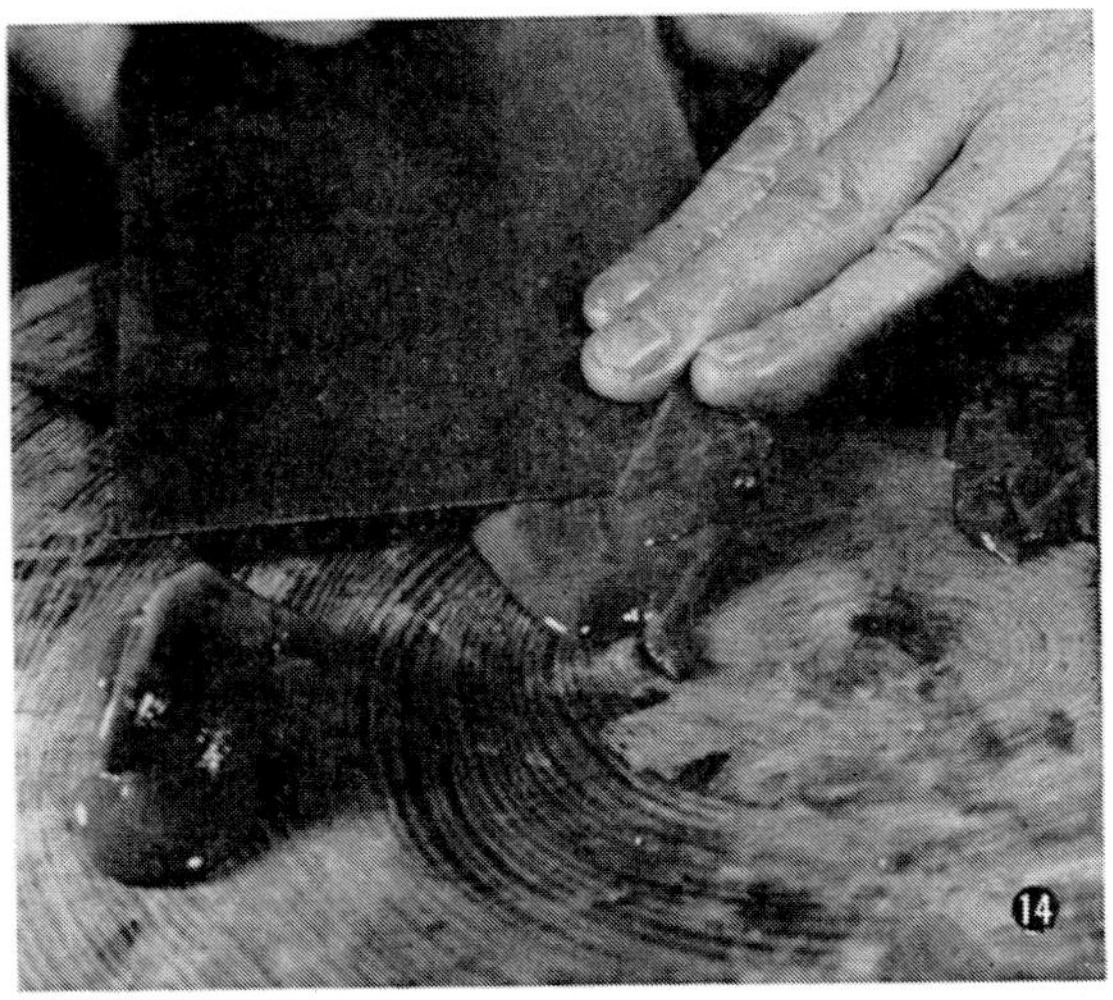

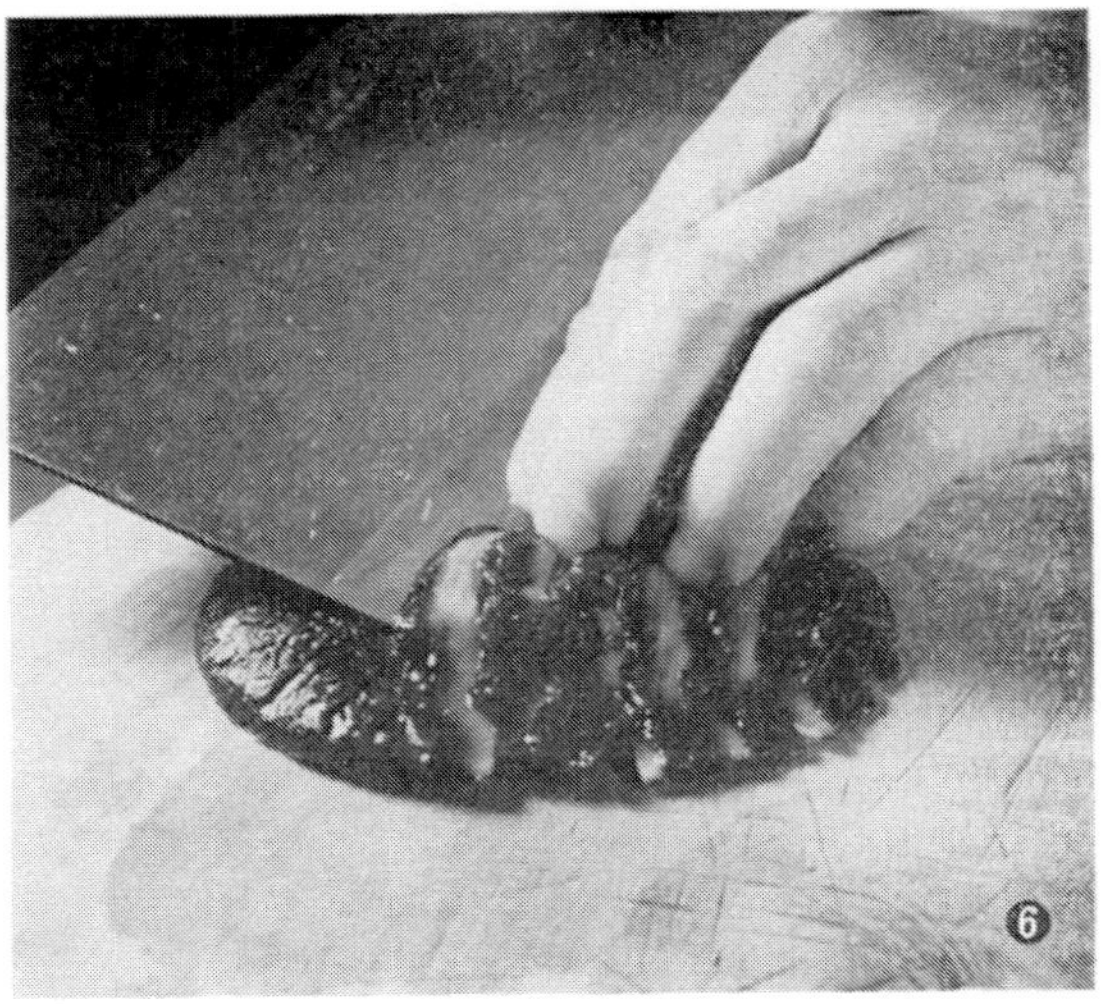

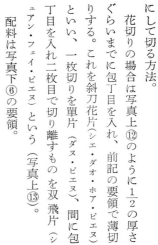

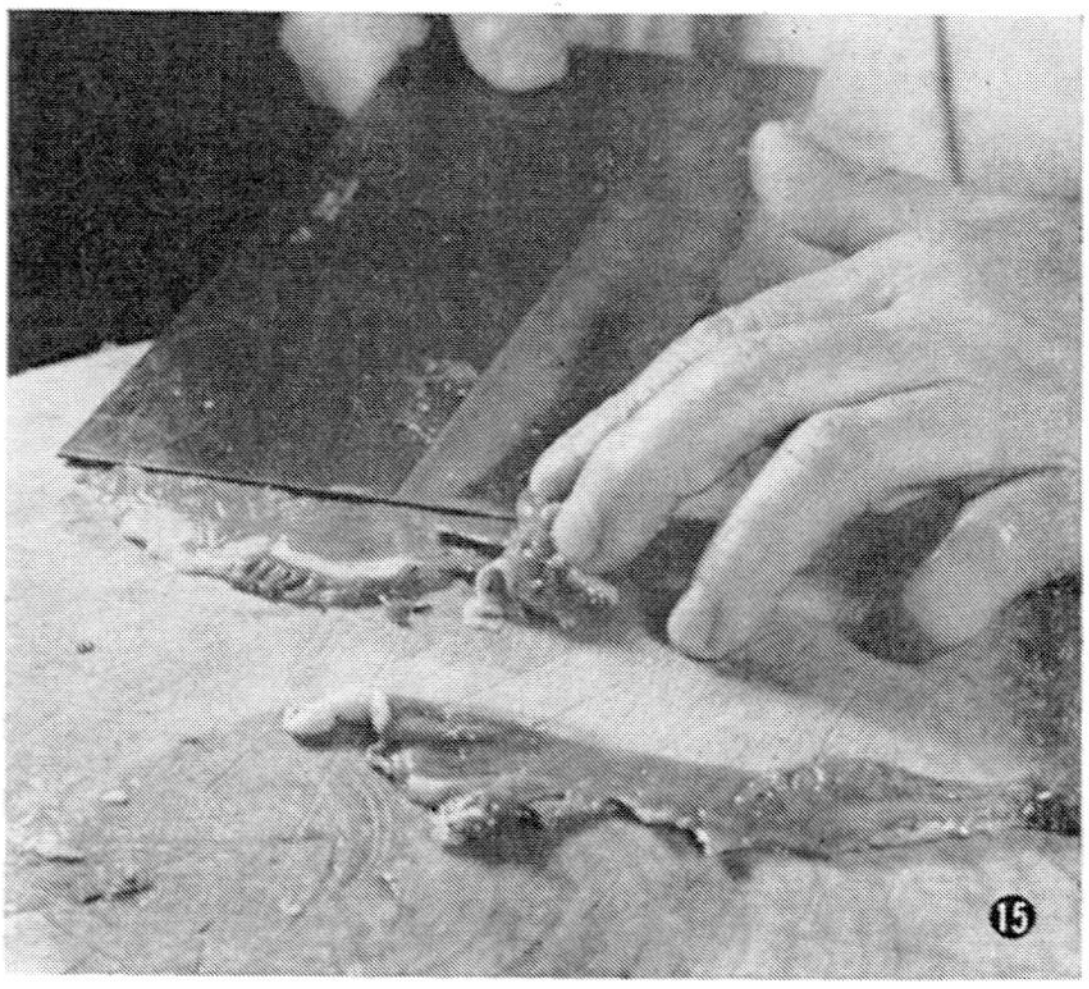

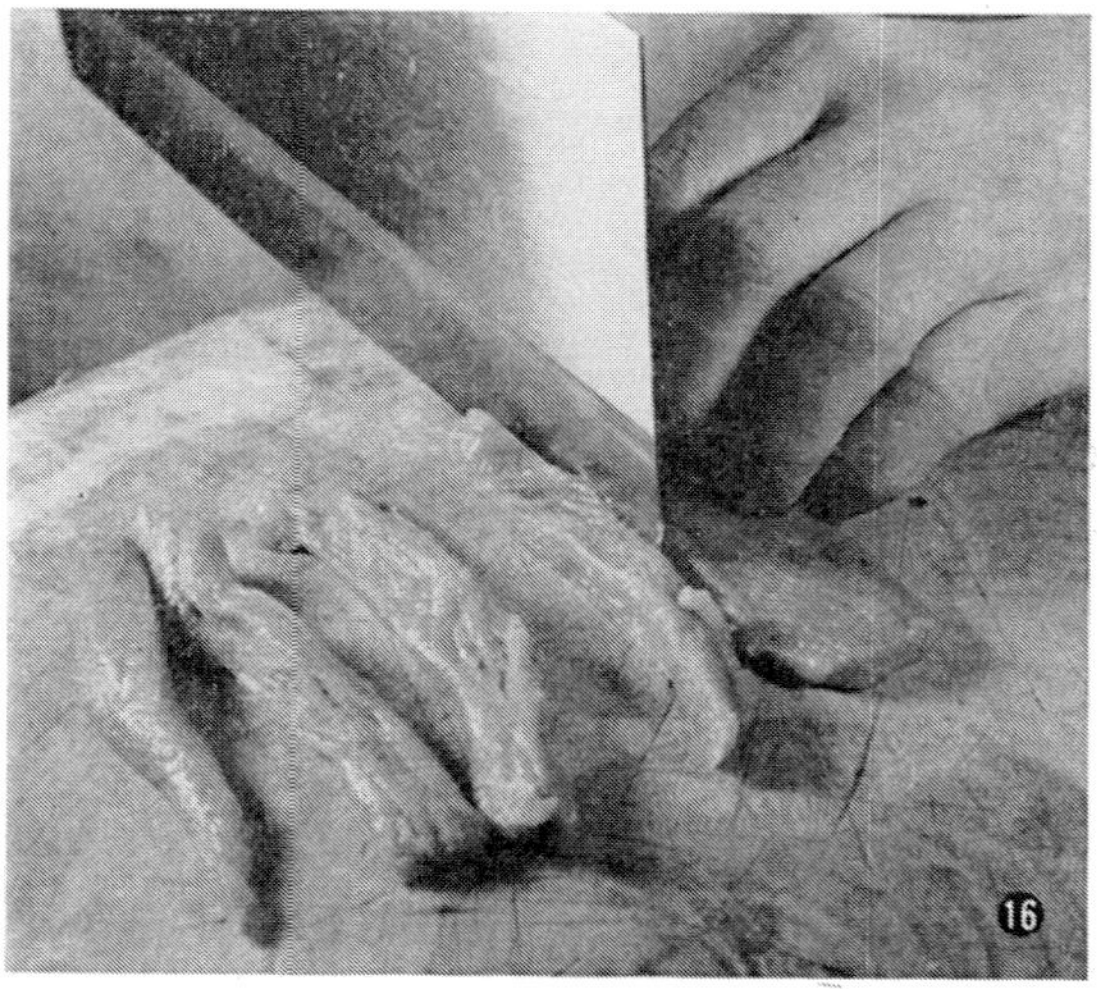

(4)　滾刀片（グェヌ・ダオ・ピエヌ）

鶏の心臓など小さくて丸いものを大きい薄切りにする場合、写真上⑮のように包丁を平らにあて、材料を横にころがしながら開くようにして切る。

以上が片の切り方の基本であるが、大小さまざまな形によって次のような表現もされる。

指甲片（ヅ・ヂア・ピエヌ＝指の爪大のもの）
韮菜片（ヂウ・ツァイ・ピエヌ＝ニラの形）
骨牌片（グ・パイ・ピエヌ＝カルタの形）
梳子背（スュウ・ヅ・ベイ＝櫛の形）
竹葉片（ヅウ・イエ・ピエヌ＝竹、笹の葉形）

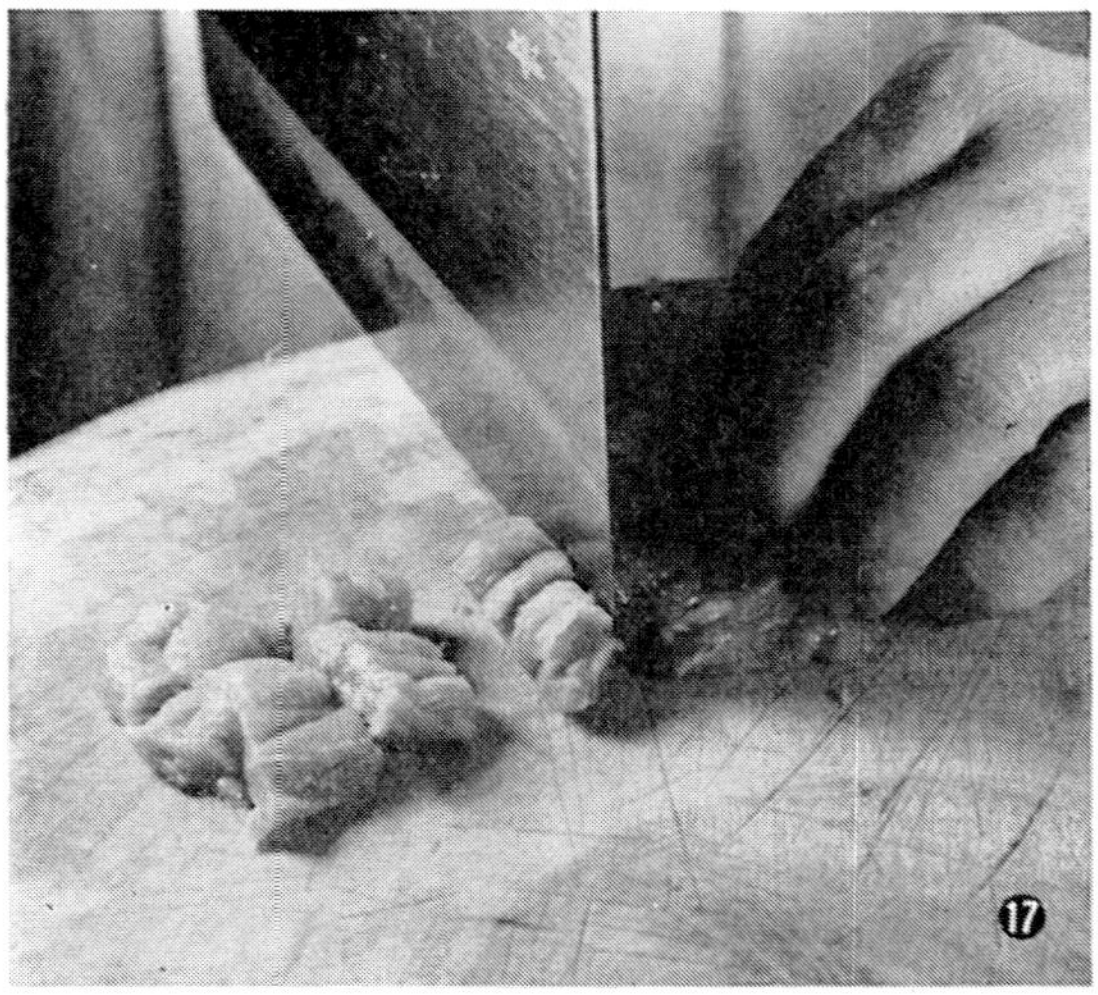

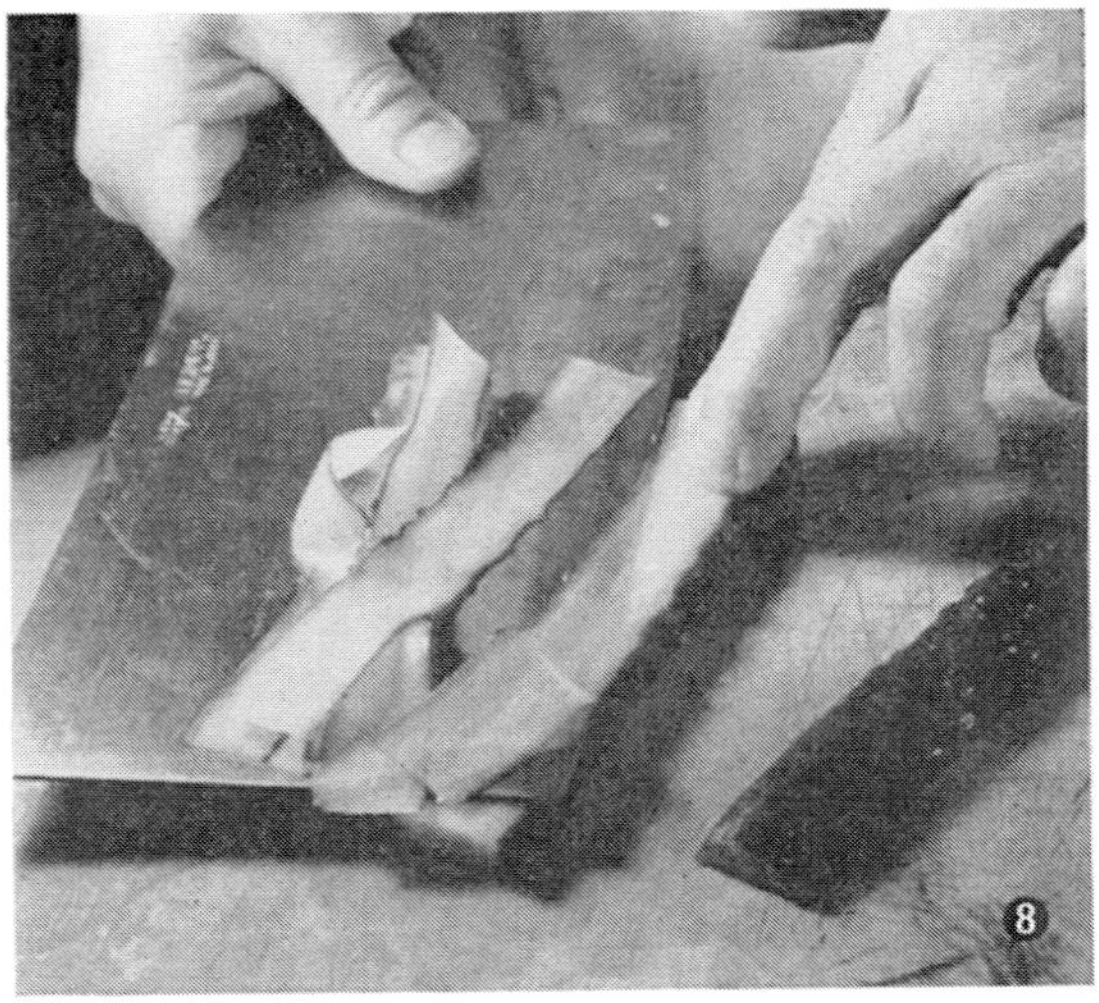

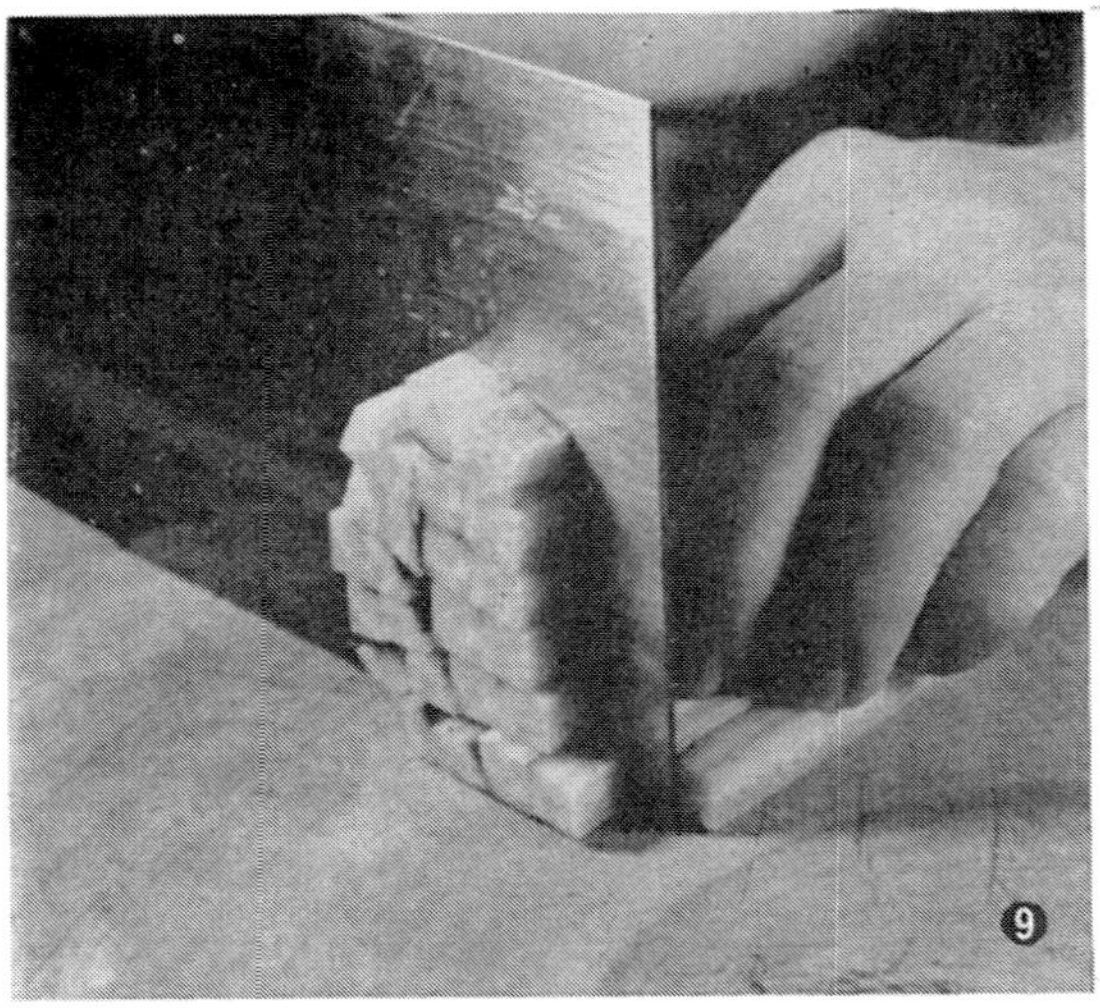

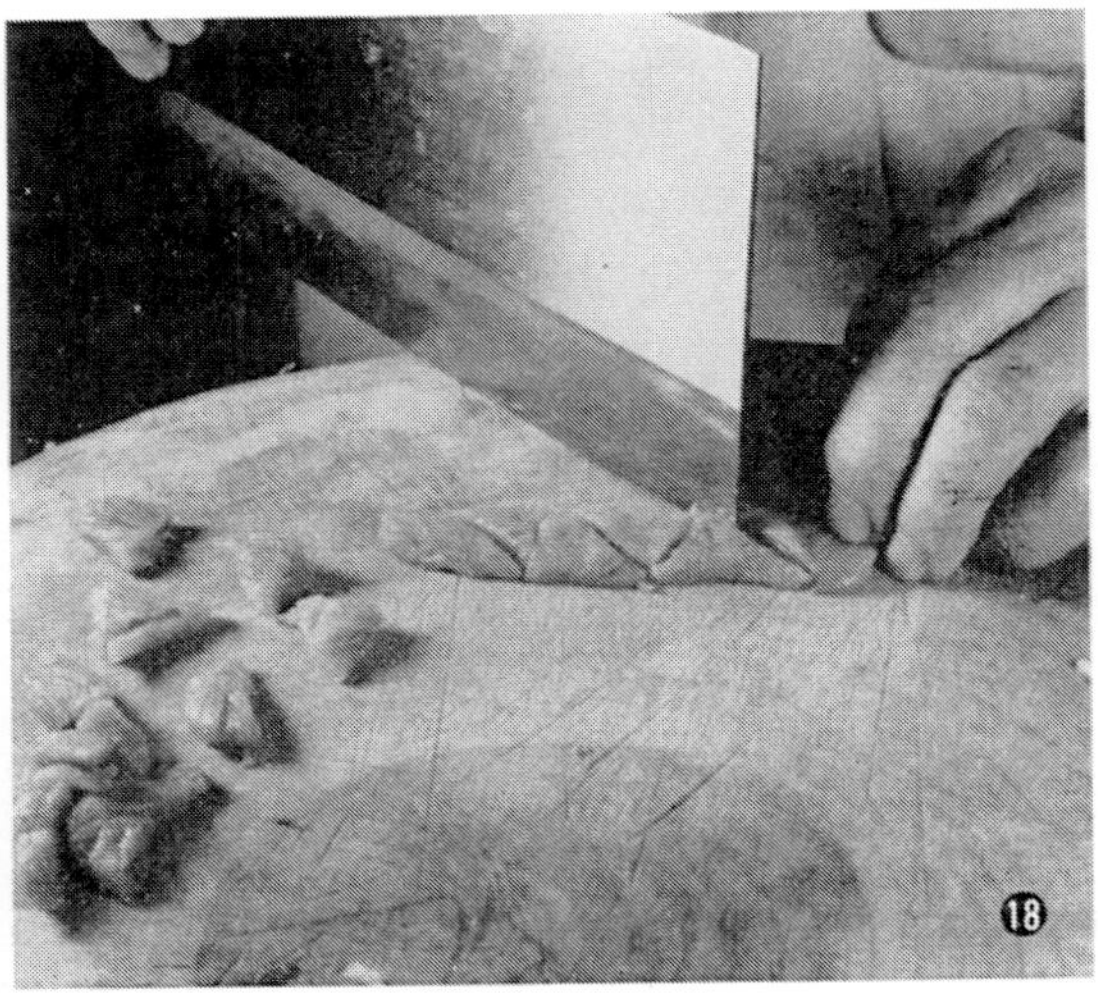

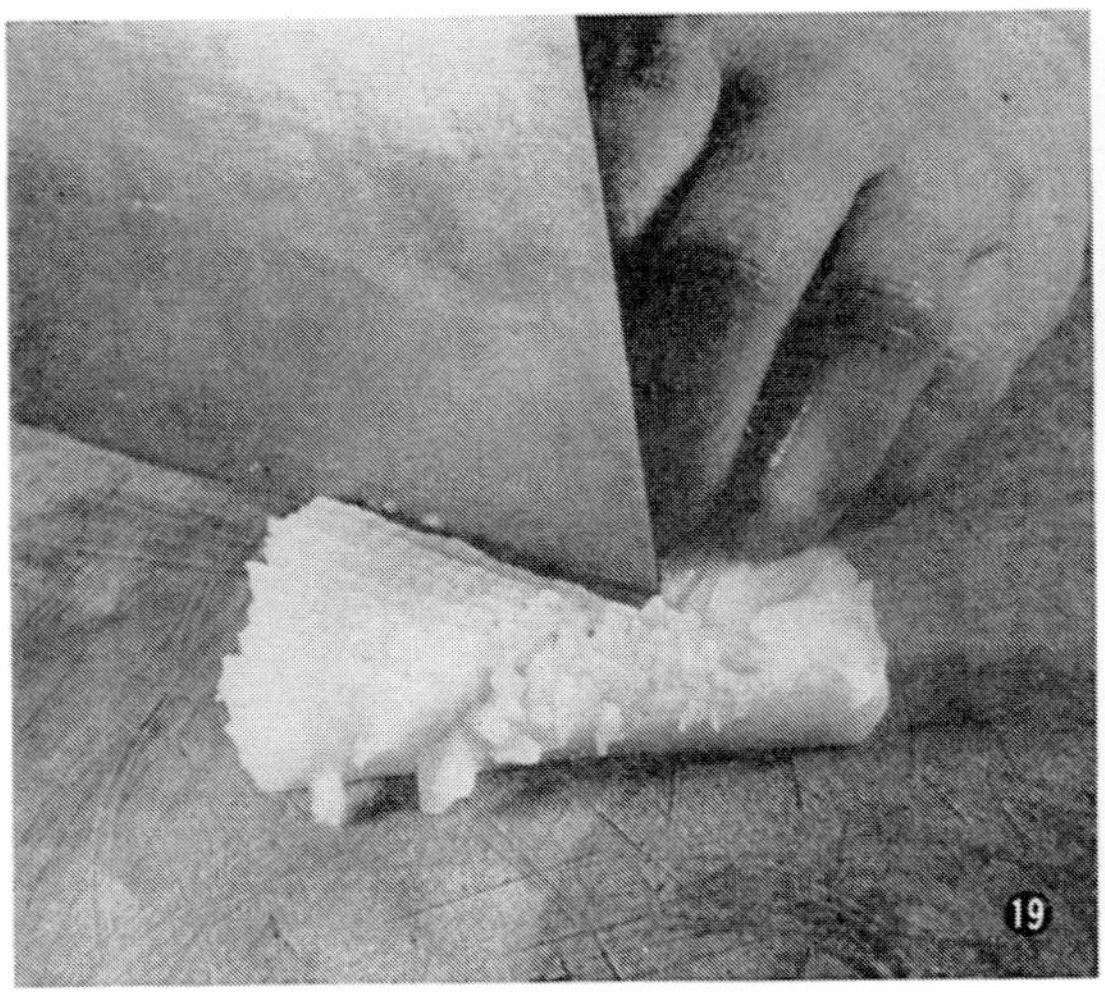

丁類切法（ディン・レイ・チエ・ファ＝小形の角切り類の切り方）

丁（ディン）の基本の大きさは一cm角前後いわゆるさいの目切りだが、四角とは限らず三角、菱形などもあり、花切りにもいろいろある。五〜七mm角ぐらいに小さく切るのは小丁（シアオ・ディン）、二cm角以上になると塊（クアイ）という。

(1)　方形丁（ファン・シン・ディン）

方（ファン）とは四角のこと。前頁の写真上⑯のように一cm角の棒状に切ったのち真四角に切る（前頁写真中⑰）。

配料は前頁の写真下⑨のように切る。

(2)　三角丁（サヌ・ヂアオ・ディン）

これは三角形のこと。前頁の写真上⑯のように棒状に切ったのち三角形に切る（写真上⑱）。

配料は写真下⑩のような回し切り（旋刀丁＝シュアヌ・ダオ・ディン）が合う。

(3)　菊花丁（チュ・ホア・ディン）

花切りの丁のことで、写真上⑲のように交叉状に深く包丁目を入れ、写真上⑳のように一cm幅の棒状に切ったのち四角に切る（写真上㉑）。

配料は同じく写真下⑪⑫のように花切りすると合う。

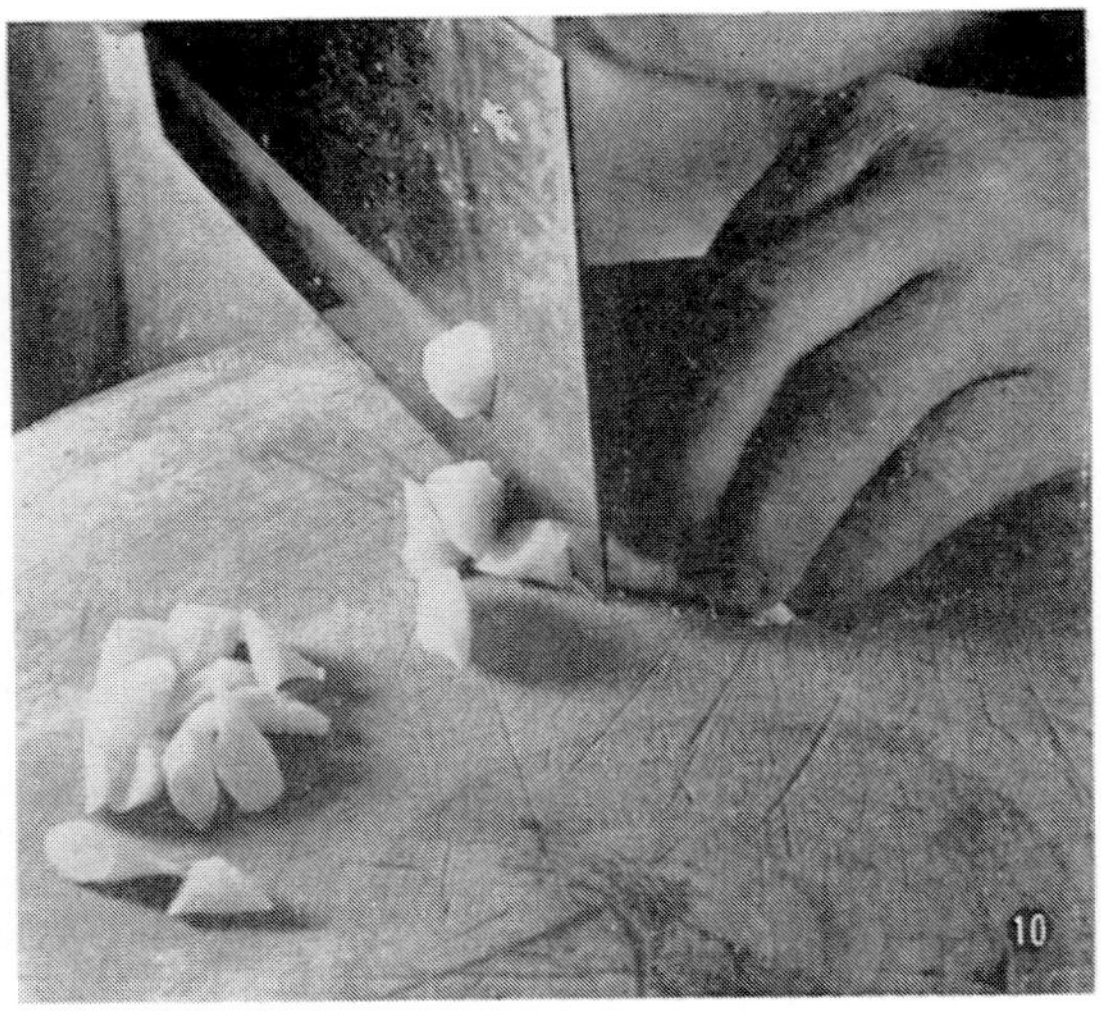

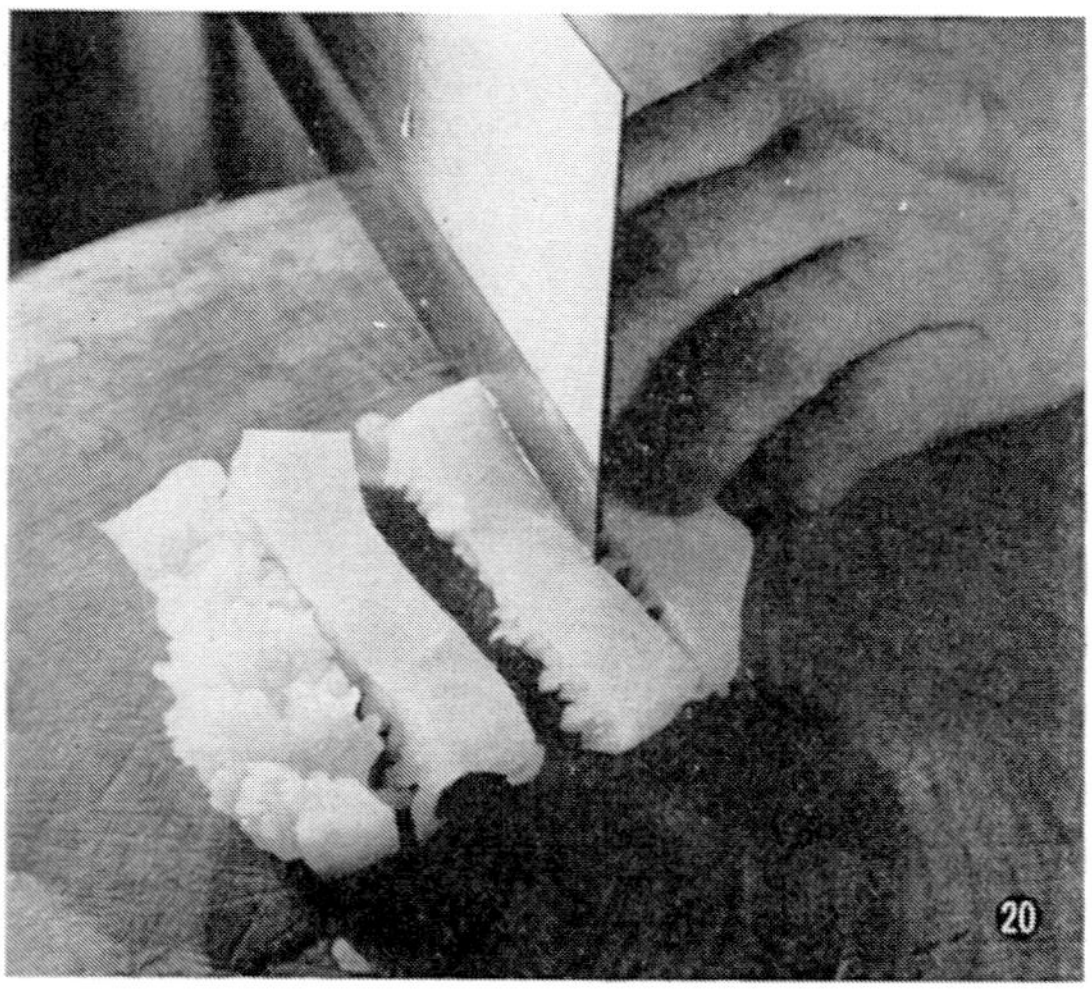
⑳

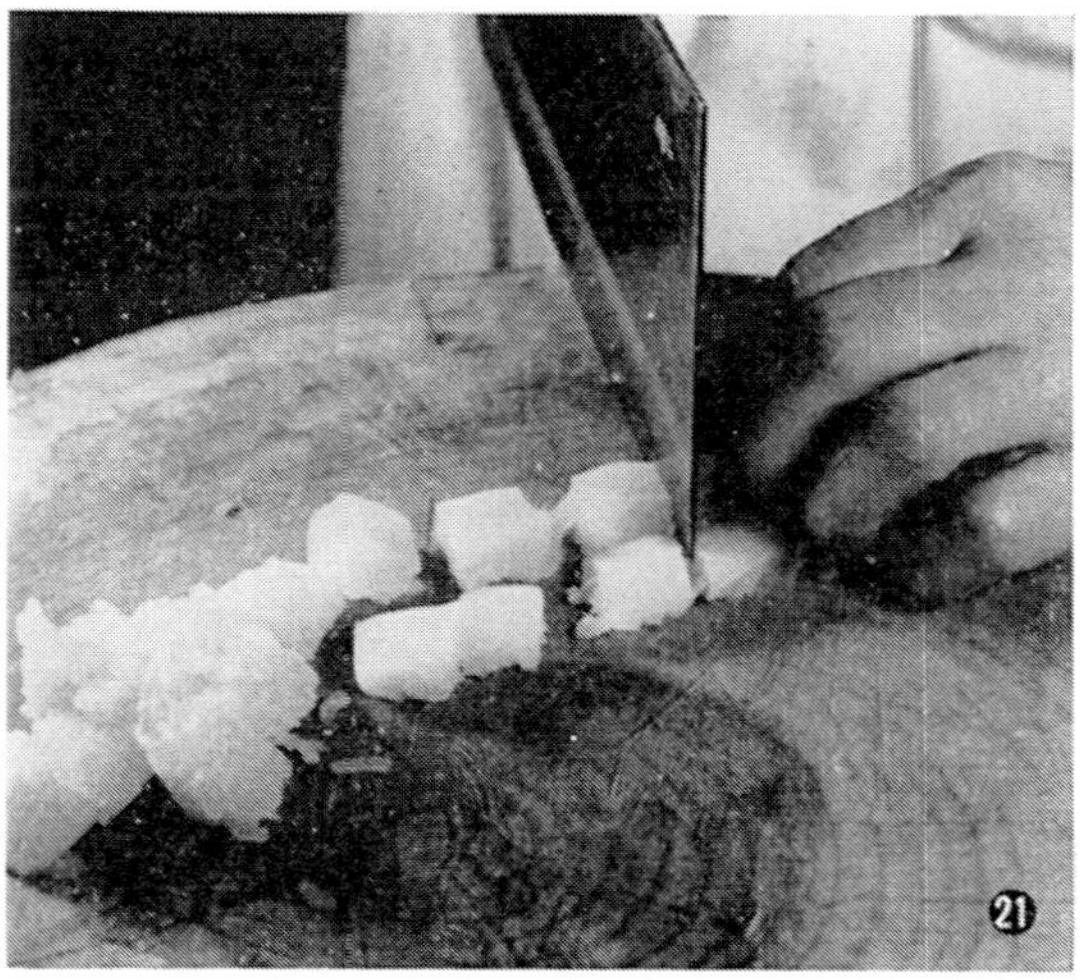
㉑

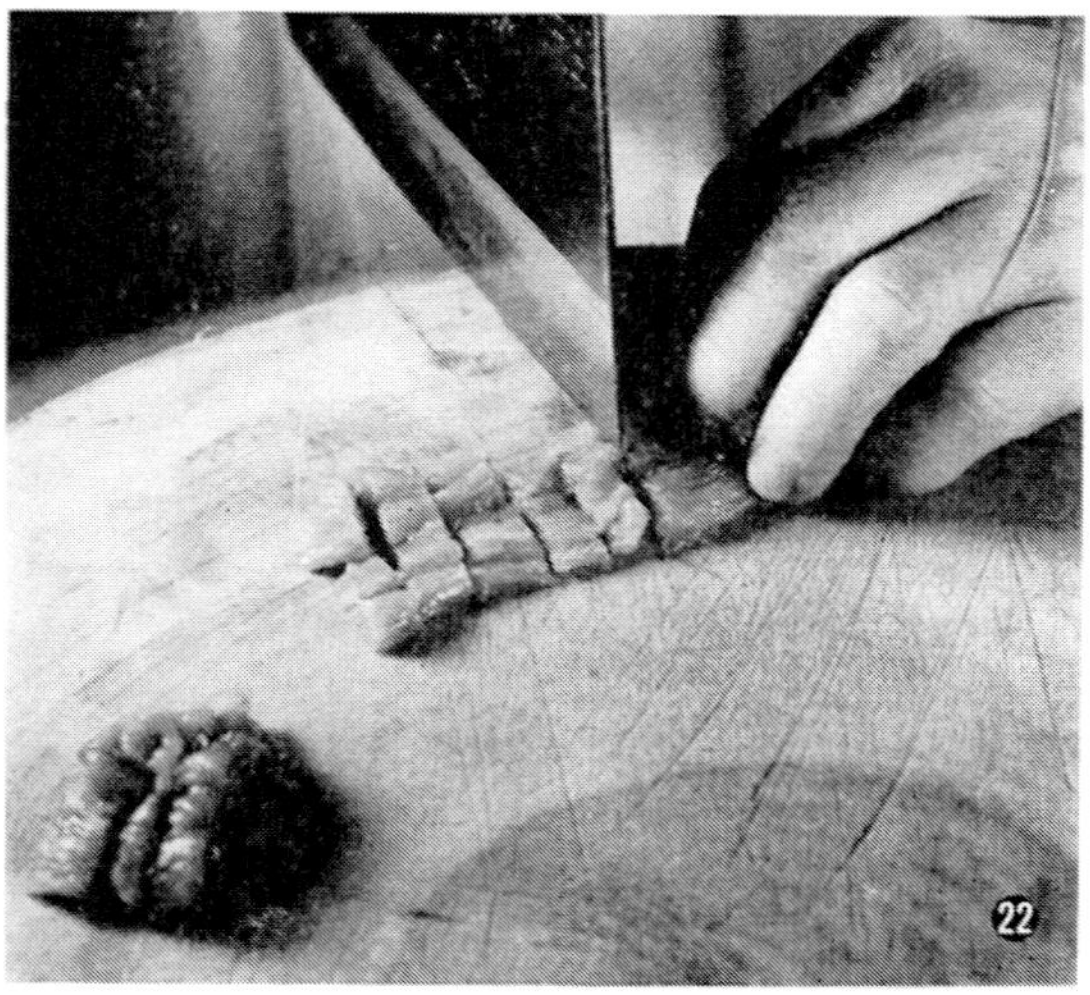
㉒

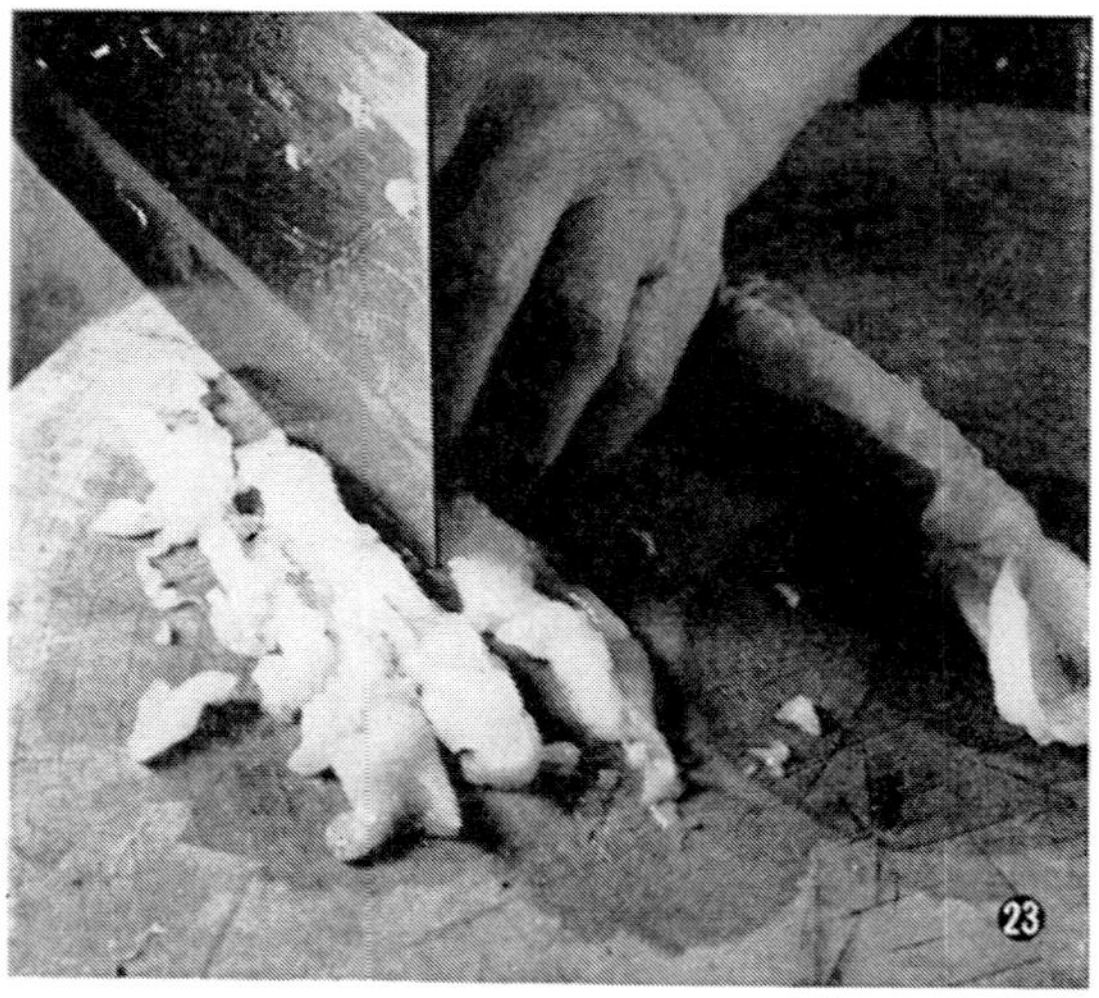
㉓

⑫

(4)　筷子頭（クアイ・ヅ・トウ）

筷子（クアイ・ヅ）は箸のことで、箸の頭大（五〜七㎜角）の小丁（シアオ・ディン＝写真中㉒）。

この小丁ぐらいの大きさを鬆（スン）とも表現する。ただし鬆の場合は必ずしも大きさをそろえなくてよい。大エビなどを写真中㉓次頁上㉔のようにして切ると肉質によって大小不ぞろいになるが、そのほうが鬆の意にはかなっている。

配料は次頁の写真下⑬のように切る。

24

前記の切り方をふくんで次のような表現もある。

菱角丁（リン・ヂアオ・ディン＝菱の実形）

橄欖丁（ガヌ・ラヌ・ディン＝オリーブの実の形）

骰子丁（シァイ・ヅ・ディン＝サイコロ形）

豌豆丁（ワヌ・ドウ・ディン＝青エンドウ大のもの）

以上が丁の切り方の基本であるが、このほか次のような切り方も多く使われる。

(1) 米（ミィ）

みじん切りとほぼ同じであるが鬆の切り方の米丁形（ミィ・ディン・シン＝米粒大）、砕米形（ツェイ・ミィ・シン＝半欠けの米の形）などの表現がある。

写真下⑭はショウガのみじん切り。姜米子（ヂアン・ミィ・ヅ）というが、別名姜末（ヂアン・モォ）のほうが一般的である。

(2) 末（モォ）

みじん切りのこと。今は肉類の場合肉挽き器にかけて挽き肉（肉末＝ルウ・モォ）にしているが、本来は二枚の包丁で細かくたたき切る。多少大小があってもかまわないが、きれいにそろえたい場合は、薄切り↓細切り↓小口切りの順に切るとよい。特に配料の場合はこの切り方が望ましい。

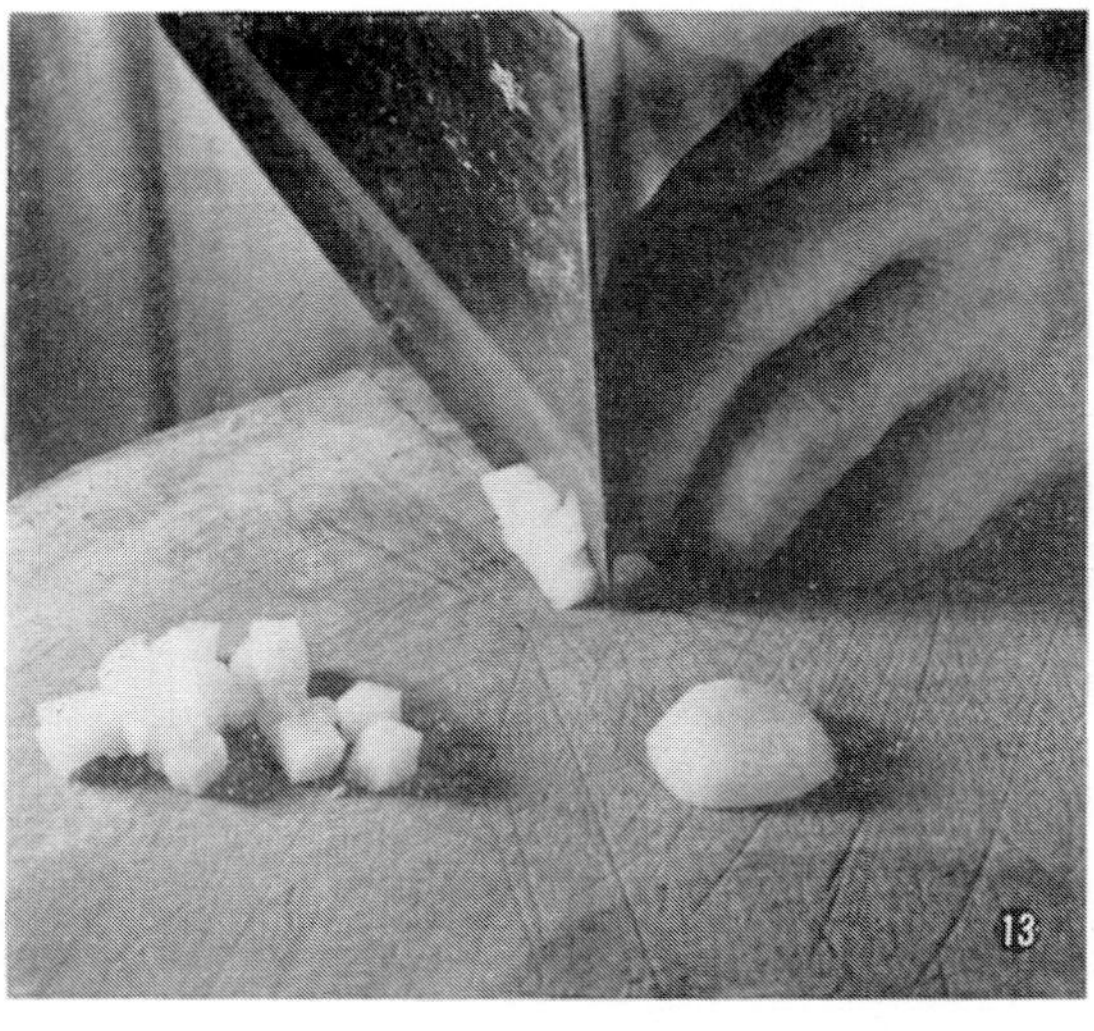
13

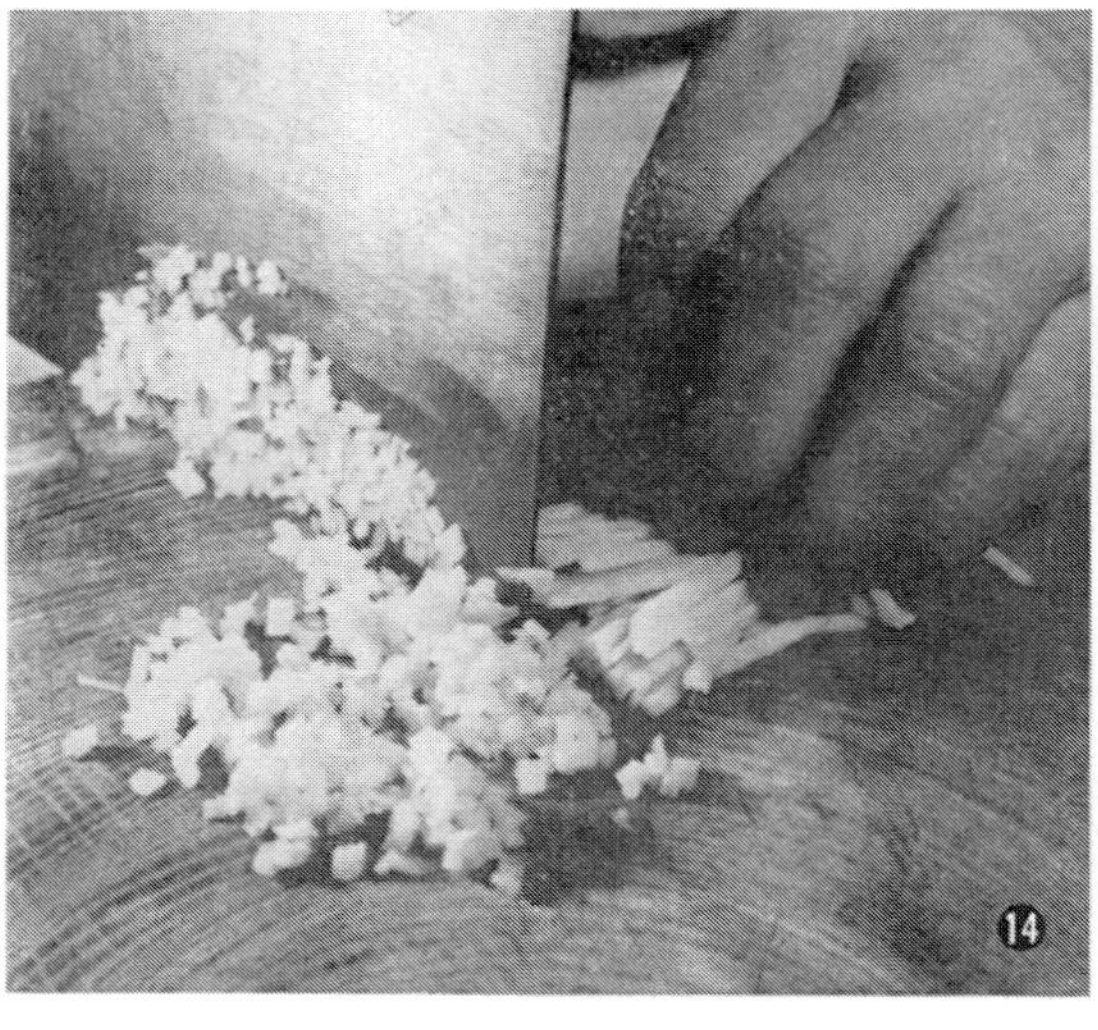
14

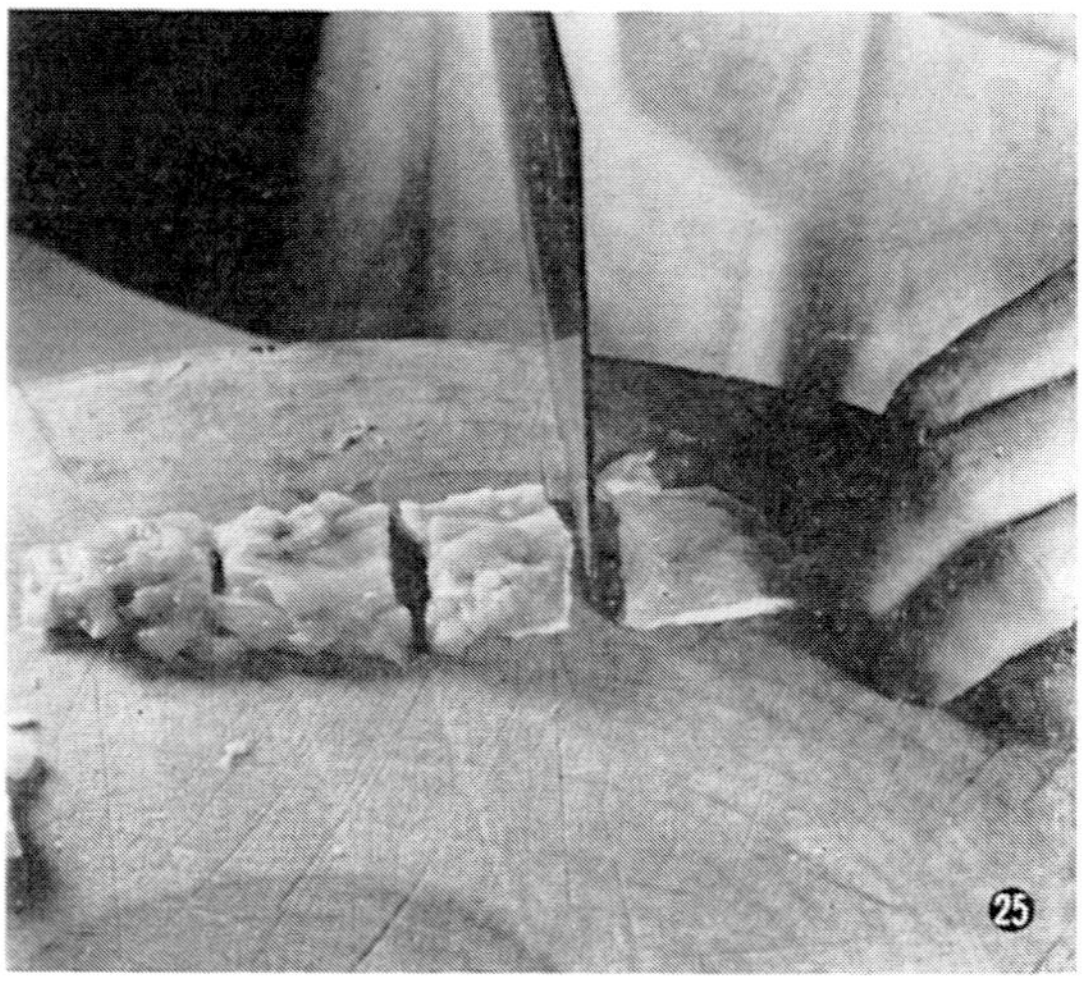

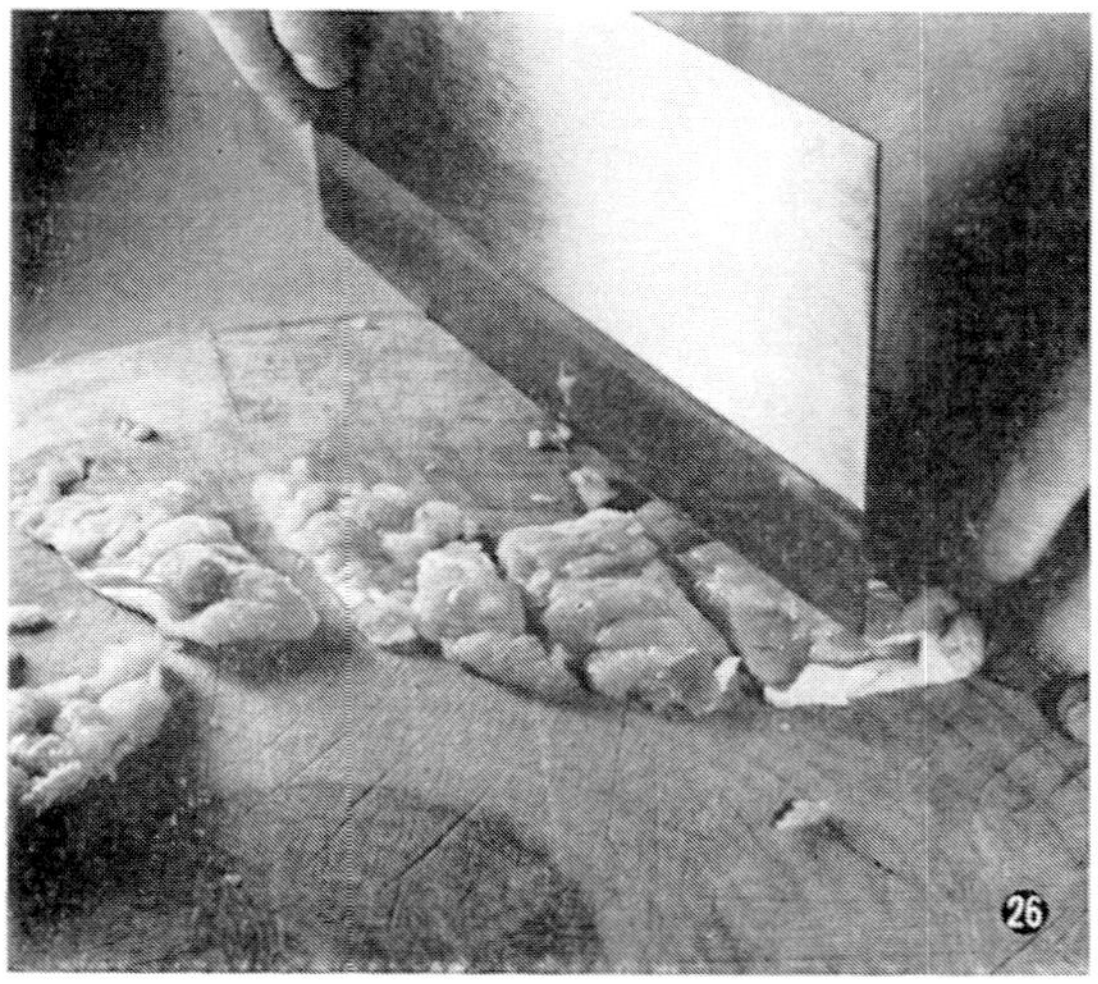

写真下⑮はネギの切り方で、葱末（ツオン・モオ）または葱花（ツオン・ホア）と表現される。

また、末の切り方の中でさらに細かいものを細末（シィ・モォ）と表現する。

(3)　茸（ルォン）

絨（ルォン）とも書き、字義は草の生えはじめのような、また羊毛のような細くやわらかいことを表わす。調理用語ではみじん切りよりもっと細かく粒々が感じられないぐらいにする（スリミに近い）ことをいう。

これは切るのではなく、包丁の背でたたくもの（包丁は二枚使い、ときどき水をつけるとたたきやすい）。細かくなったら包丁の腹で伸ばしてまたたたく。この繰返しで粒々はなくなる。

鶏のササミで作れば鶏茸（ヂ・ルォン。白茸子＝バイ・ルォン・ヅともいう）になる。豚肉なら肉絨（ルウ・ルォン）または紅茸子（ホン・ルォン・ヅ）という。

また広東菜ではショウガ、ニンニクのみじん切りを姜茸（ヂアン・ルォン）、蒜茸（ソアヌ・ルォン）と表現する。

(4)　泥（ニ）

茸とほぼ同じであるが、水気をふくむ泥状のものを表現。蒜泥（ソアヌ・ニ）というとニンニクをおろしがねでおろした状態に似ている。

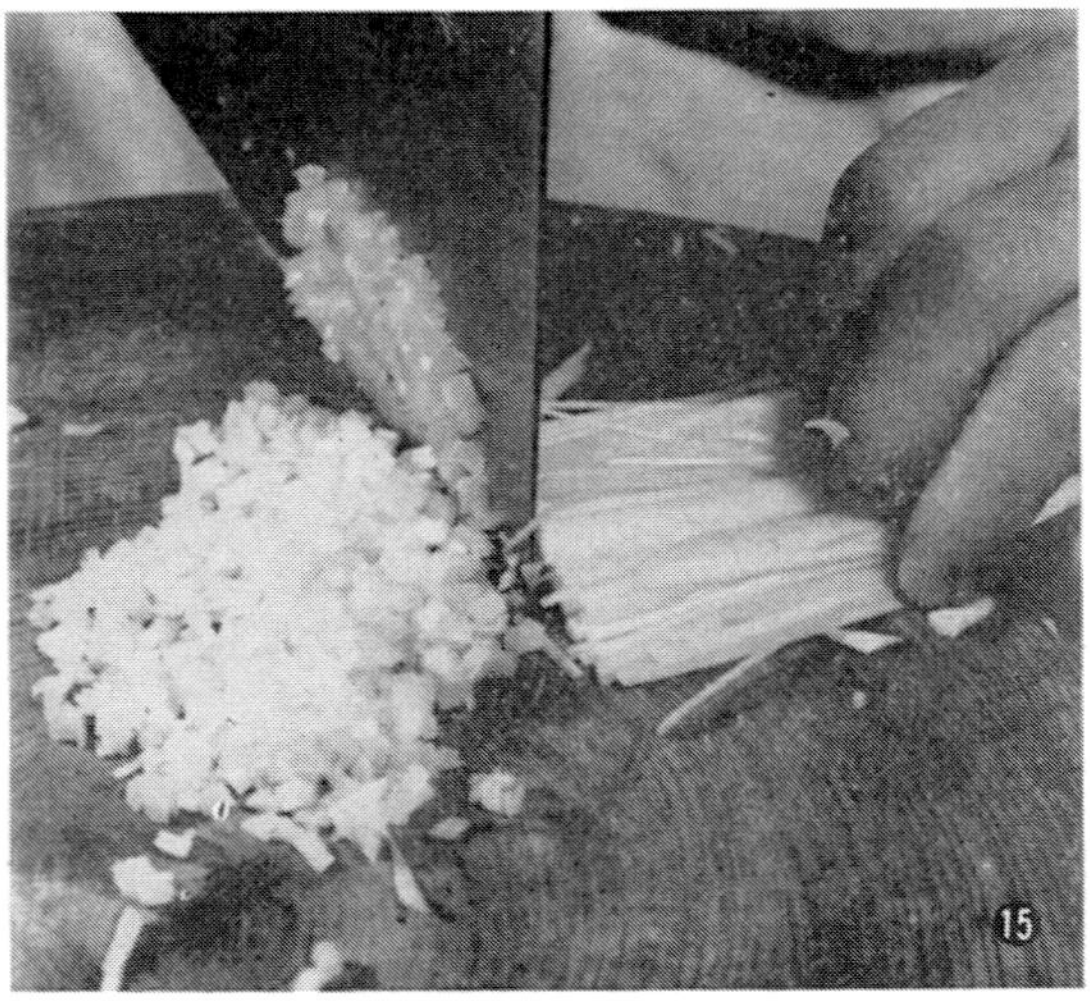

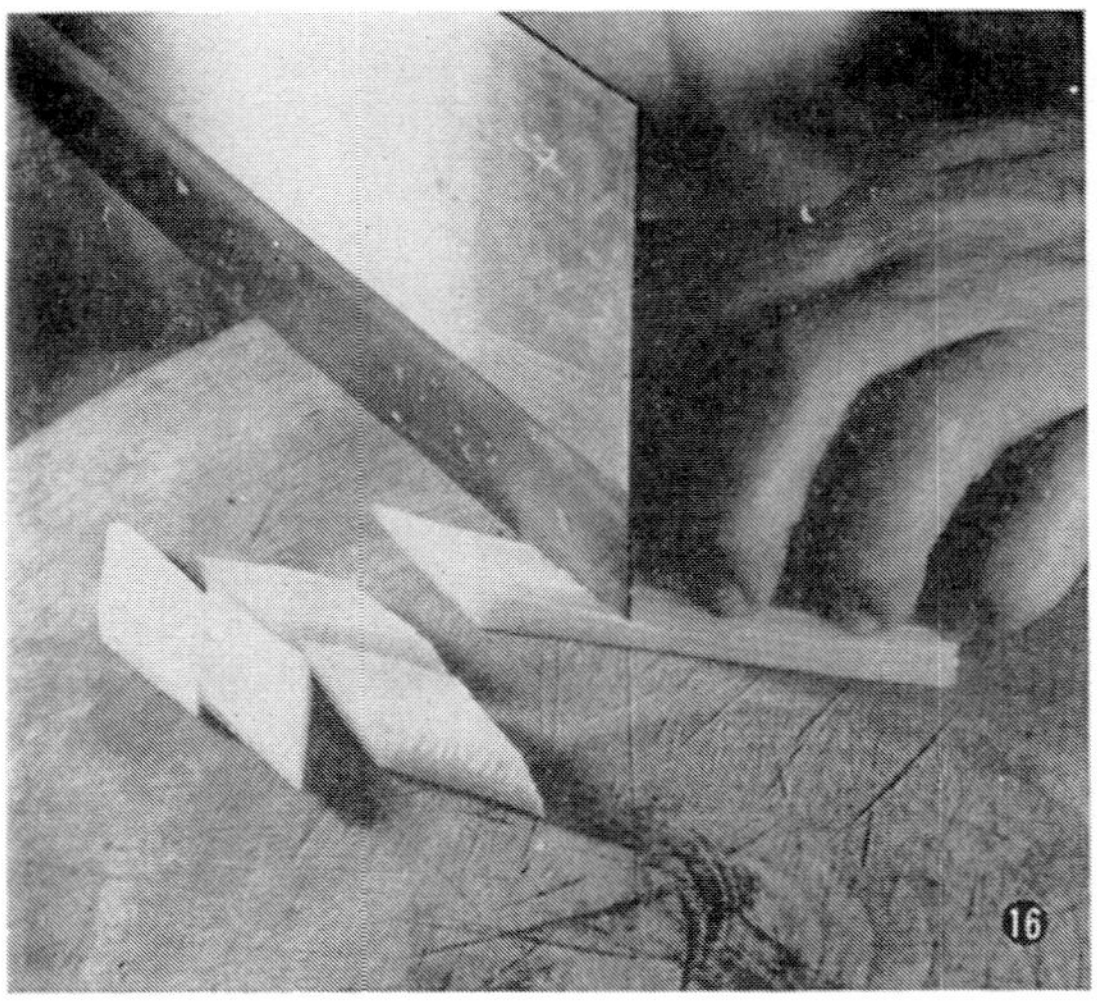

塊類切法（クアイ・レイ・チエ・ファ＝大きい角切り類の切り方）

塊（クアイ）の基本の大きさは二～二・五cm角であるが、段（ドアヌ）、兎耳（トゥ・アル）、馬耳（マ・アル）などの乱切り類の表現もふくまれる。大きさの差はあまりないが、用いる材料によって使い分ける。

〔注〕丁の場合も同様であるが、炒めものに使うときは肉の2/3ぐらいの深さまで荒く交叉状に包丁目を入れておくことが大切。

(1)　方形塊（ファン・シン・クアイ）

二～二・五cm幅の棒状に切ったのち真四角に切る（前頁写真上㉕）。

(2)　菱形塊（リン・シン・クアイ）

これは菱形で、約二cm幅に切ってから前頁の写真上㉖のように二cm幅で斜めに（四五度）切っていく。

配料は方形塊もふくめて写真下⑯、あるいは三〇頁の写真下⑩の大型のものが合う。

(3)　三角塊（サヌ・ヂアオ・クアイ）

これは三角丁と同様三角に切っていく。

配料は写真中⑰のように切り、包丁目を入れると花切りになる。

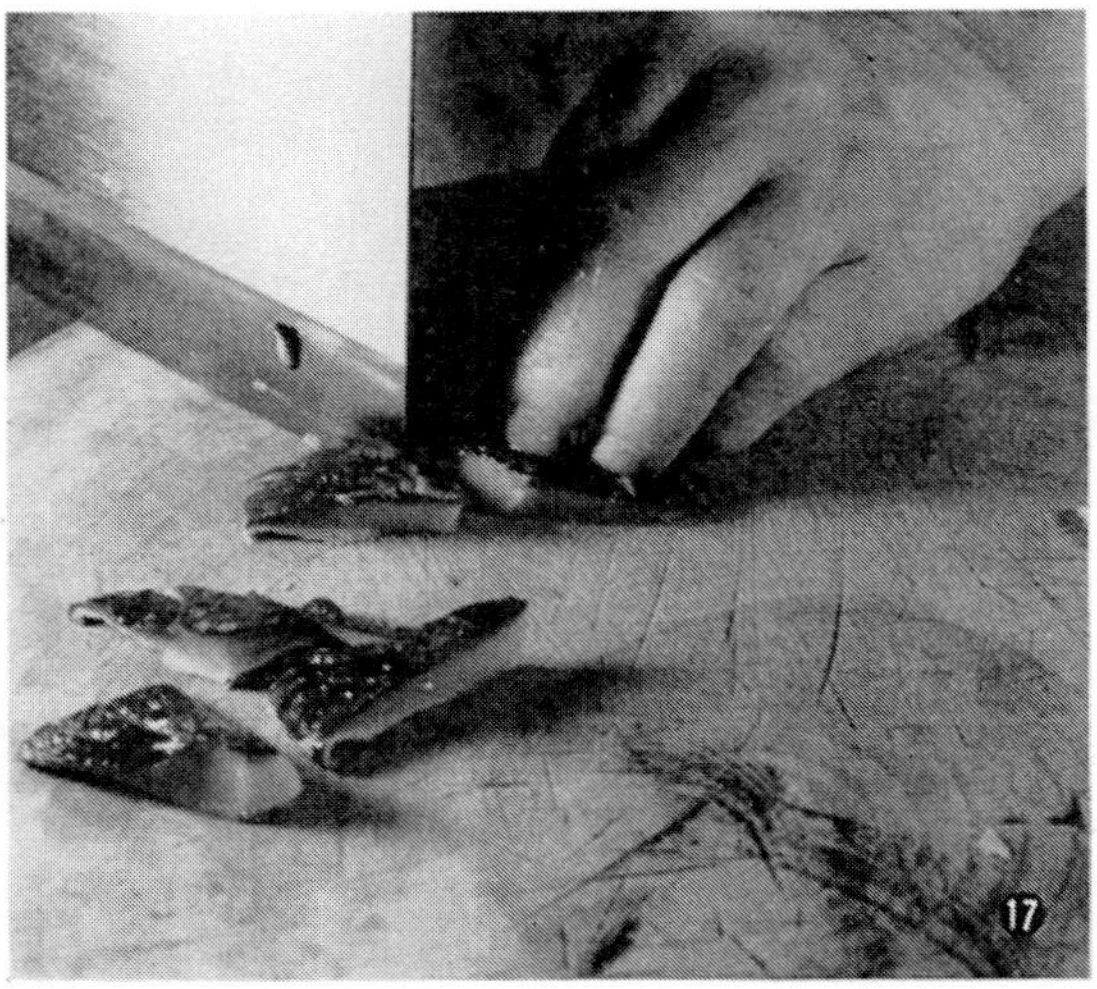

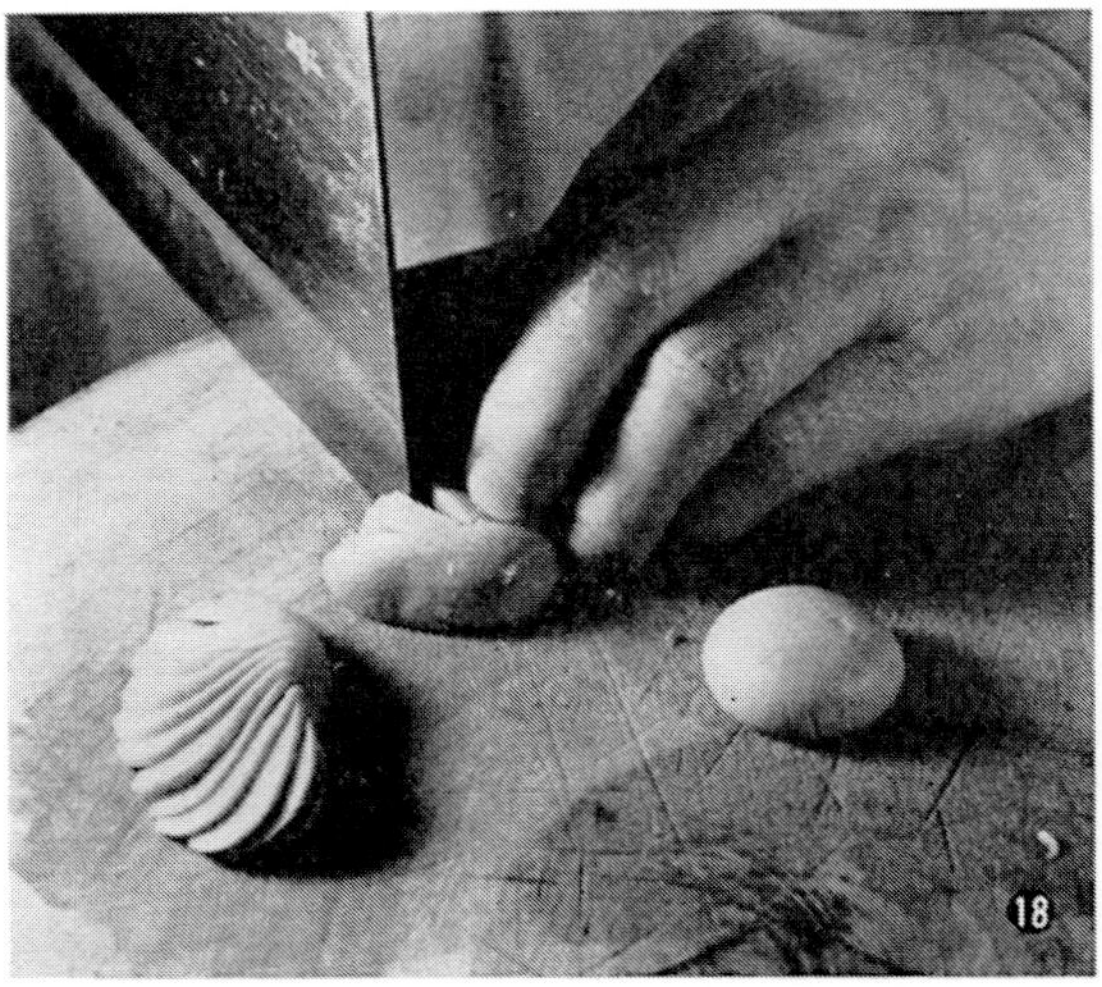

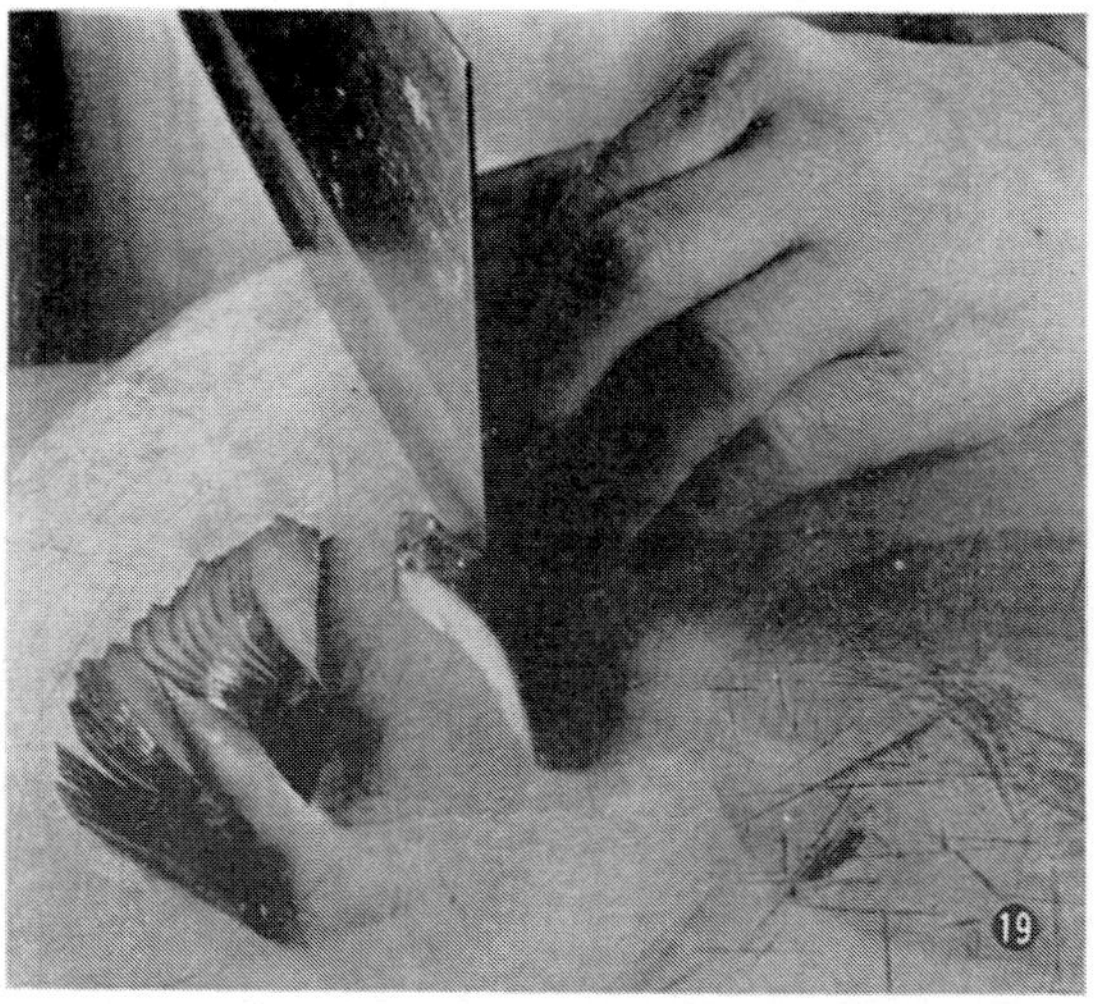

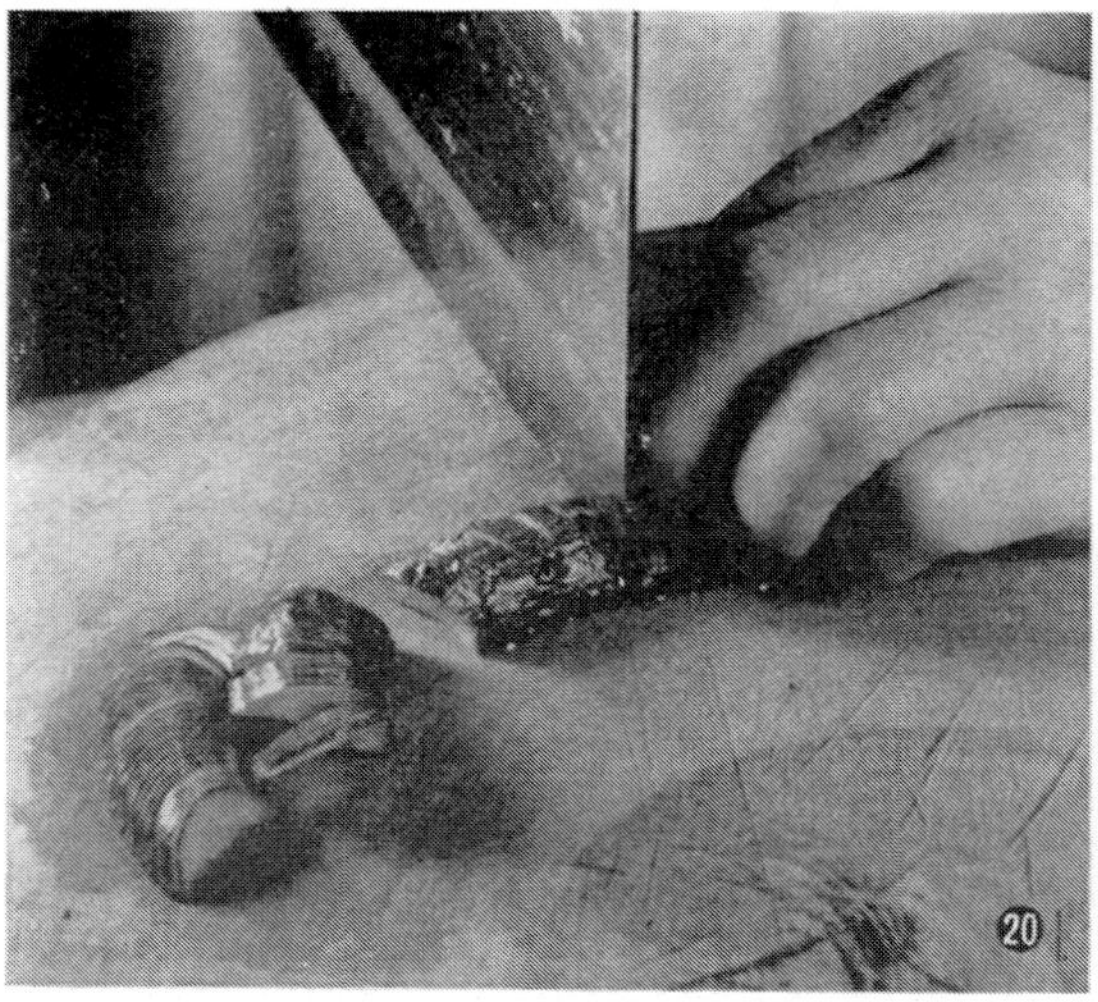

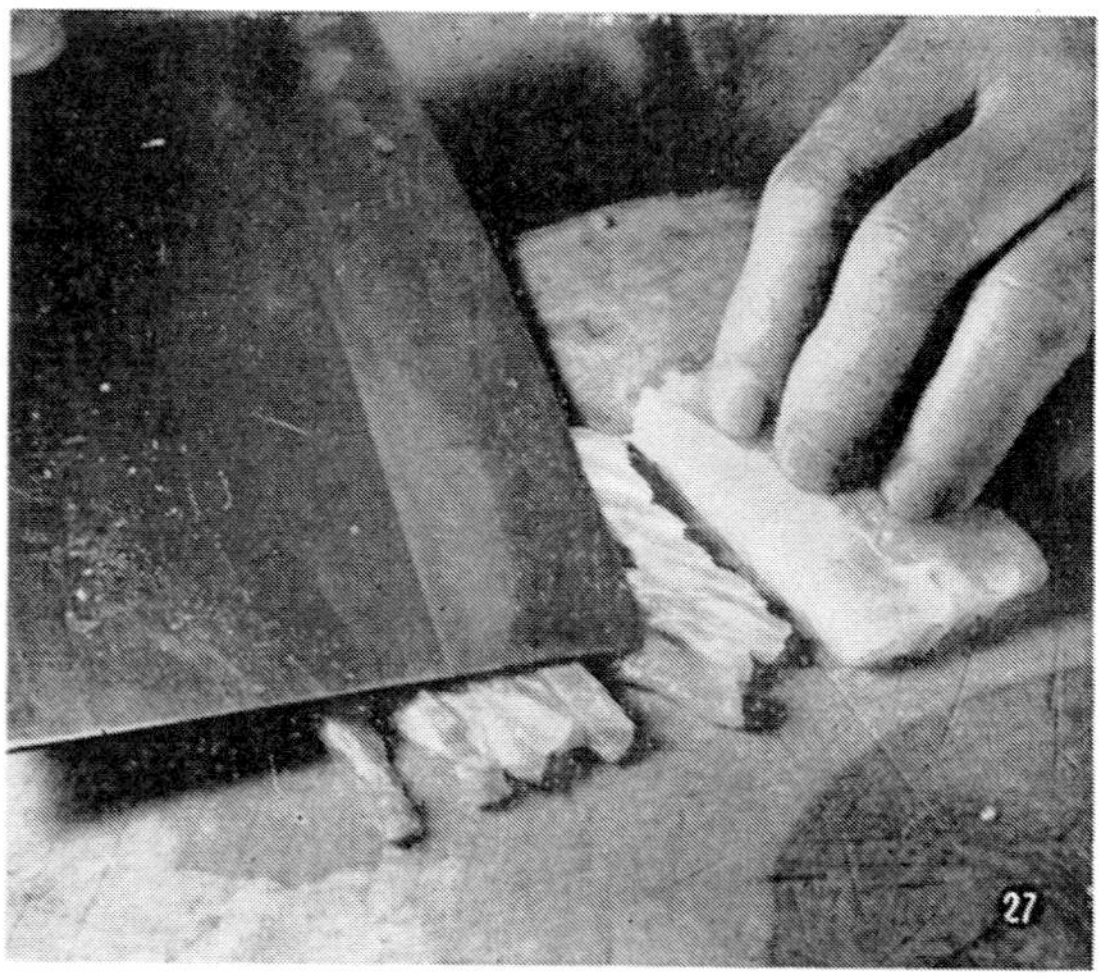

27

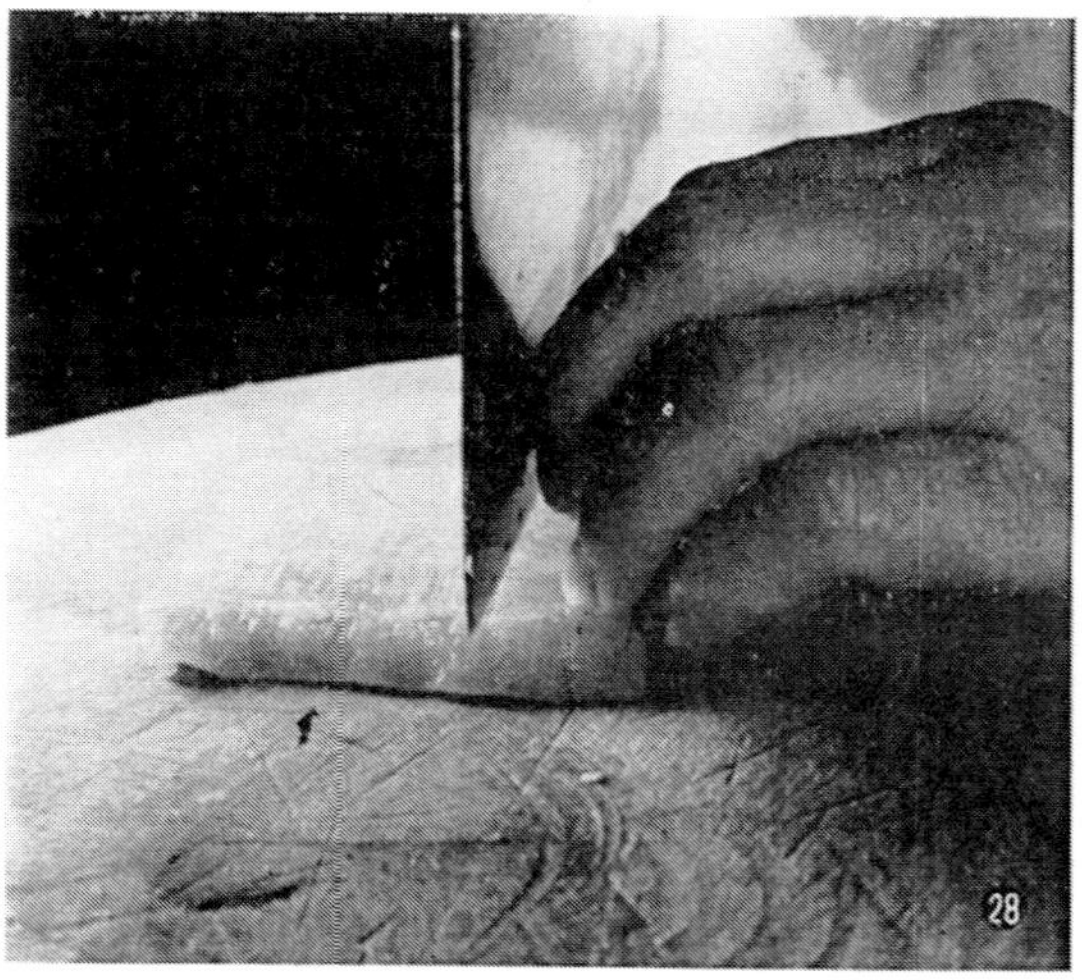

28

(4)　方花塊（ファン・ホア・クアイ）

四角い花切りで、先の菊花丁を大形に切ったもの。花に開くよう包丁目は交叉状に深く入れることが大切である。

花切りは四角のほか、前記の菱形・三角塊を併用してもよい。

配料は写真中⑱、下⑲⑳のように切るとよい。

條類切法（ティアオ・レイ・チエ・ファ＝太目の細切り類の切り方）

條（ティアオ）とは条とも書き、細長い、棒状の、というような意味がふくまれている。その切り方はいわゆる拍子木切りで、六〜八㎜角、五〜六㎝長さが基準となる。塊と同様交叉状の包丁目を入れると火の通りが早い。

(1)　一字条（イ・ヅ・ティアオ）

普通の切り方で、太さ六〜八㎜角、長さ五〜六㎝に切る（写真上㉗）。

配料は写真下㉑のように切る。

(2)　花形条（ホア・シン・ティアオ）

この切り方は種類が多い。一番簡単なものは菊花丁と同様写真上㉘のように深く十文字型の包丁目を入れ、次頁写真上㉙のように切り離す。

配料は写真下㉒のように約3/4のところに三筋ぐらい包丁目を入れてから切り離すとよい。

〔**注**〕　他に蓑衣花条（スゥオ・イ・ホア・ティアオ）という切り方もある。これは一種のジャバラ切りで、イカなどを切るのに適している。

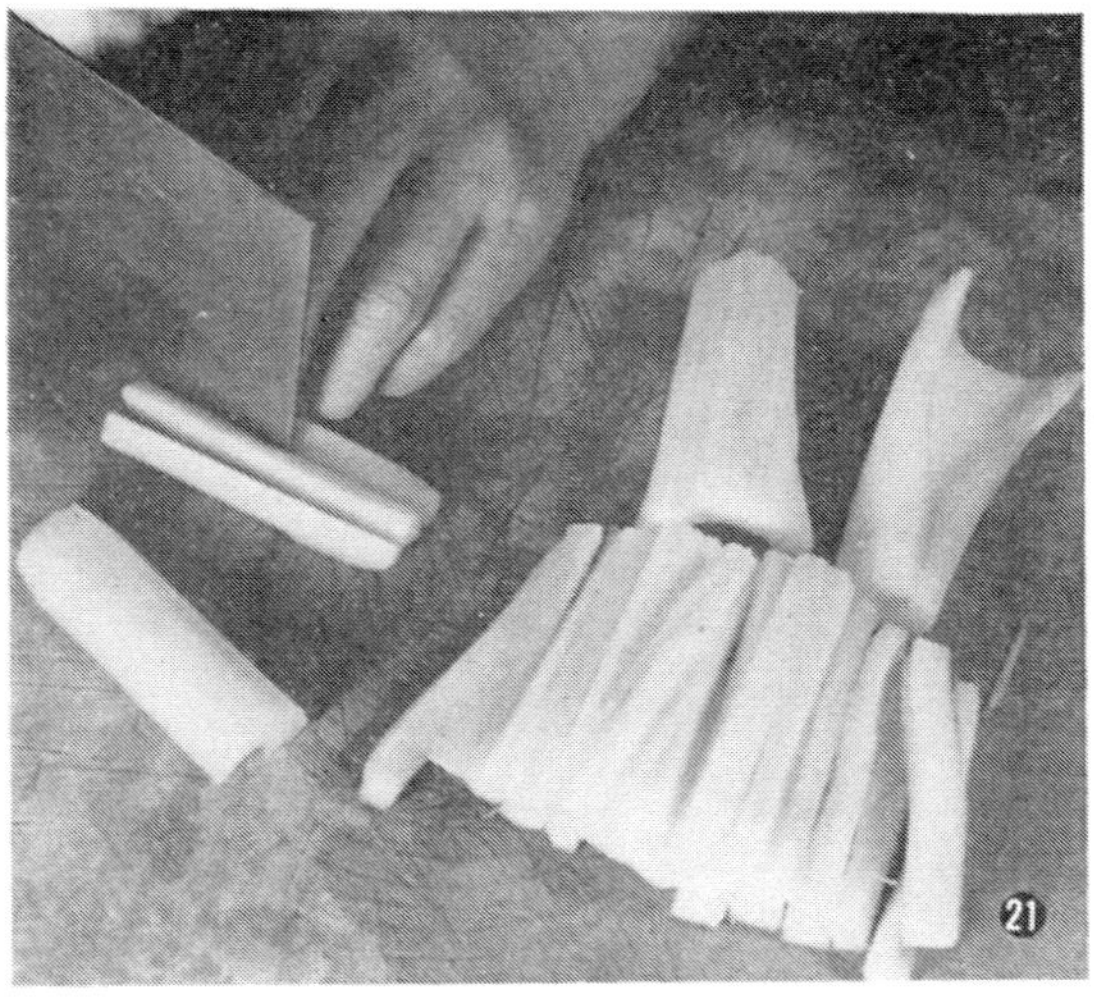

21

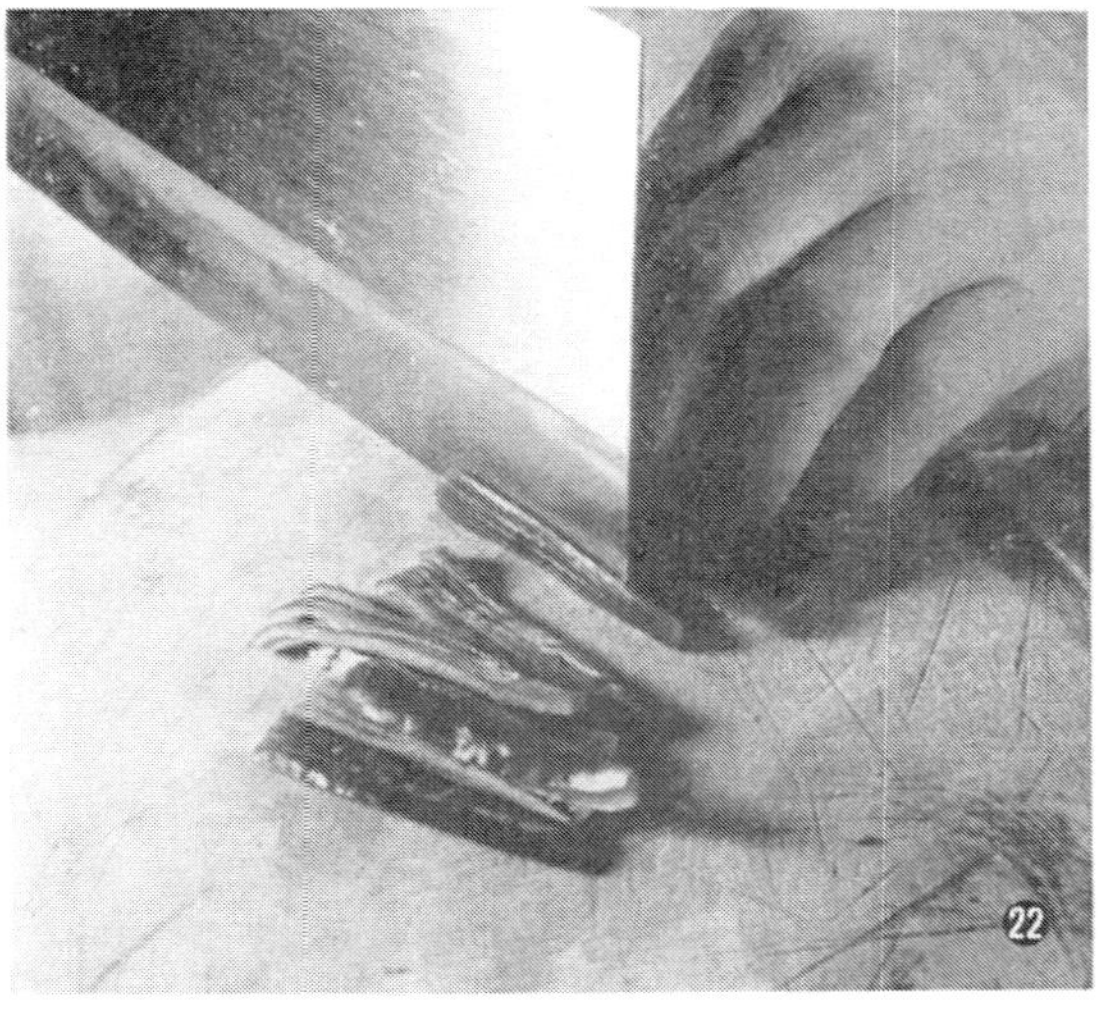

22

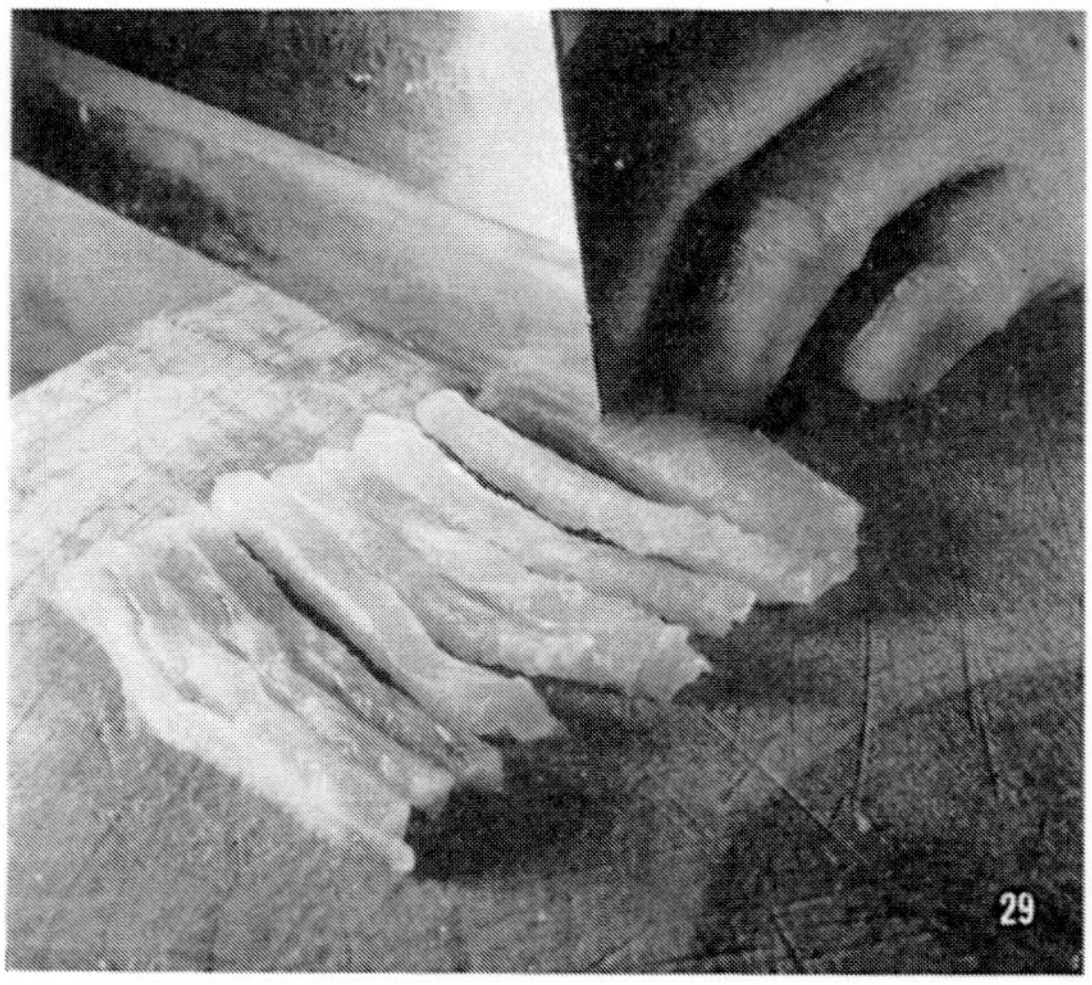

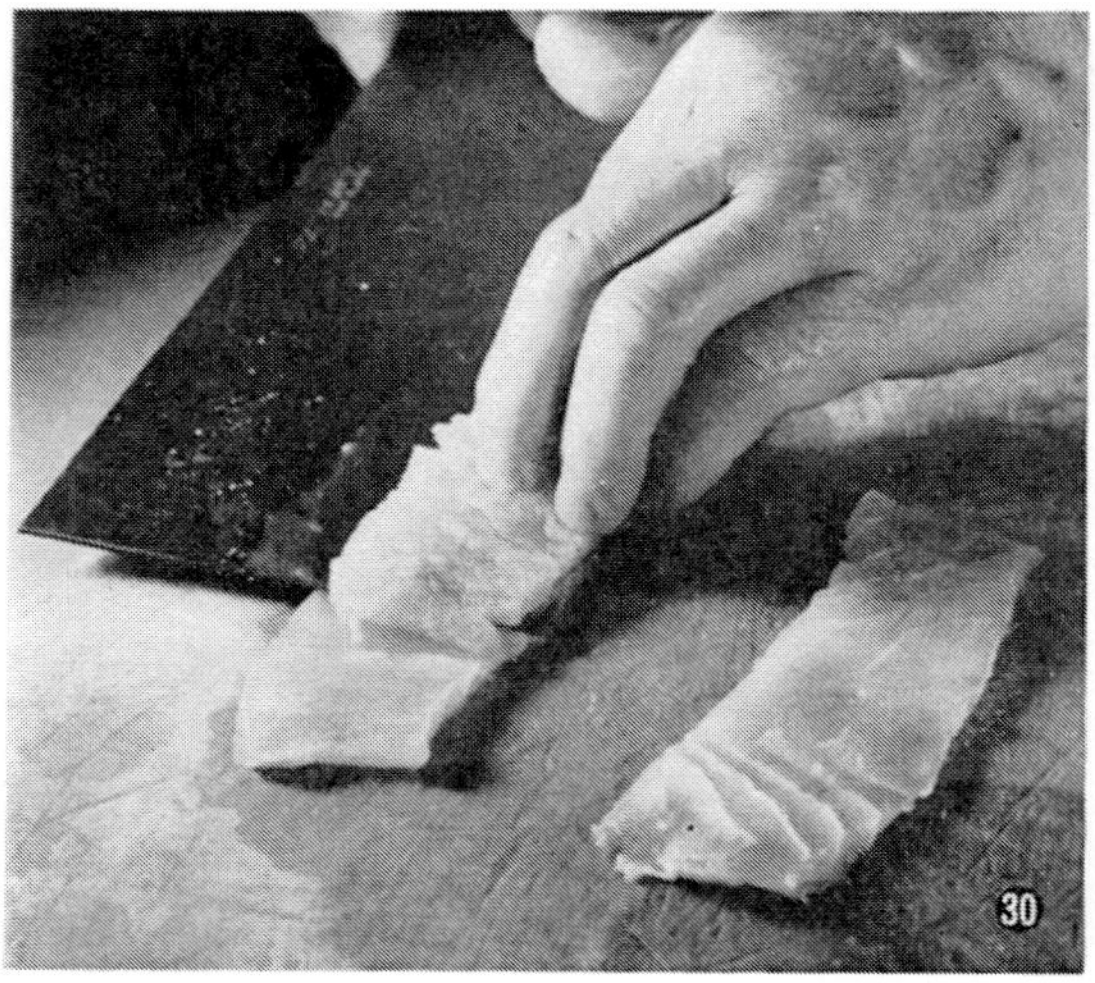

六cm角、約一cm厚さの材料の表面に深さ2/3ぐらいまで二mm幅の包丁目を入れ、次に裏返して同じ要領で斜めに(四五度)切り目を入れる（切り目が材料の中心で交叉するようになる）。最後に表面の包丁目に対し約八mm幅に直角に切り離す。切ったものの両端を持って引っぱると倍ぐらいに伸びる。また両面とも斜めに切った場合はあまり伸びず、仕上がりがちょっと変わったものになる。

(3) 小形条（シアオ・シン・ティアオ）

これは小さい条切りで、写真上㉚のように約五mm厚さ、三cm幅に切ったのち五mm幅に切り離す（写真中㉛）。

配料は写真下㉓のように切る。

以上が切り方の基本であるが、最初に述べたように何十、何百種類ある切り方、形もまとめればこの五種形法に帰するわけで、基本を完全にマスターすることが大切である。

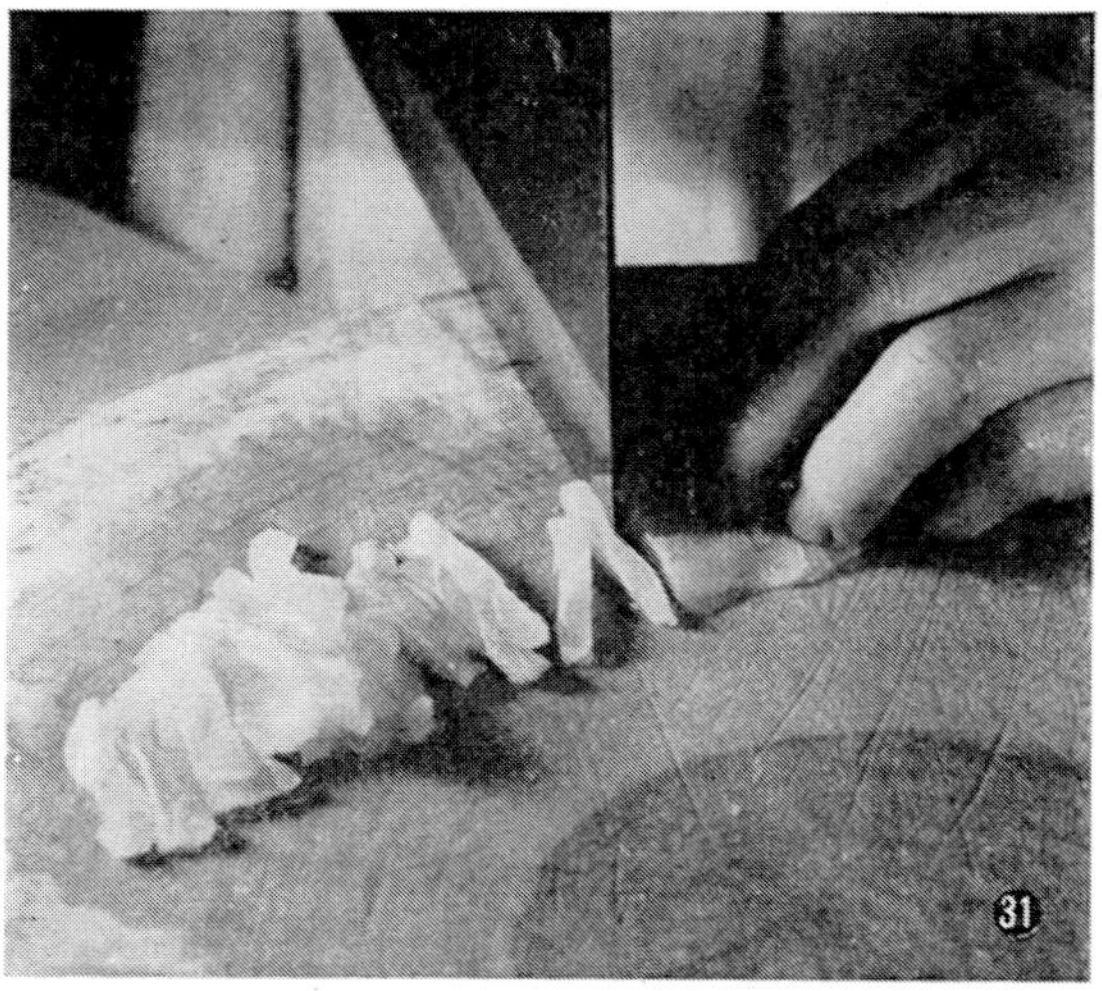

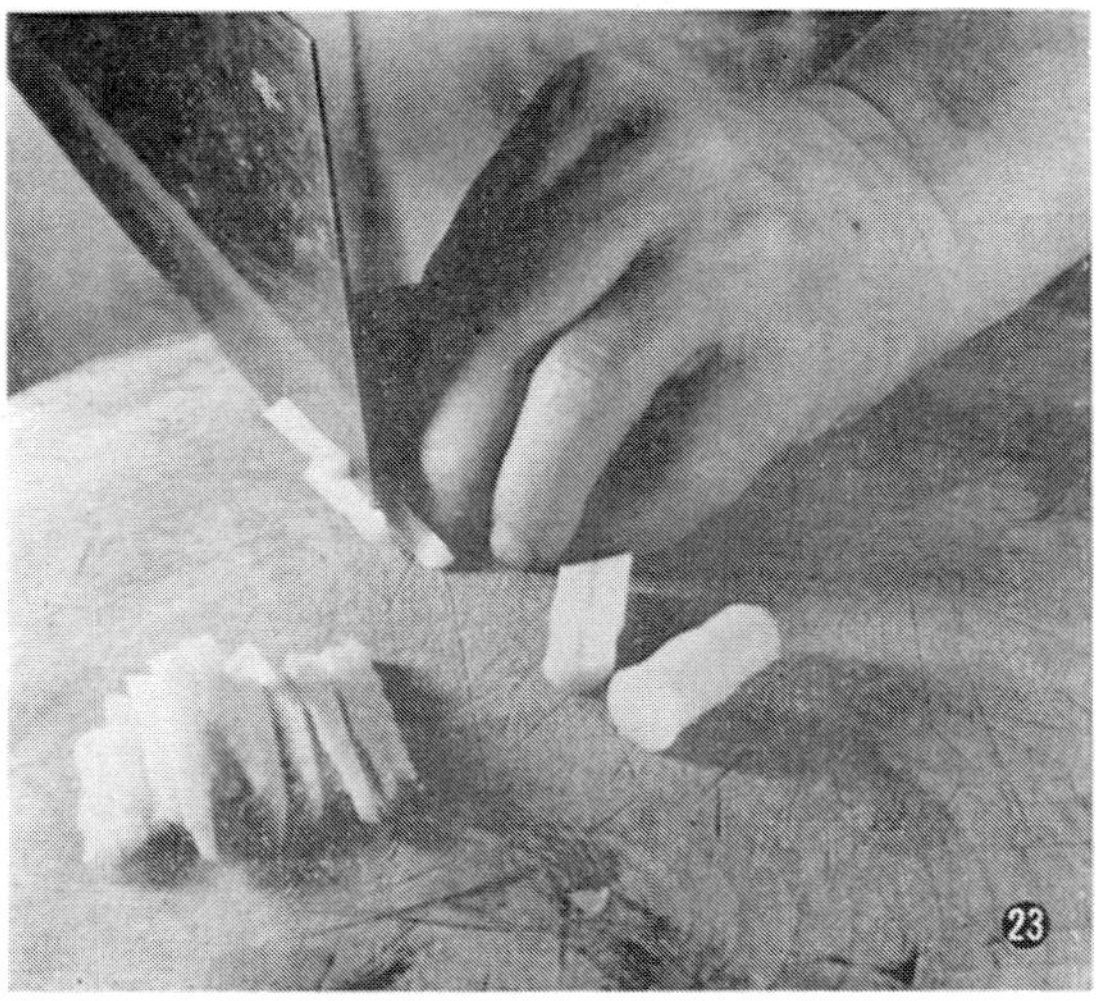

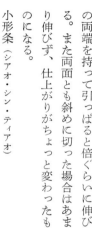

調味料と香辛料

ショウユ、ミソなどの調味料は中国からその製法が伝わったもので、長年の間に日本ではいくらか材料と製造工程が変わってきてはいるがその大半は変わっていない。

ショウユは醬油（ヂアン・ユー）で通じるが、この表現は北方系で、南方系では豉油（ス・ユー）という。製造地によってそれぞれ特色があるが、濃淡の区別を深色（シェヌ・ソオ）、浅色（チエヌ・ソオ）と表現し、南方では天頂抽（ティエヌ・ディン・ツォウ）、生抽（シェン・ツォウ）ともいう。また料理によっては甜醬油のように自家製を使って特色を出す場合もある。

ミソ類のうち大豆を原料としたミソの種類は日本のほうが多いかもしれない。大豆（黄豆＝ホアン・ドウ）で作ったミソを黄醬ともいうが、これは発酵させるときに麹《こうじ》を使わず大量のウドン粉を加えるものである。したがってできあがりは日本のミソとやや違った感じのものになる。

これに対して料理用に使われる甜麵醬はウドン粉に麹を加えて作るもので、日本ではあまり見当たらない製造法といえよう。日本では手にはいらないので、著者たちは日本のミソに砂糖、醬油を加えて作り直したものを使う。

豆豉（ドウ・ス）の豉は「チ」とも発音するが、「ス」が一般的である。浜納豆、大徳寺納豆で代用できる。

トウガラシミソはソラ豆で作ったミソにトウガラシを加えて作るもので、日本でも作られている。

また豆瓣（ドウ・バヌ）とは皮を取った豆の中身をいい、他の豆類にも通用する表現。四川の郫県産のものが最上とされている。

蠔油、虾油、虾醬などはすべて既製の市販されているものを使う。このほか各地方に似たようなものが多いが、その地方に限られた材料なので、ここでは取り上げなかった。

また、中国料理の場合香辛料すなわち漢方薬と考えて間違いない。したがって中国料理の材料店にない場合は漢方薬を売る店に行けば全部手にはいる。

五香粉は五種の香料（八角、桂皮、丁香、花椒、陳皮の粉）を合わせたものであるが、店によっては他の香料を加えることもある（約十種）。

料理に使われるおもな漢方薬（中国薬材＝一種の香辛料）

日本名	中国名	説明
粒コショウ	胡椒（フ・ヂアオ）	〈英ペッパー〉
	八角（バ・ヂアオ）	大料（ダァ・リアオ）ともいい、大茴香（ダァ・ホイ・シアン）の別名がある〈英スターアニス〉
ウイキョウ	茴香（ホイ・シアン）	前記に対して小茴香（シアオ・ホイ・シアン）ともいう〈英フエンネル〉
サンショウの実	花椒（ホア・ヂアオ）	山椒（シァヌ・ヂアオ）でも通じる
ミカンの皮	陳皮（ツェヌ・ピー）	橘皮（ヂュ・ピィ）の別名がある〈英シナモン〉
ニッキ	桂皮（グェイ・ピー）	肉桂（ルウ・グェイ）の別名がある
チョウジ	丁香（ディン・シアン）	丁字香（ディン・ヅ・シアン）ともいう〈英クローブ〉
ニクヅク	肉荳蔻（ルウ・ドウ・コウ）	肉果（ルウ・グオ）の別名がある〈英ナツメッグ〉
ショウヅク	白荳蔻（バイ・ドウ・コウ）	小荳蔻（シアオ・ドウ・コウ）の別名がある
	荳蔻（ドウ・コウ）	草果（ツァオ・グオ）の別名がある
	草蔻（ツァオ・コウ）	草荳蔻（ツァオ・ドウ・コウ）の名もある
	山奈（シァヌ・ナイ）	三奈（サヌ・ナイ）の名もある
カンゾウ	甘草（ガヌ・ツァオ）	
	砂仁（シァ・レヌ）	
サンザシの実	山査（シァヌ・ザ）	
	虫草（ツォン・ツァオ）	虫夏冬草（ツォン・シア・ドン・ツァオ）が本名でキノコの一種。夏、ケラなどの虫の死体に菌がはいり冬、キノコに成長するのでこの名がある
クコの実	枸杞（ゴウ・チ）	
ハトムギの実	苡仁（イ・レヌ）	薏仁（イ・レヌ）とも書く
ハッカ	薄荷（ボ・ホ）	

調味料および香辛料

日本名	中国名	説明
ショウユ	醤油(ヂアン・ユー)	南方では豉油(ス・ユー)ともいう
甘いショウユ	甜醤油(ティエヌ・ヂアン・ユー)	砂糖、香料を加えて作る（冷菜の項参照・自家製）
ミソ	豆醤(ドウ・ヂアン)	黄醤(ホアン・ヂアン)の名もある
ナットウ	豆豉(ドウ・ス)	豆ミソの一種で、日本の浜納豆(関東)、大徳寺納豆(関西)などがこれにあたる
甘いミソ	甜麺醤(ティエヌ・ミエヌ・ヂアン)	中国ではウドン粉で作るので麺(面＝ミエヌ)の字がはいる(自家製)
トウガラシミソ	豆瓣醤(ドウ・バヌ・ヂアン)	ソラ豆の豆瓣で作ったミソにトウガラシを加えるのでこの名がある．また辣椒醤(ラ・ヂアオ・ヂアン)の名もある
あたりゴマ	芝麻醤(ヅ・マ・ヂアン)	炒りゴマをすりつぶしてゴマ油を加え、泥状にしたもの
ピーナツバター	花生醤(ホア・シェン・ヂアン)	ゴマ油を加えると、芝麻醤の代用になる
トマトケチャップ	蕃茄醤(ファヌ・チエ・ヂアン)	蕃茄汁(ファヌ・チエ・ヅ)ともいう
シオ	塩(イエヌ)	
香り付けシオ	花椒塩(ホア・ヂアオ・イエヌ)	塩にサンショウの実を加え煎りつぶして粉にする(自家製)
サトウ	糖(タン)	白糖(バイ・タン)ともいう．赤砂糖は紅糖(ホン・タン)、黒砂糖はそのまま黒砂糖(ヘイ・シァ・タン)
ザラメ	沙糖(シァ・タン)	
氷ザトウ	氷糖(ビン・タン)	
水アメ	麦芽糖(マイ・ヤ・タン)	飴糖(イ・タン)、清糖(チン・タン)ともいう
ハチミツ	蜂糖(フォン・タン)	蜂蜜(フォン・ミィ)ともいう
サッカリン	糖精(タン・ヂン)	別名假糖(ヂア・タン)、精(ヂン)とは結晶やエキスの意味
化学調味料	味精(ウェイ・ヂン)	味の素はそのまま味之素(ウェイ・ヅ・スゥ)と表現される
レモンエキス	檸檬精(ネン・モン・ヂン)	バナナエキスは香蕉精(シアン・ヂアオ・ヂン)
アーモンドエキス	杏仁精(シン・レヌ・ヂン)	粉は杏仁粉(シン・レヌ・フェヌ)
サケ	酒(ヂウ)	料理用には紹興酒(シアオ・シン・ヂウ)を使用
ショウチュウ	焼酎(シャオ・ヂウ)	これも料理用に使う場合がある．白乾(バイ・ガヌ)などがある
アマザケ	醋醸(ヂウ・ニアン)	撈糟(ラオ・ヅァオ)ともいう(四川)．モチ米で作るので江米酒(ヂアン・ミィ・ヂウ)の名もある

日本名	中国名	説明
サケカス	酒糟(ヂウ・ヅァオ)	紅糟(ホン・ヅァオ)、白糟(バイ・ヅァオ)の二種ある
ス	醋(ツウ)	白醋(バイ・ツウ)、紅醋(ホン・ツウ)の二種ある
	香醋(シアン・ツウ)	紅醋のこと．鎮江醋(ヅェヌ・ヂアン・ツウ)が有名
ゴマ油	香油(シアン・ユー)	麻油(マ・ユー)のこと
トウガラシ油	辣油(ラ・ユー)	辣椒油(ラ・ヂアオ・ユー)ともいう
カキ油	蠔油(ハオ・ユー)	
	虾油(シア・ユー)	滷虾油(ル・シア・ユー)ともいい、エビの塩から様のものの上澄み
	虾醤(シア・ヂアン)	エビを塩漬けして発酵させたもの
	蟹油(シエ・ユー)	蟹を蒸したときにできる油、またはカニの卵などを炒めたときにできる油
	豆腐乳(ドウ・フゥ・ルゥ)	豆腐を発酵させて塩漬けしたもので、紅白二種ある．醤豆腐(ヂアン・ドウ・フゥ)、南乳(ナヌ・ルゥ)などともいう
	腐乳汁(フゥ・ルゥ・ヅ)	豆腐乳の汁．料理に使用
コショウ	胡椒粉(フ・ヂアオ・フェヌ)	胡椒麺(フ・ヂアオ・ミエヌ)ともいう
サンショウの実の粉	花椒粉(ホア・ヂアオ・フェヌ)	花椒麺(ホア・ヂアオ・ミエヌ)ともいう
	五香粉(ウ・シアン・フェヌ)	各種の香料の粉を合わせたもの
トウガラシの粉	辣椒粉(ラ・ヂアオ・フェヌ)	海椒麺(ハイ・ヂアオ・ミエヌ)の名あり(四川)
カレー粉	咖喱粉(ガ・リ・フェヌ)	咖喱粉(カ・リ・フェヌ)ともいう
洋ガラシの粉	芥末粉(ヂエ・モォ・フェヌ)	
コウジ	酒麹(ヂウ・チユ)	麹は麴の別字．発音は同じ
イースト	酵母(シアオ・ムゥ)	
パンの素(中国元来のもの)	老麺(ラオ・ミエヌ)	老酵麺(ラオ・シアオ・ミエヌ)ともいう
フクラシ粉	発酵粉(ファ・シアオ・フェヌ)	発粉(ファ・フェヌ)、泡打粉(パオ・ダァ・フェヌ)ともいう
重曹	蘇打粉(スゥ・ダァ・フェヌ)	梳打粉(シュウ・ダァ・フェヌ)とも書き、小苏打(シアオ・スゥ・ダァ)の別名がある
カン水	碱水(ヂエヌ・シュェイ)	主成分は炭酸カリウム
硝酸カリウム	硝(シアオ)	火硝(フォ・シアオ)ともいう(四川)

中国料理の調理法

——種類と作り方——

中国料理の調理法

中国料理の調理法の分類

調理法(大分類)	調理法(小分類)	料理(菜)名
冷菜類(ルン・ツァイ・レイ)…拌(バヌ)	冷拌(ルン・バヌ)	
	涼拌(リアン・バヌ)	共和涼菜
	熱拌(ルォ・バヌ)	雲白肉
	熟拌(シュウ・バヌ)	麻辣豆魚 薑汁魷花・ 椒麻腰片
	生拌(シェン・バヌ)	
滷(ル)		
醤(ヂアン)		
熗(チアン)		
燻(シュヌ)		
凍(ドン)		桂花牛肉凍
浸(ヂヌ)		
醉(ヅェイ)		
焼(シャオ)		陳皮鶏塊
拼盤類(ピヌ・パヌ・レイ)	冷盆(ルン・ペヌ)	
	冷葷(ルン・ホヌ)	
	対拼盤(ドイ・ピヌ・パヌ)	四対相拼
	大拼盤(ダァ・ピヌ・パヌ)	雙鳳彩拼・ 遊龍拼盤
炒菜類(チァオ・ツァイ・レイ)…炒(チァオ)	滑炒(ホア・チァオ)	
	清炒(チン・チァオ)	
	生炒(シェン・チァオ)	生炒鮮貝
	爆炒(バオ・チァオ)	
	干炒(ガヌ・チァオ)	宮保鶏丁
	熟炒(シュウ・チァオ)	
	抓炒(ヅォワ・チァオ)	
爆(バオ)	油爆(ユー・バオ)	
	塩爆(イエヌ・バオ)	

	紅燴(ホン・ホイ)	
	白燴(バイ・ホイ)	
	素燴(スゥ・ホイ)	
糝(ツァン)		一品豆腐
釀(ニアン)		燴鴛鴦蛋
蒙(モン)		
焼菜類(シャオ・ツァイ・レイ)…焼(シャオ)	紅焼(ホン・シャオ)	紅焼排翅・ 貴妃鶏翅・ 口蘑焼蹄筋 ・灯籠豆腐
	白焼(バイ・シャオ)	蟹黄魚肚
	乾焼(ガヌ・シャオ)	乾焼明蝦
	葱焼(ツオン・シャオ)	葱焼蛋捲
燽(ドウ)		麻婆豆腐
扒(パァ)	紅扒(ホン・パァ)	
	白扒(バイ・パァ)	
	奶油扒(ナイ・ユー・パァ)	
	虾油扒(シア・ユー・パァ)	
	鶏油扒(ヂ・ユー・パァ)	
	醤扒(ヂアン・パァ)	
燜(メヌ)	紅燜(ホン・メヌ)	
	黄燜(ホアン・メヌ)	
	油燜(ユー・メヌ)	
煨(ウェイ)	干煨(ガヌ・ウェイ)	
煮(ヅウ)		
蒸菜類(ヅェン・ツァイ・レイ)…蒸(ヅェン)	清蒸(チン・ヅェン)	芙蓉蒸魚
	干蒸(ガヌ・ヅェン)	
	粉蒸(フェヌ・ヅェン)	粉蒸鶏塊

菜類	調理法	細分	料理例
炸菜類（ザ・ツァイ・レイ）…	炸（ザ）		
	煸（ビエヌ）	醤爆（ヂアン・バオ）	金醤田鶏
		火爆（フオ・バオ）	
		葱爆（ツオン・バオ）	葱爆肝片
		湯爆（タン・バオ）	
		干煸（ガヌ・ビエヌ）	
		生煸（シェン・ビエヌ）	
	炸（ザ）	清炸（チン・ザ）	
		干炸（ガヌ・ザ）	干炸丸子
		軟炸（ロワヌ・ザ）	炸如意捲
		酥炸（スゥ・ザ）	酥炸鶏塊
	烹（ポン）	高麗（ガオ・リ）	
		乾烹（ガヌ・ポン）	
		醋烹（ツウ・ポン）	醋烹蝦段
		炸烹（ザ・ポン）	
		油烹（ユー・ポン）	
	煎（ヂエヌ）	干煎（ガヌ・ヂエヌ）	干煎蝦餅
		南煎（ナヌ・ヂエヌ）	
		煎煨（ヂエヌ・ウェイ）	
		糟煎（ヅァオ・ヂエヌ）	
		煎熘（ヂエヌ・リウ）	
		煎烹（ヂエヌ・ポン）	
	貼（ティエ）	鍋貼（グオ・ティエ）	鍋貼三鮮
	烘（ホン）		韮黄烘蛋
焼烤菜類（シャオ・カオ・ツァイ・レイ）			
溜菜類（リウ・ツァイ・レイ）…	溜（リウ）	滑溜（ホア・リウ）	
		鮮溜（シエヌ・リウ）	
		京溜（ヂン・リウ）	京溜蝦鬆
		糟溜（ヅァオ・リウ）	
		炸溜（ザ・リウ）	
		醋溜（ツウ・リウ）	醋溜鶏塊
		糖醋溜（タン・ツウ・リウ）	松子全魚
燴菜類（ホイ・ツァイ・レイ）…	燴（ホイ）	清燴（チン・ホイ）	鳳尾燕窩

菜類	調理法	細分	料理例
湯菜類（タン・ツァイ・レイ）…	湯（タン）	扣蒸（コウ・ヅェン）	冬菜扣肉
		糟蒸（ヅァオ・ヅェン）	
		酒蒸（ヂウ・ヅェン）	
		清湯（チン・タン）	清湯襍燴
		奶湯（ナイ・タン）	奶湯口袋豆腐
		紅湯（ホン・タン）	
		砂鍋（シァ・グオ）	砂鍋魚頭
		火鍋（フオ・グオ）	
		汽鍋（チィ・グオ）	汽鍋蒸鶏
		酒蒸（ヂウ・ヅェン）	酸菜鶏糸湯
	川（チョアヌ）		
	燉（ドゥヌ）	清燉（チン・ドゥヌ）	
		紅燉（ホン・ドゥヌ）	
		白燉（バイ・ドゥヌ）	
甜菜類（ティエヌ・ツァイ・レイ）		氷糖（ビン・タン）	氷汁銀耳
		氷汁（ビン・ヅ）	氷汁醸藕
		蜜汁（ミィ・ヅ）	四喜蘋果
		氷凍（ビン・ドン）	鮮藕糸凍
		高麗（ガオ・リ）	
		鍋炸（グオ・ザ）	芝麻鍋炸
		甜泥（ティエヌ・ニ）	鴛鴦鶏泥蛋
		粘糖（ヅァヌ・タン）	
		抜糸（バァ・スー）	
腊味類（ラ・ウェイ・レイ）…	醃（イエヌ）	腊肉（ラ・ルウ）	五香腊肉・豆豉蒸腊肉・生爆腊肉
		腊鶏（ラ・ヂ）	腊鶏
		醃鶏（イエヌ・ヂ）	金銀醃鶏
		腊腸（ラ・チァン）	家常香腸

注　各調理法の説明については、四一頁～二三五頁参照
料理名は本書に作り方ののっているもののみを取り上げた

四川独特の調理法

調理（味）法と料理例	説明
乾焼（ガヌ・シャオ） 〈例〉干焼鯽魚（ガヌ・シャオ・ヂ・ユィ）	干焼とも書く．詳しくは焼菜の項参照
魚香（ユィ・シアン） 〈例〉炒菜 魚香鶏糸（ユィ・シアン・ヂ・スー） 〈例〉焼菜 魚香茄子（ユィ・シアン・チエ・ヅ）	前記の干焼魚の味を思い出させる味付けなので魚香の名がある．また魚海椒（ユィ・ハイ・ヂアオ）という生きた鮒を入れた塩水に漬けこんだトウガラシを使うためかすかな魚の香りがするので、この魚香の名があるともいわれる 味付けはショウユ、酒、砂糖、酢に魚海椒か豆瓣醤で辛味を出し、ネギ、ショウガ、ニンニクを加える
家常（ヂア・チァン） 〈例〉炒菜 家常肉片（ヂア・チァン・ルウ・ピエヌ） 〈例〉焼菜 家常豆腐（ヂア・チァン・ドウ・フゥ）	家庭風とでも訳せよう．家庭料理から発達した料理と考えてよく、味付けにはあまりきまりはない．だいたいトウガラシを使った料理の表現とみてよいのであるが、炒菜と焼菜の一部は次記の酸辣味が主である
酸辣（ソアヌ・ラ）	読んで字のごとく酸味が強く辛い味付け．冷・熱両用で熱い料理には二種の味付けがある（トウガラシの辛さとコショウを使った辛さ）
〈例〉涼拌菜 酸辣肚糸（ソアヌ・ラ・ドゥ・スー）	涼拌の味付けはショウユ、酢、麻油、辣油にネギ、ショウガなどを加える
〈例〉炒菜 酸辣腰花（ソアヌ・ラ・ヤオ・ホア）	炒菜はほとんど豆瓣醤などを使うトウガラシの辛さで、味付けはショウユ、酒、酢
〈例〉焼菜 酸辣海参（ソアヌ・ラ・ハイ・シェヌ） 〈例〉麺類 酸辣麺（ソアヌ・ラ・ミエヌ）	焼菜はトウガラシとコショウ両用であるが、酸辣尤魚（ソアヌ・ラ・ユウ・ユィ）、酸辣湯などはコショウを使い、できあがりぎわに酢を加える
干煸（ガヌ・ピエヌ） 〈例〉干煸牛肉糸（ガヌ・ピエヌ・ニウ・ルウ・スー）	干炬とも書き、肉類を下味をつけずに直接炒める（この方法を我々は炒一炒＝チァオ・イ・チァオと表現せず、炬一炬＝ピエヌ・イ・ピエヌという）
姜汁（ヂアン・ヅ）	姜汁はショウガだけを大量に加えるのでこの名がある．ショウガをすりおろすか、細かいみじん切りにし（姜末＝ヂアン・モォ）、味付けは酸味をきかす．ショウユは酢と同量以下に合わせる．冷・熱両用

調理（味）法と料理例	説明
〈例〉涼拌菜 姜汁魷花（ヂアン・ヅ・ユウ・ホア）	涼拌は魚類など生臭みの強いものに適当．味付けはショウユ、酢、ゴマ油
〈例〉扣蒸 姜汁熱窩鶏（ヂアン・ヅ・ルォ・ウォ・ヂ）	熱い料理では、好みによって辛く（トウガラシを用いる）するときもあるが、味付けは姜末・ショウユ、酢、酒．また水溶き片栗粉を加える場合と加えない場合がある
麻辣（マ・ラ）	麻の味はサンショウの実を細かくひいたもの（花椒粉または花椒麵という）を使う（舌がしびれるような感じになる） 辣はトウガラシを使う辛さ．これも冷・熱両用
〈例〉涼拌 麻辣牛肉（マ・ラ・ニウ・ルウ）	冷（涼拌）の味付けはショウユ、酢、砂糖（少量）、麻油、辣油、花椒粉、ネギ、ショウガ
〈例〉炒菜 麻辣兎丁（マ・ラ・トゥ・ディン）	熱いものは炒菜で、味付けはショウユ、酒、砂糖（少量）酢．辛さは干しトウガラシ（乾辣椒）かトウガラシ粉（辣椒粉）を使い、できあがりに花椒粉をかける
怪味（グアイ・ウェイ）	この味付けは冷菜に使う．いろいろな味が一つとして目立たず、かつ、たりなくもない．複雑な味わいをもつためこの名がある 味付けはショウユ、酢、砂糖、辣油、麻油、芝麻醤（あたりゴマ）、姜末、蒜泥、椒麻（後述） これは鹹・甜・酸・辣・麻の五つの味が渾然一体となっているもの

冷《ルン》菜《ツァイ》類《レイ》

―冷たい料理―

中国料理の中でも冷菜（ルン・ツァイ）は非常に重要な料理で、前菜として使われることが多い。

夏の宴会料理などでは大菜（ダァ・ツァイ）または大件（ダァ・デエヌ＝宴会料理中に大皿で出す料理）として途中で出すこともあり、終わり頃に出して酒の肴とご飯のおかずと兼用させる場合もある。

冷菜のおもなものは、拌（バヌ）、滷（ル＝鹵とも書く）または醤（チアン）、熗（チアン）、燻（シュヌ＝熏とも書く）、凍（ドン）、浸（チヌ）、酔（ヅェイ）などである。

このいろいろな冷菜を、一種、二種、あるいは何種類か盛りつけた料理を冷盆（ルン・ペヌ）、冷葷（ルン・ホヌ）、相拼（シアン・ピヌ）、拼盤（ピヌ・パヌ）などといい、盛付けや味付けに工夫をこらして客の食欲をさそうわけである。

拌（バヌ）とは和えもののことで、涼拌（リアン・バヌ）、冷拌（ルン・バヌ）ともいう。作り方はいくつかに分けられ、生拌（シェン・バヌ）、熟拌（シュウ・バヌ）、冷拌（ルン・バヌ）、熱拌（ルォ・バヌ）である。

生拌と熟拌は材料を完全に冷ましてから和えるが、生拌はキュウリなどのようにそのまま和える場合と、ニンジンやセロリなどを塩もみして使ったり、魷魚（ユウ・ユィ＝イカ）などの生ものを水にさらしてから湯通しして、その持ち味を残して使う場合がある。熟拌は材料をゆでたり、蒸したりして、完全に火を通して使う。

また、味付けも地方の特殊な涼拌菜ではきまっているが、同じ名称で同じ材料を使いながら、地方によって味付けだけ違う場合がある。

たとえば、北京料理の拌三糸（バヌ・サヌ・スー）は芥末（チエ・モォ＝洋ガラシ）を使った芥末拌三糸であり、四川料理の拌三糸は辣油（ラ・ユー）を使った紅油拌三糸（ホン・ユー・バヌ・サヌ・スー）である。また薑汁拌三糸（ヂアン・ヅ・バヌ・サヌ・スー）、麻辣拌三糸（マ・ラ・バヌ・サヌ・スー）という料理もある。

熱拌は材料は湯通ししたのち、冷まさずに味付けをする。熱いうちに和えると味がよく浸みこむからで、熱いままでも、また冷まして出してもよい。

滷（鹵とも書く）は、滷水（ル・シュェイ）で肉や内臓類を長時間煮込み、冷まして使う。

〈例〉滷牛舌（ル・ニウ・シェ）—牛の舌を使う。

〔注〕滷水の作り方はいろいろあるが、普通スープにショウユか糖色（タン・ソオ＝一五二頁参照）に砂糖、塩、桂皮（グェイ・ピィ＝ニッキ）、八角（バ・ヂアオ＝ウイキョウ）、ネギ、ショウガを加えて煮立てる。

醤とは北方菜（ベイ・ファン・ツァイ＝北京料理など中国北方の料理）に多く用いられる表現である。滷と同じ意味であるが、醤黄瓜（ヂアン・ホアン・グア＝キュウリのミソ漬け）のように、漬け物に使うときもある。

熗とは黄瓜（ホアン・グア＝キュウリ）、萵苣（ウォ・ヂュ＝チシャトウ）、その他キャベツやハクサイなどの野菜類を塩もみして軽く炒め、冷ます。

〈例〉熗蓮白（チアン・リエヌ・バイ）—キャベツを使って作る。

〔注〕熗腰片（チアン・ヤオ・ピエヌ）のように猪腰（ヅウ・ヤオ＝豚の腎臓）などを使用することもあり、冷まさずに熱い料理として出すときもある。

燻（熏）は燻製料理のことで、塩漬け、下煮（滷水など）、あるいは蒸した材料を砂糖、茶葉、木屑、香料などを使って燻《いぶ》して作る。

〈例〉燻猪肚（シュヌ・ヅウ・ドゥ）—豚の胃を使って作る。

凍とは肉皮（ルウ・ピィ＝豚肉の皮）、ゼラチン、寒天などを使い、冷まして固めたものであるが、葷（ホヌ＝肉類など）は冷菜に使い、果物や木の実などを固めたときは甜菜（ティエヌ・ツァイ）として使うことが多い。

〈例〉（咸）桂花牛肉凍（グェイ・ホア・ニウ・ルウ・ドン）後述。

（甜）氷汁枇杷凍（ビン・ヅ・ピ・バ・ドン）—ビワを使って作る。

浸とは、鶏などを水やスープでゆでたのち、そのスープに味付けして、香料や果物、またはその精（ヂン＝エキス）を加えて漬けておき、冷ます。

〈例〉檸檬浸鶏（ニン・モン・ヂヌ・ヂ）—レモンを使い、鶏で作る。

酔とは、材料を酒に浸けこんで作る。この調理法で有名な料理に上海の酔蟹（ヅェイ・シエ）がある。生きたままの湖のカニを紹興酒（シャオ・シン・ヂウ＝中国の酒）の中に浸けこんだもので、塩、コショウを入れ、二週間ぐらいおく。文字通り酔っぱらったカニで、酒の香りが紛々とした料理である。

また、そのほかに焼（シャオ）の調理法で煮込んでから冷ます、四川の陳皮鶏（ツェヌ・ピィ・ヂ＝後述）、上海の烤麸（カオ・フ）、また素火腿（スゥ・フオ・トェイ）のように、豆腐皮（ドウ・フゥ・ピィ＝ユバ）を味付けして煮込み、ふきんに包んで形作り、固めたものもある。

炸（ザ）の調理法では鶏蛋鬆（ヂ・ダヌ・スン）、蒸（ヅェン）では皮蛋（ピー・ダヌ）などを加えても作れる鶏蛋糕（ヂ・ダヌ・ガオ）がある。煎（ヂエヌ）、捲（ヂュアヌ）では豆魚（ドウ・ユィ）などがある。

中国料理は熱を通す料理が多いが、冷菜は冷まして客に供するから、冷めてから味の落ちないものを用いること、また中毒事故を起こさないよう材料、用具、保管場所には充分気をつけるなどの注意が必要である。

共《ゴォン》和《ホ》涼《リアン》菜《ツァイ》

材料（写真①）

(1)正材料五種

白鶏腿（バイ・ヂ・トェイ＝ゆでたヒナ鶏の腿）一枚

洋腿（ヤン・トェイ＝ハム）一〇〇g

白猪肚（バイ・ヅウ・ドゥ＝豚の胃をゆでたもの）1/4枚

鮑魚（バオ・ユィ＝水煮アワビの罐詰）一個

海蜇皮（ハイ・ヂォ・ピィ＝もどしたクラゲ）一〇〇g

(2)副材料五種

黄瓜（ホアン・グア＝キュウリ）一本

芹菜（チン・ツァイ＝セロリ）一本

紅蘿蔔（ホン・ロオ・ボ＝ニンジン）小一本

緑豆芽（リユ・ドウ・ヤ＝緑豆モヤシ）少量

粉糸（フェヌ・スー＝ハルサメ）少量

十種の材料細切り洋ガラシ和え

共和（ゴォン・ホ）とは、共和国から取ってつけられたらしく、什錦（シ・ヂヌ＝十種の組合わせ）と解釈してよい。味付けは酸味をおび、鼻にツンとくるぐらい洋ガラシをきかす。北方菜（ベイ・ファン・ツァイ＝北京・山東料理など）の涼拌菜（リアン・バヌ・ツァイ）の味付けに似ている。春餅に包んで食べる点が目先が変わっておもしろい。

◈下ごしらえ

材料はモヤシとハルサメを除いて全部細切りにする。モヤシは根を取り、ハルサメは一〇cmぐらいの長さに切ってぬるま湯でもどしておく。ともにゆでてから、冷まして使う（写真②）。

◈作り方

1　味を合わせる―ボールにショウユと酢同量、化学調味料少量、ゴマ油適量、芥末（チエ・モォ＝洋ガラシ）適量を合わせておき、その中に下ごしらえの終わった材料を全部入れてよく混ぜ合わせる（写真③）。

2　盛付け―合わせた冷菜（ルン・ツァイ）を皿に盛り、別皿に春餅（チュヌ・ビン）をちょっと蒸してから並べ、添え包んで食べる。

〔**注**〕(1) 春餅とは春捲皮（チュヌ・ヂュアヌ・ピィ＝春捲は、野菜と肉を炒めてこの皮で包み、揚げたもの）と同じ。これは市販もさ

れているが、作り方は小麦粉（強力粉）に塩少量と水を加え、よくねばりの出るまで、手でたたきつけるようにして練る。それを二～三時間ねかせてから、鍋に油を引かずに、こすりつけるようにして薄い皮を作って焼く。中華鍋でも焼けるが、フライパンや厚い鉄板のほうが焼きやすい。

(2) 油を引かずにと書いたが、実際には、油のよく浸みこんだ鍋（使いこんだ鍋）の油気を取って焼くことになる。鍋の表面に油気が多いと張りつかず、また少なすぎると鍋にくっついて離れない。

春餅は写真④のように包んで下を少し折り曲げ、手で持って食べる。

雲《ユヌ》白《バイ》肉《ルウ》

ゆでた豚腿肉の薄切り特製ショウユニンニク和え

材料（写真①）
豚腿肉のうち、ナカニクとシキンボーの連らなった部分を切ったものを三〜四cm幅（約三〇〇g）
タレの材料＝甜醤油チリレンゲ約二杯・醤油同量・化学調味料・蒜泥（ソアヌ・ニ＝ニンニクを泥状に切りつぶしたもの）

この料理は、調理法から名づけると蒜泥白肉（ソアヌ・ニ・バイ・ルウ）といい、切り方がとても薄く、白くふわふわと空に浮かぶ雲にたとえて名づけられた。
ほかの地方料理にも白切肉（バイ・チエ・ルウ）、白肉片（バイ・ルウ・ピエヌ＝ゆでた肉の薄切り和え）があるが、これは四川独特のものである。

◆下ごしらえ

最初に甜醤油（ティエヌ・ヂアン・ユー＝特製ショウユ）を作る—醤油二l、酒一l、砂糖二l、桂皮（ニッキ）二〇g、八角（大ウイキョウ）二〇g、陳皮（ツェヌ・ピィ＝ミカンの皮を干したもの）八〇gにネギ、ショウガを加えて、約一時間半ぐらい弱火で煮つめる。これを濾《こ》して器に入れる。濾したときの全量は、だいたい二lになる。これ以上濃くすると使いにくく、薄くても味がものたりない。
〔注〕この醤油は割合長くおいても味が変わらないので、余分に作っておくと他の料理にも応用でき、便利である。

◆作り方

1 肉を二〇分ぐらい弱火でゆでる（写真②）。
〔注〕(1) 肉は肥えたものを選ぶ。脂肉が$1/3$ぐらいのものが適当である。やせて脂肉が少ない肉はかたくておいしくない。
(2) ゆですぎると肉がかたくなるし、さら

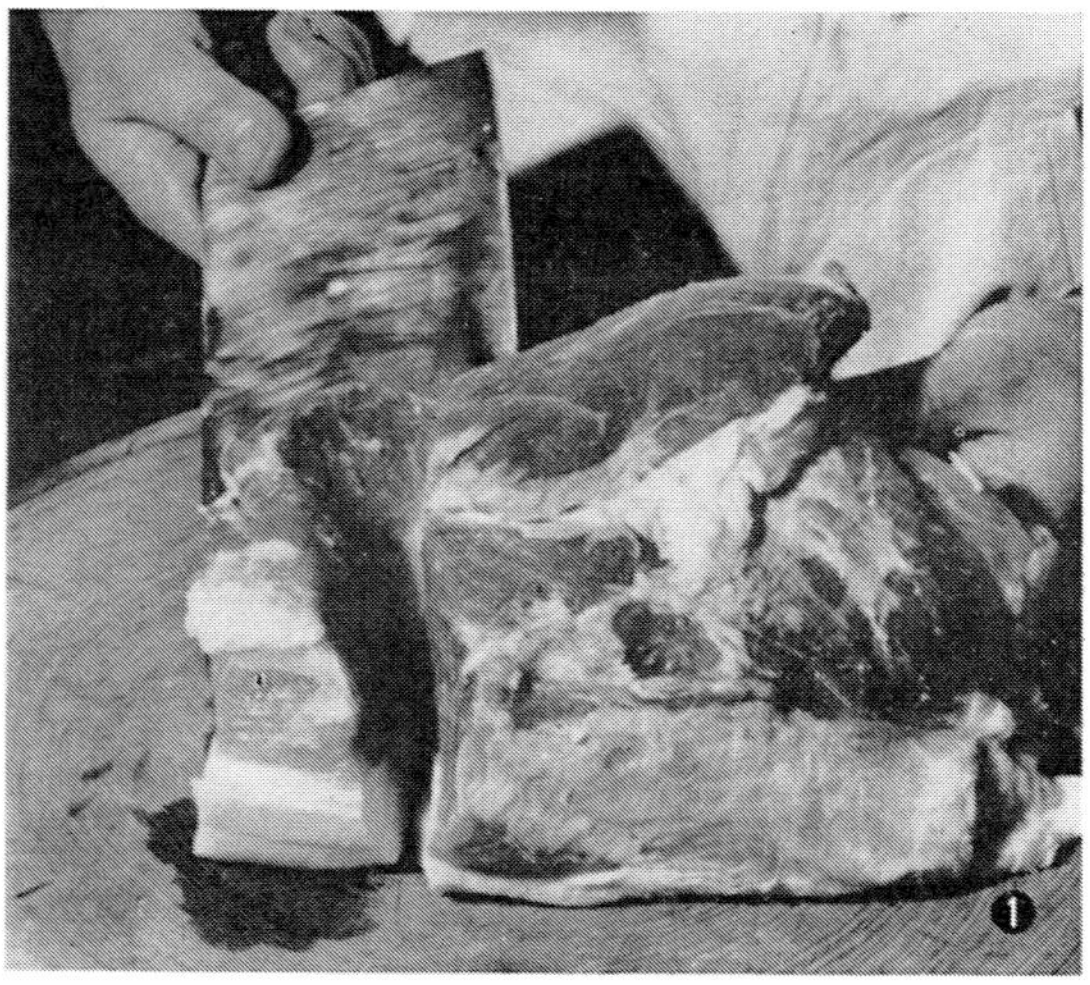

にそれ以上ゆですぎた場合、切るとボロボロになるので、血水が出なくなるぐらいを限度とする。できあがりを見るときは箸をさせばすぐにわかるが、あとで切ったとき穴が残っていて見ばえが悪いので、横にさすとか、手で押えてそのでき具合をみるようにする。

(3) もしすぐに客に出さない（切らない）ときは、八分（中が少し生）ぐらいで取り出し、ボールなどにそれをゆでたときできたスープを入れて、中に浸けておく。時間にして一〇分ぐらいたつとちょうどよい頃合いになる。

(4) また、これ以上の時間をおくときは、一時水にさらして冷やし、切り始める前に温め直して切るとよい。この料理は完全に冷ますと、切りにくく、油っこいし、味も浸みこまないので温め直すのを忘れないこと。

2 ゆで上がった肉は、熱いうちに薄刃の包丁でごく薄く切り（写真③）、皿に形よく並べる。いくらかできた屑は真中に盛り上げる。

また宴会料理に出すときは大皿を使い、その真中に、キュウリの薄切りを水にさらしたのち、水をきって盛ると色合いがよく、口直しにもなる。

〔**注**〕(1) この料理は薄く切るほどよいが肉の原形は残さねばならない。だから薄ければよいといって、ボロボロにして穴をあけては、その料理人の腕が疑われる。一皿に盛った分全部が肉の原形を残し、薄く切れれば合格である。

(2) 包丁は、厚刃より薄刃のほうが薄く切れる。またといでよく切れる包丁を使うことも肝要である。

(3) 肉がすべって切りにくい場合は、マナ板の上にかわいたふきんを敷き、その上で切るとすべらない。

3 タレの材料をよく混ぜ合わせ、肉の上から平均にかけ、さらにその上から辣油(ラ・ユー)を適量かけて客に供する（前頁の材料欄参照）。

〔**注**〕(1) この料理は相当辛くてかまわない料

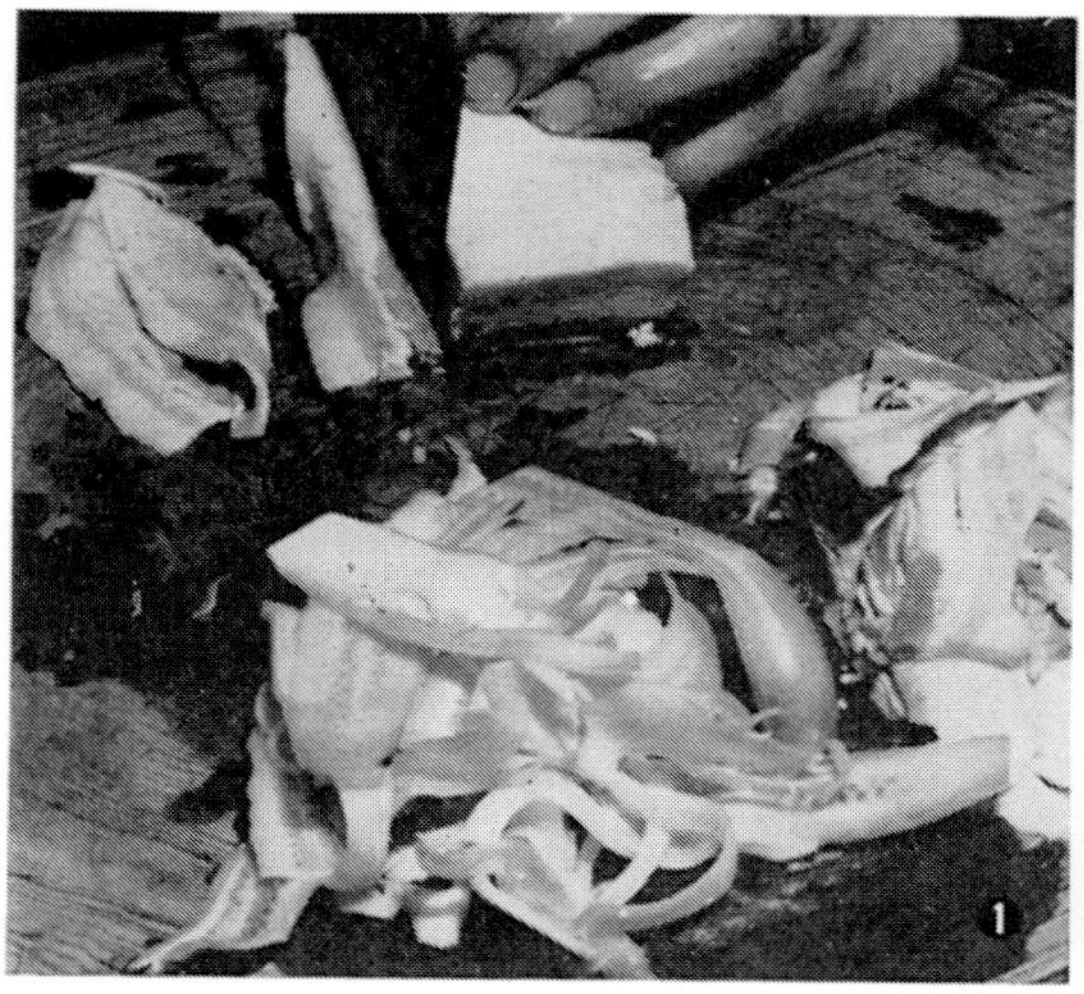

理で、タレを濃くしておいて分量で調節する。辣油が少ないと塩からく感じるものなので、もし辣油を加減するならタレも加減する。

(2) また、この料理はお客が食べるとき、自分で肉全体をよく混ぜ合わせるものである。お客が一枚ずつ取って口に入れたりすると、辣油が先に口にはいり、辛く感じることを覚えておいていただきたい。

蒜泥白肉（ソアヌ・ニ・バイ・ルウ）

雲白肉とは別の作り方を紹介しよう。

1 豚のバラ肉（赤肉と脂肉が半々に混ざり合った部分）四〇〇gを三〇分ぐらいゆで、水にさらして冷ます。

2 雲白肉と違い、肉が冷たいうちに上からなるべく薄く切る（写真①）。

〔注〕包丁を温めると切りやすい。

3 キュウリ、セロリは薄切りして、水に一〇分ほどさらして取り出し、水をきっておく（写真①）。

4 鍋に湯を沸かして薄切りした肉を入れ、ふたたび沸騰する直前に取り出し、かわいたふきんで押えて水気を取る。それをボールに入れ、先のキュウリとセロリの薄切りを加えて雲白肉のタレで和え、最後に辣油を入れて、よく混ぜ合わせて皿に盛る。

◆応用料理

紅油鶏塊（ホン・ユー・ヂ・クアイ）――白鶏（ゆで鶏）を固まりに切って使う。

蒜泥腰片（ソアヌ・ニ・ヤオ・ピエヌ）――豚マメの薄切りを使う。

四川ではその季節の一番おいしい野菜（たとえば秋から冬にかけてのダイコンやハクサイなど）と豚肉の固まりとをたっぷりの水でいっしょに煮る。そしてこの肉を薄切りにして、蒜泥白肉のように酒の肴にしたり、少し厚めの薄切りにしてニラの苗などと炒めて回鍋肉（ホイ・グオ・ルウ）を作り、酒の肴、またはご飯のおかずとする。最後にその野菜スープで食事をというわけであるが、このスープを連鍋湯（リエヌ・グオ・タン）という。これは簡単で素朴な料理の典型といえるが、豚肉と野菜のうまさを存分に味わわせてくれる料理である。料理店で出す連鍋湯の中には、ダイコン・ハクサイのほか、キャベツ・トウガンなどを使ったものもあり、これに豚肉の薄切りを上に浮かして客に供する。スープは味付けしないのが原則であるが、別にトウガラシ油を入れたショウユ味のタレを用意し、肉や野菜をこのタレにつけて食べる（スープに味がないとなじめないなら薄く塩味をつけるとよい）。

薑《ヂアン》汁《ヅ》鱿《ユウ》花《ホア》

紋甲イカの花切りショウガ汁和え

薑（ヂアン＝姜または妛とも書く）とは、ショウガのことである。汁（ヅ）は滷汁（ル・ヅ）のことで、タレとかソースなどの意味である。鱿花（ユウ・ホア）とは鱿魚（ユウ・ユィ＝紋甲イカ）を花に切る意味である。

◈作り方

1　イカを縦に幅八cmぐらいに切り、イカの厚さの半分ぐらいのところまで六～七mm幅に縦に切込みを入れる。それを横長に置き直して、直角になるようにそぎ切りをするが、そのとき包丁は最初の切込みでは切り離さず、次の切込みで切る。この切り方を雙飛片（シュアン・フェイ・ピエヌ）という（写真①）。

切り終わったら水にだいたい一〇分ぐらいひたす。あまり長くさらさないようにする。

〔注〕切り方はほかにもいろいろあるので工夫していただきたい。

2　薑汁を用意する――ショウガは皮をむく。最初はなるべく薄く、次にそれをごく細く、最後にその細切りに直角になるよう細かく切る。

〔注〕要するに順序よくきれいにみじん切りにするわけであるが、こうするとあとで調味料と合わせたとき、一粒々々が真四角で、普通のみじん切りよりずっと見ばえがよい。

(2)　急ぐときは、おろしがねですりおろすのも一方法であるが、やはりきちんと細かく切るほうがよい。時間も同じぐらい。

材料

鱿魚（紋甲イカ）四〇〇g
ショウガ三〇g
キュウリ（またはセロリ）
萵苣（ウォ・ヂュ＝チシャトウ）

1

2

3

ショウガのみじん切りを小碗に入れ、ショウユ、酢を半々、化学調味料少量、ゴマ油適量を加えて合わせておく。

3　魷花の湯通し―鍋にたっぷりの湯を沸かし、強火のまま魷花の水を切って入れる。それを一〇秒ほどで取り出し、ボールに入れてかわいたふきんで軽く押えて水気を取り、ごく少量の塩、化学調味料、ゴマ油をまぶして冷ます（写真②）。

4　盛付け―セロリなどを、花切りまたは薄切りして塩で軽くもみ、水でよく洗う。次に水気をきって皿の中央にしき、冷めた魷花を形よくまわりから並べて盛り上げ（写真③）、2の薑汁をかけて客に供する。

◆応用料理

薑汁蹄花（チアン・ヅ・ティ・ホア）―豚の足をやわらかくゆでるか、蒸して冷ましたものに薑汁をかける。

薑汁鶏塊（チアン・ヅ・チ・クアイ）―ゆでたヒナ鶏を使って作る。

薑汁拌三糸（チアン・ヅ・バヌ・サヌ・スー）―三種の材料の細切りを使う。

薑汁魷花だけでなく雲白肉（四六頁参照）や次頁の椒麻腰片にもいえることであるが、このような和えものはタレを変えることで何十種類という料理に発展する。

以下、その例をあげておく。

蒜泥魷花（ソアヌ・ニ・ユウ・ホア）
椒麻魷花（チアオ・マ・ユウ・ホア）
姜汁白肉（チアン・ヅ・バイ・ルウ）
椒麻白肉（チアオ・マ・バイ・ルウ）
紅油腰片（ホン・ユー・ヤオ・ピエヌ）
麻辣腰片（マ・ラ・ヤオ・ピエヌ）

椒《ヂアオ》麻《マ》腰《ヤオ》片《ピエヌ》

豚マメ薄切りサンショウの実和え

材料（写真①）
猪腰（豚マメ）大四個
香葱（シアン・ツオン＝ワケギ）一わ（または長ネギの青い部分）
姜（チアン＝ショウガ）小一個
花椒（サンショウの実）一〇g
ネギ・ショウガ・サンショウの実の割合＝二対一対一
キュウリ・セロリなど

椒 麻 腰 片

この料理は、猪腰（ヅウ・ヤオ＝豚の腎臓、マメともいう）を薄切りしてから、長時間水にさらして血水を抜き、臭みを取って作るので、ある程度の時間的余裕がなければ作れない。

椒（ヂアオ）は花椒（ホア・ヂアオ＝サンショウの実）、椒麻（ヂアオ・マ）はサンショウの味が、口に入れたときしびれるような感じになることをいう。

◆作り方

1 腰子（ヤオ・ヅ）を横に半分に切り、中の腰臊（ヤオ・サオ＝白い筋のような部分と赤い部分。これは食べられないことはないが、普通は生臭いので切り捨てる）を取り、なるべく大きく薄く切り（片＝ピエヌ。写真②）、たっぷりの水に二〜三時間さらす。

〔注〕(1) さらすときは、二〜三〇分ごとに水を取り替えるか、流し水にする。ときどき中をかき混ぜないと、平均して血水が取れない。

(2) よくさらすと、二倍以上に膨張して白っぽくなる。水にさらす時間が少なかったり、また平均に血水が抜けないと、腰子の臭みが残るし、できあがりがかたくなる。

2 キュウリかセロリのどちらかを、薄切りにして水にさらす。

3 椒麻を作る—花椒の黒いシンを取り除き、ネギ、ショウガといっしょに軽くたたいて切

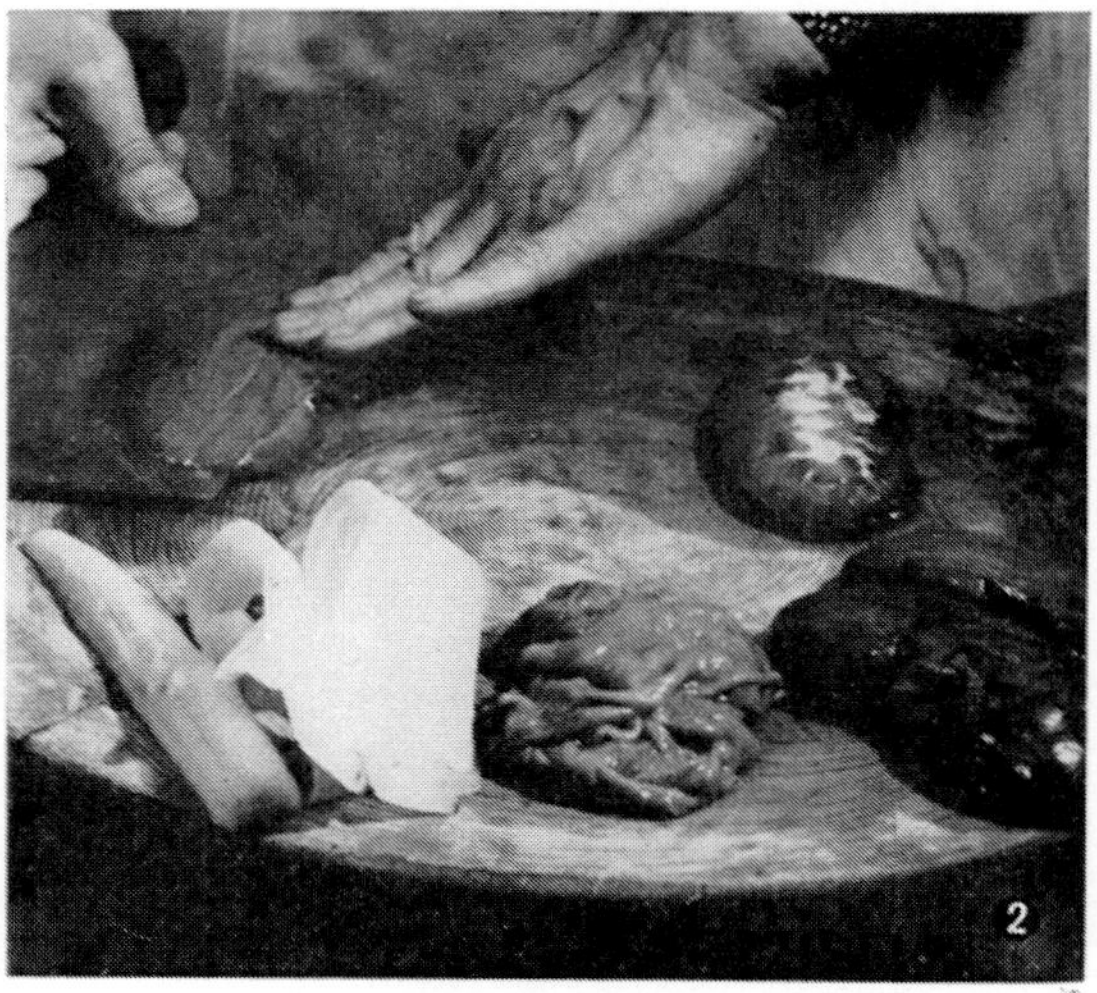

る。細かければ細かいほどよい（写真③）。

〔注〕 一皿分の量はチリレンゲ山盛り一杯分ぐらいでよいので、あまったら、ゴマ油を椒麻がひたるぐらい入れ、固まらないように粒々がなくなるまでよく練り混ぜて冷蔵庫に入れておくと、一週間は香りを保てる。

4 タレを用意する―チリレンゲ山盛り一杯の椒麻にショウユ三、酢1/3、スープ一を入れ、化学調味料少々、ゴマ油適量を加えてよく混ぜ合わせる。

5 腰片（ヤオ・ピエヌ）を湯通しする―鍋にたっぷりの湯を沸かし、水にさらした腰片を網にあけて、よく水を切ってから中に入れる。沸騰する直前に取り出し（写真④）、かわいた布で軽く

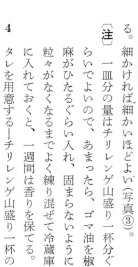

押えて水気を切る(写真⑤)。

6 腰片にごく少量の塩、化学調味料、ゴマ油をまぶして冷ます。

〔**注**〕(1) 湯通しする時間は、強火で一分ぐらい。沸騰してから腰片を取り出すと完全にゆですぎで、小さくなるし、かたくもなるのでおいしくない。

(2) またゆでたりないと、生の状態なので(爪を立てると血水が出る)、生臭みが残る。だからこの湯通しの時間の把握が、この料理のポイントになる。

7 盛付け―2のキュウリなどを皿に盛った上に、腰片をよく盛り、4のタレをかけて客に供する。

〔**注**〕タレは先に碗の中でキュウリなどと混ぜ合わせて盛ってもよい。

◆応用料理

椒麻鶏片(チアオ・マ・チ・ピエヌ)―白鶏を片に切って盛り付ける。

椒麻胗肝(チアオ・マ・ヅエヌ・ガヌ)―鶏の内臓類を片に切って使う。

その他肉類、野菜類などいろいろ応用できる。

麻《マ》辣《ラ》豆《ドウ》魚《ユイ》

豆モヤシとクラゲのユバ巻きトウガラシソースかけ

材料(写真①)

緑豆芽(リュ・ドウ・ヤ＝豆モヤシ)四〇〇g

海蜇皮(ハイ・ヂォ・ピィ＝もどしたクラゲ)二〇〇g

豆腐皮(ドウ・フゥ・ピィ＝ユバ)三枚

〔**注**〕豆腐皮は市販されているが、中国式の作り方では幅二〇cm、長さ四五cmのものに作る。

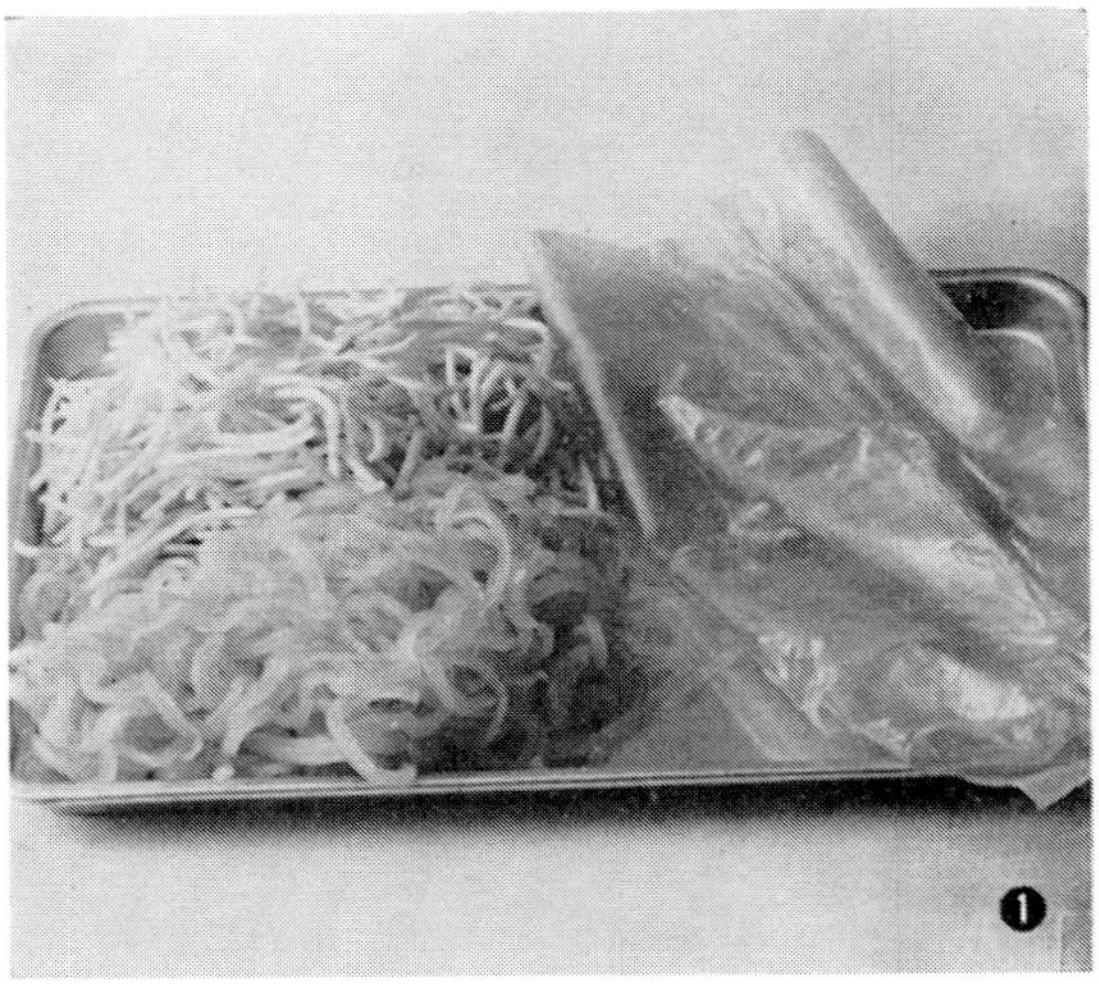
❶

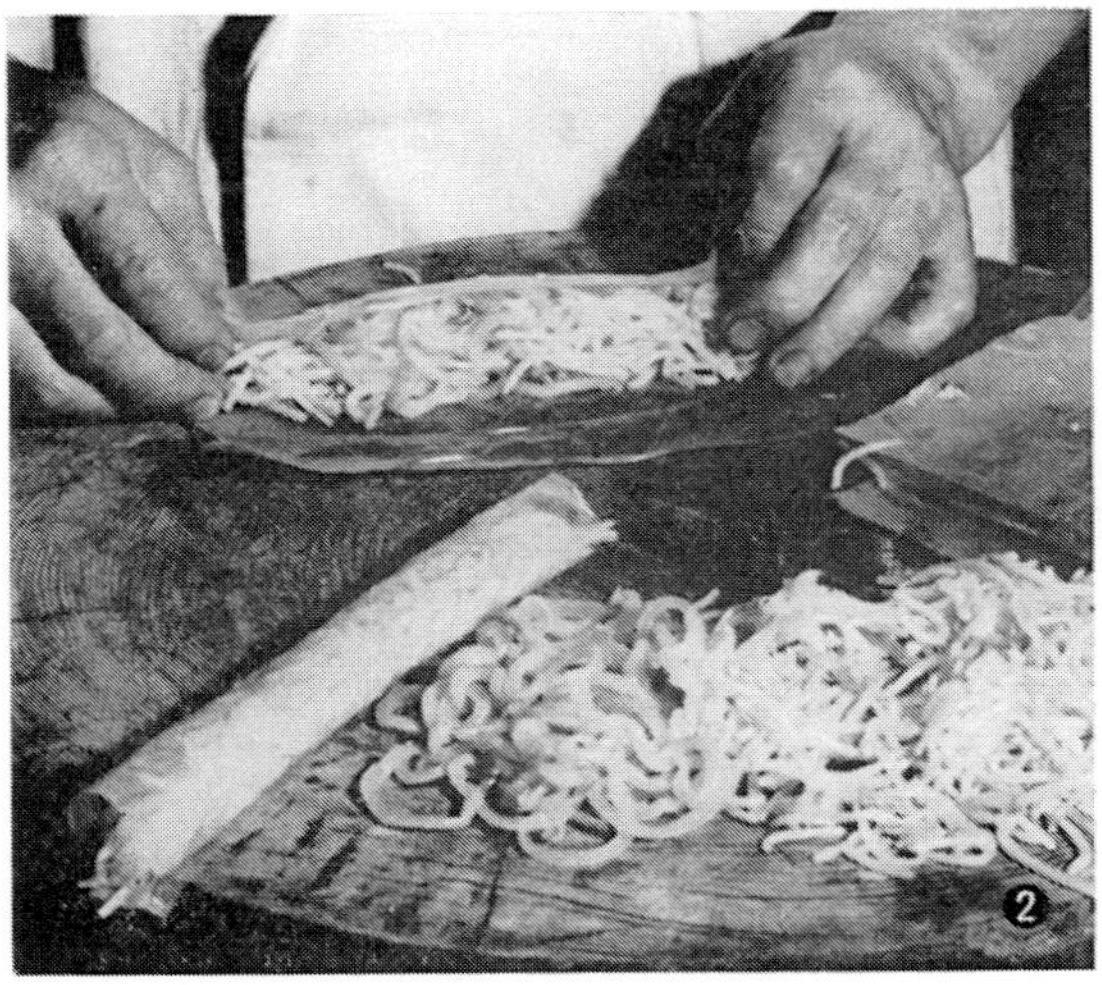
❷

❸

❹

この料理は、四川ではモヤシだけを用い、酒の肴として、ちょっとしたつまみもの程度に出し、その売上げは、一般に料理人のチップに換算されるぐらい大衆的な料理である。

モヤシの白が、魚の細切りに似ているので豆魚の名がある。

〔注〕麻辣（マ・ラ）は四川独特の味付けの一つである。花椒の粉を使用するので麻（マ＝しびれるような感じ）の味、それにトウガラシ油を使って、辣（ラ）の味を出す。

◆作り方

1　モヤシは根を取ってよく洗い、さっとゆでてから、かわいたふきんで軽く押えて水気を取り、冷ましておく。クラゲもかたく水気をきっておく。

〔注〕(1)　モヤシはゆですぎると、歯切れが悪くなりおいしくないので、生でない程度にかたくゆでる。

(2)　また、ここでは麻辣の味付けが濃厚なので、モヤシなどに味付けをしないが、もう一つの作り方として、モヤシにハムや菌類の細切りを加えて軽く炒め、塩味で味付けして冷ましてから、巻いて使うやり方もある。

2　捲（チュアヌ＝巻く）―ユバを三等分し（幅一五cm、長さ二〇cmぐらい）、モヤシ二、クラゲ一の割合でかたく巻く（写真②）。巻き終わったら

ユバの端に水をちょっと塗るとあとではじけない。それを皿の上に巻き、終わりが下になるように一本々々並べる。

3 煎（チエヌ＝両面を焼く）—鍋をカラ焼きし油を入れて鍋になじませたら、もとにもどす。皿の豆魚をそっくりその中に入れ、ゴマ油を鍋のまわりから入れて、裏面に少し焦げ目のつくまで焼き、ひっくり返して同じように両面を焼く（写真③）。

4 できた豆魚をマナ板の上にのせ、左から約三cm幅に順に右へ移動させて切っていく。これは、切る順に左手で押えていかねばならないので、逆の手順のほうが切りやすいからである（写真④）。

5 盛付け—両端をきれいに切り落とす場合はかまわないが、切り落とさない場合は、切り口を外側にして下に並べ、その上に、真中のそろった部分を重ねて盛り上げる。

6 麻辣味（マ・ラ・ウェイ）のタレ—醤油三、醋（ツウ＝酢）二・五、芝麻（ヅ・マ＝ゴマを煎ったもの）一、麻油（マ・ユー＝ゴマ油）一、辣油（ラ・ユー＝トウガラシ油）適量、葱花（ツオン・ホア＝ネギのみじん切り）二、花椒粉（ホア・ヂアオ・フェヌ＝サンショウの実を軽く煎ってすりつぶし粉にしたもの。市販品がある）少量を碗に入れて、よく混ぜ合わせる（写真⑤）。

◆応用料理

麻辣豆魚はモヤシだけをユバで巻いて捲を作ってもよい。

腐皮蜇捲（フゥ・ピィ・ヂォ・ヂュアヌ）—糖醋拌海蜇（タン・ツウ・バヌ・ハイ・ヂォ＝クラゲだけを甘酢味で味付けしたもの）をかたくしぼって水気を取り、ユバで巻いて豆魚と同じに作る。

蓮白蜇捲（リエヌ・バイ・ヂォ・ヂュアヌ）—熗蓮白（チアン・リエヌ・バイ＝キャベツで作る）で味付けをしたクラゲを巻き、適当な長さに切って盛る（四川ではキャベツのことを蓮花白ともいう）。

青瓜蜇捲（チン・グア・ヂォ・ヂュアヌ）—キュウリを広く開いて切り、熗青瓜片（チアン・チン・グア・ピエヌ）を作り、クラゲを巻いて作る。

黄瓜三糸捲（ホアン・グア・サヌ・スー・ヂュアヌ）—熗青瓜と同様にウリで熗黄瓜（チアン・ホアン・グア）を作り、鶏、ハム、クラゲなど（これを拌三糸＝バヌ・サヌ・スーという）を味付けして巻く。

白菜三糸捲（バイ・ツァイ・サヌ・スー・ヂュアヌ）—熗白菜（チアン・バイ・ツァイ＝白菜で作る）で拌三糸を巻く。

白菜蜇捲（バイ・ツァイ・ヂォ・ヂュアヌ）—熗白菜でクラゲを巻いて作る。

その他、種々応用できる。

捲（ヂュアヌ）も調理法の一種である。文字通り巻くことをさし、このような冷菜のほかに炸・溜・燴・湯菜と幅広く使える。

〈例〉清湯白菜捲（チン・タン・バイ・ツァイ・ヂュアヌ）

捲はまた切り方の表現にも使う。花切りして調理すると、材料自体がクルクルと巻き上がった感じになる。これは平らに開く花切りとも違うが、鱿魚捲（ユウ・ユィ・ヂュアヌ）や、鰻魚捲（マヌ・ユィ・ヂュアヌ）などの表現がある。

桂《グェイ》花《ホア》牛《ニウ》肉《ルウ》凍《ドン》

牛スネニクと筋の卵入り煮こごり

材料（写真①）
牛腱肉（ニウ・ヂエヌ・ルウ＝牛スネニク）三〇〇g
牛筋（ニウ・ヂヌ＝マルスジ）一kg
鶏蛋（ヂ・ダヌ＝鶏卵）二個
桂皮（グェイ・ピィ＝ニッキ）・八角（バ・ヂアオ＝大ウイキョウ）・花椒（ホア・ヂアオ＝サンショウの実）各一〇g

この料理は、牛の筋のゼラチン質を利用してこごらせたもので、歯当たりがプリプリし、すきとおった中に卵と肉の混ざり合ったのが見えて、いかにも涼しげに感じられる夏の料理である。桂花とは鶏卵の飾った呼び方である。

◆下ごしらえ

マルスジの下ごしらえ—筋は太いのと細いのとを、いっしょに扱う。時間がかかるから前もって用意しておく。

1　最初、水に二〜三時間さらして血水を抜いてから、湯通しする。

2　まわりについている毛や汚れを小刀でけずり落とし、よく洗う（あとでもう一度掃除をするので簡単でよい）。たっぷりの水を入れた鍋で二〜三時間煮る。手でつかんでみて、やわらかくなっていればよい。少量の場合は蒸すのもよいが、臭みが残る。

3　太いスジは二重になっているので中の部分を抜き取り、まわりや中にはいっている脂、先に取れなかったきたない部分などをきれいに取り去る。細いスジはまわりだけきれいにけずり落とす(写真②の右)。

〔**注**〕冷めると歯が立たなくなるほどかたくなるので、他の料理に使う場合はもう一度加熱する。たとえば焼牛肉（ホン・シャオ・ニウ・ルウ）を作るときは塊（クアイ）に切って牛スネニクといっしょに一〜二時間煮込む。

また涼拌牛筋（リアン・バヌ・ニウ・ヂヌ）の場合は、一～二時間蒸して完全にやわらかくしてから、冷まして細切りにし、セロリ、ネギの細切りなどと麻辣味で味付けする。

◈作り方

1　牛スネニクは一度湯通ししてからよく洗い、ボールに入れて肉がひたる程度に水を入れ、一時間ほど蒸したのち取り出して七～八㎜角に切る。それをボールに残っているスープにアクがあれば漉《こ》して中に漬ける。

〔注〕牛スネニクのやわらかさには限度がある。だいたい、筋の混ざっている肉で、蒸したり煮込んだりする時間が全部で二～三時間、筋の混ざっていない肉で一時間半～二時間でよい。

❶

2　桂皮、八角、花椒は洗ってきれいなふきんで包み、糸でしばる。

3　蒸化（ヴェン・ホア＝蒸して筋のゼラチン質を出す）―下準備した筋を写真③のように小さく切って、ボールに入れ、筋がひたる程度に水またはスープを加え、三～四時間蒸す。

　さらに1のスネニクをスープごと加え、先の桂皮などの香料袋を入れて一～二時間蒸す。

〔注〕(1)　筋はやわらかいほどよいが、八時間、一〇時間と時間をかけて蒸しても完全に溶けるわけではない。冷ますとまたかたくなる性質を持っているので下準備が終わってから五～六時間ぐらい蒸せばよい。筋の一～二時間の蒸しすぎを心配するよりスネニクのやわらかくなる時間を考えて加える。

(2)　この料理は筋のゼラチン質の濃度が問題で、薄いと冷ましても固まらなくなる。最初にゆですぎるとゼラチン質が相当量逃げることになるし、スープや水が多すぎるとやはり薄くなる。濃度の加減をみる場合は、このとき一度冷まして冷蔵庫に入れ、どの程度かたくなるか試してみるとよい。

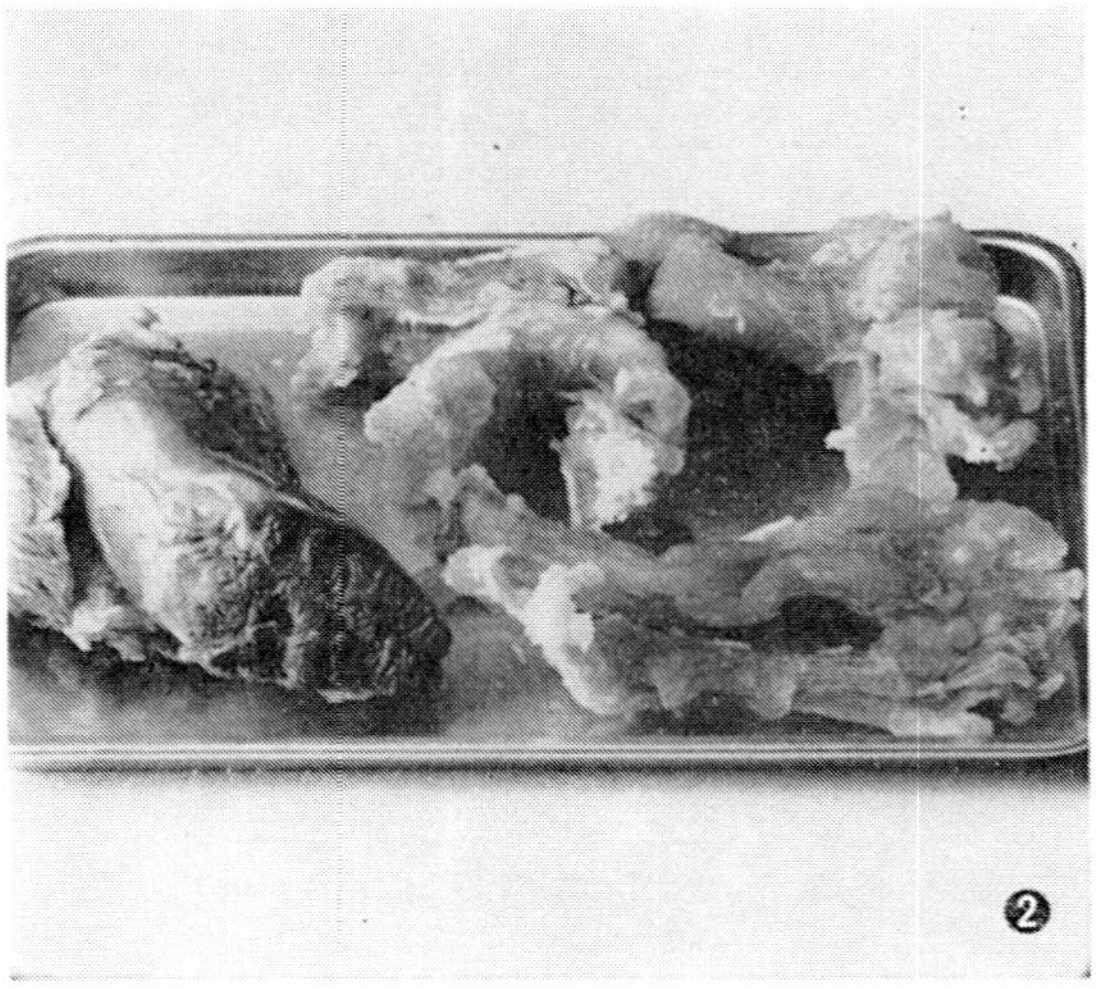

❷

4　味付けと形どり―3の筋とスネニクをそのまま鍋に移して（写真④）熱し、香料袋を除き、濃度の薄い場合は一度煮つめてから、糖色か醤油、塩、コショウ、化学調味料で味付けし、火

3

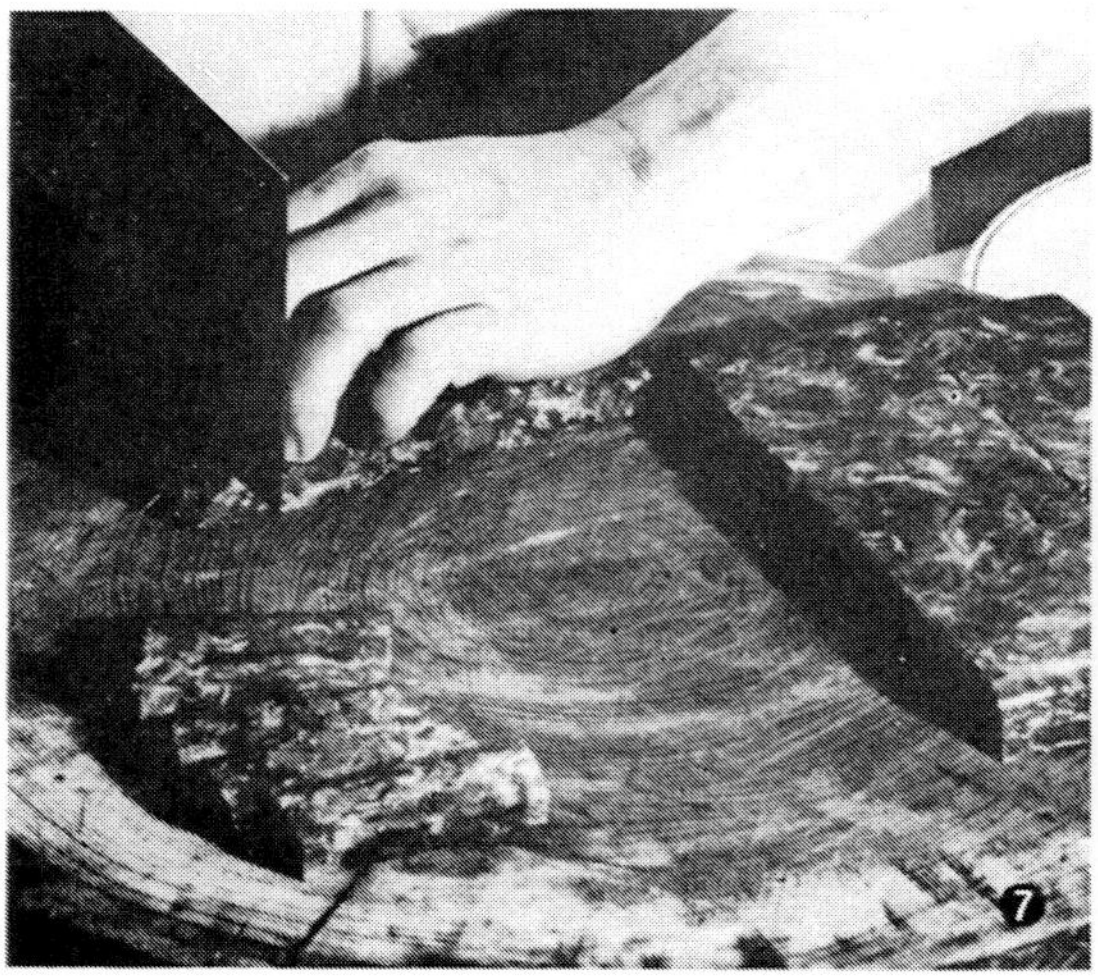

をとめて溶いた卵を流し入れる(写真⑤)。次に型に入れて冷まし(写真⑥)、冷蔵庫に入れる。

〔注〕 糖色とは、砂糖を焼いて水を加えたもので、醤油を使うより色がきれいにあがる(一五二頁参照)。

5 盛付け―冷めた牛肉凍(ニウ・ルウ・ドン)を、マナ板の上にひっくり返すと、簡単に取れる(写真⑦)。今までの底の部分が上になりなめらかできれいなので、以後はこちらを表面と考えて適当に切り、できあがり写真のように盛りつけたり、他の冷菜と盛り合わせる。

この料理はそのまま食べてかまわないが、ショウガをごく細く切って、醤油を少量加えた酢の中に浸けたものをつけて食べるとおいしい。

◆応用料理

凍の調理法で有名なものには鎮江の肴蹄(シアオ・ティ)がある。皮付きの豚腿肉の中の蹄膀(ティ・パン=トックリ)の部分を、硝石、塩を使って漬けたのち、滷水でやわらかく煮るか蒸すかして、重しで押えて形どり、冷まして使う。皮の部分がこごらせる役目をする。

また、四川の回教料理の中に肴牛肉(シアオ・ニウ・ルウ)といって、牛のスネニクを肴蹄と同じ作り方で作る料理もある。

凍鶏(ドン・ヂ)―鶏肉が主。肉皮、寒天を加える。

凍羊肉糕(ドン・ヤン・ルウ・ガオ)―羊肉に肉皮、香料等を加えてやわらかく蒸し、押えて形どる。

陳《ツェヌ》皮《ピィ》鶏《チ》塊《クアイ》

鶏ぶつ切りのミカン皮煮込み

材料（写真①）
- ヒナ鶏一羽一kg
- 陳皮二〇g
- 乾辣椒（ガヌ・ラ・ヂアォ＝干シトウガラシ）一〇本
- 花椒・ネギ・ショウガ各少量

この料理は焼（シャオ）の調理法で作る四川独特の冷菜である。陳皮（ツェヌ・ピィ）はミカンの皮を乾燥させたもので、漢方薬の一種でもある。

◆作り方

1　鶏は骨付きのまま二〜二・五cm角（鶏塊）に切り（写真②）、醤油、酒、塩、コショウ各少量を入れて混ぜ合わせて、少しねかせておく。

2　陳皮は一cm角、トウガラシとネギは一cm長さに切る。ショウガは薄切りして、一cm角に切る。

3　炸（ザ＝揚げる）—下味をつけた鶏塊を高温の油で下揚げする。

〔注〕(1)　煮込む前に下揚げするのは、色をよくつけ、煮くずれを防ぐためである。
(2)　外側さえかたく色よく揚がっていれば、中は生でもかまわない。

4　焼（煮込み）—鍋に杓子一杯ぐらいの油（大豆油）を入れ、陳皮、乾辣椒、花椒を加えて弱火でゆっくりと赤黒く色がつくまで揚げる（写真③）。

5　鶏塊とネギ、ショウガを入れて軽く炒める（写真④）。スープを鶏塊がひたるぐらい加え、醤油、砂糖、酒、化学調味料で味付けし、汁を煮つめる。

6　盛付け—鍋のまわりからゴマ油を流し入れて仕上げ、別の器で冷ましてから、皿に盛りつ

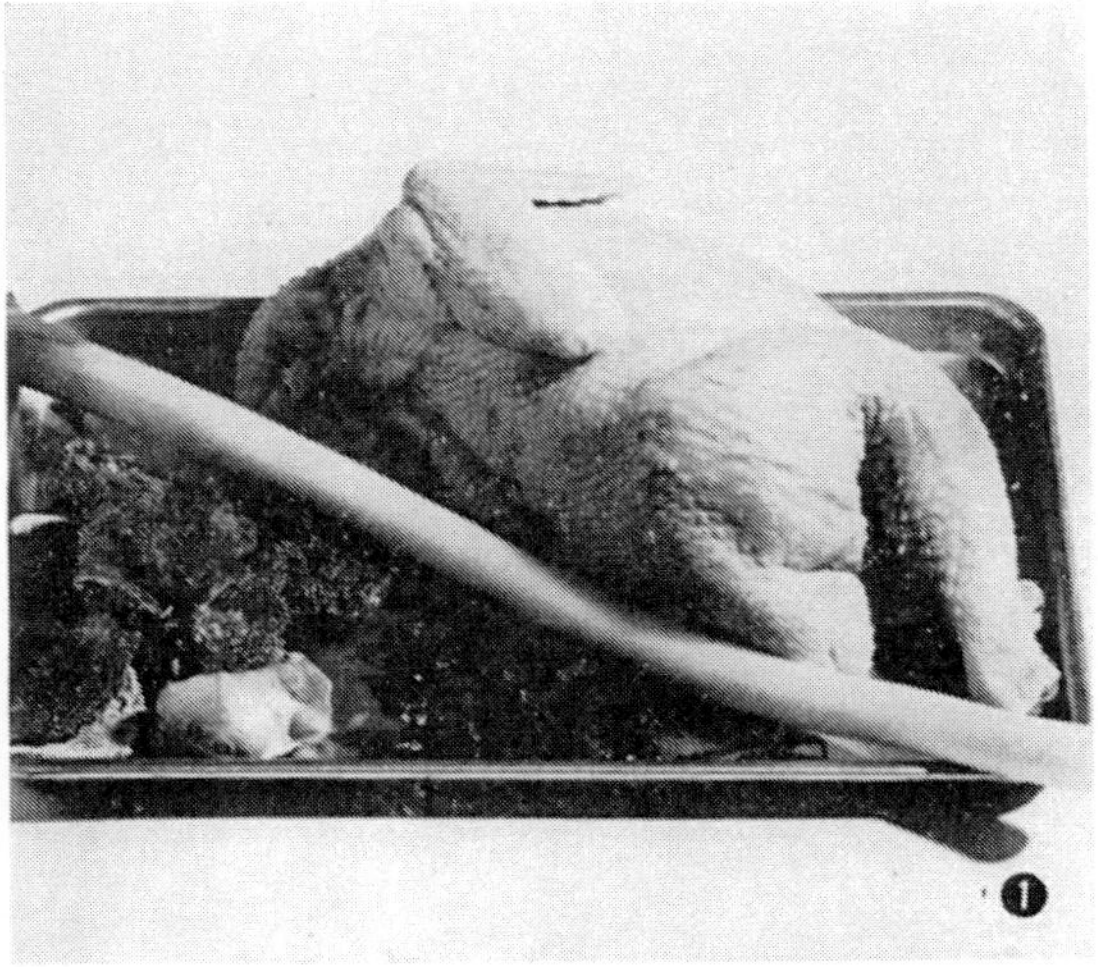
❶

2

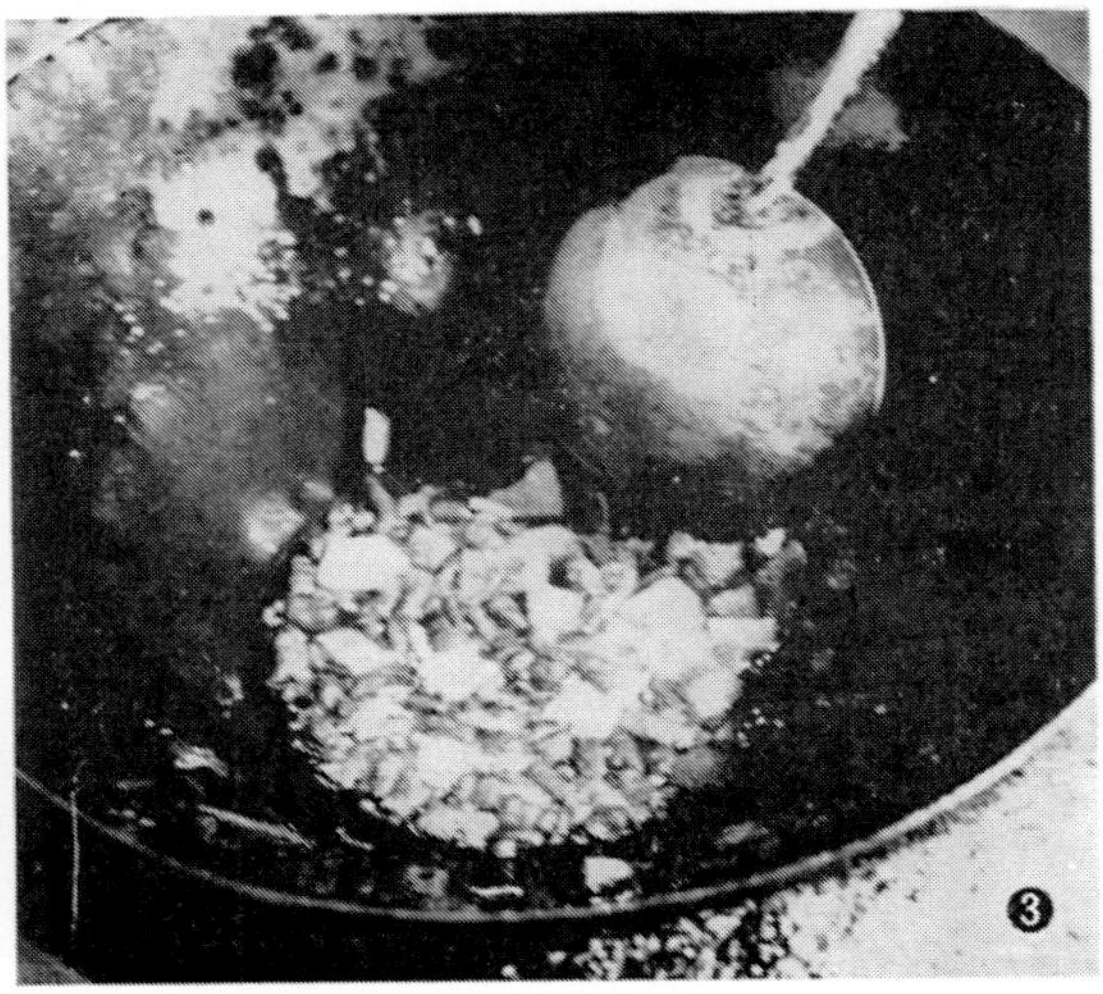
❸

4

ける。

〔注〕(1) 味付けの砂糖を少し多めに使うと料理にツヤが出る。最初の味付けは少し薄めにし、スープが$1/3$ぐらい煮つまってから、味を整えるとよい。

(2) 陳皮などを揚げるときに真黒にしてしまうと辛さと香りがなくなり、この料理はだいなしである。

(3) 陳皮、トウガラシは盛りつける際取ってしまうとよい。または煮込む前にすくい出してもよいが、その場合は少し煮込み、味が出てから取り出すようにする。

◆応用料理

陳皮牛肉（ツェヌ・ピィ・ニウ・ルウ）—牛肉を条か丁に切って作る。

陳皮田鶏（ツェヌ・ピィ・ティエヌ・ヂ）—食用ガエルを塊に切って作る。

陳皮兎肉（ツェヌ・ピィ・トゥ・ルウ）—ウサギの肉を使って作る。

拼《ピヌ》盤《パヌ》類《レイ》

—盛り合わせた冷たい前菜—

拼盤は拼（並べる）と盤子（パヌ・ヅ＝皿）を組み合わせたもので、皿に並べるという意味であるが、中国料理では冷たい前菜（これに対し温かい前菜を熱炒＝ルォ・チァオという—後述）を皿にきれいに盛りつけたものをいう。

冷たい前菜は冷盆（ルン・ペヌ）または冷葷（ルン・ホヌ）などともいうが、この名称はだいたい一種類一皿に盛りつけた場合に使われ、二種以上盛り合わせたものは拼盤または冷盤（ルン・パヌ）という。

昔は今日のような大皿盛り（大拼盤＝ダァ・ピヌ・パヌ）はなく、次のような作り方が多かった。

四冷盆（ス・ルン・ペヌ）—一皿一種類で四種類四皿

四対相拼（ス・ドイ・シアン・ピヌ）—一皿に二種類盛り合わせて八種類四皿

四三対相拼（ス・サヌ・ドイ・シアン・ピヌ）—一皿に三種類盛り合わせて十二種類四皿

四四対相拼（ス・ス・ドイ・シアン・ピヌ）—一皿に四種類盛り合わせて十六種類四皿

四朝擺（ス・チァオ・バイ）—高擺（ガオ・バイ＝高くきれいに盛り並べたもの）四種類四皿

十三巧擺（ス・サヌ・チァオ・バイ）—一皿一種類模様づけて並べて十三皿

このほか糖食、水果がつくのであるが、詳しくは後述。

以上のような拼盤を一枚の大皿に数種類盛り合わせる襍相冷盤(ザァ・シアン・ルン・パヌ)に変わり、これをさらにきれいに並べる什錦拼盤(シ・デヌ・ピヌ・パヌ)に変わってきた。

什錦拼盤とは十種類の材料または多くの材料を皿に並べて盛ったという意味で、最初は写真①のように簡単な並べ方であったが、それが写真②③のような変わった形のものになったり、さらに発展して絵を描くようにして鳳凰や龍などを作るようになる。

什錦拼盤を飾った表現に彩色拼盤とか彩配拼盤があるが、これは表現通り、色どりよくきれいに並べた意味である。

双鳳彩拼も、原則としては什錦拼盤であり彩色拼盤である。したがってメニュー(菜單)に什錦拼盤と書いて鳳凰拼盤(フォン・ホアン・ピヌ・パヌ)や蝴蝶拼盤(フ・ディエ・ピヌ・パヌ)を出しても誤りではない。

中国料理では拼盤は非常に重要な料理である。なぜなら宴会料理の中でも最初に供するものなので、見た目にも美しくしかもおいしく、酒の肴にふさわしいものであり、またあとにつづく料理に期待を持たせなければならないからである。

❶

❷

❸

雙《シュアン》鳳《フォン》彩《ツァイ》拼《ピヌ》

材料（写真①）

冷鮑魚（ルン・バオ・ユィ＝アワビ）
滷猪心（ル・ヅウ・シヌ＝豚の心臓）
滷猪舌　（ル・ヅウ・シェ＝豚の舌）
滷猪肚（ル・ヅウ・ドゥ＝豚の胃袋）
滷冬菇（ドン・グ＝シイタケ）
洋火腿（ヤン・フオ・トェイ＝ハム）
素火腿（スゥ・フオ・トェイ＝精進ハム―後述）
白鶏脯（バイ・ヂ・プゥ＝水煮ヒナ鶏の胸身）
蛋黄糕（ダヌ・ホアン・ガオ＝卵黄）
蛋白糕（ダヌ・バイ・ガオ＝卵白）
海蜇皮（ハイ・ヂォ・ピィ＝クラゲ）
キュウリ
グリーンピース
パセリ

雌雄の鳳凰を形どった拼盤

雙は双とも書き、二つの意で、双鳳とは二羽の鳳凰を意味する（雌雄で、または同じものを二羽作ってもかまわない）。

鳳凰拼盤は單鳳（一羽）、双鳳（二羽）、あるいは三羽、四羽と数多く並べることもできる。

おもに結婚式や誕生祝いなどの祝宴に用意するが、普通の宴会に使ってもかまわない。

◈下ごしらえ

1　鹵猪心、猪舌は塩、硝石（塩の$\frac{1}{10}$量）を適量よくすりこんで容器に入れ、酒、ネギ、ショウガ、花椒少量を加えて三～四日浸けこんだのち取り出し、よく洗ってから湯通しし、鹵水で四〇～八〇分ぐらい煮込む。やわらかくなったら取り出し、ゴマ油を塗って冷ます。

〔**注**〕(1)　鹵水とはスープに、ショウユ、糖色、塩、砂糖、酒、化学調味料で味付けしてネギ、ショウガ、香料（八角、桂皮、花椒、陳皮その他）を加えたものである。

(2)　猪舌には厚い皮があるが、ゆでると白く色が変わるので、あらかじめ小刀でけずり取っておく。

(3)　煮込む時間は材料の大小により加減。

2　鹵猪肚は豚の胃を裏返してボールに入れ、塩、酢を適量加えてよくもんだのちきれいに水洗いする。次に裏返したまま熱湯に入れて二～三分ゆでる。腸につながる部分が白く変色したら取り出し、その白い部分やぬるぬるしたとこ

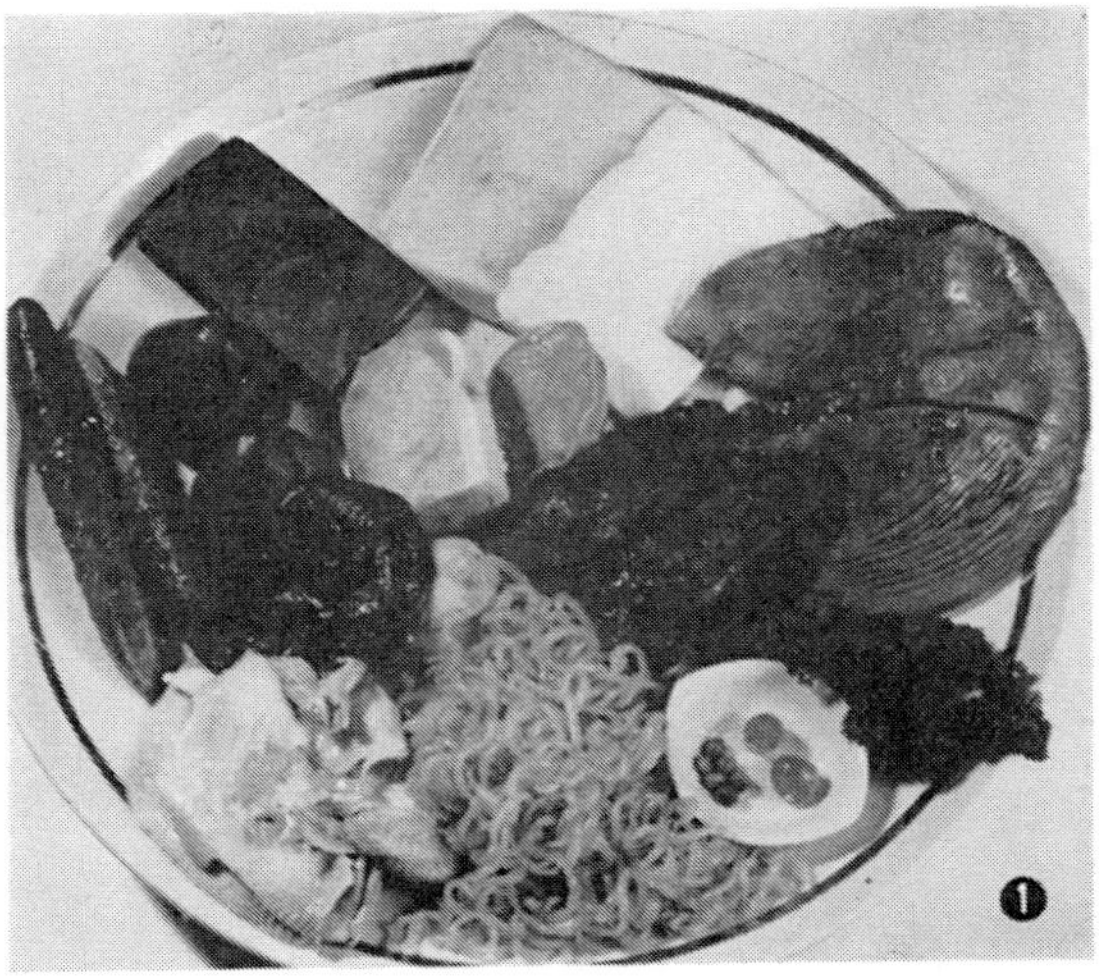
❶

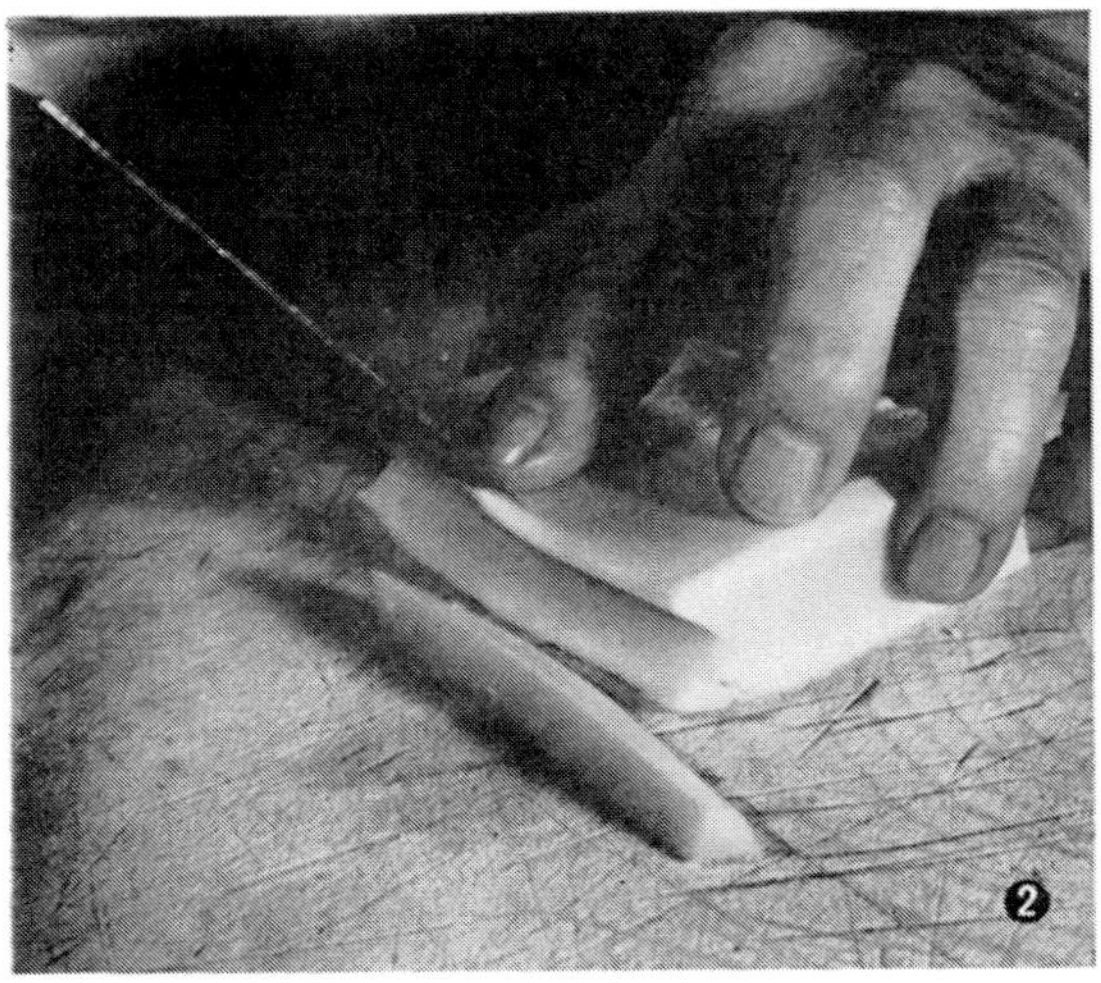
❷

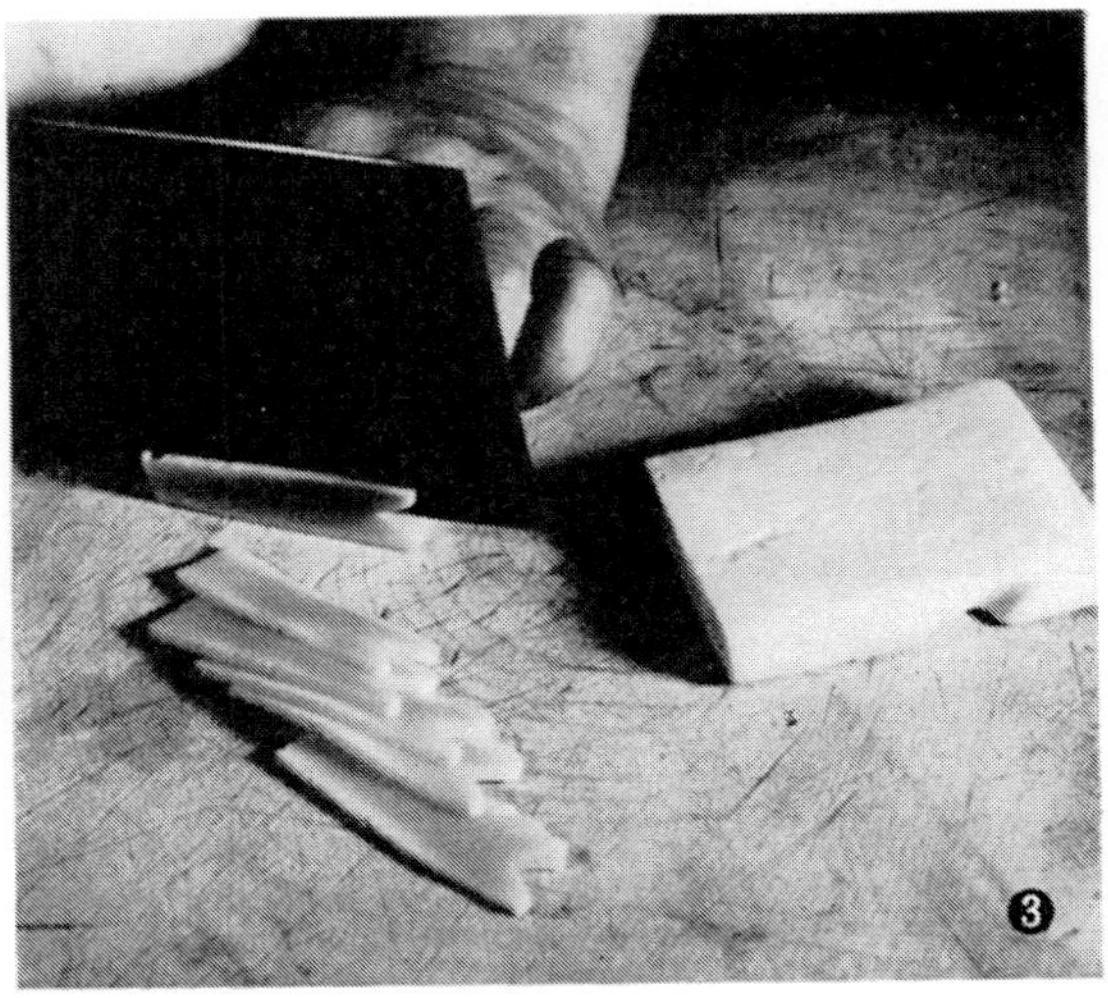
❸

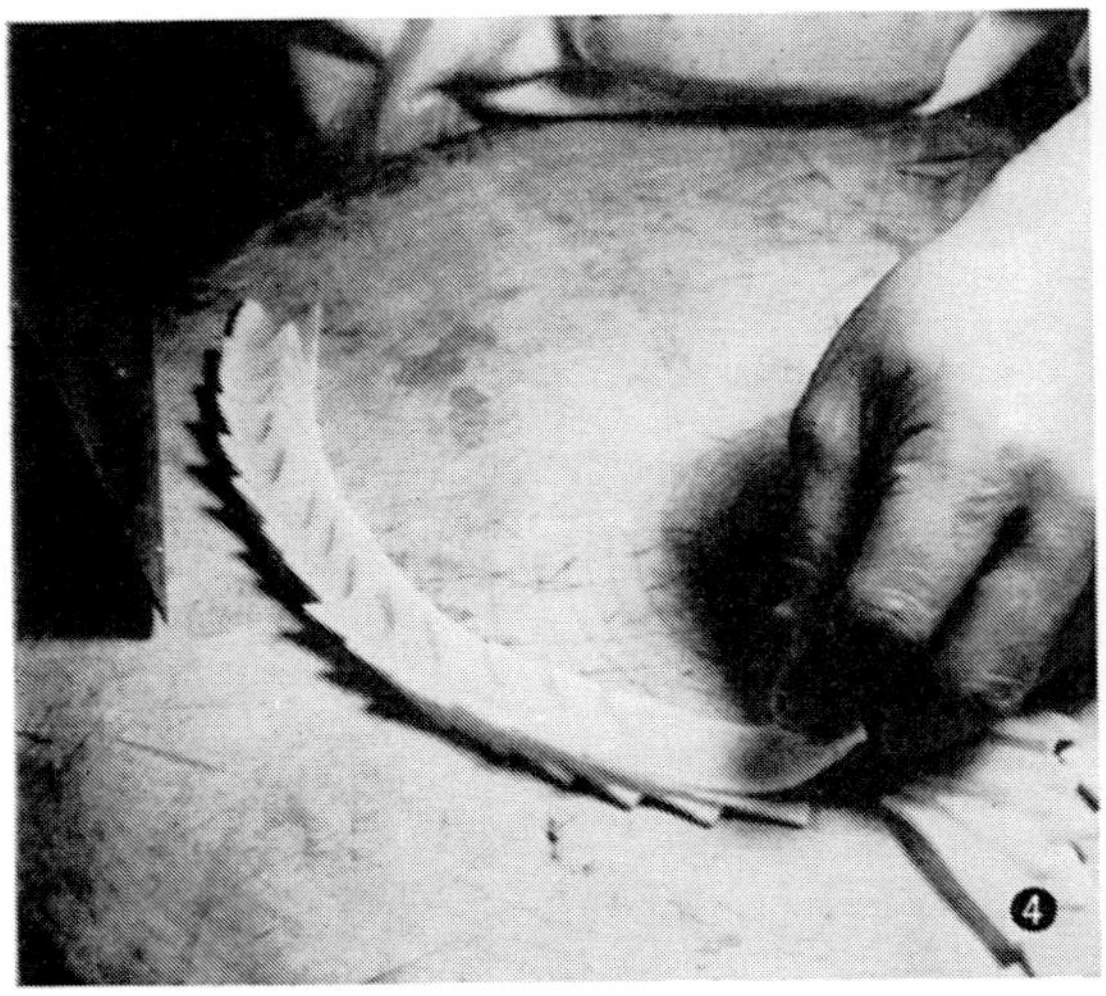
❹

ろを小刀でよくけずり落とす。次にひっくり返してもとにもどし、表面の脂肪もけずり取ってよく洗ったのち、たっぷりの水で二〜三時間やわらかくなるまでゆでる(これを白煮肚＝バイ・ヅウ・ドゥという)。次に鹵水で約二〇分煮込んだのちバットの間などにはさみ、重しをかけて冷ますと写真のように板状のものができあがる。

3 鹵冬菇はもどしたシイタケを水、ショウユ、砂糖、化学調味料で味付けして汁がなくなるまで煮つめ、仕上げにゴマ油を加えて冷ます。

4 素火腿は市販品を使用したが、作る場合はユバを湯に浸けてやわらかくしてからショウユ、砂糖などで味付けして煮込んだのち、ふきんで包み型押しして冷ます。これは精進料理(素菜＝スゥ・ツァイという)の一種でハムに似せて作ったのでこの名がある。

5 白鶏脯はヒナ鶏を二〇〜三〇分ゆでたのち水にさらして冷まし、骨をはずして使う。

6 蛋黄・白糕は鶏卵を黄身と白身に分けてそれぞれ塩、化学調味料で味付けし、よく溶いてから器に水でぬらした厚めの紙をしいてその中に入れ、スが通らないように蒸す。蒸し上がったら紙をはがして冷ます。

7 海蜇皮(クラゲ)は細切りして湯通ししたのち一〜二日水にさらしてもどす。

〔**注**〕以上の材料は適当に他の材料と代えてもかまわないが、色合いや味が片寄らない

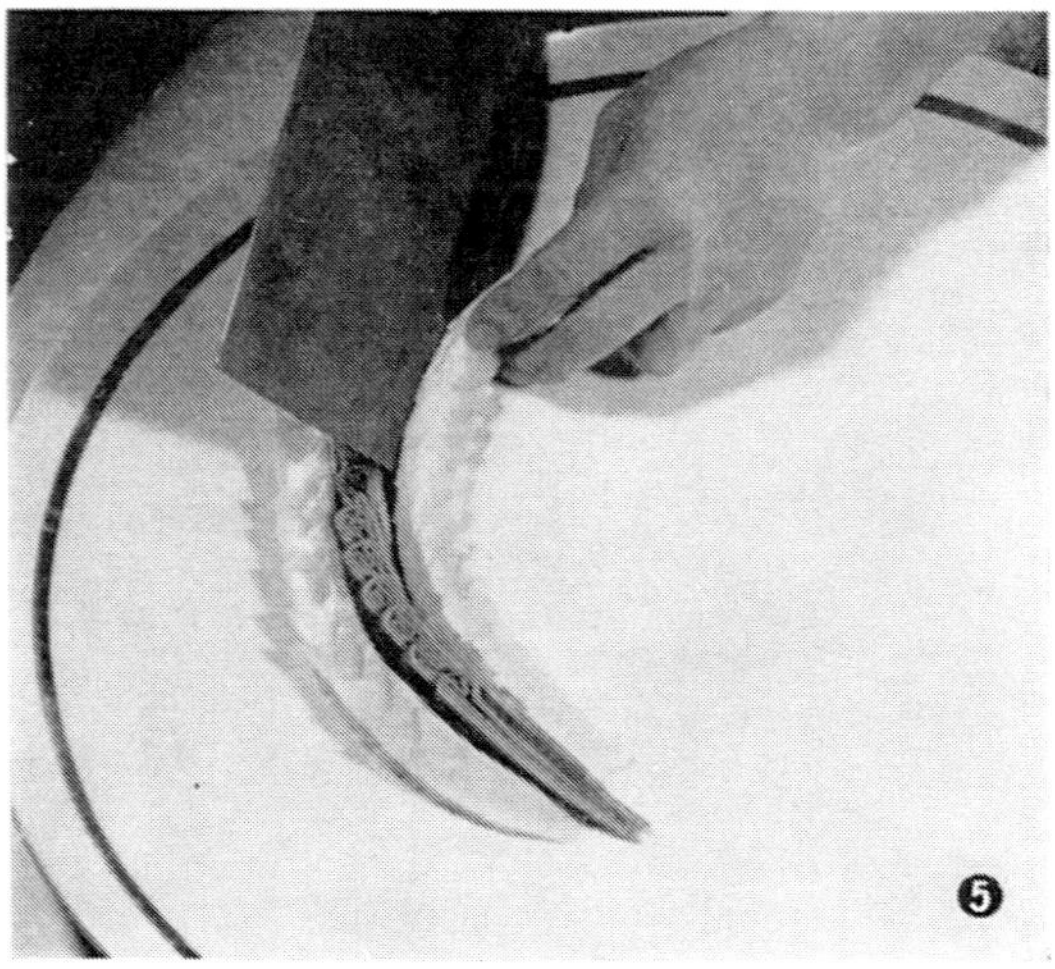
❺

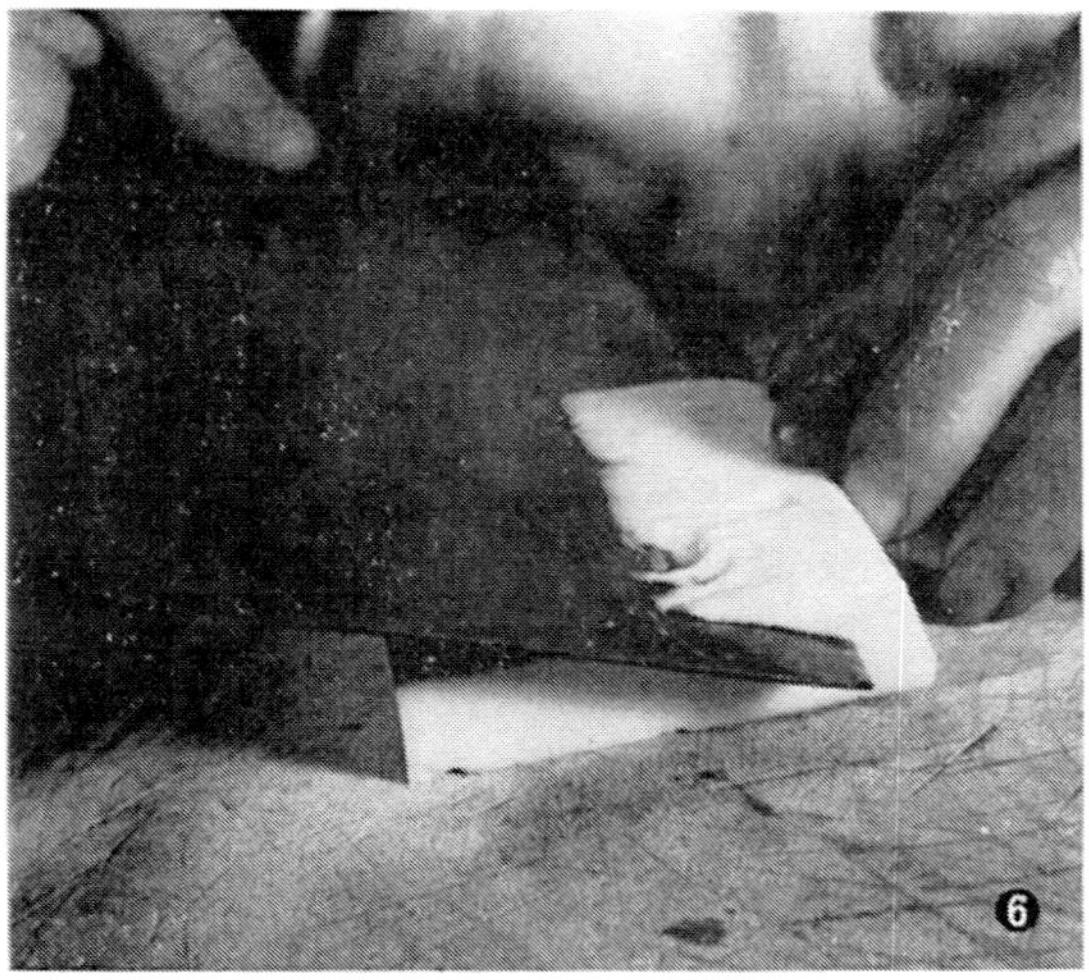
❻

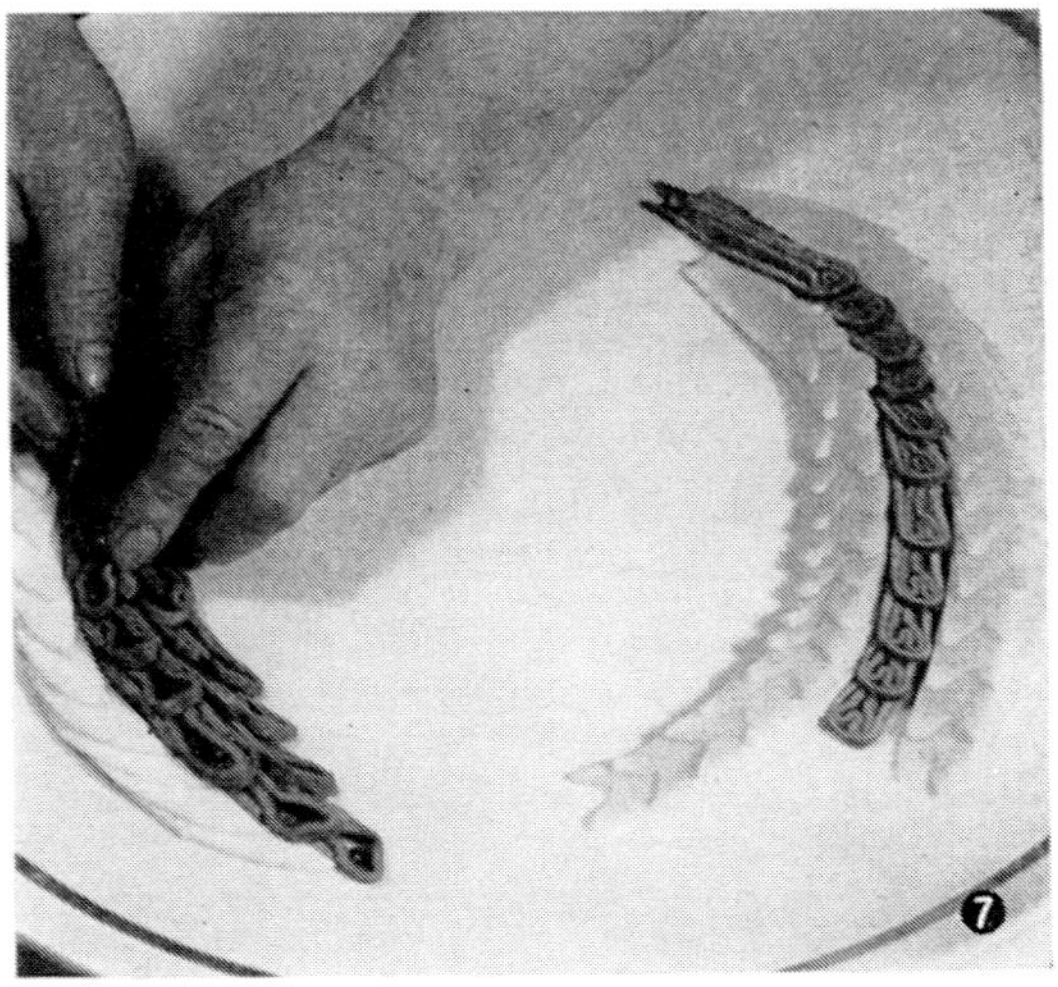
❼

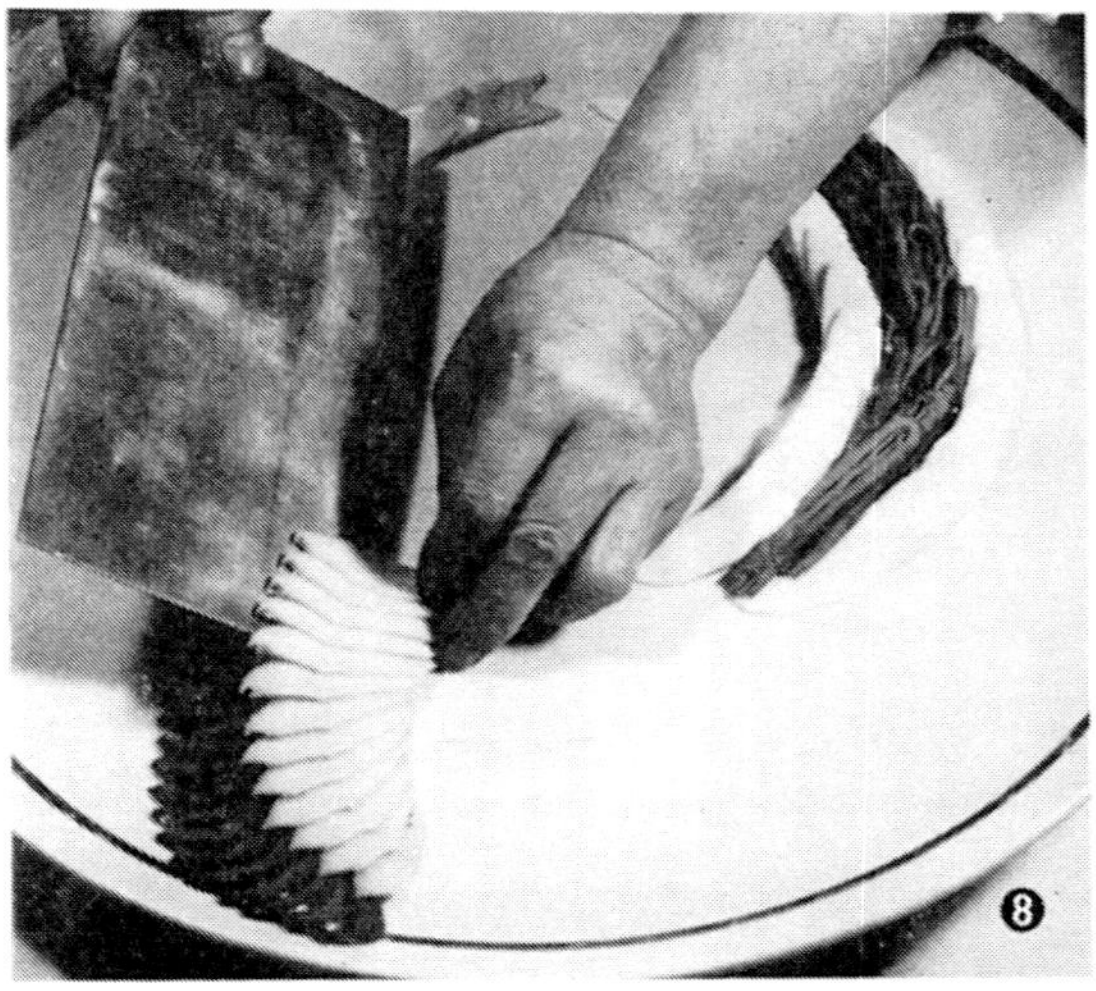
❽

よう注意する。

◆作り方

1　擺拼盤（バイ・ピヌ・パヌ＝拼盤を作る・並べる）―最初に尾の部分から並べる。右側の鳳凰（雄）の尾は写真②のように蛋黄糕の端に三角の切り目を入れて薄切りしたものを（写真③）順に重ね、少し丸みをつけて細長く並べる（写真④）。その間に薄切りした鹵猪肚を同様に並べたものをはさみ、写真⑤のように形を整える。

次に左（雌）であるが、蛋白糕を写真⑥のように少し丸みをつけて斜めに切り落とし、先の蛋黄糕の要領で並べる。中央の鹵猪肚は順に交互に重ねながら二列に置く（写真⑦）。

2　次は上の羽であるが、下に置く鹵猪心は薄切りしてマナ板の上で形を作りながら並べ、手で押えてくっつけてから包丁ですくい上げて皿に置く（以下他の羽の材料もみな同じ要領）。上に鮑魚を猪心より少し小形に並べて重ねる（写真⑧）。次の横の羽は、先の要領で下にハム、上には両端を丸く斜めに切り落とした素火腿をのせる（次頁写真⑨）。

左側は次頁の写真⑩のように反対に並べるが並べる順序と材料は同じ。

3　胴には切り屑を少し置いて形を作り、写真⑪のように白鶏脯の皮をはがして四〜五本ずつ細切りしてくっつけ、順にふくらみが出るように置いていく。

⑫

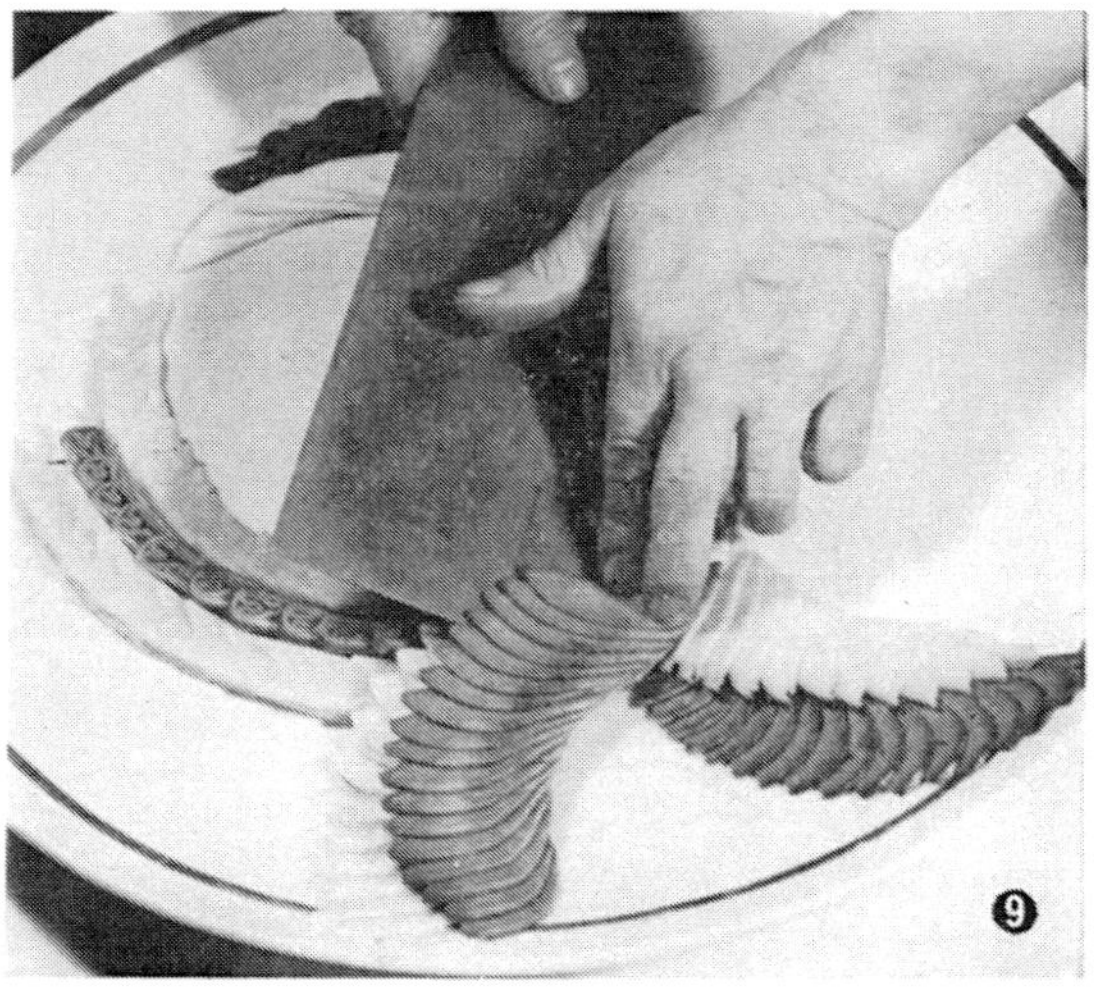
⑨

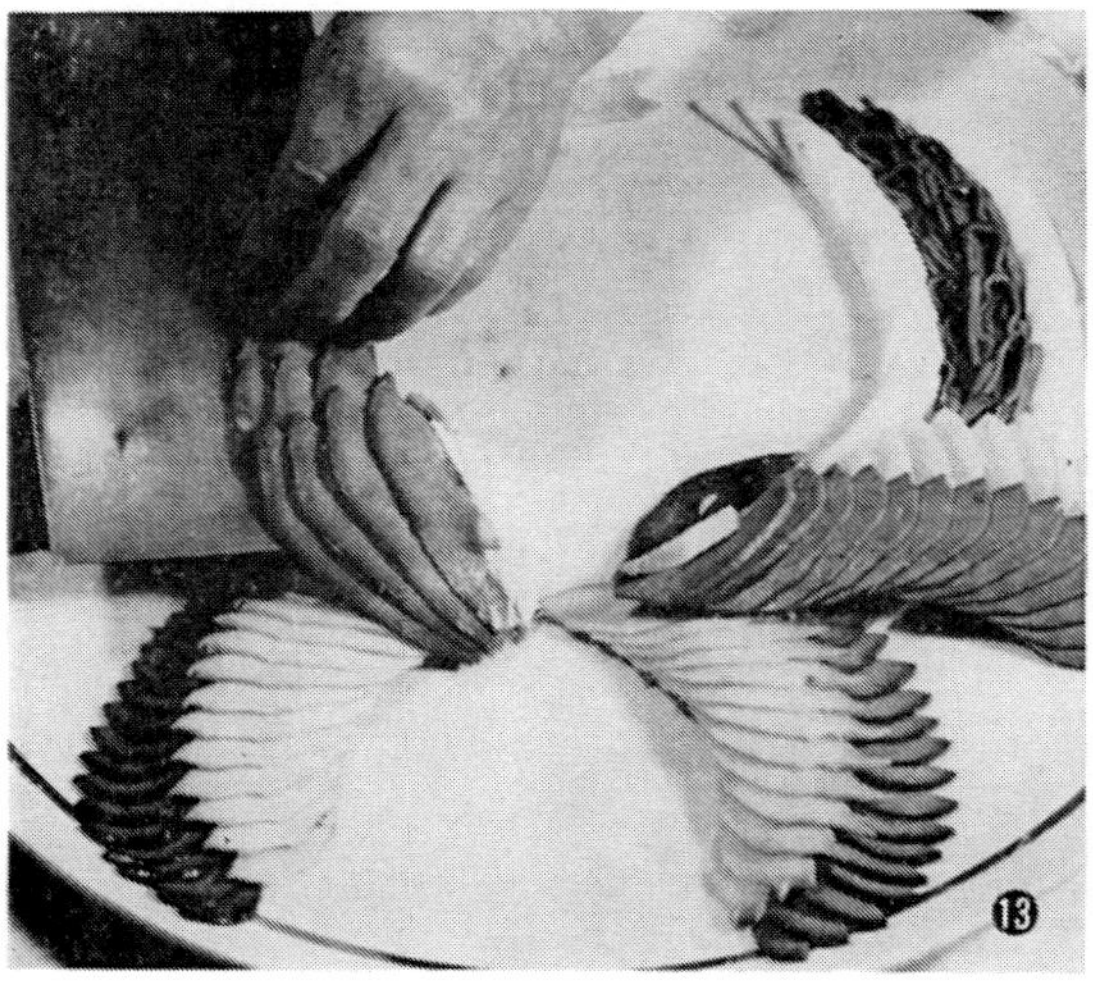
⑬

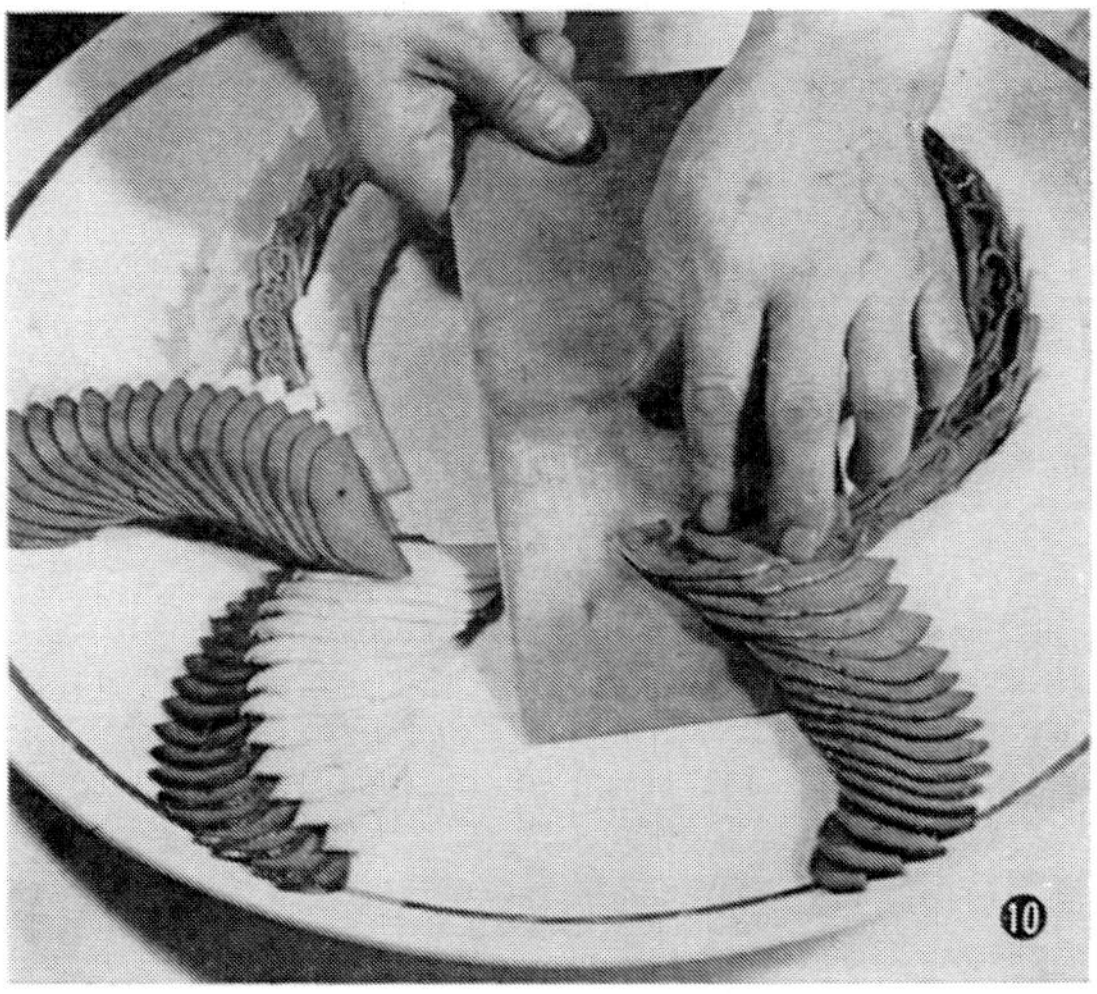
⑩

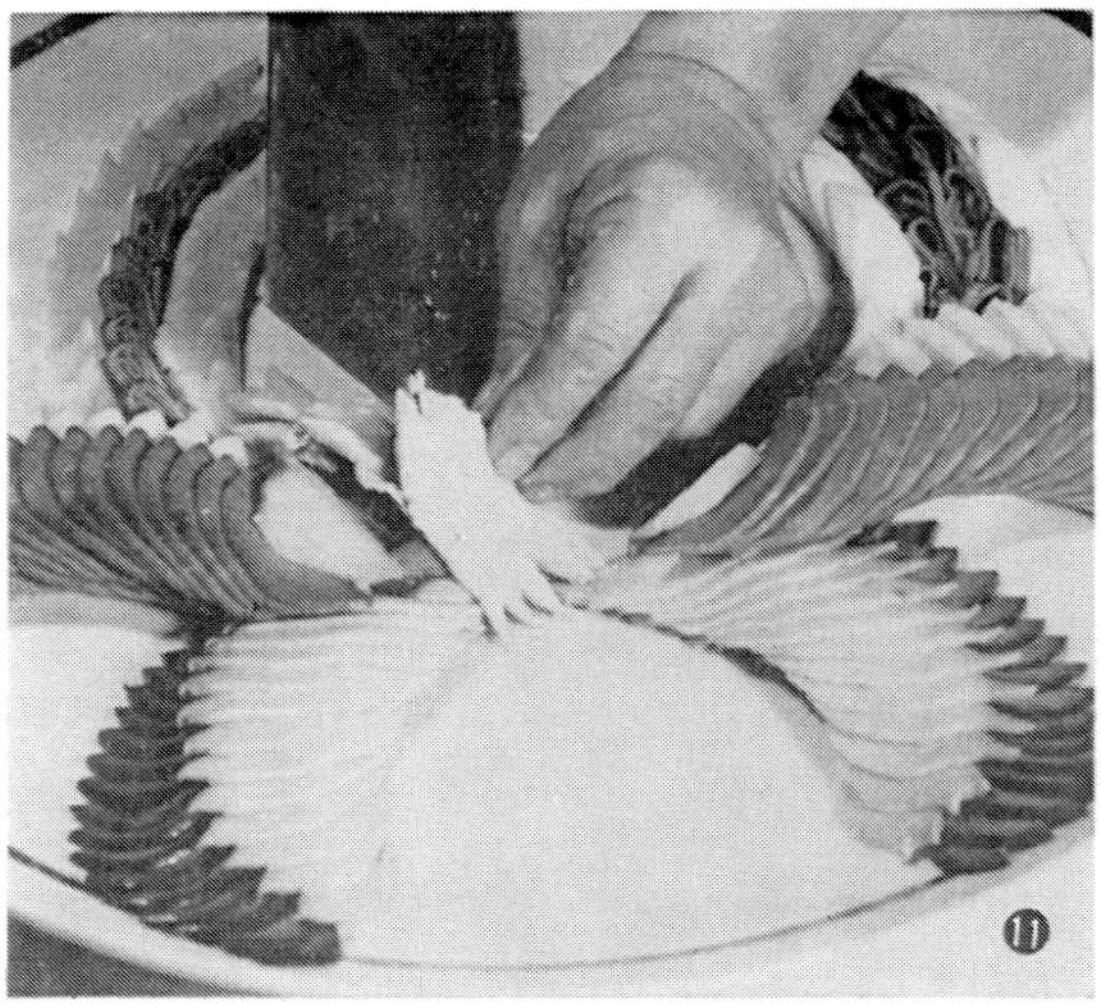
⑪

その上に猪舌を縦に薄切りしたものを（写真⑫）最初は一枚、次に少しずらして二枚重ね、同様にして三枚、四枚と置いて形を整えてから胴の上にかぶせてのせる（写真⑬）。左側も同じ要領で鮑魚を使って作る。

4　次に首にとりかかるのであるが、こういう拼盤は首から頭にかけてが一番むずかしく、また重要なところなので特に注意する。

〔注〕首に使う材料は白くてやわらかく、自由にできるので白鶏の胸身かササミが最適。

切り方は皮を取った胸身を包丁の腹で軽くたたいたあと、写真⑭のように細切りにして包丁の腹に四～五本ずつくっつけたのちマナ板の上に置き、あらためて順に皿に並べる。

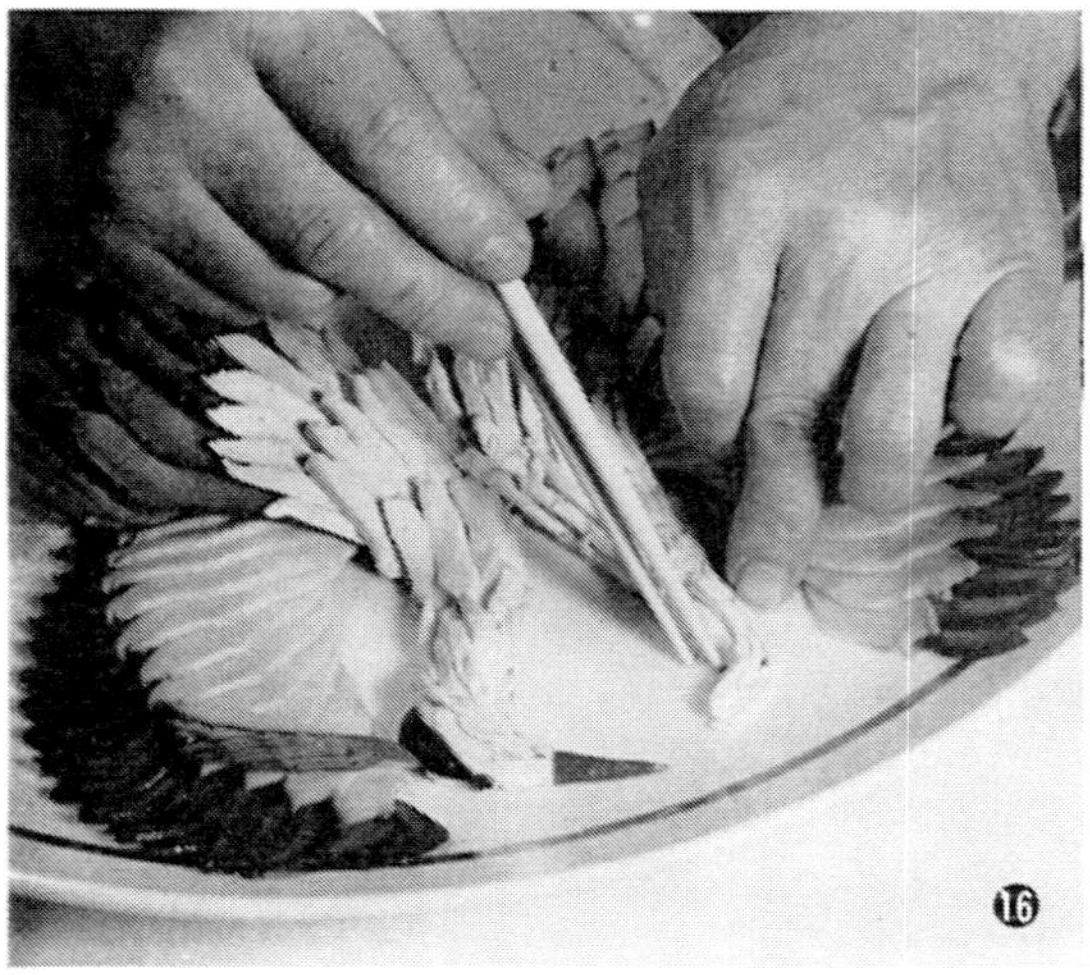

⑯

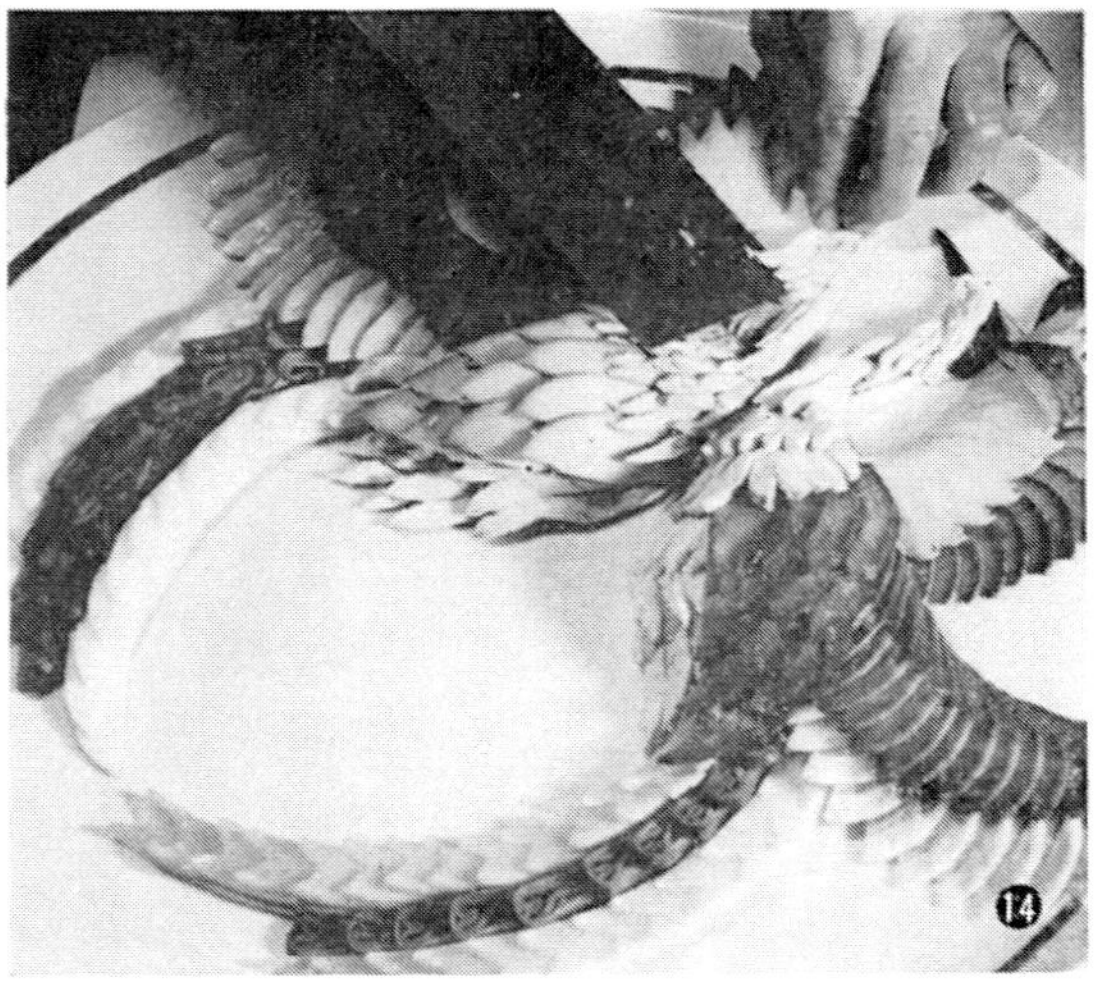

⑭

⑰

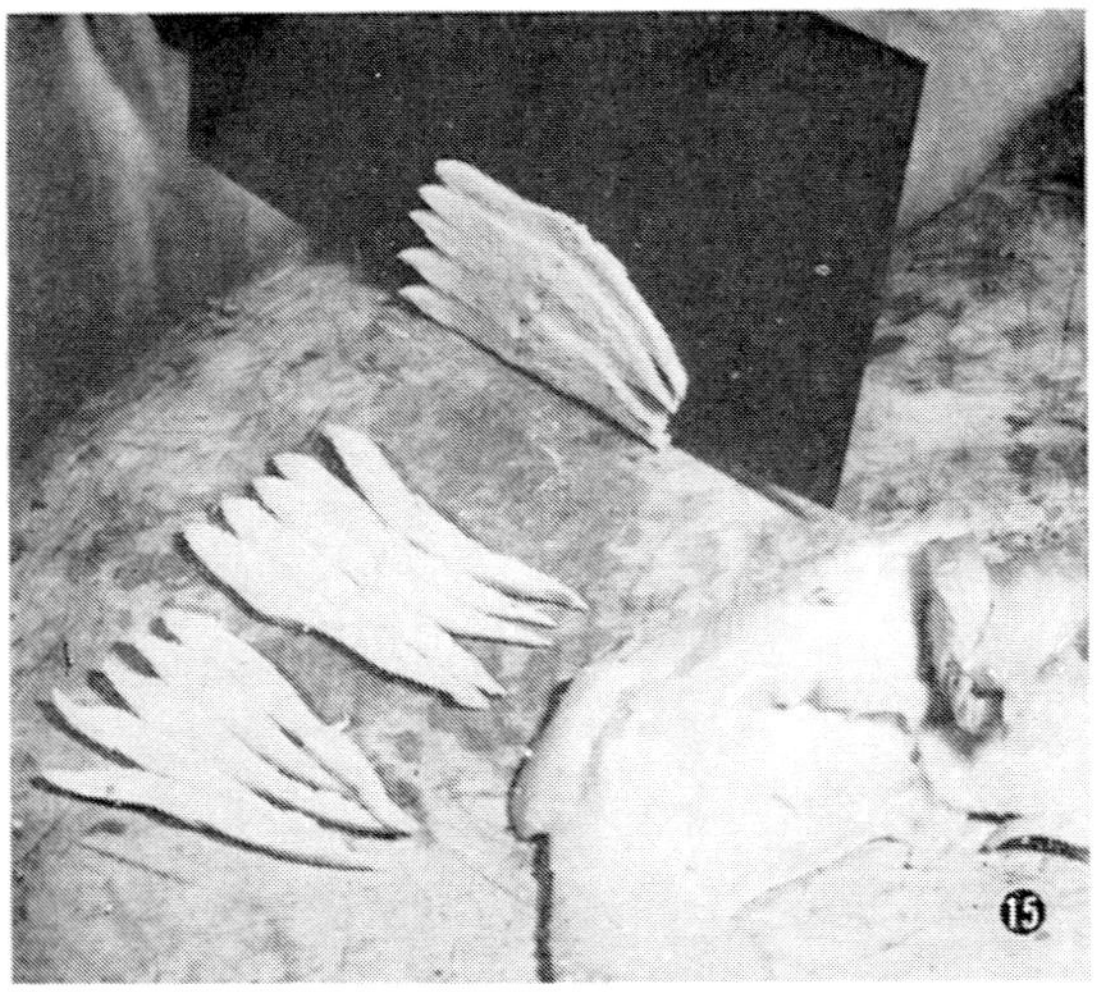

⑮

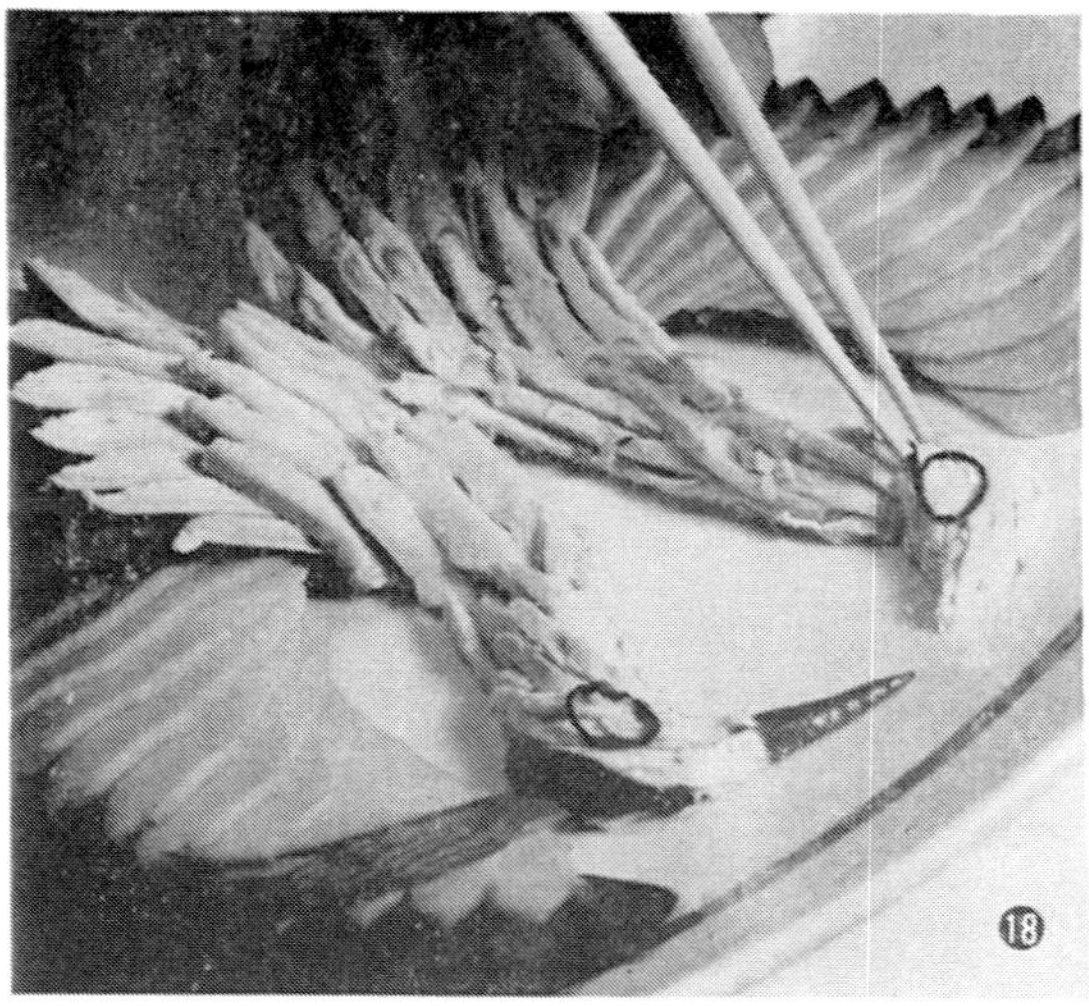

⑱

5 首から頭へかけて次第に細く、箸を使ってはさみ立てながら頭の台を作っていく（写真⑮⑯）。写真⑰は頭を作るところで、首に対し少し斜めになるように二枚にのせて形を整える。

6 次は顔であるが、写真⑱は眼のまわりを作っているところ。次にシイタケを細切りして形どり、その中にチェリーを丸く薄切りして入れ、上にグリーンピースの皮をむいて一つのせる（写真⑲）。くちばしは赤トウガラシかチェリーで作り、冠はキュウリで作る（塩水に浸けて用いると自由になる）。二羽の胸の間に冬菇の細切りをのせて区別し、最後にクラゲをショウユ、塩、砂糖、酢、化学調味料、ゴマ油で味付けして写真⑳のように置き、パセリを飾る。

19

⑳

遊《イウ》龍《ロン》拼《ピヌ》盤《パヌ》

材料（写真①）

鹵猪舌（ル・ヅウ・シェ＝豚の舌）
鹵猪心（ル・ヅウ・シヌ＝同心臓）
鹵猪肚（ル・ヅウ・ドゥ＝同胃）
鹵豆腐干（ル・ドウ・フゥ・ガヌ＝押し豆腐—後述）
鹵冬菇（ル・ドン・グ＝シイタケ）
蛋黄糕（ダヌ・ホアン・ガオ＝卵黄）
蛋白糕（ダヌ・バイ・ガオ＝卵白）
洋火腿（ヤン・フオ・トェイ＝ハム）
白鶏脯（バイ・ヂ・プゥ＝水煮ヒナ鶏の胸身またはササミ）
辣白菜（ラ・バイ・ツァイ＝白菜—後述）
蝦捲（シア・ヂュアヌ＝エビ巻き—後述）
魷花條（ユウ・ホア・ティアオ＝イカの花切り—後述）
ゆでた鶏卵
ウズラの卵
キュウリ
チェリー
パセリ

龍を模した拼盤

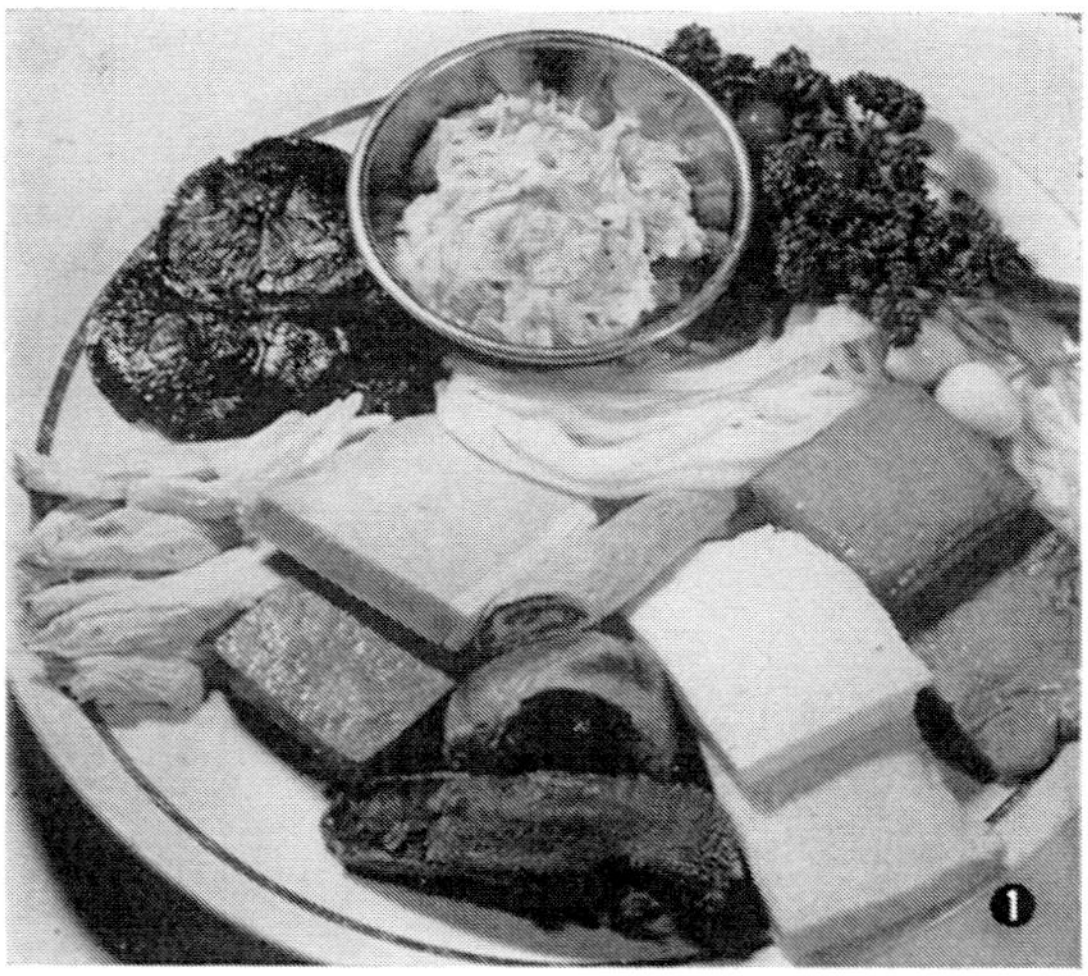

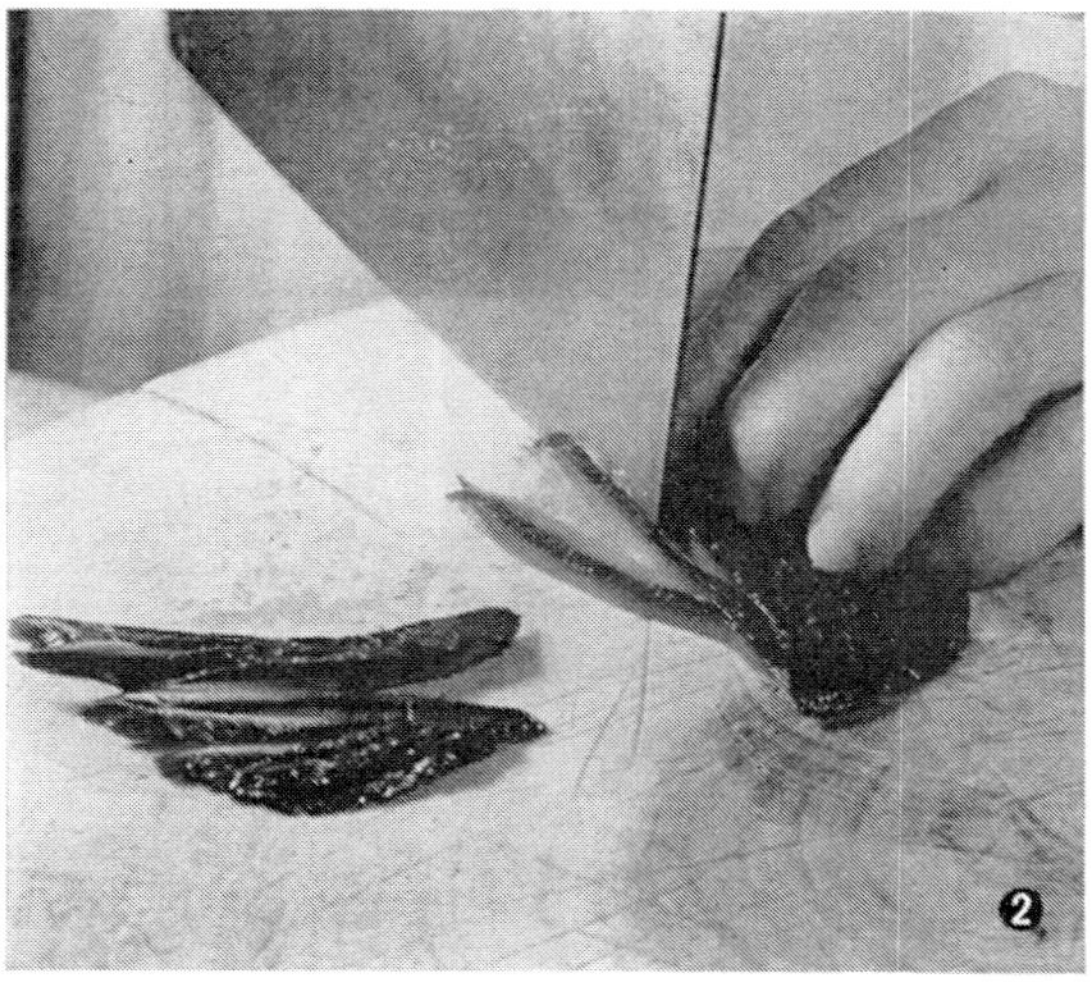

この拼盤は龍を模して作ったものである。龍は架空の動物であるが、龍宮城などの名に見られるように水を司る神とされ、料理にも縁の深いものである。伊勢エビを龍蝦(ロン・シア)と表現したり、また広東菜のヘビ料理には蛇の字をあてず龍の字を代わりに使うのもその一例である。

龍を拼盤に作るのはむずかしいが見ばえのする素材といえる。絵その他を参考にするとよい。この拼盤は名づけて龍天空に遊ぶの図、また別に名づけるとすれば龍天に昇る、すなわち單龍昇天(ダヌ・ロン・シェン・ティエヌ)。

◆下ごしらえ

材料のうち前項までに紹介したものは省略する。

1 鹵豆腐干(ル・ドウ・フゥ・ガヌ)—押し豆腐を湯通ししたのち鹵水で一〇分ぐらい煮込む。

〔注〕豆腐干には渋味があるので鹵水がいたみやすい。そのため肉類の鹵水とは分けたほうがよい。

2 辣白菜(ラ・バイ・ツァイ)—白菜の茎のほうを八cmぐらいの長さに切りそろえ、四〜五mm厚さ(筋が取れるぐらい)で横に平らに切る。上の筋のある部分は捨て、縦に四〜五mm幅に切る(四〜五mm角の割り箸状になる。これを白菜條=バイ・ツァイ・ティアオという)。この白菜條をバットかボールに並べて塩をふり、水を少量まいて重しをする。

二〇〜三〇分たったら水洗いしてかたくしぼり、さらにかわいたふきんで押えて水気を取ってボールに入れておく。上にショウガと干しトウガラシの細切りをのせ、別碗に合わせた甘酢のタレ(酢、砂糖同量に塩—白菜の塩味で加減する、化学調味料)をかけ、軽く押えて全体になじませる。最後に大豆油とゴマ油を等量混ぜて沸かし、白菜の上からヂャッとかけ、蓋をして冷ます。

〔注〕最初に塩漬けするのは水分を取りシャキシャキした歯当たりにするためで、塩が少ないとシャキシャキしないが、多過ぎると塩からくなるので注意する。

3 蝦捲(シア・チュアヌ)—新鮮な小エビ一〇〇gを細かく粒々のなくなるまでつぶし切りし、卵白1/3個を加えて塩、酒、コショウ、化学調味料で味付けし、よくねばりの出るまで混ぜ合わせる。最後に片栗粉を少量加える。これを蝦泥(シア・ニ)という。蛋皮(ダヌ・ピィ=薄焼き卵)を作って縦一〇cm、横二〇cmの長方形に切る。焼いた面を上にして片栗粉を軽くふり、手前を一cm、向こう側を二cm幅残し中央にだけ蝦泥を三mmぐらいの厚さに薄く塗る。その上に干シノリをのせ、さらにその上に蝦泥を薄く塗る。最後に向こう側の塗り残した蛋皮になすりつける程度に蝦泥を塗っておく。次に手前の蛋皮を折るようにして蝦泥にくっつけたあと、そ

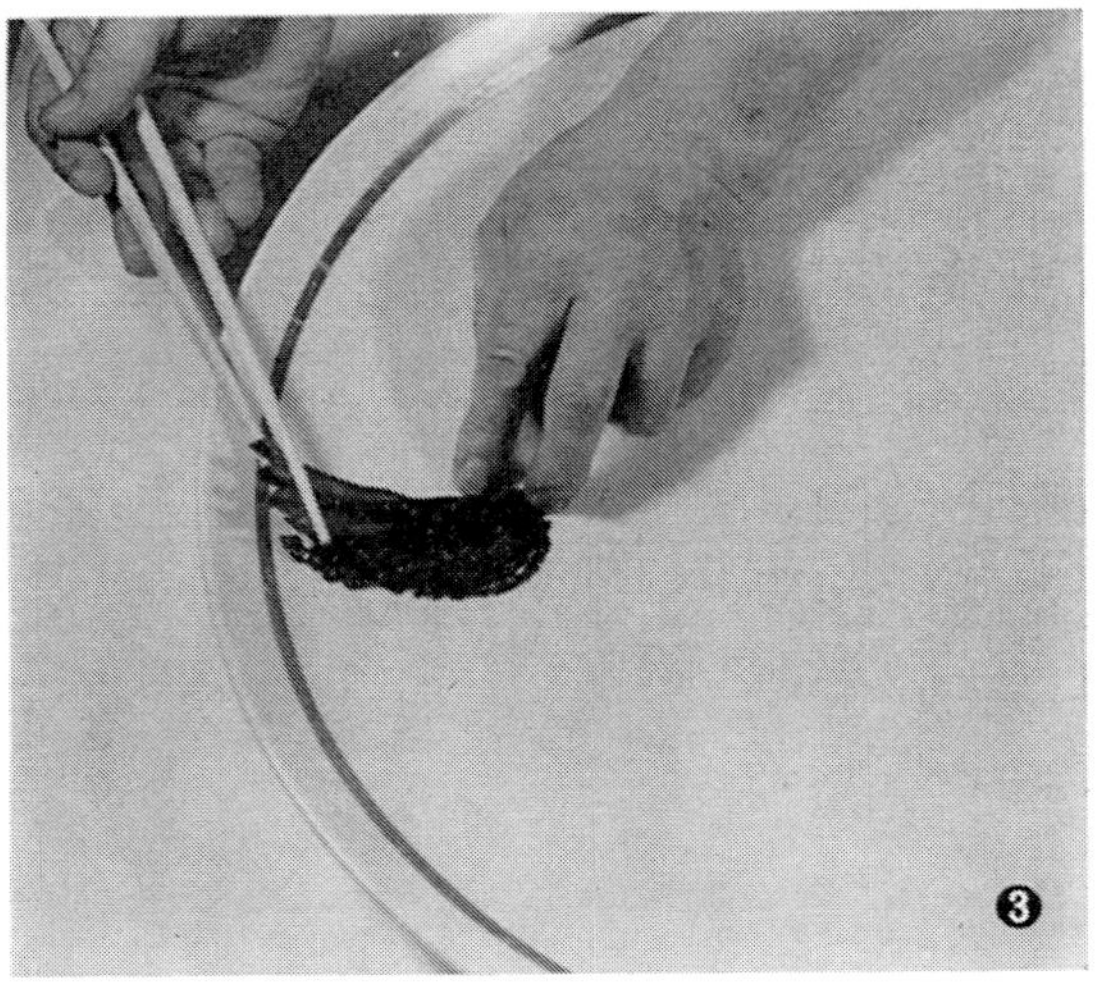

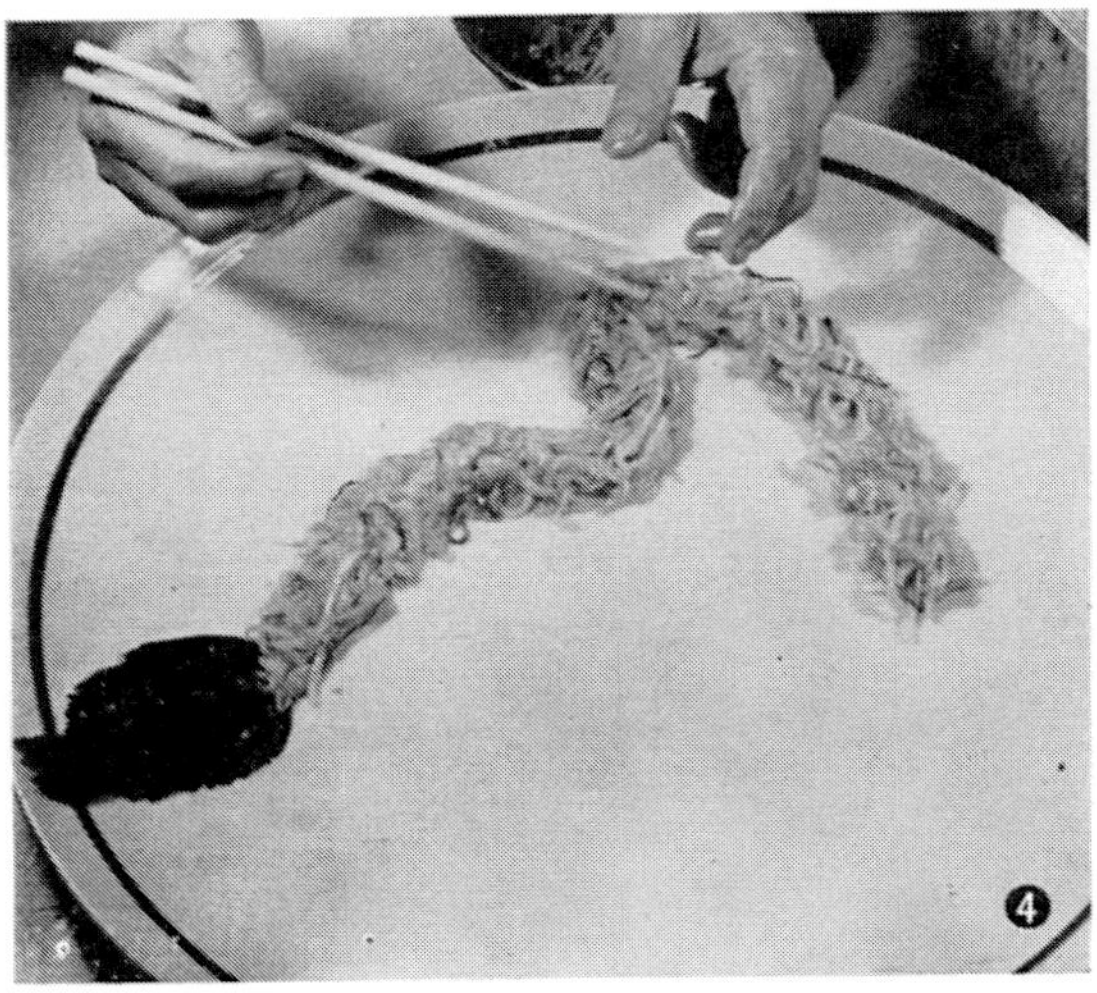

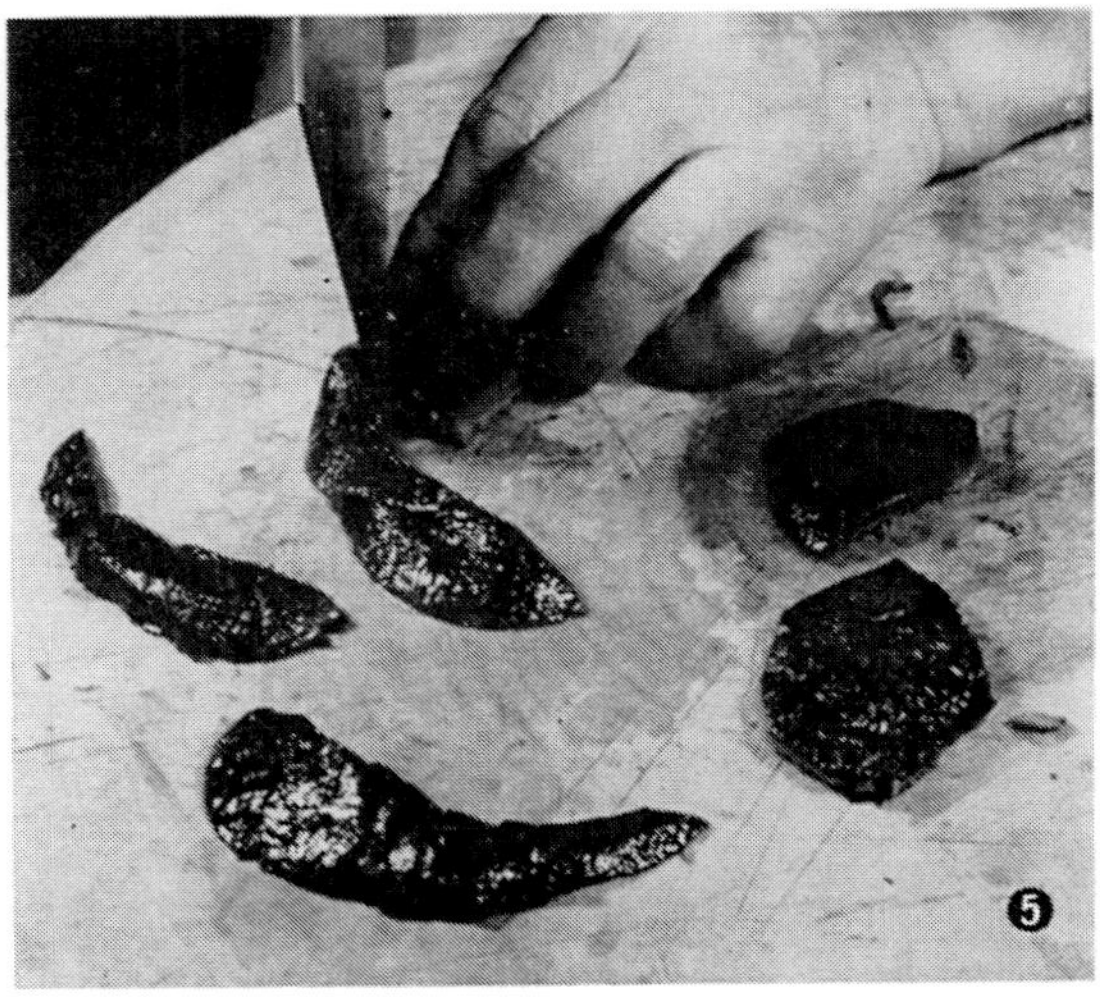

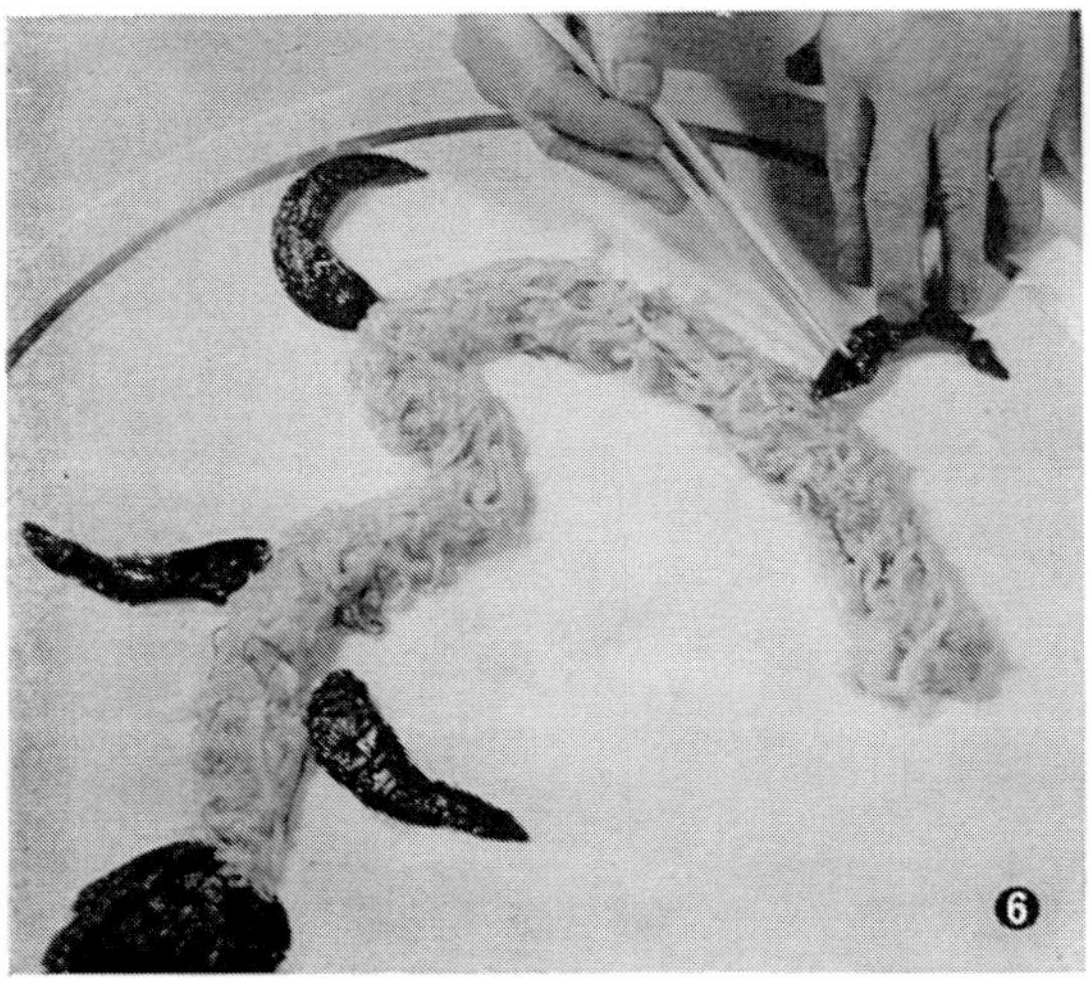

のまま巻いていく。最後に楕円形の棒状になるように形を整える。これをゴマ油を塗った皿にのせ、中火で三〜四分蒸す。指で押えて弾力があればできあがっている。これを蝦捲といい、冷まして使う。

〔注〕蒸しすぎると形が悪くなるので注意する。またエビ肉は腐敗しやすいのでなるべくその日のうちに使い切るようにし、残ったら揚げものなどに応用するとよい。

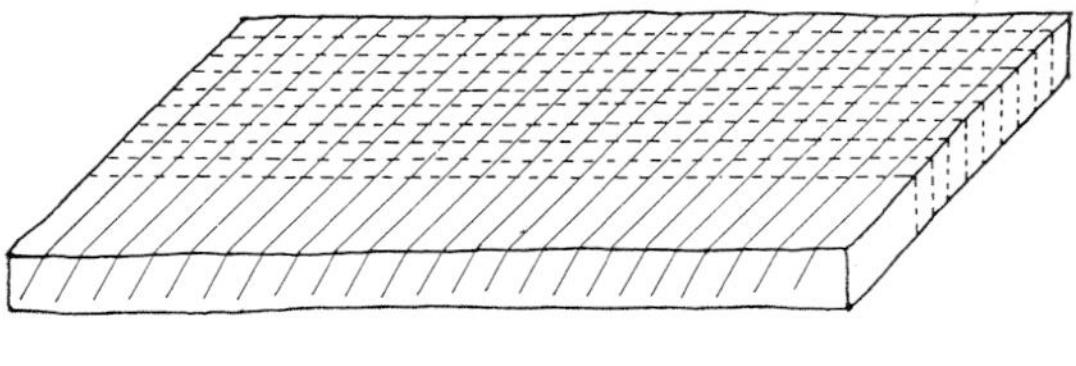

4 魷花條(ユウ・ホア・ティアオ)――生イカ(魷魚＝ユウ・ユィ)を長さ一五cm、幅四cm大に切る(厚さは一cmぐらいほしいが薄くてもかまわない。紋甲イカが最適)。この長方形のイカを横に置き、右図のように四〜五mm幅の斜めの切り込みを3/4の深さまで入れる。次にこの切れ目に対し直角に三〜四mm幅に切り離す(八枚。魷花條という)。これを熱湯で軽く湯通しして冷ます。別に三mm角、二〇cm長さの細切りを四本用意する(魷魚條＝ユウ・ユィ・ティアオ)。これもやはり湯通ししたのち、チェリーを入れてある赤い水にちょっとひたして色づけしておく。

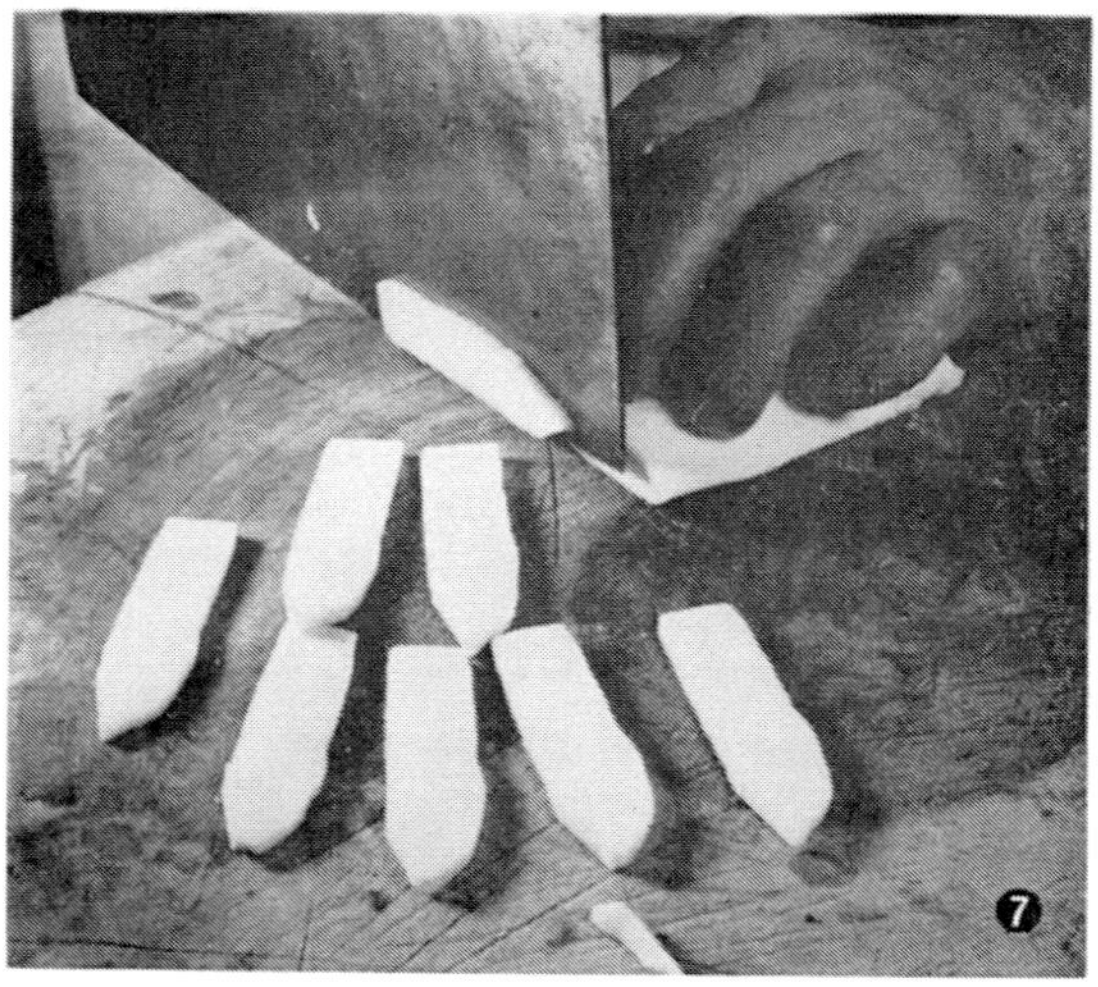
7

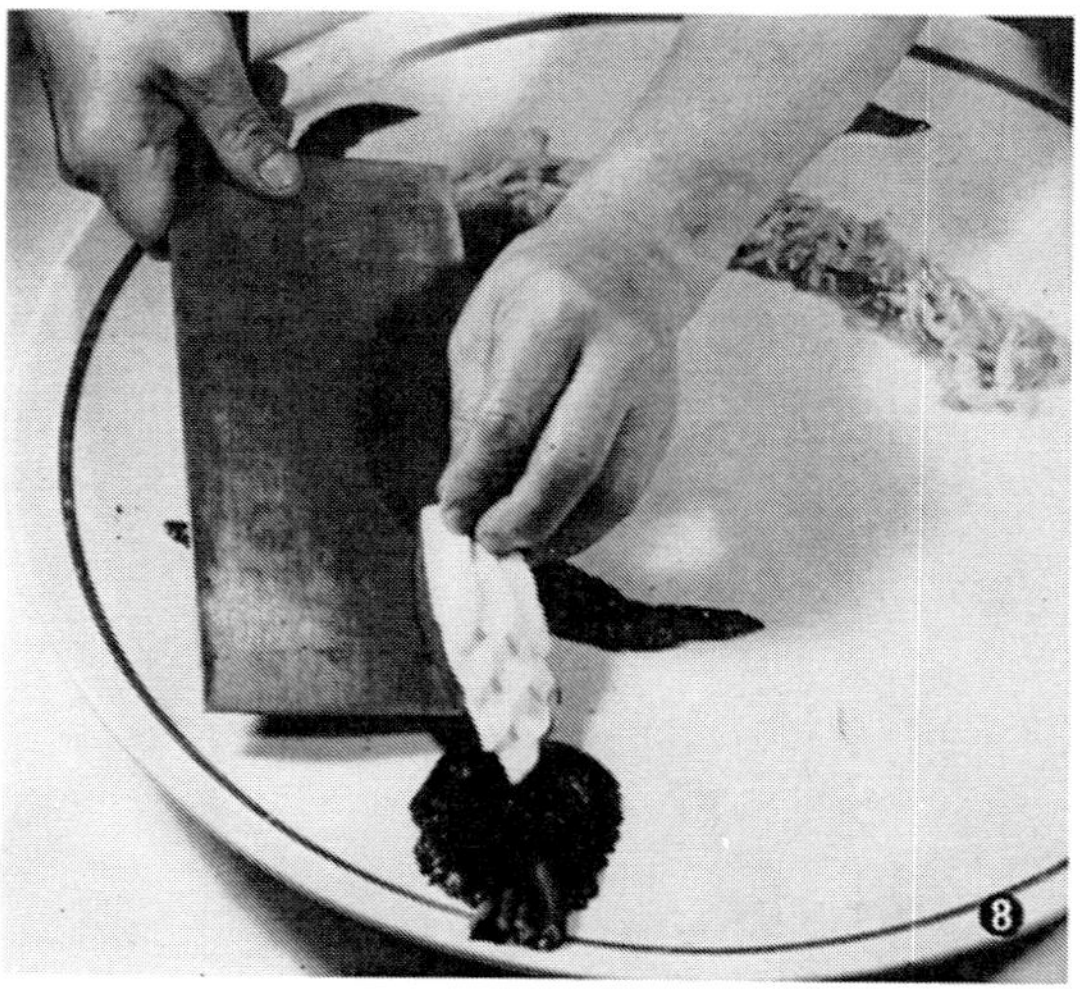
8

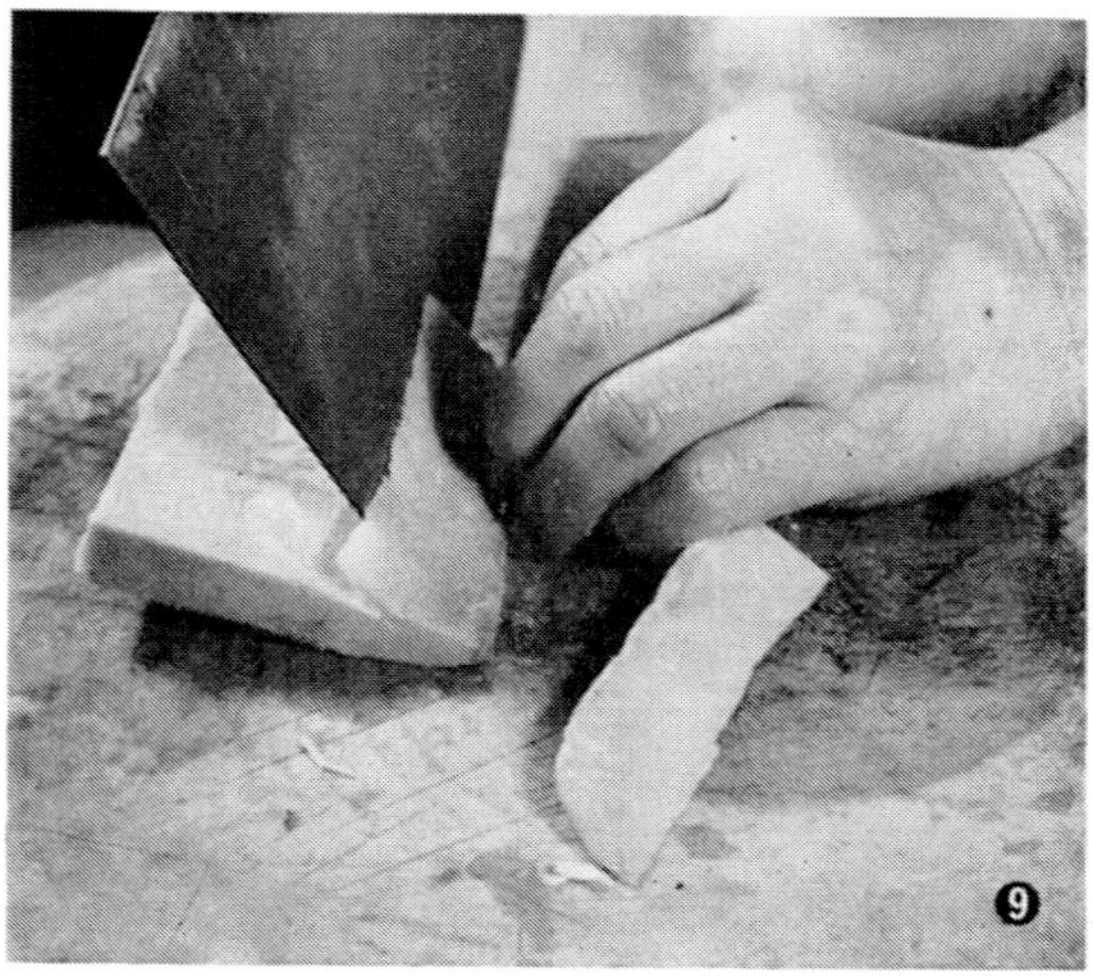
9

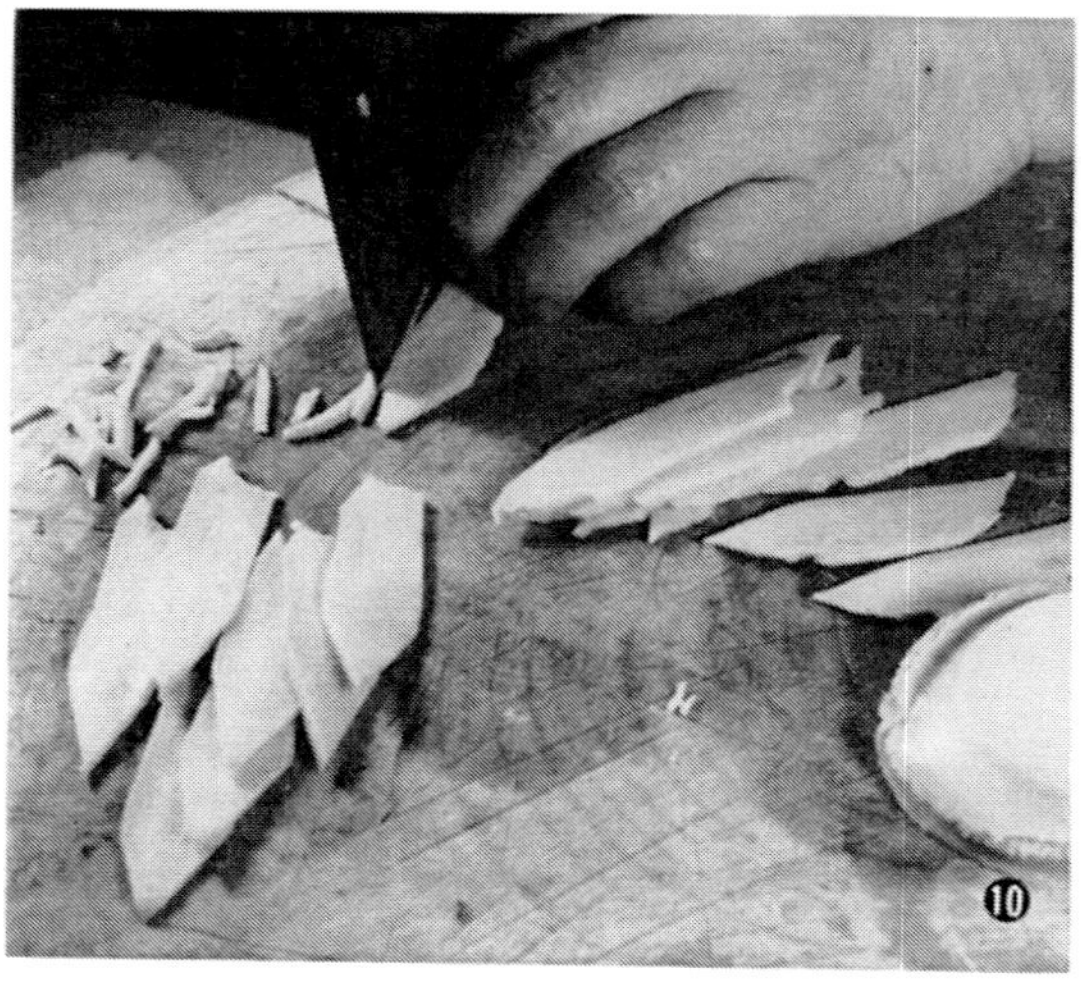
10

◆作り方

1　擺拼盤（バイ・ピヌ・パヌ＝拼盤を作る）―最初に尾の部分から並べる。写真②のように小型の鹵冬菇を選び、二㎜幅ぐらいの切れ目を入れながら五つに切り分ける。次に写真③のように三角形になるように並べながら中央の部分だけ取り出して逆に平らに並べ、尾先を強調する。

2　写真④は辣白菜を使い胴を形づくっているところ。脚は写真⑤のように鹵冬菇を回し切りしながら形を作り、それぞれの場所につける（写真⑥）。胴は龍のウロコを表わすために先を三角に切り落としたのち（写真⑦）この最初の部分だけ一、二、三、四枚と一段ずつずらしながら並べ、写真⑧のように辣白菜の上にのせる。材料は蛋白糕。

〔注〕先端を三角に切るためには写真⑨の蛋黄糕のように先に切り落とすと全部同じ形に切れる。またアワビのように先に切り落とすと短くなるものは、薄切りしたのち先を切りそろえる（写真⑩）。

胴のカーブする部分は、写真⑪⑫のように一枚ずつ順に胴に合わせて置いていく。材料は蛋黄糕と洋火腿、鮑魚の順。鹵冬菇は写真⑬のように薄切りして並べる（写真⑭）。鹵豆腐干、鹵猪心も同じ要領で並べる（写真⑮）。また鮑魚を使って色合いを変える。このあたりにくると、急にカーブを描くので、写真⑯の素火腿のよう

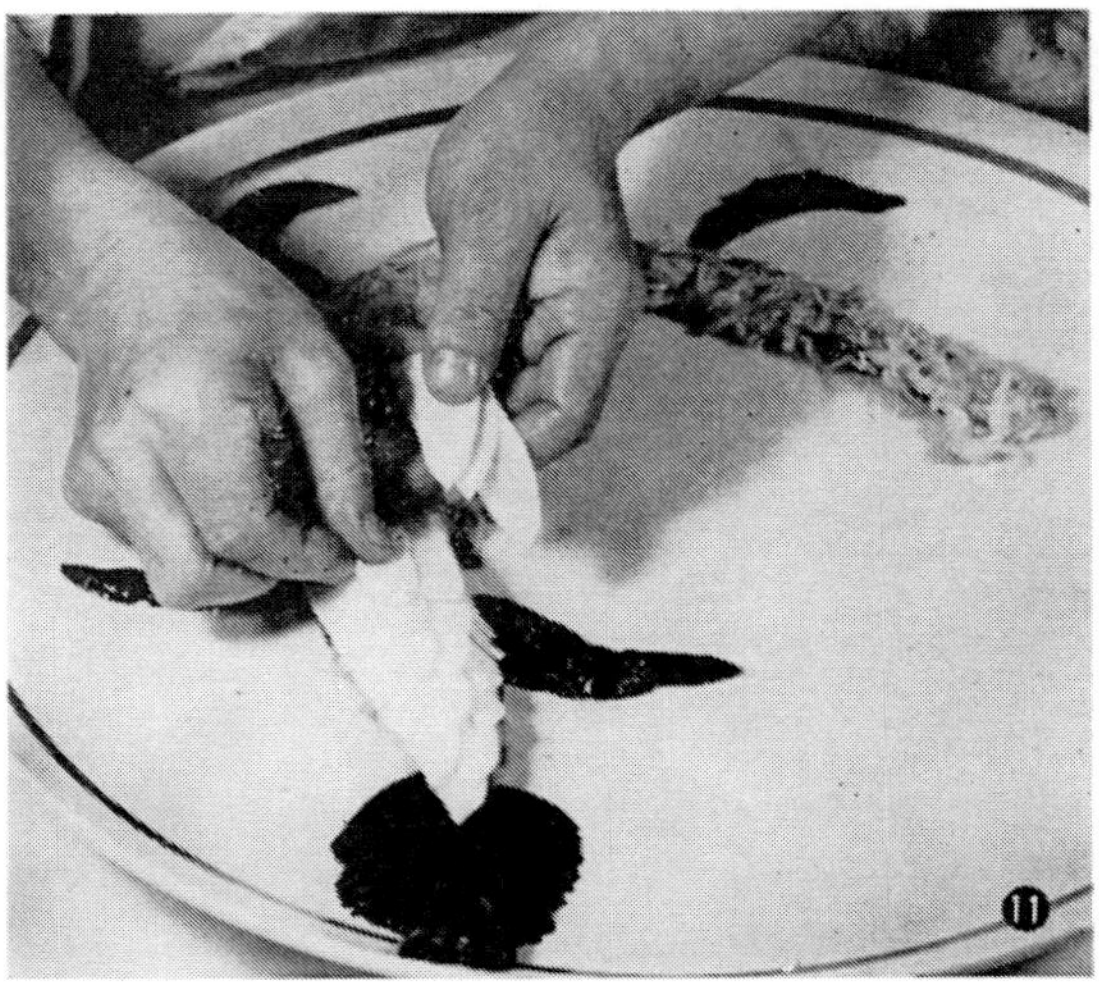
11

12

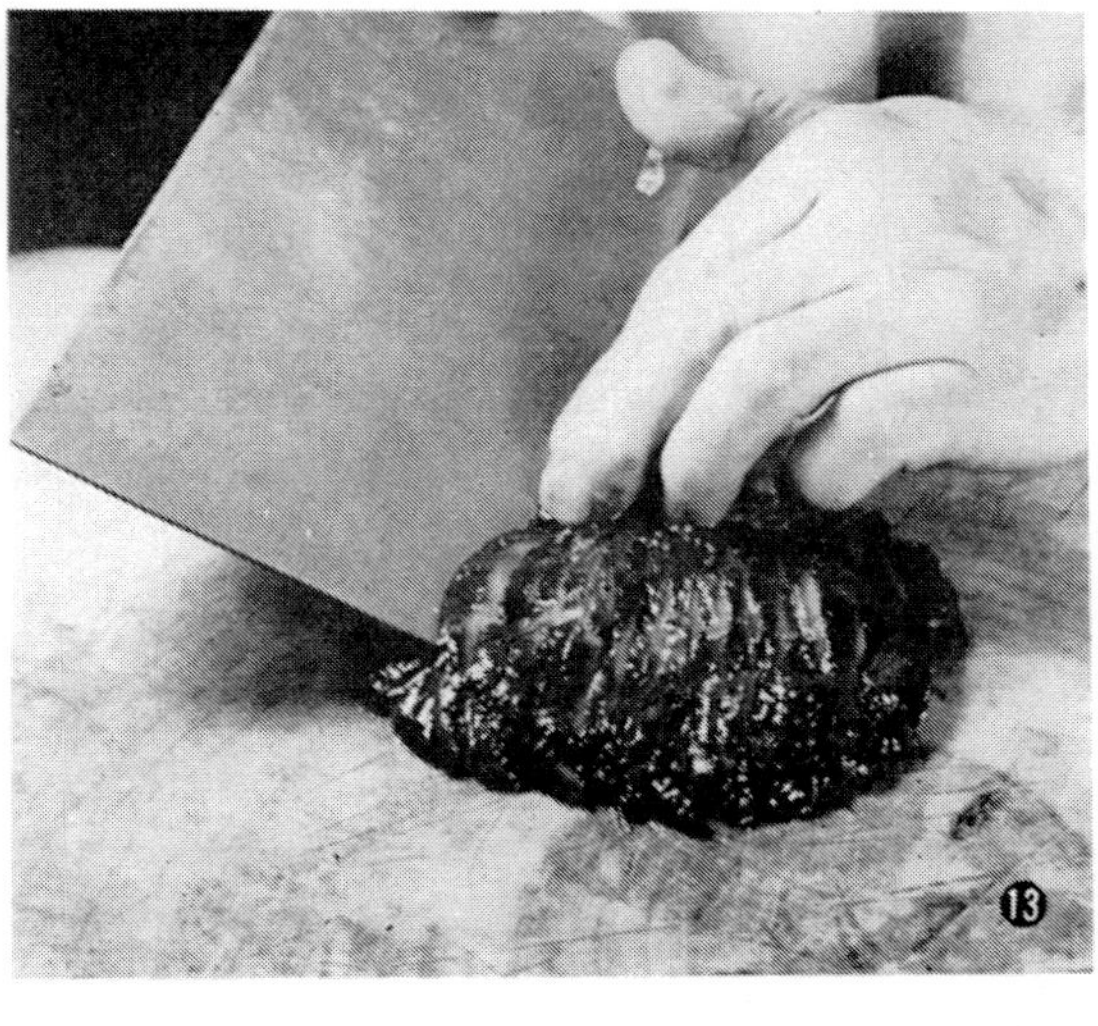
13

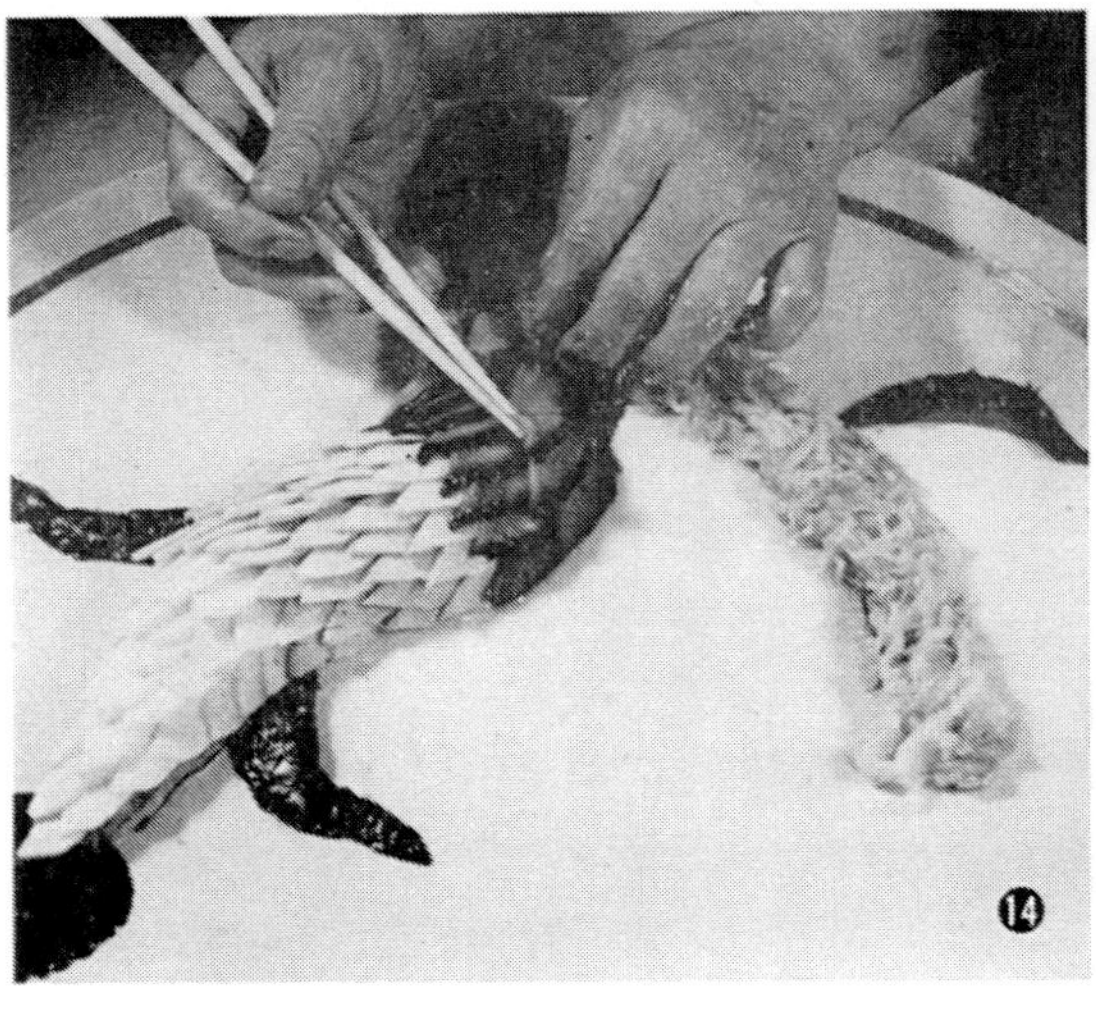
14

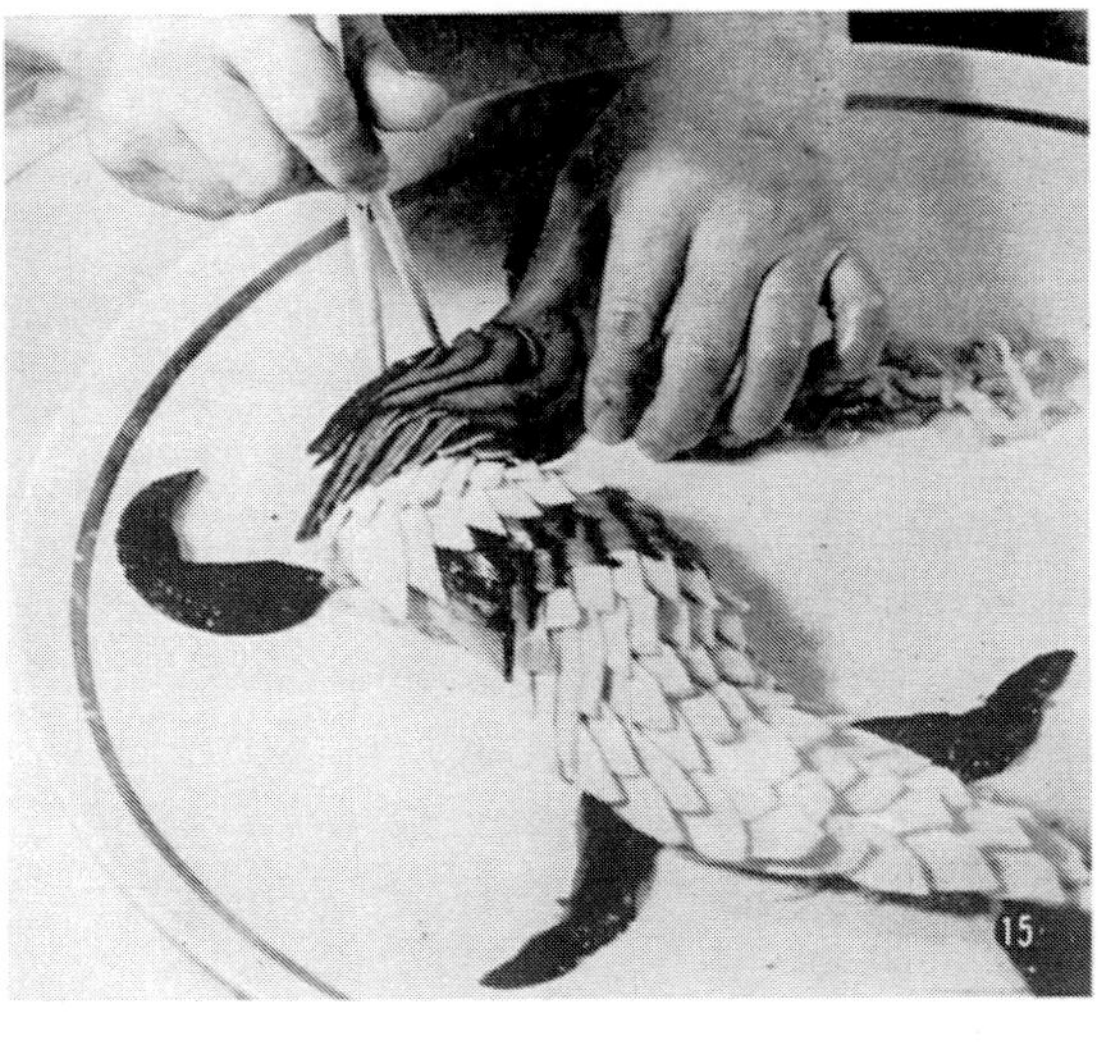
15

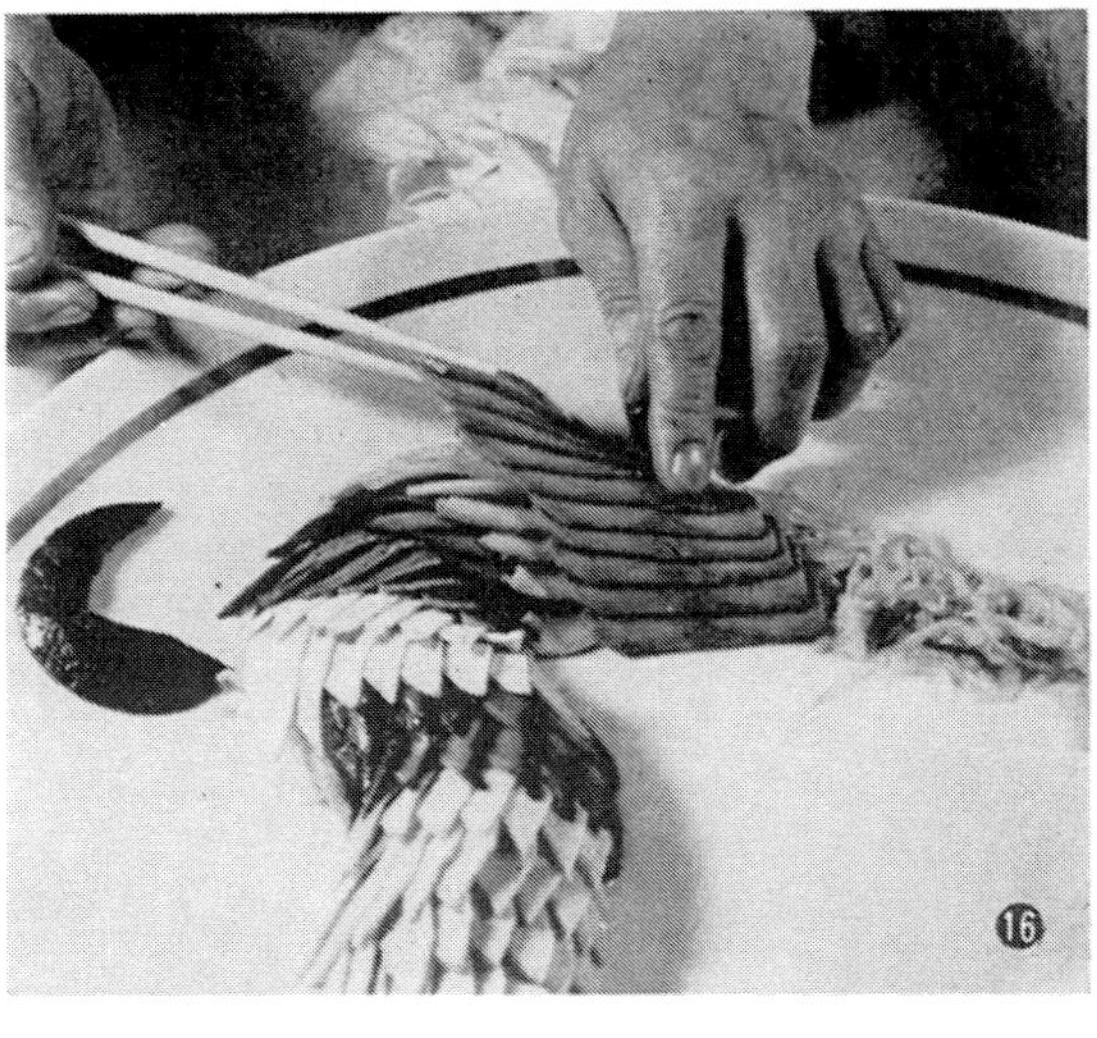
16

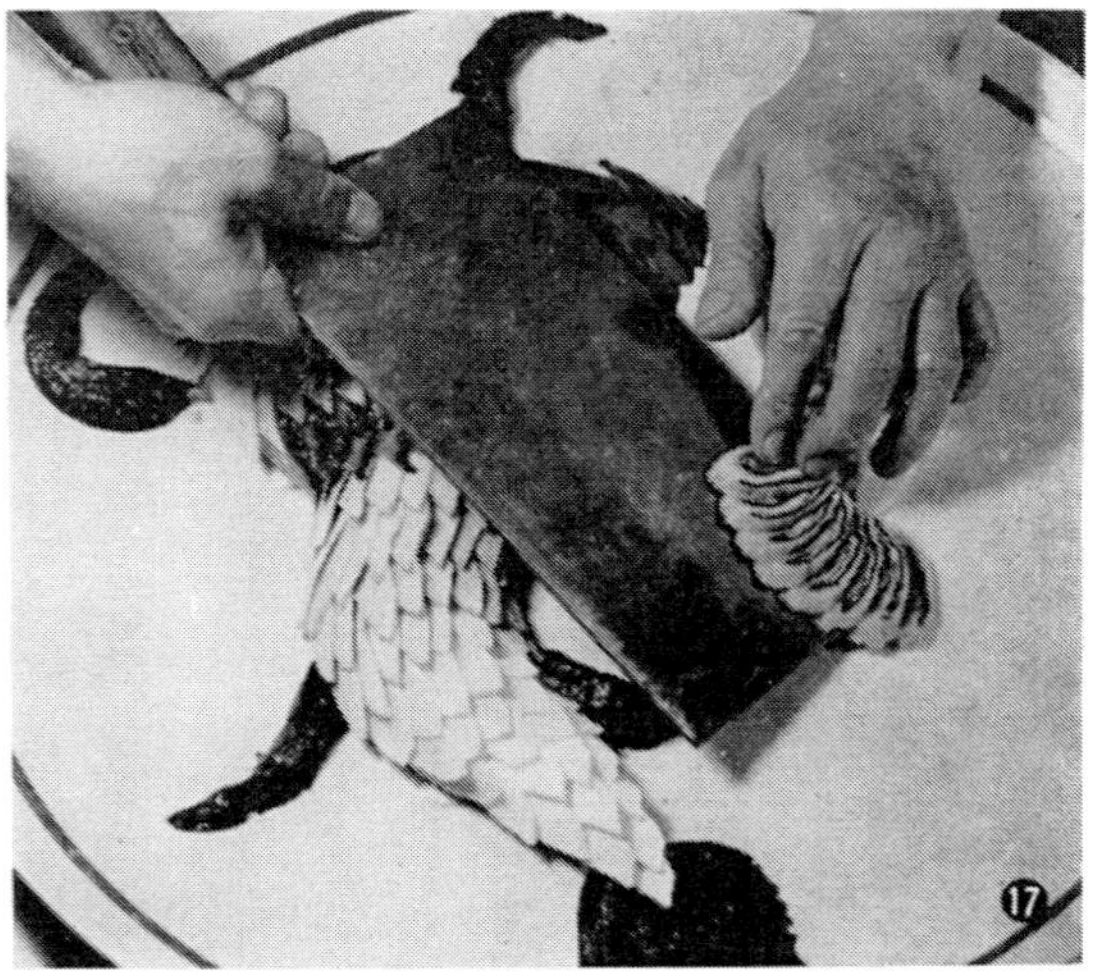

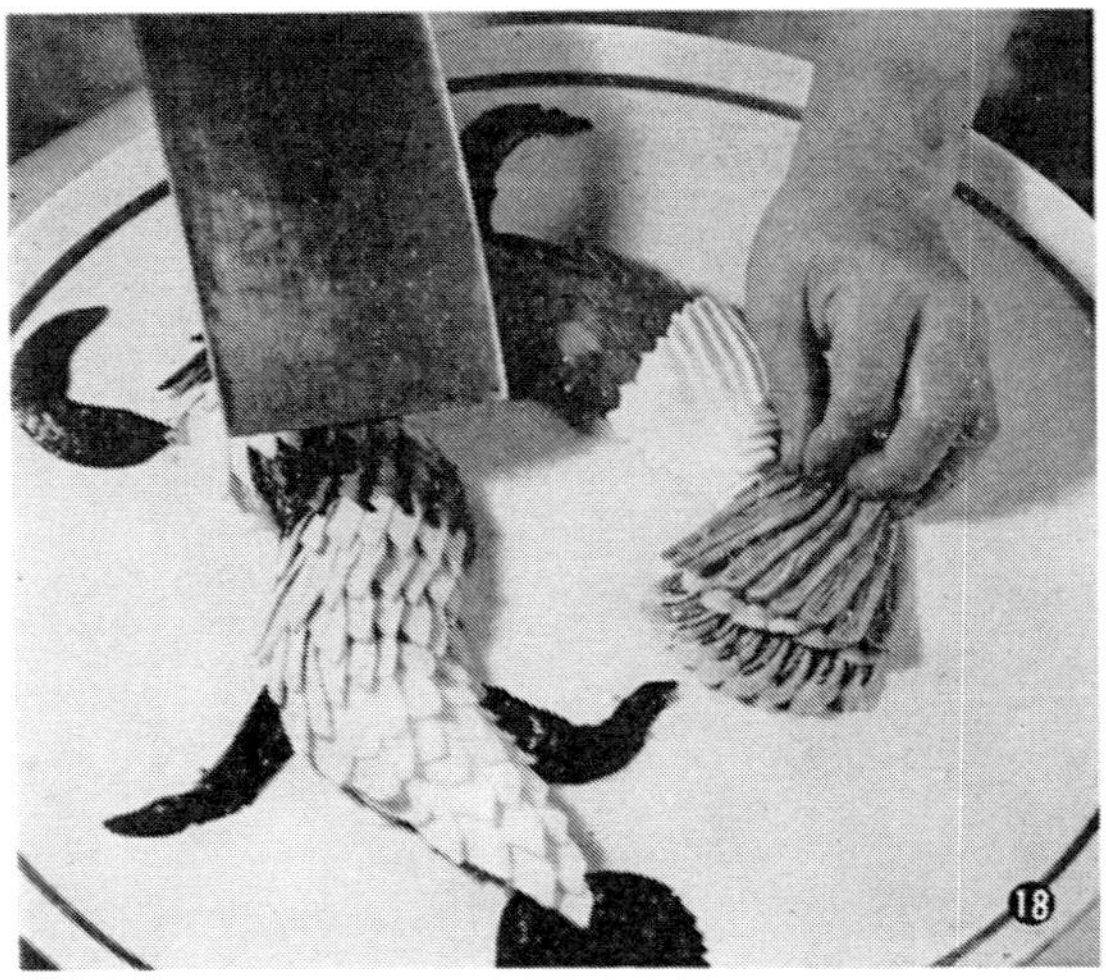

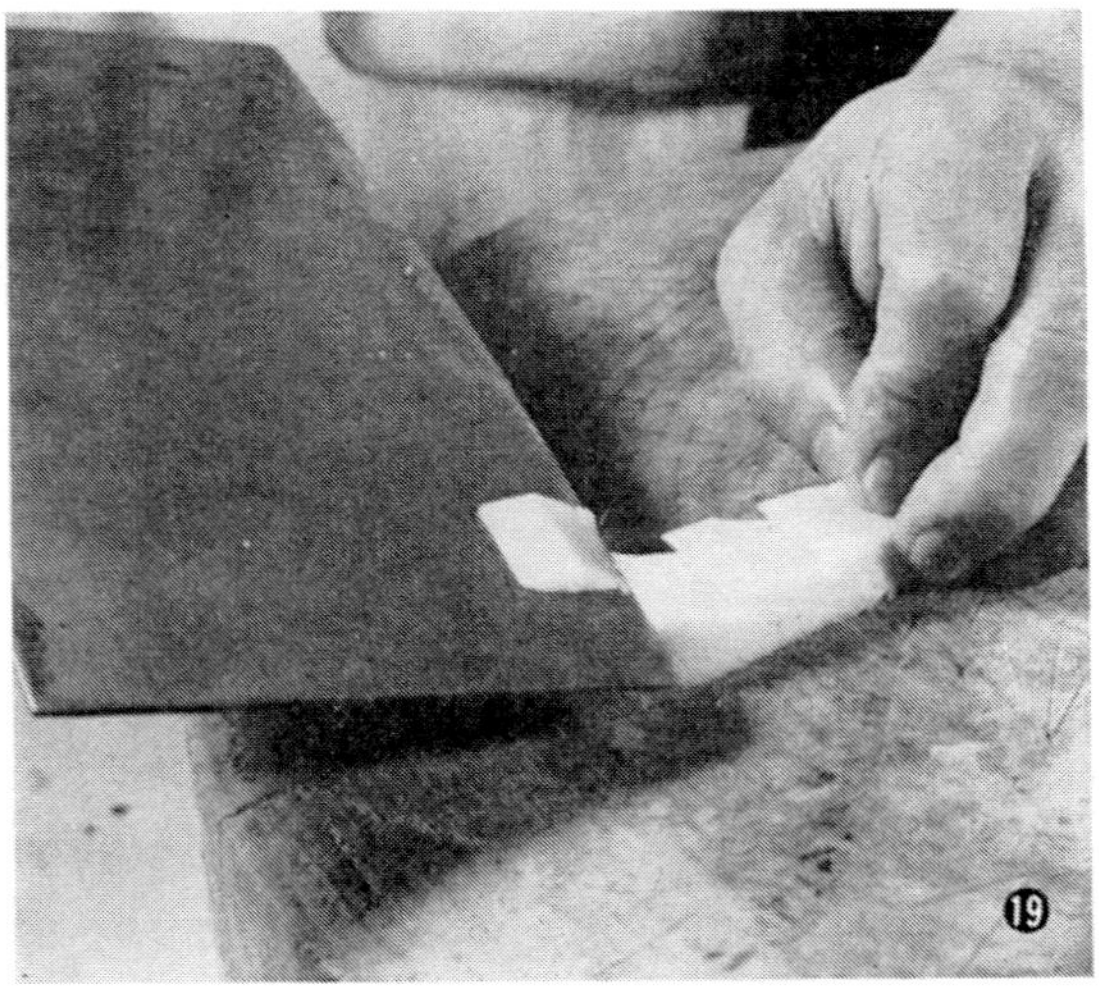

に大分斜めの置き方になる。次は鹵猪舌で、最後に蛋白糕で押える。

3　次は頭であるが、蝦捲を薄切りし、丸みをつけて重ね並べたあと、写真⑰のように置く。その上に鹵猪肚を同じように切って並べてから重ねる(写真⑱)。

4　顔の部分は、頭全体を持ち上げたような形に白鶏脯を使ってまず土台を作る。角《つの》は蛋黄糕に写真⑲のような切り込みを入れて作る。次に鹵冬菇、キュウリなどを使ってまわりを飾る。眼はチェリーを用いる(写真⑳)。

5　そろそろ最後の仕上げの段階である。足に指をつけ、胴回りは次頁の写真㉑のように魷花條を二枚重ねてフチどる。舌はピーマンで作り宝玉をくわえさせ、色づけした魷魚條でヒゲをなびかせる(次頁写真㉒)。最後にパセリ、花切り卵を飾って終わる。

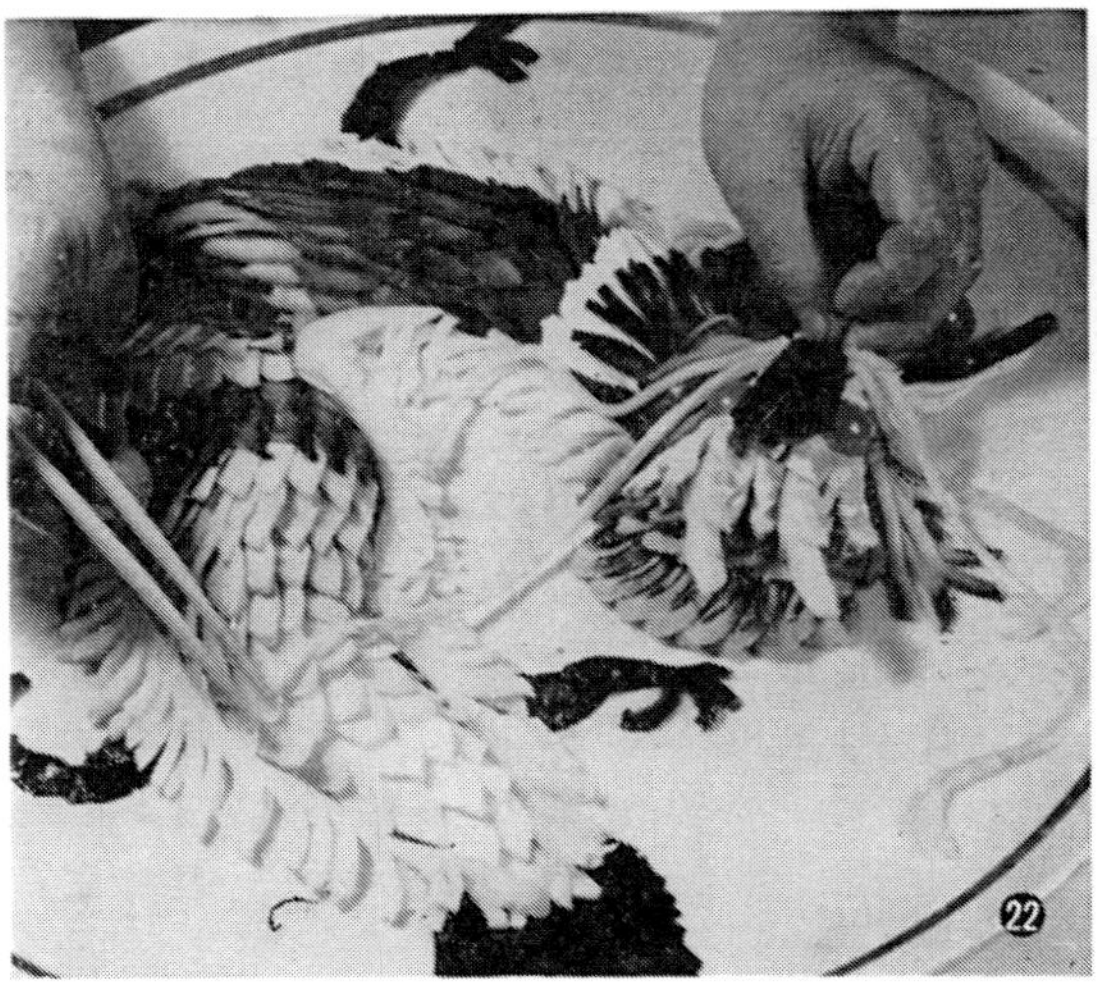

四《ス》對《ドイ》相《シアン》拼《ピヌ》

冷たい前菜の二種盛合わせ四皿

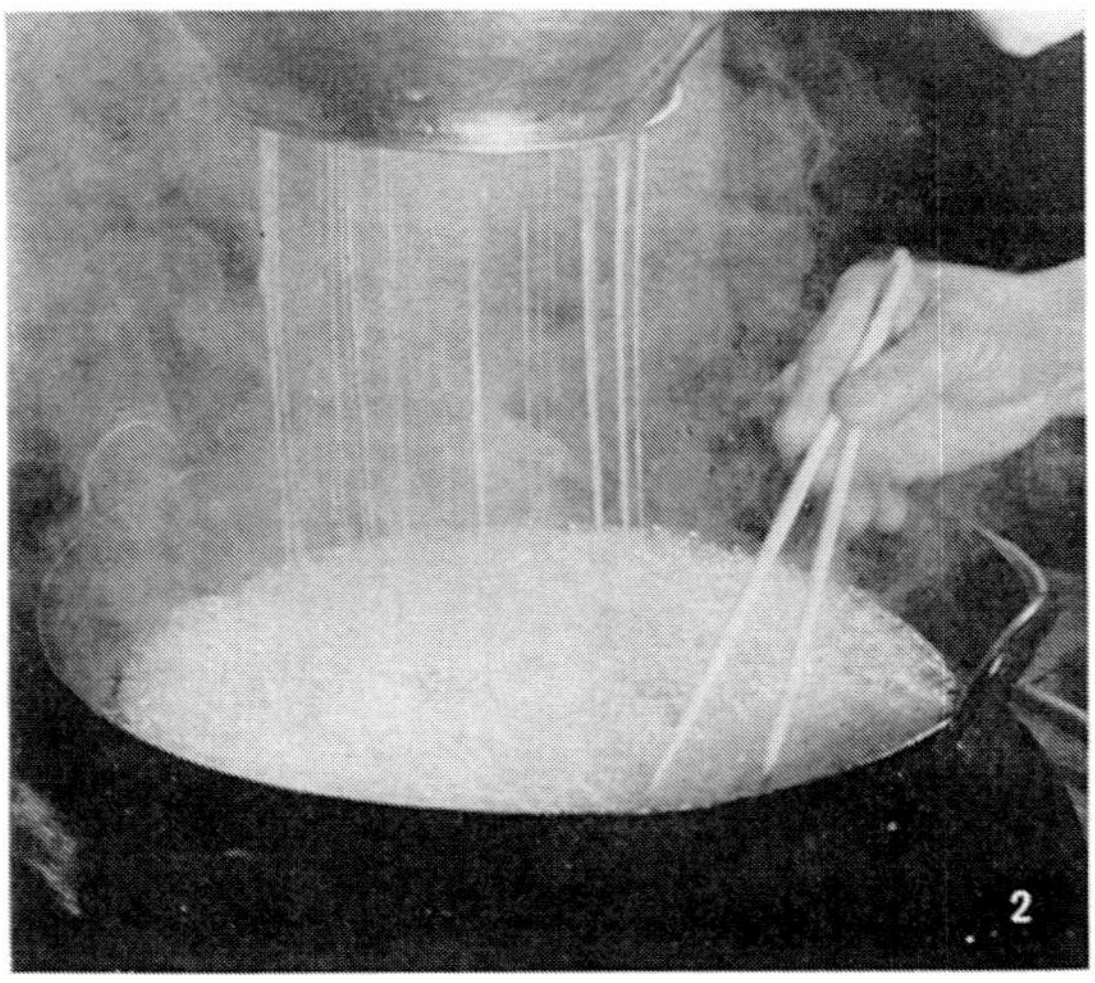

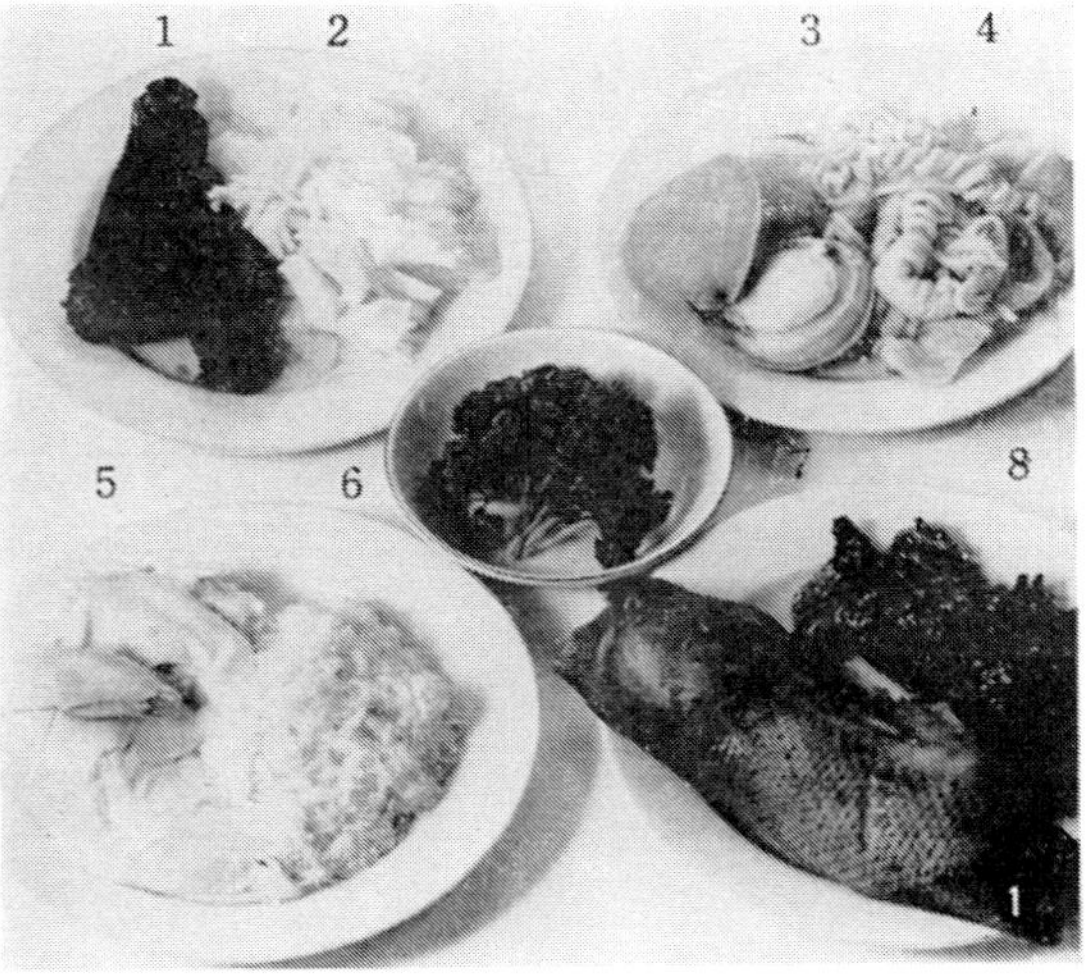

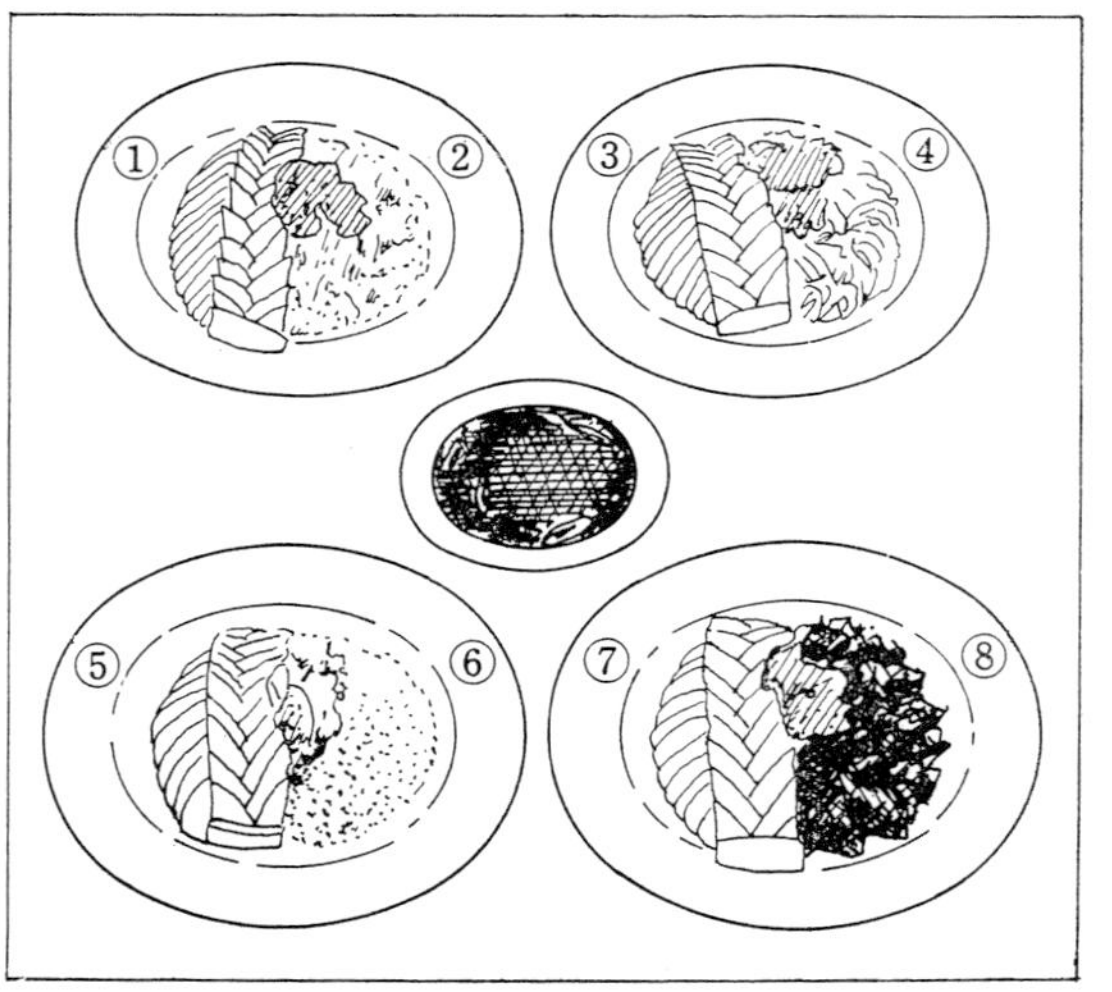

四対相拼は四冷盤の一種で一皿に二種類の冷たい料理を盛り合わせたもの（これを対相という）を四皿用意する。もちろん材料は全部別々に八種類である。

この四対相拼の材料の並べ方にはきまりはなく、適当に盛りつけてよいのであるが、写真のように正(主材料)、副(副材料)にはっきり分け、並べ方も統一すると見ばえがよい。

〔注〕写真の場合は、(1)、(3)、(5)、(7)が正の材料で(2)、(4)、(6)、(8)が副である(図参照)。

◆材料と下ごしらえ（写真①）

(1) 鹵猪舌（ル・ヅウ・シェ＝豚の舌の鹵水煮）─双鳳彩拼の項(六三頁参照)。

(2) 涼拌魷花（リアン・バヌ・ユウ・ホア＝紋甲イカの和えもの）─魷花はイカ（魷魚＝ユウ・ユィ）の花切りの意で、紋甲イカなど肉の厚いものを花切りして三cm角ぐらいに切り離し、たっぷりの水に約二〇分さらしたのち軽く湯通ししてからかわいたふきんで水気を取り、塩、化学調味料、ゴマ油で和える。

〔注〕(1) ゆですぎるとかたくなるので注意する。ゆで具合は中は少し生ぐらいでよいが生きのよいものを使うようにする。

(2) 参考料理─味付けも姜汁（ヂアン・ヅ）、椒麻（ヂアオ・マ＝冷菜の項参照）などいろいろ変えてさしつかえない。

(3) 冷鮑魚（ルン・バオ・ユィ＝水煮アワビ）─鮑魚はアワビのこと。写真の材料は罐詰なのでそのまま使用するが、生のアワビの場合はよく洗って湯通ししたのち器に入れ、アワビがひたるぐらいスープを入れて塩、酒、化学調味料で味付けし、ネギ、ショウガを加えて一～二時間蒸してからそのまま冷まして使う。

(4) 涼拌蜇捲（リアン・バヌ・ヂォ・ヂュアヌ＝クラゲ変わり切り甘酢和え）─海蜇皮（ハイ・ヂォ・ピィ＝クラゲ）を五cm幅の帯状に切り、その約2/3まで五mm幅の包丁目を直角に入れ、その切った部分だけ軽く熱湯に浸けてチリチリにしてから一～二日水にさらす。使うとき三～四cm長さに切り離してショウユ、塩、砂糖、酢、化学調味料、ゴマ油で味付けする。

3

(5) 塩水鶏（イエヌ・シュェイ・ヂ＝ヒナ鶏の水煮味付き）―ヒナ鶏をゆで、水にさらして冷ましたのち骨をはずす（これを白鶏＝バイ・ヂという）。

塩水鶏は塩、化学調味料で味付けしたスープを冷ましたのち、ネギ、ショウガ、花椒（サンショウの実）少量を加えた汁に先の白鶏を浸ける。

(6) 鶏蛋鬆（ヂ・ダヌ・スン＝卵黄の糸揚げ）―鬆は細かいという意味と、パリパリサクサクした感じを表現する。

五鬆（ウ・スン）といってこの鶏卵のほか、肉、魚、野菜（ニンジン、青い葉菜類）などでも作る。できあがりは日本の鯛デンブのような感じであるが、味付けは甘くしない。

4

〔注〕参考料理―肉鬆、魚鬆、紅鬆（ニンジンを使う）、緑鬆（青い葉類を使う）。

この鶏蛋鬆の作り方は写真で詳しく説明する。

卵黄一〇個分に卵白二個分を加え、塩、化学調味料で薄味をつけてよく溶いておく。次にきれいな油（ラードが一番よい）を八〇～九〇度Cぐらいの温度に沸かしたのち写真②のように油こしに入れ、糸状にして油の中に落とす。これを手早く箸で片寄せ、次の卵のはいる場所を作る。全部入れ終わってから箸でかき混ぜながら約一分間かたくなるまで揚げる（写真③）。指でつまんで加減を見て写真④のように網ですくい出し、油をよく切ってからかわいたきれいな

5

ふきんで油気を取り、さらに写真⑤⑥のように紙ナプキンなどでよく油気を取り去り、写真⑦のようにほぐしてできあがる。

〔注〕(1) 卵黄を油に入れるとき油こしを高く持ち上げると細くあがり、粒々もできない。

(2) 油の温度が低かったり揚げ方がたりないとやわらかくサクサクした感じにならないし、また高温の油を使用したり揚げすぎると焦げ目がついたり、短くボロボロになるので注意する。

(7) 燻鴨脯（シュヌ・ヤー・プゥ＝鹵水煮アヒルの燻製）―鴨脯は鴨子（ヤー・ヅ＝アヒル）の胸肉のことである。

アヒルを丸のまま一度ゆでてから滷水で四〇

〜六〇分ぐらいやわらかくなるまで煮込んで冷ます。これを鹵鴨（ル・ヤー）という（このまま使ってもよい）。燻鴨はこれをいぶしたもの。

大鍋の底に茶葉、砂糖、米、ネギ、ショウガ、香料などを適量しいて金網をのせる。その上に先の鹵鴨を腹部を上にしておき（または二つ割りにして肉のほうを上にする）、アヒルにぶつからない程度のボールで蓋をする。まわりにすき間があればふきんを詰める。鍋を火にかけると鍋底の材料が焦げて煙が出てくるので、焦げすぎて燃える寸前に火をとめ（煙の色とにおいで見分ける）、そのまま五分ぐらい煙の沈むまで放置する。

〔注〕(1) 火をとめてすぐ蓋を取ると煙が逃げ、鹵鴨の表面が色づかない。

(2) 参考料理―同じ作り方で燻鶏（シュヌ・チ）、燻猪肚（シュヌ・ヅウ・ドゥ＝豚の胃）などがある。

(8) 芝麻牛肉（ヅ・マ・ニウ・ルウ＝牛肉のゴマまぶしつくだ煮風）―芝麻はゴマのことで、できあがりは日本のつくだ煮のような感じである。

最初に白ゴマを色づく程度に煎っておく。

牛肉は脂の少ない腿肉などを約三mm厚さの薄切りにし、油でまわりに少し焦げ目のつくぐらいに揚げ、牛肉がひたる程度のスープにショウユ、砂糖、酒に香料（八角、桂皮）少量とネギ、ショウガを加えて弱火で二〇〜三〇分煮込む。牛肉がやわらかくなったら（くずれるほどやわらく煮てはいけない）火を強め、汁がなくなるまで煮つめる。途中一〜二回鍋のまわりから少量の大豆油をたらし入れ、汁気がすっかりなくなったら最後にゴマ油を加え、器に少しずつ移しながら先の煎りゴマをまぶす。

〔注〕参考料理―味付けは少し違うが、作り方は似ている。

陳皮牛肉（ツェヌ・ピィ・ニウ・ルウ）―ミカンの皮を使って作る。

五香牛肉（ウ・シアン・ニウ・ルウ）―五香粉を使って作る。

◆作り方

1 擺対拼（バイ・ドイ・ピヌ＝対拼を並べる・作

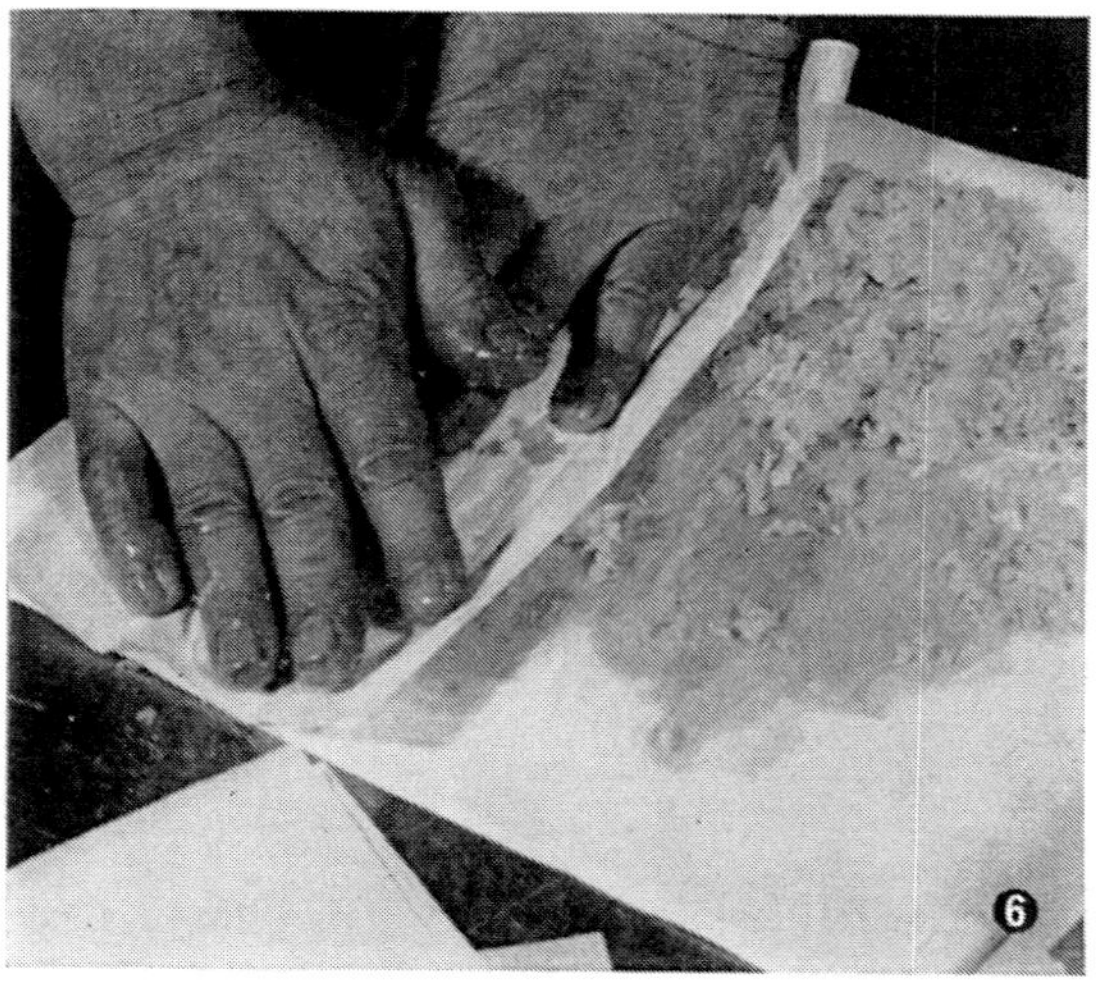

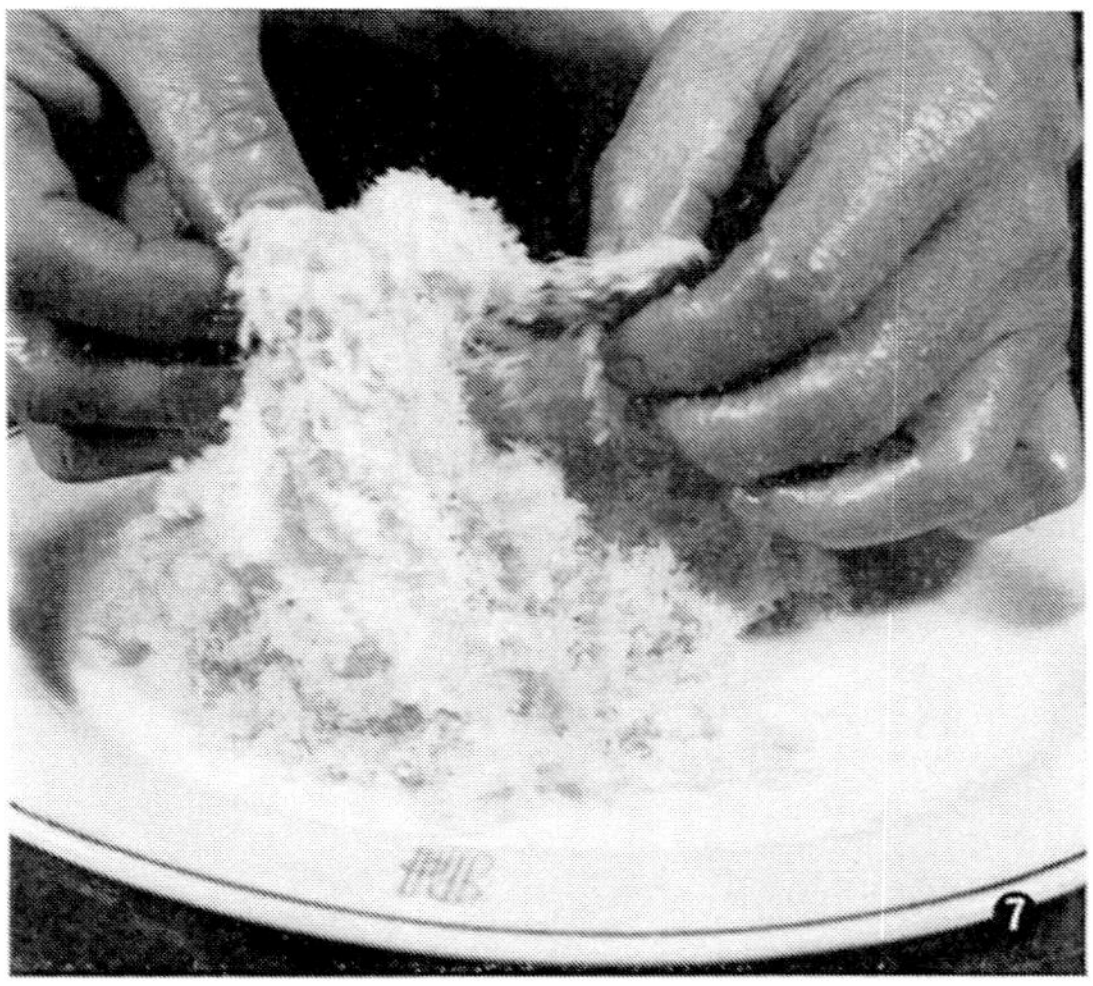

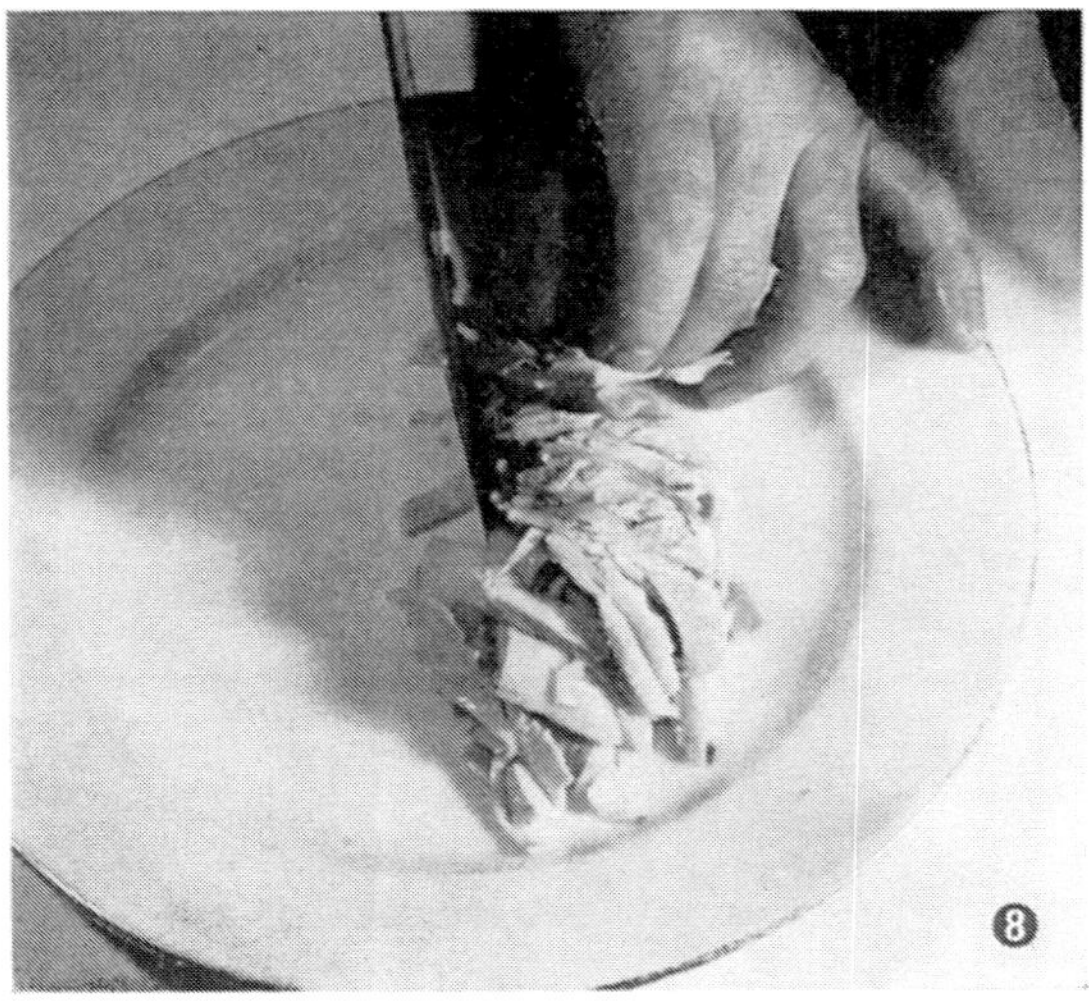

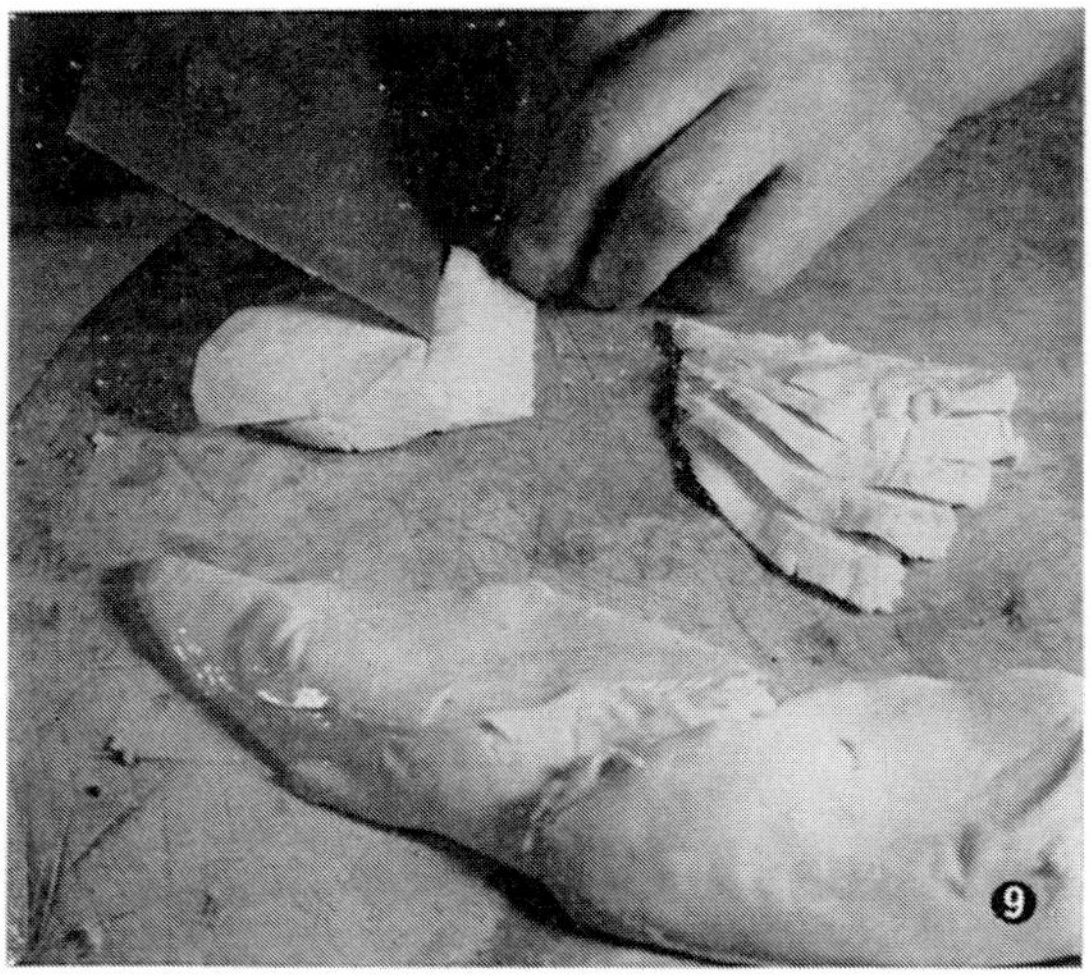

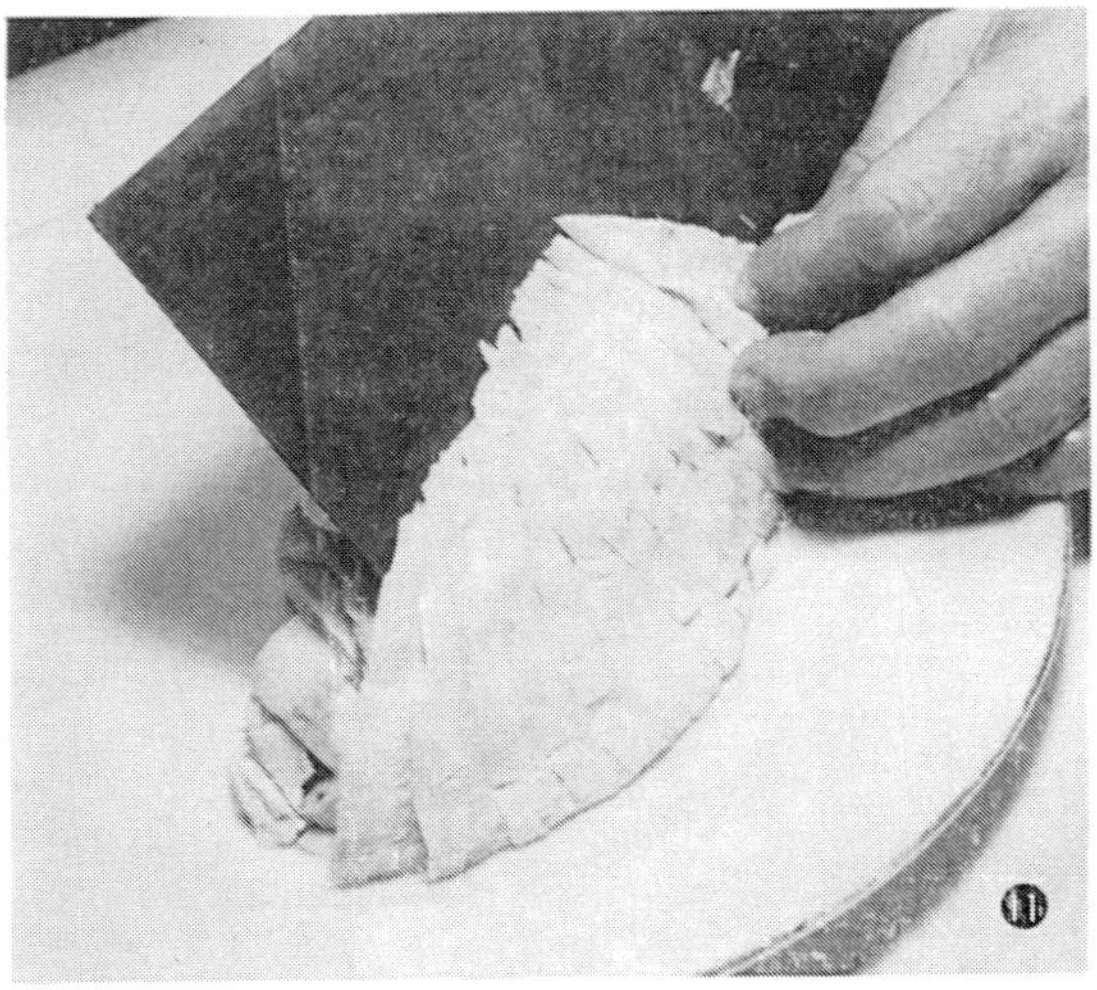

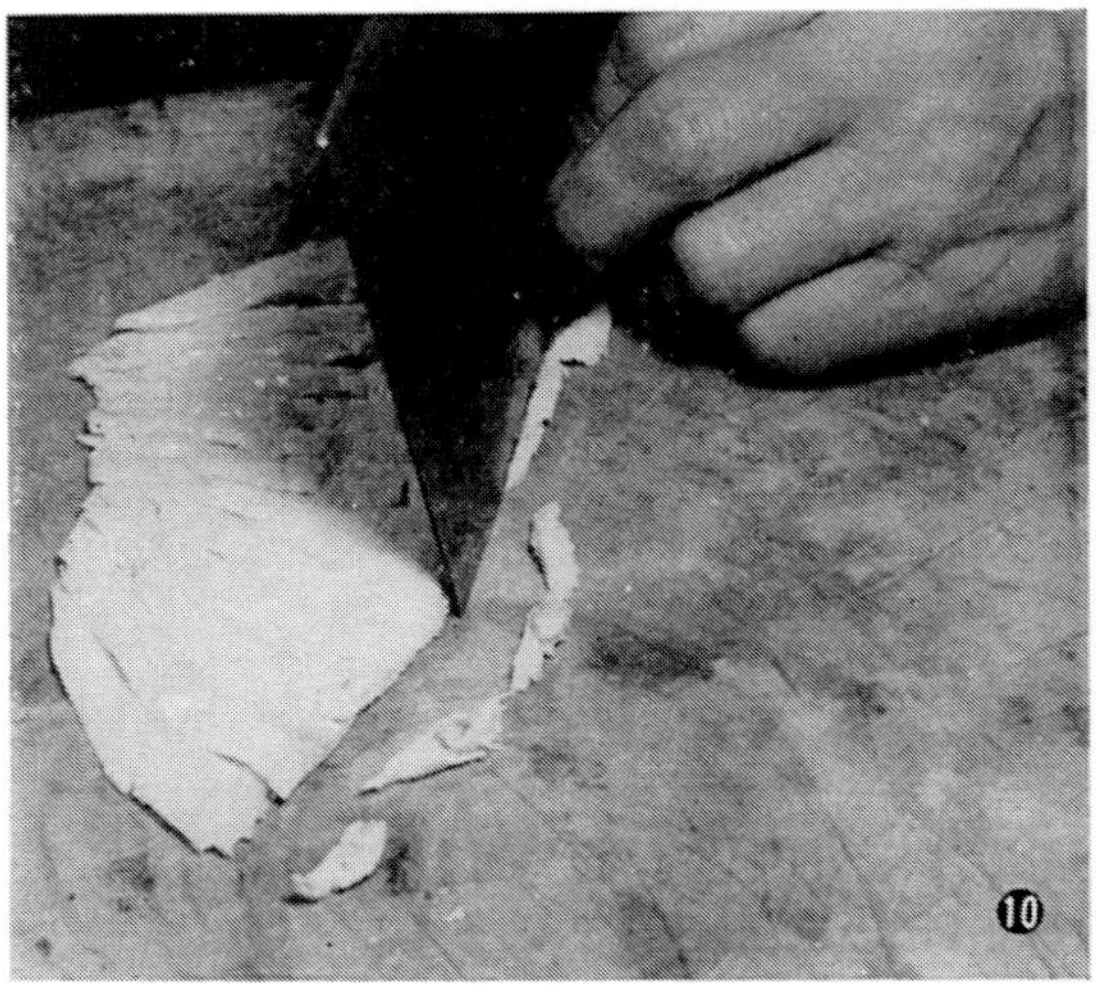

る）―盛付け（並べ方）はみな同じであるから塩水鶏と鶏蛋鬆の一皿だけ紹介する。

最初に塩水鶏の皮や端のほうを細切りし、皿の中央より少し左側に置く（前頁写真⑧）。次に写真⑨のように皮を取った胸身をそぎ切りにし、右側を少し狭くした扇形に並べる。

〔注〕　並べ方は逆手順の左まわりである。普通の右まわりの並べ方だと皿に盛りつけるとき包丁が皿にぶつかって置きづらいし、きれいに置けない。

並べ終わったら手で軽く押えてくっつけ、左側を写真⑩のように切りそろえる。次に包丁ですくい取って皿の鶏の横におおうようにして斜めに寄せかける（写真⑪）。

2　次は上にかぶせる帯状のものの並べ方であるが、写真⑫のように一対の胸身を交互に薄切りしながら、最初の一枚は横に、その次からは斜め互い違いに置いていく。長さをはかって最後に横に一枚置き、手で押えてくっつけたのち、写真⑬のようにこの両端を切りそろえる。包丁ですくい取り、すべらすようにして上に平らにのせる（写真⑭）。

3　最後に鶏蛋鬆を鶏と同量形よく全体が丸みをおびるように添え（写真⑮）、パセリを中央においてできあがる（七五頁の写真左下参照）。

他の対拼も並べ方は全部同じ要領である。

〔注〕　この四対拼の材料はきまっているわけではなく、他の材料で作ったり、あり合わせの材料でもかまわないが、配色を考え、材料の種類や味付けが同じようなものに片寄ってしまわないよう注意する。

四皿の中央においてある小皿には、ショウユ、砂糖、スープ、化学調味料、ゴマ油を合わせた冷盤用のタレを入れるが、棒々鶏のタレなど辛いものと二種類供してもよい。

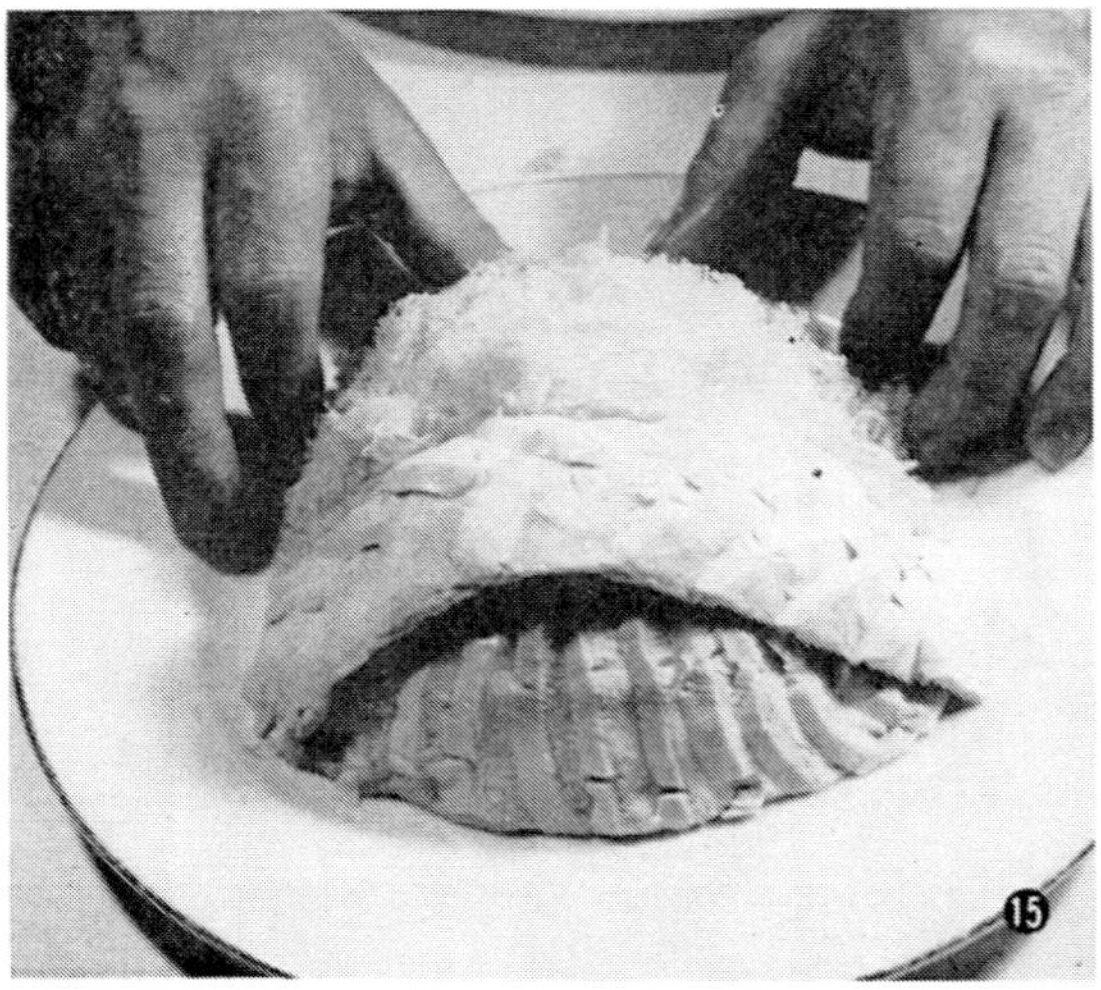

什錦拼盤を作る際の注意点としてはまず前述の彩配拼盤の別名通りよく並べることを考えなければいけない。もちろん材料の質、色合いが片寄らぬよう用意し、またその宴席の格に合う作り方をすることも大切である。

並べ方を覚える順序としては、いきなりむずかしい鳳凰や龍のような拼盤にはいることを考えず、基本としての普通の什錦拼盤を数多く並べることが大切である。最初はその材料の切り方（厚さ）を均等にし、次に並べたときの間隔に注意し、さらに円型から三角、四角、またその組合わせと、だんだんに形を変えていって手を慣らす。この簡単な並べ方の中に鳳凰などのむずかしい拼盤の並べ方のコツが隠されている。

どんな材料でも自由自在にこなすことができるようになったら、はじめて鳥類の中でも一番見ばえのする鳳凰それも單鳳にかかる。まず絵などを参考に同じものをいくつも作り、最後にその手本を見ずに作れるようになればあとはみな同じである。自分の頭で考え出してもよいし、いろいろな絵や、写真・図案を参考にして種々工夫、応用ができる。

拼盤の場合の料理名は、原則として、その形や材料の種類、数を表現して、〇〇拼盤と名づけるのが普通である。

しかし中国は文字の国、他の料理にもいえることであるが、飾り名を使って形容することも多い。

炒《チァオ》菜《ツァイ》類《レイ》
—炒めもの料理—

炒（チァオ）とは炒めもののことであるが、鍋の中で直接炒めるほか、滑油（ホア・ユー）または泡過油（パオ・グオ・ユー）といって油通ししたのち炒めるのも多く使われる手法である。

その種類には次のようなものがある。

(1) 干炒（ガヌ・チァオ）—少量の油で直接炒める方法。肉類などは上漿（シァン・ヂアン＝下味付け—後述）する場合としない場合とがある。

〈例〉宮保鶏丁（ゴォン・バオ・デ・ディン）

(2) 滑炒（ホア・チァオ）—上漿した材料を油通ししたのち炒める。味付けは別碗に調味料を合わせておき、手早くくるめて炒めることが多い。できあがりがやわらかいのが特徴。この滑炒にも何種類かある。

〈例〉滑炒肉片（ホア・チァオ・ルウ・ピエヌ）

(3) 清炒（チン・チァオ）—上漿→滑油→炒の手順は同じであるが味付けは塩味でその材料の持ち味と色合いを生かす作り方。副材料を加えないことが多い。

〈例〉清炒虾仁（チン・チァオ・シア・レヌ）

(4) 生炒（シェン・チァオ）—生ものを炒める意味に考えてよく、上漿→滑油→炒の手法は同じ。味付けは塩、ショウユいずれでもよく、材料によって使い分ける。

〈例〉生炒腊腰（シェン・チァオ・デュヌ・ヤオ）

〔注〕地方によっては干炒と同意語に使う場合もある。

その他、京炒（ヂン・チァオ）、軟炒（ロワヌ・チァオ）などの表現があるが、いずれも大同小異。

(5)　抓炒（ヅォワ・チァオ）――これは北方菜独特の表現で、抓（ヅォワ）とはつかむの意。上漿した肉類を少し色づくぐらいに揚げ（滑油より高温。炸＝ザに近い）、甘酢のきいた味付けのタレをくるんで炒める。

〈例〉抓炒魚片（ヅォワ・チァオ・ユィ・ピエヌ）

(6)　爆炒（バオ・チァオ）――この調理法は爆（バオ）とほとんど変わらない。比較的高温の油を通したのち炒める。

〈例〉爆炒鱔片（バオ・チァオ・シァヌ・ピエヌ）

(7)　熟炒（シュウ・チァオ）――今まで述べたものはほとんど生ものを調理する方法であるが、この熟炒はゆでたり蒸したりした材料を片（ピエヌ）、糸（スー）などに切って炒める。味付けは種々ある。

〈例〉炒猪肚糸（チァオ・ヅウ・ドゥ・スー）

爆とはおもに熱い油を使って強火で手早く調理することをいうが、炒との区別はあまり明らかではない。ただしその種類によってはかなり特徴ある調理法ともいえる。この爆の名称は北方菜に多く見られる。

　爆の種類には次のようなものがある。

(1)　油爆（ユー・バオ）――花切りなどした材料をちょっと湯に浸け開いたところで熱い油を通してから小碗に用意した調味料を強火で手早くくるめて炒める。

〈例〉油爆双脆（ユー・バオ・シュアン・ツェイ）

(2)　塩爆（イエヌ・バオ）――油爆とほとんど同じであるが、水溶き片栗粉を使わないところが違う。

〈例〉塩爆鶏胗（イエヌ・バオ・ヂ・ヅェヌ）

(3)　醤爆（ヂアン・バオ）――調理は滑炒（ホア・チァオ）に似ているが味付けに甜面醤（甘いミソ）を使う。詳しくは金醤田鶏の項参照。

(4)　生爆（シェン・バオ）――肉などを下味をつけないで高温の油にくぐらせたのち炒める。

〈例〉生爆塩煎肉（シェン・バオ・イエヌ・ヂエヌ・ルウ）

(5)　葱爆（ツォン・バオ）――多量のネギを強火で炒め、その香りを材料に生かす作り方。詳しくは葱爆肝片の項参照。

(6)　湯爆（タン・バオ）――これは湯菜（スープ料理）で肉・内臓類を花切りしたのち、水にさらして血抜きし、沸とうさせた湯で六～七分程度湯通しし、湯碗に入れて清湯（チン・タン）をそそぎ入れる。

四川の清湯腰脆（チン・タン・ヤオ・ツェイ）の作り方も同じである。

〈例〉湯爆肚花（タン・バオ・ドゥ・ホア）

生《シエン》炒《チァオ》鮮《シエヌ》貝《ベイ》

材料（写真①）

平貝二〇〇g

黄瓜（ホアン・グア＝キュウリ）二本

口茉（コウ・モォ＝マッシュルーム）

木耳（ムゥ・アル＝キクラゲ）

ネギ

ショウガ

平貝の炒めもの

この料理は主として宴会料理に用いられるものであるが、高級一品料理としても使える応用範囲の広いものである。

生炒は「生物《なまもの》を炒める意」に解釈してよいだろう。鮮貝とは新鮮な貝類全部に通用する名称であるが、普通は平貝、帆立貝などの大きい貝柱に使う。

◆下ごしらえ

1　平貝は写真②のように薄切りにする（最初縦に半分ぐらい切ってしまうと切りづらくなるので、倒して横に包丁をすべらすようにして切る）。

〔**注**〕この料理は薄切り（片＝ピエヌ）にするので生炒貝片とも表現できるが、細切り（貝糸＝ベイ・スー）、少し太目にして貝條（ベイ・ティアオ）、角切り、包丁目を入れて貝丁（ベイ・ディン）・貝花（ベイ・ホア）と変えることができる。

2　黄瓜は写真③のように四方を切って四角の棒状にし、さらに斜めに切り離して菱形にする。その切り口に写真のように包丁目を入れ、二～三㎜厚さの薄切りに切り離す。口茉も薄切り、キクラゲはもどして石づきの砂などを取り除く。

ネギは一cm長さのぶつ切り、ショウガは薄切り一cm角。

〔**注**〕(1)　キュウリなどの副材料を配料（ペイ・

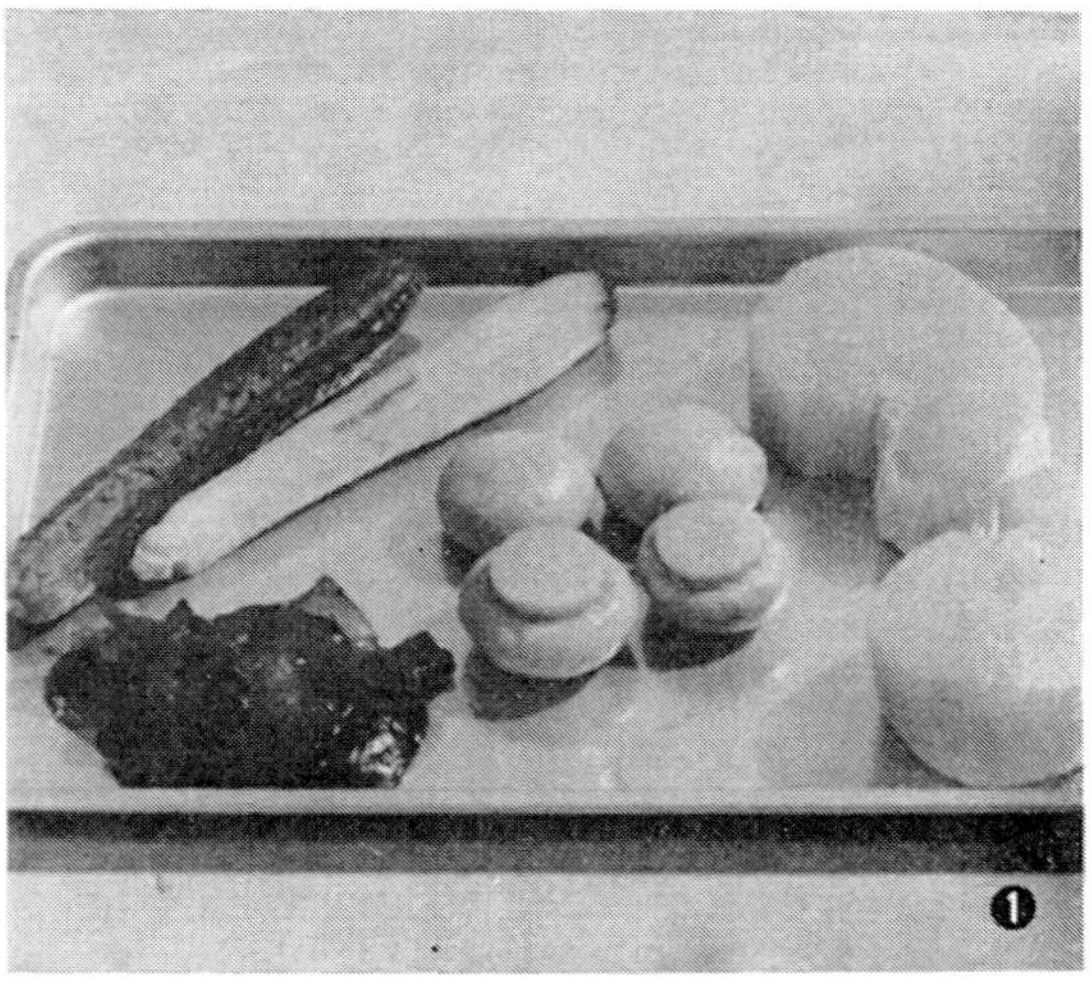

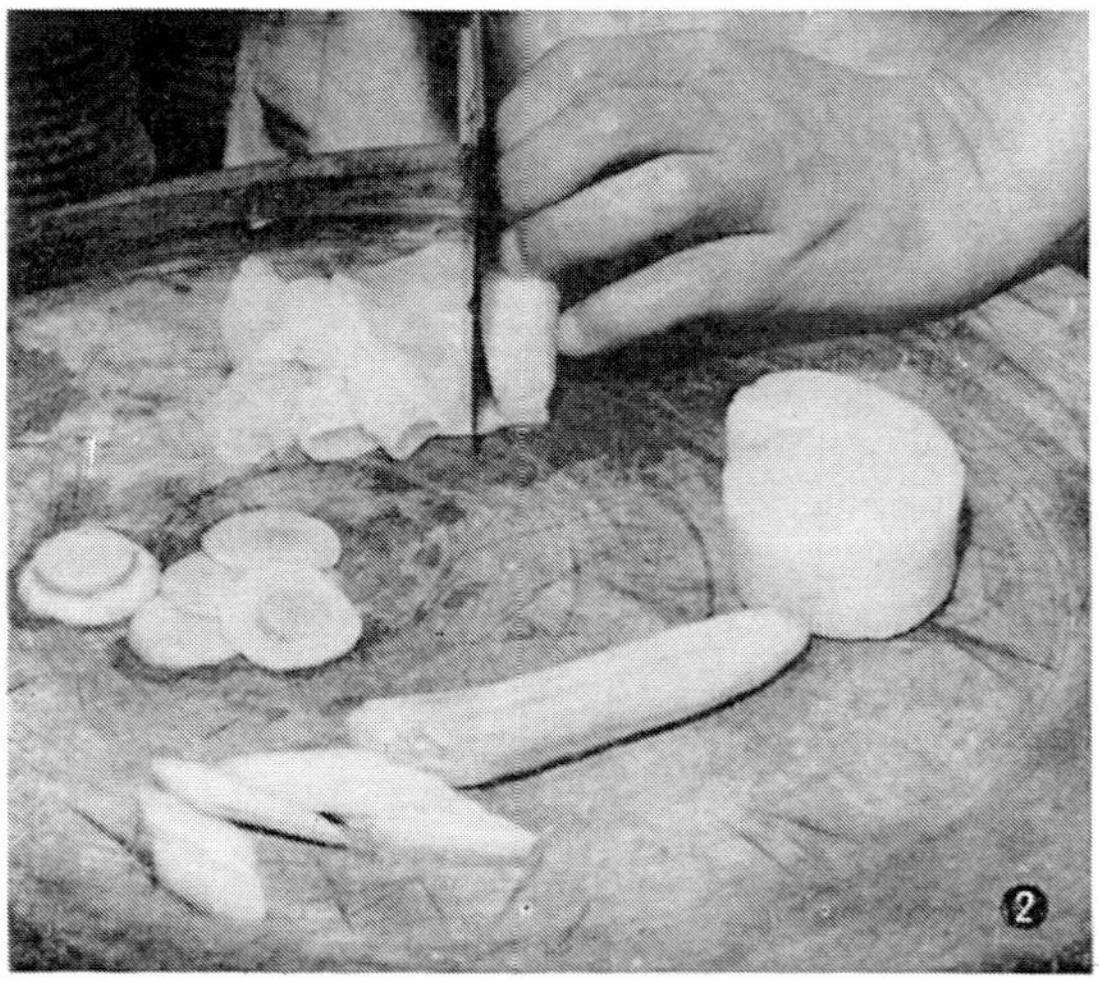

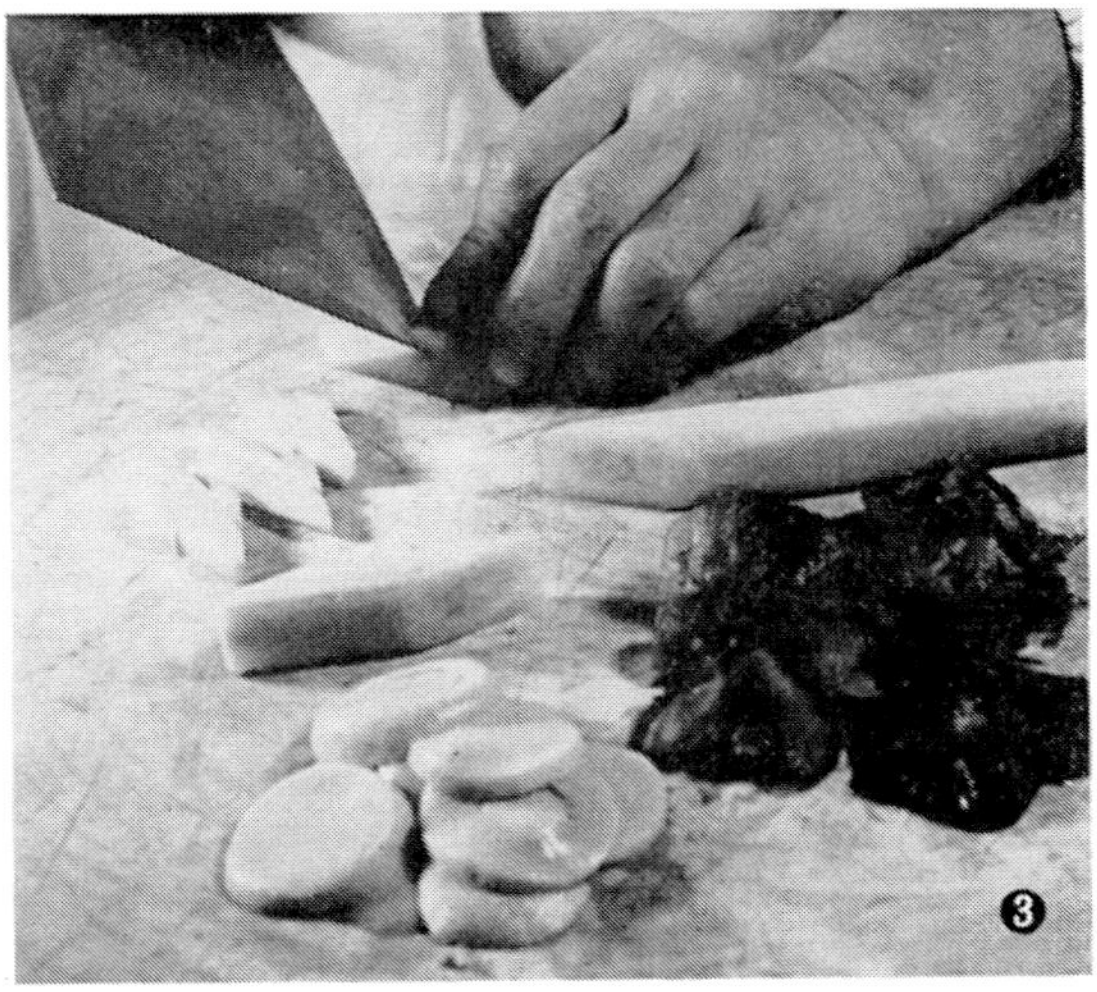

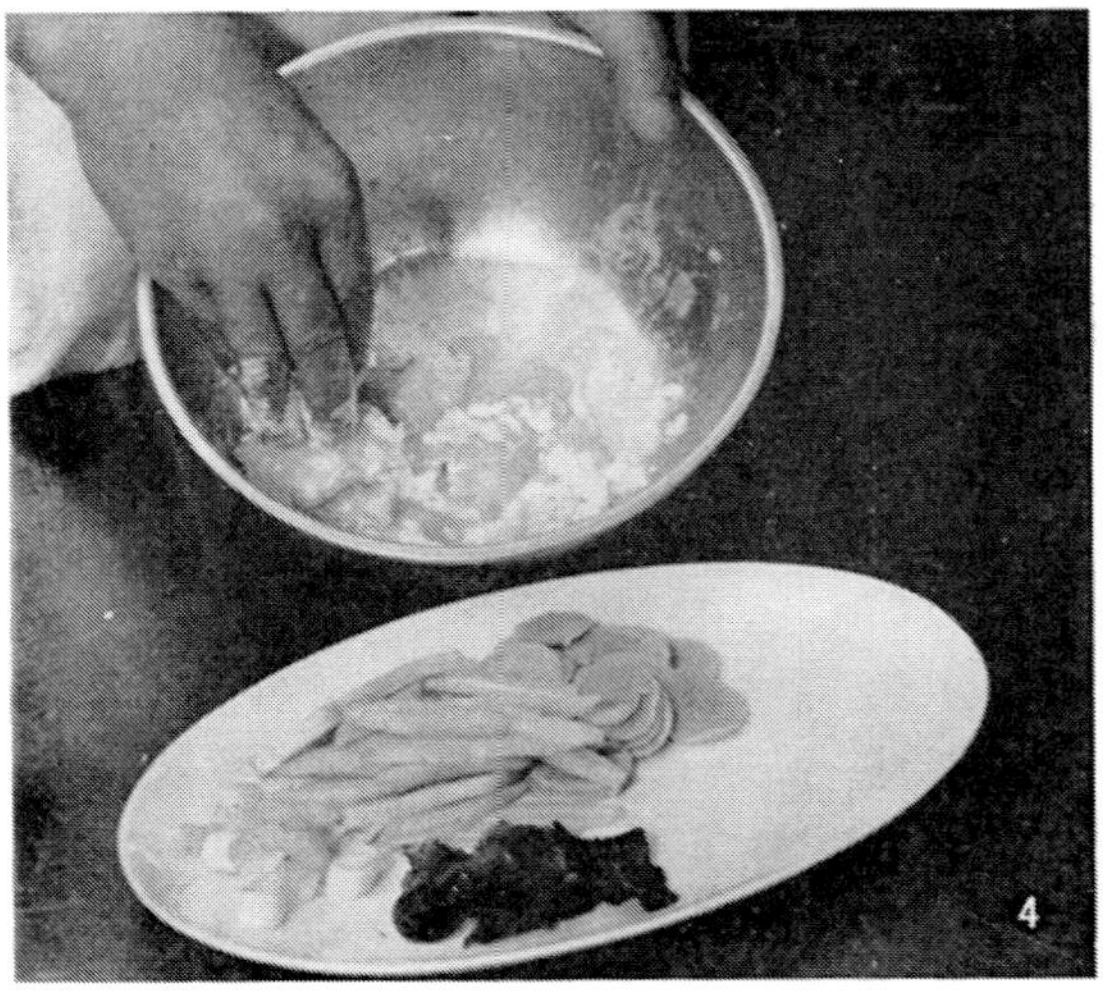

リアオ）といい、切り方は主材料に合わせる。

(2) また宴会料理などの場合は花包丁を入れて材料の単調さを補い、見た目をきれいにする。

(3) 配料は前記のほかに、藕（オウ＝レンコン）、冬筍（ドン・スヌ＝タケノコ）、竹筍（ヅウ・スヌ＝細筍）、冬菇（ドン・グ＝シイタケ）、茨菇（ツ・グ＝黒クワイ）なども応用できる。

◈下味付け（上漿）

中国料理の調理法の中に上漿（シァン・ヂアン）という重要な下ごしらえの方法がある。上漿は我々川菜仲間では抹（マ）と表現しているが、魚肉類を調理する（炒＝チァオ、溜＝リウ、爆＝バオ、湯＝タン）ときの下味の付け方で、かたくなったり、味が逃げるのを防いだり、また形をくずさずにすむなどの利点がある。

上漿の方法は、材料、料理によってだいたい次の三種類に分けられる。

(1) 写真④は、この方法にあてはまるもので、卵白一個分をボールに入れ軽くたたいてコシをなくし、塩、コショウ、酒、化学調味料を入れ、平貝の薄切りを加えてゆっくりと混ぜ合わせ、次に片栗粉をまぶすようにして混ぜ合わせる。

最後に、大豆油（ネギ、ショウガを入れて沸かし、臭みを抜いてさましたもの）を加え、混ぜ合わせる。

〔注〕(1)　ゆっくりと混ぜ合わせるのは、味を平均にするためと、材料がくずれるのを防ぐためである。

(2)　このときに塩からくなると、洗う以外に直しようがないから気をつける。

(3)　卵白と酒が多くなると、その分だけ片栗粉が余計はいり、片栗粉の団子を食べるような感じになるのでよくない。

(2)　これはショウユを使う味付けと、牛・豚・鶏の腿肉などを使う場合で、鶏卵全部を使用してもかまわない。これについては、宮保鶏丁（ゴォン・バオ・ヂ・ディン）の項で説明する。

(3)　鶏卵を使用せず片栗粉だけの場合で、牛・豚・鶏の内臓類、イカ（尤魚＝ユゥ・ユィ。魷魚とも書く）などの料理のときに用いる方法である。

たとえば、豚レバー（猪肝＝ヅウ・ガヌ）を片に切り、塩、コショウ、酒、化学調味料をよく混ぜ合わせ、片栗粉をまぶし油を加えて混ぜ合わせる。

油を入れるのは、卵、片栗粉がはいっているためくっつきやすいので、鍋に入れたときに容易にほぐれるようにするためである。しかし、スープの場合は一切れずつ入れるので、油は入れなくてもよい。

材料が油っこくなるのではとの心配があるかもしれないが、表面だけのものであるし、鍋の中で炒めたり油を通すときに、熱い油といっしょに流れ出すので、その心配はない。

◆作り方

1　下ごしらえが終わったら、材料を炒める前に調味料を用意する。小碗に塩、コショウ、酒、化学調味料、水溶き片栗粉少量を合わせる。

2　鍋を熱して油を入れ、鍋全体に万遍なくいきわたらせてから一度もどし、あらためて材料全部がひたるぐらいの量の油を入れる。

〔注〕この作業（動作）を練鍋という。これをやらないで油に材料を直接を入れると材料が鍋にくっついて仕事がやりにくく、料理のできあがりもきたなくなる。

油を熱くし、木耳だけを網の上に置き、他の材料を、バラバラになるようにして入れる（写真⑤）。

入れるときの温度は、材料を一つ二つ入れてみてまわりから泡が少し立つぐらい。

〔注〕油が熱すぎると、上漿した鮮貝が固まって団子のようになり、配料は焦げたりやせたりする。またこのとき、卵が浮いてくるような感じになる場合は、鮮貝の片栗粉がたりないか、油の温度が低いときである。

3　ゆっくり混ぜながら火を強くすると油全体が泡立ってくる。そうなると材料に九分通り火が通っているから網にあけ油を切る（写真⑥）。

〔注〕強くかきまわすと、材料がこわれるので注意する。

4　鍋に油を少量入れ、ネギ、ショウガを軽く

5

6

炒めて網の材料を入れ、小碗の調味料にスープ半量を加え、混ぜながら材料の上にかけ、さらに軽く混ぜながら二〜三回炒め返す。

5 調味料が平均にくるまったら、鍋のまわりから鶏油を少量たらし入れて皿に盛りつける。

〔注〕 木耳は油を通すと、水分が多いのではねてヤケドしやすいから注意すること。また これは薄いので炒めるだけで火が通る。

◈応用料理

この料理は炒であるが、少しスープを多めに加えて鮮溜貝片とか、カキ油を加えて蠔油鮮貝、トウガラシミソを加えて辛くした家常・魚香鮮貝など変化に富んだ使い方ができる。

生炒鮈魚絲（シェン・チァ・オバオ・ユィ・スー）—生アワビを使って作る。

生炒明蝦球（シェン・チァオ・ミン・シア・チウ）—車・大正エビを使う。

生炒龍蝦丁（シェン・チァオ・ロン・シア・ディン）—伊勢エビ

生炒香螺片（シェン・チァオ・シアン・ロウ・ピエヌ）—サザエ

生炒鶏鬆（シェン・チァオ・ヂソン）—鶏のササミ

生炒腰花（シェン・チァオ・ヤオ・ホア）—豚の腎臓

生炒胗肝（シェン・チァオ・ジヌ・ガヌ）—鶏のモツ

その他いろいろ考えられる。肉類、内臓類を使う際の味付けは塩味でもよいが、なるべくショウユ味（砂糖を少量入れる）のほうがよい。

宮《ゴォン》保《バオ》鶏《ヂ》丁《ディン》

鶏肉とピーナツの油炒め

材料（写真①）

鶏のヒナ腿肉二〇〇g

腰果（ヤオ・グォ＝カシューナッツ）

乾燥トウガラシ

ネギ

ショウガ

❶

❸

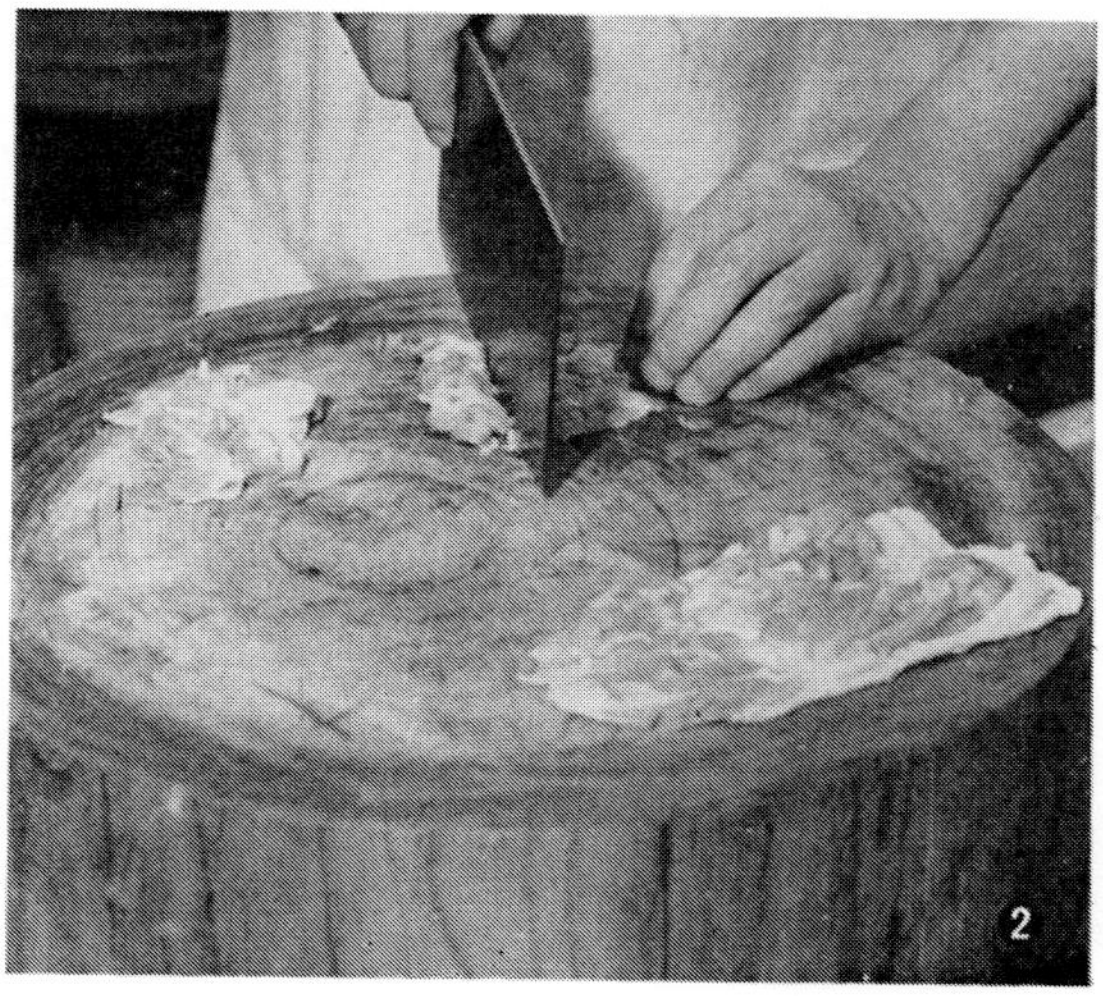

2

この料理は、貴州の人で名前を丁宮保（ディン・ゴォン・バオ）という人が四川省に官を得て赴任したとき、自分の好んだ料理を作らせ、その名を取って宮保鶏丁（ゴォン・バオ・ヂ・ディン）と名づけたといわれている。料理名にはこのように、作り方、切り方などで命名したもののほかに、人の名を取ったものもある。

この料理は、乾燥したトウガラシを油の中でゆっくりと黒くなるまで焦がし、その油で鶏肉を炒めるので、辛い中にも香ばしさがあり、少し甘酢がかかった味に特徴がある。

◆下ごしらえ

腿肉は写真②のように肉のほうに軽く十字模様に包丁を入れ（肉の厚さの半分ぐらいの深さでよい。あまり深く入れるとあとで屑になる）、約二cmの角切りにする（鶏丁＝ヂ・ディン）。

トウガラシ、ネギは一cm長さ、ショウガは薄切りにして一cm角に切る（写真③）。

◆上漿（シァン・ヂアン）

鶏丁の上漿は、鶏卵半個分をボールに割り入れたたいてコシをなくし、鶏丁を入れ、ショウユ二〜三滴、塩、コショウ、酒、ベイキングパウダー少量、化学調味料を加えて混ぜ合わせ、さらに片栗粉を入れてよく混ぜ合わせて油を入れる。

ショウユ味（肉類の炒めものに多い）の場合は、少しぐらい色がついてもさしつかえない。卵の黄身も使うと経済的であるが、黄身は白身に比べてねばりが弱く、いくぶんかたい感じになるので、白身だけを使うのが最上といえる。

〔**注**〕(1) ベイキングパウダー（発泡粉＝ファ・パオ・フェヌ）は、肉に浸透してやわらかくする作用をし、また、上漿した肉類が味付けしてある関係上、長時間置くとかたくなるので、それを防ぐためともいえる。入れすぎると、泡が立ち、酸味が出てくるのでごく少量でよい。

(2) 油は卵、片栗粉の固まるのを防ぐために入れるのであるから、動物性の油（ラードなど）はよくない。

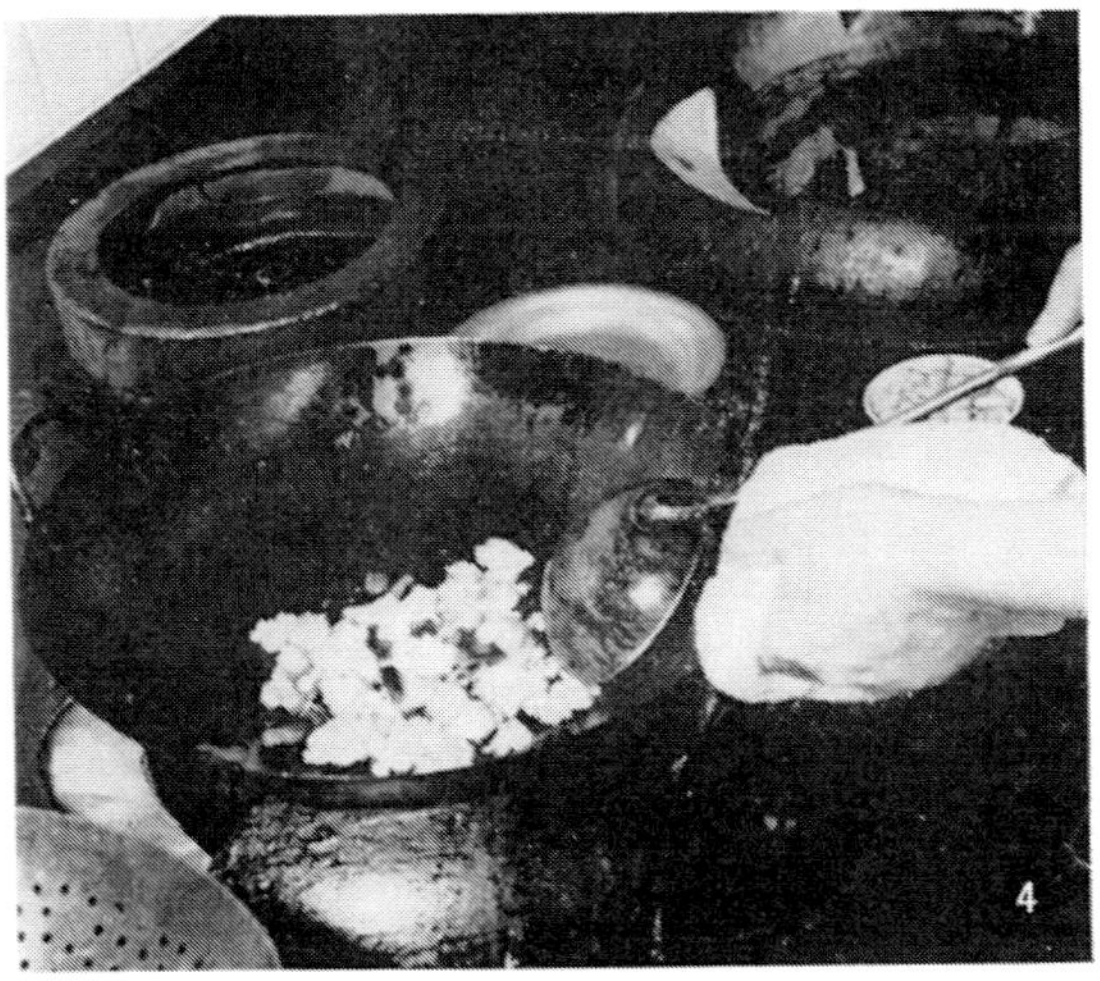

4

5

(3)　また、猪腰（ヅゥ・ヤォ＝豚の腎臓）などはにおいがあるので、ゴマ油を使ってもよいが、大豆油にネギ、ショウガを入れて沸かし、においを抜いてから冷ましたものが一番よい。熱い油は使いづらいし、材料が腐敗しやすいのでよくない。

◆作り方

1　小碗に酢一、砂糖一、ショウユ三、酒二の割合に入れ、化学調味料、コショウ、水溶き片栗粉を適量合わせ、その中にネギ、ショウガを入れておく(写真④手前)。

2　鍋を焼いて油を入れ、全体にいきわたらせて容器にもどす。さらに約七〇gの油を入れ、トウガラシを加えて弱火でゆっくり焦がす。

〔注〕色は真黒ではなく、赤黒い感じになればよい。強火で急に焦がしたり真黒になって煙が立ちのぼってくるようなものは香ばしいとはいえず、キナ臭くなり、油も黒くなるし料理も黒くなってしまう。

3　このとき、油はトウガラシ油（辣油）に変わっている。その中に鶏丁をバラバラにほぐすようにして入れ、手早くかき混ぜて炒める。その際ネギ、ショウガを取り出していっしょに炒める(写真④)。

4　鶏丁に八～九分ほど火が通ったころ、小碗の調味料にスープを少量加え、鶏丁の上にかけて混ぜ合わせる(写真⑤)。腰果を入れて二～三回返し、油がたりないようなら少したす。これを皿に盛る。

〔注〕(1)　腰果のほかに、花生米（ピーナツ）や合桃（クルミ）も使える。花生米は、皮付きの炒った新しいものを皮をむいて使い、味付けしたものは、なるべく使わないほうがよい。

(2)　合桃、腰果は市販のもので皮をむいたものがある。これをよく洗って一度湯を通し、揚げてから使う。

◆応用料理

宮保連骨鶏（ゴォン・バオ・リエヌ・グ・ヂ）―鶏の骨付きを塊に切って使う。

宮保肉丁（ゴォン・バオ・ルウ・ディン）―豚肉を使って作る。

宮保牛肉丁（ゴォン・バオ・ニウ・ルウ・ディン）―牛肉

宮保田鶏（ゴォン・バオ・ティエヌ・ヂ）―食用ガエル

宮保蝦仁（ゴォン・バオ・シア・レヌ）―芝エビ

宮保閩蝦球（ゴォン・バオ・ミン・シア・チウ）―車または大正エビ

　他店のメニューを見ると、公宝（ゴォン・バオ）とか公保（ゴォン・バオ）などという字をあてているところがあるが、これは人の名前から取った料理名であるから、発音が同じでも、ほかの字をあてるようなことがあってはならない。

金《ヂヌ》醤《ヂアン》田《ティエヌ》鶏《ヂ》

食用ガエルのぶつ切りミソ炒め

材料（写真①）
田鶏（食用ガエル）三五〇g
冬菇（ドン・グ＝シイタケのもどしたもの）一〇〇g
竹筍（ヅウ・スヌ＝細筍）一〇〇g
ネギ
ショウガ

金醤とは醤爆の別名で四川独特の使い方である。中国の甜面醤はウドン粉を主材料として作るので少し赤味をおびた黄金色をしており、そのミソを使って作った料理であるところから金色のミソすなわち金醤と名づけられた。

田鶏とは食用ガエルのこと。中国でもカエルは蛙と書くのであるが（青蛙＝チン・ワ）、食用ガエルの味が鶏の肉に似ているのでたんぼ（水田）の鶏すなわち田鶏と名づけられている。

◆下ごしらえ

田鶏は写真②のように二・五〜三cm角ぐらいの塊に切る（田鶏塊＝ティエヌ・ヂ・クアイ）。

細筍は田鶏塊の半分ぐらいの大きさの回し切り、冬菇も細筍ぐらいの菱形に切る（写真③）。

ショウガは写真④のように花包丁を入れて薄切りし、ネギは一cm長さの斜め切り（写真⑤）。

◆上漿（シァン・ヂアン＝下味付け）

田鶏塊をボールに入れて塩、コショウ、酒、化学調味料で下味をつけ、片栗粉をまぶして油を混ぜ合わせる。

◆作り方

1　小碗にショウユ、砂糖、化学調味料、酒醸、コショウ、水熔き片栗粉を合わせておく。

2　鍋をカラ焼きしてから油を杓子一〜二杯入れてなじませて器にもどし、あらためて油を杓

金醤田鶏

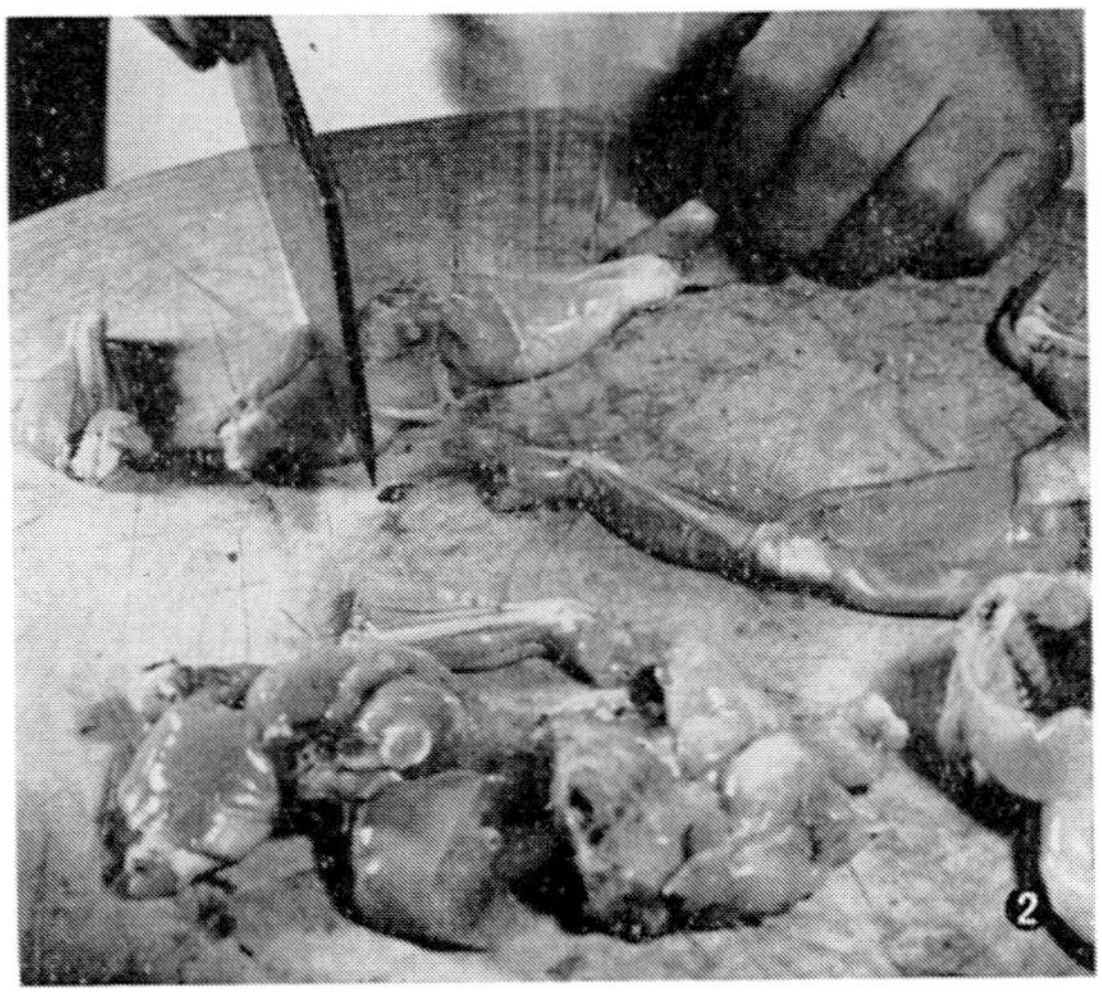

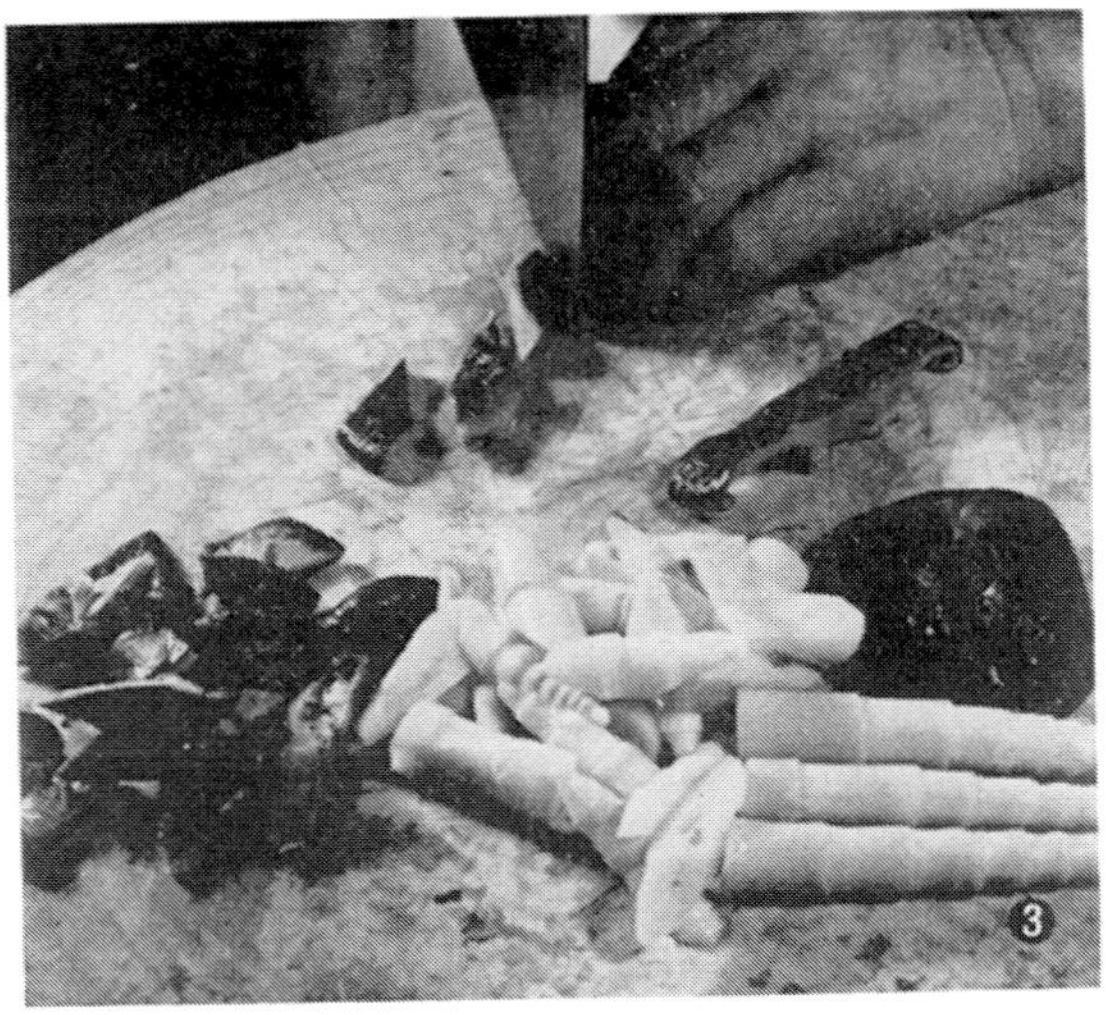

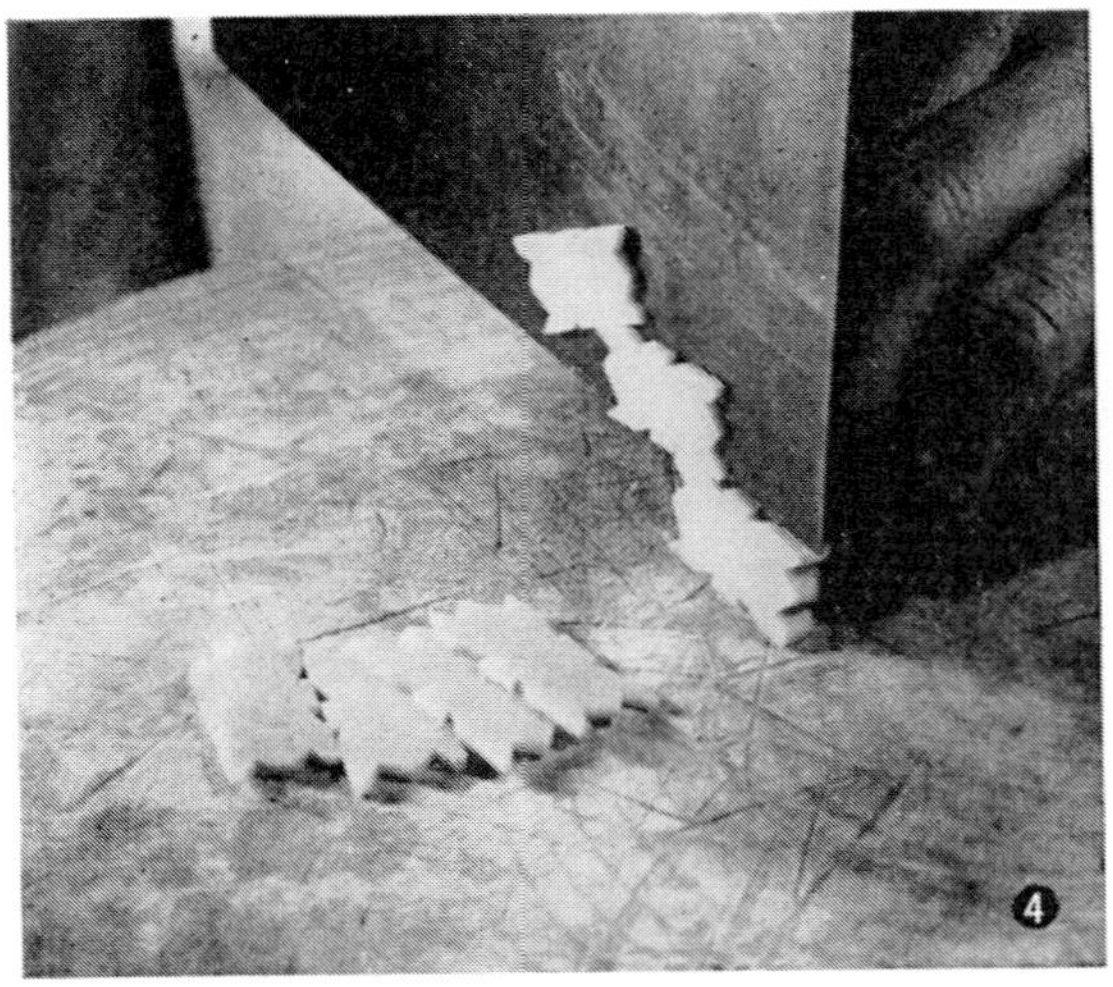

子二〜三杯入れる。中温に熱したら上漿した田鶏塊を一つ一つばらばらにしながら入れ、鍋をゆすりながらゆっくりかき混ぜる（写真⑥）。

〔注〕田鶏の肉はやわらかいので油通しのときは慎重に（炒めるときも同様）。そうしないと屑肉になってしまう。

全体に泡立ってきたら竹筍と冬菇を入れ、ちょっと間をおいてから油ごと網に移して油を切る。

3 鍋に少量の油を入れ、ネギ、ショウガと甜面醤を小碗の調味料の1/3量ぐらい入れて軽く炒めてから網の全材料を投入して炒め合わせる。次に小碗の調味料にスープ1/3量ぐらい入れて混ぜ合わせながら写真⑦のように上からかけ、混ぜ合わせるようにして炒めくるむ（写真⑧）。タレが固まったら鍋のまわりから油を少量たらし入れて皿に盛る。

〔注〕この醤爆の味のつけ方にはいろいろある。前記の方法のほか、全部の調味料を直接鍋に入れて炒め、水分をある程度蒸発させたのち油通しした田鶏などを炒め合わせる。この場合は水溶き片栗粉を使わない。

もう一つの方法は逆に小碗の調味料の中に甜面醤も入れておくものである。それぞれの方法に一長一短あるので一度ためしていただきたい。

◆応用料理

金醤牛肉（ヂヌ・ヂアン・ニウ・ルウ）―細切りの牛肉を同じ方法で炒め、ネギの細切りを下にしく。

醤爆肉（ヂアン・バオ・ルウ）―一度ゆでた豚バラ肉を薄切りして炒め、調味料は直接鍋に入れて煎りつけるように炒める。副材料はピーマン、キャベツ、ネギなど。

醤爆鶏丁（ヂアン・バオ・ヂ・ディン）―鶏の腿肉丁切りを使うもので金醤田鶏と同じ要領。

田鶏は腿のところが肉が多くて使いやすい。骨を抜いて片（ピエヌ）、条（ティアオ）、丁（ディン）、鬆（スン）などに切り調理をしたら、まずカエルの肉とは気づかずに食べる人が多いのではないだろうか。調理法も鶏肉に準じて、炒・溜・炸・湯菜と幅広く使える。

腿だけを使った場合には田鶏腿（ティエヌ・ヂ・トェイ）の表現が適当である。余談であるが、酥炸三腿（スゥ・ザ・サヌ・トェイ）という料理がある。これは揚げもので、三腿とは三種の腿肉のことである。火腿（フォ・トェイ＝中国のハム。豚の腿を骨付きのまま作ってある）と鶏腿（ヂ・トェイ＝鶏の腿肉）にこの田鶏腿で作る。

葱《ツオン》爆《バオ》肝《ガヌ》片《ピエヌ》

豚レバーのネギ入り強火炒め

葱爆肝片

材料（写真①）
猪肝（ヅウ・ガヌ＝豚レバー）
または牛肝（ニウ・ガヌ＝牛レバー）二五〇g
葱（ツオン＝ネギ）四本・一六〇g
木耳（ムゥ・アル＝キクラゲのもどしたもの）六〇g
ショウガ少量

　葱爆はネギを多量に使うもので、ネギを強火で炒めてその香りを生かす。

　この猪肝（ヅウ・ガヌ）のように内臓類や羊肉（ヤン・ルウ）など少しクセのあるものに最適の炒め方である。

◆下ごしらえ

　猪肝はなるべく薄く切る（肝片＝ガヌ・ピエヌという。写真②）。ネギは二つ割りにし三cm長さに切る。ショウガは薄切り一cm角、キクラゲは石づきを取って洗っておく（写真③）。

◆上漿（下味付け）

　写真④のように肝片をボールに入れて塩、コショウ、酒、化学調味料で下味をつけ、片栗粉をまぶして油を混ぜ合わせる。

◆作り方

1　小碗にショウユ、砂糖、酢少量、酒、化学調味料、コショウ、酒醸（ヂウ・ニアン＝一五九頁参照）と水溶き片栗粉を合わせておく（写真⑤）。

2　鍋をカラ焼きしてから油を杓子に一～二杯入れ、鍋になじませて容器にもどし、あらためて油を適量入れて中温に熱し、写真⑥⑦のように肝片を軽く油通ししてから油ごと網に移して油を切る。

〔注〕この肝片のような内臓類は炒めすぎる

1

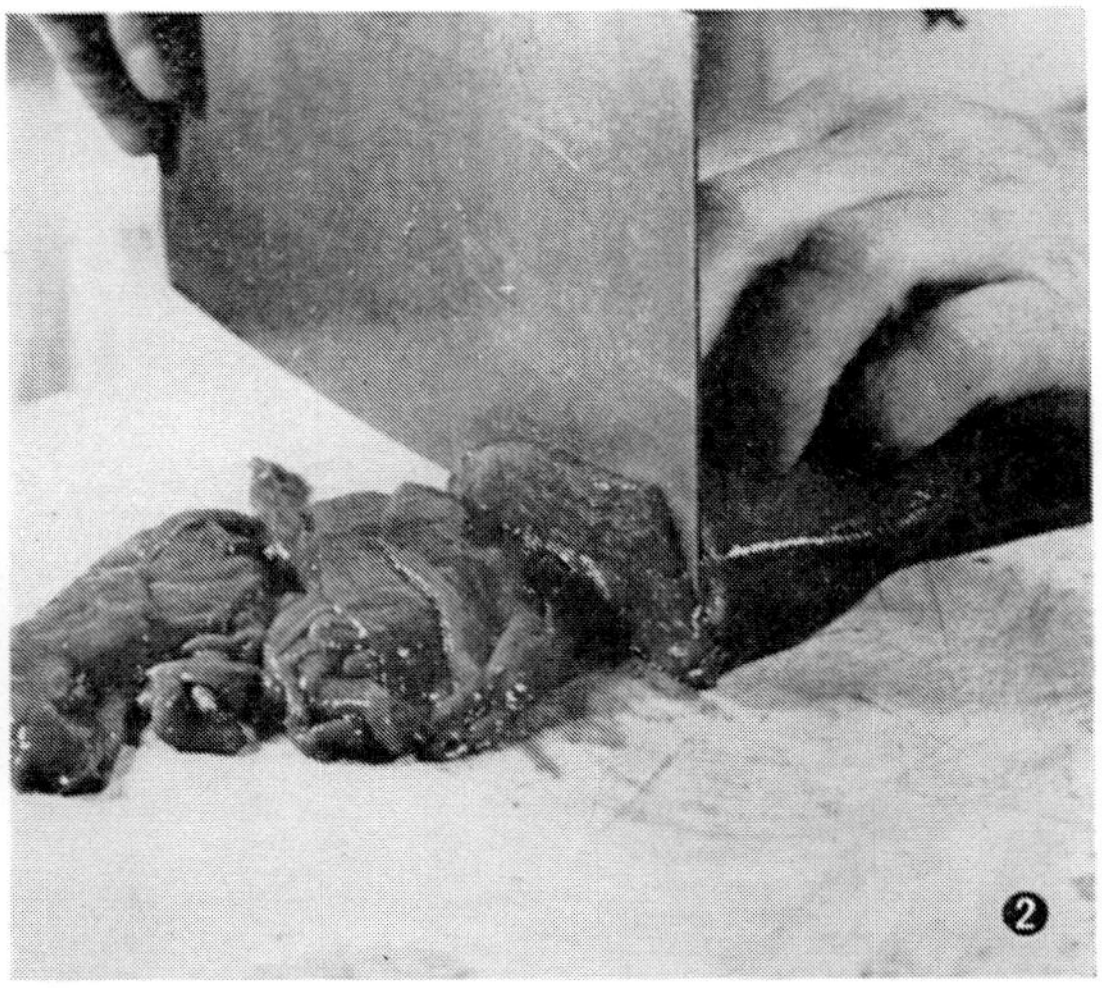
2

3

4

5

と、かたくなっておいしくないので（油通ししすぎても同様）この油通しの段階では八分程度（血が少し出るぐらい）にとどめ、炒め終わったとき完全に火が通っているようにもっていくとやわらかくておいしい。

3　鍋に少量の油を入れ、写真⑧のようにネギ、キクラゲを炒めてから油通しした肝片を入れ、軽く炒め合わせたのち先の小碗の調味料にスープを適量加えて炒めながら混ぜ合わせる。タレが固まって料理にツヤが出てきたら（写真⑨）、鍋のまわりから油を少量たらし入れて皿に盛る。

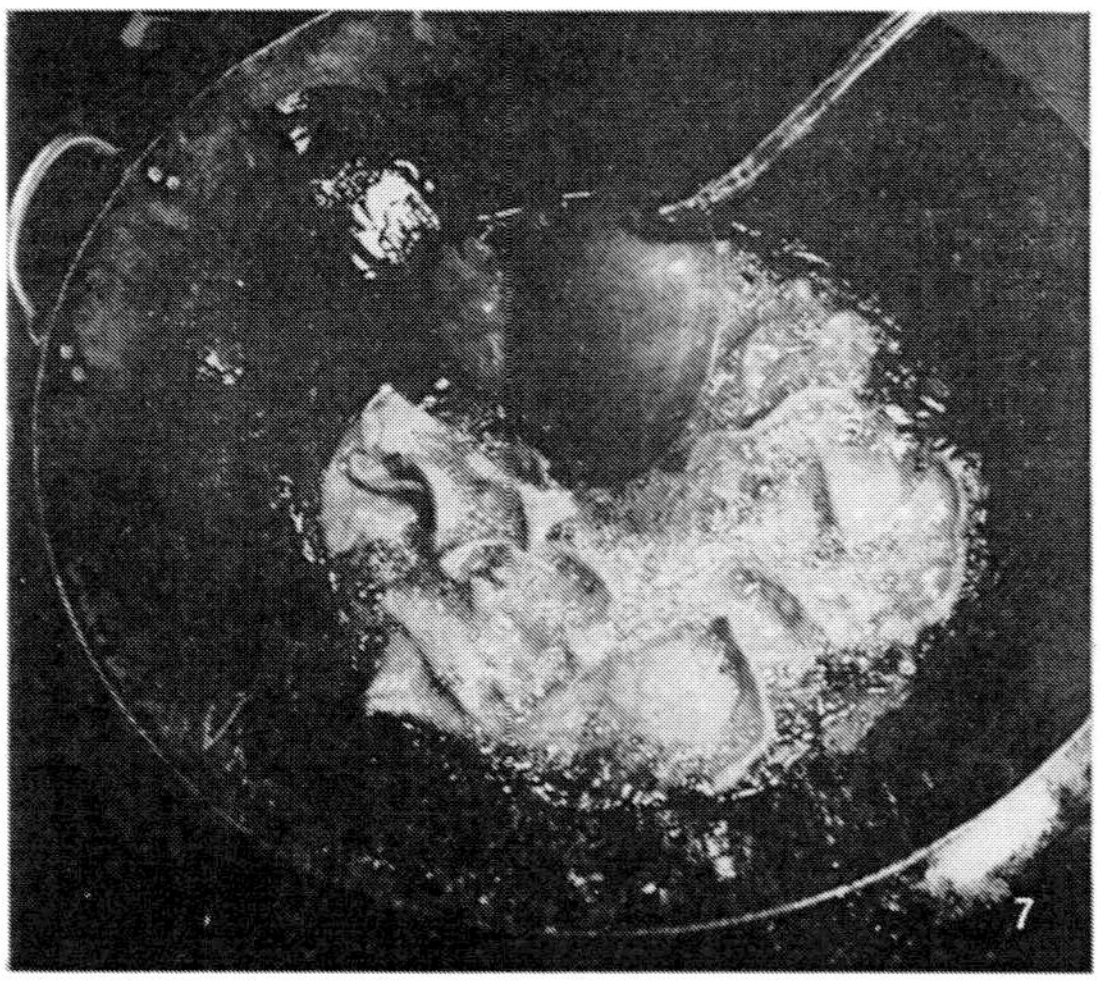

◆応用料理

葱爆羊肉（ツォン・バオ・ヤン・ルウ）—羊の肉を使って作る。

葱爆肚尖（ツォン・バオ・ドゥ・ヂェヌ）—豚の胃袋の厚い部分を使う。

これは昔話であるが、四川省のある都市に新しく料理店ができ、ひとりの料理人が長としてはいった。その店が開業してまもなく一人の客が来て、自分で伝票に三つの料理名を書いて料理を注文した。それが、成都肉片、重慶肉片、合川肉片と、四川省の有名な三つの都市名を冠した同じ肉片を使った料理名であったため、さあ大変はじめて料理長になったその料理人はいくら考えてもわからない。とうとう黙って白衣をぬいで出て行ったという。つまり料理長ともあろうものが客の注文した料理を作らなければ、その資格なしと、自ら恥じてやめたのである。

その三つの料理は成都肉片が白油肉片、重慶肉片が家常肉片、合川肉片が炸熘肉片をさす。そうと知っていれば簡単な料理であるが、その客も料理人で、料理長にうらみがあって恥をかかせたか、またはからかったのであろう。耳学門もこのようなときに大切であるという、たとえ話の一つである。

炸《ザ》菜《ツァイ》類《レイ》

―揚げもの料理―

炸（ザ）とは「揚げもの」の意味であるが、その種類には次のようなものがある。

(1) 清炸（チン・ザ）・乾炸（ガヌ・ザ）―両方とも唐揚げのことで、材料の持ち味をそのまま生かした揚げ方。

衣（糊＝フ）は使わない。下味をつけ片栗粉（豆粉＝ドウ・フェヌ、その他、地方によって名称が違う）、またはウドン粉（麺粉＝ミエヌ・フェヌ）を軽くまぶし熱い油で揚げる。外側がカリカリ、中がやわらかく揚がるのが特徴。

また乾炸はパン粉を使った揚げもの（トンカツのようなもの）を表現するときにも使われる。

〈例〉清炸力脊（チン・ザ・リ・ヂ＝豚ヒレ）

乾炸子鶏（ガヌ・ザ・ヅ・ヂ＝ヒナ鶏のぶつ切り）

(2) 軟炸（ロワヌ・ザ）―衣（糊）を使った揚げものである。衣の種類はいろいろあるが、一般的なものは、次のようなものである。

蛋白粉（ダヌ・バイ・フェヌ＝卵白―鶏蛋清＝ヂ・ダヌ・チン）に水、片栗粉、ウドン粉、フクラシ粉を混ぜたもの。

鶏蛋糊（ヂ・ダヌ・フ＝卵―全卵。鶏蛋＝ヂ・ダヌという）に水、片栗粉、ウドン粉、フクラシ粉を加えたもの。味の流れやすい材料を包んで揚げる。中身がやわらかく揚がるのが特徴。

〈例〉軟炸鶏肝（ロワヌ・ザ・ヂ・ガヌ＝鶏レバー）

(3) 酥炸（スゥ・ザ）

衣（糊）の中にフクラシ粉（発泡粉＝フア・パオ・フェヌ）とラー

ド（猪油＝ヅウ・ユー）を加えて揚げる。

「酥」（スゥ）とは、衣の中に油が入れてあるため、口の中に入れたとき、クッキーを食べたときのようなサクサクした口当たりのすることをいう。

また、クルミ(合桃＝ホ・タオ)やピーナツ(花生＝ホア・シェン)などのみじん切りを加えると、香りがよくなる。

〈例〉酥炸魚条（スゥ・ザ・ユィ・ティアオ＝白身の魚肉）

(4) 炸高麗（ザ・ガオ・リ）

卵白をかたく泡立て(蛋泡＝ダヌ・パオ)、片栗粉、ウドン粉などを加えて揚げる。高麗蝦仁（ガオ・リ・シア・レヌ＝小エビ）が有名であるが、雪のようにきれいに揚がるので、甘い料理に多く利用される。

〈例〉炸高麗香焦（ザ・ガオ・リ・シアン・ヂアオ＝バナナ）

烹（ポン）とは揚げた材料（清炸＝チン・ザ。唐揚げが多い）を鍋にもどし、調味料を強火で手早く浸みこませる調理法。

その種類には次のようなものがある。

(1) 干烹(ガヌ・ポン)―唐揚げした材料をゴマ油、葱花（ツオン・ホア＝ネギのみじん切り）でカラ炒めするか、または味付けしてもその汁が皿に流れ出ないように作る。

〈例〉干烹肉条（ガヌ・ポン・ルウ・ティアオ）

(2) 醋烹（ツウ・ポン）―味付けに酢または甘酢(糖醋＝タン・ツウ)を使う。詳しくは醋烹蝦段の項参照。

その他、炸烹(ザ・ポン)、油烹(ユー・ポン)があるが、干烹とそれほど差がなく、表現の相違とみられる。

煎（ヂエヌ）とは少量の油を使い、鍋の中で材料の両面を色づくぐらいに煎り焼くことをいう（両面黄＝リアン・ミエヌ・ホアン）。炸は油の多いいわゆる揚げものをいう。また烙（ラオ）という表現があるが、これは鍋でひとはけぐらいの油または油気なしで焼くことをいい、煎はその中間と考えればよい。

材料を煎り焼きしたあと、そのままで、または煮込んだりして客に供する。

その種類には次のようなものがある。

(1) 干煎（ガヌ・ヂエヌ）―材料に味をつけて両面色づくまで煎り焼く。そのまま供してもよいし、これにさらにスープ少量を加えて味付けしたのち強火で煮込み、その汁をふくませて供してもよい。

〈例〉干煎排骨（ガヌ・ヂエヌ・パイ・グ＝無汁）

(2) 糟煎（ヅァオ・ヂエヌ）―煎り焼きしたのち甘酒や酒粕を使って味付けし、強火で味を浸みこませるか、糟を使い材料に下味をつけて煎り焼きにする。

〈例〉糟煎魚片（ヅァオ・ヂエヌ・ユィ・ピエヌ）

(3) 南煎（ナヌ・ヂエヌ）―煎してからスープを少し多めに加え、砂糖を少し入れて薄味で煮込んだのち水溶き片栗粉で軽くトロミをつけて供する。

〈例〉南煎丸子（ナヌ・ヂエヌ・ワヌ・ヅ）

(4) 煎焼（ヂエヌ・シャオ）―煎してから中火で煮込む。汁は少なめにして水溶き片栗粉でとめる。焼の応用調理法。

〈例〉家常豆腐（ヂア・チァン・ドウ・フゥ）

(5) 煎溜（ヂエヌ・リウ）―煎してからあんかけ（溜＝リウ）する。

〈例〉煎溜明虾（ヂエヌ・リウ・ミン・シア）

(6) 煎烹（ヂエヌ・ポン）―煎してから調味料を少量加え、強火でカラ炒めしながら味を浸みこませる。

〈例〉煎烹鶏塊（ヂエヌ・ポン・ヂ・クアイ）

貼（ティエ）は炸（ザ）、煎（ヂエヌ）に似た調理法である。しかし炸は油の多いいわゆる揚げものであり、煎は両面黄（リアン・ミエヌ・ホアン）といい油を少なくして両面を煎り焼きにするものであるが、この貼（鍋貼＝グオ・ティエ）の場合は油を少なくして一面だけを焼くものである。作り方については鍋貼三鮮の項で詳しく説明するが、鍋貼には大貼（ダァ・ティエ）、小貼（シアオ・ティエ）の別があり、また鍋貼の料理名で少し細工（はり合わせたりする）をしてから揚げ、適当な大きさに切って供する場合もある。できあがりが鍋貼に似ているので、このように名づけられたのであろう。

烘（ホン）の調理法も四川独特のものであって、他の地方料理ではあまり見かけない。

烘の字義には、焼く・あぶるなどの意味があり、火にあててかわかすことを烘干（ホン・ガヌ）などという。

烘の字をあてた料理はあまりないが、詳しくは烘蛋の項参照。

炸《ザ》如《ル》意《イ》捲《チュアヌ》

エビの卵巻揚げ

このような手数のかかる料理は、おもに宴会料理に使うが、前もって用意しておいて、一品料理として使ってもよい。

宴会料理に使う場合は、写真のようにして供してもよいし炸対相（ザ・ドイ・シアン＝二種の揚げもの）などのような二～三種の一皿盛りの中に、色どりとして使ってもよい。

材料（写真①）

小エビ（芝エビが一番よいが、ほかのエビでもかまわない）
三〇〇g
豚の背脂肉
クルミ
青い葉類（漬け菜、ホウレンソウなど）
鶏卵四個分
レタス

◈下ごしらえ

1 豚の背脂肉を薄切りにしたのち、細かく切って小エビに混ぜ、包丁の背でたたきつぶし（写真②）、包丁の腹で押しつぶすようにして横に広げ、刃で細かく切り離してボールに入れる。

卵白二個分、葱姜水少量、塩、酒、化学調味料、コショウを加えてねばりの出るまでよく混ぜ合わせ、最後に片栗粉を入れる。これを蝦糝（シア・ツァン）または蝦泥（シア・ニ）という。

〔注〕エビより安い材料を使って量をふやしたいなら、白身の魚肉を加えるとよい。その場合には葱姜水を余計に加える。

2 卵の皮（蛋皮＝ダヌ・ピィ）を焼く（写真③）。

卵二個をボールに入れ、塩、化学調味料、水溶き片栗粉少量を加えて、よく溶いておく。

鍋をカラ焼きしてから、油を入れる。少し熱しながら、杓子《しゃくし》で油を鍋のまわりによくいきわたらせたあと、油を器にもどす。

ふきんで鍋の中の油をよくふき取り、あらためてふきんに油をつけ、鍋の中をふくようにし

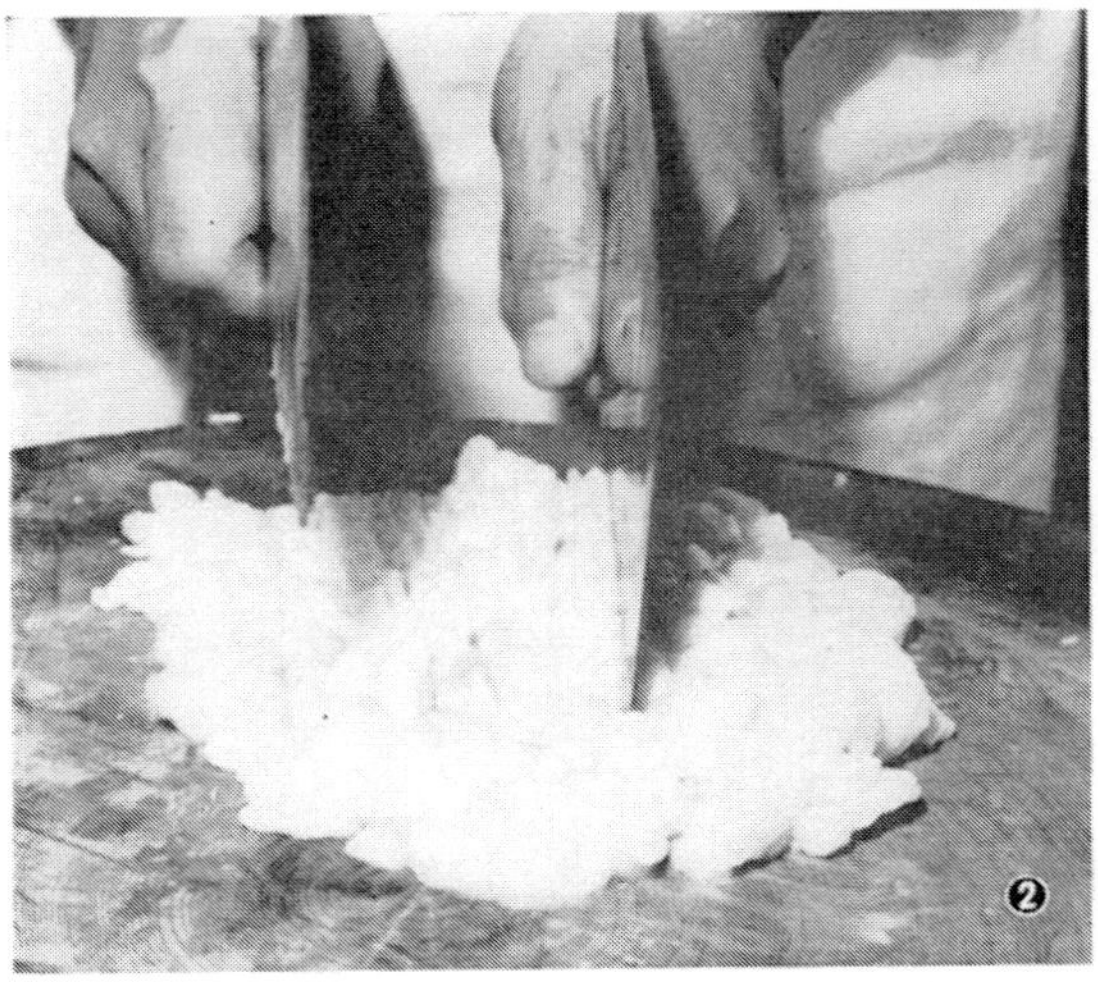

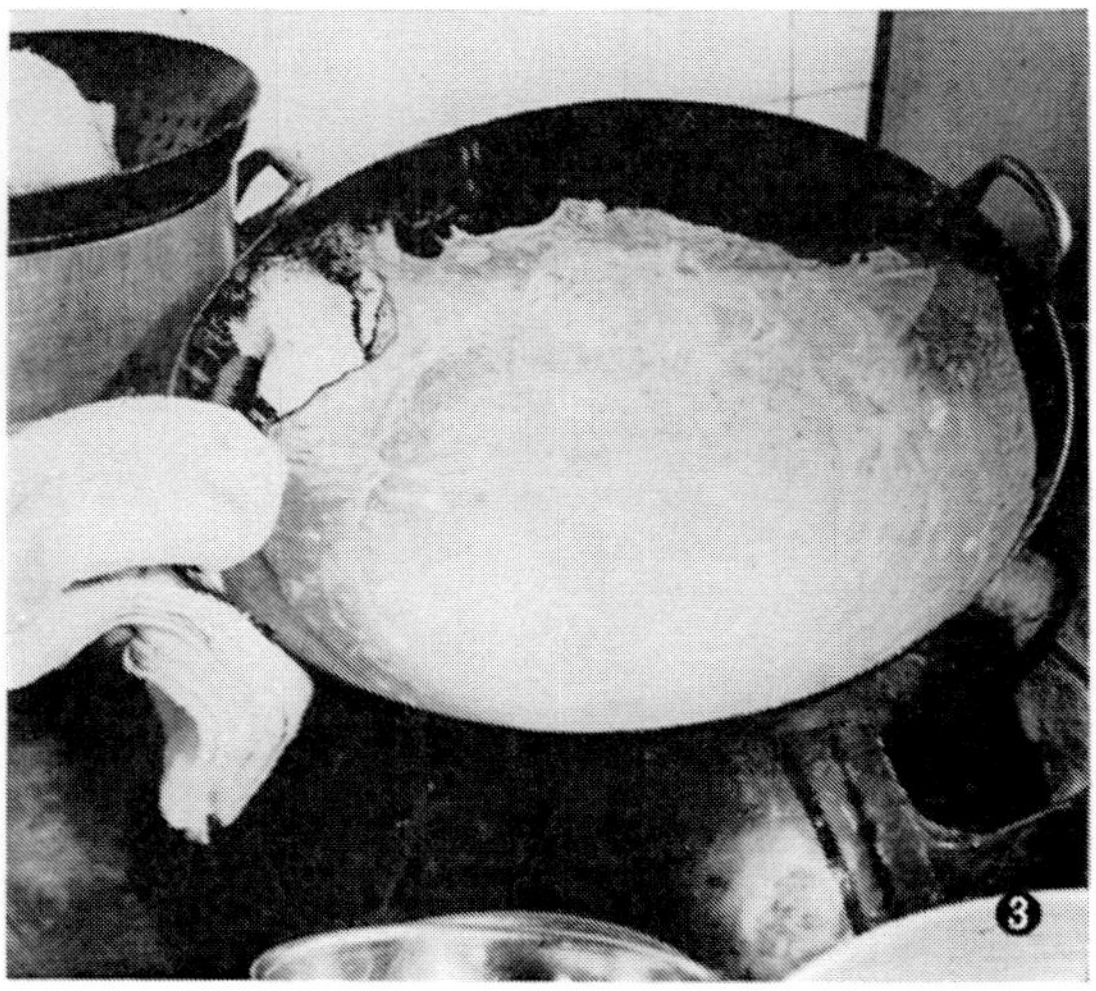

て油を塗る。手早く卵を入れ、鍋をふりまわすようにして、全体に卵を薄く伸ばす。

写真の大きさの鍋では、卵が半個分ぐらいあまるので、それは器にもどし、あとの衣（糊）を作るときに使う。

鍋を軽く熱すると、卵の色が変わってくる。そのとき鍋を反対にしてちょっと火の上にかざすと（写真④）、鍋の端のほうから卵がはがれてくる。それをつまんで皿の上にはぎ落とす。

〔注〕(1) 鍋の油をふくのと、油を塗るのとは、動作が重なるように思えるが、油をもどしただけでは油が鍋に残り、卵を入れると卵が片寄ったりして、平均して焼けない。また、ふき取っただけでは油分が不足し、卵が鍋にくっつくので、あらためて油を塗ることを忘れてはならない。

(2) 鍋の温度が低すぎると、卵のくっつき方が少ないので薄くなりすぎ、熱しすぎても、こげてきれいな皮ができない。

(3) また、卵が多いといっていつまでも鍋をまわしていると、厚すぎる皮ができてしまう。ひと通り卵が鍋に広がったら、余分の卵は器にもどす。

漬け菜、ホウレンソウなどの葉の部分（なるべく大きいほうが使いやすい）を軽くゆで、かわいたふきんに広げてはさみ、水分を取る。

〔注〕急ぐときや、香りを加えたいときは、干シノリを使ってみるのもよい。

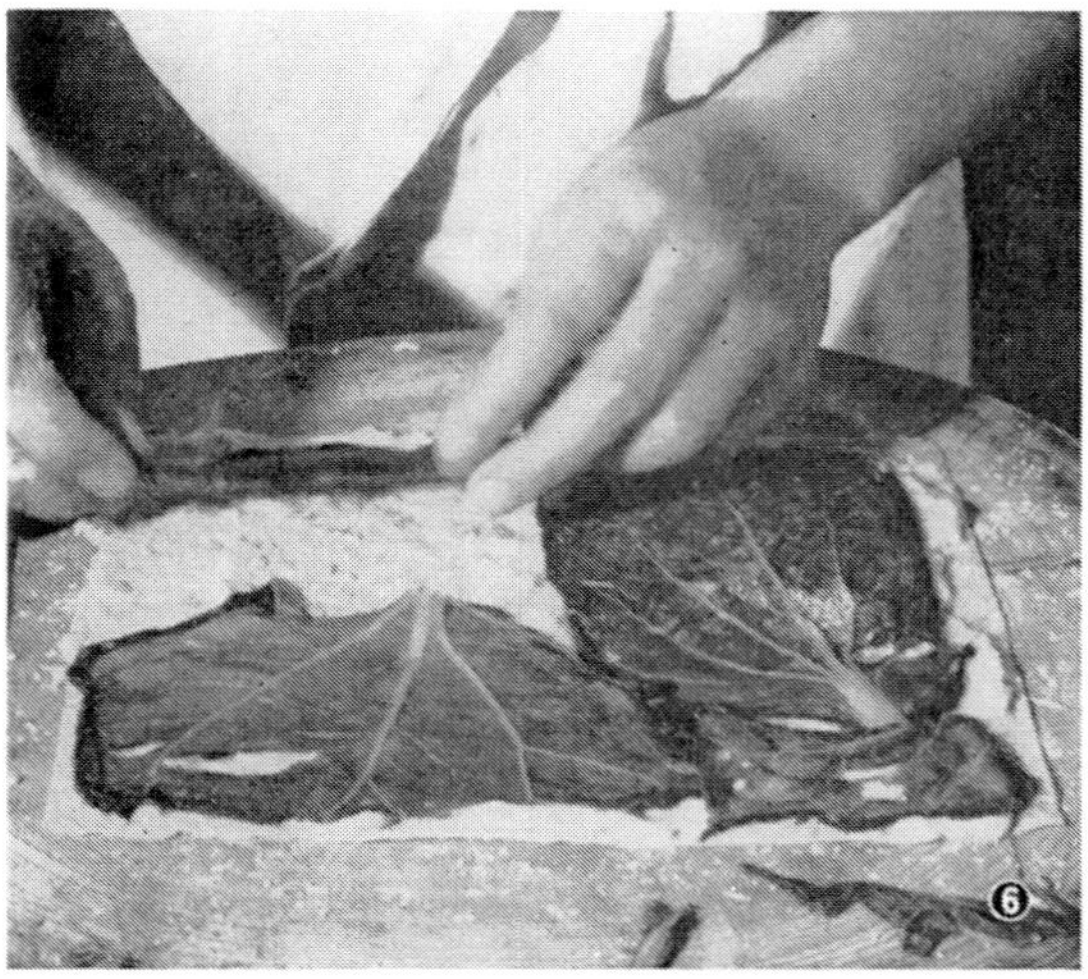

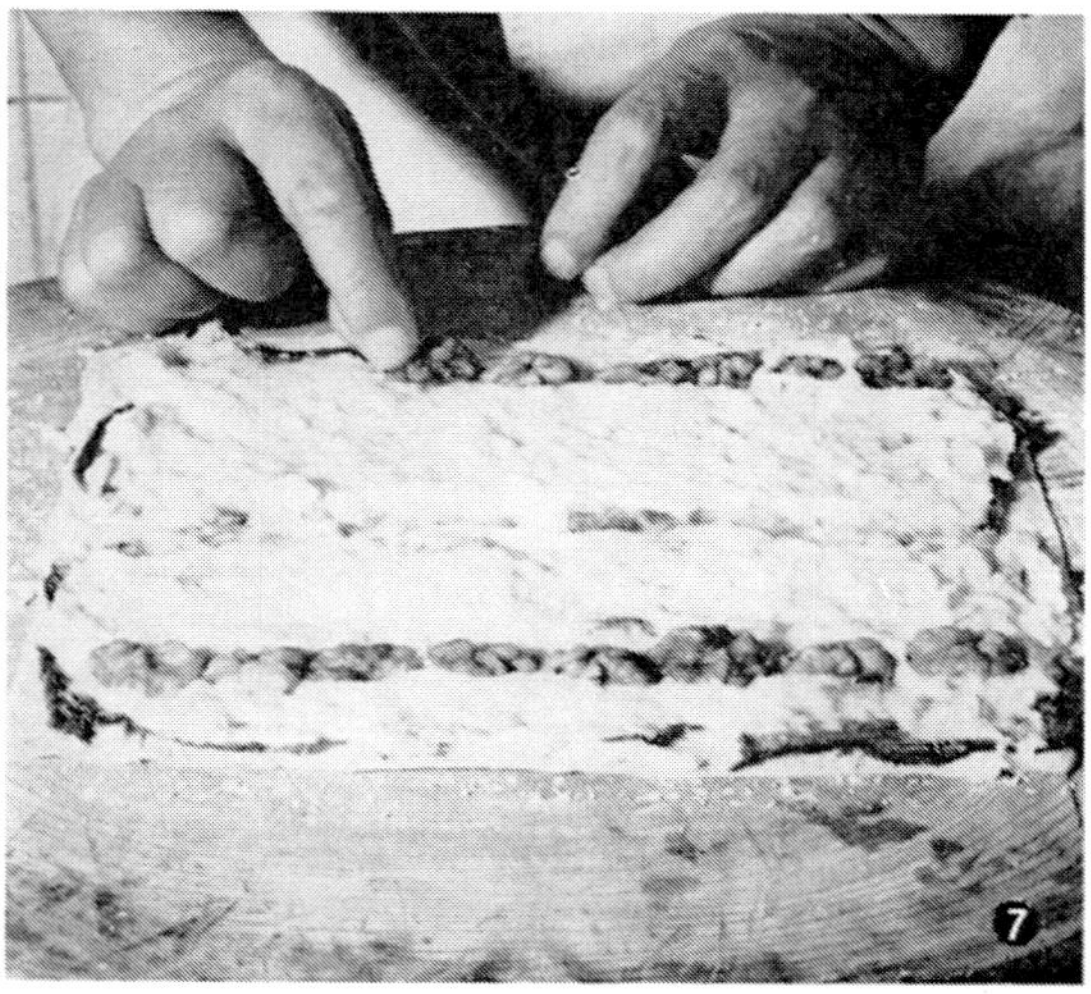

◆作り方

1　写真⑤のように、蛋皮(ダヌ・ピィ)を四角に切ってから軽く片栗粉をふり、蝦糝(シア・ツァン)をヘラや小刀で薄く塗りつける。

その上にまた片栗粉を軽くふり、写真⑥のように葉を広げて並べる。

その上にさらに片栗粉をふり、蝦糝を薄く塗る。そして両端にクルミを並べ(写真⑦)、両側から同じ太さになるように巻いていく(写真⑧)。

最後の合わせ目に蝦糝を薄く塗り、手で押えるようにして形を整える。

〔注〕　クルミの代わりにハム、シイタケ、タケノコ、クワイなど、全体の色合いを考え、その場の材料を適当に使用するとよい。

2　皿にゴマ油を塗りつけ、その上にのせ、五～六分蒸す。できあがりはカマボコ状になるが、これを如意捲(ル・イ・ヂュアヌ)という。

3　蛋皮(ダヌ・ピィ)を作ったときの卵の残りに、水を同量、ウドン粉2/3、片栗粉1/3を混ぜ、糊（フ）を作っておく。

蒸し上がった如意捲に軽く片栗粉をまぶし、先の糊をつけて揚げる(写真⑨)。

〔注〕(1)　油の温度は、如意捲が熱ければ熱い油、冷たければ糊が固まる程度の中温の油でゆっくり揚げる。

(2)　浮き上がってから二～三分ほどでできあがるが、揚げすぎると膨張し、あとで収縮して形が悪くなる。

4 これを適当な幅に切って（写真⑩）皿に盛りつけ、レタスとトマトケチャップを添える。

〔注〕如意捲は、僧の持つ如意棒の模様からとったとも、中国古代からの模様の如意文を形どって名づけたともいわれる。

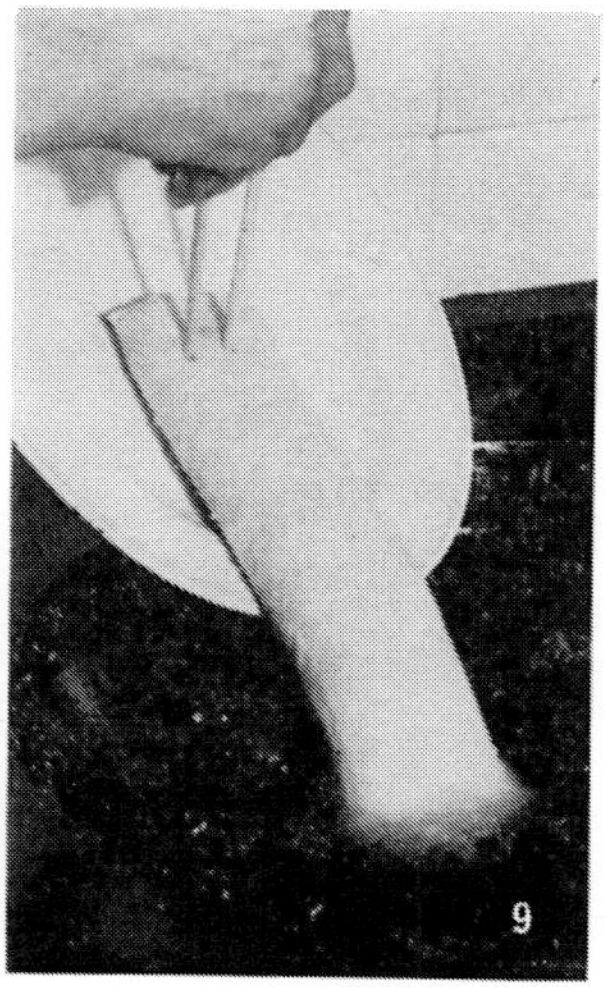

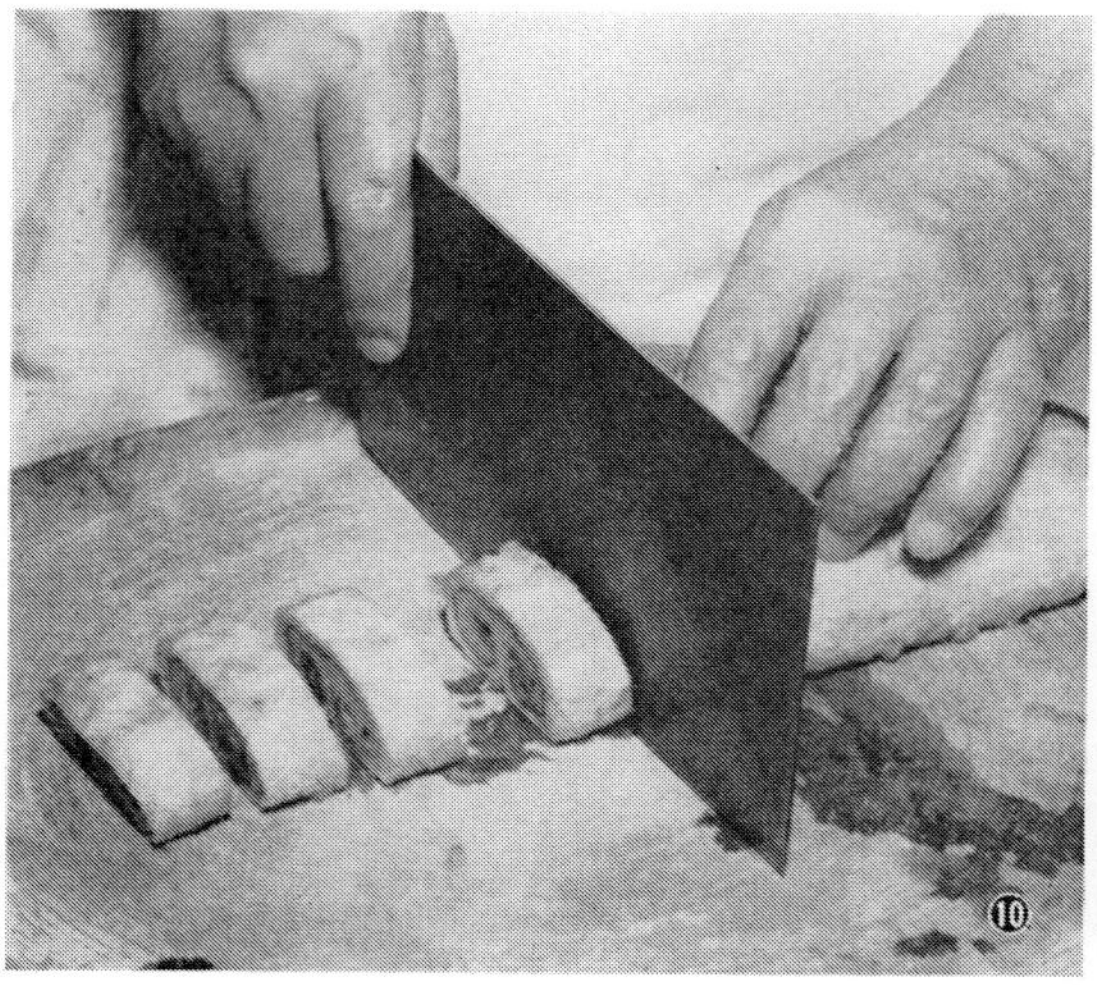

乾《ガヌ》炸《ザ》丸《ワヌ》子《ヅ》

肉団子の揚げもの

材料（写真①）

豚挽き肉（背脂《あぶら》肉を1/4ぐらい混ぜる）三〇〇g

黒クワイ（茨菇＝ツ・グ）五～六個

鶏卵大一個

パセリ

①

②

◆下ごしらえ（写真②）

皮をむいた黒クワイ（写真は中国産の罐詰）をたたきつぶす。

クワイがなければ、細筍や冬筍のみじん切りなどを利用してもよいし、何も入れなくてもかまわない。

別にネギ、ショウガを少量たたきつぶして、茶碗半分ぐらいの水に漬けておく（葱姜水＝ツオン・ヂアン・シュェイ）。

〔注〕 水だけを使う。

③

◆味の合わせ方（写真③）

ボールに挽き肉、クワイ、葱姜水を入れて混ぜ合わせ、鶏卵を割り入れ、ショウユ一〜二滴、塩、コショウ、酒少量、化学調味料を入れて、ねばりの出るまでよく混ぜ合わせる。

最後に、ゴマ油を少量加えて下ごしらえの味合わせは終わる。

〔注〕 (1) 挽き肉は背脂肉を1/4ぐらい混ぜ合わせるとやわらかく歯切れよくできる。

(2) 葱姜水は肉の生臭みを消し、肉をやわらかくする。よくネギのみじん切りを入れる場合があるが、できあがったとき、ネギのこげたのが点々と見えて、見ばえがよくない。

(3) 味付けの場合、ショウユは入れなくてもよいが、一〜二滴落とすと香りがよい。多すぎるとこげやすいから注意する。酒についても同様。

(4) 混ぜ合わせるとき、ねばりが出てこないのは、味のたりないとき、脂肉の多いとき、水が多い場合などが考えられる。ねばりの出ないまま揚げると、水を吐き出し、やせて見ばえが悪いし味も落ちる。

(5) 片栗粉が多いとかたくなり、少ないと水を吐き出し、できあがりが悪い。

(6) ゴマ油は香り付けと肉の生臭みをとるためである。

◆作り方

1 団子を作り（写真④）、中温の油に入れる。

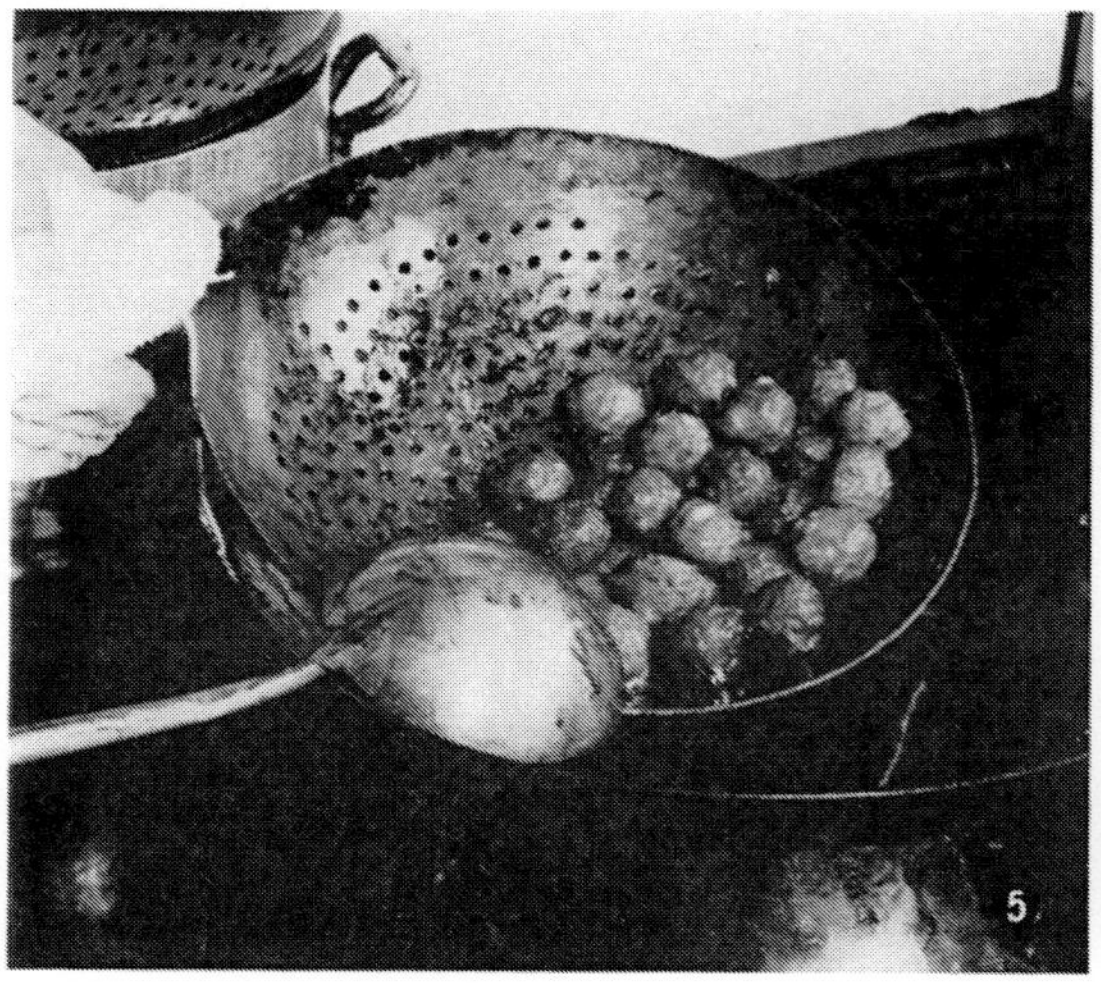

半分ぐらい入れたとき、一度網の上に出し、全部作り終わってからまとめて中温～高温の油で揚げると、全部の色が平均に仕上がる（写真⑤）。

〔注〕(1) はじめから高温の油に入れると、団子がすぐにこげてしまい、中が生のまま揚がる。また、低温の油では団子の形がくずれ、味が流れるので適当な中温に保つこと。

(2) 団子が少し色づいたら一度網の上に置き、最後にまとめて中温～高温でいっしょに揚げるようにすると色が平均にあがる。

(3) 団子を作る手は、左手で握って右手で取るのが普通であるが、逆も覚えておくと大量に作る際、二人でいっしょに作れるので便利である。

2 付合わせにパセリを添えるが、ほかのものでもよい。

花椒塩（ホア・ヂアオ・イエヌ＝塩を煎ってサンショウの実を加えてつぶしたもの）、蕃茄汁（ファヌ・チエ・ヅ＝トマトケチャップ）を添える。

写真の小碗の中には、糖醋汁（タン・ツウ・ヅ＝甘酢アン）がはいっており、好みによっては「丸子」につけて食べる。

◆応用料理

糖醋丸子（タン・ツウ・ワヌ・ヅ）—揚げた丸子に糖醋汁をからませたもの。タケノコの薄切り、シイタケ、キクラゲなどの副材料を加えるとよい。

糖醋汁は砂糖五、酢五、塩少量、トマトケチャップ五、水溶き片栗粉（または砂糖五、酢五、ショウユ二、スープ五、水溶き片栗粉）の割合で作る。

紅焼丸子（ホン・シャオ・ワヌ・ヅ）は、揚げた丸子（この場合、外側が色づけば、中は生でもかまわない）を、タケノコ、シイタケの薄切りなどを加えて煮込む。味は、ショウユ味。

また、牛肉（ニウ・ルウ）、羊肉（ヤン・ルウ）を使って丸子を作ってもよい。

この場合は、においに少しクセがあるので、濃い葱姜水か、ネギやショウガのみじん切りを加える。

また、丸く作る丸子の別名には、次のようなものがある。

圓（ユアヌ）鶏の挽き肉で作るスープなどは清湯鶏圓（チン・タン・ヂ・ユアヌ）、汽鍋鶏圓（チィ・グオ・ヂ・ユアヌ）などと表現する。もちろん豚肉で作れば肉圓（ルウ・ユアヌ）と表現できる。

元（ユアヌ）—この字も丸いという意味で、元子（ユアヌ・ヅ）などと表現して使える。正月に食べる元宵団子を什錦湯元（シ・ヂヌ・タン・ユアヌ）、芝麻湯元（ヅ・マ・タン・ユアヌ）などと表現する。

酥《スゥ》炸《ザ》鶏《チ》塊《クアイ》

ヒナ鶏腿肉の衣付き揚げもの

酥炸鶏塊

材料（写真①）

ヒナ鶏の腿肉二〇〇g

付合わせトマト（蕃茄＝ファヌ・チエ）

◆下ごしらえ（写真②）

腿肉の肉の側に、約一cm幅の網目状に軽く切り目をつけ、一辺が三cmぐらいになるような三角形に切る。

◆下味付け（写真③）

塩、コショウ、酒少量、化学調味料で下味をつけ、ネギ、ショウガをたたきつぶして混ぜ合わせておく。

◆衣の作り方

この料理は簡単であるが、衣次第でできあがりの良し悪しがきまる。

〔注〕中国の料理人たちは衣をつけることを「掛糊」または「着衣」というが、糊(フ)とは天ぷらの衣をさすし、日本と同様衣を着せるとも表現する。

1 衣(糊)を作る。次に糊の種類をいくつかあげておくから、ためしてみて、その中から材料や用途に合わせて選ぶとよい。

(1) 蛋白糊（ダヌ・バイ・フ）―卵白に三倍ぐらいの水を入れ、ウドン粉二、片栗粉一の割合で粉を加える（色が薄く揚がる）。

(2) 鶏蛋糊（チ・ダヌ・フ）―卵（全卵）に三倍ぐらいの水を入れ、ウドン粉二、片栗粉一の割合の粉を入れて作る（黄身がはいっているので、色は濃いめに揚がる）。

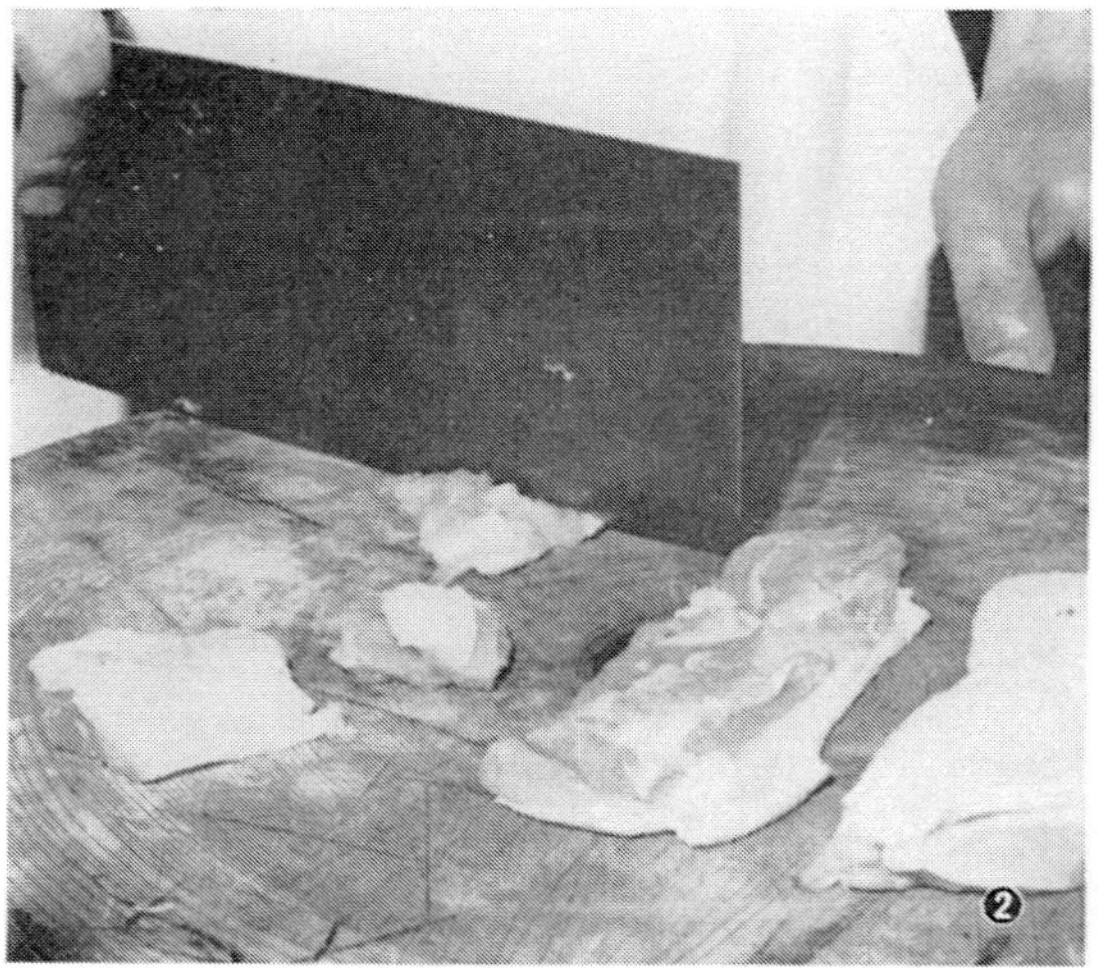

(3)　水粉糊（シュェイ・フェヌ・フ）―ウドン粉だけで作る（この糊が、一番色が薄くできあがる）。

(4)　蛋泡糊（ダヌ・パオ・フ）―卵白をかたく泡立て、ウドン粉、片栗粉を等分に混ぜ合わせる（これに(1)〜(3)の糊を同量加えて使用すると、できあがりの表面はなめらかできれいになる）。

(5)　発粉糊（ファ・フェヌ・フ）―(1)〜(3)の糊に発泡粉（ファ・フェヌ＝フクラシ粉）を加えると、蛋泡糊の代用となり、また蛋泡糊より表面がかたくパリパリに揚がる。

〔注〕(1)　軟炸（ロワヌ・ザ）の場合、(1)〜(3)の糊が適当である。もちろん、材料によっては、(4)、(5)の糊を使って、軟炸といっても間違いではない。

(2)　酥炸（スゥ・ザ）は、(4)、(5)の糊に猪油（ヅウ・ユー＝ラード）を加える。

(3)　使用する粉は、先に書いた割合にこだわらず、どちらか一種類でもよい。

(4)　ウドン粉なら強力粉、薄力粉の違いがあり、または片栗粉には、ジャガイモやサツマイモからとったデン粉だけでなく、トウモロコシやクワイなどからとったものや、上新粉（米粉＝ミィ・フェヌ）のよく精製されたものなどもあるのでいろいろためしてみるとよい。

(5)　糊の濃淡は材料によって変えるが、やはり限度はある。糊が濃い（かたい）と揚げづらく、皮が厚くなり、薄い（やわらかい）と油の中に散って、皮が薄すぎるようになる。

(6)　フクラシ粉は、多すぎるとふくらみすぎ、酸味をおびて色が赤黒く揚がる。糊二〇〇gに小さじ約一杯ぐらいが適量であるが、気候や、置いておく時間などで加減する。

(6)　猪油（ヅウ・ユー＝ラード）は、糊二〇〇gにチリレンゲ約二杯を目安にして、糊のかたさ、材料、気候などで変える。油が少ないと酥（スゥ）にならず、多すぎると揚げ油の中で散ってしまう。

2　糊の用意ができたら、腿肉のネギ、ショウガを取り除き、片栗粉を軽くまぶし、糊に混ぜ

合わせる(写真④)。

〔注〕クルミ、ピーナツなどをみじん切りにして入れてもよい。これは香りと口当たりをよくするためである。

◆作り方

1　先に準備したものを揚げる。

〔注〕鍋の中に入れるときは、写真のように箸で入れてもよいが、時間がかかるので手で入れる。

手で入れる場合、指先ではさんで入れるのはよくない。指先で腿肉を糊の中に平均にくるまるようにし、指の上にのせて肉自体の重さで油の中に落ちるような感じで入れるとよい。そうすると糊の厚さも自在にでき、また平均にくるまる。

〔注〕(1)　手の遅いときは、途中で先に入れた肉が色づく。その場合は先に入れたものを一度網の上に出してから残りを入れ、入れ終わったら、いっしょにして中温（最初の温度を保持）の油で揚げ、最後に油を高温にしてから取り出すと、一様に油の切れがよく、カラリと揚がる。

(2)　油の温度は、最初糊を一～二滴落としてみて、鍋の底までつくかつかぬくらいでスッーと浮き上がるぐらいが適温。

(3)　高温の油だとこげるので気をつけるのはもちろんであるが、むしろ低温に気を使う。というのは糊の中に油がはいっているため、低温の油の中では、糊の中の油が流れ出るし、糊そのものが材料に平均にくるまらずに下側に固まり、鍋底にくっつくからである。

2　揚げ終わったら付合わせを添えて盛りつける。

〔注〕(1)　写真の付合わせはトマトであるが、その他いろいろ工夫するとよい。

(2)　蝦片（シア・ピエヌ）というエビ煎餅のようなもの(紅白二色)を利用するのもよい。糊の作り方や揚げ方によっていろいろ違ったものができる。また、簡単に作れるので、添えもの料理として適当（口絵2、3参照）。

◆応用料理

酥炸肉条（スゥ・ザ・ルウ・ティアオ）―豚腿肉の条切りを使って作る。

酥炸明蝦（スゥ・ザ・ミン・シア）―車・大正エビを使う。

酥炸冬筍（スゥ・ザ・ドン・スヌ）―新鮮なタケノコを使う。

酥炸魚球（スゥ・ザ・ユィ・チウ）―白身の魚で丸く作る。

干《ガヌ》煎《チエヌ》蝦《シア》餅《ビン》

餅（ビン）の形に似せたエビの煎り焼き

材料（写真①）
虾仁（シア・レヌ＝芝エビなどの小エビ類）二〇〇g
地栗（ディ・リ＝黒クワイの罐詰）八〇g
鶏柳（ヂ・リウ＝ヒナ鶏のササミ）六〇g
肥膘（フェイ・ビアオ＝豚の背脂肉）六〇g
グリーンピース適量
鶏卵

干煎は煎の中でも汁気のないもので、両面色づくまで焼いてそのまま揚げものの要領で供する調理法をいうが、スープ、調味料を加えて熱し、味を浸みこませて汁気なしで皿に盛って供する調理法もふくむ。

虾餅は虾肉で、餅（ビン）の形を作るところからこの名がある。餅とは日本のモチとは違い、焼餅（シャオ・ビン）のようにウドン粉をこねて両面を焼いたものをさす。

◆下ごしらえ

虾仁は背わたを取ってきれいに洗い、写真②のように細かくたたいておく。

ササミ、豚脂肉も粒がなくなるまで細かくたたくか、肉挽き器の一番細かい目で三〜四回ひいておく。

クワイは包丁の腹でたたいてつぶしておく（写真③）。

◆作り方

1　虾糁（シア・ツァン）を作る―最初に糁を作っておく。ボールにササミと脂肉を入れ、葱姜水（ツォン・ヂアン・シュェイ）を材料の約半量、少しずつ入れながら混ぜ合わせる。泥状になったら塩、酒、化学調味料を加えてよく練り合わせる（写真④）。ねばりが出てきたら卵白一個と片栗粉を少量加え、さらによく練り合わせる。これを糁（ツァン）または鶏糁（ヂ・ツァン）という。

1

2

3

4

次にこのボールの中にエビその他全部の材料を入れ、味をたしてよく練り合わせ、片栗粉少量を加える（写真⑤）。これを虾糁（シア・ツァン）または虾泥（シア・ニ）という。

〔注〕(1) 糁には鶏糁、虾糁、魚糁（ユィ・ツァン）などあり、それぞれ肥膘（豚の背脂肉）は欠かせられないが、このように鶏糁や魚糁にエビ肉を混ぜると名称は虾糁に変わる。

(2) クワイ、グリーンピースは味や色どりを加えるための副材料。

2 虾餅を作る―鍋をカラ焼きし、油を入れてなじませてから容器にもどし、あらためて少量の油を鍋に入れて火をとめ、写真⑥のように虾糁を団子に作って入れる。全部入れ終わったら火をつけて中火で熱する。写真⑦のように杓子の裏で軽く押えて平らにし、鍋をゆすりまわしながら色づくまで煎り焼きし、次に裏返して両面同じように焼く（写真⑧）。中まで火が通ったら強火にして色づきを平均にし、油の切れもよくして網に移し、油を切る。

3 焼き終わったら虾餅にゴマ油を塗り、キュウリ、トマトの花切りを飾って皿に盛り、花椒塩（ホア・ヂアオ・イエヌ）と蕃茄醬（ファヌ・チエ・ヂアン＝トマトケチャップ）を添えて供する。

◆応用料理

前記の作り方が煎（ヂエヌ）の基本の一つであ

⑤

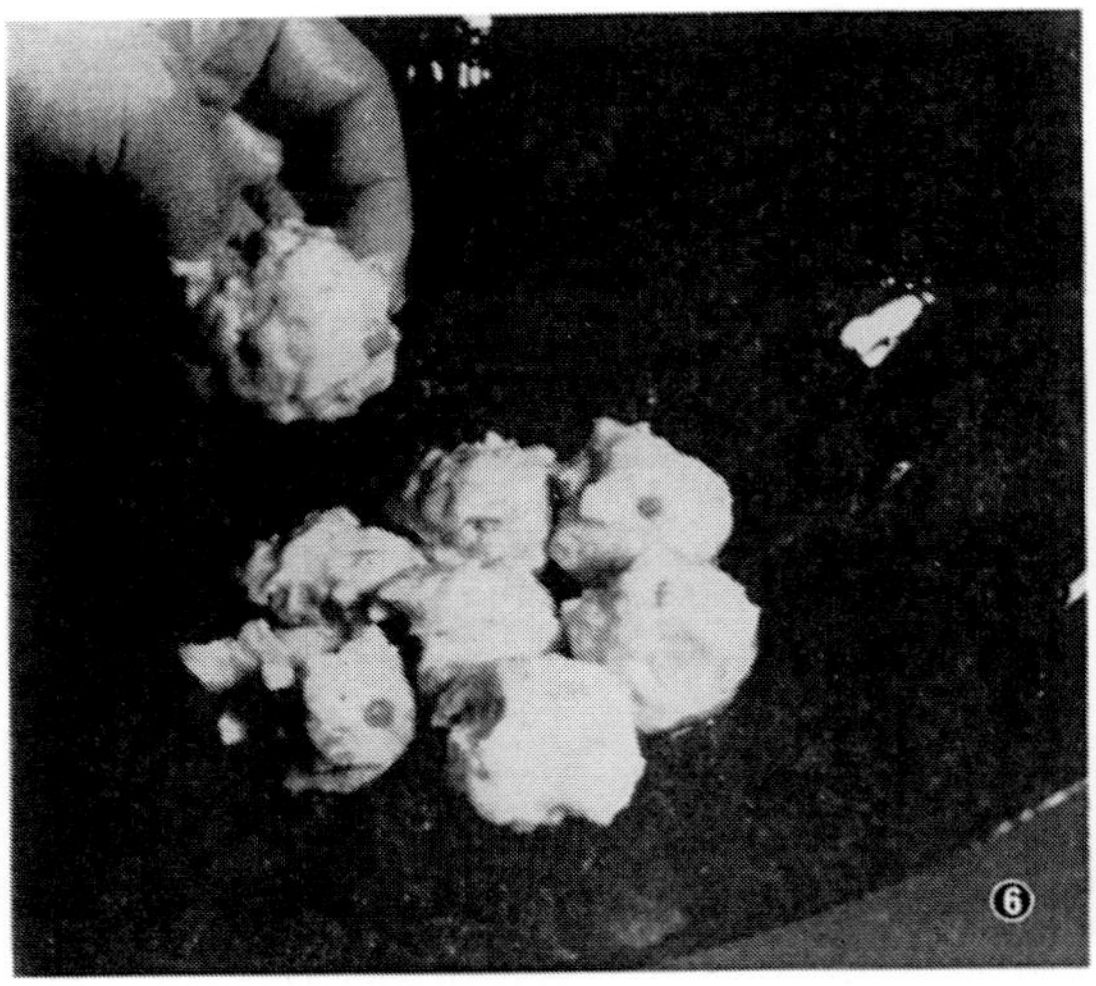
⑥

⑦

⑧

り、豚肉、牛肉、羊肉、魚肉なども同様にして作られる。また、スープを加えてそれぞれの材料に合う味付けをし、味を浸みこませて（ふくませて）供してもよい。

　干煎排骨（ガヌ・ヂエヌ・パイ・グ）—豚のチャップ（骨付きロース）を煎したのち味付けする。

　家常肉餅（ヂア・チァン・ルウ・ビン）—豚の挽き肉で作り、家常の味付けをする。

　煎溜蝦餅（ヂエヌ・リウ・シア・ビン）—前述の蝦餅にタケノコ・シイタケなどの副材料を加えて少し煮込み、あんかけ風に作る。

　炸溜蝦餅（ザ・リウ・シア・ビン）—両面を煎じたのちカラッと揚げて甘酢アンをくるむ。

　干焼蝦餅（ガヌ・シャオ・シア・ビン）—両面を煎じたのち、干焼明蝦の要領で煮込んで作る。

鍋《グオ》貼《ティエ》三《サヌ》鮮《シエヌ》

鶏、魚、ハム三種のはり焼き

鍋 貼 三 鮮

材料（写真①）

猪肥膘（ヅウ・フェイ・ビアオ＝豚の背脂肉）二〇〇g
火腿（フオ・トェイ＝ハム）
魚肉（ユィ・ルウ＝ヒラメなど白身の魚肉）八〇g
鶏柳（チ・リウ＝ヒナ鶏のササミ）八〇g
藕（オウ＝レンコン）適量
黒ゴマ
鶏卵

貼（ティエ）とははりつけるの意。したがって鍋貼は鍋にはりつけて作る料理。

この鍋貼のできあがりは揚げもの（炸＝ザ）に似ているが、揚げものと違って下がパリッとして上がやわらかいところにこの料理の特徴がある。

〔注〕余談であるが、北方菜の点心で有名な焼きギョウザは鍋貼餃子（グオ・ティエ・ヂアオ・ヅ）といい、作るとき鍋にはりつけるようにして焼くのでこの名がある（できあがりを思い出していただきたい。すなわち底に焼きこげがつき、上はやわらかい）。

◆下ごしらえ

脂肉は丸のまま約二〇分ゆでてそのまま冷やす。

冷やした脂肉は写真②のように約六cm幅になるように両端を切り落とし、二・五〜三cm厚さに平らにけずっておく。この脂肉の固まりを写真のように三mm厚さに切り離す。すなわち長さ六cm、幅二・五cm、厚さ三mm大の短冊形になる。これを肥肉片（フェイ・ルウ・ピエヌ）という。

〔注〕肥肉はなるべく厚いものを選ぶとよいが、二・五mm以下の薄いものの場合は横に三mm厚さの薄切りにして同じような形に切りそろえるとよい。

ハム、魚肉、ササミは肥肉片に準じた薄切りにし（十二枚）、レンコンは肥肉片より少し小

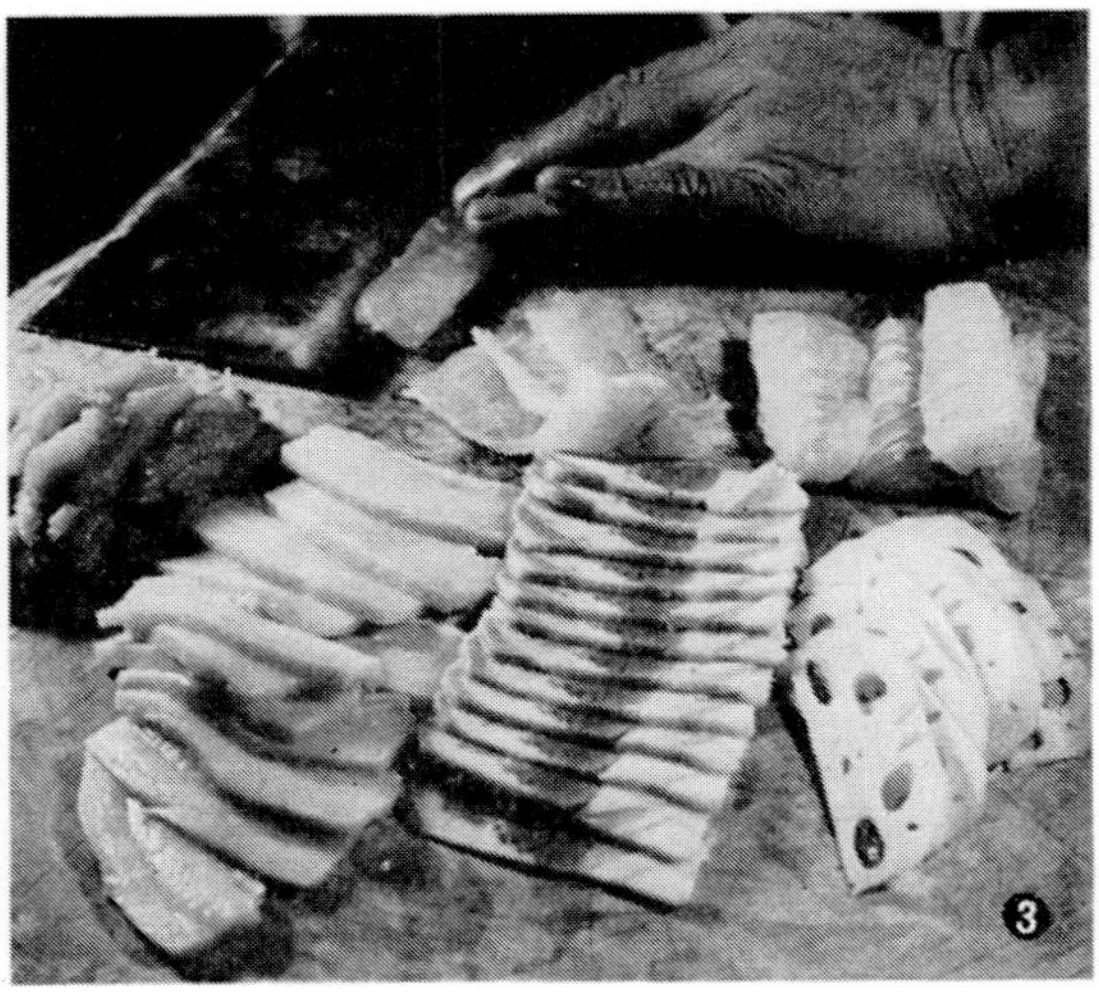

ぶりの二㎜厚さ（写真③）。

次に写真④のように肥肉片とハム、レンコンに片栗粉をまぶし、魚(ユィ)・鶏片(ヂ・ピエヌ)は卵白一個を使って上漿する。

◆作り方

1　写真⑤のように片栗粉をまぶした肥肉片を並べて蛋清豆粉（ダヌ・チン・ドウ・フェヌ。卵白に片栗粉を加えた糊＝フ）を塗り、その上にレンコンをのせる。さらにその上に蛋清豆粉を薄く塗ってハムを重ね(写真⑥)、次に上漿した鶏片、最後に魚片をのせる(写真⑦)。

全部重ね終わったら一つ一つ形を整え、上に黒ゴマを少しまいて別皿に移しておく。

〔注〕(1)　この鍋貼は三鮮なのでハム、鶏、魚を使ったが、虾片(シア・ピエヌ)、肉片（ルウ・ピエヌ）などと取り替えてもかまわない。

(2)　肥肉片は台になる材料で、鍋貼の材料には一番おいしく適当である。他にハム、パンを使ってもよい。使い方は肥肉片に同じ。

(3)　レンコンはその歯切れのよさを生かすために使う。この代わりに、クワイ、タケノコなども適当。

2

卵黄二個に薄く塩味をつけ、片栗粉をチリレンゲ山盛り一杯ぐらい加えて混ぜ合わせ、糊（フ＝衣）を作っておく。

1　鍋をカラ焼きしてから油を入れてなじま

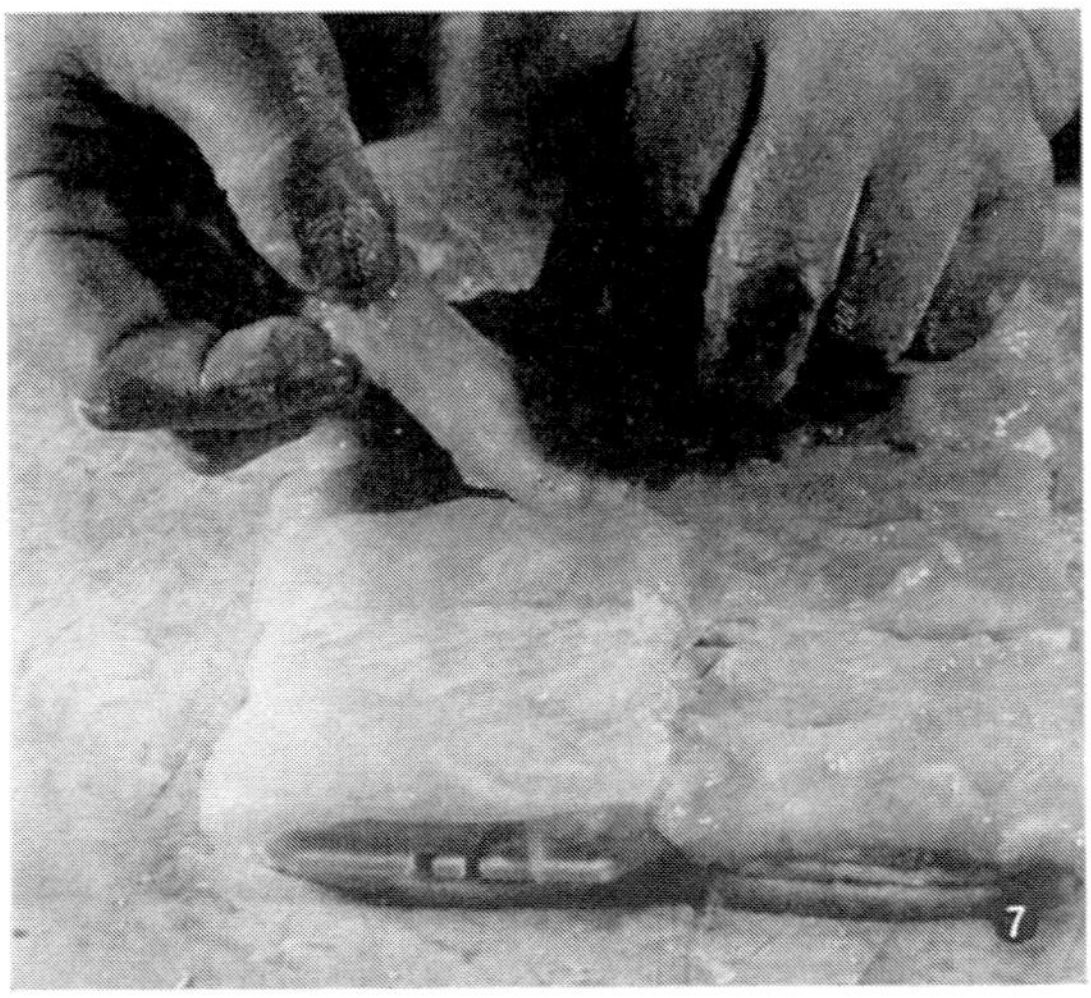

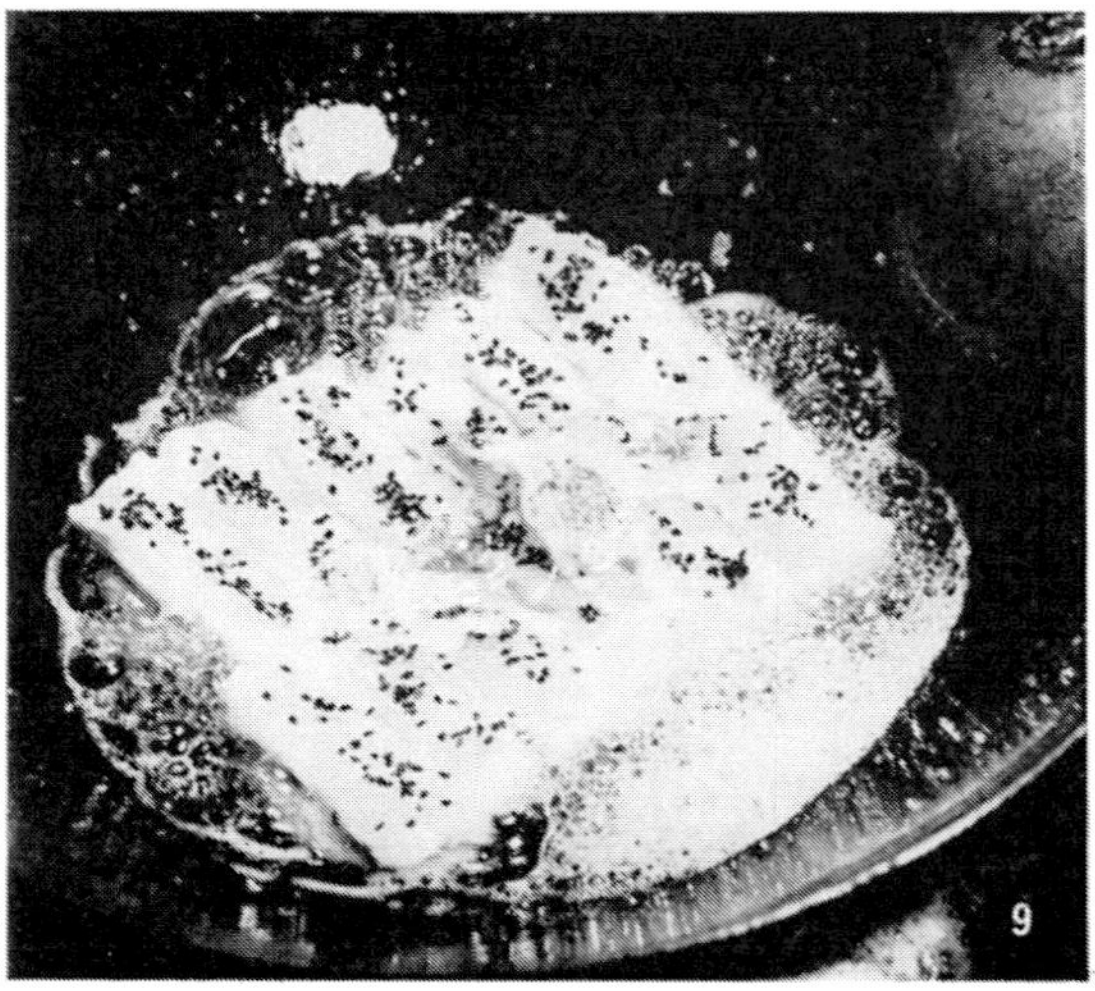

せ、容器にもどしたあと火をとめるか、またはおろして写真⑧のように先のはり合わせた材料を一つずつ手に持ち、下にだけ糊をつけて鍋の中央にきちんと並べる。

　全部並べ終わったら強火でちょっと焼く（鍋をゆすりまわすと動くようになる）。次に鍋のまわりから上の魚片が少し出るぐらいに油を入れ、写真⑨のように鍋をゆり動かしながらまわりの油を杓子ですくって上からかけ、ゆっくり火を通す。材料の中に火が通ったら油ごと網の上にあけ、油を切って鍋にもどし、鍋をぐるぐるまわしながらカラ煎りする（こうすると油の切れがよくなり、下のほうがパリパリする）。

〔注〕(1) 油が多いと揚げものになってしま

う。ここが鍋貼と炸の違いで、下はカラッと、上はやわらかくあがるように注意。

(2) 下（底部）を焼いたり煎りつけたりするときは、火が平均にあたるようにしないとこげることが多い（そのために鍋をゆすり動かす）。

4 写真⑩⑪のように切り分け、一つ一つ形を整えて皿に並べて盛り、椒塩、トマトケチャップなどを添えて上卓する。

〔注〕(1) この鍋貼には大貼（ダァ・ティエ）、小貼（シアオ・ティエ）の別がある。今まで紹介したのは小貼で、大貼は大きく作って適当な大きさに切り分けて供するものである。車エビなどが適当。

〈例〉鍋貼明虾（グオ・ティエ・ミン・シア）

(2) この料理は、宴会料理の場合など他の揚げものなどと盛り合わせてもよい。

◆応用料理

鍋貼虾片（グオ・ティエ・シア・ピエヌ）―エビの薄切りをのせる。

鍋貼鮮魚（グオ・ティエ・シエヌ・ユィ）―ヒラメなどを使う。

鍋貼金銭鶏（グオ・ティエ・ヂヌ・チエヌ・ヂ）―鶏糕をのせて丸く作る。

鍋貼豆腐（グオ・ティエ・ドウ・フゥ）―腐糕を作ってのせる。

脂肉《あぶらにく》のことを肥膘肉（フェイ・ビアオ・ルウ）または肥肉（フェイ・ルウ）というが、この脂肉を主材料に使った料理も大分、数が多い。鍋貼の場合には片面だけに使用したが、丸く切って（ゆでたあと）エビや鶏肉のアンをはさみ、片栗粉をまぶしたのち、衣をつけて揚げる。料理名は金銭盒（ヂヌ・チエヌ・ホ）が適当。五目アンなら、八宝金銭盒（バ・バオ・ヂヌ・チエヌ・ホ）となる。

また変わった使い方では脂肉をやわらかくゆで拍子木形に切ったのち衣をつけて揚げる、羊の尾に化けて炸羊尾（ザ・ヤン・ウェイ）の名の料理がある。

これに砂糖にもどる作り方の飴をまぶすと粘糖羊尾（ヴァヌ・タン・ヤン・ウェイ）となる。これは甘い料理であるが、もう一つ甘い料理で、変わったものに、脂肉の薄切りで糖果料を入れたアズキアンを包み、碗の中に並べたのちもち米を詰めて蒸す、夾沙肉（ヂア・シァ・ルウ）という料理もある。

醋《ツウ》烹《ボン》蝦《シア》段《ドアヌ》

車エビの唐揚げ甘酢味付け

材料（写真①）
明虾（ミン・シア＝車エビまたは大正エビ大四本）三〇〇g
芹菜（チヌ・ツァイ＝セロリ）
胡蘿卜（フ・ロオ・ボ＝ニンジン）
冬菇（ドン・グ＝シイタケ）
青椒（チン・ヂアオ＝ピーマン）
冬筍（ドン・スヌ＝タケノコ）
ネギ
ショウガ

この料理は五柳糸（ウ・リウ・スー）を使い甘酢でくるんであるので、見た目がきれいで口当たりもよい。
虾段とは写真②のような大エビのぶつ切りをさす。

◆下ごしらえ

明虾は写真②のように背に包丁目を入れ、三～四個の斜めぶつ切りにする（虾段）。

ショウガ以外の副材料は少し細目の細切りに切りそろえる。これを五柳糸という（葱糸は別写真③）。ショウガは前記の材料よりさらに細く切っておく（木綿糸ぐらい）。
〔注〕五柳糸の材料の分量はニンジンが二〇gあるが、他の材料も見た目がほぼ同量になるように用意すると見ばえがよい。

◆下味付け

写真④は全部の材料を切り終わったところ。この虾段に塩、酒、コショウ、化学調味料で下味をつけ、写真⑤のように片栗粉をまぶす。

◆作り方

1 小碗にショウユ、砂糖、酢、酒、水溶き片栗粉少量を合わせておく。
2 写真⑥のように虾段を中温の油に入れ、中まで火が通ったら高温にして油の切れがよいようにカラッと揚げ、網に移して油を切る。

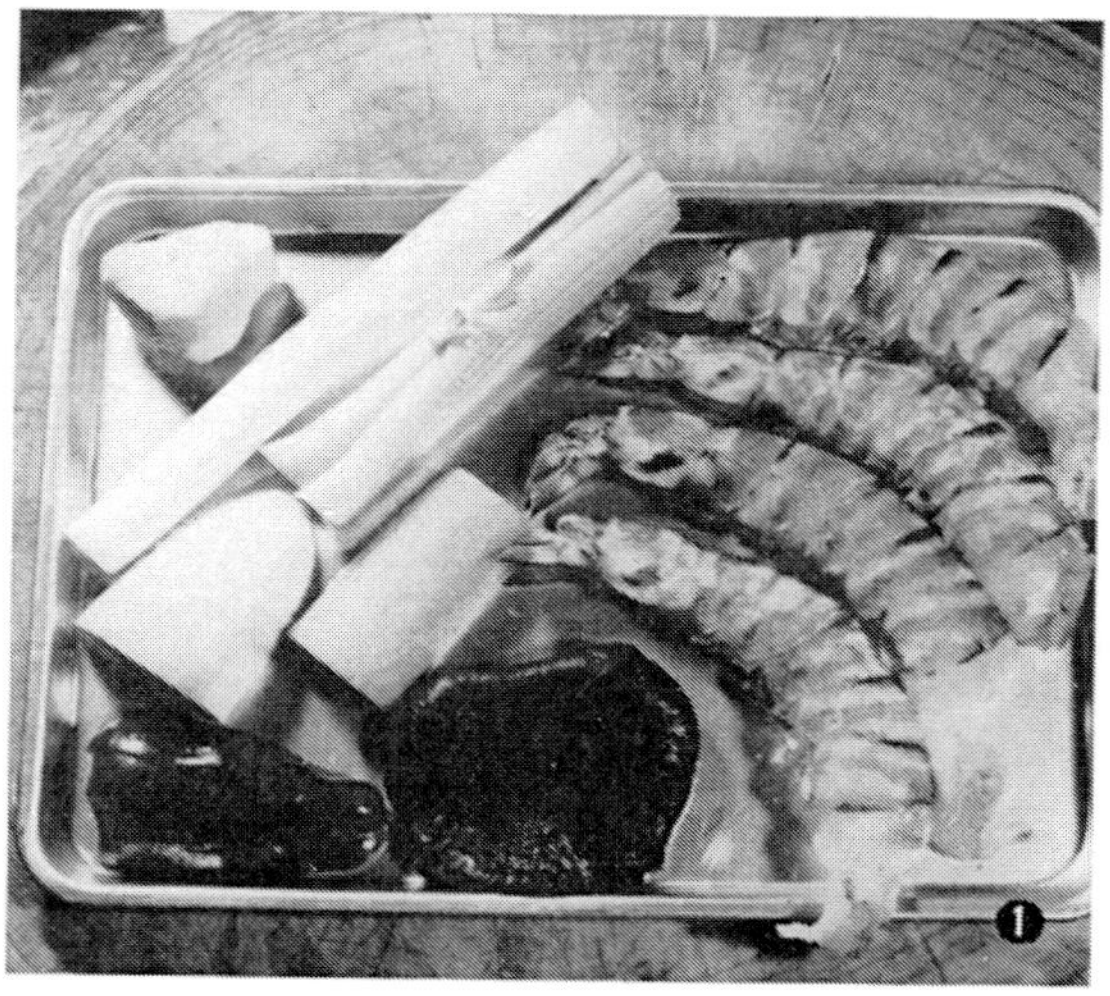
❶

❷

❸

❹

⑤

⑥

鍋に油を少量入れ、五柳糸と姜糸（葱糸は残す）を軽く炒めてその中に揚げた虾段と小碗の調味料を入れ、混ぜ合わせるようにして炒め合わせる（写真⑦）。

最後に葱糸をふりまき、ゴマ油をたらし入れて皿に盛る。

◆応用料理

乾烹虾仁（ガヌ・ポン・シア・レヌ）――小エビを揚げ、ネギのみじん切り、ゴマ油でカラ煎りする。

韮《ヂウ》黄《ホアン》烘《ホン》蛋《ダヌ》

ニラと卵の蒸し焼き

材料（写真①）

鶏蛋（デ・ダヌ）四個

韮黄（ヂウ・ホアン）一束

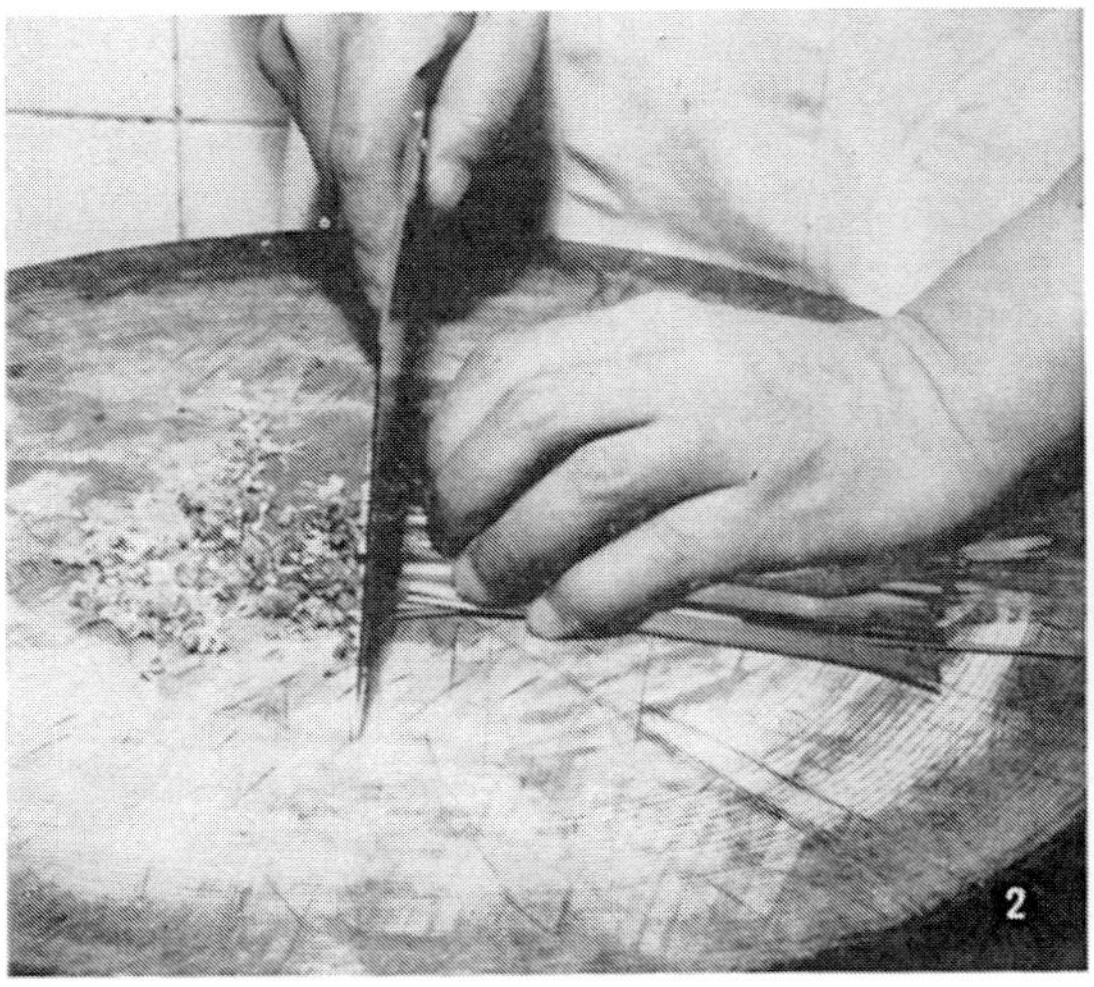

烘（ホン）は、焼くとかあぶるというような意味であるが、烘蛋に加える材料はいろいろあり、加える材料によって料理名も違ってくる。なかでも椿芽（チュヌ・ヤ＝木の芽）を使った椿芽烘蛋（チュヌ・ヤ・ホン・ダヌ）が有名である。

韮黄（ヂウ・ホアン）とは、ニラが芽を出し始めてから、やわらかい土、またはわらなどをかぶせて日の光をあてずに大きくしたもので、黄色くできあがり、非常にやわらかい嫩葉《わかば》のニラの名前である。普通の青いニラは韮菜（ヂウ・ツァイ）という。

◆下ごしらえ

ニラはみじん切りにする（写真②）。ボールに卵を割り入れ、刻んだニラを入れ、卵と約同量の冷ましたスープを加える。塩、コショウ、化学調味料で味付けし、水溶き片栗粉をチリレンゲ五杯入れてよく混ぜる。

〔注〕水溶き片栗粉は、少なめよりは多めのほうがよい。多めといっても限度はあるが、多めのほうが少なめよりは、失敗する割合が少ない。

◈作り方

1　よくカラ焼きした鍋に油を入れてまわりによくいきわたらせたのち、油をもどし、あらためて杓子2/3ぐらいの油を入れ、下ごしらえした卵を鍋に入れてゆっくりとかき混ぜながら焼く。

半熟になったら（写真③）形を整え、火を弱くして蓋をし、蒸し焼きの状態で一〇分ほど焼き、さらにひっくり返して約五分ぐらい焼く。

このときのできあがりは両面黄（リアン・ミエヌ・ホアン）といって、上下両面にこげ目がつく。

2　できあがった烘蛋を鍋からはずし、写真④のように三つに切り、まず両端の部分は、切り口を外にして皿に並べ、その上に真中の部分をのせ（写真⑤）、四角に形を整える。

〔注〕(1)　この並べ方は一封書（イ・フォン・シュゥ）といって一列に並べる形の変形といえるもので、他の料理を並べるときにも応用

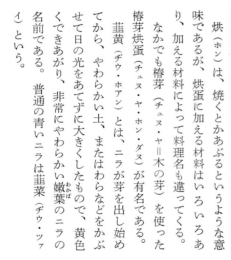

5

4

できる。

(2) 焼く途中で形を整えるときに(写真③)まわりを折りこんで四角の形を作っておくと、切って並べるときに一番理想的な形にすることができる。

(3) この調理法は、嫩烘蛋(ネン・ホン・ダヌ)の作り方で、その特徴は外酥裏嫩(ワイ・スゥ・リ・ネン)といって、外側は色づいてサクサクしており、中がやわらかい、というところにある。

◆応用料理

蟹粉烘蛋(シエ・フェヌ・ホン・ダヌ)―カニの肉を使ったもの

白油烘蛋(バイ・ユー・ホン・ダヌ)―ネギのみじん切りだけか、干しエビのみじん切りを加えたもの

魚香烘蛋(ユィ・シアン・ホン・ダヌ)―魚香味のタレをかける。

烘蛋のもう一つの調理法に炮烘蛋(パオ・ホン・ダヌ)といって、卵を焼いたあと適当な大きさに切り、一〇～一五分ほどゆっくり揚げるやり方がある。これは外脆裏酥(ワイ・ツェイ・リ・スゥ)といって、外側がパリパリとし、中がサクサクしているところに特徴がある(下の写真参照)。

この料理には次のようなものがある。

五香烘蛋(ウ・シアン・ホン・ダヌ)―五香(香料)を添える。

糖醋烘蛋(タン・ツウ・ホン・ダヌ)―甘酢味のタレをかけるかまたは添える。

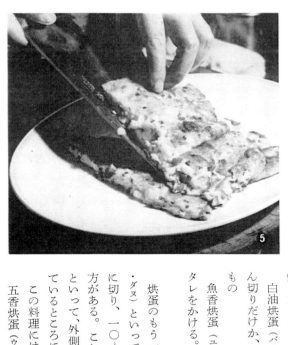

焼《シャオ》烤《カオ》菜《ツァイ》類《レイ》―直火焼き―

焼烤（シャオ・カオ）とは直火焼きのことで、中国料理の中で最高の調理法といえる。

焼（シャオ）には煮込みものという意味のほか、叉焼（ツア・シャオ）のように直火で焼く意味もふくまれている。

烤（カオ）とは弱火でゆっくり火を通す意で、普通は直火焼きをさす。

〈例〉掛炉烤鴨（グア・ルゥ・カオ・ヤー）

焼烤には次のような焼き方がある。

(1)　叉焼（ツア・シャオ）―図右のような叉子（ツア・ヅ）にさして焼くのでこの名がある。

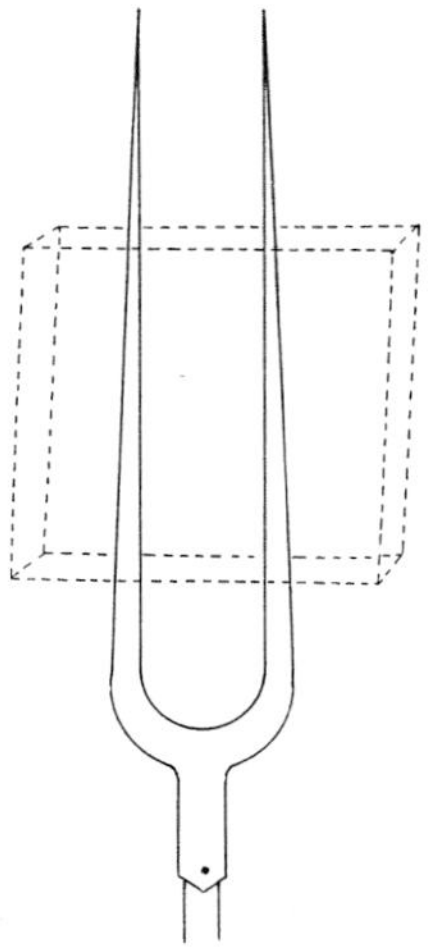

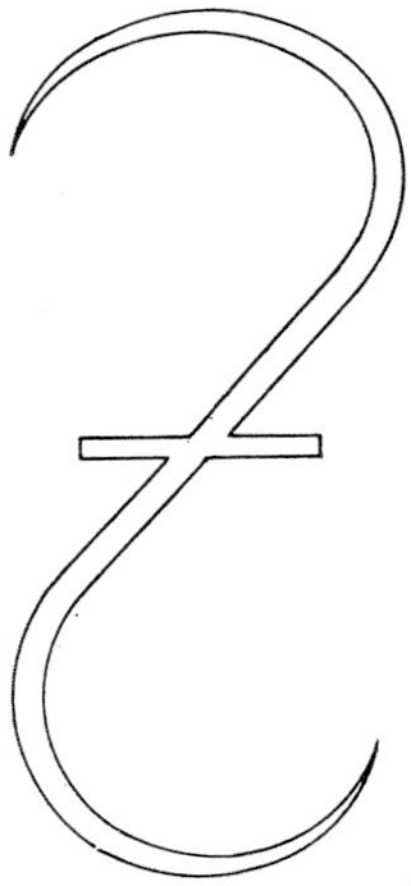

〈例〉叉焼火腿（ツア・シャオ・フオ・トェイ＝中国ハム）

また、単に烤の字をあててもよい。

〈例〉烤酥方（カオ・スゥ・ファン＝バラの皮付き）

(2)　掛炉（グア・ルゥ）―図左のようなS字型のかぎにかけて焼くのでこの名がある。掛炉烤鴨（グア・ルゥ・カオ・ヤー＝アヒル）が有名であるが、この掛炉の場合のカマドは特別で、字の通りカマドの中にひっかけられるようになっている。

大きいものはパン焼きガマのような造りになっていて二〇～三〇羽をカマドのまわりにつりさげて焼く。また小さいものは上に蓋がついており、やはりまわりにめぐらしてある鉄棒につりさげて焼く。

溜《リウ》菜《ツァイ》類《レイ》

—あんかけ料理—

溜（リウ）とは炒（チァオ）に似ているが、炒より多めの汁子（ヅ・ヅ＝タレ）を用い、味も濃厚なものが多い。

また、あんかけ料理にも使われる調理法で、代表的なものに糖醋汁（タン・ツウ・ヅ＝甘酢アン）をかける糖醋鯉魚（タン・ツウ・リ・ユィ＝コイの丸揚げ）がある（四川料理ではこれを脆皮鯉魚＝ツェイ・ピー・リ・ユィという）。

溜の種類には次のようなものがある。

(1) 炸溜（ザ・リウ）—衣（糊＝フ）をつけて揚げ、タレをくるんだもの。甘酢の味付けが多い。

〈例〉炸溜梅子肉（ザ・リウ・メイ・ヅ・ルウ）

(2) 焦溜（ヂアオ・リウ）—炸溜とほぼ同じであるが、字の通り少しこげ目がつくぐらい揚げてタレをくるむ。

〈例〉焦溜羊肉片（ヂアオ・リウ・ヤン・ルウ・ピエヌ）

(3) 滑溜（ホア・リウ）—上漿してから油通しし、タレをくるむもので、できあがりがなめらかである。

〈例〉滑溜鶏條（ホア・リウ・ヂ・ティアオ）

また、味付けによって次のように名称が変わる。

鮮溜（シエヌ・リウ）—本味（ベヌ・ウェイ）というその材料の持ち味を生かす味付けをしたタレでくるむ(おもに塩味)。

〈例〉鮮溜鮑片（シエヌ・リウ・バオ・ピエヌ）

京溜（ヂン・リウ）—塩味で白く仕上げるが少し甘酢をきかす。

〈例〉京溜蝦仁（ヂン・リウ・シア・レヌ）

(4) 糟溜（ヅァオ・リウ）──甘酒や酒粕（糟＝ヅァオ）を加えた味付け。

〈例〉糟溜鴨肝（ヅァオ・リウ・ヤー・ガヌ）

(5) 醋溜・糖醋溜──酢や甘酢をたっぷりきかせたタレでくるむか、かける。

〈例〉醋溜腰花（ツウ・リウ・ヤオ・ホア）、糖醋黄魚（タン・ツウ・ホアン・ユィ）

また、溜黄菜（リウ・ホアン・ツァイ）、溜鶏脯（リウ・ヂ・プゥ）のように溜の一字だけを使った料理名も多く用いられる。

京《ヂン》溜《リウ》蝦《シア》鬆《スン》

車エビのあんかけ炒め

材料（写真①）
明蝦（ミン・シア＝車エビまたは大正エビ）大四本
竹筍（ヅウ・スヌ＝細筍）五～六本
青椒（チン・ヂアオ＝ピーマン）二個
冬菇（ドン・グ＝シイタケ）一枚
ネギ
ショウガ

この料理は、京菜（ヂン・ツァイ＝北京料理）の味付けであると聞いているが、京溜の名もそれからきたと考えられる。一品料理としてもいいし、宴会料理中の熱炒（ルォ・チァオ＝冷たい前菜のあとに出す熱い前菜）にも使える。また、大菜（ダァ・ツァイ＝頭菜のあとに出す大皿盛りの料理）にも使える。

◆下ごしらえ

1　車エビは皮をむき、よく洗って背割りして開く。背ワタを取り、七～八㎜角に切る（写真②）。

〔注〕鬆とは末（モォ＝みじん切り）より大きめの切り方。約七～八㎜角が基本。

竹筍は回し切り、冬菇と青椒は六～七㎜角の大きさに切りそろえ、ネギとショウガはみじん切りにする。

〔注〕副材料の大きさは、例外はあるが、だいたい主材料より少し小ぶりに切っておくと、できあがりがきれいである。

2　上漿（シァン・ヂアン＝下味付け）—蝦鬆をボールなどに入れ、塩、酒、化学調味料、コショウで下味をつける。卵白一個分を加えて、少したたいてコシをなくし、よく混ぜ合わせる。さらに片栗粉を加えてよく混ぜ、油を混ぜこむ（写真③。八三頁参照）。

〔注〕(1)　油を入れておくのは、あとで油を通すときバラバラにほぐれやすくするため。

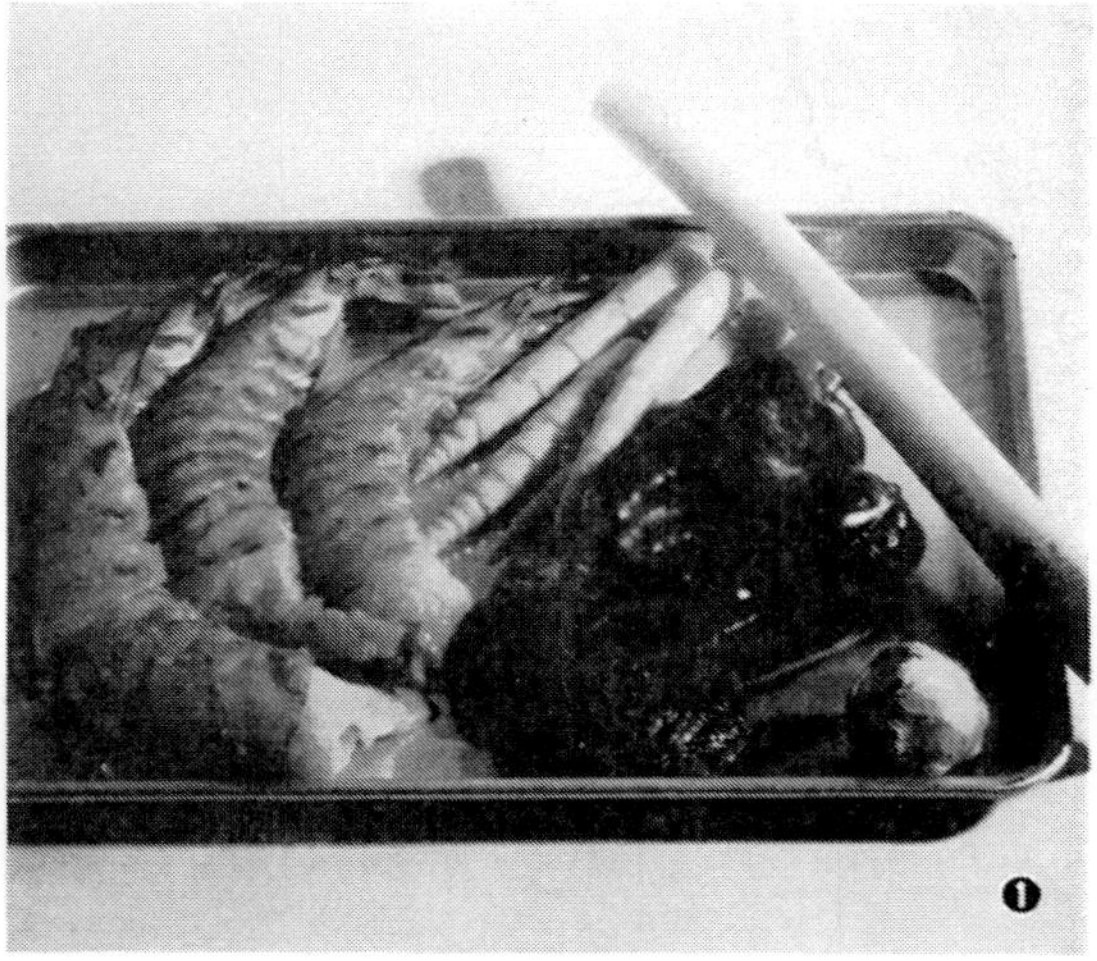

❶

②

③

④

上漿したのち長時間おいても、卵白と片栗粉が固まらない利点がある。

(2) 油は大豆油などを沸かしたのち、冷まして使うとよい。ゴマ油は香りが強いので、できあがった料理ににおいが移ってよくない。ラードはあとで固まるので入れる意味がなく、使用できない。

3 小碗に塩、砂糖、酢を同量ずつ入れ、酒か酒醸（ヂウ・ニアン＝一五九頁参照）、それに化学調味料、水溶き片栗粉、ネギ、ショウガのみじん切りを加えておく。

◆作り方

1 鍋をカラ焼きし、油を入れてなじませてから、油を器にもどす。あらためて、たっぷりの油を鍋で熱し、一二〇度Cぐらいになったら、上漿した蝦鬆と副材料を一度に入れ（写真④）、ゆっくりとほぐすようにしてかき混ぜる。エビの色が変わり、全体に泡立つようになったら、網の上にあけ、油をきる。

〔注〕 この調理法は滑油（ホア・ユー）といい、上漿した材料を、油を通すことによってバラバラにほぐしながら、熱を平均に通すやり方である。材料のまわりを薄い被膜で包むので、その持ち味を保持しながらやわらかく仕上がるという利点がある。

2 鍋に油を少量入れてから、網の材料を全部入れる。下ごしらえ3の調味料に、スープを同量入れて混ぜ合わせながら、上からかけて炒め合わせる。片栗粉が固まったら、鍋のまわりから鶏油(チ・ユー)を少量たらし入れる。中から油が浮き出し、料理にツヤが出るので、そのとき皿に盛る。

〔注〕この料理の特徴は、エビが小さくやわからいので、口当たりがよく、配色と甘ずっぱい味が食欲をそそる。

◆応用料理

京溜鶏鬆(ヂン・リウ・ヂ・スン)—鶏のササミを使って作る。

京溜貝條(ヂン・リウ・ベイ・ティアオ)—アワビ、平貝などを條に切って作る。

京溜魷花(ヂン・リウ・ユウ・ホア)—紋甲イカなどを花に切って作る。

松子蝦鬆(スン・ヅ・シア・スン)—この料理と同じ味付けにし、松の実を入れて作る。

奶油蝦鬆(ナイ・ユー・シア・スン)—エバーミルクを使い、味付けは塩と砂糖。酢は使わない。

魚香蝦鬆(ユィ・シアン・シア・スン)—四川料理独特の味付けで、トウガラシミソなどを入れて、辛く作る。

醋《ツウ》溜《リウ》鶏《ヂ》塊《クアイ》

鶏の腿肉の酢味あんかけ炒め

材料(写真①)

鶏腿(チ・トェイ=ヒナ鶏腿肉)
三〇〇g
冬筍小二〜三個
黄瓜(ホアン・グア=キュウリ)
一本
ネギ
ショウガ

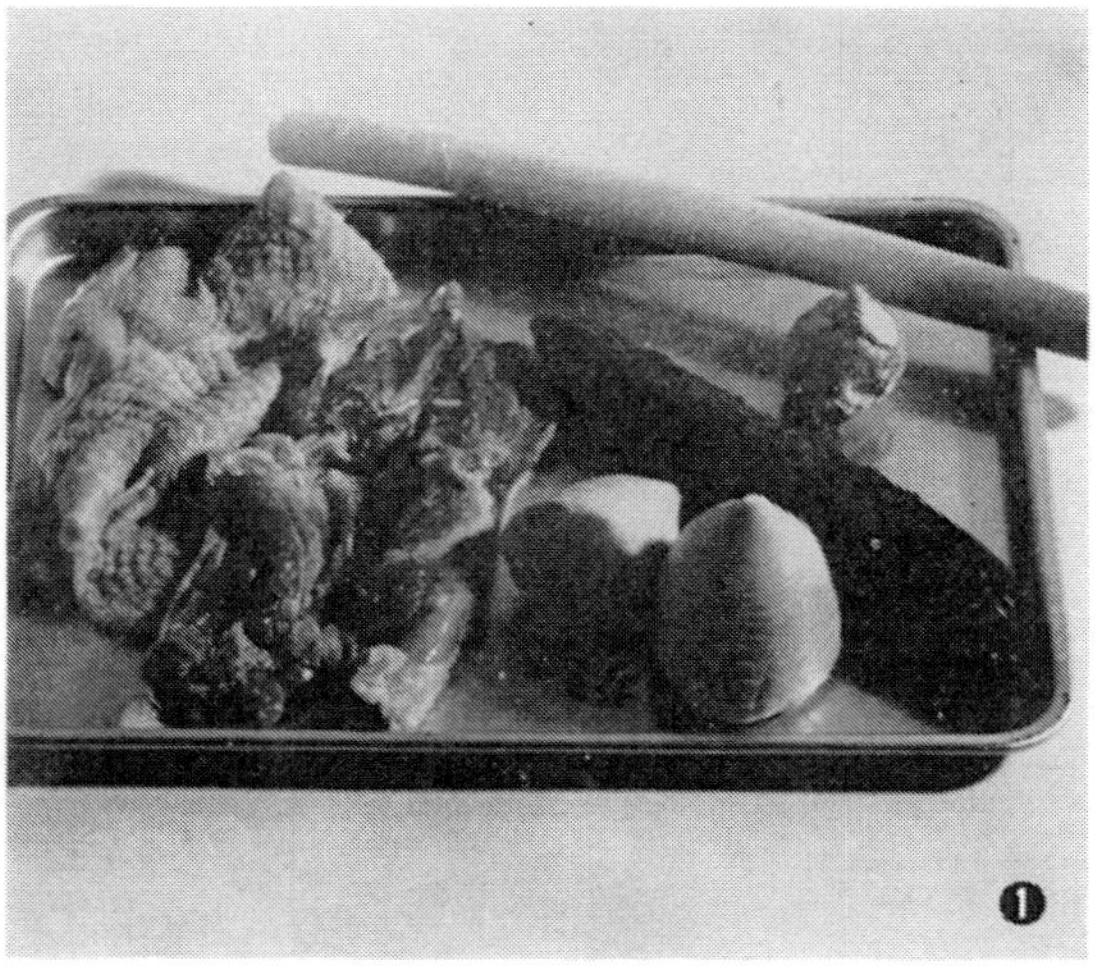
❶

❷

3

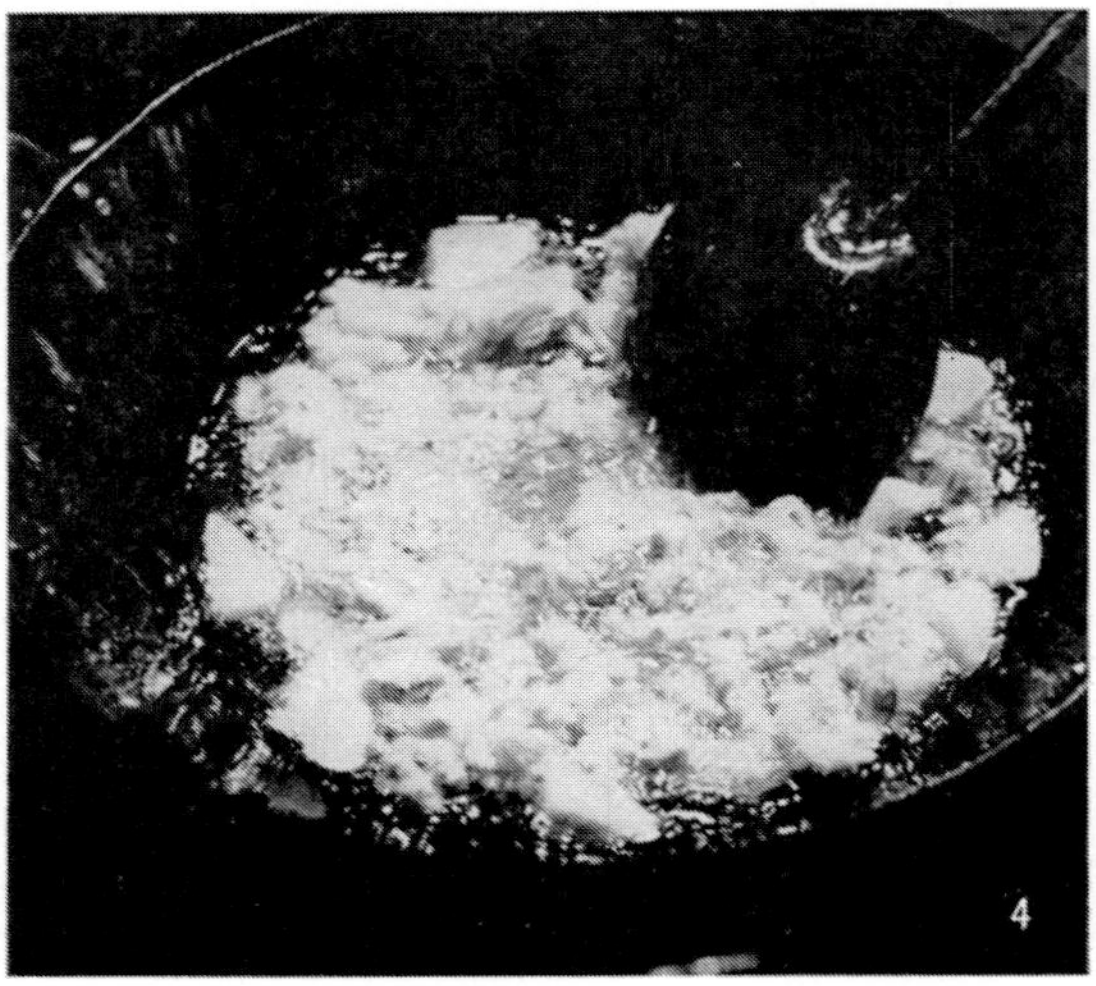
4

この料理は、一品料理に、また宴会料理の熱炒（熱い前菜）にも使える。

◆下ごしらえ

1　腿肉の肉のほうに十字に軽く包丁を入れて筋を切る。次に、二・五cm幅ぐらいに切り離してから、一辺三cmぐらいの三角か、四角に切る。あるいは斜めに一・五cm幅ぐらいに切る。この切り方を塊（クアイ）という（写真②）。

2　タケノコは回し切りの段（ドアヌ）、キュウリも皮をむいて回し切り、ネギは一・五cmの斜め切りにする。ショウガは薄切りして一cm角に切る。

3　上漿—腿肉をボールに入れ、ショウユ少量、塩、酒、化学調味料で下味をつけ、卵白一個分を入れてよく混ぜる。それに片栗粉を加えて混ぜ、さらに油を少量入れて混ぜる。

4　調味—小碗に、酢一、ショウユ二、酒一、酒醸一の割合で合わせ、コショウ、化学調味料、水溶き片栗粉を加えたものを用意する（写真③）。

◆作り方

1　鍋をカラ焼きしてから、油を入れてよくなじませて、器にもどす。あらためて油を入れて一三〇度Cぐらいに熱したところへ、上漿した腿肉とタケノコを入れて、バラバラにほぐしながら火を通す。途中キュウリを入れる。全体に泡立ち（写真④）、材料が軽く感じられるようになったら、火が通ったので網にあける。

2　鍋に油を少量入れてから、ネギとショウガを入れて少し炒める。その中に網の鶏塊などを投入し二～三回返しながら炒め、下ごしらえ4の調味料に、スープを酢の三倍ぐらい混ぜたものを上からかけ、材料のまわりを包む。水溶き片栗粉が固まったら、鍋のまわりから鶏油などを少量たらし入れ、全体に油が浮き出してきたら皿に盛って供する。

〔注〕　この料理は成都式で酢をきかせるところに特徴があるが、重慶風に味付けするときには、砂糖を少し入れることがある。また泡海椒(パオ・ハイ・ヂアオ)といって、赤トウガラシを泡菜（パオ・ツァイ＝四川風の漬け物）の中に漬けこんだものを使う。このトウガラシは辛くない。辛く仕上げる場合には豆瓣醤（ドウ・バヌ・ヂアン＝トウガラシミソ）を使って作る。しかしその場合には家常鶏塊（ヂア・チァン・ヂ・クアイ）と名前が変わり、配料としてはセロリ、ピーマン、タケノコが合う。

◈応用料理

醋溜魚條(ツウ・リウ・ユィ・ティアオ)――ヒラメなどを使って作る。
醋溜肉片(ツウ・リウ・ルウ・ピエヌ)――豚肉薄切り
醋溜羊肉片(ツウ・リウ・ヤン・ルウ・ピエヌ)――羊肉
醋溜黄瓜(ツウ・リウ・ホアン・グア)――キュウリ

松《スン》子《ヅ》全《チュアヌ》魚《ユィ》

材料（写真①）
里魚（リ・ユィ＝コイ）大一尾
松子（松の実）七〇g
ネギ
ショウガ

松の実入りのコイの変わり揚げ

❶

②

③

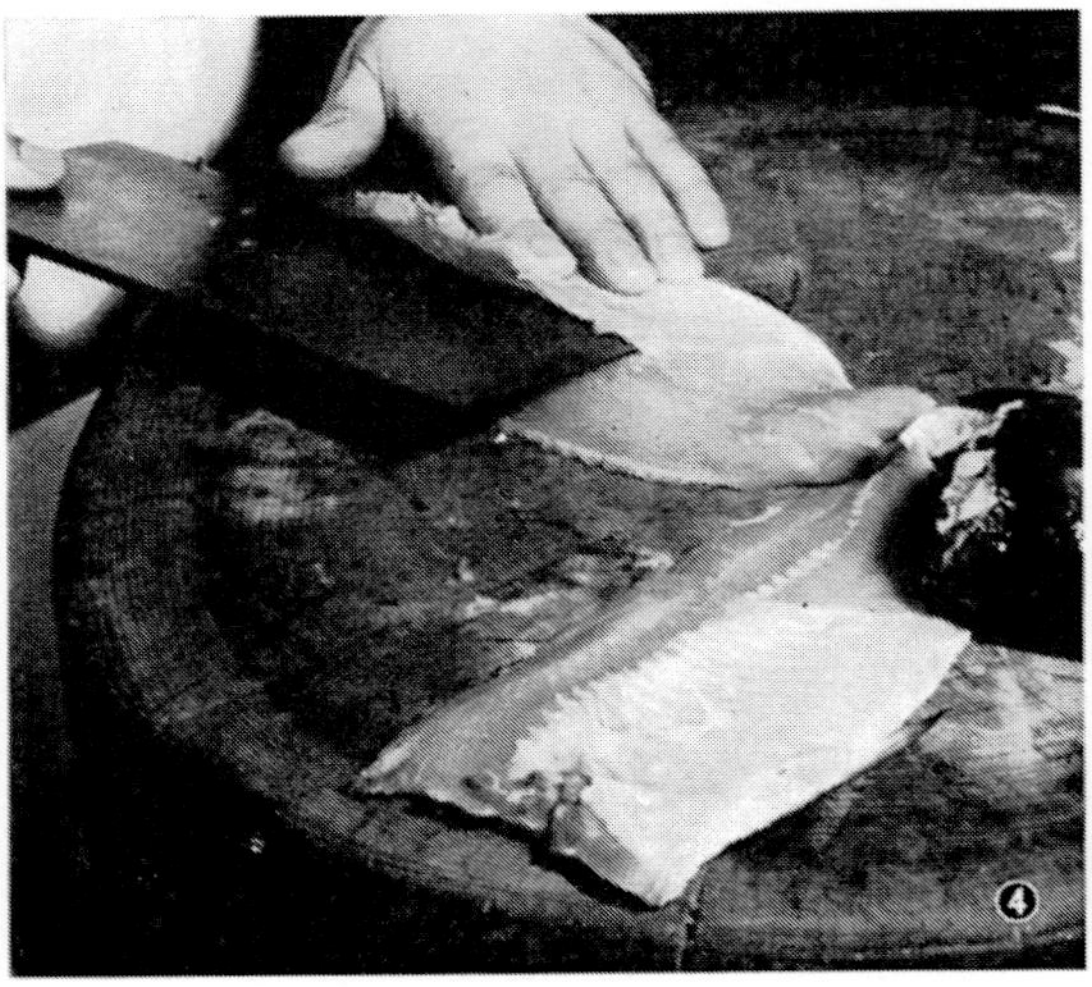
④

この料理は宴会用によい。脆皮里魚（ツェイ・ピィ・リ・ユィ＝コイの丸揚げ）は普通骨付きのまま揚げるが、この料理は骨を取り、肉は花に切ってあるので、豪華で食べやすくできている。上にかけるタレは糖醋汁（タン・ツウ・ヅ＝甘酢味）であるが、松の実を使っているので、この料理名がある。松子（スン・ヅ＝松の実）のことを、松仁（スン・レヌ）ともいう。

◆下ごしらえ

1　頭の後ろの胸ビレの内側より、斜めに両側から包丁を入れて切り離す（写真②）。

2　切り離した頭は、頭の上の部分がくっついているようにして、えらぶたの下から口にかけて包丁を入れ、開いておく（写真⑤）。

3　背骨にそって包丁を入れ（写真③）、腹部の小骨を切り離しながら平らに尾の部分まで入れる。反対側も同じように切り、最後に尾の近くで骨を切り落とす。

4　次に腹部の小骨を取るわけであるが、あまり肉をけずらないように気をつけながら、小骨にそって包丁をすべらせる。そして端から一cmぐらい手前のところで、ヒレなどかたい部分があるので、包丁を下へ立てて切り離す（写真④）。終わったら一度洗う。

5　花包丁する―次に包丁目を入れる。包丁はまっすぐ上から入れてもよいが、写真⑤のように斜めに入れたほうが、揚げてから切り目が

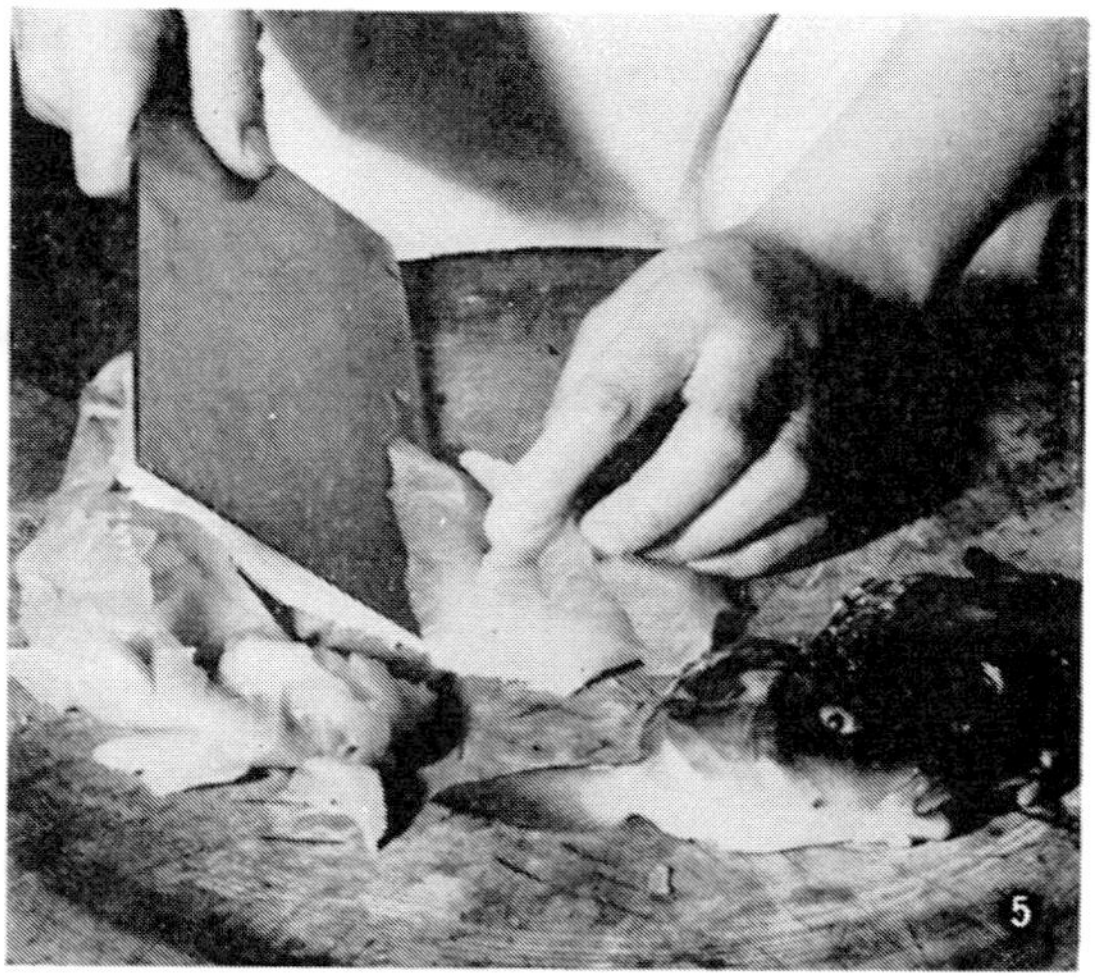
5

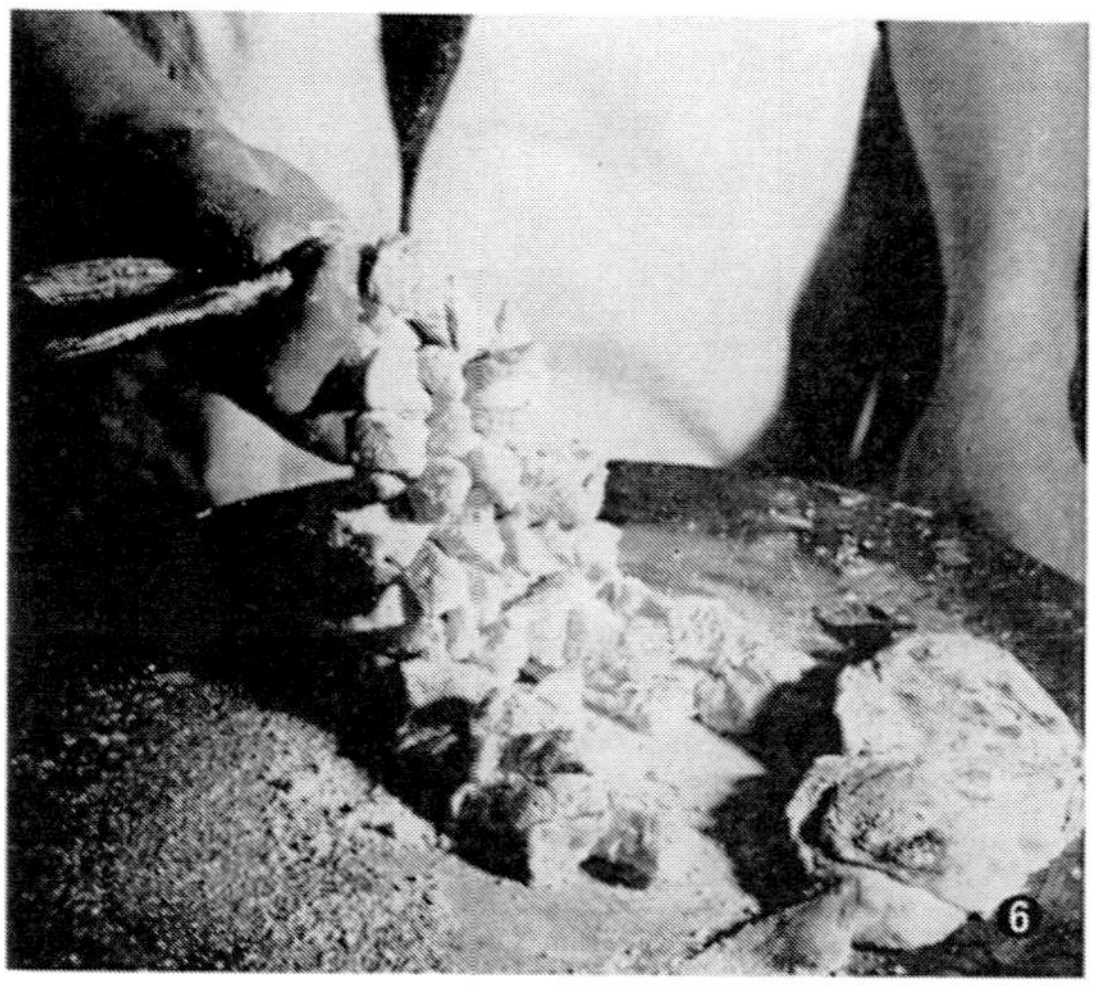
6

大きく開くし、また松カサのようにもなるので松子を使う意味にも通じる。

切るときは、肉の薄いほうから厚いほうへ、約四五度の角度で手前に引くようにして、皮のところまで一・五cm幅に斜めに切込みを入れる。尾のそばまで切り終わったら、手で軽く押えてもとのように直しておく。

次に、この切込みに直角になるよう、上からまっすぐ一cm幅に皮のところまで切りこんでいく(写真⑤)。

6 下味をつける—切り終わった魚に軽く塩、化学調味料、コショウ、酒をふり、ネギ、ショウガをたたきつぶしたものといっしょに、軽くもむようにして味を平均になじませる。

別に蛋清豆粉(ダヌ・チン・ドウ・フェヌ=卵白に水を少量加えてから、片栗粉を入れドロドロにしたもの)を用意して、塩少量を加え、先に下味をつけた魚の切り目の中までよくこすりつける。さらに、片栗粉を全体によくまぶしつける(写真⑥)。

〔**注**〕(1) 魚に直接つける下味と蛋清豆粉の塩味とが二重になるので、塩からくならないように気をつける。

(2) また、切込みを入れてあるため、魚肉が皮からはがれやすいので、取扱いは慎重にしなければならない。

(3) 頭も食べられるよう、味付けをすることを忘れないようにする。

◆作り方

1 魚はそのまま揚げると尾が立たないので、まず形を整える。それには、皮のついているほうを下に、腹部を中になるように置き、尾を腹部と腹部の間からさしこんで上に出す。そうすると尾に近い部分はねじれる。

2 揚げる—油の温度は一七〇度Cぐらい。先に、切り開いたほうを下にして揚げるので、ひっくり返さなくてはならない(次頁写真⑦)。そのときは、右手で尾を持ち、左手で両端と真中の三カ所をつまんで、油の中に浮かすようにして入れる。こうすれば魚身は二本の筒型になり花が開いたようになる。

同じ油温を保持して五分ほど揚げ、裏返してまた五分ほど揚げてできあがる(次頁写真⑧)。

〔**注**〕揚げ加減は、中までカリカリになるように揚げる必要はなく、外がカラッと、中がやわらかく揚がるのが特徴。

3 調味—糖醋汁(甘酢アン)は、器に酢を杓子2|3、砂糖同量、塩とショウユ少量、酒適量に水溶き片栗粉、ネギとショウガのみじん切りを合わせておく。

〔**注**〕松子は前もって揚げておく。揚げ方は、まずぬるま湯でよく洗ってから一度湯通しして網にあけ、よく水を切る。それを、きれいな油の冷たいうちに入れてかける。最初は中火で、松子の中の水分を抜くつもり

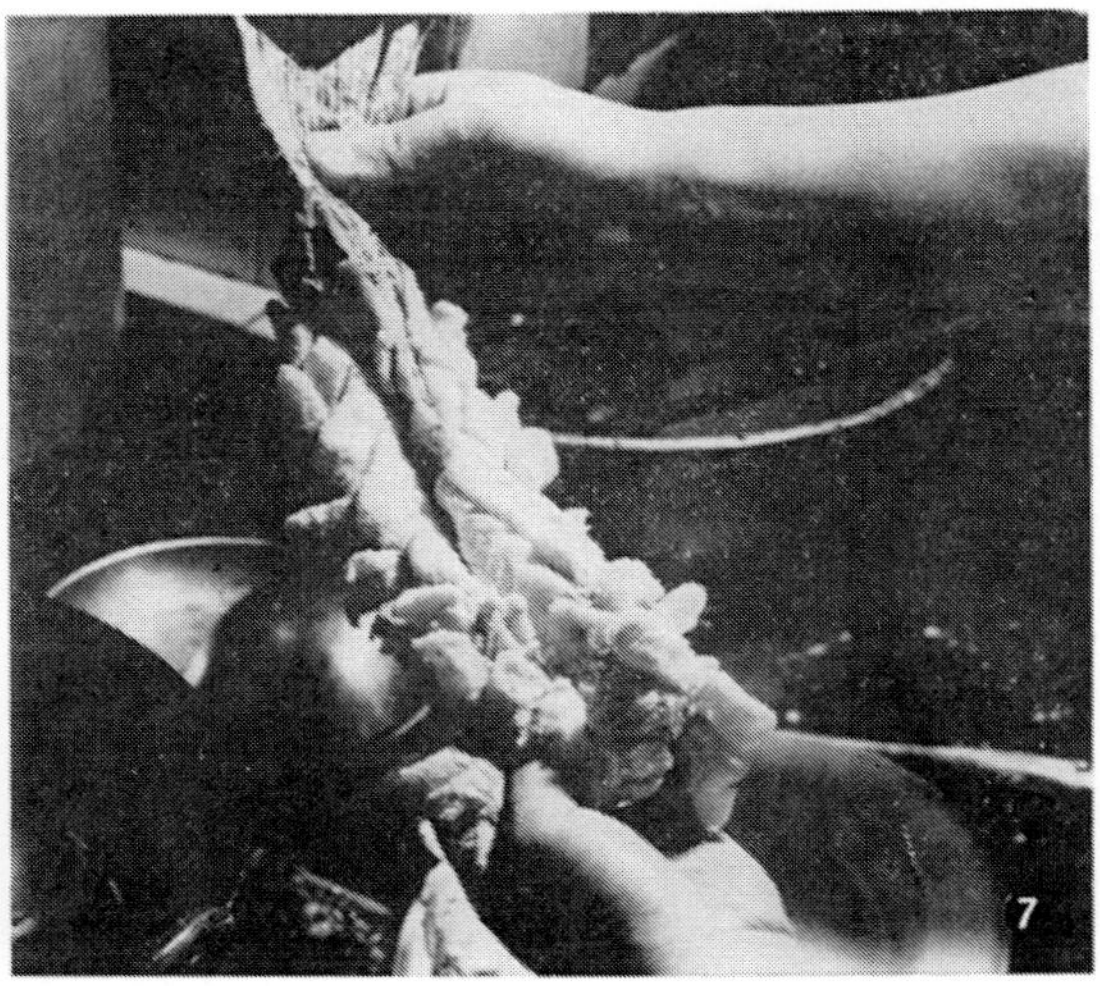

でだんだん熱していく。鍋底にこげつかないように混ぜていると、松子が浮いて色がついてくるから、取り出して紙の上に広げて油気を取り去る。

4　別鍋に杓子半分ぐらいの油を入れ、酢と同量程度の蕃茄醤（ファヌ・チエ・ヂアン＝トマトケチャップ）を入れて少し炒める。その中に、3の調味料にスープを酢と同量（杓子2/3）加え、よく混ぜながら熱する。水溶き片栗粉が固まったら、その加減をみて、鍋のまわりから最初と同量（杓子半分）ぐらいの油を入れると、大きく泡立つから、皿の上に形よく並べた魚にかけ、上に松子をふりかけるとできあがる。

〔注〕(1)　魚の揚がるのと甘酢アンのできあがりが、ほとんど同時になるようにしてかけると、魚の香りが残り、味がよく浸みこむ。

(2)　似た作り方で黄魚（ホアン・ユィ＝イシモチ）を使った松鼡黄魚（スン・シュウ・ホアン・ユィ）がある。また上にかけるタレにピーマン、セロリ、タケノコなどを加えてもよい。ハム、アワビも使える。

◆応用料理

松子加吉魚（スン・ヅ・ヂア・ヂ・ユィ）―タイを使う。加吉魚は北方の表現。

松子魚花（スン・ヅ・ユィ・ホア）―コイやイシモチを使って、頭と尾を切り離し、盛付けのとき添える。

松子魚方（スン・ヅ・ユィ・ファン）―ヒラメなど白身の魚に花包丁を入れ、平たく大きいままに作る。

五柳黄魚（ウ・リウ・ホアン・ユィ）―イシモチに五柳糸のアンをかける。

糖醋里魚（タン・ツウ・リ・ユィ）―コイの骨付きのまま包丁を入れる。

脆皮黄魚（ツェイ・ピー・ホアン・ユィ）―脆皮は皮がパリパリしているという四川風の表現。

糖醋瓦塊魚（タン・ツウ・ワ・クアイ・ユィ）―コイを二～三枚におろし、中に一筋包丁目を入れて塊に切って作る。瓦の形に似ているのでこの名がある。

燴《ホイ》菜《ツァイ》類《レイ》

—煮込みあんかけ料理—

燴（ホイ）は烩とも書き、ゆでたり揚げたりして下ごしらえした材料を多めのスープで少し煮込んで水溶き片栗粉で薄くトロミをつけた料理、またはスープを味付けして水溶き片栗粉で薄くトロミをつけたのち蒸したり下煮した材料の上からかけたり、あるいはその材料を入れて仕上げた料理である。

その種類には次のようなものがある。

(1) 紅烩（ホン・ホイ）—ショウユを使う味付けで色がついている。

〈例〉三糸烩魚翅（サヌ・スー・ホイ・ユィ・ツー）

(2) 白烩（バイ・ホイ）—塩味で仕上げる。

〈例〉蟹黄烩魚肚（シエ・ホアン・ホイ・ユィ・ドゥ）

(3) 清烩（チン・ホイ）—清湯を使って澄んだあんかけスープをかけるもの。蒸す料理に使うと引き立つ。

〈例〉鳳尾燕窩（フォン・ウェイ・イエヌ・ウォ）

素烩（スゥ・ホイ）—素（スゥ）は蔬（シュウ）に通じ、野菜料理の煮込みあんかけという。塩味が多い。

〈例〉成都素烩（ツェン・ドウ・スゥ・ホイ）

またこの烩の調理法を使って仕上げる料理に次のような四川独特のものがある。

糝（ツァン）—糝には鶏糝（ヂ・ツァン）、魚糝（ユィ・ツァン）、虾糝（シア・ツァン）、豆腐糝（ドゥ・フゥ・ツァン）などがあり、できあがりは日本のカマボコをやわらかく作ったような感じ。詳しくは別項参照。清烩が適当であるが、炸・湯菜にも応用できる。

蒙（モン）―蒙には包むという意味があり、糁をさらにやわらかく伸ばし、主材料を包んでゆでて烩菜とする。清烩が最適であるが湯菜にも応用できる。

醸（ニアン）―醸は詰めものの意。作り方はいろいろあるが、その基本はほとんど詰める→蒸す→烩の順。また焼・炸・湯・甜菜にも応用できる。

鳳《フォン》尾《ウェイ》燕《イエヌ》窩《ウォ》

燕の巣の鳥の尾型あんかけ

燕窩（イエヌ・ウォ）とは、ツバメの巣のことをいう。この料理で使用するツバメの巣は、普通のツバメではなく、南洋一帯に住んでいる岩ツバメの巣である。

このツバメは、海の近くの断崖絶壁に巣を作るが、普通のツバメのように泥などを使わないで、海草類を集めて作る。そして、その海草類をつなぐために、ダ液と合わせるので、それが変化して食用になる。

また、ツバメの巣は、採取の困難な場所にあるので、貴重で高価だといわれている。

この燕窩は、中国料理の中では、最高の貴重品とされ、この料理が出ている宴会を燕窩席（イエヌ・ウォ・シィ）といって、中国料理の中でも最高の筵席（イエヌ・シィ＝宴会）とされている。

名称としては、ほかに燕菜（イエヌ・ツァイ）や官燕（ゴッヌ・イエヌ）などがある。

普通、料理法としては、特別上等なスープを使って作る清湯燕窩（チン・タン・イエヌ・ウォ）がある。また氷糖燕菜（ビン・タン・イエヌ・ツァイ）は、甜菜（ティエヌ・ツァイ）として甘い料理の代表とされるが、燴菜（ホイ・ツァイ）などにも応用できる。

鳳尾（フォン・ウェイ）とは、鳳凰《ほうおう》の尾を形どって作るところからこの名がある。

鳳尾燕窩

材料（写真①）

燕窩（約二〇g）大二個（写真の皿にはいっているものはもどしたもの）

鮑魚（バオ・ユィ＝罐詰のアワビ）

火腿（フォ・トェイ＝ハム）

冬菇（ドン・グ＝シイタケ）

紅蘿蔔（ホン・ルォ・ボ＝ニンジン）

青椒（チン・ヂアオ＝ピーマン）

鶏糝（ヂ・ツァン）少量

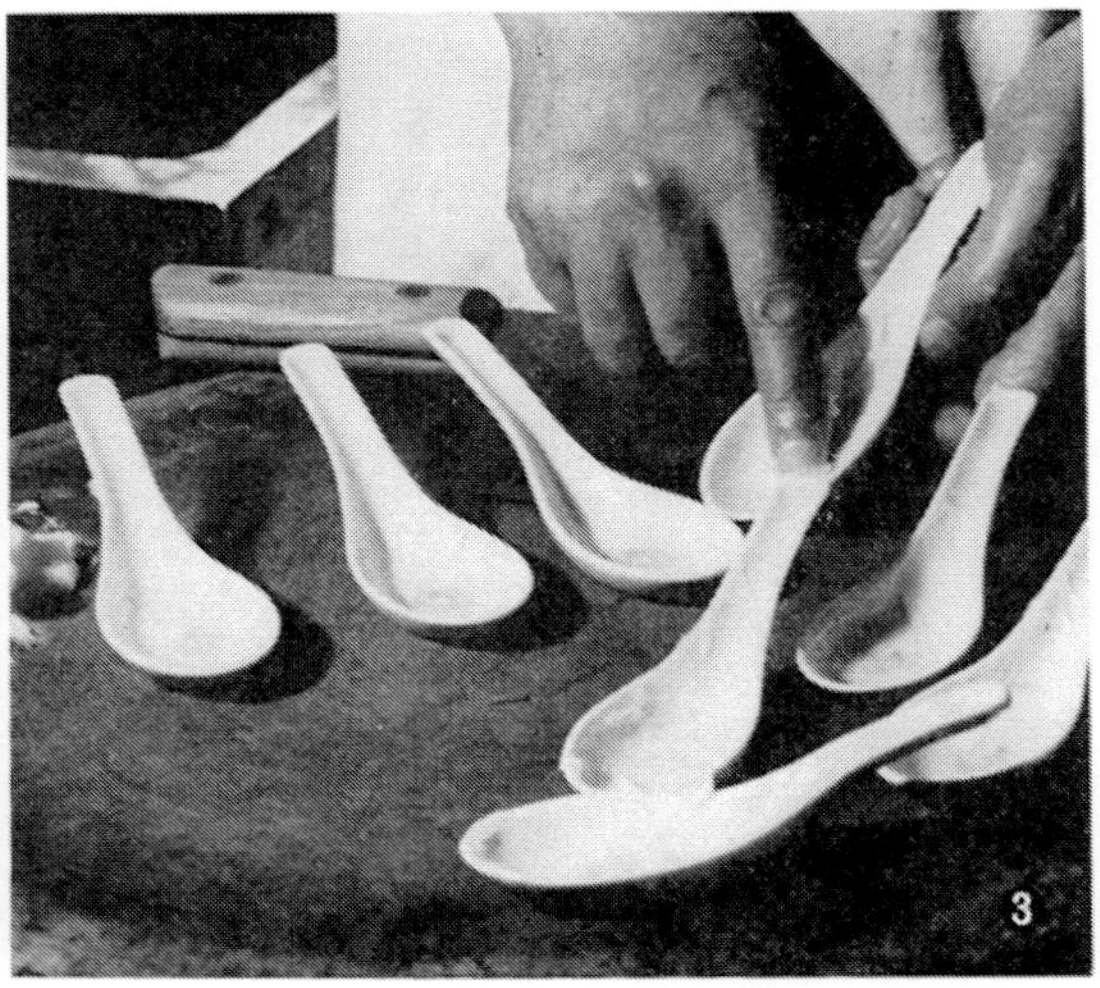

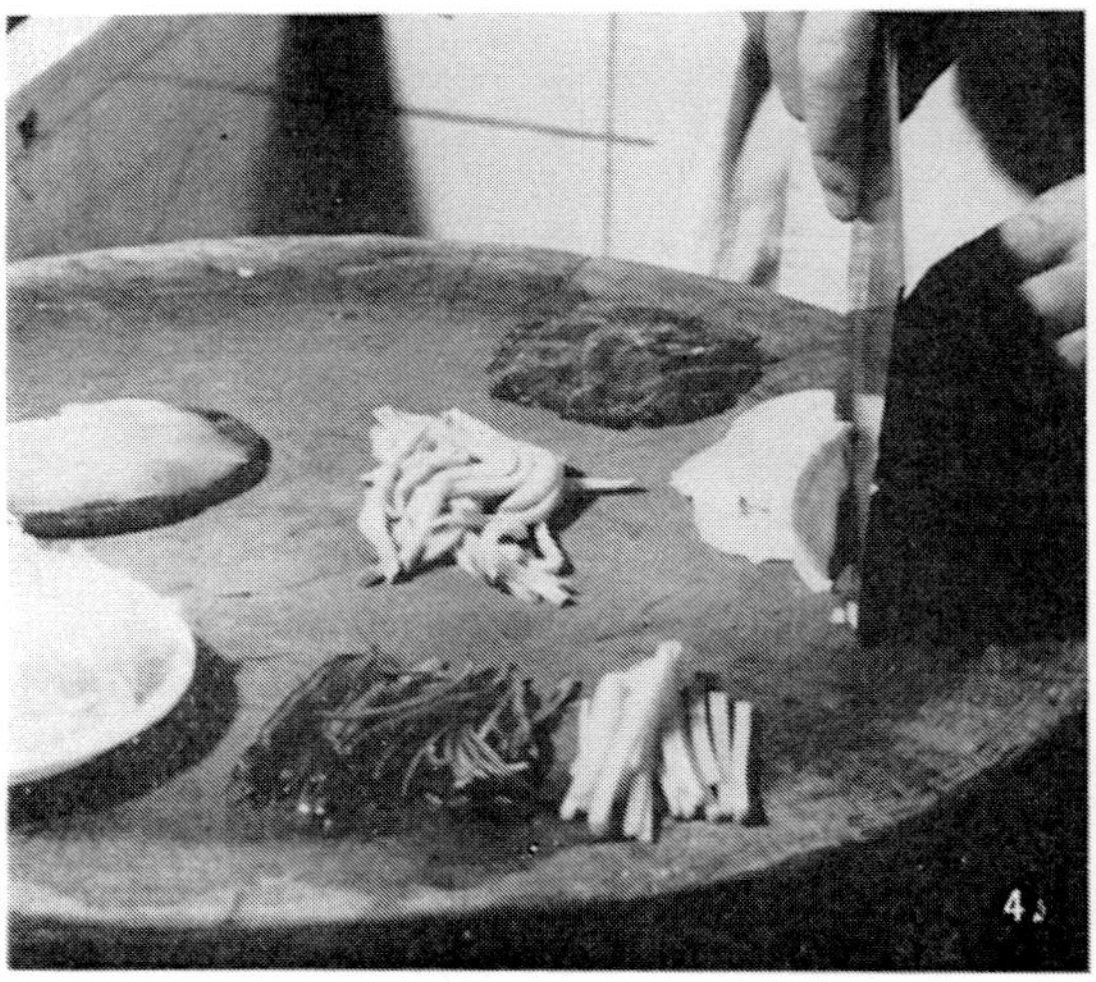

◈作り方

1　ボールにぬるま湯を用意して、ツバメの巣をそのまま入れ、蓋をして一時間ほど浸けておく。

ツバメの巣が膨張してやわらかくなったら（まだかたい部分があったら湯をたして全部やわらかくなるまで浸けておく）、軽くもむようにし中に混ざっている毛や砂を洗い流し、残りは写真②のように箸などできれいに取り除く。

2　チリレンゲを十二本用意し、きれいにふいてから、固まっているラードを塗りつける（写真③）。

3　ハム以下の材料は、六～七㎝長さで三㎜ぐらいの太さの細切りにする（写真④）。シイタケは、上半分を横に切り、黒い部分だけを使う。ニンジンは、せん切りしたあとで、軽くゆでておく。ほかの材料は、そのまま使用する。これらを五柳糸（ウ・リウ・スー）という。

4　先のチリレンゲに写真⑤のように燕窩を少しのせ、その根元のところに鶏糝（次頁の注参照）を少したらしておく（写真⑥）。これは蒸したあとで五柳糸が燕窩からはがれて抜けないようにするためである。

5　先のほうに青豆（チン・ドウ＝グリーンピース）を一つ置き、五柳糸を一種類二本ずつ、色どりよく並べる（写真⑦）。

6　全部並べ終わったら、上に燕窩をのせ、写

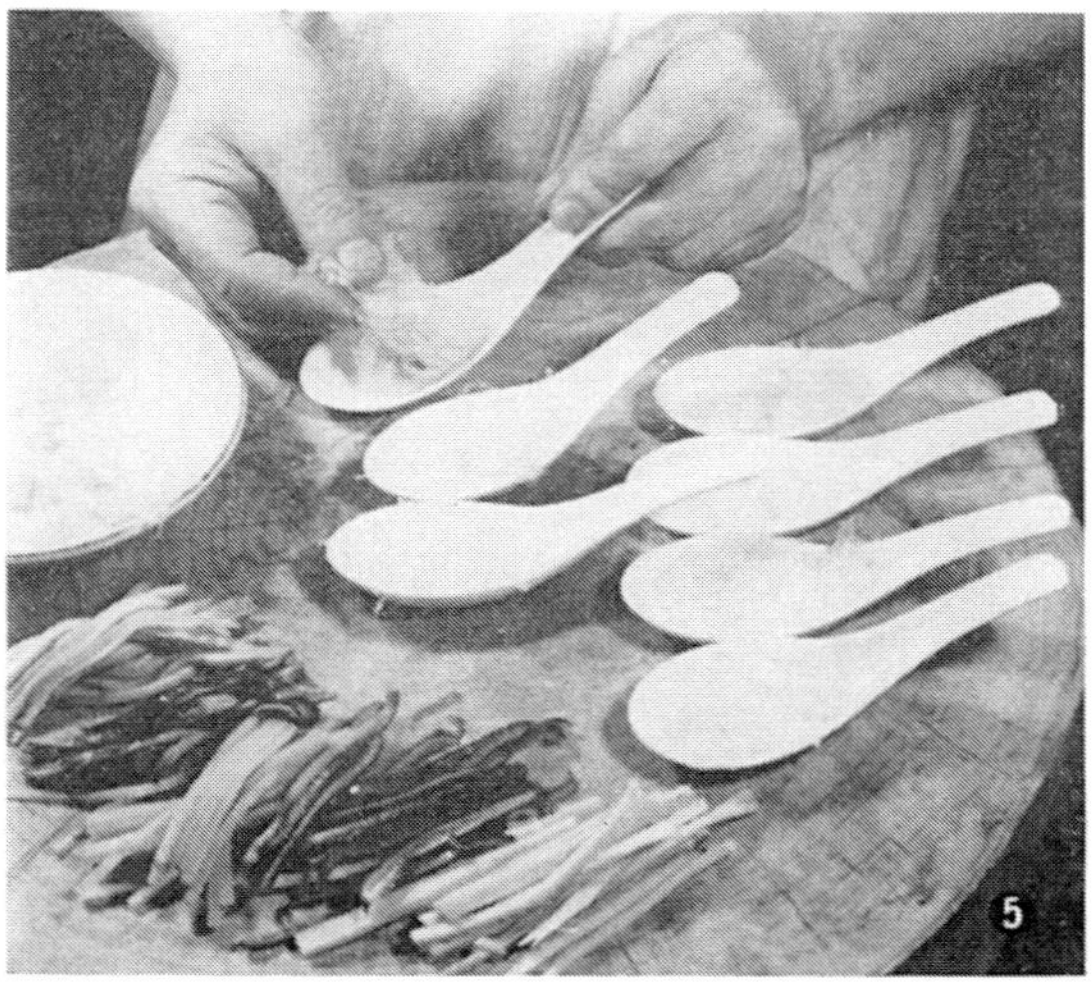

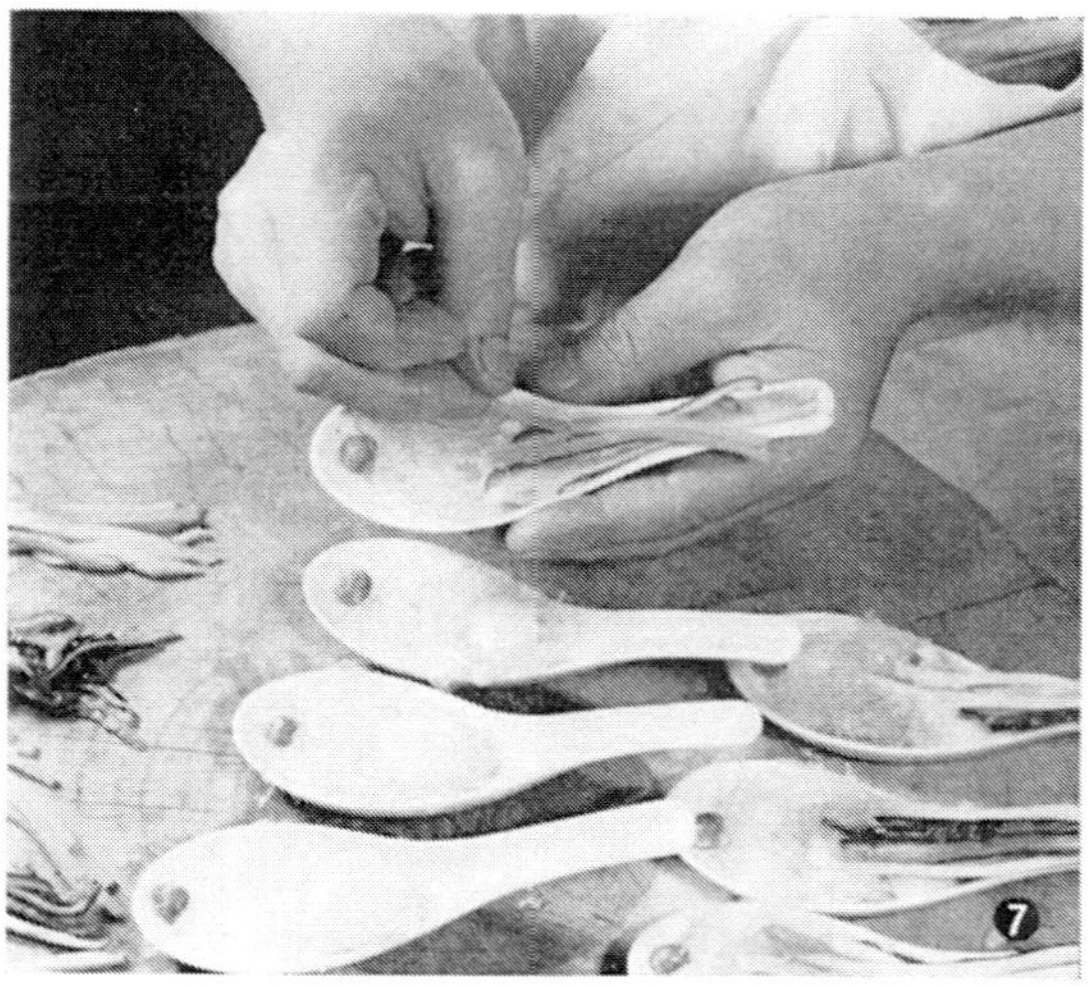

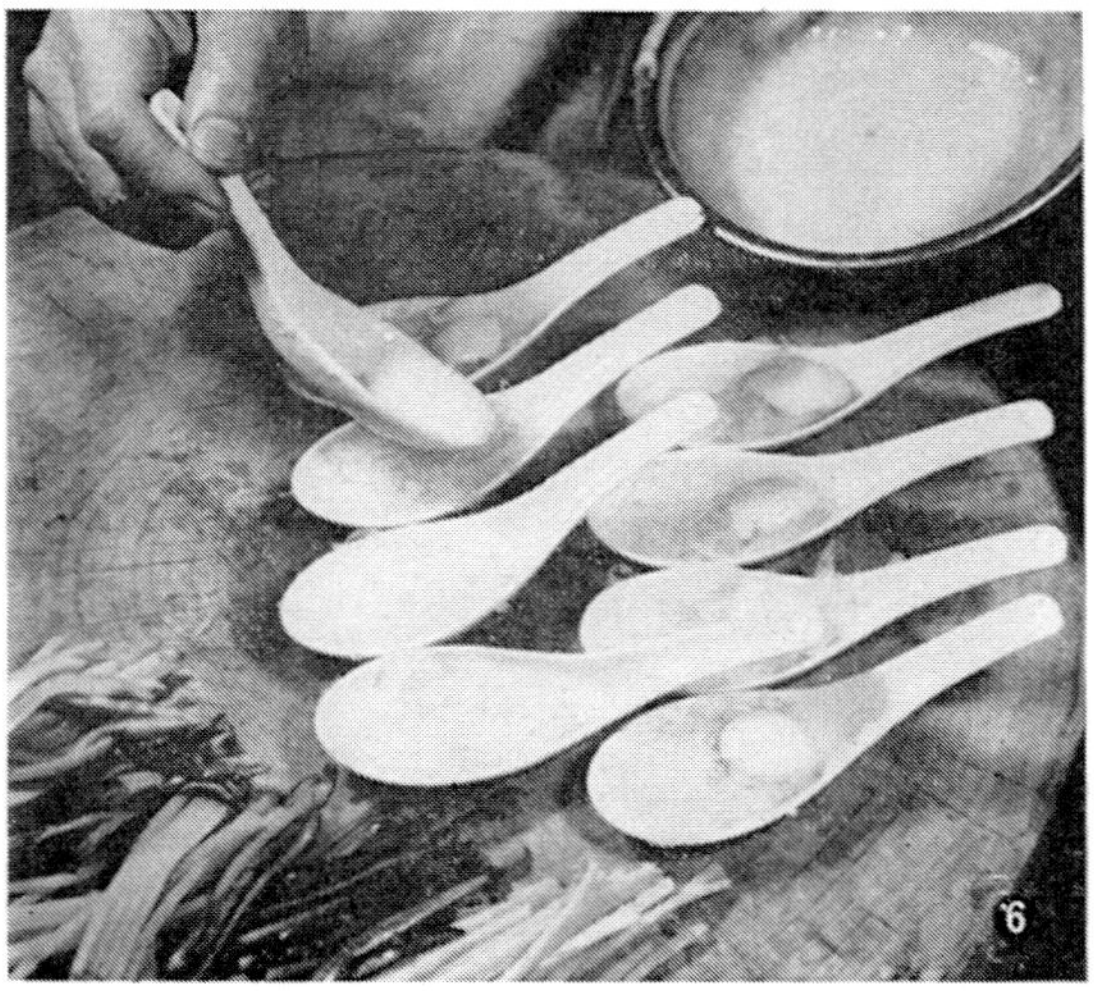

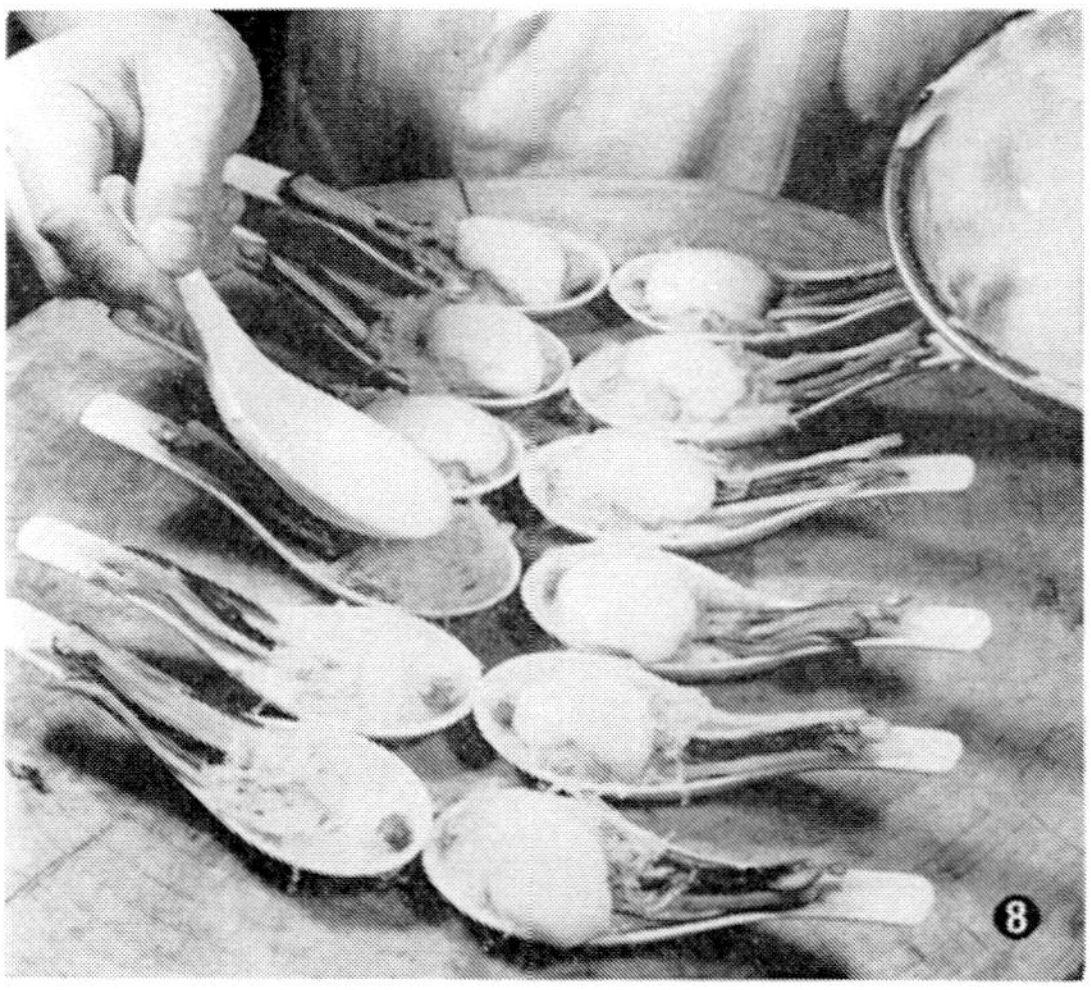

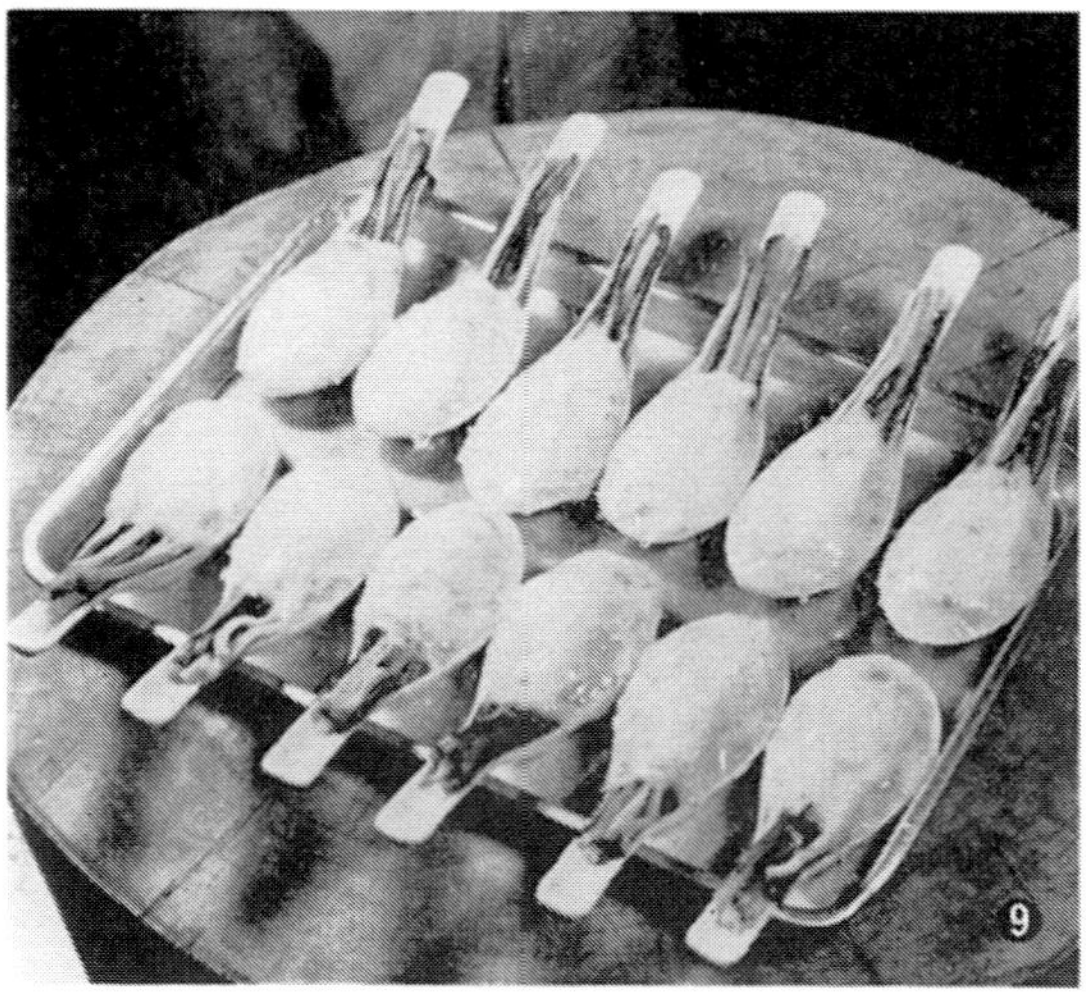

真⑧のように鶏糝を燕窩と五柳糸の上から薄くかぶせて形を整える（写真⑨）。この状態で約三分間蒸す。

〔注〕(1) 鶏糝の蒸し上がりは、カマボコのようになる。作り方は鶏のササミ二、豚の背脂肉一の割合で合わせ、細かくたたき切るか挽き肉器で五〜六回細かくひく。これに全量の1/3ぐらいの葱姜水（ツォン・ヂアン・シュェイ＝水にネギとショウガをたたきつぶして加えたもの）を少しずつ混ぜて伸ばし、塩、酒、化学調味料で味付けする。よくねばりの出るまで混ぜ合わせ、それに蛋清（ダヌ・チン＝卵白）を葱姜水と同量加え、さらによく混ぜる。最後に片栗粉を少

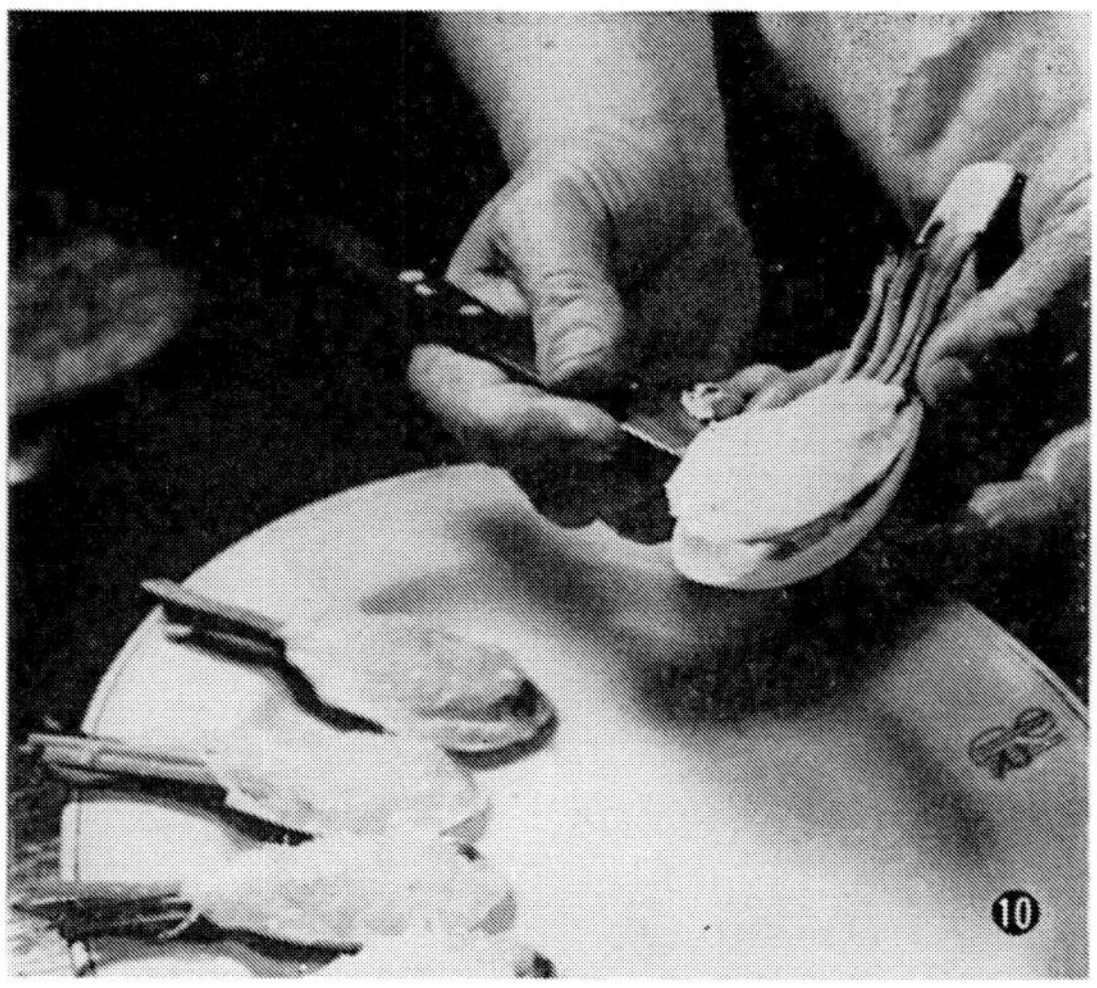

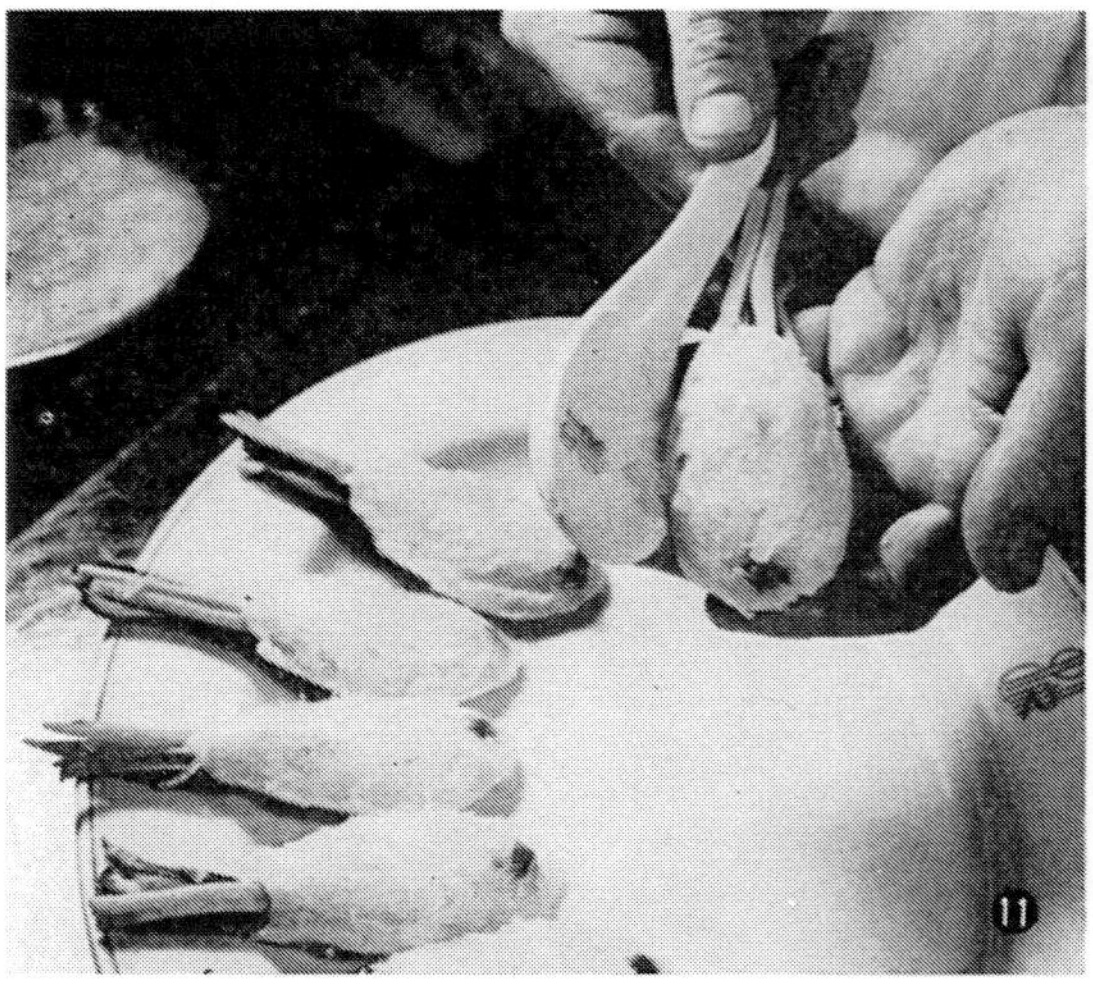

量加える（詳しくは一三六頁参照）。

(2) 鶏糝がかたくできあがったときは、卵白の量をふやす。夏は脂肉が溶けやすいので、水の量を少なめにして手早く作り上げる。

(3) また、一度冷蔵庫に入れて冷たくしてから作ると作りやすい。

(4) この料理に使う鶏糝は標準のかたさの鶏糝をさらに葱姜水と卵白を適量加え、写真のようにチリレンゲからたれる程度のやわらかさにする。

7 蒸し上がった燕窩は、今まで上になっていた鶏糝の部分を、ひっくり返して下にし、皿の上に取り出しておく（写真⑩⑪）。客に供するときに蒸し直して使う。

8 盛付け―燕窩を皿のまわりに形よく並べ（写真⑫）、その中央に飾りとして、同じように鶏糝を台にして作った花を置く。

スープ（清湯を使用するのが一番よい）を杓子二杯ぐらい鍋に入れて塩、化学調味料で軽く味付けする。さらに水溶き片栗粉を流し入れてトロミをつけ、鶏油（チ・ユー）を少量加え、燕窩の上からかけて客に供する（写真⑬）。

〔**注**〕花の作り方は、小皿などにラードを塗り少しかための鶏糝を丸く盛り上げ、ニンジン、キュウリなどを半円形の薄切りにして写真のようにさしこんで蒸す（写真⑭）。

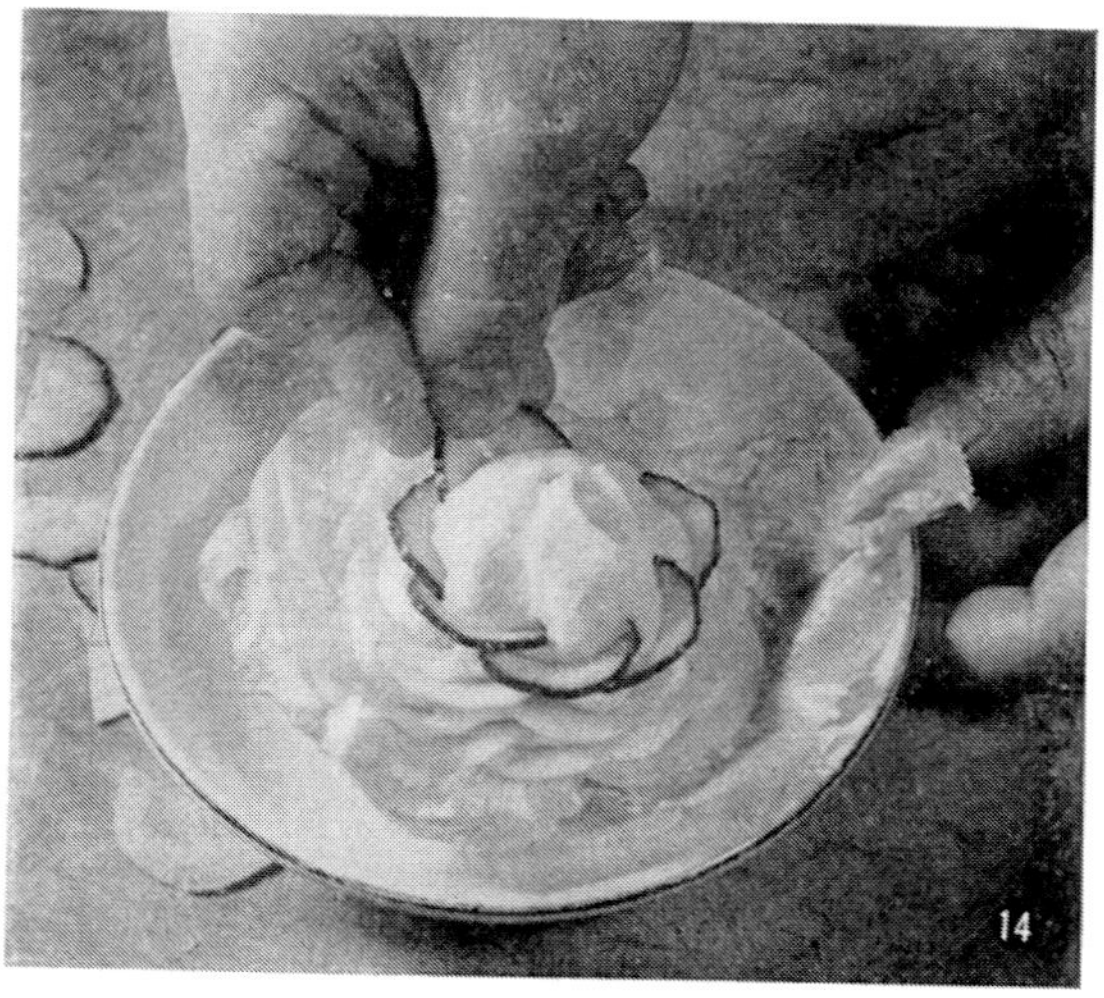

◆応用料理

清燴燕球(チン・ホイ・イエヌ・チウ)―鶏糝をシンにして丸く作る。

綉球燕窩(シウ・チウ・イエヌ・ウォ)―ごく細切りした五柳糸を燕窩に混ぜて丸く作る。

龍眼燕窩(ロン・イエヌ・イエヌ・ウォ)― 盃《さかずき》などに、鶏糝を台にしてその上に燕窩をのせ、その表面をウズラの卵で飾る。

宴会用特製豆腐料理

一《イ》品《ピヌ》豆《ドウ》腐《フウ》

材料(写真①)

豆腐一丁
豚背脂肉一〇〇g
鶏のササミ一〇〇g
口茉(コウ・モォ=マッシュルーム)
干貝(ガヌ・ベイ=干した貝柱)
冬菇(ドン・グ=シイタケ)
青豆(チン・ドウ=グリーンピース)
卵白

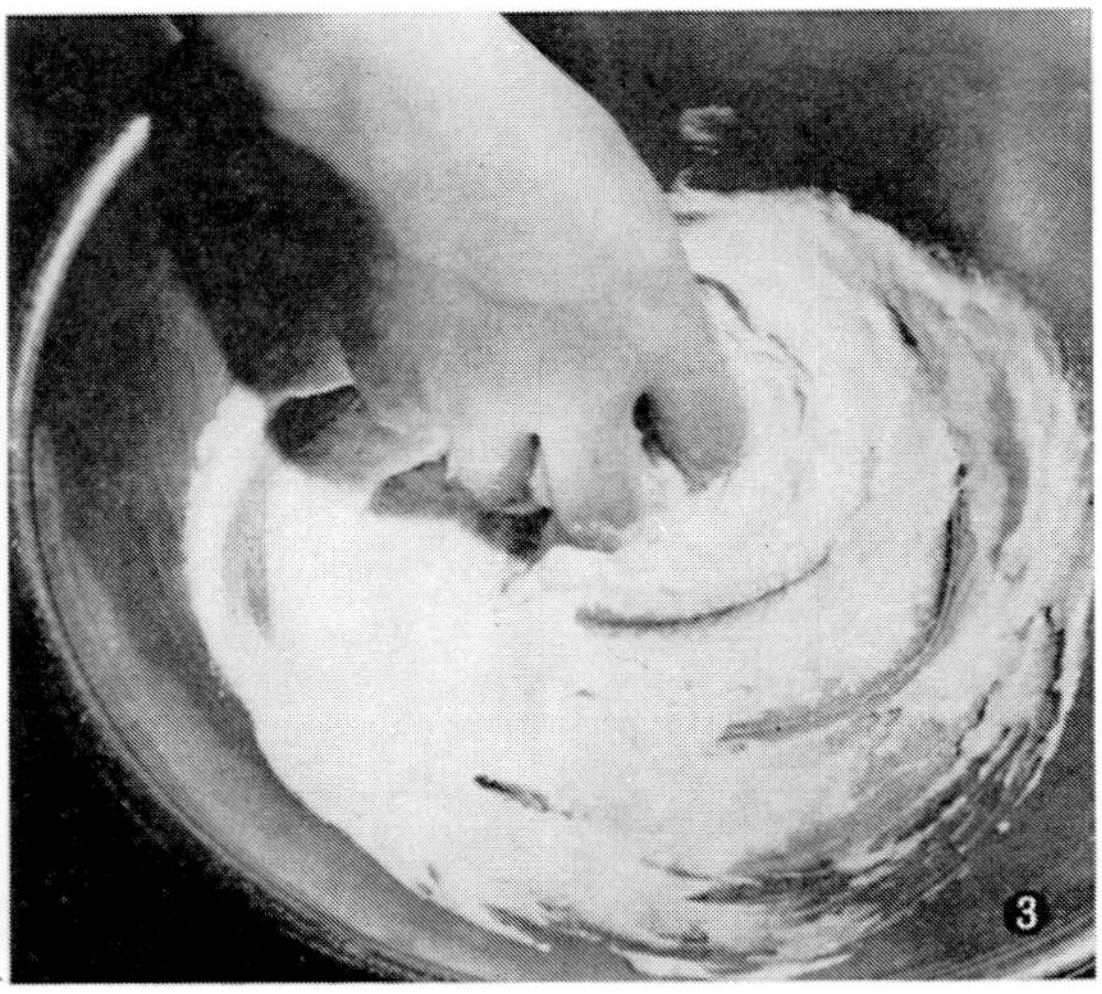

この料理は、おもに宴会料理に使うもので、普通の豆腐を作り直していろいろと飾ったり、特別のスープを使って作る料理である。

中国料理の中には、ときどきこの「一品」という名前が出てくるが、特別おいしいとか、特製の料理とかいう意味を持ち、その材料を用いた料理の中で最高の料理と考えてよい。

◈下ごしらえ

1　最初に背脂肉とササミを細かくたたきつぶす。量の多いときは、肉挽き器の一番細かい目で五～六回ひく。

2　次に、豆腐を裏ごししておく(写真②)。

3　大きなボールに1の肉を入れ、半量程度の葱姜水(ツォン・ヂアン・シュェイ)を少しずつ加えながら伸ばしていく。やわらかくなった塩、化学調味料、卵白一個分を加え、力を入れてよく混ぜ合わせると(写真③)ねばりが出て、ちょっとさわってもくっつかなくなる。片栗粉を少量入れ、さらによく混ぜ合わせる。これを鶏糝(ヂ・ツァン)という。そこへ2の豆腐を入れて混ぜ合わせ、卵白二個分、塩、化学調味料、酒、白コショウ少々を加え(写真④)、よく混ぜ合わせる。最後に片栗粉少量を加える。これがこの料理の基本になる腐糝(フゥ・ツァン)である。

〔注〕(1)　糝とは四川料理独特の調理用語で字の意味は「ねばる、まじる」と解釈してよい。

(2) 鶏糝は、肉が細かいほどきれいでなめらかにできあがる。これは、この料理だけでなく、他のいろいろな料理にも応用できる大事な調理法である。

(3) 豆腐を裏ごしするときは、先に皿の上などに置いて少し水気を出しておいたほうが具合がよい。

(4) この料理は、腐糝のできあがりいかんで、その価値もきまる。味も大事であるが、よく混ぜ合わせることと、片栗粉の量に注意すること。

◆作り方

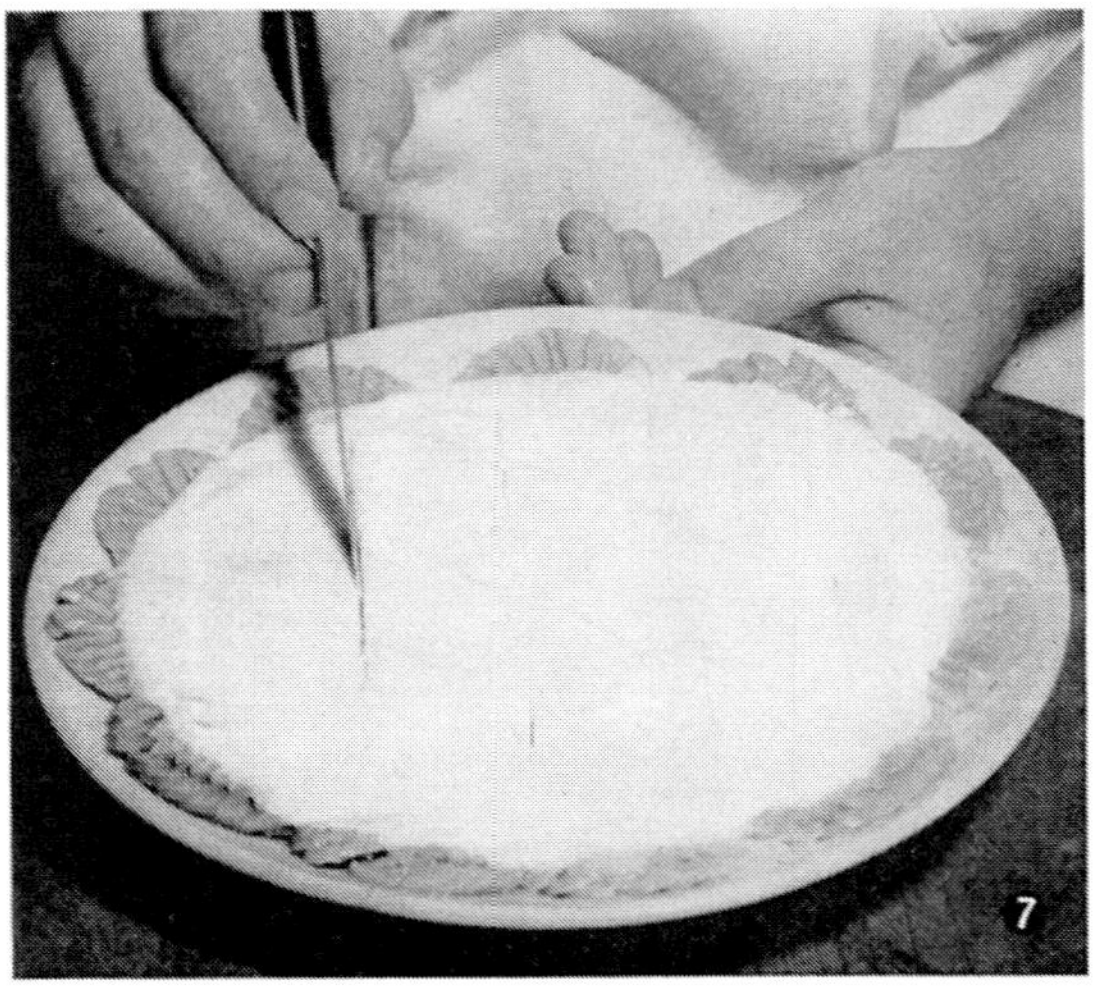

1 少し深めの皿の中に猪油（ヅウ・ユー＝ラード）をたっぷり塗り（ラードは固まっているものを使う）、写真⑤のように、マッシュルームは包丁目を入れ開いて並べ、貝柱は蒸してやわらかくもどしたものをほぐして並べる。中央は、シイタケ（やわらかくもどしたもの）に包丁目を入れて蝶の羽を作り、タケノコなどを胴にあしらう。ヒゲ（触覚）は、ホウレンソウなど青い葉を使うとよい。あとで裏返すので、模様は全部逆になるように並べる。

〔注〕模様にはきまった形はないのでいろいろと材料や形を変えて作ってみるとおもしろい。ただし、豆腐の持ち味を生かす材料であることと、一四～一五分蒸してもやせない材料であることが肝要。

2 1の上に軽く片栗粉をつけて、腐糝をゆっくりと真中から落として入れ、最後に上を平らにして（写真⑥）一四～一五分、中火で蒸す。

豆腐の真中を指で軽く押えてみてぶよぶよした感じのときは、まだ火がよく通っていない。できあがっていれば、弾力があってはね返されるような感じになる。

3 蒸し上がったら、ぬるま湯を皿のまわりから中のほうへ入れるような感じで流し入れ、片手を豆腐の上にあてて軽くゆり動かすと、先に皿に塗ってあったラードが流れ出し、皿と豆腐が分かれる。これを完全にはがして皿を取り替えておく。

〔注〕(1) 皿にはラードをたっぷりと塗ってお

くこと。薄かったり塗ってないところがあると、蒸したあと、皿と豆腐や飾りがくっついて離れなくなり、無理にはがすと表面のできあがりがきたなくなる。

(2) 皿を取り替えるときは、平らな皿を豆腐の裏にあててひっくり返すと深皿と豆腐が離れる。次に、鶏油を塗った別の同じ形の深皿を上にあててもどすと、先に蒸し上がったときと同じ状態になる。

4 客に供する前、時間を見はからって蒸し直す。そのとき前頁の写真⑦のように裏から隠し包丁を入れておく。

〔注〕隠し包丁は、表側に切れ目が出ないように気をつけること。

5 蒸し直した豆腐を、大皿にひっくり返してのせる。鍋に清湯（チン・タン＝一番上等の澄んだスープ）を取って味をつけ、水溶き片栗粉でとろみをつけて豆腐の上からかけて出す。

◆応用料理

この鶏糝を使った料理はたくさんあるが、そのいくつかを紹介しよう。写真①②のように、チリレンゲ、盃などを使って中にラードを塗って作る。

鳳尾豆腐（フォン・ウェイ・ドウ・フゥ）—鳳凰の尾を形どり、シイタケ、タケノコ、アワビ、蛋黄糕（ダヌ・ホアン・ガオ＝卵黄を蒸したもの）、ピーマンなどを細く切り、色どりよく並べて腐糝を入れ、形を直して蒸す。

荷包豆腐（ホ・バオ・ドウ・フゥ）—下に腐糝を少ししき、エビ、口茉、筍、青豆などを細かく切りアンを作って入れ、上に腐糝をのせ、包みこんで蒸す。

蓮篷豆腐（リエヌ・ポン・ドウ・フゥ）—ハスの実がはいっている苞を形どって作ったもので、少し深めの盃を使う。

鴿蛋豆腐（ゴォ・ダヌ・ドウ・フゥ）—ウズラの卵を使う。

蟹盒豆腐（シエ・ホ・ドウ・フゥ）—カニの肉を表側に並べて作る。

干貝豆腐（ガヌ・ベイ・ドウ・フゥ）—干した貝柱で飾る。

その他和尚豆腐（ホ・シャン・ドウ・フゥ）、羅漢豆腐（ロオ・ハヌ・ドウ・フゥ）などいろいろあるが、この種の料理の基本はみな同じである。

〔注〕読者の方たちも模様と材料、意味（いわれ）などを考え合わせ、それぞれ料理名を創り出していただきたい。

このような料理は一種類だけで出すよりも、二〜三種組み合わせるとか、全然別の材料と色どりよく盛り合わせると引き立つものである。いろいろと研究してみていただきたい。

燴《ホイ》鴛《ユアヌ》鴦《ヤン》蛋《ダヌ》

卵と生シイタケの料理の盛合わせ

材料（写真①）
鶏蛋（チ・ダヌ＝鶏卵）五個
鮮菇（シエヌ・グ＝生シイタケ）中一〇個
腐糝（フゥ・ツァン）（一三六頁参照）の材料
グリーンピース

この料理は宴会料理であるが、それぞれ一品料理としても使える。

鴛鴦（ユアヌ・ヤン）は「おしどり」のことで、転じて、料理用語としては一つの材料で二種の料理を作り一皿に盛り合わせる意（たとえば炸鴛鴦鶏＝ザ・ユアヌ・ヤン・チは鶏を使った二種の揚げもの料理をさす）や、あるいはこの料理のように、二種の異なった料理を一皿に盛り合わせるときの表現にも用いられる。

〔注〕この料理には、それぞれ別名がある。卵料理は菊花蛋（チュ・ホア・ダヌ）、生シイタケを使った料理は蠔油鮮菇（ハオ・ユー・シエヌ・グ）である。

◆下ごしらえ

最初卵を、黄身が真中になるようにゆでておく。生シイタケは石づきを切ってよく洗い、さっとゆでておく。腐糝を用意する。

◆作り方

1 菊花蛋（チュ・ホア・ダヌ）を作る（写真②）――ゆでた卵のカラをむき、両端をすわりがよくなるように少し切り、腹に包丁で三角の切り目を入れていき、軽く押えながらはずし黄身を抜き取る。できあがりが菊の花のようになるので、菊花蛋（チュ・ホア・ダヌ）の名がある。

2 菊花蛋を皿の上に並べ、腐糝を切り目の下のところまで入れる（写真③）。上にグリーンピ

ースを飾って四〜五分蒸す。

〔注〕(1)　蒸し上がる時間を確実に把握すること。時間がたりないと中が生のままだし、少しでも蒸しすぎると、豆腐に穴があいたり、膨張したあとで縮むために卵と中身が分かれたりする。

(2)　腐糁（フゥ・ツァン）に限らず、鶏糁（チ・ツァン）（一三六頁参照）、魚糁（ユィ・ツァン）、蝦糁（シア・ツァン。鶏糁の作り方と同じでササミを白身の魚肉、エビに代えて作る）を使ってもよい。

3　蠔油鮮菇（ハオ・ユー・シエヌ・グ）を作る。まず生シイタケの石づきを取り、洗ったのち水を切ってから軽く油を通して水分を抜く。網の上に移して油を切ったシイタケを、蠔油（ハオ・ユー＝カキ油）を少し入れた鍋で炒める。次に、シイタケがひたるぐらいにスープを加えて、ショウユ少量、砂糖、酒、化学調味料、コショウで味付けし、スープがなくなるまで煮込む（写真④）。

最後に、まわりから鶏油をたらし入れると水分が早く蒸発しツヤが出てくるから、そのとき鍋から取り出して皿の中央に盛り上げる。

〔注〕(1)　味付けは、蠔油とショウユを半々に使い、それに砂糖を少量入れて少し濃いめに味付けすると色も濃くあがり、きれいに仕上がる。

(2)　蠔油を使わないで、ショウユだけの味

❶

❺

付けでもかまわないが、その場合は紅焼鮮菇(ホン・シャオ・シエヌ・グ)という。

(3) 大量に作る場合、また忙しいときなどは前もって煮込み、仕上げてボールなどの器に入れておき、走菜（ヅォウ・ツァイ＝料理を作るとか出すの意）のときに、アルミ箔などで蓋をして蒸すとよい。しかし、冷たくなったのを蒸し直すときは、鮮菇が重なっているので、中まで完全に熱くなるよう、蒸す時間を考えなければならない。また、少しぐらい蒸しすぎても、蓋がしてあるので蒸気が中にはいらず、味にはあまり影響しない。

4 鍋にスープを杓子一杯ぐらい入れて塩味をつけ、水溶き片栗粉で薄くトロミをつけ、鶏油を少し加えてタレを作る。

5 前もって蒸し直した菊花蛋に、鮮菇をまわりに並べて、その上からタレをかけ(写真⑤)、できあがりとなる。

〔注〕 (1) 菊花蛋を蒸し直す時間は、鮮菇とは違って、蒸しすぎてはいけない。蒸しすぎると、卵と中味が離れたり、穴があいたりして見ばえが悪くなる。

(2) このような料理は、いろいろ味の対照を考えなければいけない。似た色、形、味なら、わざわざ別に作る必要もないし、料理名にも合わないことになる。

(3) 蠔油鮮菇の応用料理としては次のようなものがある。

蠔油松菌（ハオ・ユー・スン・デュヌ）—マツタケを使って作る。

蠔油冬筍（ハオ・ユー・ドン・スヌ）—冬に取れるタケノコを使うもの。また春先のタケノコを使うときは春笋（チュヌ・スヌ）または鮮笋（シエヌ・スヌ）と表現すればよい。

蠔油口茉（ハオ・ユー・コウ・モォ）西洋マツタケを使う。蘑菇(モォ・グ)または蘑菰とも表現する。

◈応用料理

無心蛋（ウ・シヌ・ダヌ）—変わった卵料理である。卵の殻に小さな穴をあけて中身を出し、鶏糝などを卵白で伸ばし、その穴から流し入れて蒸す。できあがりはゆで卵とそっくりであるが、黄身がないので無心蛋の名がある。

荷包鴿蛋（ホ・バオ・ゴォ・ダヌ）─鴿蛋とは鳩の卵のことであるが、日本ではあまり使われず、また食べる習慣も少ないので、ウズラの卵（鵪鶉蛋＝アヌ・チュヌ・ダヌ）を代わりに使う。

ゆでた卵は荷包鴿蛋と表現し、いろいろな材料といっしょに燴菜（ホイ・ツァイ）としたり、料理の色どりに使われる。

ゆで方は、ボールに水を入れ、ウズラの卵を割り入れる。鍋に湯を沸かし、沸いたら火を弱くしてボールの水ごと中に入れ、ゆっくり水をまわすような感じにかき混ぜる。沸くか沸かぬかの状態で、上に浮く泡などをすくい捨てながら白身の固まるのを待つ。

いわゆる半熟の卵に仕上げ、取り出して水にさらす（前頁写真①参照）。

この応用料理には三鮮荷包鴿蛋（サヌ・シエヌ・ホ・バオ・ゴォ・ダヌ）がある（前頁できあがり写真参照）。

これは三鮮（鶏肉、アワビ、ハムなど）の副材料といっしょに燴菜を作るものである。

このほか、蚕豆（ツァヌ・ドウ＝ソラ豆。別名翡翠＝フェイ・ツェイ）や青豆（チン・ドウ＝新鮮な青エンドウ。別名青元＝チン・ユアヌ）なども応用できる。

荷包鴿蛋はやわらかいのが特徴であるから、熱いスープを入れた器で卵を温めたのち取り出し、別に作っておいた燴菜の中に入れて客に供する。

中国料理の材料の中でも、鶏蛋（ヂ・ダヌ＝鶏卵）はなくてはならぬものの一つであり、中国料理の中から鶏卵を除いたら、料理の種類も味も半減してしまうのではないかと思われる。

しかし、鶏蛋を主材料とした料理はあまり多くなく、鶏蛋そのままを使うよりも、むしろ他の材料と組み合わせる料理のほうが多いようである。

その場合、鶏蛋より高価な材料と組み合わせると、その材料のほうが主材料となり、鶏蛋は副材料と見なされる。

また、鶏蛋の二字が料理名となる場合はほとんどなく、蛋の一字がいろいろと組み合わされたり、次のような別名で象徴されることも多い。

芙蓉（フゥ・ルォン＝フゥ・ヨンの発音もある）─昔は、ハスの別名といわれていたが、現在は芙蓉の花になぞらえて蛋清（ダヌ・チン＝卵白）を使ってやわらかくふわふわした感じになるように作ることが多い。

〈例〉芙蓉魚翅（フゥ・ルォン・ユィ・ツー）─サメヒレと卵白

雪花（シュエ・ホア）・雪衣（シュエ・イ）・雪塔（シュエ・タ）─やはり蛋清を使い、雪のように白くやわらかい意味に使う。

〈例〉雪花香菇湯（シュエ・ホア・シアン・グ・タン）─蛋清とナメコを使ったスープ

木犀（ムゥ・シィ）桂花・（グェイ・ホア）─白身を使っても、黄身を使ってもよい。木犀の花にたとえてこの名がある（桂花は木犀の別名）。

〈例〉木犀肉糸（ムゥ・シィ・ルウ・スー）─肉糸と炒める。

桂花蝦仁（グェイ・ホア・シア・レヌ）─小エビと炒める。

他の卵類には、鴨蛋（ヤー・ダヌ＝アヒルの卵）を使った松花皮蛋（スン・ホア・ピィ・ダヌ）、塩蛋（イエヌ・ダヌ）があり、鴿蛋（ゴォ・ダヌ＝鳩の卵）を使った荷包鴿蛋（ホ・バオ・ゴォ・ダヌ）もある。またウズラの卵は鵪鶉蛋（アヌ・チュヌ・ダヌ）といい、鴿蛋の代用や料理の色どりに使う。

焼《シャオ》菜《ツァイ》類《レイ》
—煮込み料理—

焼（シャオ）とは「煮込みもの」の意に使うが、火を使うもの全部をさしていうこともある。

たとえば、北方の料理では「揚げもの」の意に使い、炸腰花（ザ・ヤオ・ホア＝豚の腎臓の花切り揚げ）を焼腰花（シャオ・ヤオ・ホア）と表現し、広東料理では叉焼肉（ツア・シャオ・ルウ）などのように、「烤」（カオ＝直火焼き）の意にも用いる。

焼の種類には、次のようなものがある。

(1) 紅焼（ホン・シャオ）—ショウユで煮込んだ料理であるが、ショウユだけで煮込むと色が赤黒く仕上がるので、それを嫌って、砂糖や氷砂糖を焼いて糖色（タン・ソオ—後述）を作って入れ、塩味で、ショウユを使ったのと同じような色を出すときもある。きれいな澄んだ色に仕上がる。

(2) 白焼（バイ・シャオ）—煮込んだあと塩味で仕上げる。

〈例〉白汁魚翅（バイ・ヅ・ユィ・ツー）

(3) 糟焼（ヅァオ・シャオ）—香糟（シアン・ヅァオ＝酒粕）を加えて作る。

(4) 葱焼（ツオン・シャオ）—紅焼とほぼ同じであるが、ネギを多めに使ってその香りを生かす煮込み方。

〈例〉葱焼海参（ツオン・シャオ・ハイ・シェヌ）

(5) 乾焼（ガヌ・シャオ）または干焼—これは四川料理独特の調理法で、帯辣（ダイ・ラ＝辛い）、不帯辣（ブ・ダイ・ラ＝辛くない）、葷（ホヌ＝肉・鶏・魚類）、素（スゥ＝野菜類）の四種類がある。

帯辣—干焼鯽魚（ガヌ・シャオ・ヂ・ユィ＝フナ）、干焼蝦仁（ガヌ・シャオ・シア・レヌ＝小エビ）など。調理法後述。

不帯辣—干焼魚翅（ガヌ・シャオ・ユィ・ツー＝サメヒレ）、干焼鮑魚（ガヌ・シャオ・バオ・ユィ＝干しアワビ）などがあり、長時間煮込んでそのねばり気を利用して作り、片栗粉を使わない。

㸆（ドゥ）は四川方言で、焼（シャオ）とも少し感じが違う。麻婆豆腐の作り方がこれで、少量のスープを加えただけであとは豆腐の水分を利用し、弱火でブツブツと煮込む作り方。

扒（パァ）は四川では焼（シャオ）、北方では扒といわれるが、この調理法は北方菜に多く使われる表現で、焼と同じか、または焼よりやわらかく煮込んだ料理と解釈してよい。

その種類には次のようなものがある。

(1) 紅扒（ホン・パァ）—揚げたりゆでた材料を弱火でやわらかくなるまで煮込み、ショウユ（または糖色、塩）で味付けして片栗粉でとめる。

(2) 白扒（バイ・パァ）—塩味で仕上げる。

〈例〉扒三白（パァ・サヌ・バイ）

(3) 奶油扒（ナイ・ユー・パァ）—白扒に奶油（ナイ・ユー＝エバーミルク）を加えて仕上げる。

〈例〉奶油菜心（ナイ・ユー・ツァイ・シヌ）

(4) 鶏油扒（ヂ・ユー・パァ）—白扒の仕上げに鶏油を加える。

〈例〉鶏油菜心（ヂ・ユー・ツァイ・シヌ）

燜（メヌ）と焼（シャオ）はほぼ同じ調理法であり、表現の違いとしか思えない。煮込むときはスープを少なめにし、蓋をして弱火で煮込み、とめるときの片栗粉も少なめに使う。

その種類には次のようなものがある。

(1) 紅燜（ホン・メヌ）—ショウユ味で、色が濃い。

〈例〉紅燜鶏塊（ホン・メヌ・ヂ・クアイ）

(2) 黄燜（ホアン・メヌ）—紅燜とほとんど同じで色を淡《うす》く仕上げる。

〈例〉黄燜鴨肝（ホアン・メヌ・ヤー・ガヌ）

(3) 油燜（ユー・メヌ）—材料を揚げたのち煮込み、片栗粉は使わない。また冷まして冷菜としても使われる。

〈例〉油燜筍子（ユー・メヌ・スヌ・ヅ）

煨（ウェイ）も焼・燜と同様弱火で煮込む調理法である。煨麵（ウェイ・ミエヌ）、煨飯（ウェイ・ファヌ）などにその表現が見られる。

煮（ヅウ）はゆでる、煮るというような意味のとき使われる調理用語である。

料理名にはあまり見当たらないが、上海菜に煮干糸（ヅウ・ガヌスー）という押し豆腐の細切りを使った料理がある。

紅《ホン》焼《シャオ》排《パイ》翅《ツー》

サメヒレの姿煮

魚翅の料理は、中国料理の宴会には欠かせないもので、この料理のあるなし、またはその作り方や種類で宴席の格もきまる。

魚翅とは鮫鰭《さめひれ》のことであるが、西日本では、これをフカヒレというようである。また、サメのことを、大きいものはフカ(鱶)、小さいものはサメ(鮫)と表現するときもある。

魚翅料理は下ごしらえがむずかしい。ヒレそのものには味はなく、独特のにおいと歯ごたえがあるだけである。それをいかにおいしく調理するかが問題である。したがって特別のスープや親鶏などを使って蒸したり煮込んだりして、ヒレに美味を浸みこませるようにしなければならない。

魚翅は、料理として出すとき、形をくずさずにそのまま使うものを排翅(パイ・ツー)または荷包翅(ホ・バオ・ツー)、包翅などといい、バラバラにくずして使うものを散翅(サヌ・ツー)と表現する。もちろん総称は魚翅であり、形にかかわらず「〇〇魚翅」と表現してもかまわない。

排翅に使うにはモウカビレ、ヨシキリビレ(写真①)がよく、散翅にはこの二種の下ごしらえ中にくずれたものや、アオビレ、あるいはキンシを使う。

◆魚翅の下ごしらえ

モウカ、ヨシキリの場合は、沸かした湯の中にひたし、ふたたび熱したのち火をとめて一晩

材料

魚　翅(ユィ・ツー)

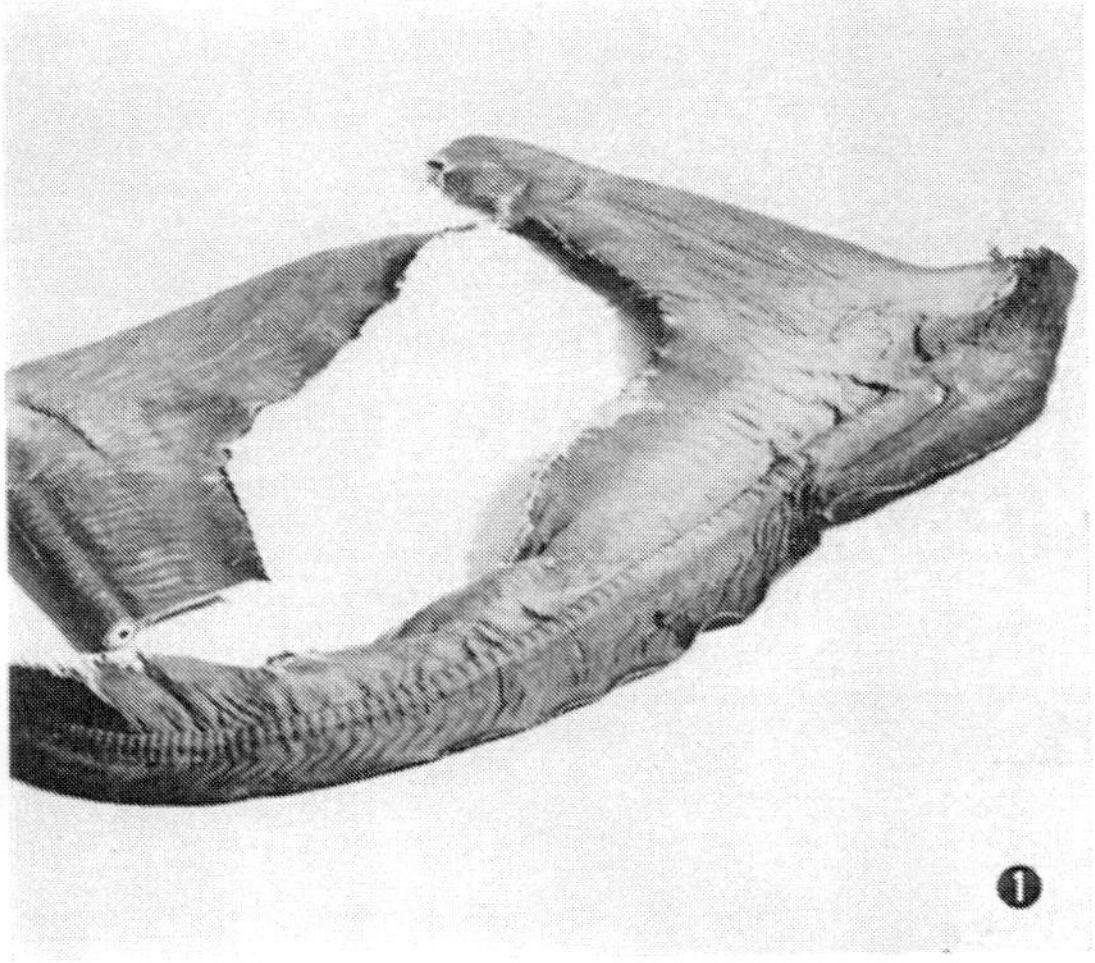

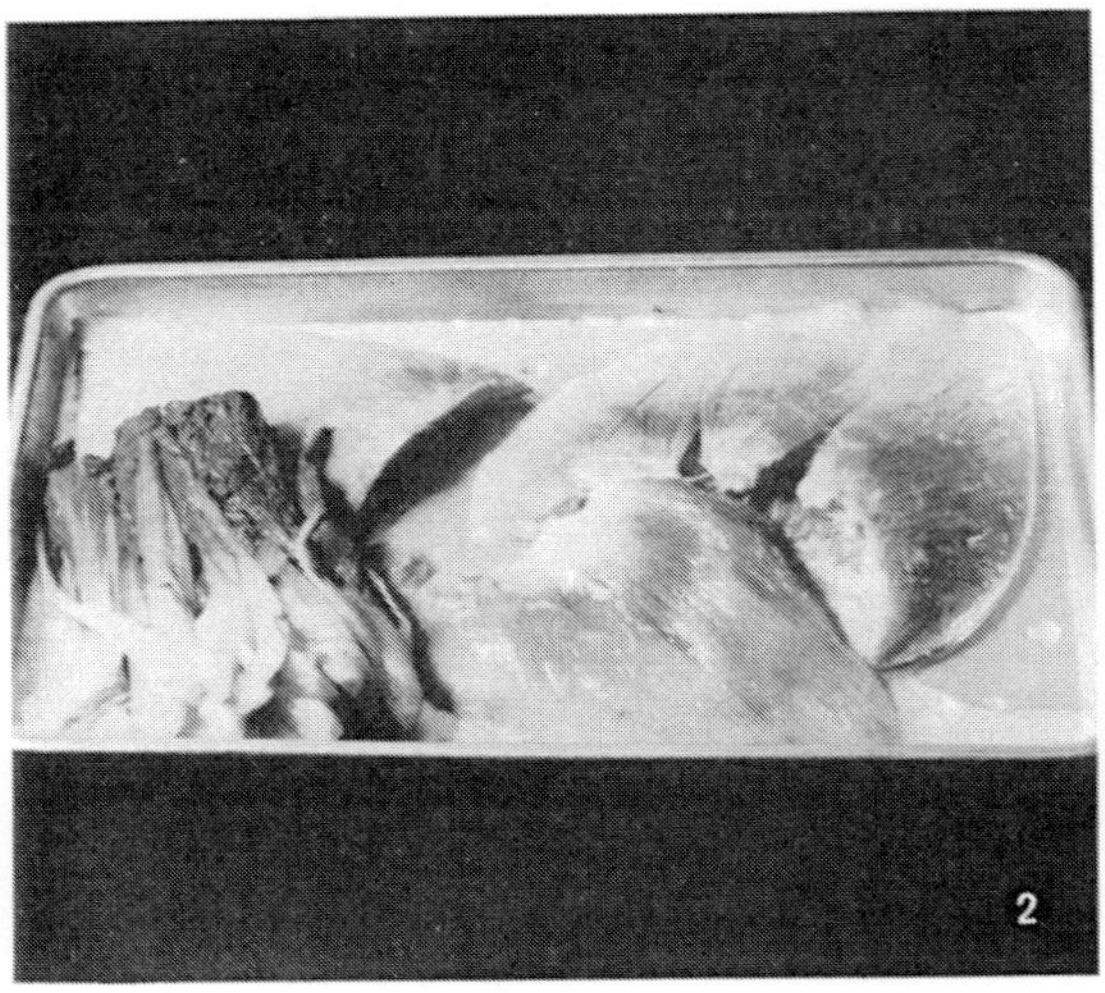

置く（アオは沸かした湯にひたすだけ）。砂を落とし、新しく水を取り替えて沸かしてこれを冷ましたのち、表面の薄皮と残った砂や骨をきれいに取り除く。あと二～三日「水を取り替える」「沸かす」という作業を、朝晩、やわらかくなるまで繰り返すとできあがる（写真②右）。

◆作り方

1　白湯（バイ・タン）を用意する―白湯とは、濃いスープのことである。老母鶏（ラオ・ムゥ・ヂ＝親牝鶏）一羽を適当に切り、鶏の骨（脚を多めに用いる）三kg、豚の骨一kg、肥膘（フェイ・ビアオ＝豚の背脂肉）一kgを湯通ししてよく洗い、ネギ、ショウガを適量加えて水二〇lに入れて蓋をし、強火で五～六時間沸騰させながら煮込む。

　途中、煮つまりすぎるようなら、鶏湯（チ・タン＝普通の鶏スープ）か水を加えながら、スープの量が半分ぐらいになるまで煮つめたのち、こす。ミルク状の真白な濃いスープが取れる。このスープは、魚翅を煮込むだけではなく、いろいろな煮込み料理やスープなどにも利用される。

〔注〕(1)　普通鶏湯をとるときには脂類を加えず、長時間沸騰させず、しかも沸きやすいので蓋は使わないが、白湯を作る場合は、全部それを逆にする。

(2)　最初のうちは、浮いてくるアクをすくい取ることも肝要である。

2　下ごしらえの終わった魚翅を、ネギとショウガをたたきつぶして入れた湯の中に通す。別に、菜心（ツァイ・シヌ＝漬け菜）の筋を抜いてゆで、長さを切りそろえたものを用意する（写真②左）。

3　煮込む―鍋をカラ焼きし、油をまわりから流しこんだのち、もとの器に油をもどし、あらためて猪油（ヅゥ・ユー＝ラード）を杓子1/3ぐらい入れ、ネギ、ショウガ少量を、少し色づくまで炒める。鶏湯、白湯を半々に三杯ぐらい入れる。ネギ、ショウガはすくい出して捨てる。魚翅の水を切って入れ、その上に菜心を並べる。酒を少量加えて四～五分煮込む（写真③）。

〔注〕(1)　煮込むとき、白湯だけだと蒸発して濃すぎる。

(2)　数多く作るときや、前もって用意する場合には、一皿ずつ材料をはかり、碗かボールに入れ、白湯を加えて蒸すとよい。

4　仕上げ―菜心を取り出し、水気を切って皿に並べる。

　魚翅にショウユ、コショウ、化学調味料を加えて味を整える（写真④）。鍋をふりまわす動作を繰り返して中の魚翅をまわしながら、上から水溶き片栗粉を、糸を引くようにして落としていく（写真⑤）。全体に平均になるように入れていくと、スープが固まってくる。そうしたら、最後に二筋くらい余分に片栗粉を入れる。

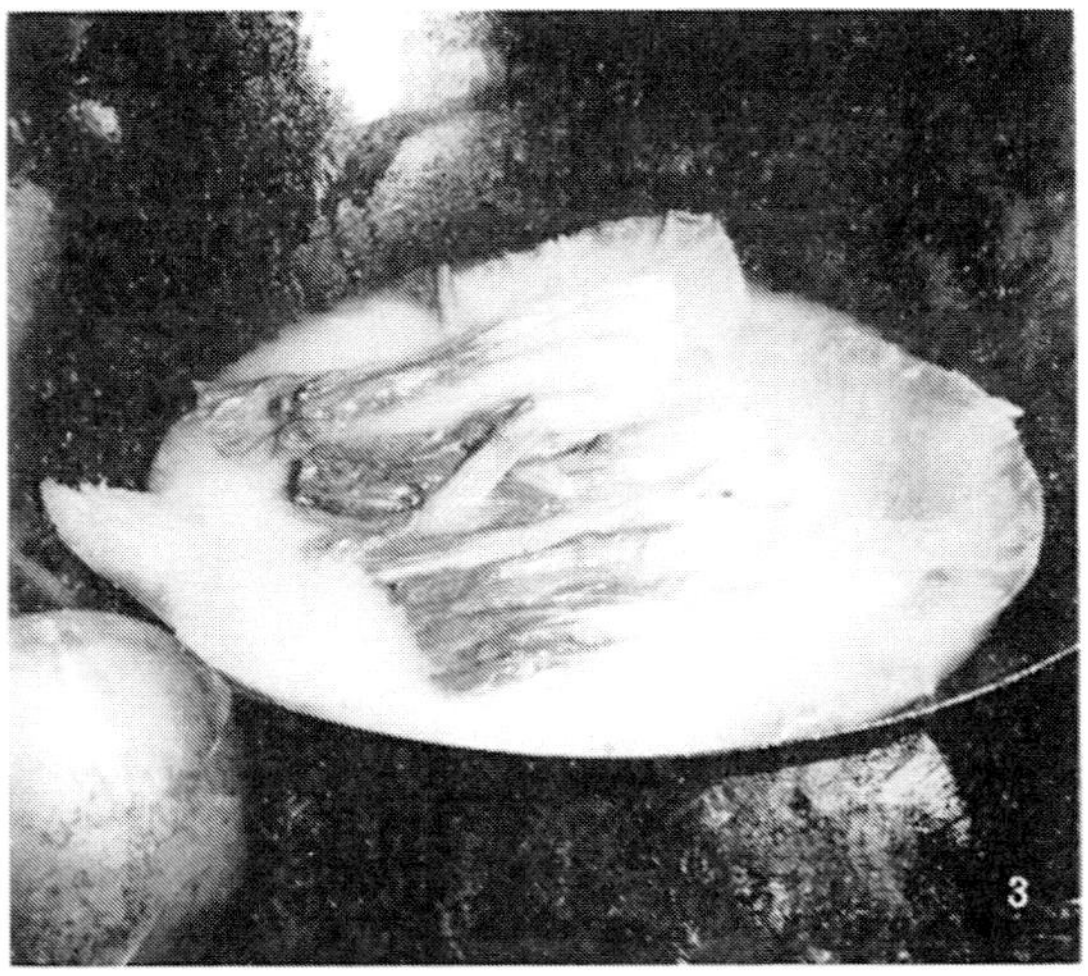

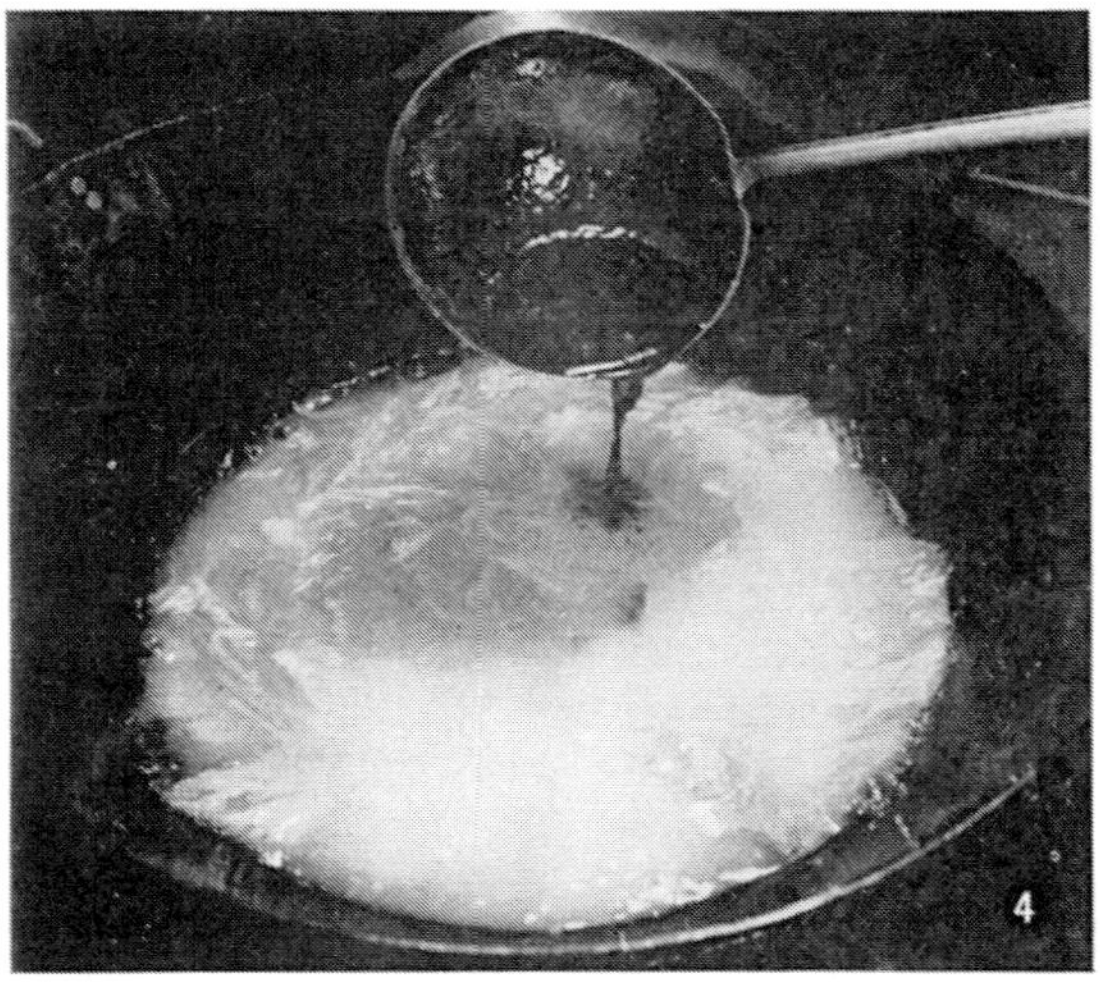

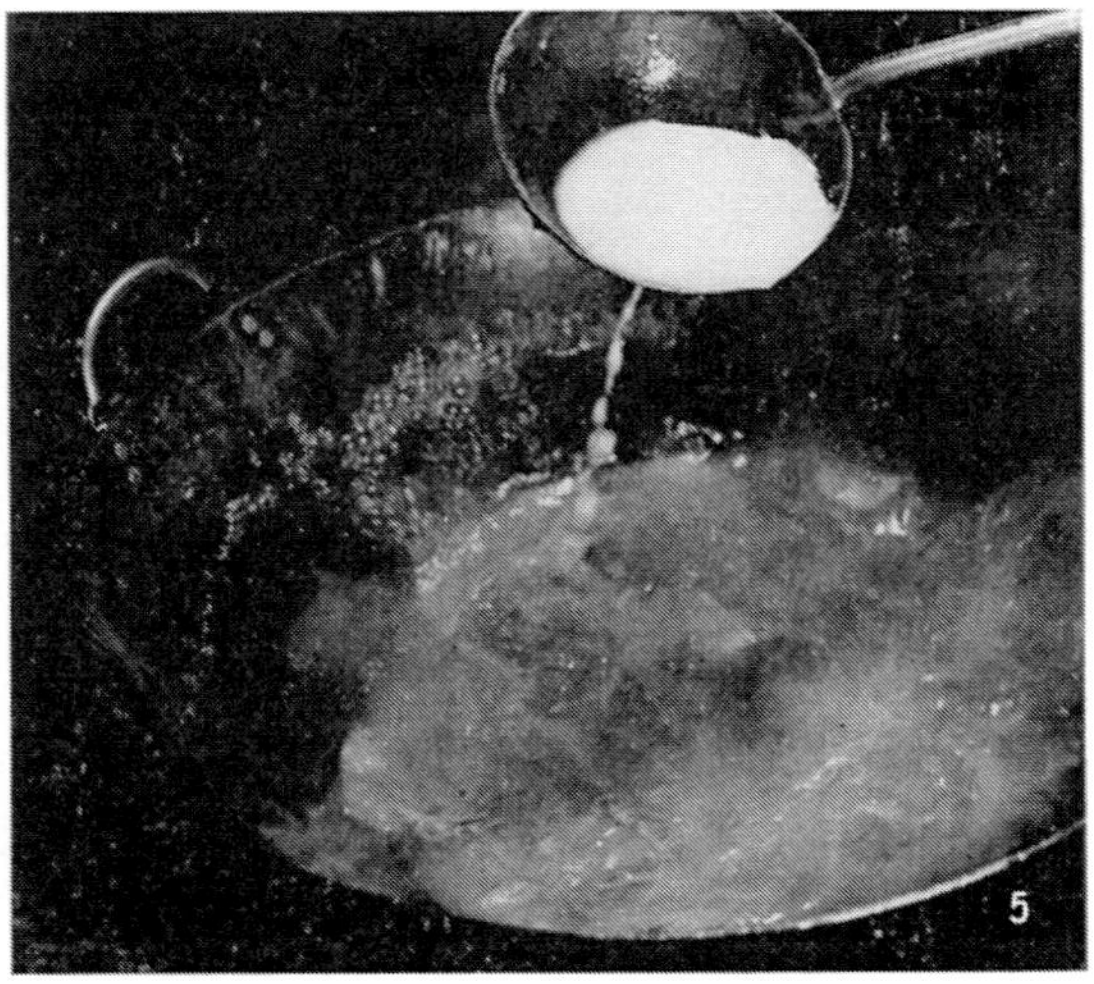

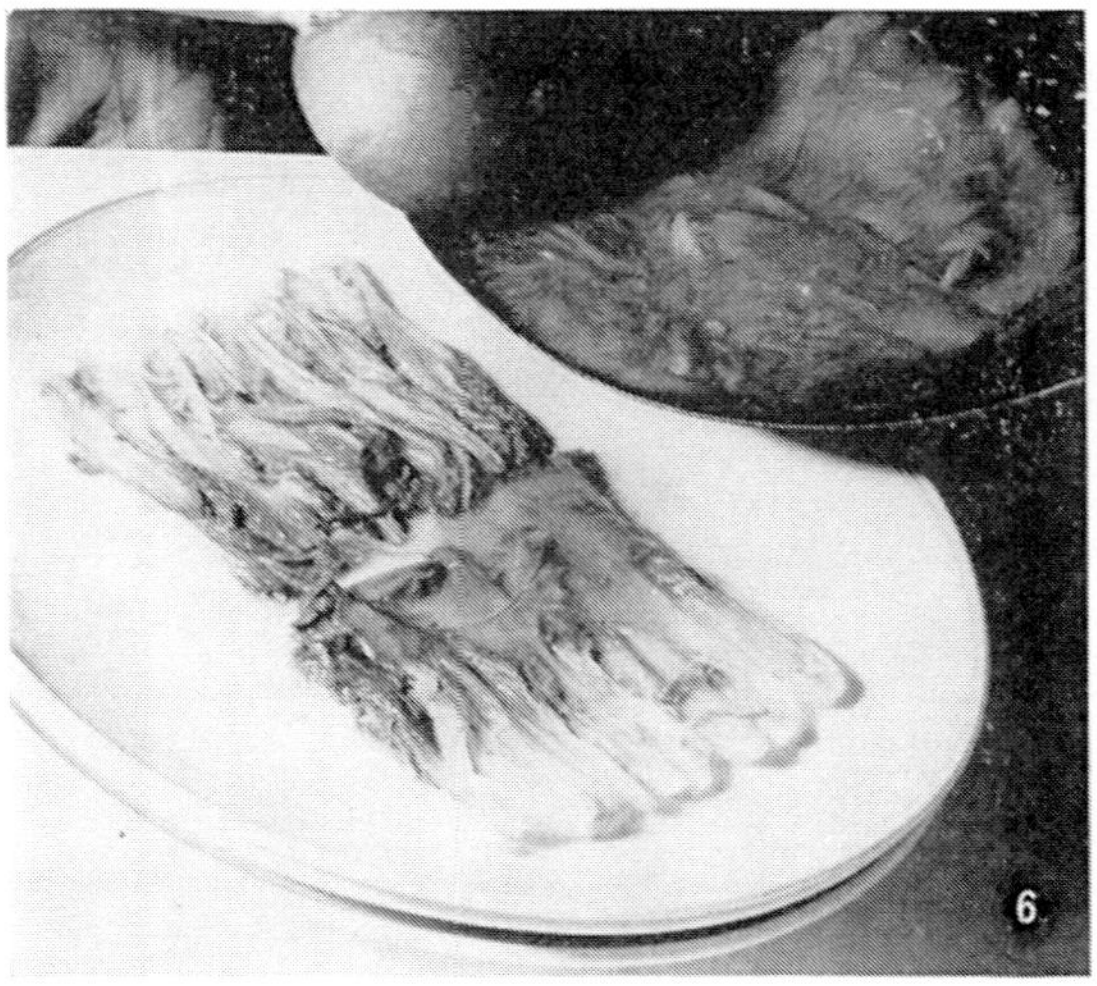

鍋のまわりからラードを少量入れ、魚翅をひっくり返す。火が強いのでこげやすいから注意する。鍋のまわりから鶏油（チ・ユー＝鶏の油）を少しずつ流し入れていくと、表面に油が浮き出し、ツヤが出てくる。

4 ツヤが出てきたら、皿の菜心の上に写真⑥のように盛りつけて上卓する。

〔注〕(1) 水溶き片栗粉が多すぎると団子になり、少ないと横に流れて見ばえが悪く、水っぽい感じになる。

(2) 油の量に気をつけること。白湯の中にふくまれる油やカラ焼きしたあとで鍋に入れる油が多いとスープとの見分けがつかず、片栗粉を入れ始めたら、スープの分だけすぐ固まり、あとは油だけが固まらないで浮いてしまうおそれがある。

◆応用料理

蠔油魚翅（ハオ・ユー・ユィ・ツー）―カキ油を使う。

豆芽排翅（ドウ・ヤ・パイ・ツー）―豆モヤシを添える。

三糸魚翅（サヌ・スー・ユィ・ツー）―アワビ、鶏、ハムの細切り入り

蟹黄魚翅（シエ・ホアン・ユィ・ツー）―カニの卵を使ったもの

蟹《シエ》黄《ホアン》魚《ユィ》肚《ドゥ》

材料（写真①）

魚肚（三〇〇g）一枚（写真はもどしたもの）

蟹肉（シエ・ルウ＝罐詰のカニの肉）一五〇g

冬筍（ドン・スヌ＝罐詰のタケノコ）大一個

ニンジン一本

干した魚の浮き袋とカニ肉の煮込み

魚肚（ユィ・ドゥ）とは、黄魚（ホアン・ユィ＝ニベ、関西ではキグチという）や、サメなどの比較的大きな魚の浮き袋をかちかちにかたく乾燥させたものである。

性質は蹄筋（ティ・ヂヌ）と似ているので、もどし方は、これとだいたい同じである。

このもどし方も、油発（ユー・ホア）と水発（シュェイ・ホア）の二通りある。焼菜（シャオ・ツァイ）、燴菜（ホイ・ツァイ）に使う。

〔注〕この魚肚のもどし方は、水発（シュェイ・ホア）でよく洗ってそのままボールに入れ、たっぷりの水を加えて約二時間ほど蒸す。

油発は、最初、温油に浸けておき、包丁が通るぐらいにやわらかくなったら適当な大きさに切り、あとは蹄筋と同じ要領で揚げてもどす。

◈下ごしらえ

1　魚肚は幅二・五cm、長さ七～八cmぐらいの短冊型に切る（写真②）。

タケノコは、写真③のように中心より外へ放射状に切る（この切り方は梳子形＝シュウ・ヅ・シン。櫛形のこと）。このように切ると大きさも厚さも全部同じように切れ、魚肚の切り方に合う。カニは筋を抜き、ほぐしておく。

ニンジンは色の赤いものを選び、皮をむき、おろしがねでおろしておく（写真④）。

2　汆（ツォワヌ＝湯通し）―魚肚とタケノコ

蟹黄魚肚

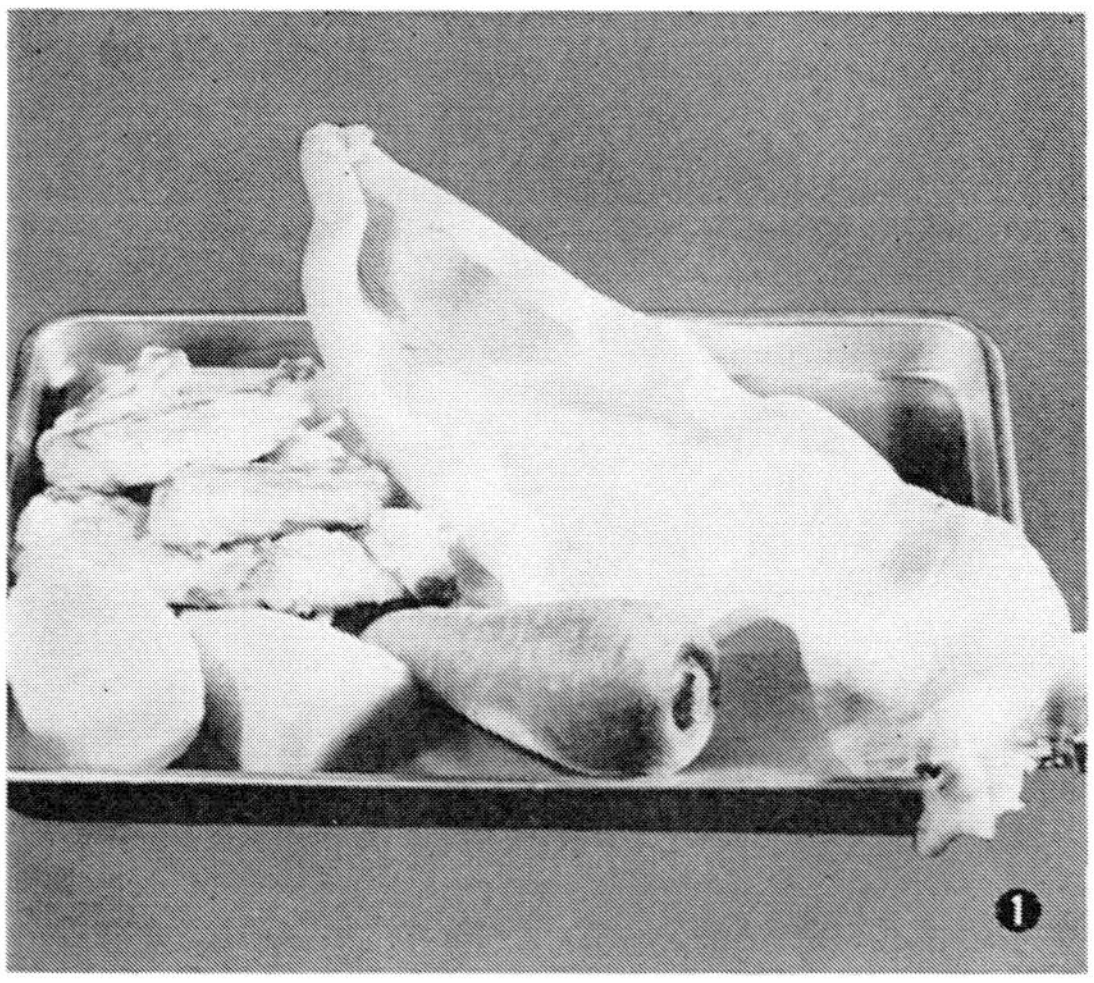

は、たっぷりの湯で湯通しする。

◆作り方

1 焼（シャオ＝煮込み）―鍋に猪油（ヅウ・ユー＝ラード）を杓子1/2ぐらい入れ、弱火でよく炒め、スープを加える（写真⑤）。

〔注〕(1) このおろしたニンジンを炒めるのは、赤い油を取るためと蟹黄（シエ・ホアン＝カニの卵）の代わりに使うためである。

カニの卵は、現在とても手にはいりにくいので、代わりに色の似ているニンジンを使用する。

その代わり、味を出すために、カニの肉は少し多めに使用する。

(2) ニンジンを使用して色を出すのは中国でも昔から使われている手法である。

紅油（ホン・ユー）には二種類あり、免紅加紅（メエヌ・ホン・ヂア・ホン）つまり赤い油（辣油＝ラ・ユー。トウガラシ油）を抜いて赤い油（ニンジンを使って作る油）を入れてくれ、と注文して、料理人をためす客もいるくらいである。

(3) 純粋なニンジン油（紅油。正確には炒紅蘿蔔油＝チァオ・ホン・ロオ・ボ・ユーという）を作るには、色の赤いニンジンを細切りにするか、おろしたあと、冷たい油の中に入れ、弱火でゆっくり揚げると、ニンジンの赤い色が油ににじみ出る。

このとき、絶対に黒くこがしてはいけない。

2 味付け―1のスープの中へ湯通しした魚肚、タケノコを入れ（写真⑥）、塩、コショウ、酒、化学調味料を加える。

味付けは薄味にする。スープの量は全材料がひたる程度に入れて、約三〇分ぐらい弱火で煮込む。

スープが1/3ぐらいに煮つまったら味を整え、水溶き片栗粉でトロミをつける。最後に鍋のまわりから鶏油を少量たらして、皿に盛る。

◆応用料理

麻醬魚肚（マ・ヂアン・ユィ・ドゥ）―あたりゴマを使って煮込む。

奶油魚肚（ナイ・ユー・ユィ・ドゥ）―エバーミルクを使って仕上げる。

三鮮魚肚（サヌ・シエヌ・ユィ・ドゥ）―鶏、アワビ、ハムなどを使って燴菜（ホイ・ツァイ）にする。

蟹黄魚翅（シエ・ホアン・ユィ・ツー）―同じ煮込み方でフカのヒレを使う。

蟹黄蹄筋（シエ・ホアン・ティ・ヂヌ）―豚の筋を煮込む。

蟹黄の黄（ホアン）は卵をさすのであるが、その色によって、名づけられている（黄色といっても赤に近いものまで幅が広い）。

普通、卵は鶏卵の鶏蛋（ヂ・ダヌ）、鶏子児（ヂ・ヅ・アル）のように、蛋（ダヌ）、子（ヅ）などと表現される。エビの卵は蝦子（シア・ヅ）または蝦蛋（シア・ダヌ）であるが、蝦黄（シア・ホアン）といえばエビの脳ミソをさす。

蛋黄（ダヌ・ホアン）といえば卵の黄身であるが、芹黄（チヌ・ホアン）となると、芹菜（チヌ・ツァイ＝セリ・セロリ）のシンの部分の表現であって、これまた黄色いのでこう名づけられている。また韮黄（ヂウ・ホアン）というとニラのわかばのことで温室栽培などをしたりするが、わざわざ土や、ワラをかぶせて太陽光をあてずに育て、黄色く作る。

このように「黄」の一字にもいろいろな意味があるものである。

貴《グェイ》妃《フェイ》鶏《ヂ》翅《ツー》

鶏の手羽先ショウユ煮

この料理は、紅焼鳳翅(ホン・シャオ・フォン・ツー)または紅焼鶏翼(ホン・シャオ・ヂ・イ)・鳳翼(フォン・イ)ともいわれる料理で、約四〇〜五〇年前上海のある四川料理店の料理人が創作したものである。

その名のいわれは、酒を多量に使っているので、そのにおいがプンプンするところから、唐の時代の楊貴妃の「酔酒百花亭」の故事よりその名を借りて、貴妃鶏と名づけたといわれている。

出身は四川料理であるが、始まったのは上海なので、他地方の菜単子(メニュー)にもよく見受けられる。

楊貴妃の好んだ料理なので貴妃鶏と名づけたという説もあるが、一二〇〇〜一三〇〇年も前の料理が、今まで残っているとは思えない。

材料(写真①)

鶏翅膀(ヂ・ツー・バン＝鶏ヒナの手羽先) 二〇個

竹筍(ヅウ・スヌ＝細筍) 太めのもの七〜八本

冬菇(ドン・グ＝シイタケ) 大二枚

細い長ネギ二〜三本

◈下ごしらえ

手羽先は写真②のように先を落とす。細筍は二つ割りにし、シイタケは斜めに細長く切る。長ネギは六cmぐらいの長さに切るが、太めのものならさらに二つ割りにする。

〔注〕 手羽先がない場合には、ヒナ鶏を骨付きのまま使うとよい。幅二cm、長さ八cmぐらいの大きさに切り、あとは手羽先と同様にあつかう。

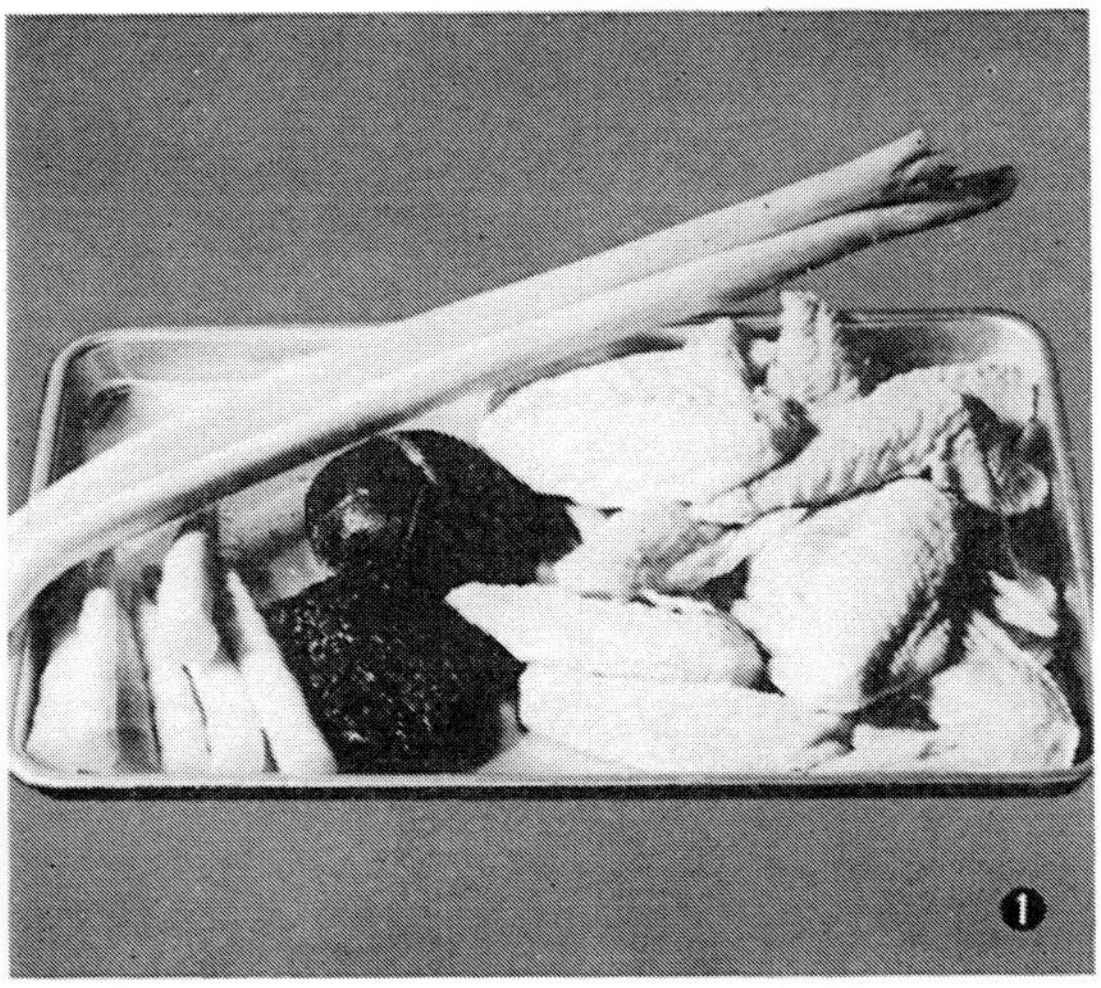

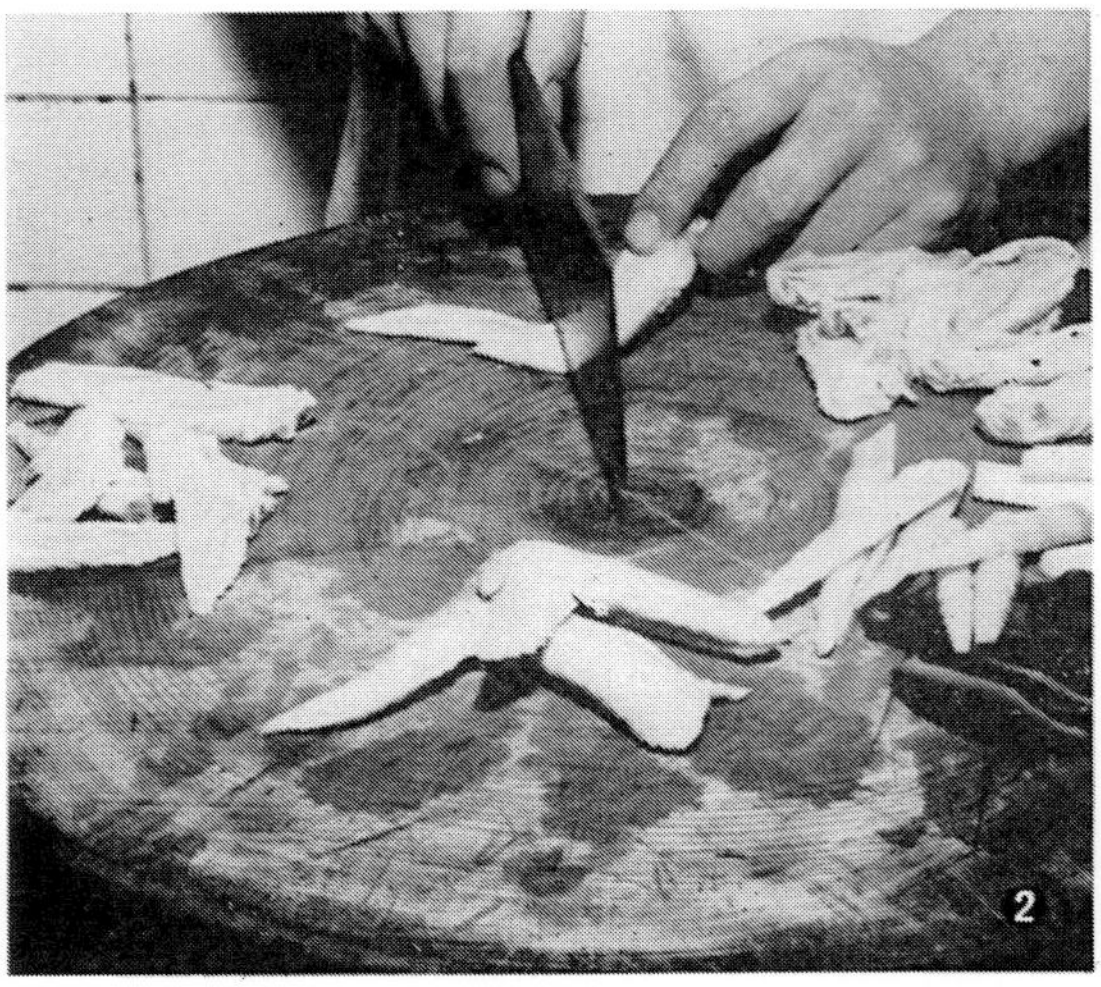

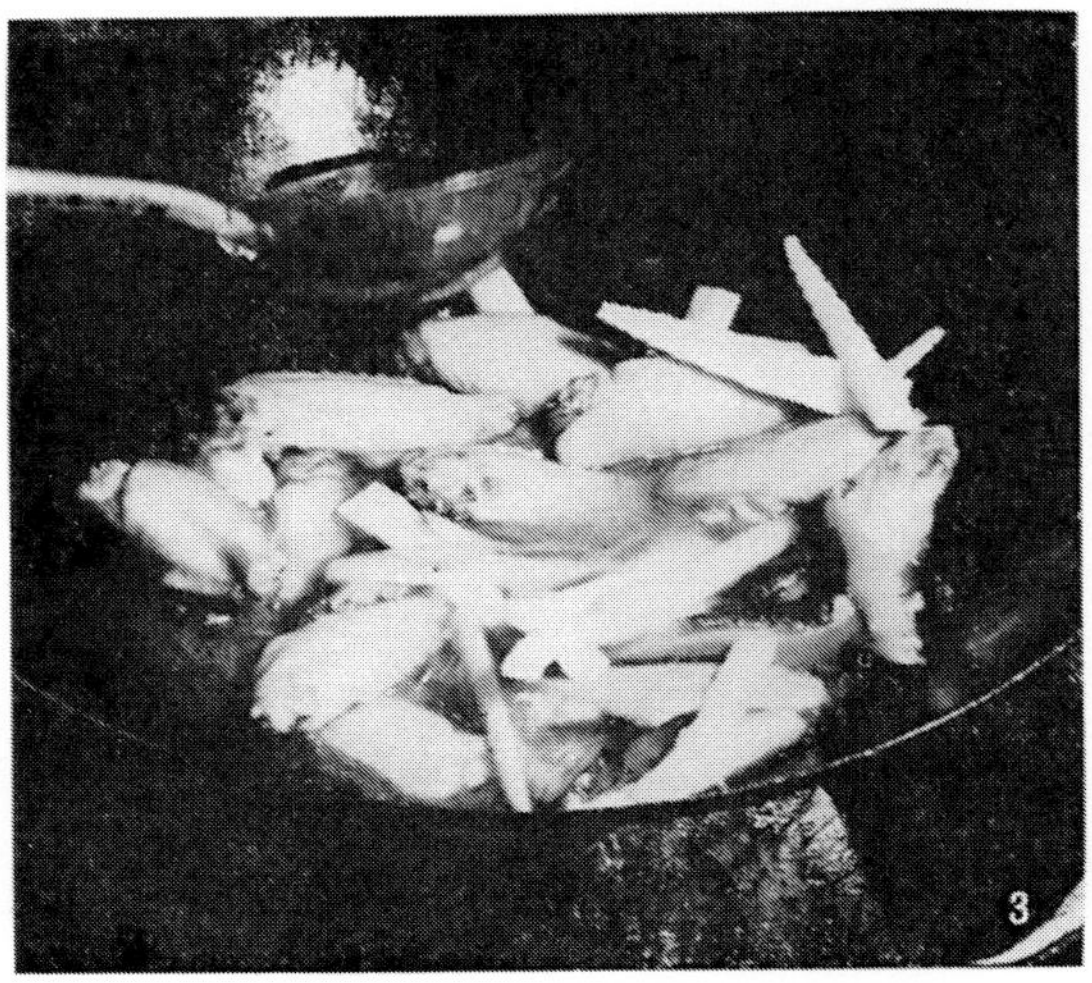

◈作り方

1　先を落とした手羽先に、軽くショウユをまぶし、熱い油で色づくように唐揚げにする。

〔注〕揚げたとき、肉が縮んで骨が両端より少し出る。そのまま煮込んでもかまわないが、宴会料理などに使うときは、少し切って形を整えると、仕上がりがきれいである。その場合には、長さが短くなるので、副材料は手羽先に合わせて短く切るとよい。

2　煮込む（写真③）—鍋に油を少量入れ、最初ネギを色づくまで炒める。タケノコ、シイタケを入れて、また少し炒める。スープを加え、その中に揚げた手羽先を入れる。スープの量は、材料が全部かぶさるぐらいの量にする。

ショウユ、酒少し多め、塩・砂糖各少量、コショウ、化学調味料で味付けし、蓋をして二〇～三〇分間煮込む。

〔注〕(1)　大量に作るとき、または前もって用意する場合には、揚げた手羽先をボールに入れ、スープを手羽先ひたひたに加えて、ショウユ、酒（老酒＝ラオ・ヂゥを使うのが一番よい）、塩、砂糖少量、コショウ、ネギ、ショウガ、または後述する糖色（タン・ソオ）、酒、塩、コショウに、ネギ、ショウガを軽くつぶしてのせ、二〇～三〇分ほど蒸しておくと使いやすい。

(2)　このときの味付けには、二通りある。前述のショウユを使う場合と糖色を使う場合である。

(3)　糖色の作り方—鍋をカラ焼きし、油（大豆油か落花生油）を入れ、弱火で氷砂糖または砂糖を、平均によく混ざるようにかきまわしながら焼く。砂糖が溶けたのち、それが小さな泡立ちとなり、その後大きな泡立ちに変わる頃（色は黒褐色になる）、前もって用意した水またはスープを加える。

この場合、油と砂糖が相当な高熱となっているのではねやすく、ヤケドをすることが多いから、急速に冷やすことを考える。

水が無難であるがスープの場合は温かいので、少し多めに入れることが肝要である。

(4) 色が黒すぎるのは、こげすぎたためで、糖色は苦くなり、料理に影響する。また色が薄い場合は砂糖が焼きたりないためで、色が出ず、甘味が残る。色がショウユの色に近く、苦味が気にならず、甘味がほとんどなければ合格である。

(5) 糖色を使って味付けする場合は塩味でいくらか苦味が残るようなら砂糖を少量加え、色が薄ければショウユを入れて色を出す。またショウユの味と香りを使いたい場合には、ショウユ、糖色半々に、塩を加えるなど工夫するとよい。

3 二〇~三〇分煮込んだら、手羽先をちょっとつまんでみて、中の骨と肉が離れるような感じになっていればできあがっているので、味を整え、水溶き片栗粉を流し入れる。

最後に鍋のまわりから鶏油(チ・ユー＝鶏の油―鶏の脂を小さく切り、ネギ、ショウガを入れて蒸して取る)を少量たらしたのち、皿に盛る。

◆応用料理

鶏翅海参(チ・ツー・ハイ・シェヌ)―ナマコといっしょに使う。

鳳翼鮑魚(フォン・イ・バオ・ユィ)―アワビといっしょに使う。

口《コウ》蘑《モオ》焼《シャオ》蹄《ティ》筋《チヌ》

乾燥キノコと豚の筋の煮込み

材料(写真①)

乾口蘑(五〇g)大約一〇個

猪蹄筋(約二〇本)五〇g(写真のものは、どちらももどしたもの)

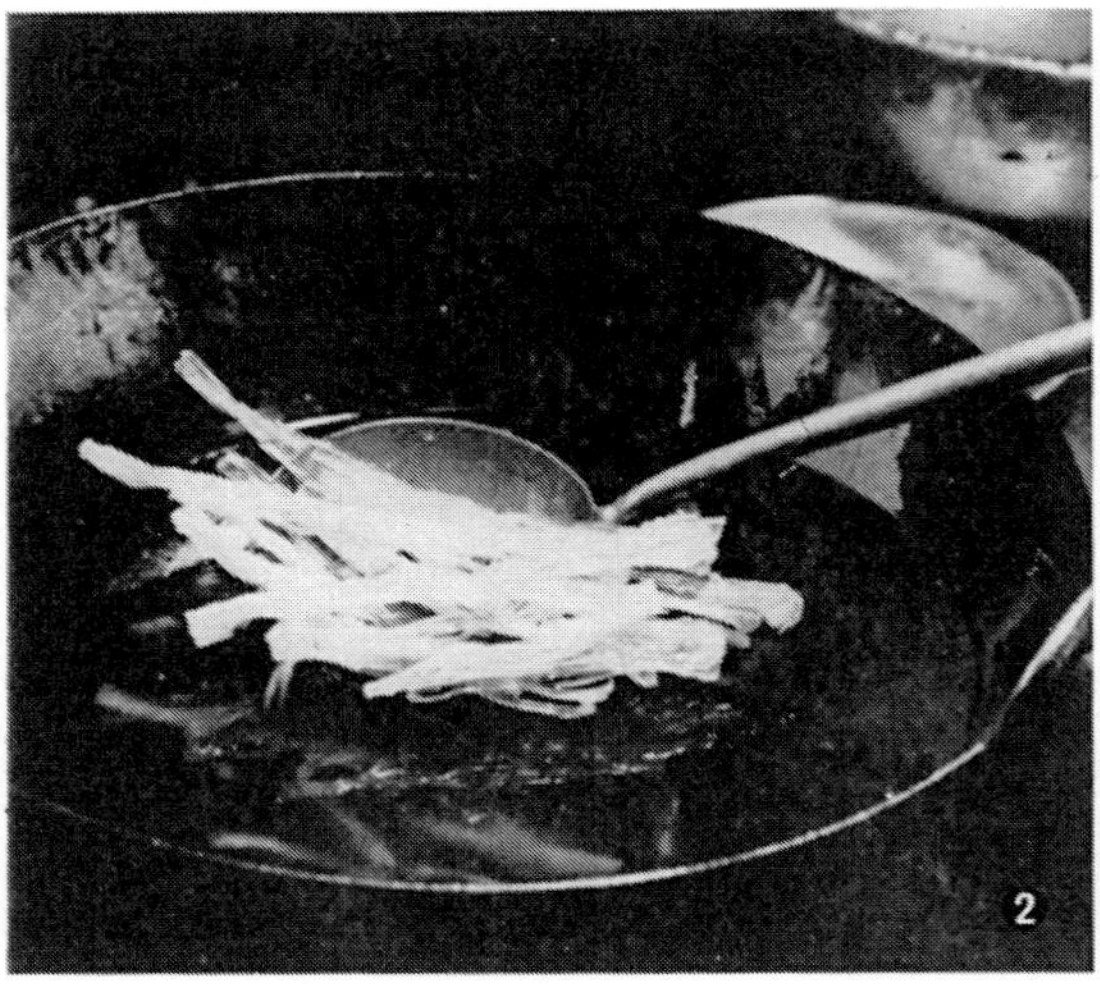

乾口蘑（ガヌ・コウ・モォ）は、マッシュルームに似たキノコで、中国北部の張家口の産が有名である。

この口蘑だけを使った料理もあるが、副材料としてその香りと歯当たりを生かすために使うことが多い。

焼菜（シャオ・ツァイ＝煮込み料理）、燴菜（ホイ・ツァイ＝あんかけ料理）、湯菜（タン・ツァイ＝スープ料理）に多く用いられる。

〈例〉口蘑燴鶏皮（コウ・モォ・ホイ・ヂ・ピィ）――鶏の皮を使う。

また、蹄筋は、豚、牛、鹿などの足の筋（アキレス腱）のことで、生のものを使うことがあるが(五六頁参照)、猪蹄筋(ヅウ・ティ・ヂヌ＝豚の筋）は干したものが主になる。

もどし方は油で揚げてもどす場合（油発＝ユー・ホア）と、ゆでてもどす場合（水発＝シュエイ・ホア）の二通りある。

できあがりは、ずいぶん違った感じのものになるが、どちらも焼菜、烩菜、湯菜に使う。

◆下ごしらえ

乾口蘑は、最初ぬるま湯を入れたボールの中に浸けて蓋をし、十分ほどおく。

やわらかくなったら、石づきの砂などを取り去り、軽くもむようにして洗う。

それを湯通ししたあと、ボールにもどして沸騰した湯を入れておく。

しばらくすると、その湯が紅茶のように赤茶色になるが（注参照）、それでもまだにおいが抜けきれないときは、下ごしらえしたあと二～三回湯通ししてほかの材料と煮込む。

〔注〕(1)　この二回目に口蘑を浸けた水は捨てないで、スープや鹵水（ル・シュェイ）などに加えるとよい。

(2)　また、清湯腰脆（チン・タン・ヤオ・ツェイ）という豚の腎臓のスープ料理のときにも使える。

この料理は、豚マメを花に切り、水にさらしたのち、ゆでて上等なスープの中に入れるのであるが、その腰花（ヤオ・ホア）をゆでるときにこの水を使うと、豚マメの生臭

みが取れ、口蘑の香りを移す作用をする。

蹄筋は前述のように油発と水発の二通りあり、写真①の蹄筋は油発のほうである。

〔注〕蹄筋のもどし方は、最初ぬるま湯でよく洗い、写真②のようにたっぷりした油の中に蹄筋を入れて熱する。油の温度が上がるにつれてアメ色になり、写真③のように縮まる。

蹄筋は、最小になると、筋のまわりに白い泡粒状のものができる。それが次第に大きくなって写真④のようになる。

このあたりから、火を加減して油の温度を一定に保つ。前後約三〇分ぐらいで、写真⑤のように大きくふくれる。ちょっと力を入れて折り曲げて、折れるようになればよい。

次に、これをたっぷりの湯で一〇分ほど煮る。そのまま三〇分ぐらい蓋をして放置しておく。

やわらかくなったら、少し熱めの湯の中で、油気をもみ出すようにして洗い、二～三回湯を取り替えながら繰り返しよく洗う。

◆作り方

1　蹄筋は軽く押えて水気を取り、二叉《ふたまた》になっている部分を縦に二つに切り離し（写真⑥）、長さをそろえておく。

口蘑は、小さいものは二つ割りにし、大きいものは三～四つ割りにする（写真⑦）。

ほかにネギを一㎝長さのぶつ切りにしたものと、ショウガを一㎝角の薄切りにしたものを、各少量用意しておく。

2 氽（ツォワヌ＝湯通し）―たっぷりの湯を沸かし、口蘑と蹄筋とを湯通しする。

〔注〕このような材料は、必ず煮込む前に、湯通しする。

なぜ湯通しするかといえば、水にさらしている口蘑や蹄筋をそのまま煮込むと、たっぷり吸いこんだ水分と水臭さが、味付けのじゃまをするからである。

だから、湯通しすることによって、生水の水分や水臭さ、雑物などを取り除くことができるので、スープのうまみと味付けを容易に吸収させ、しかも、できあがりがきれいにあがるようになる。

3 焼（シャオ＝煮込み）―鍋に猪油（ヅウ・ユー＝ラード）を少し入れ、ネギとショウガを軽く炒めてスープを加える（スープの量は材料がひたる程度）。

その中に湯通しした口蘑と蹄筋を入れ、一度沸かしてからアクを取り除き、弱火にして前後二〇分ほど煮込む（写真⑧）。

途中でスープが半量ぐらいになったら、ショウユ、砂糖少量、酒、化学調味料、コショウなどで薄味をつけておく。

〔注〕糖色（タン・ソォ。一五二頁参照）を使用してもよい。

味がよく浸みこんで、スープの量が半分ぐらいになったところで、味を整える。

次に、水溶き片栗粉を少量流し入れて火をとめ、鍋のまわりから鶏油をたらし入れてツヤを出し、皿に盛る（写真⑨）。

◈応用料理

浠鹵蹄筋（シィ・ル・ティ・ヂヌ）―挽き肉を使って煮込む。

桂花鶏筋（グェイ・ホア・ティ・ヂヌ）―鶏卵を使って炒める。

鶏蒙蹄筋（ヂ・モン・ティ・ヂヌ）―鶏のササミを使って作る。鶏糝（一三六頁参照）で包んでゆでたのち、燴・湯菜に仕上げる。

京葱焼蹄筋（ヂン・ツオン・シャオ・ティ・ヂヌ）―細目のネギを八㎝ぐらいの長さに切り、揚げたのち蹄筋と煮込む。

このほか副材料として焼・燴・湯菜に他の材料と組み合わせて使ってもかまわない。

乾《ガヌ》焼《シャオ》明《ミン》蝦《シア》

大エビのカラシ入り煮込み

材料（写真①）
車エビまたは大正エビなど大四本
長ネギ大二本
ニンニク二〜三個
ショウガ大一個
トウガラシミソ（豆瓣醤＝ドウ・バヌ・ヂアン）
トマトケチャップ（蕃茄醤─ファヌ・チエ・ヂアン）
酒醸（ヂウ・ニアン）

この料理は、四川料理独特の味付けで、乾焼鯽魚（ガヌ・シャオ・ヂ・ユィ＝フナ）などの料理が基本になっている。

下ごしらえ

1　車エビは、頭の部分より、約二cm幅で斜めに切っていく（太い部分は狭く、細い尾のほうは長めに）。これを蝦段（シア・ドアヌ）という。

〔注〕(1)　写真の車エビは、中国産の冷凍ものである。近海産の新鮮なものを使うにこしたことはないが、このように煮込む料理は、それほど気にすることはない。

(2)　新鮮なものと冷凍ものとは頭の有無で簡単に見分けられる。また、新鮮なものなら調理するとき、頭を取り去る必要がない。したがって、頭が新鮮なものを使った証拠にもなる。

(3)　車エビなど大形のエビの名称にはいろいろあるので、あげておく。

明蝦（ミン・シア）─普通この名が多い。

閩蝦（ミヌ・シア）─閩とは福建省の別名であるから、その付近の海で取れたものをそう名づけたと思われる。福建、広東で多く使われる。

對蝦（ドイ・シア）─上海以北で呼ばれる。

大蝦（ダァ・シア）─単に大きなエビの意。

ニンニク、ショウガは細かいみじん切り、すなわち蒜末（ソアヌ・モォ）、姜末（ヂアン・モォ）ま

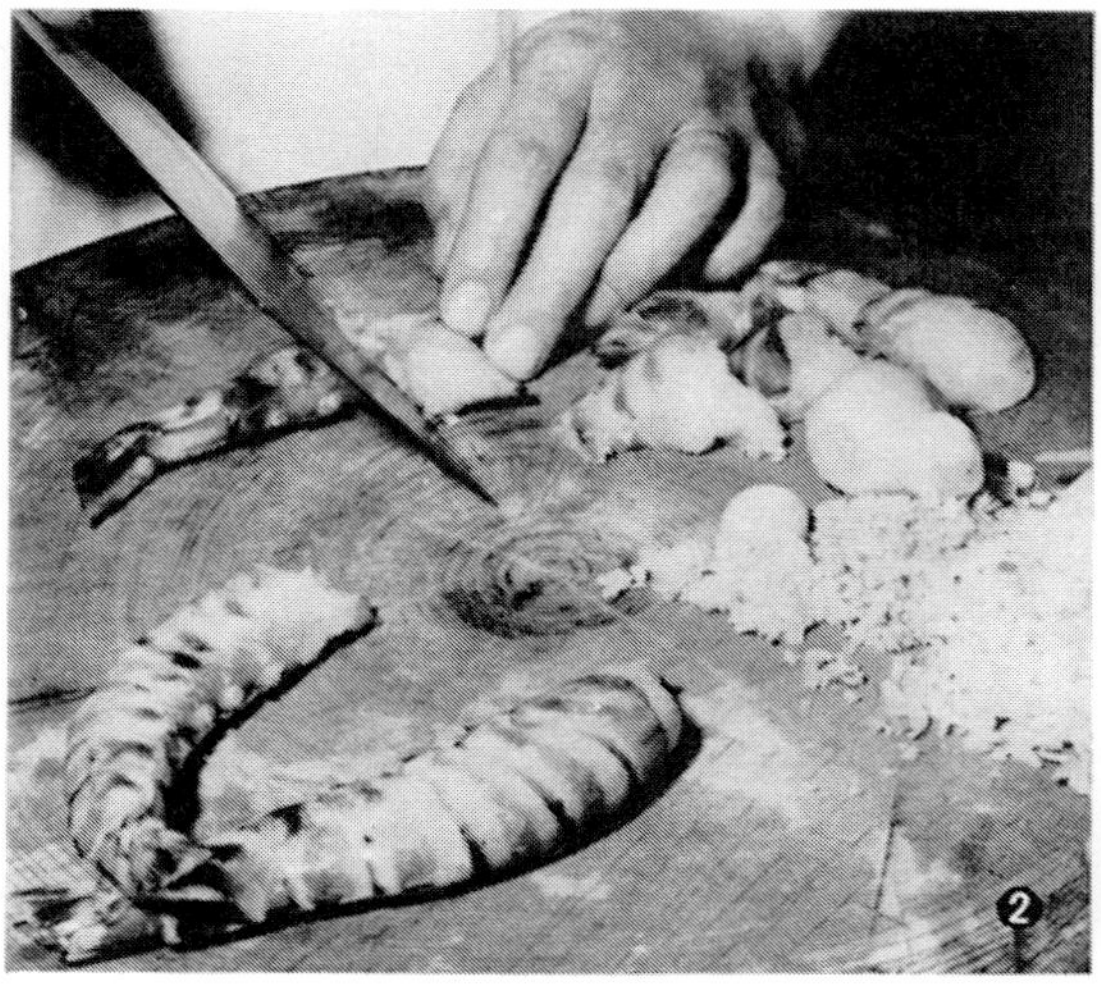

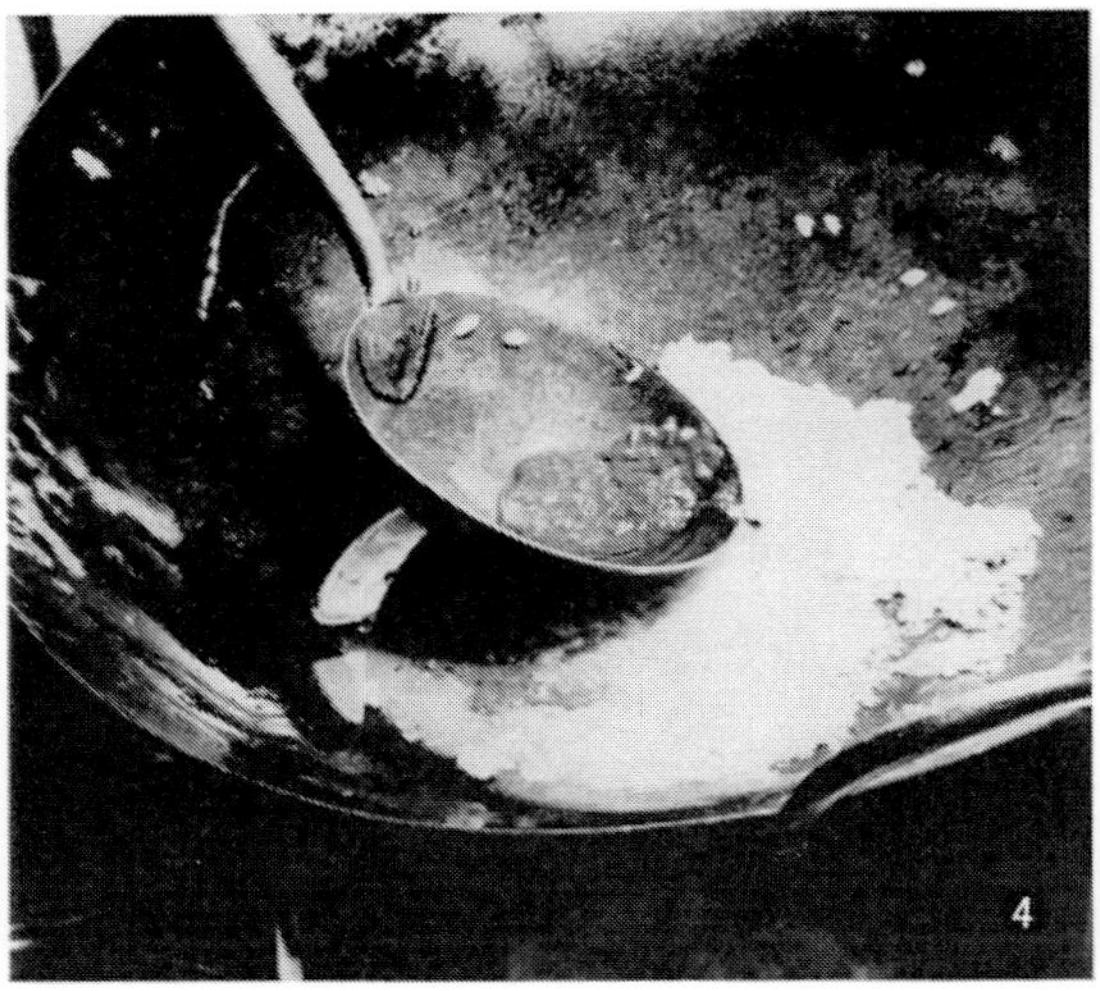

たは姜米子（ヂアン・ミィ・ヅ）にする。

2　長ネギは、少し荒めのみじん切り―葱花（ツォン・ホア）にしておく。

写真③のように蝦段を中が少し生程度に（八分通り）ゆでて、洗っておく。

〔注〕以前は、この湯通しの代わりに油を通していたが（今でも、そういう料理法をする料理人が多いようである）、湯通しのほうが、エビの生臭みを抜き、仕上がりの色がきれいなので、よりよい方法だと思う。油を通すと油が汚れるし、鍋の中で炒めれば、油が汚れない代わりに、料理の仕上がりが黒く、きたなくなる。

◆作り方

1　鍋をカラ焼きし、油を入れ、杓子で鍋のまわりによく油をまわしたのち、器にもどす。あらためて杓子半分ぐらいの油を入れる。

豆瓣醤一、蕃茄醤三、酒醸三、蒜末一、姜末二の割合で鍋に入れ、中火でよく炒める。

2　最初は濁った感じだが、水分が蒸発すると澄んでツヤが出てくるから、そのとき、スープを杓子1/3（約六〇cc）ぐらい加えて先の蝦段を入れ、塩、化学調味料、酒、砂糖の順に加えて味付けする。二～三分煮込んだら味を整え、葱花をエビの上にのせる。水溶き片栗粉を流し入れ（写真⑤）、タレを固めて混ぜ合わせる。

3　最後に、強火にして、油五〇ccぐらいを、

鍋のまわりのこげた部分の上からかけるように流し入れ、軽く混ぜると、中にふくんでいた油が浮き出し、ツヤが出て、料理全体が軽くなる感じになる。そうなったら醋（ツゥ＝酢）を四～五滴たらし、混ぜ合わせながら皿に盛る。

〔注〕(1)　酒醸（ヂウ・ニアン）とは、モチ米を使って作った甘酒のようなものである。モチ米をといで二～三時間水につけたのち、水を切って蒸す。蒸し上がったら、ぬるま湯で洗って水を切る。米コウジを1/20量混ぜて二～三日ねかせると、発酵して甘味をおびたオカユ状の甘酒ができる。これは炒めもの、煮ものに使うが、酒以上の香りと甘味があるので、四川料理には欠かせない調味料の一つである。

(2)　この料理の基本である干焼魚（ガヌ・シャオ・ユィ）を作るときは、ショウユを使い、蕃茄醬は使わない。干焼明蝦も、はじめは魚と同じ作り方であったが、その後、エビや魚肉を使う場合に限って、色づきをよくするために、ショウユを抜き蕃茄醬を加えるようになったのである。

◆応用料理

(1)　蕃茄醬を使わないもの

干焼里魚（ガヌ・シャオ・リ・ユィ）──コイを使う。

干焼黄魚（ガヌ・シャオ・ホアン・ユィ）──イシモチ（関西ではキグチ）を使う。

干焼魚塊（ガヌ・シャオ・ユィ・クアイ）──コイなどを固まりに切って使う。

干焼青蟹（ガヌ・シャオ・チン・シエ）──カニを使うが、ショウユは入れず、最後に鶏卵を加える。

(2)　乾焼明蝦を応用したもの

干焼蝦球（ガヌ・シャオ・シア・チウ）──大きいエビの皮をむき、包丁目(花)を入れ、三～四個に切り離す。

干焼蝦仁（ガヌ・シャオ・シア・レヌ）──芝エビなどの小エビを用いる。

干焼魚条（ガヌ・シャオ・ユィ・ティアオ）──ヒラメなど白身の魚肉を条、片に切る。

以上は、上漿（シァン・ヂアン──八三頁参照）したのち、油を通して作る。

四川料理では料理人の腕をためすとき、包丁裁きなら猪肝（ヅゥ・ガヌ＝豚レバー）を切らせてその平均した薄切りと大きさで見る。

味付けの腕なら十種ぐらいの材料を魚香（ユィ・シアン＝前述）で味付けさせ、その味が全部同じなら合格という。簡単なようであるが、それぞれ持ち味の違う材料を全部同じ味に作るということはむずかしい。

前に魚香の味付けは乾焼の味付けを思い出させる味付けと説明したが、肉類などは碗の中に調味料を合わせておき、炒めてくるませるのである。しかし魚香茄子（ユィ・シアン・チエ・ヅ＝ナス）などの場合は干焼魚の焼法（シャオ・フア＝作り方）と、そっくり同じである。それでも干焼茄子（ガヌ・シャオ・チエ・ヅ）とはいわない。干焼茄子の場合は前述のように素（スゥ＝野菜）→不帯辣（ブ・ダイ・ラ＝辛くない）の原則通り別の作り方をする。

このように干焼と魚香は関係のある味付け・作り方をするが全く同じというわけではない。こんなところにも四川料理の複雑さがのぞかれる。

また、白案（バイ・アヌ＝麵台）の料理人の腕を見るには、麵條（ミエヌ・ティアオ＝ソバ）の細く平均した切り方と、包子（バオ・ヅ＝マンジュウ）のヒダの美しさによる。

葱《ツオン》焼《シャオ》蛋《ダヌ》捲《ヂュアヌ》

材料（写真①）
鶏蛋（ヂ・ダヌ＝卵）二～三個
蝦仁（シア・レヌ＝小エビ）大一〇個
葱（ツォン＝ネギ）大一本
竹筍（ヅウ・スヌ＝細筍）五～六本
冬菇（ドン・グ＝シイタケ）二枚

包み卵のネギ煮込み

この料理は、卵を使ってちょっと変わったものをという場合によい。

ここでは小エビを使っているが、豚の挽き肉を使って餃子のようにし、蛋餃（ダヌ・ヂアオ）と名づけてもよい。

◆下ごしらえ（写真②）

ネギは、二つ割りして五㎝ぐらいの長さに切る。細筍は長さをそろえて二つ割りにする。シイタケは少し厚めに斜めの薄切りにする。卵は下味をつけてよく溶いておき、小エビは上漿して（八三頁参照）用意する。

◆作り方

1 まず蛋捲（ダヌ・ヂュアヌ＝あるいは荷包蛋＝ホ・バオ・ダヌという）を作る（写真③）。

鍋をカラ焼きし、油を入れてよくなじませたのち、器にもどし、あらためて少量の油を鍋に入れる。次に、溶いた卵を杓子で少量鍋に入れ、少し焼いたのちエビをのせる。片方から卵を半分に折って、エビを包むようにして上からかぶせる。これで、半円形の荷包蛋ができあがる。

〔注〕(1) 昔、中国では品物を包むとき荷葉（ホ・イエ＝ハスの葉）で包んで持ち歩いたことから、品物を包むとか袋物を荷包というようになったそうである。

(2) 荷包蛋とは、普通、卵一個を鍋の中に

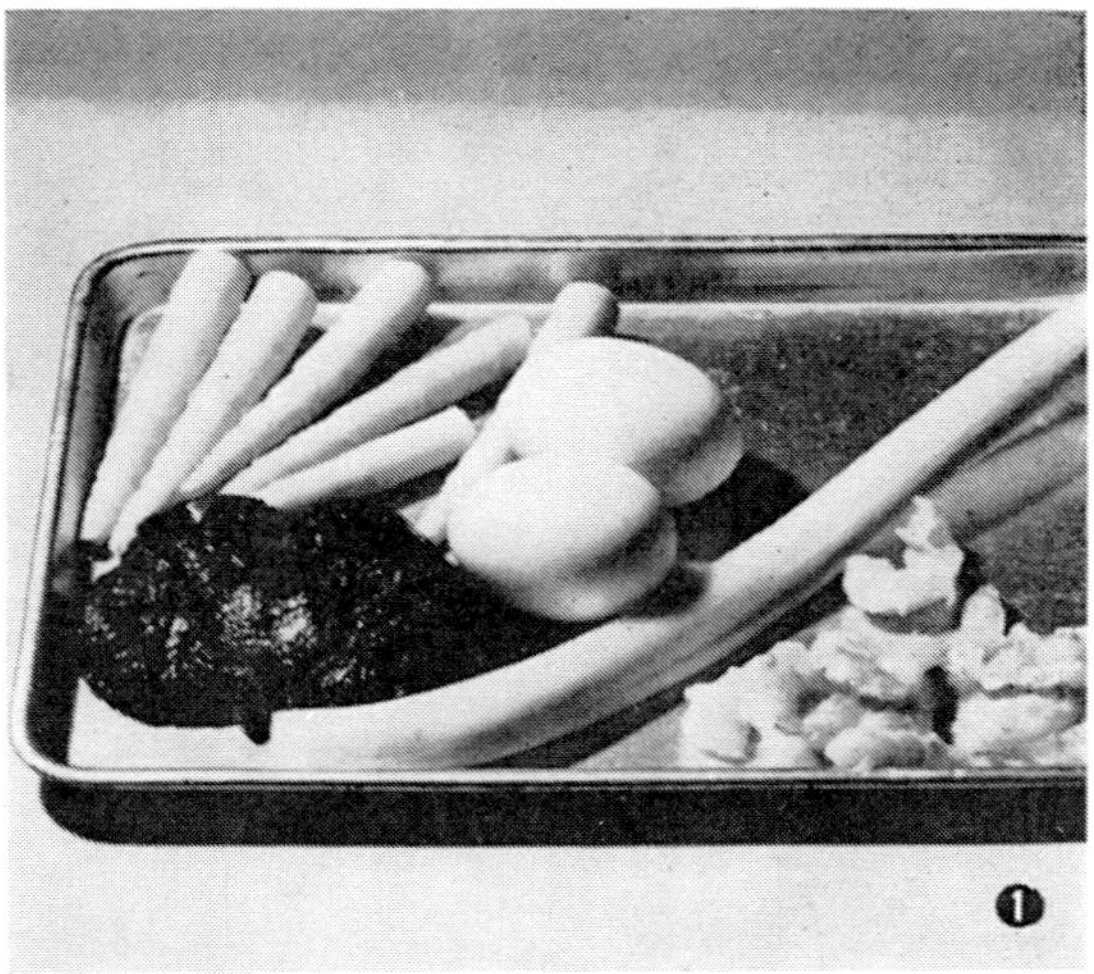

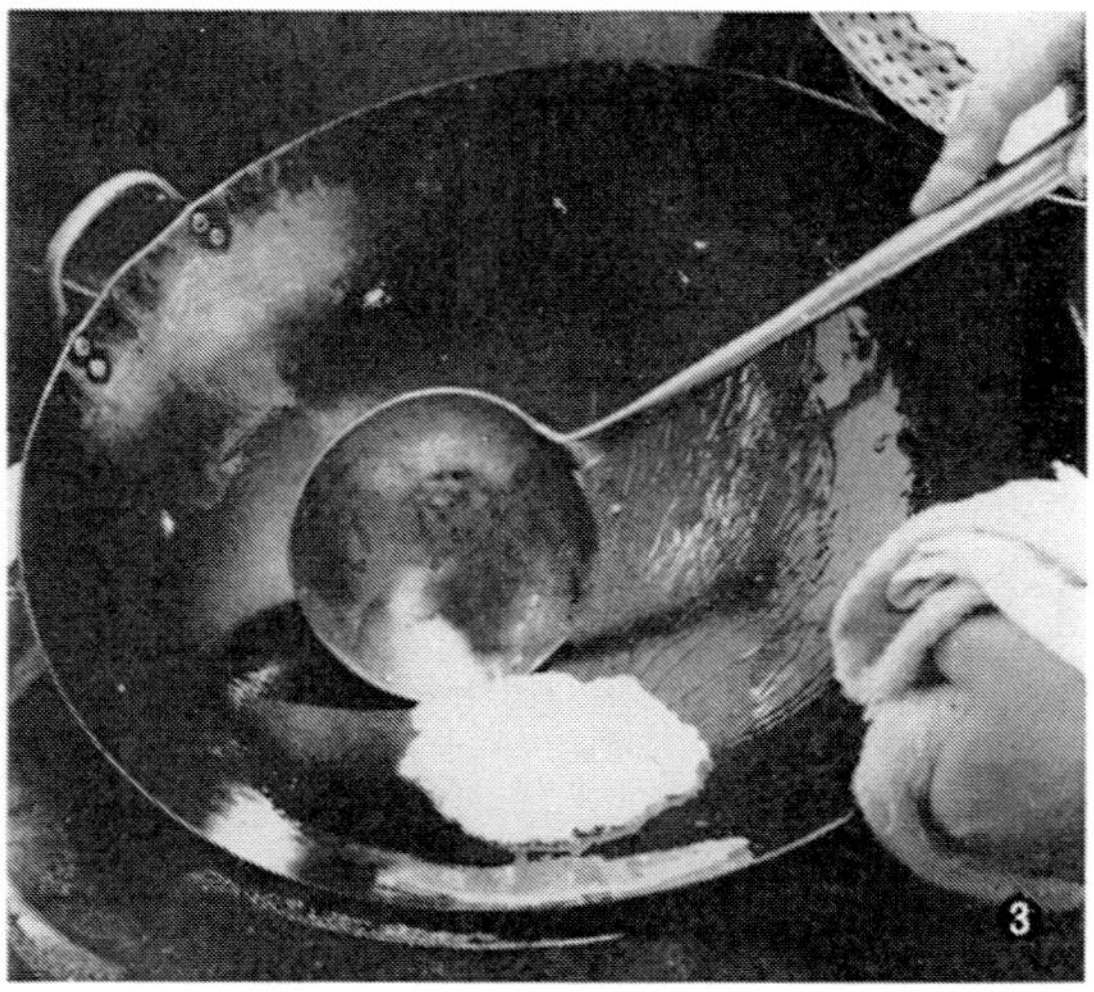

割って入れ、卵黄をくずさないようにして両面を焼き（煎＝チェヌ）、塩味、ショウユ味、糖醋（タン・ツゥ＝甘酢味）で食べる簡単な料理であるが、この荷包蛋は、白身で黄身を包んであるのでその名がある。また、卵で他の材料（肉・蝦類など）を包んでも荷包蛋といえる。

2 煮込み（写真④）―鍋に油を少量入れ、まず最初にネギを入れて、少し色がつくまで炒める。次にタケノコ、シイタケを入れ、材料が七分ぐらいひたる程度にスープを加える。荷包蛋を入れ、ショウユ、酒、化学調味料、コショウで味付けし、三～四分煮込む。

3 味を整え、水溶き片栗粉を平均に流し入れてトロミをつけ、最後に鍋のまわりから鶏油を流し入れる。

これを皿に盛る。

◈応用料理

紅焼蛋餃（ホン・シャオ・ダヌ・ヂアオ）―挽き肉を使ったもの

糖醋荷包蛋（タン・ツウ・ホ・バオ・ダヌ）―甘酢味で作る。

灯《ドェン》籠《ロン》豆《ドウ》腐《フウ》

材料（写真①）

豆腐二丁
豚腿肉二〇〇g
冬筍（ドン・スヌ＝タケノコ）
冬菇（ドン・グ＝シイタケ）
ネギ少量
ショウガ少量

揚げ豆腐のショウユ煮

この料理の灯籠（ドェン・ロン）とは、日本でいう庭燈籠《とうろう》ではなく、手に下げて使う提燈《ちょうちん》のことである。形がこれに似ているのでこの名がつけられた。

作り方はいろいろあるが、一口でいうと、大ぶりな豆腐を揚げて煮込む料理である。

作り方にいろいろ変化をつけられる料理で、手のこんだ作り方としては、揚げた豆腐の中をくり抜いて、その中に細かくたたいたエビや肉類、それにタケノコ、シイタケ、マッシュルーム、ハムなどを混ぜ合わせたアンを作り入れて煮込む方法がある。

◆下ごしらえ（写真②）

豆腐は二つに切り、水を切っておく。腿肉は少し厚めの薄切り（肉片＝ルウ・ピエヌ）、タケノコ、シイタケも同じような薄切りにしておく。ネギは一cm長さに切り、ショウガは一cm角ぐらいの薄切りにする。

◆作り方

1　最初に、鍋に油を沸かし、豆腐を揚げておく（写真③）。

〔注〕(1)　量の多いときや、油の温度が下がって豆腐のまわりがカラッと揚がらない場合には、一度網ですくって出し、油の温度が上がるのを待って二〜三度、豆腐のまわりがカラッとなるまで揚げる。

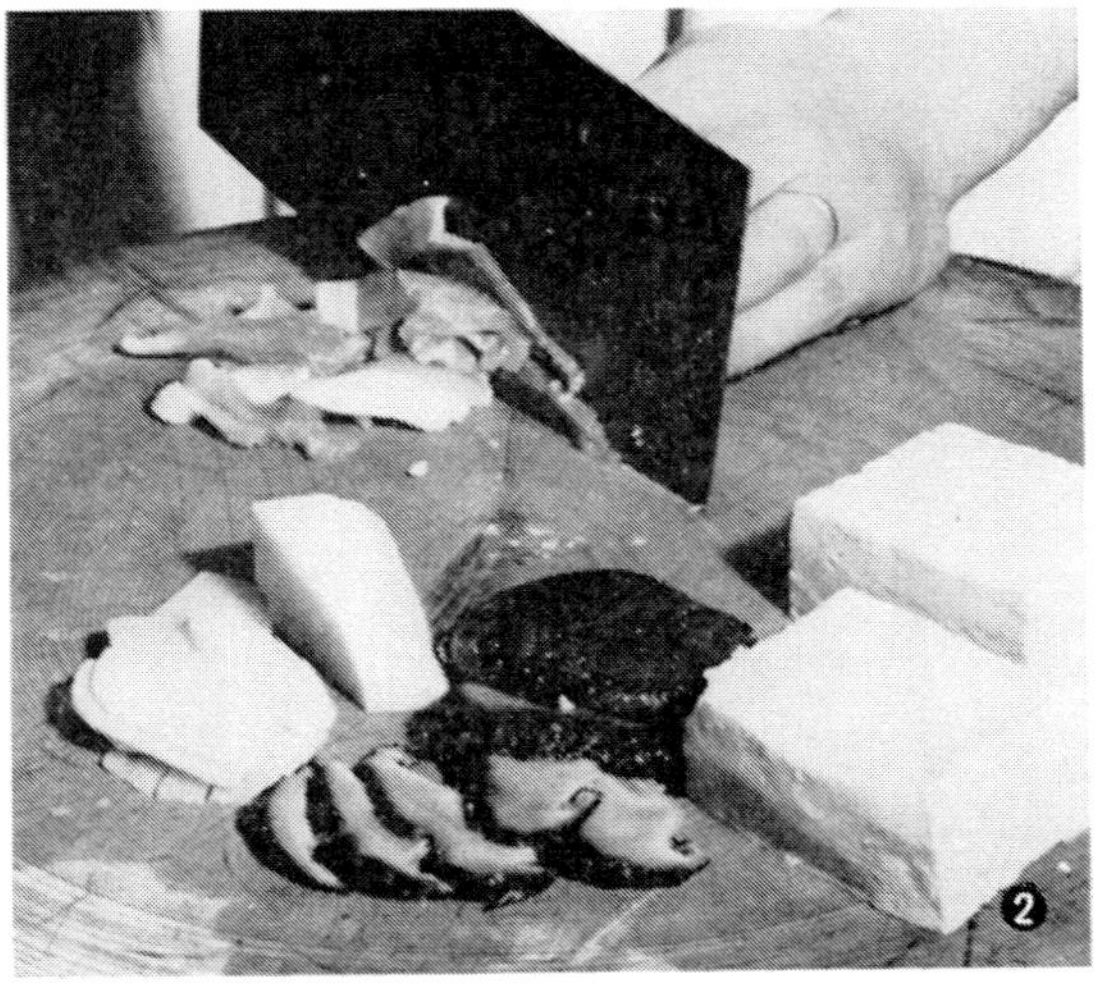

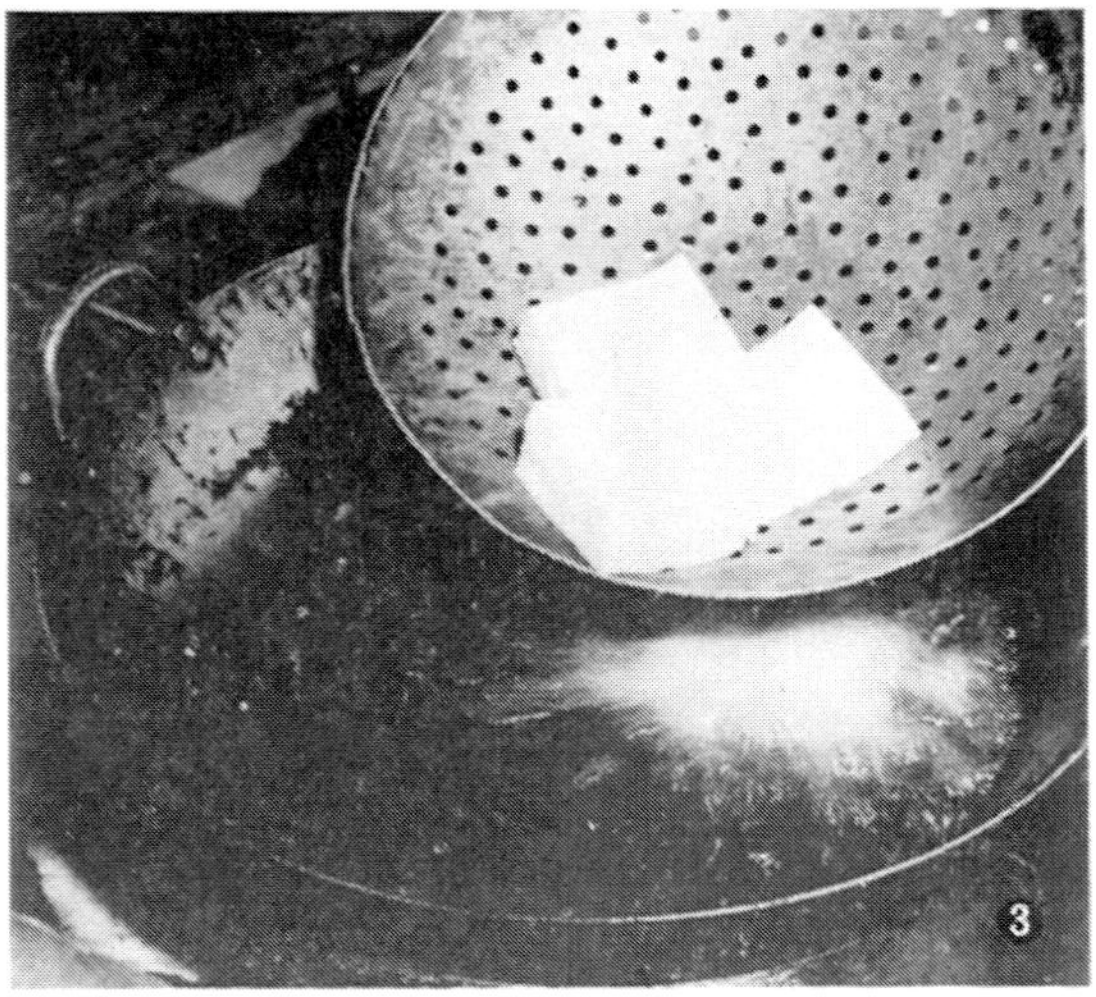

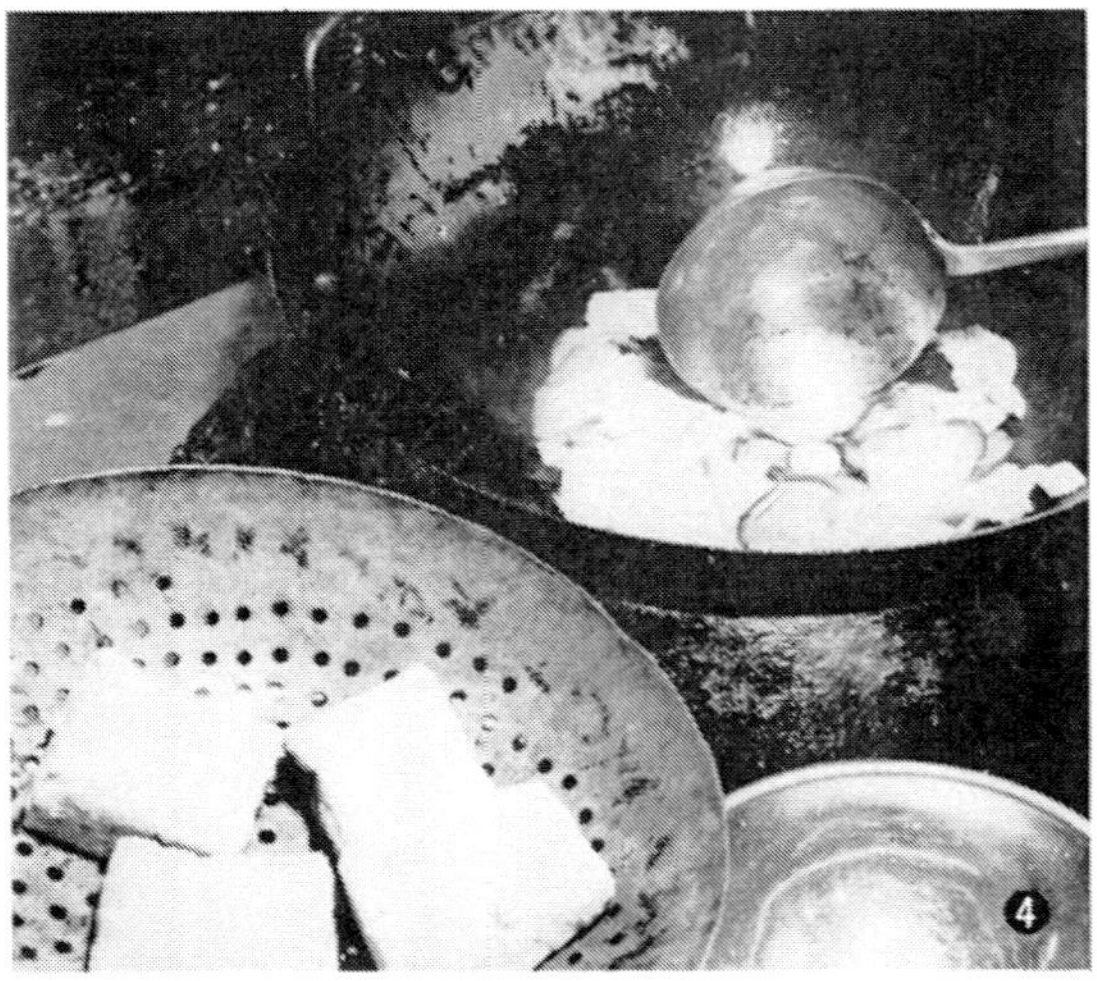

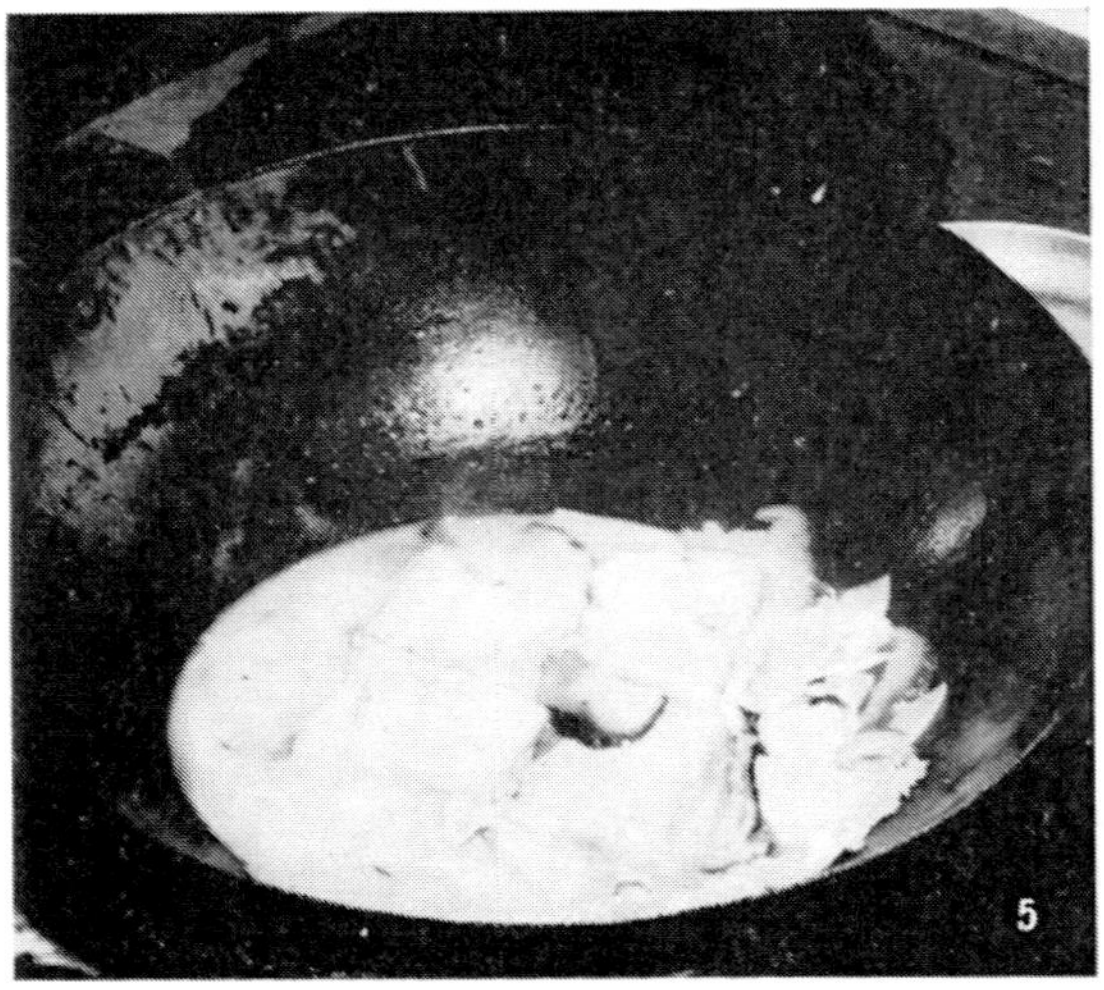

(2) 豆腐の中にエビアンや肉アンを詰めるときは、まわりから五㎜〜一㎝幅ぐらいに三方に包丁で深く切れ目を入れ、皮だけを一方に開いて中の豆腐をほじくり出し、その中にアンを詰めて蓋をする。あとの煮方は同じであるが、アンを詰めたときは、副材料はタケノコ、シイタケだけで、肉片は入れなくてもよい。

2

鍋をカラ焼きしてから油を入れ、一度容器にもどす。あらためて少量の油を入れ、ネギ、ショウガ、つづいて肉片を入れ、よく炒める（写真④）。そのあとでスープを入れ、さらに揚げた豆腐を入れる。スープの量は、全部の材料がかぶるぐらいにして、ショウユ、酒、コショ

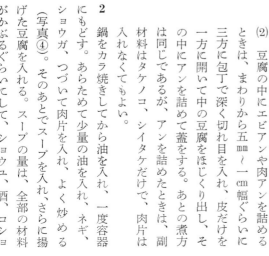

ウで軽く味付けし、弱火で十分ほど煮込む（写真⑤）。

〔注〕味付けは、好みによって砂糖を少量加えてもよいが、四川料理では、豆腐料理にはあまり砂糖を使わない。

3 煮込んだ豆腐の味を整え、鍋をまわしながら水溶き片栗粉を平均に流し入れる。

4 最後に鍋のまわりから鶏油（チー・ユー＝鶏の油）を少量たらし入れ、皿に盛る。この場合豆腐が中央にくるように盛りつけると見ばえがよい。

この料理は、調理法から名づけると紅焼油豆腐（ホン・シャオ・ユー・ドウ・フゥ）の一種ともいえる。

切り方、副材料、味付け（トウガラシミソなどを加えて辛くしてもよい）をいろいろと変えて作ってみるとよい。

麻《マ》婆《ポ》豆《ドウ》腐《フゥ》

豆腐と豚挽き肉のトウガラシ煮

材料（写真①）

豆腐一丁
豚挽き肉（牛肉でもよい）二〇〇g
長ネギ大一本
豆瓣醤（ドウ・バヌ・ヂアン＝トウガラシミソ）少量
豆豉（ドウ・ス＝浜納豆）少量

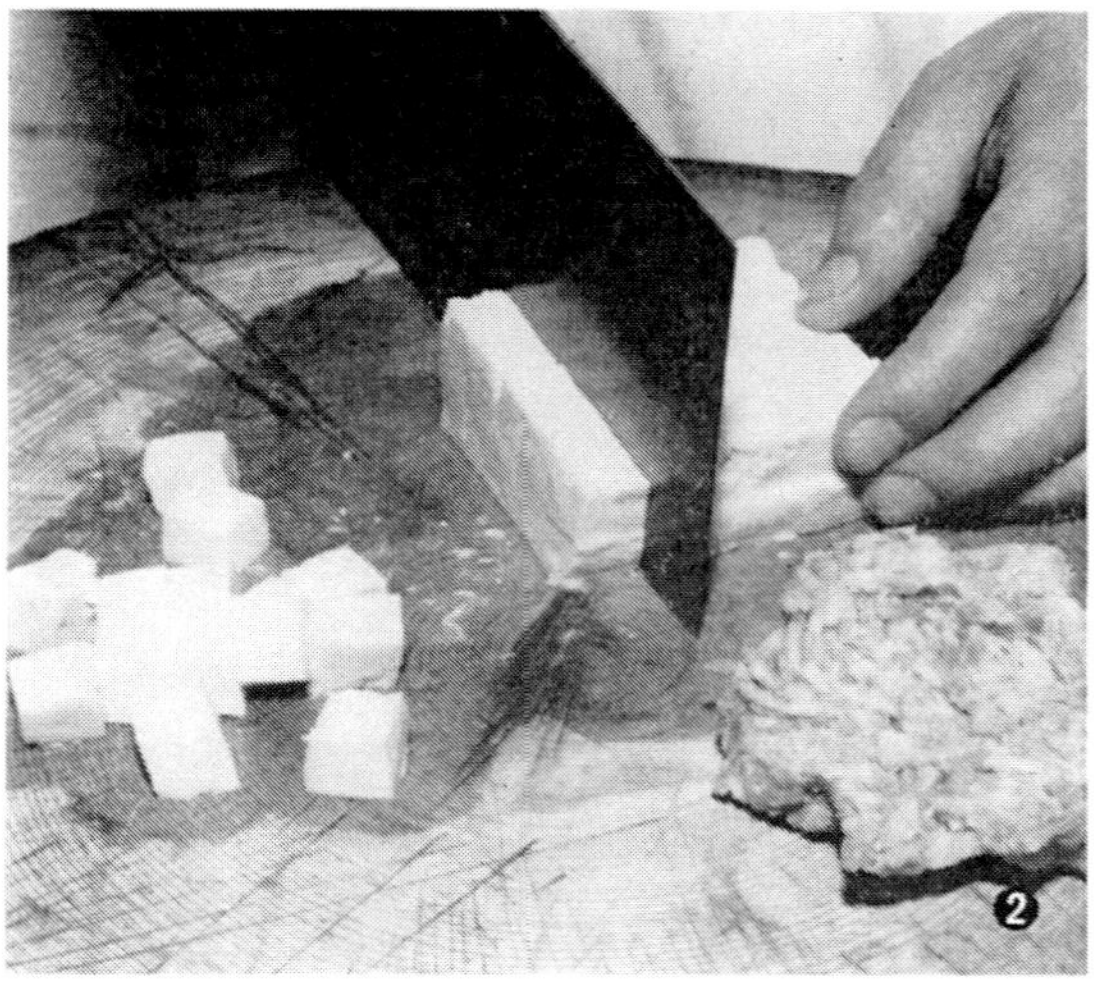

この料理は、四川料理の代表的な一品料理(名小吃＝ミン・シアオ・ツ)である。正確には陳麻婆豆腐(ツェヌ・マ・ポ・ドウ・フゥ)といい、今より約一〇〇年前(清朝同治初年)四川省成都の陳富之の妻女(顔に軽い疱瘡のあとがあり、陳麻婆といわれていた)が創り出した豆腐料理で、この名が与えられたといわれている。現在でもこの陳麻婆豆腐を看板にした店を弟子たちが守っている。

この調理法は焼(シャオ)に似ているが、このような作り方(スープを少なくし、弱火で煮込んでその材料の水分を引き出すような調理法)を四川の方言で熇(ドゥ)と表現する。

この料理の特徴は、麻(マ＝サンショウの味)、辣(ラ＝辛い)、燙(タン＝熱い)、酥(スゥ＝香ばしい)、嫩(ネン＝やわらかい)にある。

はじめは牛肉だけを使っていたが、のちに豚肉も使うようになった。

豚肉は大葷(ダァ・ホヌ)、牛肉は小葷(シアオ・ホヌ)といって区別し、客に聞いてから作るそうである。

◈下ごしらえ(写真②)

豆腐は一cm角に、ネギはみじん切り(葱花＝ツオン・ホア)に切る。豆豉は写真①のようにそのまま使ってもいいし、みじん切りにしてもよい。

◈作り方

1 鍋をカラ焼きしてから油を入れ、挽き肉を入れて肉のまわりに少しこげ目がつくぐらいによく炒める(これが酥＝スウで、肉の生臭みが抜けて香ばしい味になる)。

2 そこへ、豆瓣醤と豆豉を入れ(次頁写真③)、ショウユを少量加えてちょっと炒めてからスープを入れ、豆腐を入れて煮込む。

〔注〕(1) スープの量は、豆腐が少し上に出るぐらいの量を基本にするが、水分が多くてやわらかい豆腐なら少なめに、水分の少ないかための豆腐なら多めにする。

(2) 味付けは、かための豆腐なら最初から、やわらかい豆腐ならくずれやすいからあとからする。

(3) 大量に作る場合、または豆腐がやわらかすぎる場合には、一度湯通しすると、豆腐があまりくずれずに作れる。しかし、この料理は少しぐらいくずれてもかまわない料理で、かえって、豆腐そのものがかなり角ばったかたいできあがりになると、前述の嫩(ネン)の特徴からはずれることになる。したがって湯通しすることを考えるより、火加減と味付けで研究して作ることのほうが肝心である。

3 煮込んだ豆腐に、ショウユ、化学調味料を加えて味を整える。

4 葱花をのせ、水溶き片栗粉を少しずつ入れ（写真④）、ゆっくりかき混ぜながら片栗粉の加減を見る。

5 鍋のまわりから油を入れる。

6 最後に火を強くして混ぜると、豆腐の中にふくんでいた油が浮き出し、澄んでくる（これを亮油＝リアン・ユーという）。このときに皿に盛る。

〔注〕 水溶き片栗粉が少ないと水っぽくなるし、多すぎてもスープが固まって豆腐と分かれてしまうことになるので注意する。
葱花を最後のほうで入れるのは、その香りを生かすためである。

以上が四川料理の現在の調理法であるが、本来の陳麻婆豆腐とは次のように少し差がある。

(1) できあがりにサンショウの粉とトウガラシの粉をふりかけて、麻と辣の特徴を出すこと。

(2) 本来は蒜苗（ソアヌ・ミァオ）というニンニクの苗を細かく切って加えるが、これの代用に葱花を使っていること。

このような違いがいくらかあるのは材料がたりないのと、客の好みが違うことなどが原因であろう。

◆応用料理

肉末豆腐（ルウ・モオ・ドウ・フゥ）――トウガラシを使わないもの。別名少子豆腐（シアオ・ヅ・ドウ・フゥ）という。

豆腐を使う中国料理は数多く、豆腐そのままを使う場合、あるいは揚げたり、蒸したり、固めたりなどいろいろと加工して、高級な宴会料理に使う場合などたくさんある。

特に、四川料理には豆腐料理が何十種もあり、その種類の豊富なことは、各地方料理の中でも一、二を争うのではないかと思う。

蒸《ヅェン》菜《ツァイ》類《レイ》

—蒸しものの料理—

蒸（ヅェン）とは蒸しもののことであるが、純然たる蒸しものだけでなく、他の調理法と併用されることの多い調理法である。

蒸の種類には次のようなものがある。

(1) 清蒸はおもに魚類に応用する。新鮮な魚類に塩、コショウをすりこみ、その下にはネギなどをしき（熱の通りをよくするのと香りを生かすため）、上にはハム、アワビ、タケノコ、キノコ類などの副材料を細切り、薄切り、花切りにして飾って蒸す。

〔注〕(1) できあがりに清湯（チン・タン＝上等なスープ）を少量加えるときもあり、また湯菜（タン・ツァイ＝スープ料理）にもこの表現を使う場合がある。

(2) また、蒸すときは魚の表面に、副材料の上から網油（ワン・ユー＝網脂）か背脂肉の薄切りをかぶせて蒸すと、仕上がりがきれいであるし、美味。もちろん料理を出す場合は網脂は取り去る。

〈例〉清蒸甲魚（チン・ヅェン・ヂア・ユィ）—スッポンを使って作る。

清蒸里魚（チン・ヅェン・リ・ユィ）—コイを使って作る。

清蒸加吉魚（チン・ヅェン・ヂア・ヂ・ユィ）—タイを使って作る。

(2) 干蒸とは、清蒸とほとんど変わらないが、一説によると清蒸は蒸したあとで清湯を加え、干蒸は蒸したままであまり手を加えないといわれる。

我々は、干蒸の場合は飾りも味付けもせずに蒸し、蒸し上がってすぐ、前もって温めておいた薄口ショウユと油を順にかけ、まわりに葱糸（ツォン・スー＝ネギの細切り）を添えて出す。

〈例〉干蒸扁魚（ガヌ・ヴェン・ビエヌ・ユィ）―小型のヒラメを使う。

(3)　粉蒸とは四川料理の調理法で、肉・魚類を味付けし、米粉（ミィ・フェヌ＝米の粉または上新粉）をまぶして蒸す。

〈例〉粉蒸鶏塊（フェヌ・ヴェン・ヂ・クアイ）―後述。

(4)　酒蒸とは老酒（ラオ・ヂウ＝中国の酒）などを使って、鶏、アヒルなどを蒸して作る。酒がスープに変わる料理。

〈例〉酒蒸鴨子（ヂウ・ヴェン・ヤー・ヅ）―アヒルを使ったスープ料理。

(5)　糟蒸とは香糟（シアン・ヅァオ＝酒粕、または酒粕を台にして作り直す場合もある）を使って作る。スープ料理が多い。

〈例〉糟蒸鴨肝（ヅァオ・ヴェン・ヤー・ガヌ）―アヒルの肝を使って作る。

(6)　扣蒸の扣とは、揚げたり、下味をつけたり、下煮した材料を碗に形よく並べ詰め合わせたものを蒸し、蒸し上がったら皿または湯碗（タン・ワヌ＝スープ碗）にひっくり返して移し、そのまま出したり、あんかけにして燴（ホイ）、焼（シャオ）の体裁に作ったり、スープを加えて湯菜に仕立てたりすることをいう。したがって、扣と蒸とは連係した調理法である。

扣の特徴は、碗に並べて蒸してからひっくり返すので、碗型のきれいな形をしたものができあがると同時に、大量の料理がそろえられるので、前もって用意することができる。したがってお客が三々五々に来ても、あらかじめ作っておけば、蒸し直して出すことができる。

四川の田舎料理には、結婚式のときなど大量に作る場合に、三蒸九扣（サヌ・ヴェン・ヂウ・コウ）といって、この蒸と扣を応用した料理があり、有名である。

〈例〉冬菜扣肉（ドン・ツァイ・コウ・ルウ）―後述。

扣三絲湯（コウ・サヌ・スー・タン）―三種（ハム、アワビ、鶏など）の材料を使ったスープ。

芙《フウ》蓉《ルオン》蒸《ヅエン》魚《ユイ》

材料（写真①）
白身の魚肉（ヒラメ）二〇〇g
シイタケ大二枚
ハム
鶏卵二個

ヒラメとシイタケの卵入り蒸しもの

この料理は、魚と卵の蒸しもの（蒸蛋＝ヅェン・ダヌ）を組み合わせたもので、芙蓉（フゥ・ルオン）は鶏卵の別名である。材料を組み変え、並べ方にも変化のつけられる料理である。

◈作り方

1 擺（バイ＝並べる）―凹盤（アオ・パヌ＝深皿）にシイタケを薄切りして巻いて並べ（写真②）、次にハムを薄切りして内側に並べる（写真③）。

魚肉を約一㎝角、長さ一五㎝の條に切り（写真④）、こま結びにして（写真⑤）、皿の中央に形よく並べ、軽く塩、化学調味料をふっておく。

2 鶏卵二個を碗に割り入れ、同量の清湯（上等なスープ）を冷まして加える。塩、化学調味料で味付けして、皿の材料を動かさぬよう材料が少し上に出る程度にかける（写真⑥）。

3 蒸―蒸す時間は一〇分程度。最初の二分ぐらいは強火で蒸し、途中五～六分は中火、最後の二～三分は蓋を少しずらして蒸すとよい。

4 蒸し上がったら、浮いているアクをすくい取り、別に清湯を沸かして杓子一～二杯かけ、毛姜醋（マオ・ヂアン・ツウ）を添えて供する。

〔注〕 毛姜醋の作り方は、酢に少量のショウユで色づけし、化学調味料を加え、ショウガのみじん切りとゴマ油を入れる。

❶

2

3

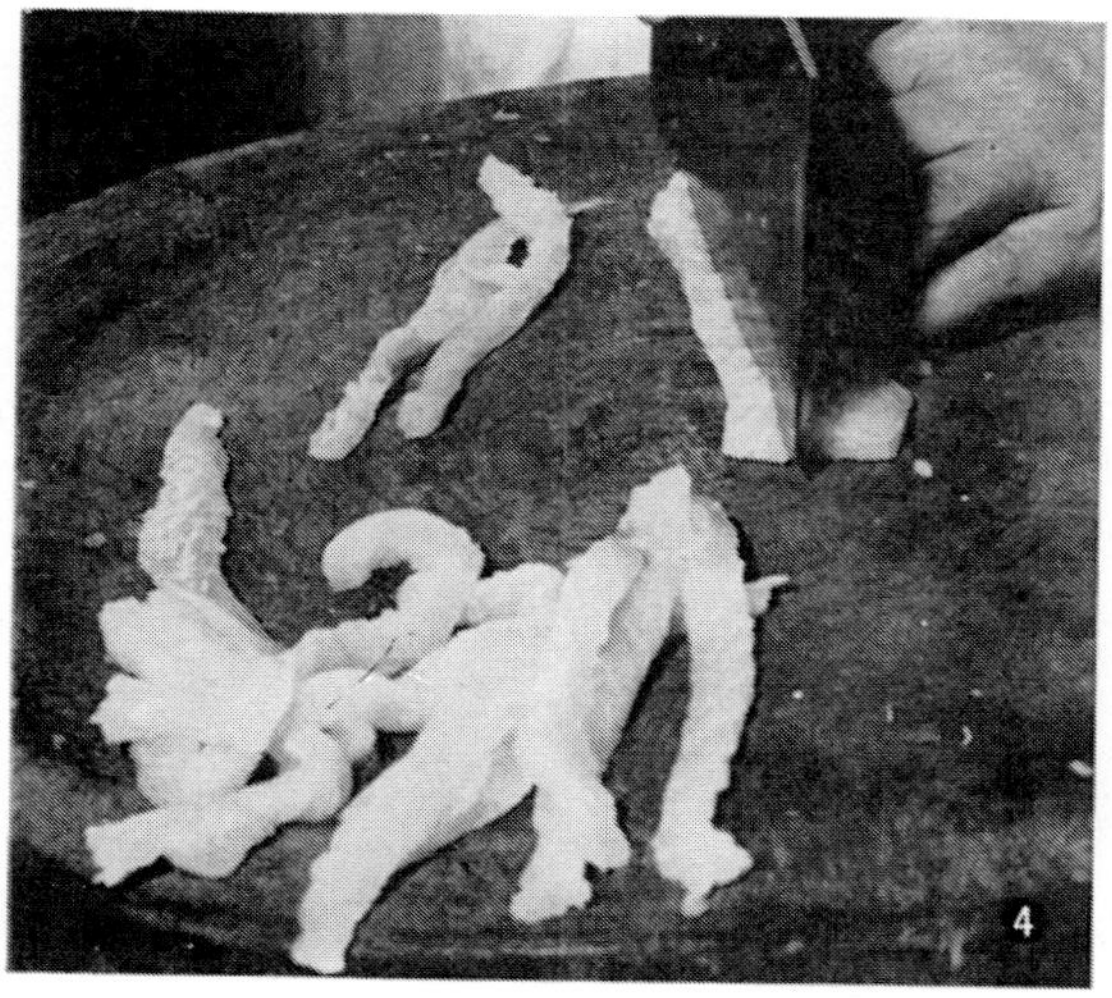

4

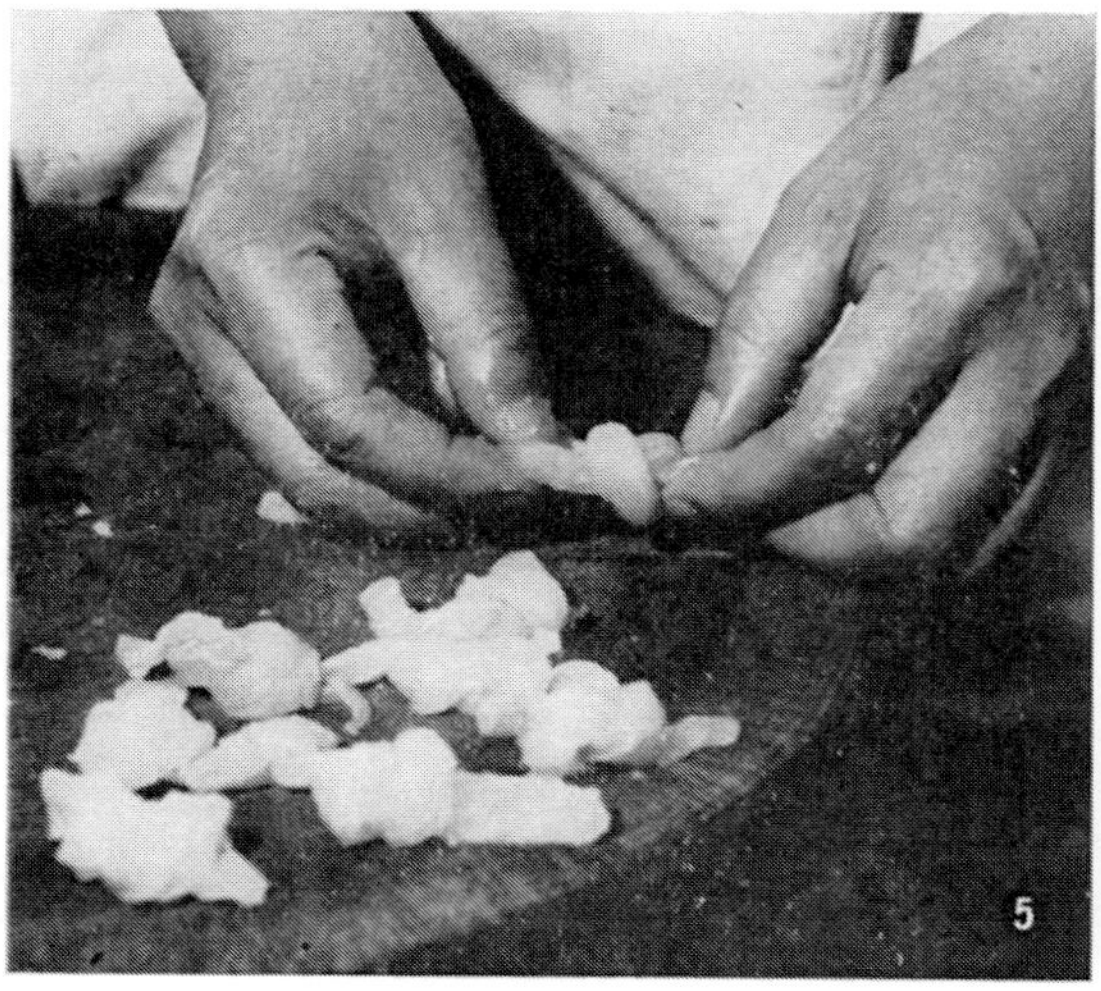

5

6

蒸蛋（ヴェン・ダヌ＝卵の蒸したもの）は割合簡単な料理で、種類は多くないが目先の変わったものが作られる。

蒸蛋の基本はまず卵と同量から倍ぐらいまでの冷ましたスープを加えることが、やわらかい蒸蛋を作るのに必要であり、またせいろうの蓋をずらしたり、火加減をして、スをたてないように蒸すことも肝要である。

宴会料理用には卵白（蛋清＝ダヌ・チン）だけを蒸すことが多く、おもにスープ料理に使われる。

芙蓉銀耳（フゥ・ルォン・イヌ・アル）などは高級料理の一つで、卵白と清湯を合わせて、スープ碗の底に入れて蒸したのち、上に清湯を入れ銀耳（白キクラゲ）を浮かす。

全卵の普通の蒸蛋では干しエビを入れた開洋蒸蛋（カイ・ヤン・ヴェン・ダヌ）、また何も入れないで蒸した場合には挽き肉を炒めてから、スープを加えてトロミをつけて上からかける、炸醤蒸蛋（ザ・ヂアン・ヴェン・ダヌ）、辛く作る魚香蒸蛋（ユィ・シアン・ヴェン・ダヌ）などがある。

粉《フェヌ》蒸《ヴェン》鶏《ヂ》塊《クアイ》

ヒナ鶏のぶつ切り米粉付けせいろう蒸し

材料（写真①）
ヒナ鶏骨付き五〇〇g
洋山芋（ヤン・シァヌ・ユィ＝ジャガイモ）三個
ショウガ
ニンニク少量

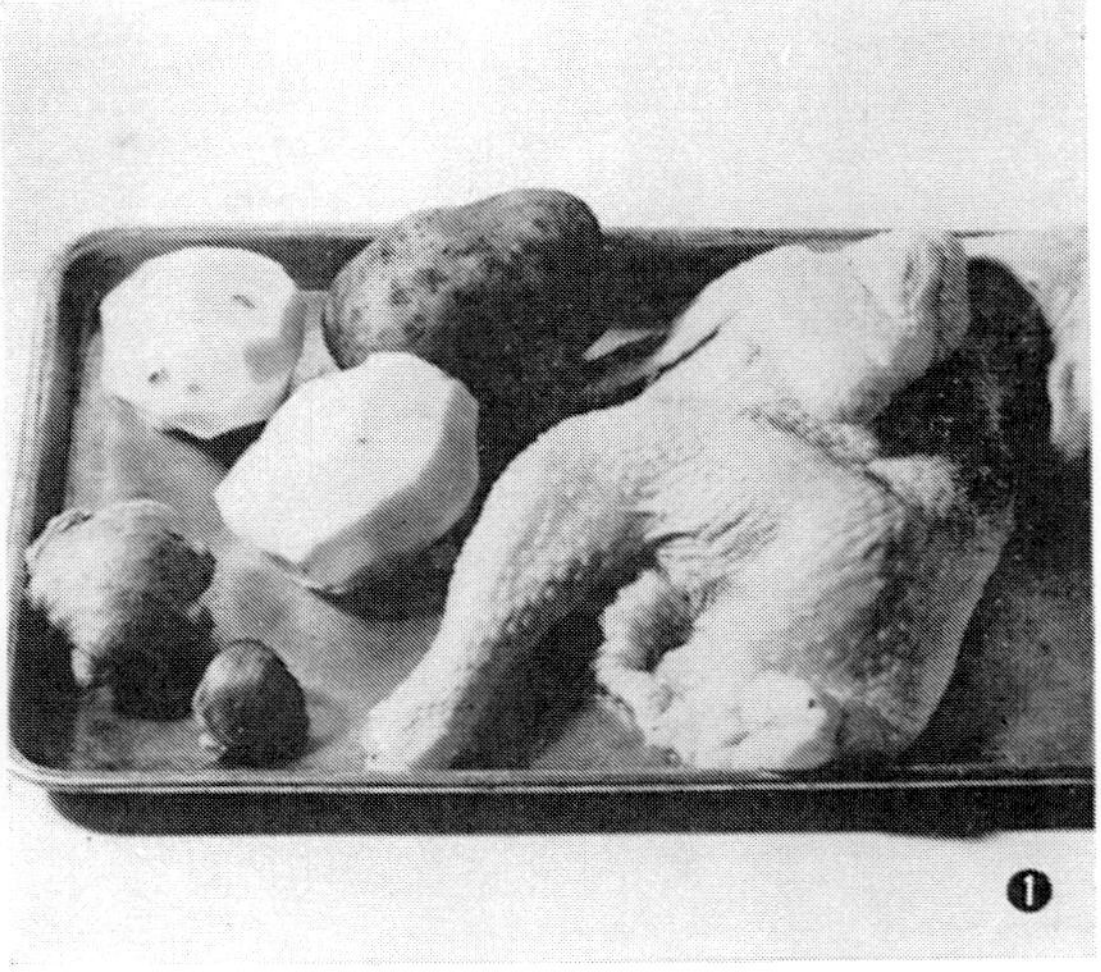

粉蒸（フェヌ・ヅェン）の粉（フェヌ）とは米粉（ミィ・フェヌ＝米の粉・上新粉）のことで、味付けした肉・鶏・魚類にまぶしつけて蒸すのでこの名がある。

◆下ごしらえ

1　ヒナ鶏は骨付きのまま約三cm角の固まりに切る（写真②）。

ジャガイモは皮をむき、鶏塊（チ・クアイ）より少し小さめの回し切り、ショウガとニンニクはみじん切りにする。

〔注〕鶏塊は幅二cm、長さ六〜七cmの條（ティアオ）切りにしてもよい。その場合は、ジャガイモも同じ條切りにする。

◆作り方

1　味付け―ボールに鶏塊を入れ、ショウユ二、酒一、酒醸一（ヂウ・ニアン＝一五九頁参照。なければ酒の量をふやす）、砂糖1/4、甜面醤（ティエヌ・ミエヌ・ヂアン＝甘みそ）1/5、豆瓣醤（ドウ・バヌ・ヂアン＝トウガラシミソ）1/6、豆腐乳（ドウ・フゥ・ルゥ＝豆製品、紅白の二種あるが、赤を使用）1/2個、化学調味料適量の割合で味付けする。それに姜・蒜末を入れてよく混ぜて米粉四を加え、鶏塊にまぶしつけて（写真③）、最後に大豆油（一度沸かしたもの）三を入れてさらに混ぜ合わせる。できあがりは少しねっとりする。

2　別のボールにジャガイモを入れ、軽く鶏塊と同じ味付けをしておく。

〔注〕(1)　米粉は市販されている上新粉を使ってもよいが、香りが少ない。

(2)　米粉の作り方は米をよくとぎ、三〜四時間水に浸けたのち、よく水気をきって、少し多めの陳皮（ツェヌ・ピィ＝ミカンの皮を干したもの）、桂皮（グェイ・ピィ＝ニッキ）、八角（バ・ヂアオ＝大ウイキョウ）を少量加えて、鍋で色がつきカラカラになるまで煎るように炒める。それを粉挽き器で粉にする。

煎るときに注意したいことは、最初は鍋にくっつくから、米の表面の水分がなくなった頃鍋を取り替える。

(3)　味付けは、肉、鶏、魚ともだいたい同じであるが、前後の料理との取合わせや魚の種類などによって、辛くしないで作るときもある。その場合は豆瓣醤を入れない。ニンニクのみじん切りの代わりにネギのみじん切りを使ってもよい。

(4)　油を加えずに作ると、できあがりがパサパサになるから、豚肉は猪油（ヅゥ・ユー＝ラード）、その他はおもに大豆油か落花生油を使うとよい。

(5)　米粉が少ないと材料にくっつかないし、多くても粉だけを食べている感じになるから、注意する。

粉蒸鶏塊

3 蒸（ヴェン）—下味をつけたジャガイモは、小さなせいろうに並べ、その上に鶏塊をのせて蒸す（写真④）。時間は三〇〜四〇分ぐらいでよい。

4 蒸し上がったら、中央にネギのみじん切りを少量のせ、花椒粉（ホア・ヂァオ・フェヌ＝サンショウの実の粉）を全体に軽くふりかけ（なければかけなくてもよい）、大豆油を杓子1/3（六〇cc）ぐらい沸かしてジャーッとかけ、下皿をしいて客に供する。

〔注〕もし数が多く、また前もって用意する場合には扣碗（碗に並べる）して蒸すとよい。葱花などをのせ、上から熱い油をかけるのは同じ要領。

また、副材料は、鮮豌豆（シエヌ・ワヌ・ドウ＝新鮮なグリーンピース）を使うのが一番よい。ほかに罐詰のグリーンピース、キャベツもよい。

◈参考料理

粉蒸肉（フェヌ・ヴェン・ルウ）—豚バラ肉を長さ一〇cm、厚さ一cmぐらいの片に切って作る。碗に並べつめて二時間ぐらい蒸し、皿に返して盛る。

粉蒸牛肉（フェヌ・ヴェン・ニウ・ルウ）—牛バラ肉を前記と同様にして作り、さらに同じ要領で牛腿肉をせいろうで蒸して作る。

粉蒸魚（フェヌ・ヴェン・ユィ）—魚類を使って作る。

水晶南瓜（シュェイ・チン・ナヌ・グア）—中国では南瓜（ナヌ・グア＝カボチャ）を使う料理はほとんど見当たらないようであるが、水晶南瓜または南瓜盅（ナヌ・グア・ヴォン）といって、カボチャの上を横に切って蓋を作り、中をくり抜いて、まわりに彫刻をし、中に粉蒸鶏をつめて蒸す豪華な料理がある。

荷葉蒸肉（ホ・イエ・ヴェン・ルウ）—荷葉（ホ・イエ＝ハスの葉）を適当に切ってさっとゆで、粉蒸肉、粉蒸鶏などを一つずつ包み、碗に並べて入れて蒸したあと、皿にひっくり返して盛る。荷葉の新鮮な香りが肉に移り、格別な風味がある。

その他、いろいろ応用できる料理である。

米粉と書いて、米の粉のほかにビーフンという意味があり（発音は同じくミィ・フェヌ）、福建、広東、台湾で多く使われる。このビーフンは乾麺状で、日本のソーメンに似ているが、もっと細い。ねばり気の少ない米を使って作られ、細いほど、またねばり気の少ないほど最良である。その食べ方は麺に準じるが、肉や野菜と炒める炒米粉（チァオ・ミィ・フェヌ）が最適。

冬《ドン》菜《ツァイ》扣《コウ》肉《ルウ》

材料（写真①）
猪五花肉（ヅウ・ウ・ホア・ルウ=豚バラ肉）四〇〇g
川冬菜八〇g
豆豉（ドウ・ス=浜納豆。関西では大徳寺納豆）少量
ネギ
ショウガ

乾燥野菜入り蒸し肉

冬菜（ドン・ツァイ）とは乾燥させた葉菜のことで、川冬菜（チョアヌ・ドン・ツァイ=四川産）、京冬菜（ヂン・ドン・ツァイ=北方産）などがある。

中国には、冬の字のつく有名な野菜が三種ある。それは冬菇（ドン・グ=シイタケ）、冬筍（ドン・スヌ=冬に取れるタケノコ）とこの冬菜である。

上海料理に焼双冬（シャオ・シュアン・ドン）という冬菇と冬筍を煮込んだ有名な料理があるが、これに冬菜を加えて煮込むと焼三冬（シャオ・サヌ・ドン）という料理になる。

〔注〕皮付きのバラ肉を使うと、できあがりがきれいでおいしいが、手にはいりにくいので、皮なしのバラ肉を使う。皮付きの場合は作り方が少し違う。

◆作り方

1 最初に、豚のバラ肉を滷水（ル・シュェイ=四二頁参照）で三〇分~四〇分煮込むか（写真②）。箸をさして血水が出なければよい）、またはスープ鍋に入れてゆでる。

2 固まりごとこげ色がつくまで揚げる（写真③）。

〔注〕スープか水でゆでた白煮（バイ・ヅウ）の場合には、そのまま揚げると脂肉の部分に色がつきにくいので、よくふいてからショウユを少しすりこんで揚げると、色つきがよくなる。

3 扣碗（コウ・ワヌ＝碗に並べつめる）—揚げた肉は、脂肉が上になるように置き（皮に近い脂肉が表面になる）、約一cmの厚さに切る（写真④）。

ひっくり返して、脂肉のほうを下にして、一切れごとに、一cmぐらいずつずらして並べる。人数に合わせて、肉を適量そろえて（普通は一碗一二枚）包丁ですくい上げ、碗の中へすべらせて入れる。形を整え、両側のあいた部分にも一枚ずつ添える（写真⑤）。

4 味付け—碗に入れた肉の上から直接調味料を入れておく。甜醤油（四六頁参照）チリレンゲ一杯、醤油一杯、塩、油、コショウ、化学調味料各少量で味付けし、豆豉を一〇粒ぐらいのせる。

5 その上から、もどした冬菜を一cm長さぐらいに荒く刻んでかたくしぼって水気を取り、上にかぶせるようにのせる（写真⑥）。その上にネギ、ショウガを少量のせて約二時間蒸す。

〔注〕(1) 冬菜はぬるま湯に三〇分ぐらいつけたのち、よく洗って使用する。

(2) 冬菜は香りがよいので、普通はそのまま使用するが、炒めて使う場合もある。まず鍋にラードを入れて、一cmぐらいに切った干しトウガラシを二～三本入れて赤黒くこがし、その油でしぼった冬菜を炒めると、香りが倍加する。

(3) 冬菜のない場合には、市販されている

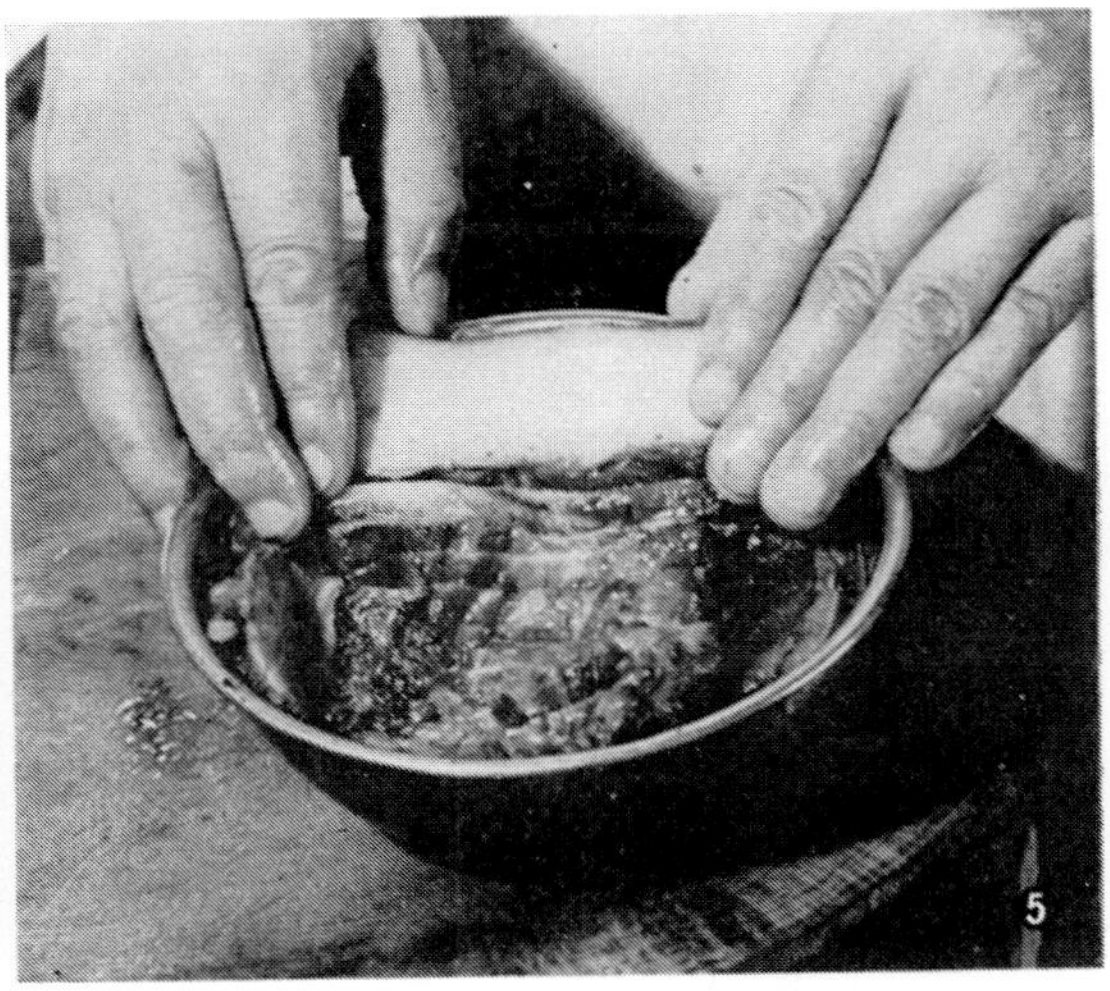

5

6

中国浙江産の干菜笋（ガヌ・ツァイ・スヌ）を代用してもよい。干菜笋は雪菜とタケノコの先のやわらかい部分をいっしょに加工して乾燥させたもので、冬菜と同じようにあつかう。その場合、名称は干菜扣肉（ガヌ・ツァイ・コウ・ルウ）と変わる。

(4)　日本の高菜漬けやカラシ菜漬けも代用できる。この場合、よく洗ってみじん切りにし、かたくしぼって水気をきり、先の要領で炒めてから使う。

6

盛付け―蒸し上がった扣肉は右手にふきんを持ってその上に碗をのせ、左手で皿を持って碗の上から中央にかぶせてひっくり返す。そのまま皿の中央に整えて（写真⑦）碗を取り去って供する。

7

〔注〕扣肉には、よく菠菜（ボ・ツァイ＝ホウレンソウ）を炒めて添えたり、汁に水溶き片栗粉を加えてトロミをつけたものを上からかけたりするが、この冬菜扣肉は蒸し上がったままで出す。

◆応用料理

乳汁扣肉（ルゥ・ヅ・コウ・ルウ）―味付けに腐乳（豆製品）を使って作る。

香糟扣肉（シアン・ヅァオ・コウ・ルウ）―味付けに香糟（酒粕）を使って作る。

豆豉扣肉（ドウ・ス・コウ・ルウ）―味付けに豆豉を使って作る。

四喜扣肉（ス・シィ・コウ・ルウ）―肉を大きく**四個**に切って作り、菠菜などを炒めて添える。

湯《タン》菜《ツァイ》類《レイ》
―スープ料理―

中国料理のうまさは、湯（タン＝スープ）にあるといえる。スープは、種々の料理の基礎ともなる一番大事なもので、スープ料理をはじめ、煮込みものや麺類などいろいろに使われる。

スープの種類には、大きく分けると、清湯（チン・タン）、毛湯（マオ・タン）、白湯（バイ・タン）、奶湯（ナイ・タン）、紅湯（ホン・タン）の五種類ある。

さて、スープ料理は、中国料理の中でも宴会の最後を締めくくる意味で、重要なものである。

しかし、清湯菜（チン・タン・ツァイ）といって、宴会コースの途中の料理として出し、口味を変える場合もある。

この場合は、最後のスープと合わせて二回上卓することになる。

清湯（チン・タン）は、一番上等な澄んだスープのことで、毛湯を土台にして作る。

毛湯（マオ・タン）五l、鶏のササミか手羽肉（胸身）の皮を取り除いたもの二〇〇g、豚腿肉の赤肉二〇〇gを用意する。これを別々に包丁の背で細かくたたくか、挽き肉器でひく。これを、それぞれ鶏茸（ヂ・ルォン。白茸子＝バイ・ルォン・ヅともいう）、肉茸（ルウ・ルォン。紅茸子＝ホン・ルォン・ヅともいう）という。

鶏茸と肉茸は、別々のボールに入れ、約一lの水を少しずつ入れながら、粒がなくなるように伸ばす。

次に鍋に毛湯を入れて、酒、コショウ、みじん切りにしたネギとショウガを各少量加え、さらに肉茸を入れて混ぜながら中火で沸かす。徐々にスープが澄んでくるが、沸騰したら火を弱くし、上に浮いてきたアクをすくって捨て、さらに二時間ぐらい弱火で煮つめる。

スープの量が半分ぐらいになったところで、一度きれいなふきんでこしておく（そのままでも使えるが、少し色づいている）。

次に鶏茸を入れて、肉茸と同じようにかき混ぜながら沸かす。このときは長時間煮つめる必要はない。

このように、鶏肉を使って仕上げると、水のように澄んだ、きれいな清湯に変わる。

〔注〕清湯を作る場合に、脂肪類を使ってはいけない。また、スープが沸くまで混ぜる手を休めてはいけない。グラグラ沸かしたり、鍋に蓋をすることもいけない。手間を省くために、鶏茸と肉茸とを分けずにいっしょに鍋に入れてもよいが、少しスープが色づく欠点がある。

毛湯（マオ・タン）は、普通のスープのことで鶏、豚の骨、脚などを使用して作る。

スープの味をよくするためには、老鶏（ラオ・ヂ＝親鶏）または老鴨（ラオ・ヤー＝アヒル）を加えるとよい。

澄んだスープをとるためには、グラグラ煮立ててはいけない。

毛湯は、普通のスープ料理や麺類や煮込みものなどに使用する。

白湯（バイ・タン）は、白く濁った濃いスープのことで、鶏、豚の脚、老鶏・鴨、豚の肥膘（フェイ・ビアオ＝背脂肉）などを使用する。

白湯は、材料の形がすっかりくずれるまで（五〜六時間）煮立てる。途中で煮つまりすぎたら、毛湯を加える。白湯は砂鍋（シア・グオ）など濃いスープ料理や煮込み料理、あんかけ料理などに使われる。

奶湯（ナイ・タン）は白湯をさらに少量になるまで煮つめたミルク状の濃いスープのことで、野菜料理などに用いられる。

紅湯（ホン・タン）は、清湯の一種のことであるが、赤く色がつくのでこの名がある。

紅湯は、鶏・豚の脚、老鶏・鴨、中国火腿（ヅォン・グオ・フォ・トェイ＝中国のハム）、豚の赤肉などで作るが、まれに牛肉を加えることもある。紅湯は、肉類のスープ料理によく合う。

このほかにも、清真菜（チン・ヅェヌ・ツァイ＝回教料理）で使う豚肉抜きで作るスープで鶏、アヒルを主体にし、そのほかに牛肉を加えて作るものなどがある。

また、素菜（スゥ・ツァイ＝精進料理）は肉類抜きなので、シイタケ、大豆、大豆モヤシ、そのほかの豆、キノコ類を使用して作るスープもある。

〔注〕以上のスープは、それぞれ新鮮な材料を選び、一度湯通ししてアクを抜き、よく洗ってから作る。沸いたあとしばらく

は、アクが浮いてくるので、こまめに取り除くことが、臭みのないよいスープを作るコツである。また、ネギとショウガを入れることも忘れないこと。

さて、スープについてはこれぐらいにして、次に、スープ料理の種類と作り方を紹介しよう。

スープ料理の種類は数多くあるが、ここではおもなものをあげておく。

(1) 清湯（チン・タン）―前述のように澄んだ上等なスープのことをいうが、このスープを使ったスープ料理のこともいう。この中には、材料の持ち味を生かすために、蒸して作る清蒸（チン・ヅェン）の調理法もふくまれる。

〈例〉清湯三鮮（チン・タン・サヌ・シエヌ）―三種の材料を使う。

(2) 奶湯（ナイ・タン）―白いスープや濁ったスープのことをいうが、濃いスープを使ったり、エバーミルクを使ったスープ料理のこともいう。

〈例〉奶湯肚糸（ナイ・タン・ドゥ・スー）―豚の胃を使う。

(3) 砂鍋（シァ・グオ）は沙鍋（シァ・グオ）ともいわれ、土鍋に入れて煮込むスープ料理のこともいう。

〈例〉砂鍋什錦（シァ・グオ・シ・ヂヌ）―十種の材料を使う。

(4) 火鍋（フォ・グオ）―鍋の中央に煙突があり、そこへ炭火を入れてそのまわりでスープを煮立てるスープ料理のことをいう。

〈例〉什錦火鍋（シ・ヂヌ・フォ・グオ）―五目の材料

(5) 酒蒸（ヂウ・ヅェン）―蒸（ヅェン＝蒸す）の調理法を応用したスープ料理のことをいう。

〈例〉酒蒸鴨子（ヂウ・ヅェン・ヤー・ヅ）―アヒルを使う（次頁の写真参照）。

このスープ料理は、酒を長時間蒸していくうちに、酒がスープに変わる点に特徴がある。

川（チョアヌ）とは、湯の別称のようなものである。ただし主材料の浮いてくるような作り方のスープに限られる。湯は、料理名の最後につけたり、清湯や奶湯のように下につけるのが普通であるが、川は料理名の最初に書かれる。たとえば、肉団子のスープのことを、北方菜（ベイ・ファン・ツァイ＝北方料理）のように川丸子（チョアヌ・ワヌ・ズ）と表現したり、丸子湯（ワヌ・ズ・タン）、川丸子湯（チョアヌ・ワヌ・ズ・タン）と表現したりする。

燉（ドゥヌ）はスープ料理の一種であるが、砂鍋（シァ・グオ＝土鍋）などを使って弱火でゆっくり材料がとろけるぐらいまで煮て作るスープである。

その種類には次のようなものがある。

清燉（チン・ドゥヌ）―スープを濁らせないように作る。煮る代わりに蒸すと簡単であるが、供する場合は砂鍋がよい。

〈例〉清燉蹄膀（チン・ドゥヌ・ティ・パン）―豚のスネ肉（ドンブリ）

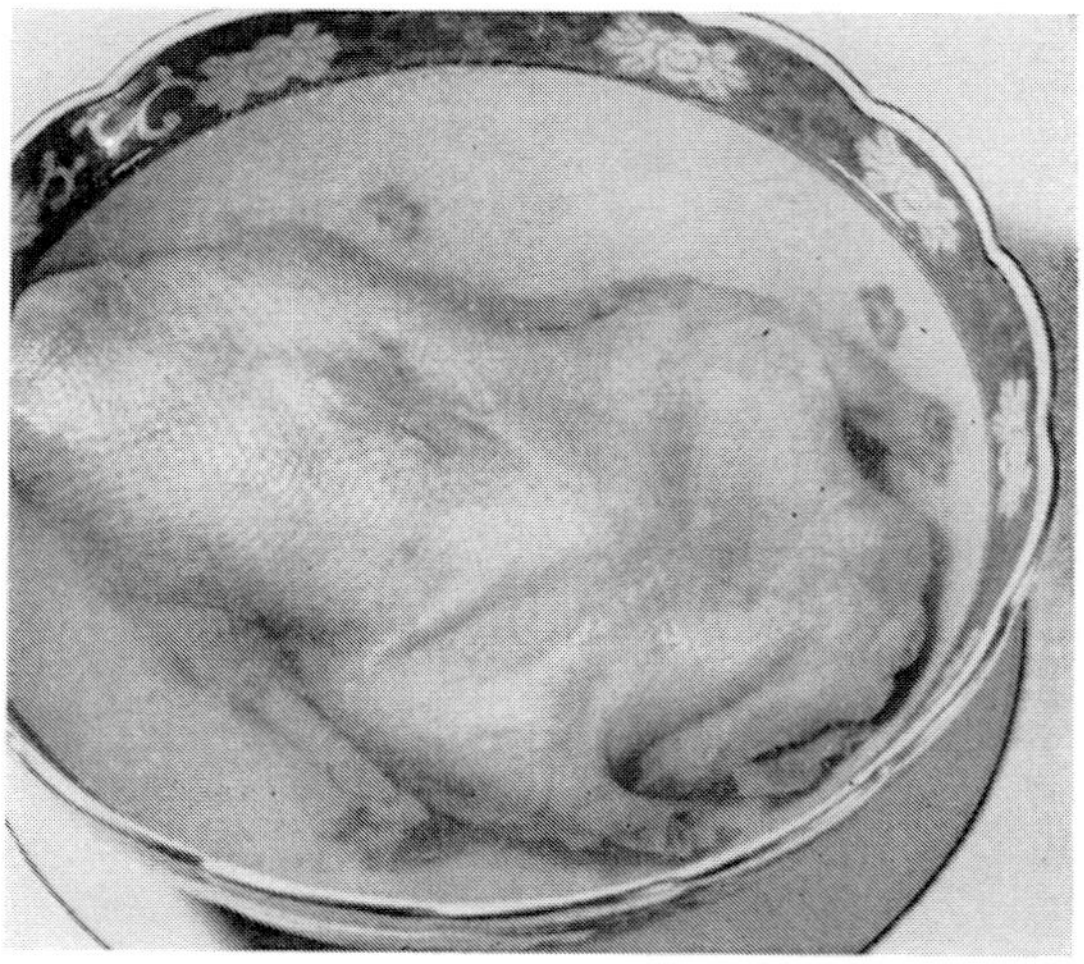

を使う。

紅燉（ホン・ドゥヌ）—味付けにショウユ、糖色その他色づくものを使う。

〈例〉砂鍋獅子頭（シァ・グオ・シ・ヅ・トウ）—大きな肉団子

白燉（バイ・ドゥヌ）—清燉に似ているが、白く濁った濃い味のスープ。塩味で作る。

〈例〉燉羊雑（ドゥヌ・ヤン・ヅァ）—ヒツジの内臓

以上のほかにスープに水溶き片栗粉を入れトロミをつけて供する、羹（ゴン）というスープがある。

〈例〉酸辣湯（ソアヌ・ラ・タン）

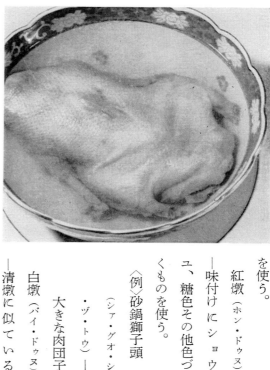

汽《チィ》鍋《グオ》蒸《ヅェン》鶏《ヂ》

蒸気鍋のヒナ鶏スープ

材料（写真①）

小鶏（シアオ・ヂ＝ヒナ鶏の内臓を抜いたもの一羽）一kg

冬菇（ドン・グ＝シイタケ）小一二個

竹笋（ヅゥ・スヌ＝細タケ）一二本

干貝（ガヌ・ベイ＝干した貝柱）少量

清湯（チン・タン）の材料＝鶏ササミ・豚腿赤肉各一〇〇g、ネギ・ショウガ少量

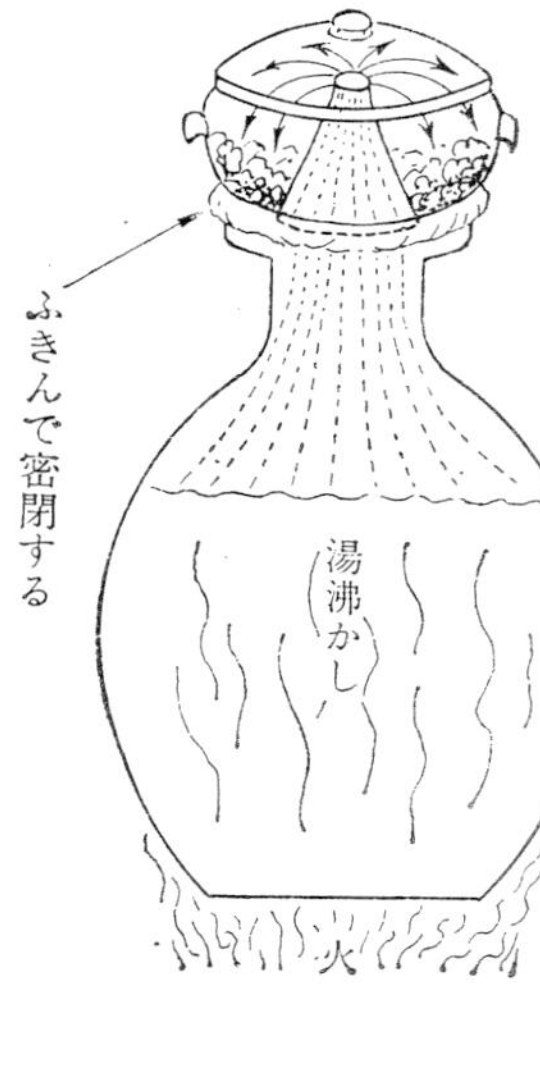

この料理の正式な名称は雲南汽鍋鶏（ユヌ・ナヌ・チィ・グオ・ヂ）である。

汽鍋（チィ・グオ）とは雲南産の特殊なスープ鍋のことであるが、火に直接かけるわけではないからスープ碗（湯碗＝タン・ワヌ）と表現したほうが適切かもしれない。

汽（チィ）は水蒸気のことで、この鍋の仕組みは右図のようになっている。

蒸気が下の湯沸かしから中央の穴を通り抜け蓋にあたって水（蒸留水）になり、それが汽鍋の中にたまってスープに変わるのである。何も入れないのにどこからともなくスープがわくところから神仙鍋（シェヌ・シェヌ・グオ）の別名を持つ変わったスープ料理である。

ただしこの作り方では一つずつしか作れないので、本書ではいくつかいっしょに作れる汽鍋蒸鶏の作り方を紹介する。

◆下ごしらえ

最初写真②のように背骨の横から包丁を入れ

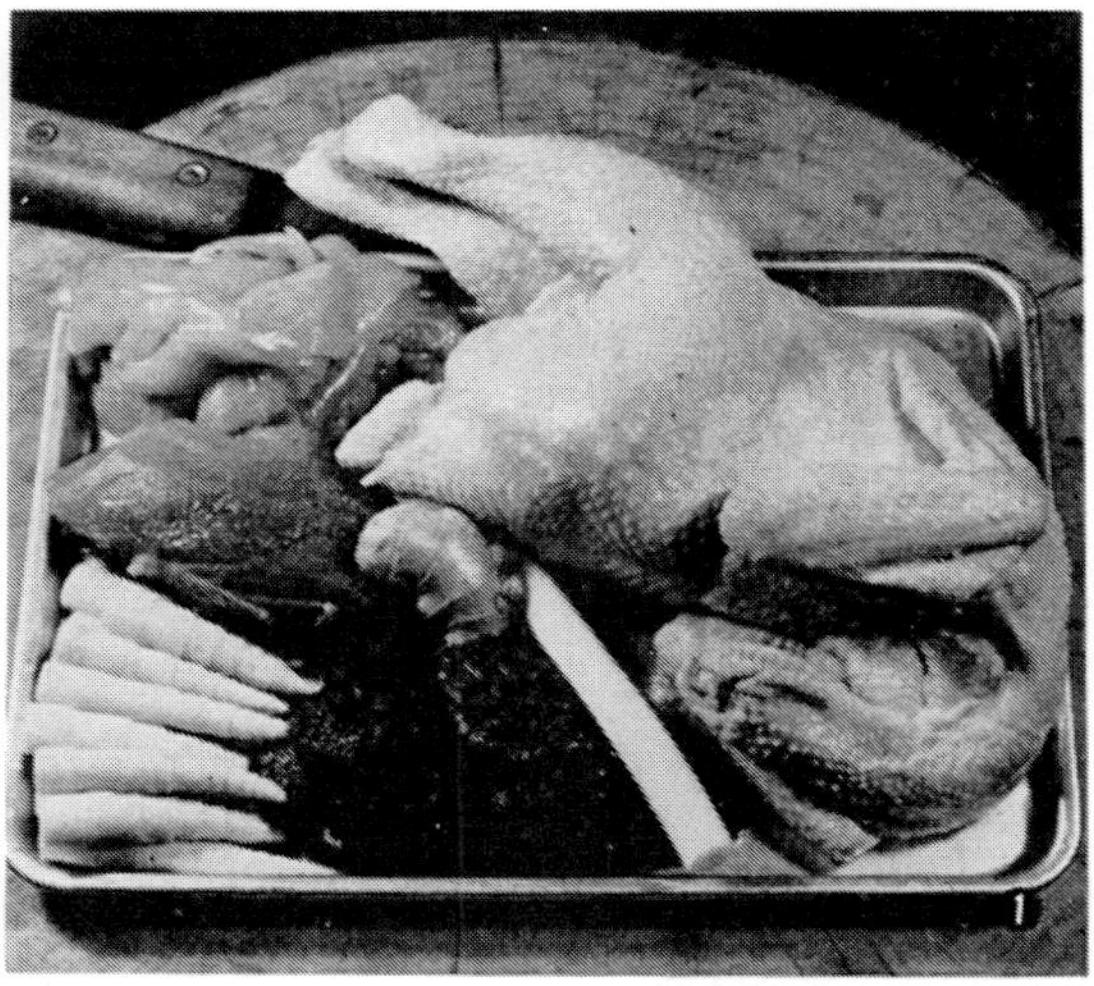
1

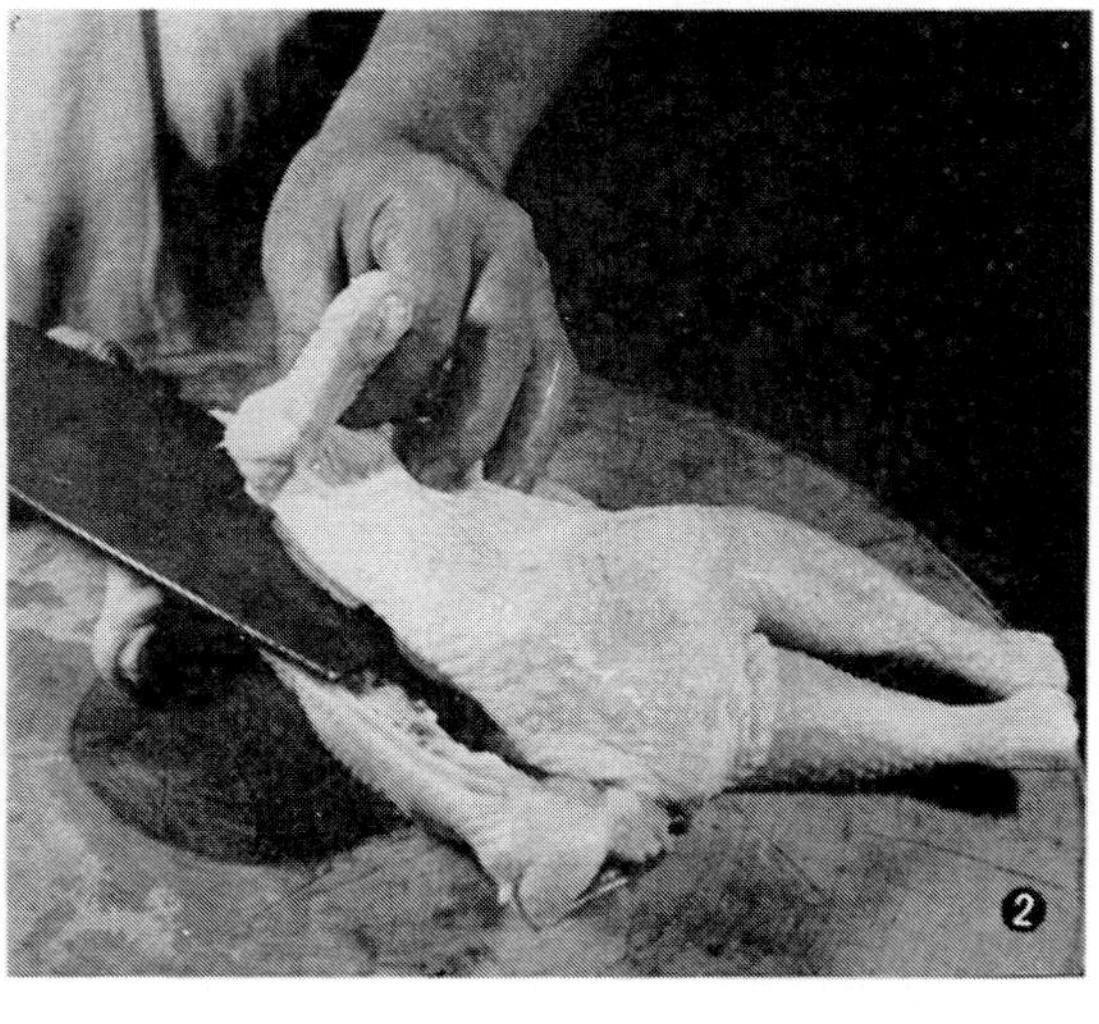
2

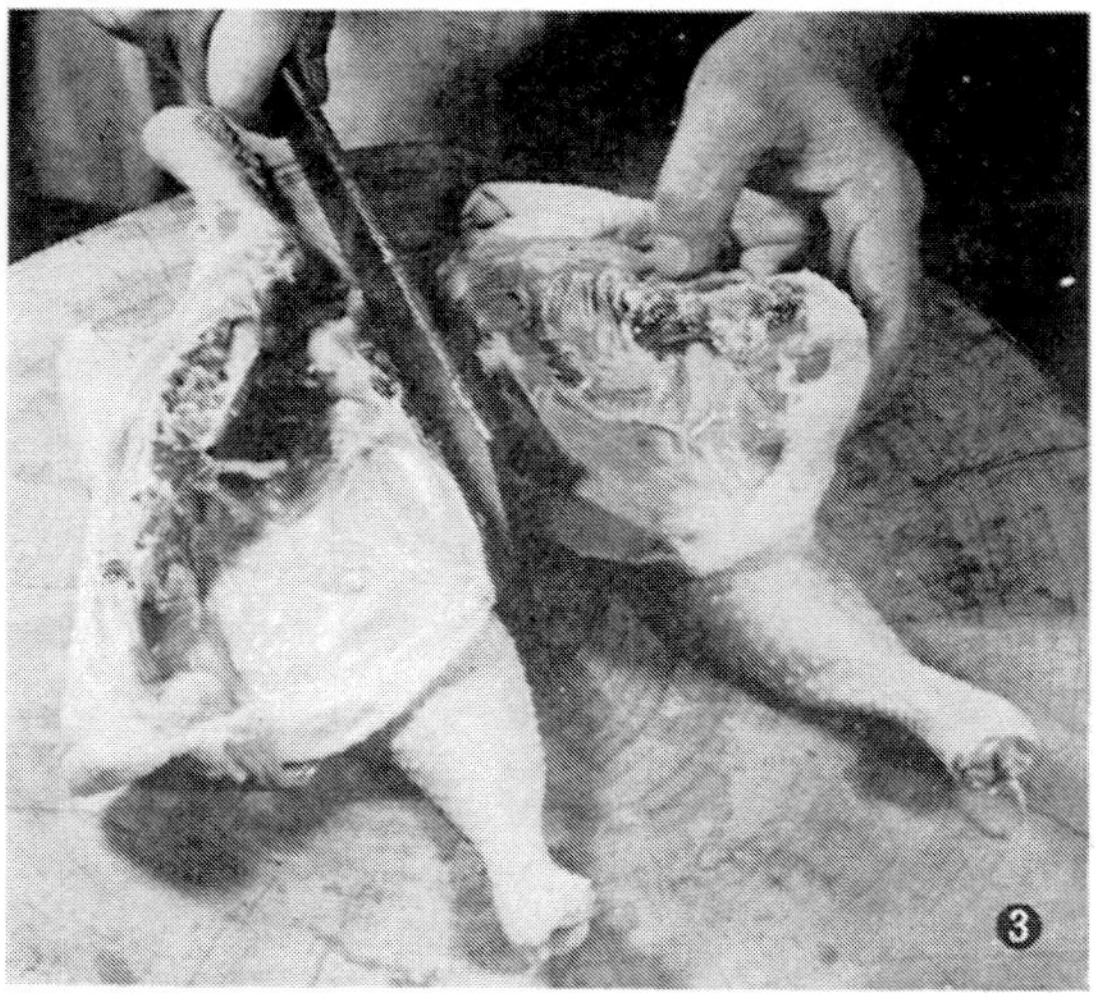
3

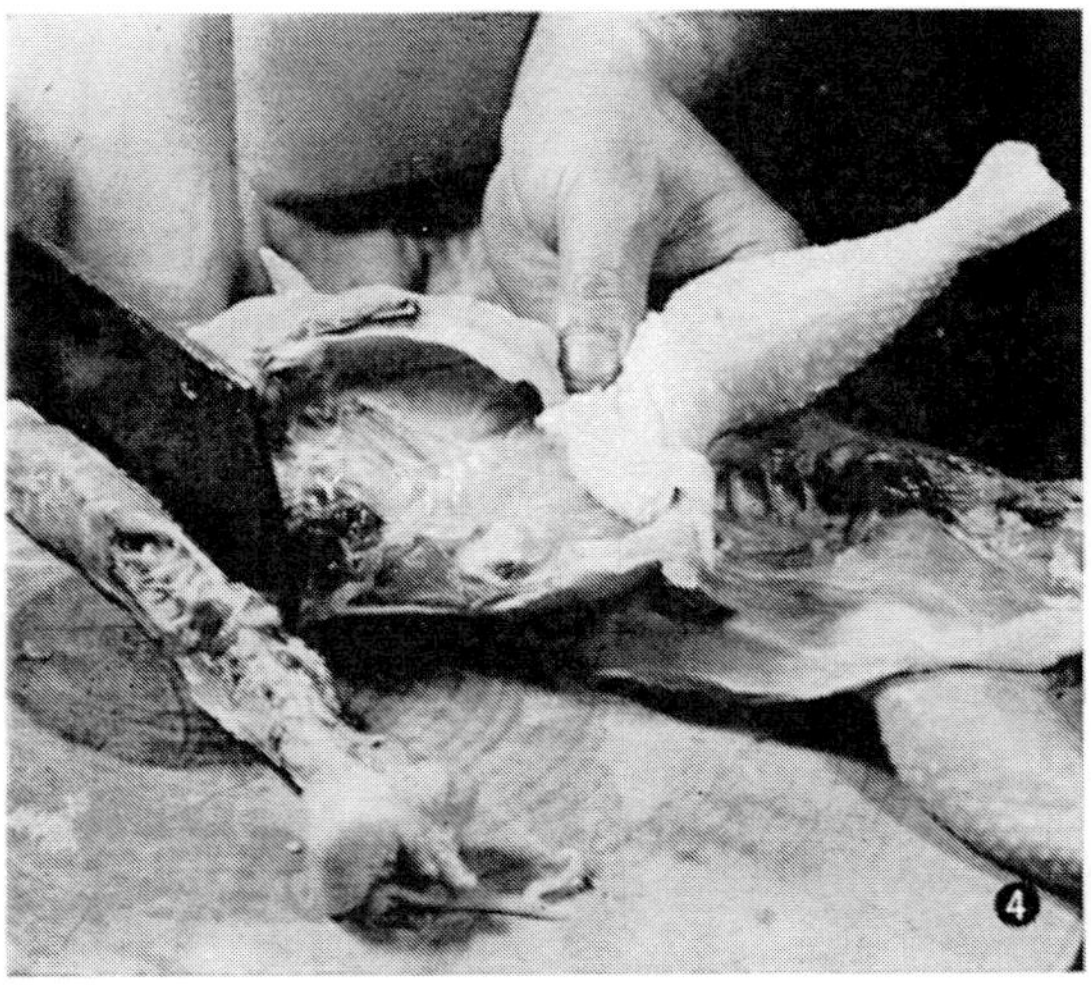
4

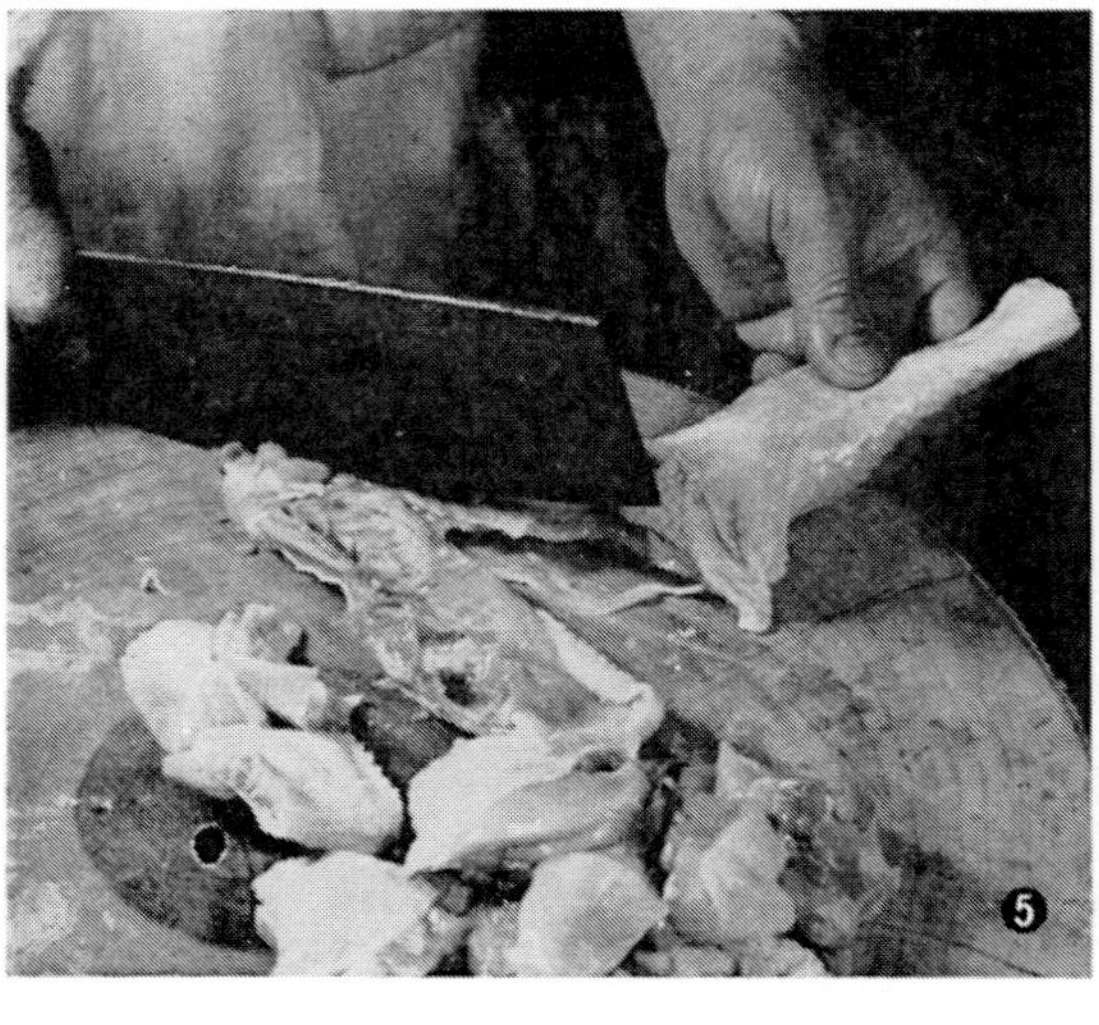
5

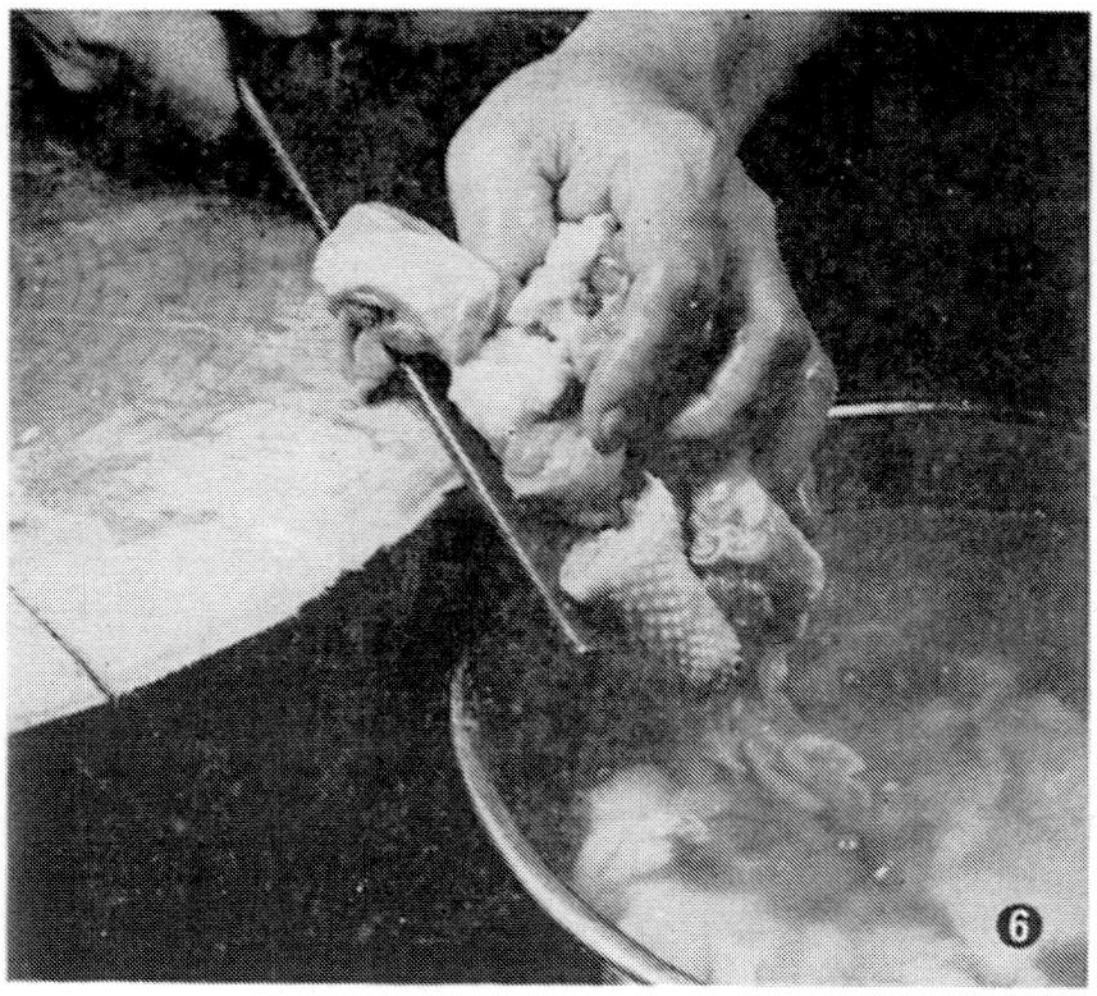
6

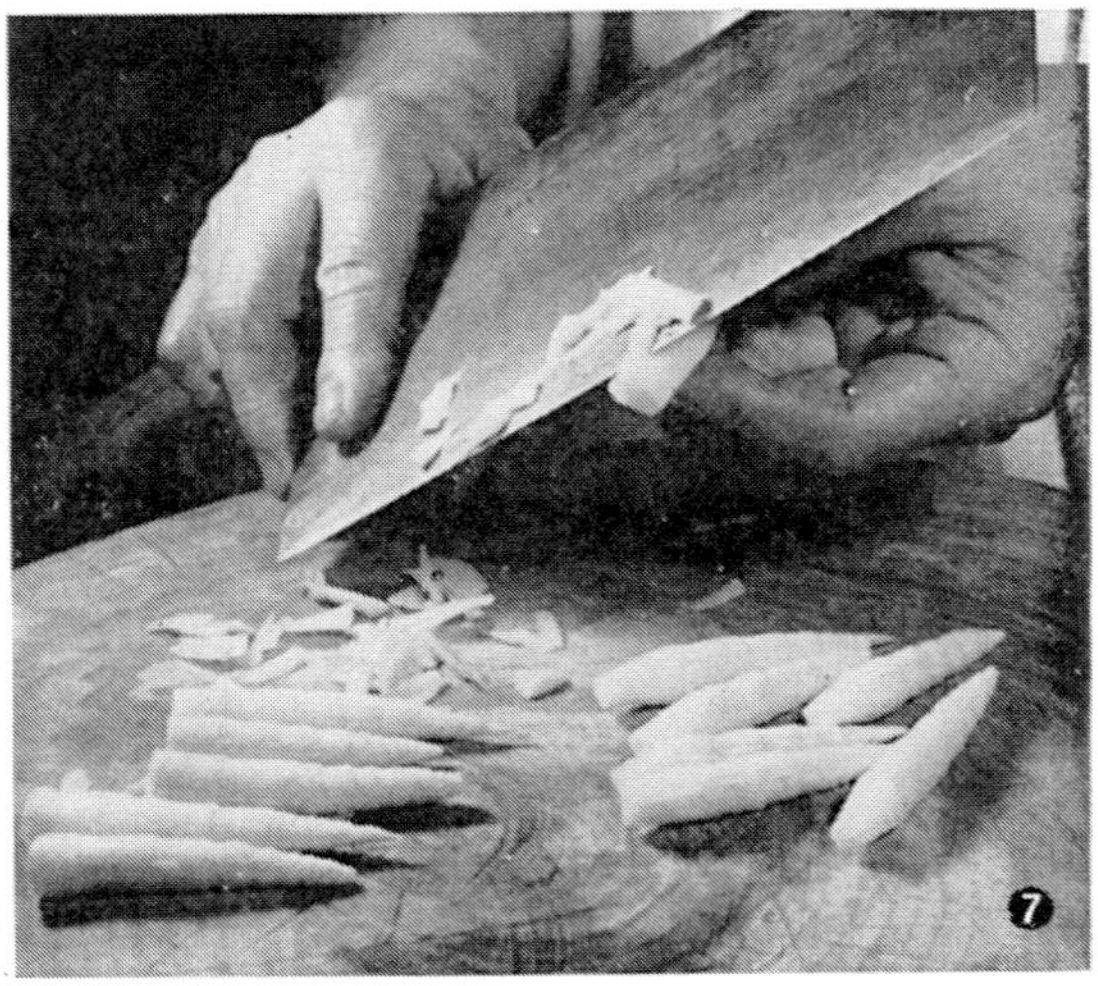
7

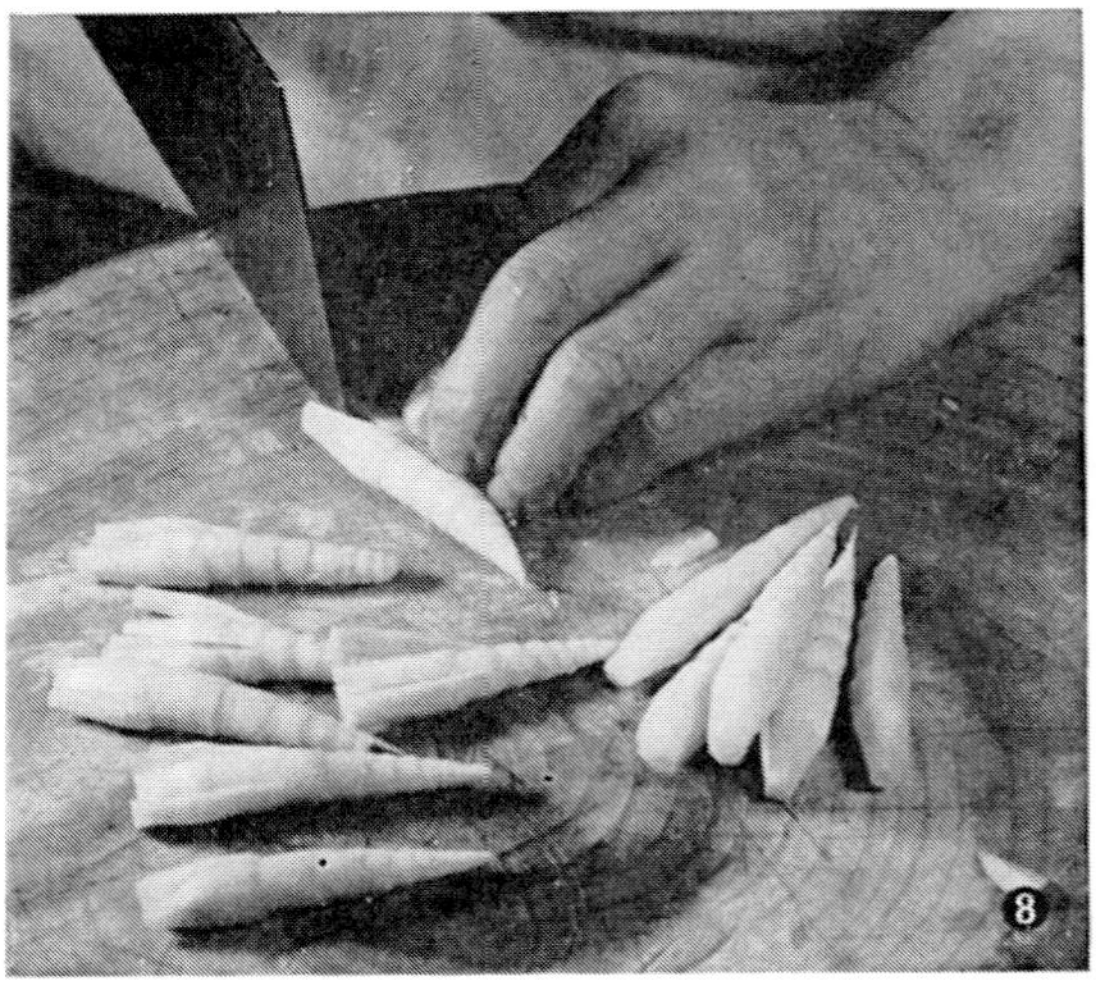
8

9

10

て開き、二つに切り分ける（写真③）。次に写真④のように背骨を取って約二・五㎝角のぶつ切りにする（これを鶏塊＝ヂ・クァイという。写真⑤）。切り終わった鶏塊は写真⑥のように水を入れたボールに浸け、血水を抜く。

副材料の細タケは先端から五㎝ぐらいの長さに切りそろえて写真⑦のように根元をけずり、約二㎝の十字の切り目を入れておく（写真⑧）。

シイタケは小形のものを形をそろえて温湯でもどしてから、写真⑨のように包丁目を入れる。

〔注〕竹筍の代わりに冬筍を條に切って使ってもよい。またシイタケの大きいものを四つ割りか六つ割りにして使ってもかまわない。他に、マツタケ、マッシュルームが使える。

◆作り方

1　先の鶏塊を水のまま鍋に移して中火で沸かす。浮いてくるアクはすくい捨てるようにし、沸騰したら火を弱め一～二分してから取り出してよく水洗いする。

〔注〕(1)　水からゆでるのは鶏塊の中から平均に血水を抜いてアクを取り去るためで、あまりゆですぎてはいけない。

(2)　タケノコ、シイタケも湯通ししておく。

2　湯通しした鶏塊は写真⑩のように残り毛を

11

抜き、血の固まりその他の汚物をきれいに取り去り、さらによく水洗いしておく。

3 汽鍋の底に洗った干貝をほぐしてしき、その上に鶏塊をすき間なく並べる。最上部に湯通ししたタケノコ、シイタケをのせる(写真⑪)。

4 味付けは塩適量、化学調味料・コショウ各少量、ネギ、ショウガを一~二片加える。

酒は写真⑫のように紹興酒（シャオ・シン・チゥ=中国の酒、老酒の一種）を多めに加える。

なお、本来の作り方ではこの状態で前記の湯沸かし（一八一頁の図参照）の上に密閉して四~五時間蒸す。

〔注〕酒は日本酒でもかまわないが、紹興酒などの老酒類が一番よい。

12

5 写真⑬のように汽鍋に清湯を九分ぐらい加えて普通のせいろうで三~四時間蒸す。この場合蒸留水はほとんどはいらず、はいっても一割以下である。

〔注〕(1) 蒸す時間は四時間前後と見当をつけ、三〇分や一時間ぐらいの差はあまり気にしなくてよい。この料理は鶏塊を食べるのではなく、スープを味わうものである。

(2) 清湯の作り方については一七七頁参照。

6 蒸し上がった汽鍋蒸鶏はできあがり写真のように下皿をしいて供する。

13

◆応用料理

ヒナ鶏の代わりにアヒルのヒナや食用鳩（日本ではウズラを代用）を使ってもよい。

汽鍋鴨（チィ・グオ・ヤー）—アヒルを使う。

汽鍋鴿子（チィ・グオ・ゴォ・ヅ）—食用鳩を使う。

汽鍋鶏圓（チィ・グオ・ヂ・ユアヌ）—鶏の骨抜きで肉団子を作って入れる。

虫草汽鍋鶏（ツォン・ツァオ・チィ・グオ・ヂ）—漢方薬の一種の虫草を加える変わった作り方のものである。

清《チン》湯《タン》襍《ヅァ》燴《ホイ》

五目入り蒸しスープ

材料（写真①）
- 鮑魚（バオ・ユィ＝罐詰のアワビ）
- 火腿（フオ・トェイ＝ハム）
- 海参（ハイ・シェヌ＝もどしたナマコ）
- 白猪肚（バイ・ヅウ・ドゥ＝豚の胃をゆでてやわらかくしたもの）
- 白鶏腿（バイ・ヂ・トェイ＝ゆでたヒナ鶏の腿）
- 冬筍（ドン・スヌ＝タケノコ）
- 冬菇（ドン・グ＝シイタケをもどしたもの）
- 冬瓜（ドン・グア＝トウガン）
- 紅蘿蔔（ホン・ロォ・ボ＝ニンジン）
- 豚挽き肉
- 豆腐皮（ドウ・フゥ・ピィ＝ユバ）

清湯（チン・タン）とは、上等の澄んだスープのことで、その作り方にはいろいろある。

四川料理の清湯は、割合簡単に作れ、見た目もきれいで味のよいスープである。

襍（ヅァ）とは雑（ヅァ）のことである。だから、襍燴（ヅァ・ホイ）は雑燴（ヅァ・ホイ）とも書くが、これはいろいろな材料を合わせるという意味で、什錦（シ・ヂヌ）と考えてもよい。

このスープ料理は、いろいろな材料を形よく並べてから、清湯を加えるものであるが、材料の形をくずさないようにやわらかく蒸すことが大切である。

料理名は、清蒸襍燴でもいいし、清湯雑燴と変えてもよい。

材料の量は、だいたい一人に一種一切れの見当で用意すると全体にまとまる。だから、一〇人前なら一一〜一二枚用意するとよい。

このほか、豚の内臓類やあり合わせの材料も応用できる。

◆作り方

1 最初に扁担肉（ビエヌ・ダン・ルウ）を作る。作り方はまず、写真②のように豚の挽き肉をボールに入れ、鶏卵一個と塩、コショウ、酒、化学調味料を加えて味付けし、よく練り合わせる。片栗粉を少し多めに加えて、さらに、よく練り合わせる。

それを、写真③のようにユバの手前のほうに

1

2

3

4

置き、幅六cm、厚さ二cmぐらいになるように包み（写真④）、油をしいた皿の上にのせて二〇〜三〇分ぐらい蒸す。蒸し上がりは写真⑭参照。

〔注〕扁担とは、肩にかつぐ天びん棒のことであるが、それに似て平べったい形をしているので、この名がある。

2　湯碗（タン・ワヌ＝スープ碗）を用意し、写真⑤⑥のようにトウガンを切り、軽くゆでて碗の下にしく。

〔注〕トウガンのほか、白蘿蔔（バイ・ロォ・ボ＝ダイコン）、白菜芯（バイ・ツァイ・シヌ＝白菜のシンのところ）が使える。またトウガン、ダイコンは包丁目を入れて花切りにしてもよい。

3　次に、ほかの材料も順に色どりよく切ってから、中央が盛り上がるように並べる。

まず材料の切り方は、冬筍はちょっと包丁目を入れて薄切り（三mmぐらいの厚さ）にする（写真⑦）。写真⑧は海参の切り方、鮑魚も、写真⑨のように薄切りにしておく。

どの材料の屑も捨てずに碗の下にしく。

豚の胃は横に二枚に開いてから、ほかの材料と同じぐらいの大きさに切る（写真⑩）。

並べ方の手順は、時計の針の方向と逆にするとよい。一枚々々重ねていくときに、左側の切り口をそろえて幅広くし、右側を少し狭くして、下からすくい並べる。

この並べ方だと写真⑪⑫のように碗に入れる

5

6

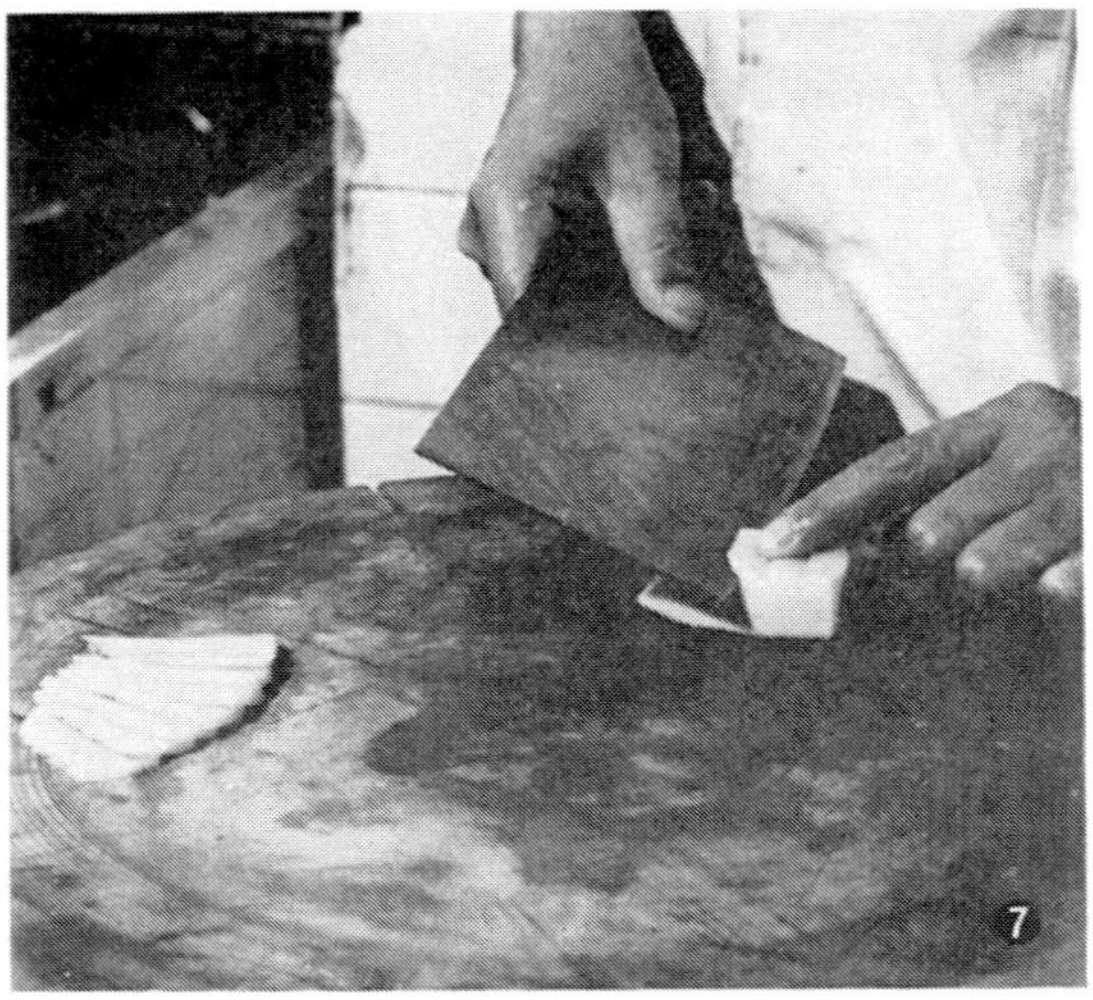
7

8

9

10

⑪

⑫

⑬

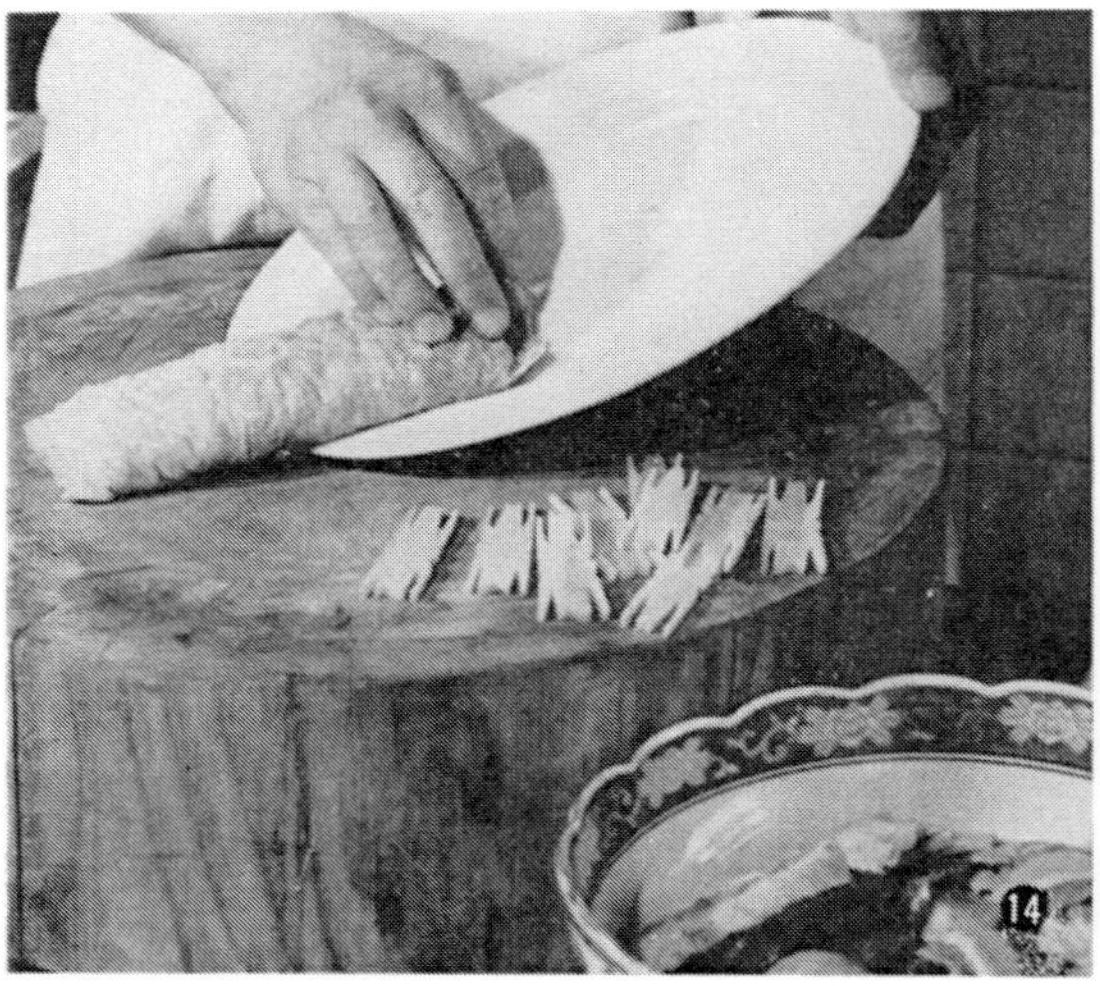
⑭

⑮

とき、包丁がじゃまにならない（このときの材料はシイタケと鶏腿）。

〔注〕普通の並べ方だと、右側の切り口をそろえて幅広くし、幅広いほうから包丁を下に入れて皿などに置くのであるが、この湯碗や砂鍋、火鍋はそれでは並べられない。ニンジンは、そのまま使うよりも写真⑬のように包丁目を入れ、花形にすると見ばえがよい。

写真⑭は、先に作っておいた扁担肉であるがこれもほかの材料と同じぐらいの厚さ（四～五㎜）に切る。

最後に写真⑮のように中央にシイタケの帽子をかぶせる。シイタケの代わりに鶏や豚の挽き

清 湯 襍 燴

肉などを使って団子にしたものを使ってもよい。

この料理に使う材料はなんでも使用できるが、蒸したあとあまり小さくならない材料を選ぶこと。

4 並べ終わったら、塩・コショウ・酒各少量に化学調味料で味付けし（写真⑯）、清湯を入れ、アルミ箔などで蓋をして約一時間ぐらい蒸したのち客に供する。

このスープは、いろいろな材料の味が溶け出し、複雑な味わいが出てくる。

形はそっくりそのまま残っているが、材料によっては、舌にのせると溶けるようなやわらかさがある。

◆応用料理

砂鍋襍燴（シァ・グオ・ヴァ・ホイ）――土鍋に清湯襍燴と同じように並べ、蒸したり煮込んだりして作る。

清湯扣雑燴（チン・タン・コウ・ヴァ・ホイ）――扣碗（一七五頁参照）して蒸したのち、湯碗にひっくり返して入れ、清湯を加える。

傳絲雑燴湯（チョアヌ・スー・ヴァ・ホイ・タン）――材料を細切りにし、扣碗して清湯扣雑燴と同じ要領で作る。

奶湯雑燴（ナイ・タン・ヴァ・ホイ）――奶湯（白湯）を加えて作る。

また変わった応用料理としては傳絲魚翅（チョアヌ・スー・ユィ・ツー）がある。前記の傳絲雑燴湯と同じ要領であるが、扣碗するときに底の部分に散翅（サメヒレのくずしたもの）を並べ、その上に細切りした材料を並べて蒸す。これを皿に返して盛り、滷汁（ル・ヅ＝タレ）をかけて供する。またはスープに仕上げてもよい。

並べ方の参考料理を紹介しておこう。

左上の写真は什錦火鍋（シ・ヂヌ・フォ・グオ）を並べ終わったところであるが、中央の煙突に添えて並べるため普通の並べ方では、包丁が火鍋のフチにぶつかって、並べられない。雑燴の並べ方と同様左側の切り口を火鍋のフチにあて、煙突のほうに包丁をすべらせながらとるときれいに並べることができる。

覚えると簡単なことであるが、知らないと恥をかく見本である。

またこの什錦火鍋は、清湯襍燴とほとんど同じ材料を使ってある。底に干貝（ガヌ・ベイ＝・貝柱）、粉糸（フェヌ・スー＝ハルサメ）、白菜をしいてから並べるとよい。冬季に最適の湯菜（スープ料理）である。

奶《ナイ》湯《タン》口《コウ》袋《ダイ》豆《ドウ》腐《フゥ》

変わり揚げ豆腐の濁りスープ

材料（写真①）
豆腐二丁
鶏蛋清（ヂ・ダヌ・チン＝卵白）二個分
鶏柳條（ヂ・リウ・ティアオ＝鶏のササミ）七〇g
口茉（コウ・モォ＝マッシュルーム）適量

奶（ナイ）は、乳のことをいう。牛奶（ニウ・ナイ）は牛乳、奶油（ナイ・ユー）はエバーミルク、奶酥（ナイ・スゥ）はチーズのことである。

中国料理の場合、この奶の字がはいっていたら、乳製品を使った料理か、白く濁ったスープを使用した料理と考えて、ほぼ間違いない。

口袋（コウ・ダイ）は、袋のことをいい、おもに布袋、麻袋（米などを入れる袋）などをさす。油で揚げると豆腐の表面にキツネ色に色づいた皮ができる。豆腐の中身は白い状態のままで、皮の部分と離れ、中身が動くので、口袋という名がつけられた。

この奶湯口袋豆腐から、奶湯の二字を抜いた口袋豆腐の四字でもスープ料理をさすと考えてよいが、これと同じ作り方で燴菜（ホイ・ツァイ）があるので、それと区別するためにこのような長い料理名がつけられている。

◆作り方

1　最初に豆腐を裏ごしする（写真②）。次に、鶏のササミを包丁の背で細かくたたくか、肉挽き器で五～六度ひいて細かい泥状にする（これを鶏茸という）。

これを写真③のようにボールに入れて、葱姜水（ツォン・ヂアン・シュェイ＝ネギとショウガを加えた水）を鶏茸と約同量加えて伸ばし、塩味をつけてよく混ぜるとねばりが出てくる。

その中に裏ごしした豆腐と卵白二個分を加え

❶

2

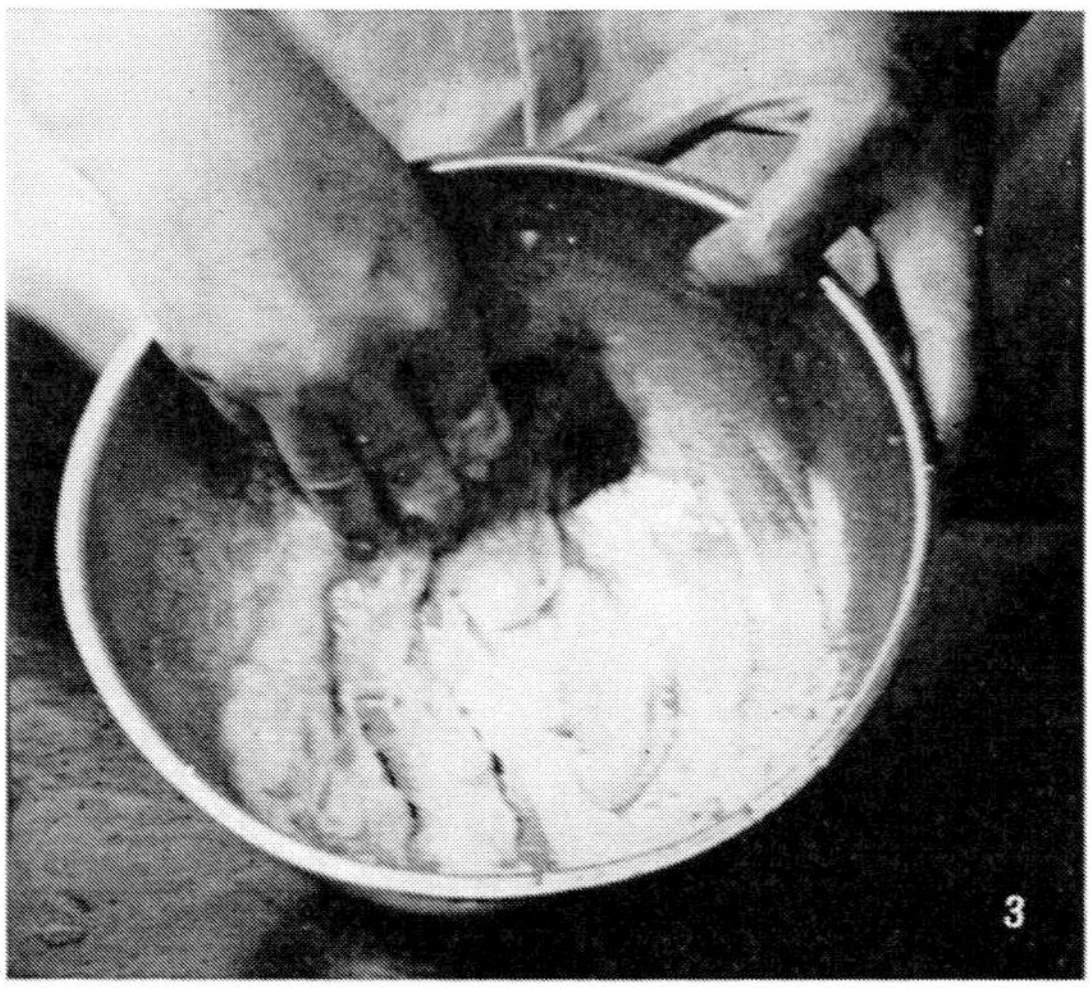
3

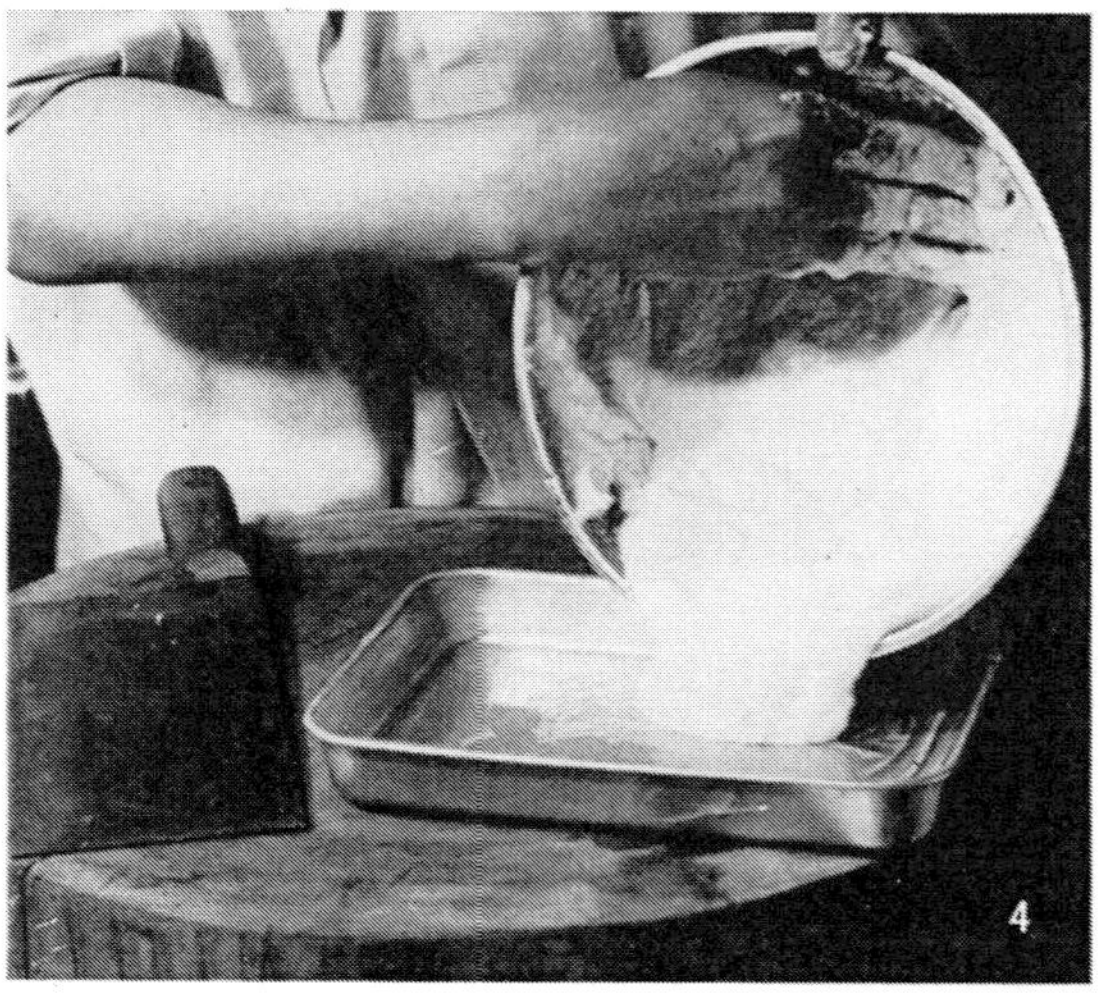
4

てよく混ぜ合わせ、味をみて塩をたし、酒少量、化学調味料を加えて味を整える。それに片栗粉をチリレンゲに半分ぐらい加える。

これを腐糝（フゥ・ツァン）という（一三六頁参照）。

〔注〕片栗粉の量は、豆腐の水分の多少によって加減する。

2 腐糝を写真④のように、バットにラードを塗って流し入れる（厚さは二cmぐらいが適当）。はじめは強火にしておき、途中で弱火に変えて一〇～一五分間蒸す。腐糝を指で軽く押えてみて、弾力性があるような蒸し上がり。

3 蒸し上がった腐糝を、バットのまわりから、水かぬるま湯を少しずつ流し入れ、軽く押えて動かすとバットから離れて浮き上がってくるから、そこで、水を切ってマナ板の上にひっくり返す。

〔注〕(1) この料理は、きめの細かい豆腐なら少し水を切れば、そのまま使える。豆腐の表面にキズのある場合は、皮が破れてきれいに仕上がらないので、1のように作り直す。鶏茸を加えると味がよくなるし、ねばりも出てくるので、きれいに仕上がる。

(2) この作り直した豆腐を、腐糕（フゥ・ガオ）または腐膏（フゥ・ガオ）ともいう。これを適当な大きさに切ってハムなどの上にのせたものを煎り焼きすると、鍋貼豆腐（グオ・ティエ・ドウ・フゥ）となる。

5

6

ほかにも、カニの肉を使って燴菜に作る蟹粉豆腐（シエ・フェヌ・ドウ・フゥ）や、清湯を使って作る清湯豆腐（チン・タン・ドウ・フゥ）などに幅広く応用できる。

4　バットから取り出した豆腐は、まわりをけずり落とし、三等分して（幅六～七cm）、さらに二・五cm幅の拍子木形に切る。口茉は薄切りにする。

5　炸（ザ）―豆腐を揚げる（写真⑤）。鍋にたっぷり油を入れて沸かし（二〇〇度Cぐらい）、豆腐を一個ずつくっつかないように離して鍋に入れ、色づくまで揚げる。

一度に全部入れると同じ色に揚がらないので、二回ぐらいに分け、あとでいっしょにまとめて揚げると、平均して色よく揚がる（写真⑥）。

豆腐を揚げているうちに別鍋に三lぐらいの湯を沸かし、チリレンゲ五杯ぐらいのカン水（ここでは、炭酸カリウム三〇％強、水七〇％弱のものを使用）を加えておき、豆腐を揚げ終わったらすぐ、その湯の中に入れ、中火で四～五分間ゆでる（グラグラ沸かしてはいけない）。

この湯は、揚げ豆腐の皮と中の白い豆腐を離れやすくする作用と油気を取る作用がある。

〔注〕　この料理は、湯とカン水との割合が一番むずかしい。カン水が多すぎると皮が破れて、中の豆腐が溶け出してしまう。また、カン水が少ないと、皮の中身の豆腐がうまく離れない。

6　ボールにたっぷりとぬるま湯を用意し、その中にカン水の湯に通した豆腐を入れ、軽くもむようにして皮と中身を離しながら、皮にふくまれたカン水もいっしょにもみ出す。その間、二～三回湯を取り替える。

7　奶湯を作る。鍋にラードを少量入れ、麺粉（ミエヌ・フェヌ＝小麦粉）をチリレンゲ一杯ぐらい入れて、こがさないように少し炒め、スープを加える。

〔注〕　毛湯だけでも白く仕上がるが、白湯を少し加えたほうが味がよい。

次に口茉片（コウ・モォ・ピエヌ）を加え、先のぬるま湯にさらした豆腐を奶湯の中に入れて、少し煮込む（写真⑦）。塩、コショウ、化学調味料で味付けして、湯碗（タン・ワヌ＝スープ碗）に入れ（写真⑧）、客に供する。

◈応用料理

この料理は、スープだけでなく、燴菜にも作ることができる。また、鶏、ハム、アワビなどを副材料にして作れば、三鮮口袋豆腐（サヌ・シエヌ・コウ・ダイ・ドウ・フゥ）となる。

7

8

砂《シァ》鍋《グォ》魚《ユィ》頭《トウ》

コイの頭と豆腐のトウガラシ入り土鍋スープ

材料（写真①）
鯉魚（リ・ユィ＝コイ）大一尾
豆腐一丁
鶏翅膀（チ・ツー・バン＝ヒナ鶏の手羽先）
火腿（フオ・トェイ＝ハム）
竹筍（ヅウ・スヌ＝細筍）
冬菇（ドン・グ＝シイタケ）
粉糸（フェヌ・スー＝ハルサメ）
干貝（ガヌ・ベイ＝干し貝柱のもどしたもの）
ネギ少量
ショウガ少量

1

砂鍋とは、沙鍋（シァ・グオ）ともかき、土鍋のことをいう。

土鍋には大小各種あり、長時間煮込む場合に適当な鍋である。また土鍋は、そのまま上卓してもなかなか冷めないので、冬季に用いる鍋料理には、その種類の豊富さとあいまって最適である。

魚頭は魚の頭のことで、本来なら、青魚（チン・ユィ）、草魚（ツァオ・ユィ）の頭を使用するが、日本にはない魚なので、コイを使う。

〔注〕(1)　青魚と草魚は、コイに似た魚でコイより大きい。味は大味である。

(2)　また、この料理にはトウガラシミソを炒めてスープに加えてあるので、川魚独特の臭みが抜ける。これは、ピリッとトウガラシのきいた味の濃い変わった味付けのスープ料理である。

2

(3)　四川料理の砂鍋類には例外はあるが、三鮮配頭（サヌ・シェヌ・ペイ・トウ）といって、副材料には鶏肉、火腿、干貝の三種類を欠くことができない。干貝のない場合には、蝦米（シア・ミィ＝干しエビ）を代用する。

(4)　このほかに加えられる材料としては海参（ハイ・シェヌ＝もどしたナマコ）、猪蹄筋（ヅウ・ティ・ヂヌ＝豚の脚の筋をもどしたもの）、鮑魚（バオ・ユィ＝罐詰のアワビ）などがある。

このように、たくさんの副材料を加えることを、什錦配頭（シ・ヂヌ・ペイ・トウ＝五目の副材料）と表現する。

3

◆下ごしらえ

1　写真②のように、コイを真中から頭部と尾の部分に二等分する（砂鍋の大きさにより頭部の大きさも加減する）。

コイの切り方は、写真③のように腹部から背骨にそって包丁を入れ、切り離さずに両側に開く。

〔注〕尾のほうは、ほかの料理にも応用できる。醤油で煮込んだ紅焼划水（ホン・シャオ・ホア・シュェイ）が有名。

2　細筍は回し切りにする（二つ～三つ割りの

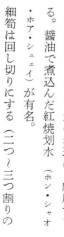

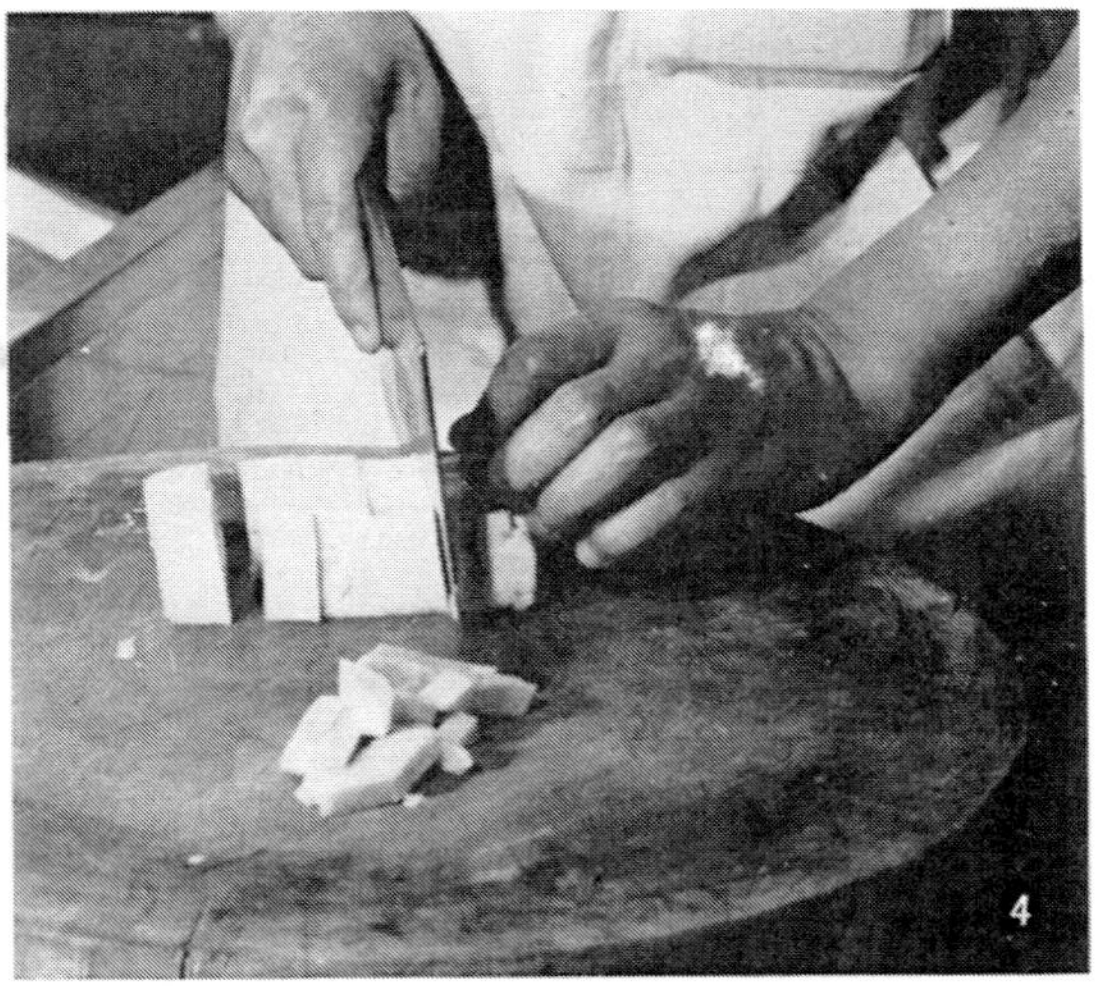

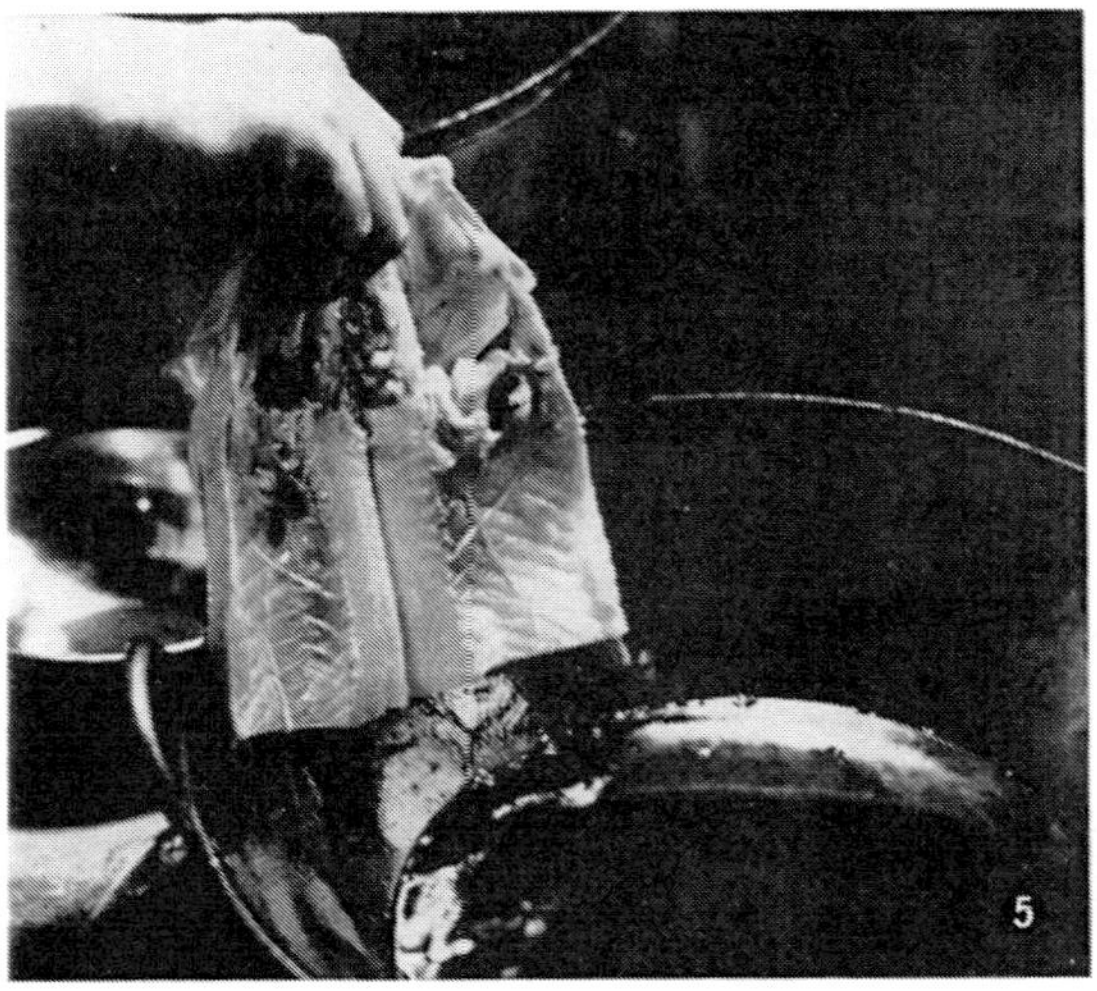

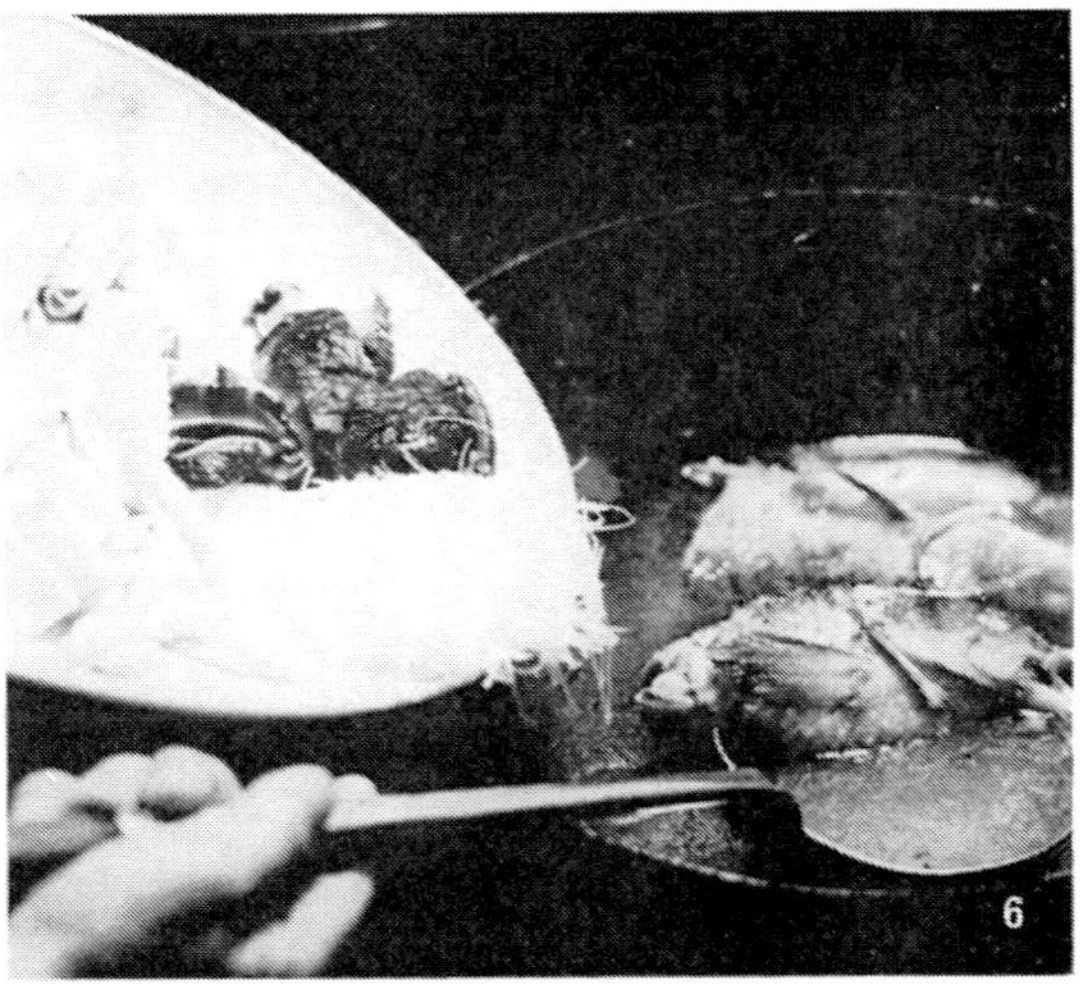

薄切りでもよい)。手羽先はそのまま使う。ハムは一cm角ぐらいの條切りにする。シイタケは、厚さ八mmぐらい、幅二cmぐらいで斜めにそぎ切りにする。

3　豆腐は横に包丁を入れ、上から中央(横)に切り目を入れて、さらに一・五cm幅に切る(写真④)。ネギは一cm長さのぶつ切りにし、ショウガは一cm角の薄切りにする。

◆作り方

1　煮込み—開いた魚頭(ユィ・トウ)を熱い油にくぐらせておく。これは魚の臭み抜きと煮くずれを防ぐためである(写真⑤)。

次に、鍋に油を杓子1/3ぐらい入れ、豆瓣醤(トウ・バヌ・ヂアン＝トウガラシミソ)をチリレンゲ一杯弱加えて、弱火で炒め混ぜながら油に溶かしてスープを加える(トウガラシミソの量は好みで加減する)。

ミソのカスなどを網ですくって捨て、魚頭と他の材料を入れて弱火で約一〇分ぐらい煮込む(写真⑥)。

〔注〕豆瓣醤を炒めるときは、強火で炒めないこと。強火で炒めるとこげて黒くなり、きれいに仕上がらない。また味も苦くなる。

煮込む途中で、ショウユ、酒、塩少量、それに化学調味料を入れて味付けする。

〔注〕最初から味付けすると、豆腐が煮くずれするので、豆腐が少しかたくなってから味

付けする。

2　魚頭に火が通ったら味を整え、砂鍋に移し入れて（写真⑦）一～二分煮込む。煮立ってきたら、そのまま下皿の上にのせて上卓する。

〔注〕　このようにトウガラシを入れて味付けする作り方は四川風であるが、北方料理のように、白湯で煮込んで塩味で白く仕上げる作り方もある。

◆応用料理

(1)　同じ味付けで作る砂鍋

砂鍋頭尾（シァ・グオ・トゥ・ウェイ）―コイ一尾全部を使って作る。

砂鍋魚塊（シァ・グオ・ユィ・クアイ）―コイをぶつ切りか大きな條に切って作る。

砂鍋肚当（シァ・グオ・ドゥ・ダン）―腹部を使う。

砂鍋划水（シァ・グオ・ホア・シュェイ）―尾を使う。

(2)　塩味・ショウユ味で作る砂鍋

砂鍋什錦（シァ・グオ・シ・ヂヌ）―五目入り

砂鍋豆腐（シァ・グオ・ドウ・フゥ）―豆腐を主にし、他に白菜などを加えて作る。

砂鍋貴妃鶏（シァ・グオ・グェイ・フェイ・ヂ）―鶏の手羽先入り

砂鍋獅子头（シァ・グオ・シ・ヅ・トウ）―大きな肉団子入り

酸《ソアヌ》菜《ツァイ》鶏《ヂ》糸《スー》湯《タン》

タカナ漬けと鶏ササミの糸切りスープ

材料（写真①）

鶏柳條（ヂ・リウ・ティアオ＝鶏のササミ）一五〇g

冬筍（ドン・スヌ＝タケノコ）

酸菜（ソアヌ・ツァイ＝タカナ漬け）一〇〇g

粉糸（フェヌ・スー＝ハルサメ）適量

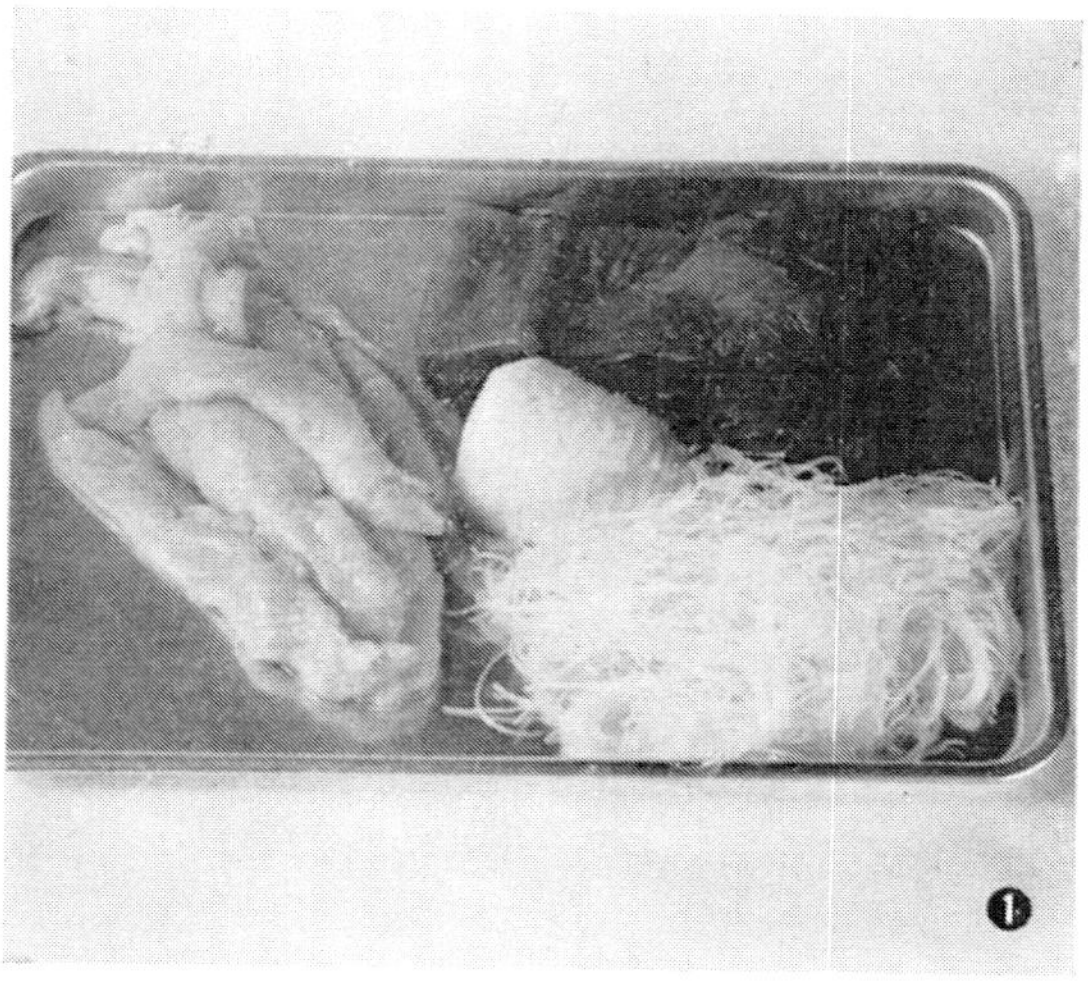
1

このスープ料理は、漬け物を使用したスープで、ちょっと変わったスープを注文されたとき供するとよい。
　このスープ料理は、四季をとわず使えるが、夏にもっとも適したスープ料理といえる。清湯を使用すれば、宴会料理にも使える。

◆作り方

1　鶏のササミは最初横に開き、上から写真②のように細く切る。これを鶏糸（チ・スー）という。
〔注〕鶏の胸身肉を使用してもよいが、ササミのほうがやわらかい。また、ササミはやわらかいので、短く切れやすいから、なるべく肉の繊維にそうように切るとよい。

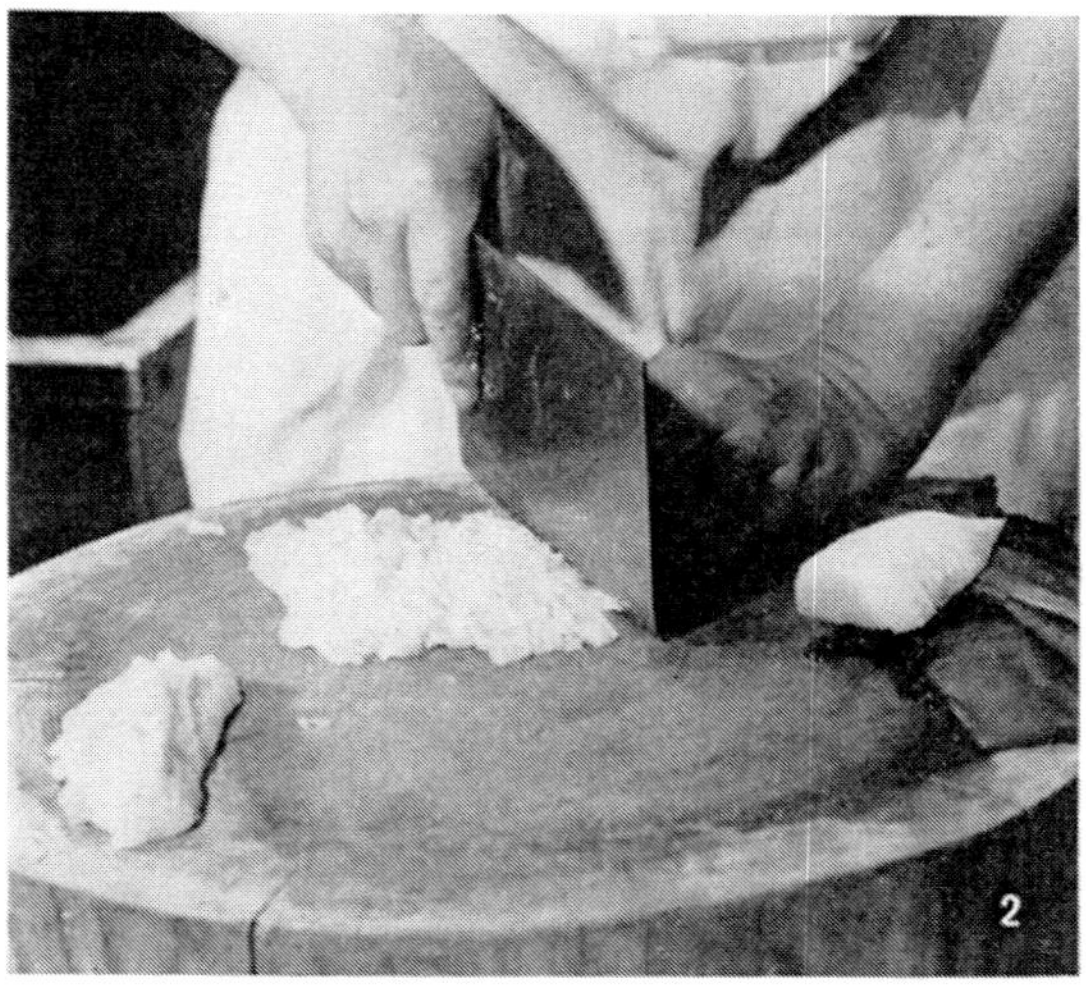
2

2　酸菜は、葉の部分を使わずに茎だけ使用する。この切り方は、薄ければそのまま使用し、厚ければ二枚に切って、写真③のように横に細切りする。冬筍も細切りにする。粉糸は一〇cmぐらいの長さにそろえる。
〔注〕タカナ漬けは、酸味があるのでこの名がある。榨菜（ザ・ツァイ＝四川漬け）を使用してもよいし、雪菜（シュエ・ツァイ＝雪里蕻といい、日本のカラシナ漬けに似ている）を使うこともある。料理名はそれぞれ変わる。

3　上漿（シァン・ヂアン＝ササミの下味付け）―ボールに蛋清（ダヌ・チン＝卵白）を一個分入れ、たたいてコシをなくし、塩、酒、コショウ、化学調味料を入れて混ぜる。その中に鶏糸を入れ、あまり力を入れずに混ぜ合わせ、片栗粉を加えてとめる。

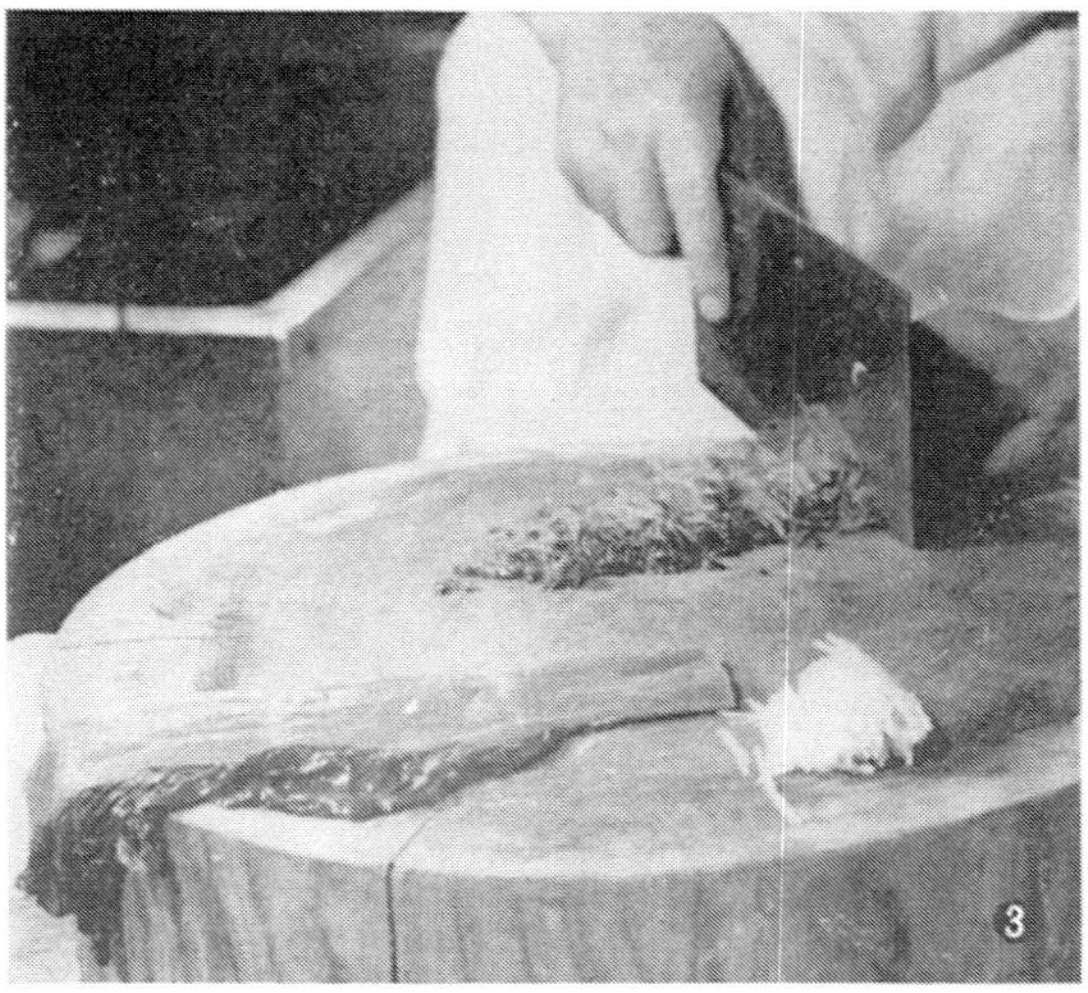
3

〔注〕上漿する場合、鶏のササミやヒラメなどのやわらかくくずれやすい材料は、このように卵白に味をつけた中に入れて合わせると短く切れたり、くずれたりするのを防ぐことができる。

4　毛湯または清湯を鍋に入れ、鶏糸以外の材料を全部入れて沸かし、塩・酒各少量、コショウ、化学調味料で味付けし、湯碗に入れておく。
　別鍋に湯を沸かし、写真④のように上漿した

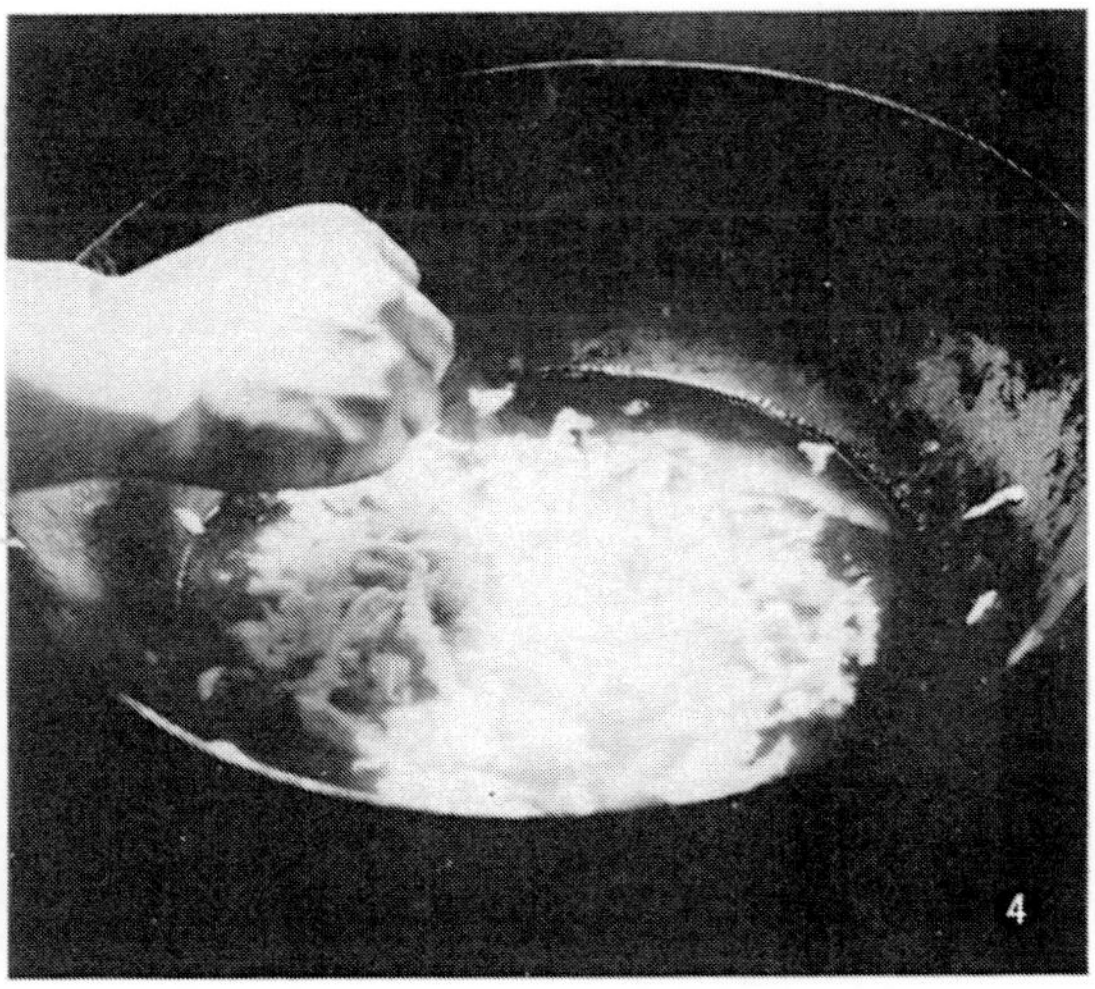
4

5

鶏糸を一本ずつくっつかないように入れ、沸き出したら上に浮いたアクを取り除き、写真⑤のように網にすくって碗のスープの上にのせ、客に供する。

〔注〕このような漬け物類をスープに使用する場合は、塩味が出るので味付けの塩は少し控えめに入れ、ひと沸きさせて味を整える。

　また、鶏糸とスープは、別に仕立てずに、スープの中に直接鶏糸を入れてもかまわないが、宴会料理などの場合は、このように作ったほうが見ばえがよい。

◆応用料理

　榨菜肉片湯（ザ・ツァイ・ルウ・ピエヌ・タン）――榨菜を使って豚肉の薄切りで作る。

　鹹菜豆腐湯（シエヌ・ツァイ・ドウ・フゥ・タン）――鹹菜（シエヌ・ツァイ）は漬け物のことで、それを使って豆腐といっしょに作る。

　雪笋湯（シュエ・スヌ・タン）――雪菜をみじん切りにしたものと、タケノコを薄切りにしたものとで作る。

　調理用語としての川（チョアヌ）は氽（ツォワヌ）に通じる。氽とは湯通しの意味で、ゆでることに似ているがそれとは少し違うようである。ゆでるは煮（ヅウ）と表現して完全に火が通る（やわらかくなる）意味に近いのであるが、この氽は生でなければよい程度というふうな軽いゆで方で、湯通しという表現が適切なようである。

　材料が腐敗しないように火を入れる、という言葉があるが、タケノコなどの罐詰類の腐敗を防ぐための湯通しも氽一氽（ツォワヌ・イ・ツォワヌ）という表現をする（煮一煮＝ヅウ・イ・ヅウという表現をする地方もある）。

　酸菜鶏糸湯の鶏糸のゆで方が、この氽の手法であって、生でない程度に湯通しをし、スープの上に浮かすのがコツで、長くゆでていると、肉がかたくなるのでよくない。

　中国語の中には複雑な意味を持っている漢字が多い。このように一つの漢字の持つ意味を深く調べることも中国料理の勉強の一つであると思う。

甜《ティエヌ》菜《ツァイ》類《レイ》
—甘い料理—

甜味（ティエヌ・ウェイ）とは糖分をふくんだ甘い味のことである。したがって、甜菜といえば、砂糖などを使用した甘い味付けの料理をさす。

中国料理の中には、この甘い味付けの料理がいろいろな形でかなり出てくる。中国料理はどうしても油っこい料理が中心になるので、その口直しに宴会料理の途中で出したり、最後に今まで食べた料理の油っこさを消すために水果（シュェイ・グオ＝果物）などとともに出される。

また、甜菜は甜点心（ティエヌ・ディエヌ・シヌ）と間違えやすいが、甜点心は甘い菓子のことで、甜菜はあくまでも料理をさす。

〔注〕点心とは、軽い食事や食間のおやつ、簡単なつまみなどをさす。その中には甘い菓子（甜点心）類はもちろん、麺類や各種の包子（バオ・ズ＝マンジュウ）、焼売（シャオ・マイ＝シュウマイのことで焼麦とも書く）、炒飯（チァオ・ファヌ）その他簡単な料理などもふくまれる。

甜菜は宴会では、特別の場合を除いて最後に出されるのが普通である。

甜菜には数多くの種類があるが、大別すると次のようになる。

(1) つめたり、蒸したりするもの

八宝飯（バ・バオ・ファヌ）—モチ米に果物類の砂糖漬けを加え、扣碗（コウ・ワヌ）して蒸す。表面はいろいろときれいに飾る。

氷汁醸藕や四喜蘋果もこの部類にはいる（二〇四～二〇八頁参

照）。

鶏蛋糕（チ・ダヌ・ガオ）—カステラ風のもので、小麦粉、米粉などに鶏卵を加えて扣碗して作る。

(2) 揚げたあとでアメだきにするもの

抜糸山薬（バ・スー・シァヌ・ヤオ）—抜糸山葯とも書き、ヤマイモ、ヤマトイモなどを使用する。

これは衣をつけない揚げ方で、ほかにも抜糸紅苕（バ・スー・ホン・ショオ）がある。

〔注〕紅苕とは四川語でサツマイモのことであるが、北方では地瓜（ディ・グア）、その他紅薯（ホン・シュウ）、白薯（バイ・シュウ）などの表現が一般的である。

衣をつけて揚げるものには、次のものがある。

抜糸香蕉（バ・スー・シアン・ヂアオ）—バナナを使う。

抜糸苹果（バ・スー・ピン・グオ）—リンゴを使う。

抜糸楊莓（バ・スー・ヤン・メイ）—イチゴを使う。

〔注〕抜糸（バ・スー）とは、アメだきにしたとき、糸を引くのでこの名がついている。

四川料理にも同じような作り方で糸を引かせない粘糖（ヴァヌ・タン）という手法がある（抜糸は油を加えるが、粘糖は油を入れない。できあがりはまわりが砂糖にもどる感じになる。アメだきでなく、砂糖だきの表現が適切かもしれない）。

粘糖羊尾（ヴァヌ・タン・ヤン・ウェイ）—文字は羊の尾となっているが、豚の背脂肉をやわらかくゆで、それに衣をつけて揚げてからアメだきにする。

(3) 糖水（タン・シュェイ＝砂糖水・シロップ）を仕立てて作るもの

氷糖燕窩（ビン・タン・イエヌ・ウォ）—ツバメの巣を使用する。

氷汁銀耳（ビン・ヅ・イヌ・アル）—白キクラゲを使用する。

このほかにも、果物や木の実類を使用するものに、次のようなものがある。

蜜汁蓮子（ミィ・ヅ・リエヌ・ヅ）—ハスの実を使う。

百合羹（バイ・ホ・ゴン）—ユリ根を使う。

杏仁羹（シン・レヌ・ゴン）—アーモンドを使う。

鮮果羹（シエヌ・グオ・ゴン）—果物類を使って作る。

これらは冬は温かく、夏は冷たくして作る。

(4) マメ類などを使って炒めて作る甜泥（ティエヌ・ニ）の手法

これは、アズキアン（豆沙＝ドウ・シア）の作り方と似ている（アヅキアンは宴会料理には適さない）。

青豆泥（チン・ドウ・ニ）—グリーンピースを使う。

棗泥（ヴァオ・ニ）—ナツメを使う。

山葯泥（シャヌ・ヤオ・ニ）—ヤマイモを使う。

合桃泥（ホ・タオ・ニ）—卵黄とクルミを使う（後述）。二〜三種組み合わせて炒二泥（チァオ・アル・ニ）、炒三泥（チァオ・サヌ・ニ）と名称が変わることもある。

(5) 寒天を使用して固める凍（ドン＝寄せもの）の手法

杏仁豆腐（シン・レヌ・ドウ・フゥ）—アーモンドの粉やエキスを使用し、ミルクを加えて固める。

藕糸凍（オウ・スー・ドン）—新鮮なレンコンを使う(後述)。

(6) 揚げたあとで砂糖などをまぶして供する手法

芝麻鍋炸（ヅ・マ・グオ・ザ）—小麦粉その他を熱し糊状に練って固めたあと、揚げてゴマ砂糖をまぶす（後述）。

高麗楊莓（ガオ・リ・ヤン・メイ）—卵白を泡立てて作った衣に包んでイチゴを揚げ、砂糖をまぶして作る。

このほかにも甜点心（ティエヌ・ディエヌ・シヌ）があるが、高級宴会用には甜点心だけを甜菜として出すことは少ない。たいてい前述の羹などと組み合わせて客に供することが多い。

そのほかの甜菜でも同じことがいえ、抜糸類と鮮果羹などを組み合わせたり、八宝飯に蜜をかけずに両面を焼いてゴマ砂糖をかけ、杏仁豆腐などと組み合わせたりすることもある。

以上のように、甜菜は、おもに果物類や木の実類、小麦粉などの粉類を使用するのが普通であるが、肉類を使用して甘く作こともある。

〈例〉夾沙肉（ヂア・シァ・ルウ）—これは皮付きのバラ肉にアズキアンをはさんで扣碗し、台にモチ米（砂糖とラードだけを加えた白いものと八宝飯のように糖果料を加えたものの、どちらでもよい）をつめてやわらかく蒸して作る。この料理は酒のあとによい。

このほかにも、前述の粘糖羊尾のように、肉を使用する料理もある。

氷《ビン》汁《ツ》銀《イヌ》耳《アル》

材料（写真①）
銀耳五g（写真はもどしたもの）
氷糖（ビン・タン＝氷砂糖）適量

白キクラゲのシロップ仕立て

銀耳（イヌ・アル）はキノコの一種でキクラゲ（木耳＝ムゥ・アル）の同類らしく歯当たりが似ているが、色が白いので銀耳の名がある。

中国の四川の特産と聞いていたが、最近は台湾でも移植栽培に成功したらしく、ときどき見事な品が手にはいることがある。

銀耳は、ツバメの巣と同じような高級品であるが、料理法は非常に簡単である。また、料理の種類も多くない。

おもに、甜（ティエヌ＝甘い）、咸（シエヌ＝塩味）のスープ料理に使われる。

◆作り方

1　銀耳のもどし方は、ツバメの巣のようにぬるま湯に三〇～四〇分ぐらい浸けておく。

それから、石づきの砂や茶色の部分をけずり落として、よく洗っておく。

次に、その銀耳をきれいな湯で湯通しして、別に沸かした湯を加えておく。

〔注〕銀耳は油気がはいると、よく膨張しないでよごれるので、くれぐれも注意する。

2　蒸（ヅェン＝蒸す）—ボールに銀耳がひたるぐらいの湯と氷糖（氷砂糖）を適量入れ、アルミ箔で包んで一時間ぐらい蒸す（写真②）。

〔注〕歯切れのよさを好むなら、蒸さずに湯通しをして糖水にひたし、冷まして用いるとよい。

やわらかくなったら、冷ましてから冷蔵庫に

❶

❷

3

入れて冷やす。

別に、水適量に約半量の砂糖を加えて沸かしてから、こした糖水（タン・シュェイ）を冷ます。次に、それを碗に入れ、その中に銀耳を、写真③のように浮かして客に供する。

〔注〕何も加えないほうが、あっさりして高級である。果物類を加えてもよいが、銀耳独自の風味がそこなわれるので、なるべくなら何も加えないのがよい。

〈例〉什果銀耳（シ・グオ・イヌ・アル）―フルーツカクテルを加える。

◆応用料理

(1) 咸のスープを使った応用料理

清湯銀耳（チン・タン・イヌ・アル）―上等なスープを使う。

菊花銀耳（チュ・ホア・イヌ・アル）―膠などで菊の花を作って、銀耳といっしょに浮かす。

(2) 甜（シロップ）を使った応用料理

氷糖銀耳（ビン・タン・イヌ・アル）―氷汁銀耳と同じ作り方であるが、熱いものを供する。

月宮銀耳（ユェ・ゴォン・イヌ・アル）―盃に銀耳を入れ、杏仁豆腐（シン・レヌ・ドウ・フゥ）で固めて使う。

一品西瓜盅（イ・ピヌ・シィ・グア・ヅォン）―小型のスイカを軽く湯通ししたのち上部を切り、中をくり抜く。その中身を取り出してふきんで汁をしぼってから砂糖を適量加えて沸かし、冷ます（これを西瓜水＝シィ・グア・シュェイという）。

スイカのまわりはきれいに彫刻で飾り、上卓する際に先の西瓜水を入れ、上に銀耳を浮かして供する。

この西瓜盅は銀耳を使わずに、杏仁豆腐などを浮かしても豪華な冷たい甜菜となる。

氷《ビン》汁《ツ》釀《ニアン》藕《オウ》

レンコンのモチ米詰めデザート

材料（写真①）
- レンコン大一本
- モチ米
- 糖果料（タン・グオ・リアオ＝果物類の砂糖漬け）少量
- 砂糖

四喜蘋果は釀の調理法によるが、次に、同じ釀の調理法で生のモチ米を詰めて作る料理を紹介する。

藕とはレンコンのことで、その中にモチ米を詰めて作るのでこの名がある。

◆作り方

1　レンコンを写真②のように端を少し切り落とし、といでから水に二～三時間浸けたモチ米と、みじん切りにした糖果料とを、穴の中に箸などで詰めこむ。

詰め終わったら最初に切り落とした部分を、前よりも少し穴をずらして蓋をし、楊枝でとめ、ヒモできつくしばっておく。これを約三～四時間ゆでる。ゆであがりは、写真③のように、手で押えるとやわらかく感じられる程度にする。

2　ゆでたレンコンを写真④のように皮をむき、それを輪切りにして碗にきれいに並べ、その上から砂糖（氷砂糖なら最上）をたっぷりかけ（写真⑤）、三〇分～一時間ぐらい蒸す。

3　蒸し上がったら、碗にできた蜜だけを鍋に移し、ねばりが出るまで煮つめる。蜜に甘味がたりない場合には砂糖を加える。これを、皿にひっくり返して盛った釀藕（写真⑥）の上からかけて客に供する。

〔注〕(1)　大量に作る場合は片栗粉を用いてトロミを出す。

❶

❷

❸

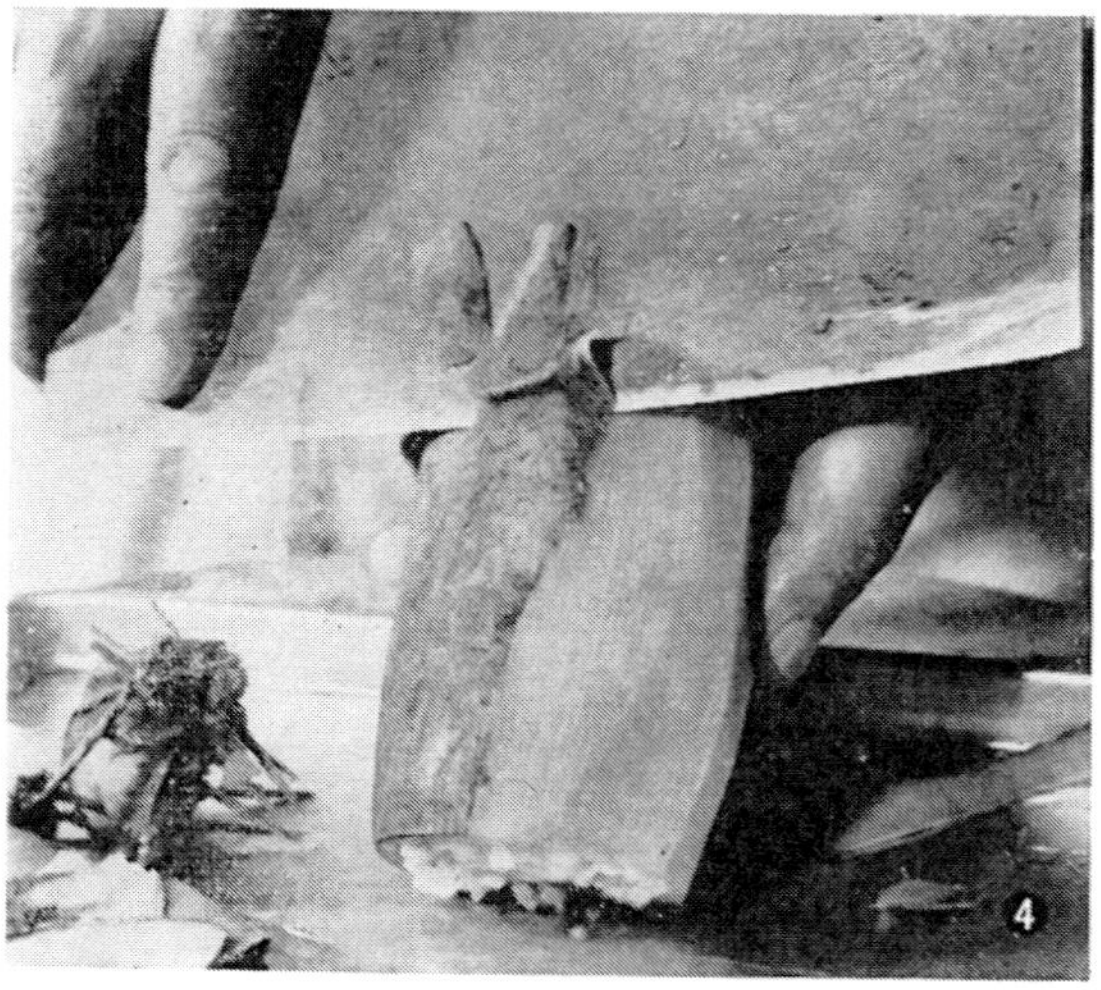
4

5

6

(2) 蜜に色づけをしたり、リンゴに色合いを出すため食紅やトマトケチャップを用いることもある。

四《ス》喜《シィ》蘋《ビン》果《グオ》

リンゴのモチ米詰めデザート

喜（シィ）とは結婚式とか誕生日などの喜事（シィ・シ＝祝いごと）や、めでたいことに使う言葉で、四喜（ス・シィ）とは慶事が四つ重なる意味に通じ、四つの数を飾って表現する場合に多く用いられる。

〈例〉四喜扣肉（ス・シィ・コウ・ルウ）

この料理は、中をくり抜いたリンゴに、蒸したモチ米と糖果料（タン・グオ・リアオ＝果物類の砂糖漬け）を混ぜたものを詰めてさらに蒸す。釀（ニアン＝詰める）、蒸（ヅェン＝蒸す）の調理法を応用した料理である。

〔注〕各種果料は、蜜棗（ミィ・ヅァオ＝ナツメ）、青梅（チン・メイ＝ウメの実）、橘餅（チュ・ビン＝ミカン）などを用いる。他に乾葡萄（ガヌ・プゥ・タオ＝干しブドウ）、蜜桜桃（ミィ・イン・タオ＝サクランボの蜜漬け）。

材料（写真①）

蘋果（ピン・グオ＝リンゴ）四個

糯米（ノオ・ミィ＝モチ米）一〇〇g

各種果料（ゴ・ヅォン・グオ・リアオ＝各種の砂糖漬け）

◈作り方

1 最初にモチ米をよく洗い、二〜三時間水に浸けたのちボールに入れ、水をヒタヒタになるほど入れて約三〇分蒸す。次に各種糖果料を細かくみじん切りにする（写真②）。

2 リンゴの下ごしらえ―リンゴはよく洗い、リンゴのすわりをよくするために下側を少し平らに切る。次に、写真③のようにナイフで柄のほうから直径二cmぐらいの穴をあけ、写真④のように小さなスプーンで中のシンと果肉をほじくり出す。中は上の穴よりいくらか広くなるよ

❶

2

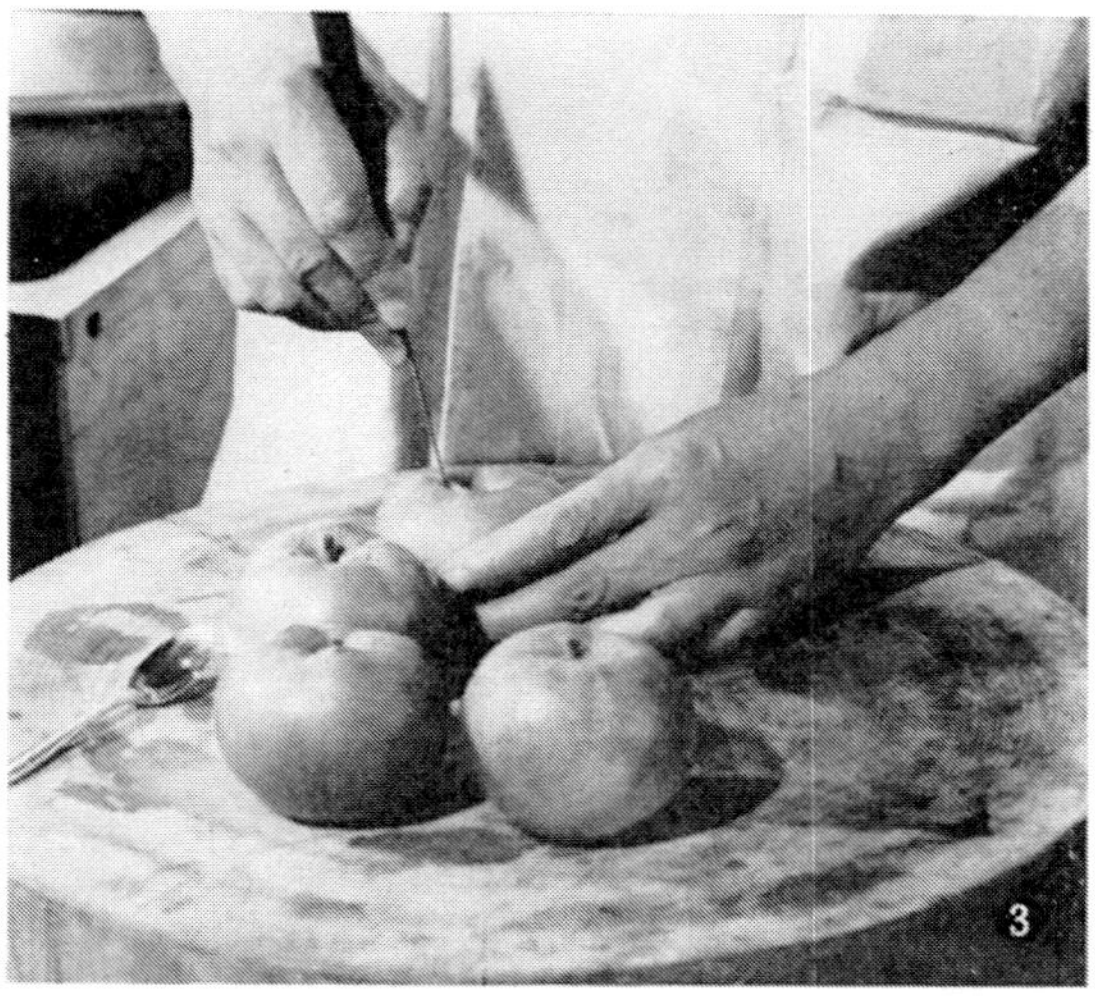
3

4

うに取る。あまり果肉を取りすぎるとまわりが薄くなって、蒸したあと破れたり、リンゴの味わいが減る。

〔注〕(1) リンゴは色が変わりやすいので中をくり抜いたら、ボールに塩水を用意し、すぐにその中に浸けるとよい。

(2) リンゴの切り口は、写真⑤のように星型の切込みを入れると体裁がよくなる。

3 先に蒸しておいたモチ米に、みじん切りした糖果料と砂糖一五〇cc、ラード(チリレンゲ二杯分)を混ぜ合わせてアンを作る(写真⑥)。

〔注〕(1) 砂糖類はモチ米の熱いうちに混ぜ合わせる。モチ米が冷たくなると、砂糖とラードが溶けずよく混ざらないので、蒸し直すか、全部の材料を鍋に入れて熱する。

(2) また、モチ米はシンが残らないように蒸す。シンが残っている状態で砂糖などを入れると、あとでモチ米をいくら蒸してもやわらかくならない。

4 醸・蒸—リンゴの塩気を洗い落とし、ふきんで水気をよく取ってから先のアンを詰める。その上にチェリーを一つずつのせてバットに入れ、弱火か中火で二〇~三〇蒸す。蒸し上がりは、まわりを指で軽くはさんでみて、中までやわらかく感じられるようになればよい。

〔注〕(1) モチ米が完全にやわらかくなっていれば、いっぱい詰めてもかまわないが、かための場合には少なめに詰める。モチ米が

かたいと膨張するので、盛り上がったり、リンゴの皮が破れるおそれがある。

(2) 以前は、詰める前のリンゴを一度油通ししたが、ここでは油通しをしないで直接詰めて蒸す。

(3) 油通しをすると少しぐらい強火で蒸しすぎても、形はくずれないが、形と色合いが少し落ちる。大量に作る場合は一度油通ししたほうがよい。

(4) 油通しは、くり抜いたあとのリンゴの水気を取り、きれいなラードを鍋に入れて中温にしてから、強火でリンゴの表面の色が変わる程度にサッと行なう。あとは油気をよく切り、写真⑦のように作って蒸す。

5

蒸し上がったリンゴを皿に移し、バットに残った汁を鍋に入れて水と砂糖を適量加え、水溶き片栗粉でトロミをつけ、それをリンゴの上からかけて（写真⑧）客に供する。

◆応用料理

このようにモチ米に各種果料を加えて作る料理は、八宝飯が土台になる。

八宝枇杷（バ・バオ・ピ・バ）―ビワの核を抜いてモチ米のアンを詰め、蒸して作る。

氷汁梨脯（ビン・ヅ・リ・プゥ）―碗にナシを一切れずつきれいに並べ、その上にモチ米のアンを詰めて作る。

八宝桃脯（バ・バオ・タオ・プゥ）―モモを使う。

鮮《シエヌ》藕《オウ》絲《スー》凍《ドン》

レンコンの細切りとバナナの寒天寄せ

材料（写真①）

鮮藕（シエヌ・オウ＝新鮮なレンコン）

香蕉（シアン・ヂアオ＝バナナ）

洋菜（ヤン・ツァイ＝寒天）

この料理は、寒天を利用して固める凍（ドン）の手法を使った料理で、材料を変えればいろいろな料理が作れる。

◆作り方

1　寒天をよく洗ってたっぷりの水に入れ、油気がはいらないように注意しながら、二〇〜三〇分煮つめる。

〔注〕寒天は溶かしただけではコシがたりないので、弱火で$1/3$ぐらいになるまでゆっくりと煮つめたほうがよい。

2　レンコンの白くてやわらかい部分を、適量皮をむいてよく洗ったのち、水気をふき取る。次に、まず小口切りにしてから、写真②のように細切りにして（鮮藕絲）バットにしき、写真③のように上にバナナを薄切りにしてのせる。

3　凍—先に煮つめた寒天汁に砂糖を少量加えて溶かし、きれいなふきんか網でこしてカスを取る。それをバットに入れたバナナの上から、そそぎ入れ（写真④）、冷まして固める。冷たくなったら冷蔵庫に入れてさらに固めるとよい。

〔注〕(1)　レンコンは切ってから時間をおくと色が変わるので、寒天汁のできあがる頃合いを見て用意するとよい。また、この作り方ではできあがりの色が灰色に近くなるので、寒天汁の中に杏仁粉（シン・レヌ・フェヌ＝中国産のアーモンドの粉）やミルクを加えて白く作ったり、卵黄にレモン汁を加え

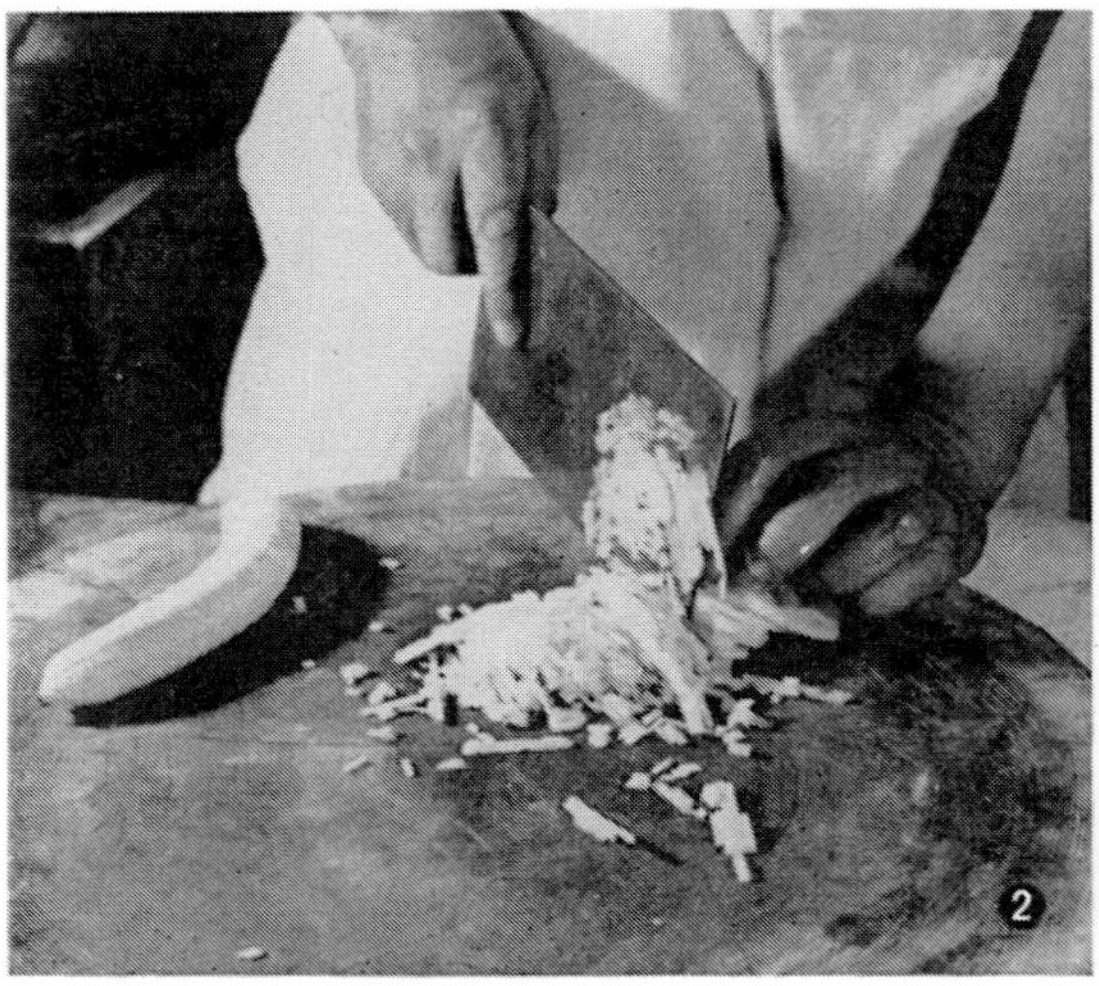

て黄色く作ることもできる。

(3)　バットの中の材料は、副材料にイチゴやパイナップルを使ってもよい。

4

写真⑤のように固まった藕糸凍を、五cmぐらいの幅に包丁目を入れて取り出し、一・五cm幅に切って碗の糖水（タン・シュェイ＝砂糖水のシロップ）の中に入れる。

写真⑥は、一種類ではさびしいので、白く仕上げた藕糸凍を切って加えているところ。

〔注〕糖水は、砂糖一、水二の割合で混ぜてから沸かし、きれいなふきんでこして冷ます。甘さは好みで加減してよいが、果物類を入れて浮く程度がよい（甘味が薄いと果物類は沈む）。

◆応用料理

杏仁豆腐（シン・レヌ・ドウ・フゥ）―杏仁粉（アーモンドエキスでもよい）とミルクを使って、寒天で固めたもので、前述の藕糸凍より少しやわらかめに作る。これを適当な大きさに切って果物類といっしょに糖水に入れて供する。

果物は罐詰類でもよいが、高級に仕上げる場合は、新鮮な果物類（メロン、ブドウ、スイカなど）を添えるとよい。

葡萄凍（プゥ・タオ・ドン）や楊莓凍（ヤン・メイ・ドン）のように、ブドウやイチゴを盃などに一個ずつ入れ、少しかための杏仁豆腐を流し入れて固める作り方もある。

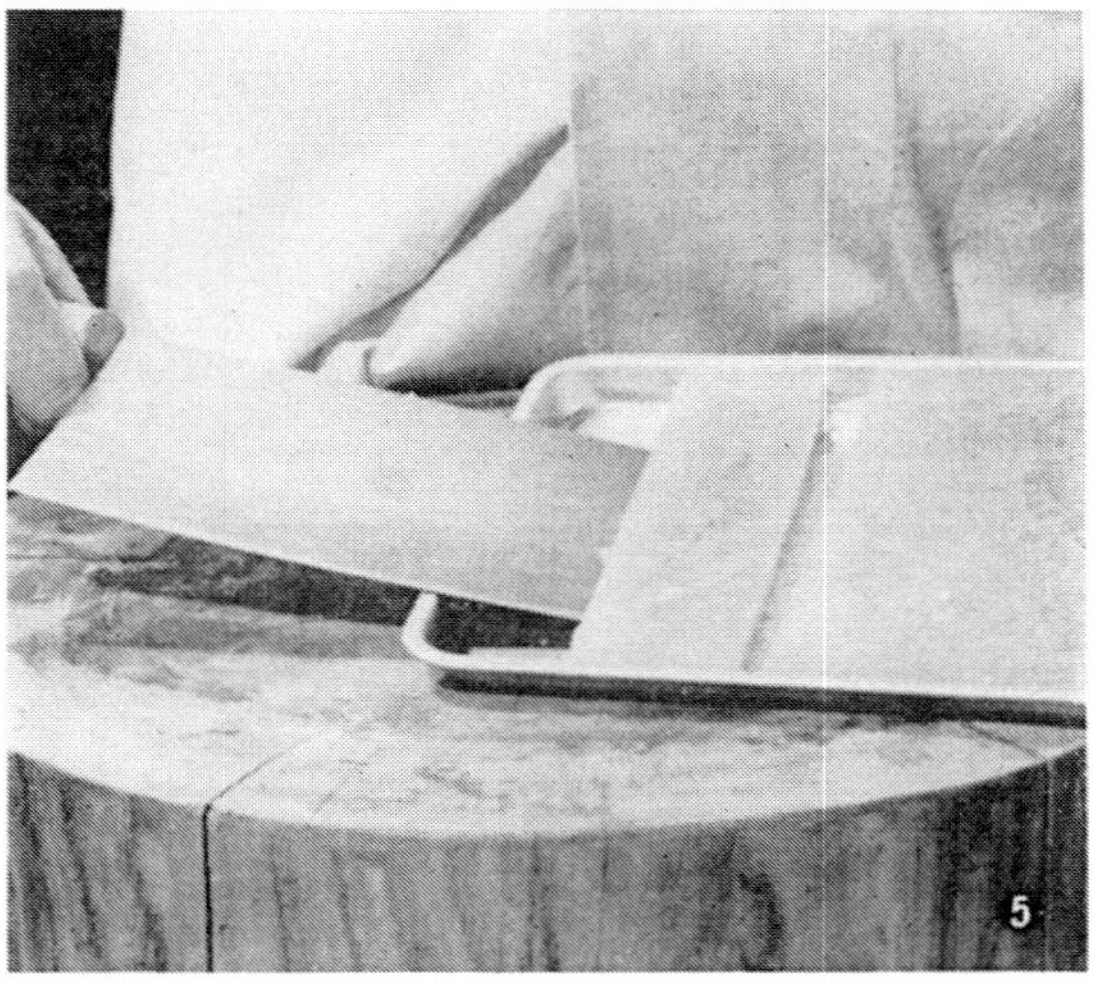

芝《ヅ》麻《マ》鍋《グオ》炸《ザ》

ゴマ砂糖かけ揚げくずもち風

①

②

3

4

この料理は、割合安い材料で作れ、しかも目先の変わった料理なので宴会に向く。

しかし、高級宴会には、これ一品ではちょっと格が落ちるので、ほかに鮮果羹（シエヌ・グォ・ゴン）などと組み合わせるとよい。

◆作り方

(1) ボールに鶏卵一個（卵黄だけでもよいが、その場合は二個）、小麦粉チリレンゲ山盛り一杯、片栗粉チリレンゲ一杯を混ぜながら、水を少しずつ加えて伸ばす（写真①）。水の量は二〇〇cc ぐらいでよい。

〔注〕あとで説明するが、卵と粉の割合に注意する。水の多少にはあまりこだわらなくてもよい。

2 次に、鍋に湯を約四〇〇cc沸かし、写真②のように、先に合わせた材料を少しずつ入れながらかたさ加減をみて、杓子でかき混ぜる。

火が通ってかたい糊状になってきたら、材料を加えるのをやめる。

3 次に、火を中火にして、写真③のように両手で杓子を持ち、鍋底を押えるようなつもりで力強くグルグルとまわしながら、四〜五分間よく練り上げる。

〔注〕(1) 湯の量は、先の粉などを合わせたときの水の多少で加減する。できあがりのかたさがどのくらいになるかをつかんでおくと、水の量を加減しやすくなる。

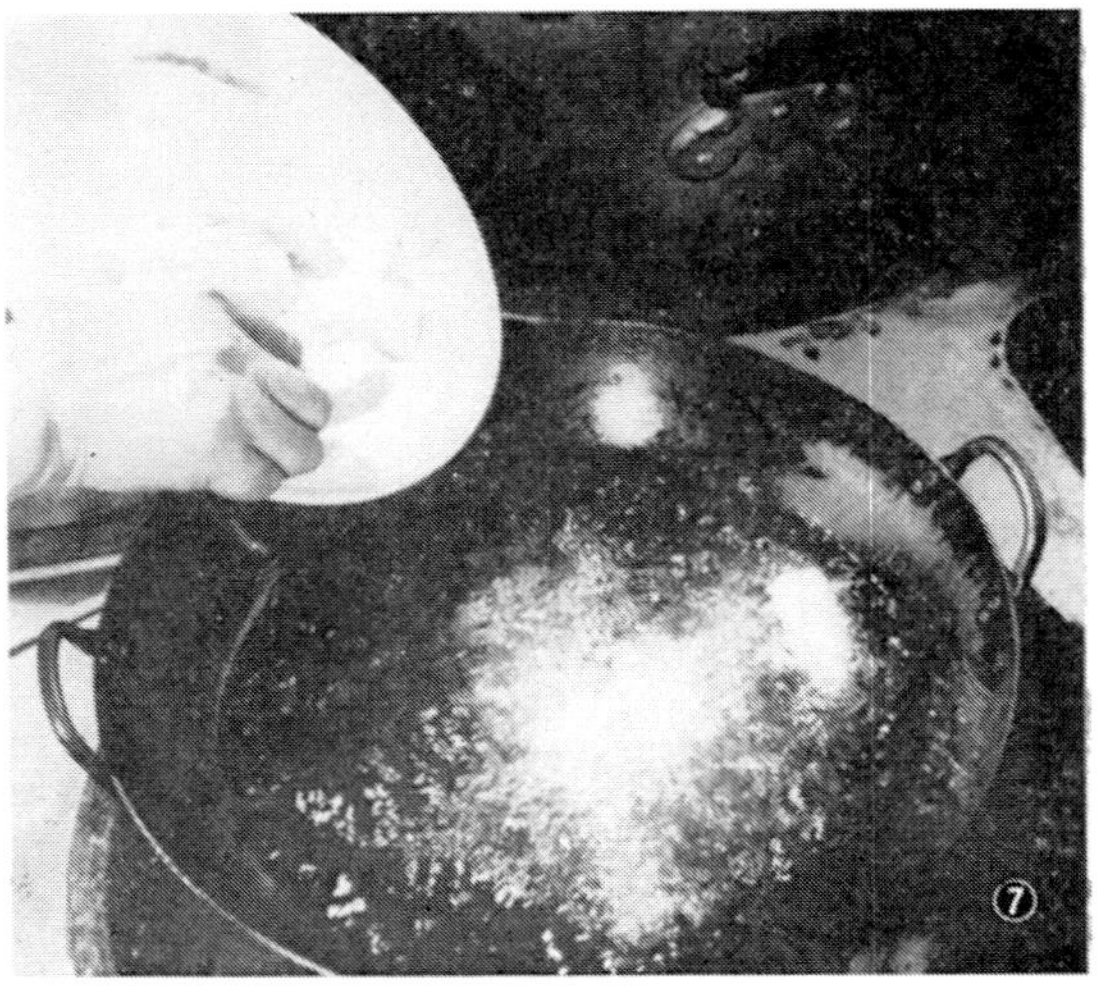

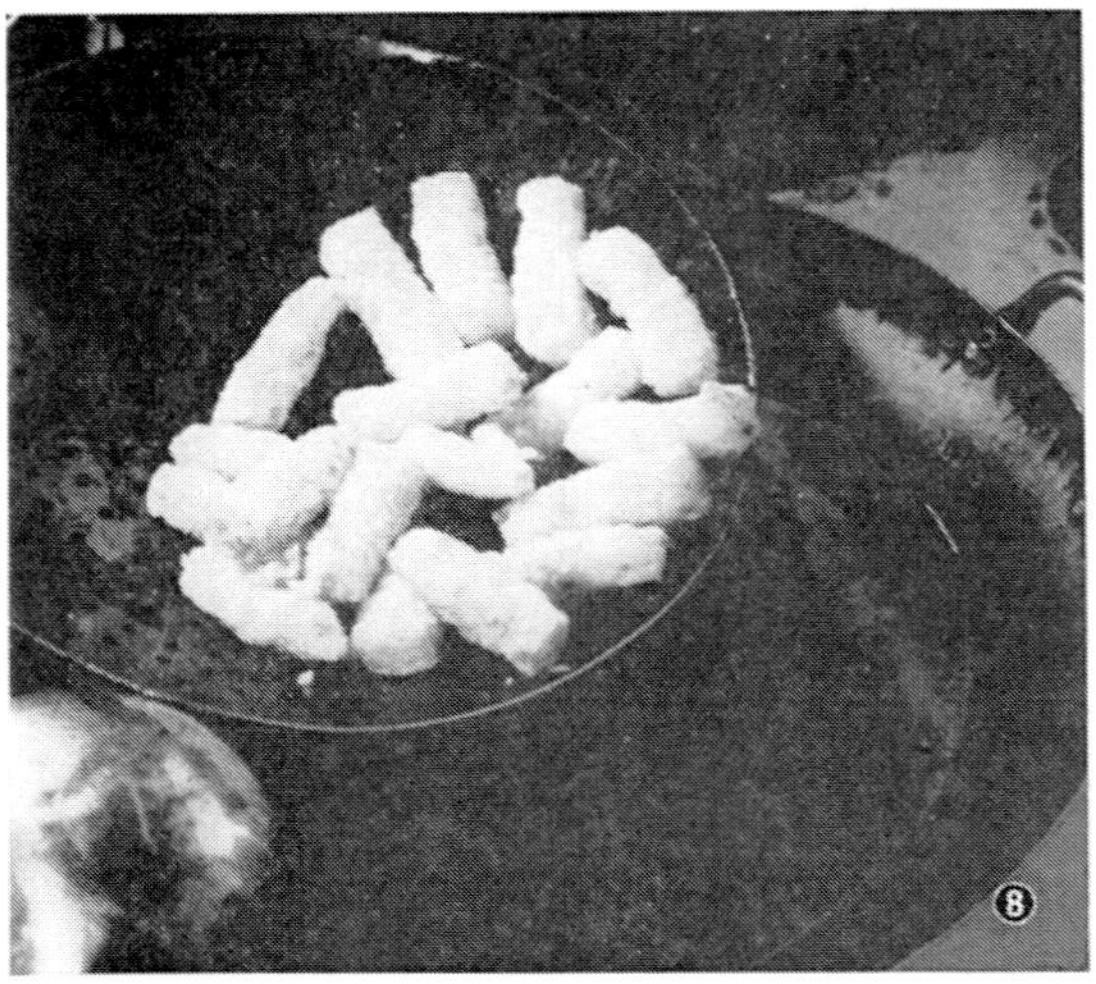

(2) 急ぐ場合は少しかために作る。また、少しぐらいやわらかくなっても、よく練っておくと、コシがあるので心配ない。

4 練り上げた糊状のものは、写真④のようにゴマ油を塗ったバットに入れて冷ます。これを生鍋炸（シェン・グオ・ザ）という。

〔注〕冷めたあと冷蔵庫に入れてよく冷やしておくと、切りやすくなるし、二〜三日ぐらいなら腐敗しないので、余分に作っておいてもかまわない。

5 形どった生鍋炸をマナ板の上に移し、写真⑤⑥のように幅一・五〜二cm、長さ六cmぐらいの大きさに切り、一つずつ片栗粉をまぶして皿にのせておく。

〔注〕宴会の場合は、一人に二本ずつ用意するとよい。

6 芝麻糖（ヅ・マ・タン＝ゴマ砂糖）を用意する。

その作り方は、炒りゴマをよくすりつぶし、砂糖と同割か六対四の割合で合わせる。

7 鍋にたっぷりの油を入れて二〇〇度Cぐらいに沸かし、写真⑦のように、一つずつ手早く入れて揚げる。

鍋炸のまわりが色づき、カラッとした感じになったら網ですくい出し（写真⑧）、芝麻糖を薄くしいた皿の上に盛る。

写真⑨のように、上からも芝麻糖をかけて客に供する。

〔注〕油の温度が低いとカラッと揚がらない。あまり長く揚げていると中身が溶けて流れ出し、中がカラになって見ばえも悪くなる。

◆参考料理

9

この生鍋炸の中に、杏仁粉や蜜玫瑰（ミィ・メイ・グェイ＝バラの花の蜜漬け）や蜜桂花（ミィ・グェイ・ホア＝モクセイの花の蜜漬け）を加えると、香りのよい鍋炸が作れる。

粘糖鍋炸（ヅァヌ・タン・グオ・ザ）―芝麻糖をまぶさずに砂糖だきにする。ただし、抜糸では、このように中身のやわらかいものはつぶれやすいので作れない。

〔注〕粘糖の作り方は、きれいな鍋に水少量と砂糖を入れて煮つめ（油を使わない）、砂糖が水アメ状になって大きく泡立ってきたら、揚げておいた鍋炸をその中に入れ、すばやくからめる。

この料理は、抜糸のようにアメが糸を引く状態にはならず、砂糖にもどるような感じになる。

玫瑰鍋炸（メイ・グェイ・グオ・ザ）―粘糖にバラの花の蜜漬けを加えて作るものと、生鍋炸の中に加えるものとがある。

中国料理の中に点心（ディエヌ・シヌ）という、菓子や軽食風の料理がある。ここでは宴会料理（宴席＝イエヌ・シィ）に使えるものを二～三紹介する。

宴席用の点心としては、咸（シエヌ＝塩からい味）、甜（ティエヌ＝甘い味）の二種あり、咸点心はおもに清湯菜（チン・タン・ツァイ＝宴席の中間で供するスープ料理）に添えられ、甜点心は宴席の最後に供するのが普通である。

(1) 油で揚げるもの（天火で焼いてもよい）

酥餅類―この酥餅（スゥ・ビン）は皮に特徴がある。ウドン粉にラードを加えて練り（二つに分けてラードの量を変える）、重ね伸ばしてアンを包み、油で揚げる。皮が薄く幾層にも重なって開き、サクサクした歯当たりを味わうものである。

中に包むアンにより次のように名称が違う。

咸には火腿酥餅（フオ・トェイ・スゥ・ビン）、冬菜酥餅（ドン・ツァイ・スゥ・ビン）、蘿卜酥餅（ロオ・ボ・スゥ・ビン）などがある。

甜は棗泥酥餅（ヅァオ・ニ・スゥ・ビン）、玫瑰酥餅（メイ・グェイ・スゥ・ビン）などがある。

変わった形としては、二つ合わせる太極酥合（タイ・ヂ・スゥ・ホ）、アンを包まない蘭花酥（ラヌ・ホア・スゥ）などがある。

(2) 蒸すもの

包子類―包子（バオ・ヅ）はマンジュウのことであるが、宴席用としては小さく作る。

咸では蟹黄包子（シエ・ホアン・バオ・ヅ）、雪笋包子（シュエ・スヌ・バオ・ヅ）、野鴨包子（イエ・ヤー・バオ・ヅ）などが変わっている。

甜は酥餅のアンと同じ。包み方に慶弔用の寿桃（ショウ・タオ）など変わった形もある。

餃子類―餃子（ヂアオ・ヅ）はいわゆるギョウザのことで、変わった包み方のものが多い。

蝴蝶餃（フ・ディエ・ヂアオ）、冕頂餃（ミエヌ・ディン・ヂアオ）、鴛鴦餃（ユアヌ・ヤン・ヂアオ）

焼麦類―焼麦（シャオ・マイ）は焼売とも書き、シュウマイのこと。中身や形で名称も変わる。

玻璃焼麦（ボ・リ・シャオ・マイ）、翡翠焼売（フェイ・ツェイ・シャオ・マイ）、糯米焼売（ノオ・ミィ・シャオ・マイ）、菊花焼麦（ヂュ・ホア・シャオ・マイ）

このほか発糕（ファ・ガオ）など型蒸しして小さく切って供するものもある。

鴛《ユアヌ》鴦《ヤン》鶏《チ》蛋《ダヌ》泥《ニ》

二種の卵アンデザート

材料（写真①）
鶏卵五個
糖果料各少量
茨菇（ツ・グ＝罐詰の黒クワイ）大約一〇個
包米粉（バオ・ミィ・フェヌ＝コーンスターチ）
砂糖

前述のように、宴会料理の甜菜の中に甜泥という手法があるが、この手法を使った料理の中で有名なものは、新鮮な青豌豆（チン・ワヌ・ドウ＝グリーンピース）で作る青豆泥（チン・ドウ・ニ）やソラ豆で作る蚕豆泥（ツァヌ・ドウ・ニ）などがある。

この料理のように、簡単な材料で作れるものには、鶏卵を使って作る合桃泥（ホ・タオ・ニ）がある。

また、このほかに甜黄菜（ティエヌ・ホアン・ツァイ）という名の料理もあるが、後述の蛋黄泥の別称と考えてよい。

鴛鴦（ユアヌ・ヤン）とは、二種の料理を一つの皿に盛りつけたときの飾り名のこと。

◆下ごしらえ

この料理は、鶏卵を卵黄と卵白とに分けて作るので、説明上卵黄を使用して作るほうを蛋黄泥（ダヌ・ホアン・ニ）、卵白のほうを蛋白泥（ダヌ・バイ・ニ）と名づけて下ごしらえにかかる。

(1) 蛋黄泥の合わせ方―糖果料を混ぜ合わせてみじん切りにする(写真②)。卵黄を入れたボールにコーンスターチをチリレンゲ山盛り二杯とみじん切りにした糖果料を加えてよく混ぜ合わせ(写真③)、さらに、水を二〇〇cc加えて伸ばす。

(2) 蛋白泥の合わせ方―クワイを包丁の腹でたたきつぶしておく(写真④)。次に卵白を泡立て

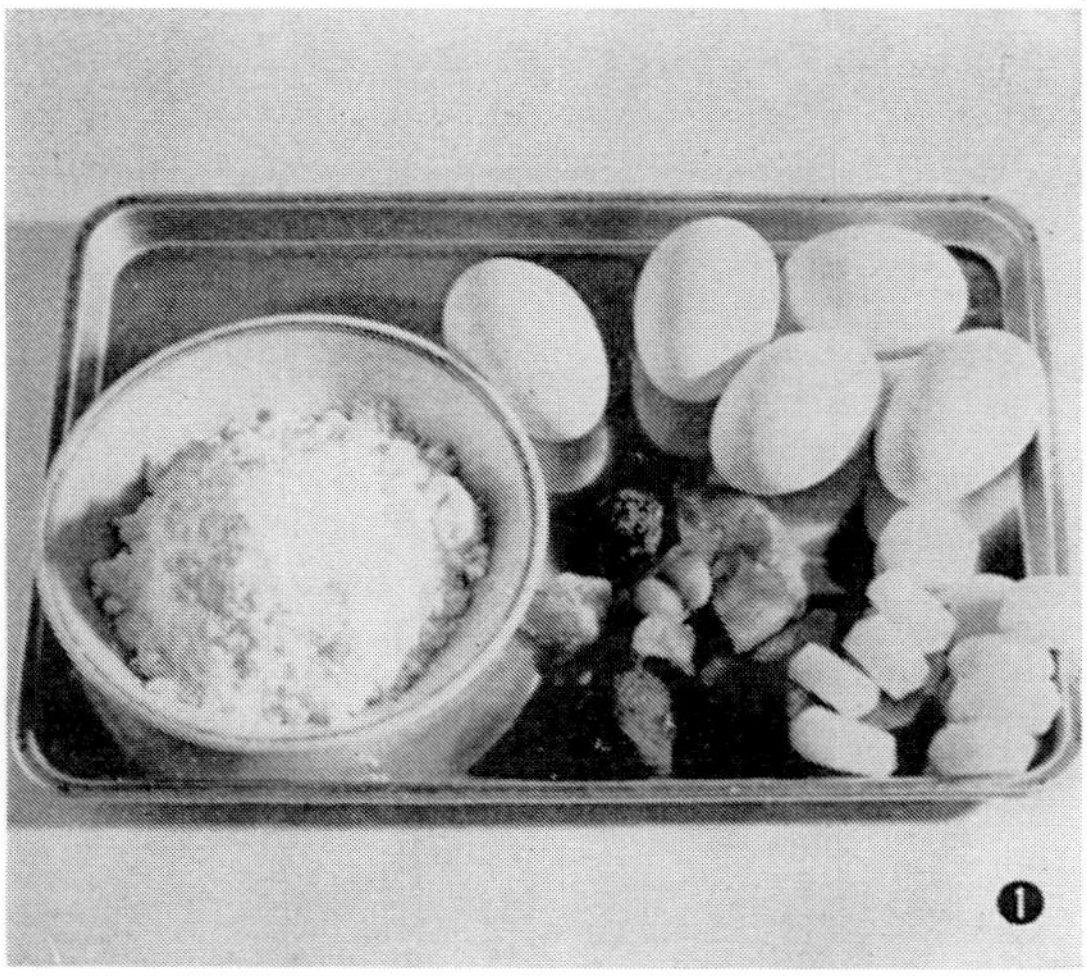

て、その中にクワイ、チリレンゲ山盛り一杯のコーンスターチ、チリレンゲ三杯のエバーミルクを加えてよくかき混ぜておく（写真⑤）。

1　炒泥（チァオ・ニ）—最初に蛋黄泥を炒める。

鍋をカラ焼きし、油を入れてよくなじませてから、油を器にもどす。あらためてきれいなラードを一〇〇ccぐらい入れ、その中に写真③の材料を入れてこがさないように手早く混ぜながら炒める（写真⑥）。

鍋に蛋黄泥がくっつくようなら鍋のまわりから少しずつラードをたらしながら入れる（ラードの量は全部で一五〇ccぐらいが適量）。

こげない程度によく炒め、全体に油がにじみ出るような感じになったら、鍋を火からおろしておく（写真⑦）。

〔注〕このあとすぐ砂糖を入れるとできあがるが、蛋白泥と一皿に盛り合わさねばならないので、ここまででやめておき、次の蛋白泥を作る。

2　次に、先の要領で別鍋を用意してラードを二〇〇cc入れ、写真⑤の蛋白泥の材料を入れて炒める。

蛋白泥は蛋黄泥よりこげやすいので、よく注意して炒める。さらに途中でラードを約二〇〇cc鍋のまわりから二〜三回に分けて加えながら炒める（写真⑧）。

よく火が通り、油が表面ににじみ出るようになったら、砂糖を二〇〇cc加える。さらによく

混ぜながら炒めると砂糖が溶けてくる。このとき、鍋のまわりからラードを少量たらし入れる。

油が表面に浮き出し、蛋白泥が杓子にくっつかない程度になったら、丸皿に左図のように、巴形の一方を形づくって盛りつける。

3 次に、先に炒めた蛋黄泥を火にかけて中までよく火を通したあと、砂糖を二〇〇cc加えてから、さらに炒め、鍋のまわりからラードを少量加える。

油が中から浮き出してくれば、杓子にくっつかなくなるので、先の蛋白泥を盛った残りの一方に、図Bのように巴形に盛りつける（写真⑨）。両方の丸い部分の中央にチェリーを一つずつおいて、料理を引き立てる。

〔注〕この料理は今までの料理と違って材料の分量を詳しく書いたが、粉、水、油の分量が変わるとできあがりがずいぶん違ってくるので注意する。これを基本にしていろいろと研究していただきたい。

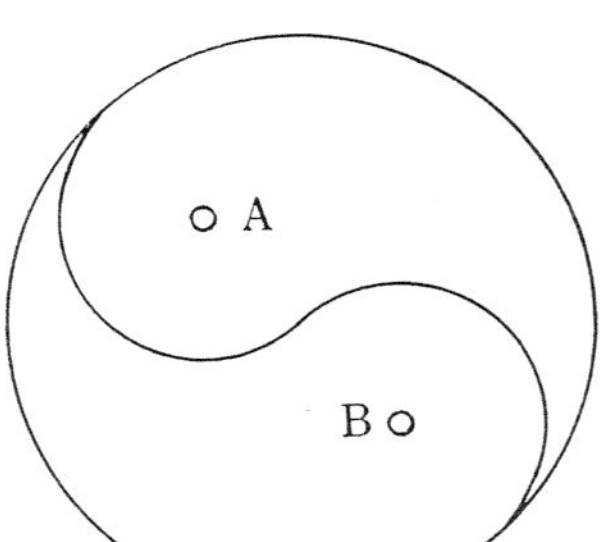

この蛋黄泥を一種類だけで客に供する場合は、皿に盛ってからみじん切りにしたクルミを上に散らし、さらにその上に卵白を約二個分、かたく泡立ててのせると変わっ

た感じのものになる。その場合料理名は合桃泥と変わる。

この甜泥は、油を大量に使うので油っこいと思われがちであるが、熱いうちに供すると意外にさっぱりしている。

ほかの甜菜類にもいえることであるが、このような料理は、なるべく客に熱いうちに味わってもらうことが大切である。ただ、あまり急いで食べると、ヤケドをすることがあるので注意を要する。

◈応用料理

青豆泥（チン・ドウ・ニ）―新鮮なグリーンピースをゆでて皮をむき、つぶして作る（左の写真参照）。

蚕豆泥（ツァヌ・ドウ・ニ）―ソラ豆を使う。

山葯泥（シァヌ・ヤオ・ニ）―ヤマイモを蒸してからつぶし、さらに炒めて作る。

この種の甜泥を作るときに注意しなければならないのは、最初によく炒め、水分を抜いてから砂糖を加えることである（炒めているうちに、油がにじみ出てくるようになるか、杓子にべとつかない感じになればよい）。

砂糖が溶けたら鍋のまわりから油を少量加える。するとこれが甜泥にふくまれている油を引き出す作用をするので、水をふくんだ砂のような状態になる（これを翻沙＝ファヌ・シァ）という。したがって皿に盛りつけたとき甜泥が中央に残り、油だけがまわりににじみ出るようになる。箸でもつまめ、またチリレンゲですくってもべとつかない状態がちょうどよい。ドロドロになって流れ出してべとつくようにならないことが肝要である。

巴形を中国では太極図（タイ・ヂ・ト）といい、陰陽を表わしている。中国料理の中では太極形（タイ・ヂ・シン＝太极形とも書く）といわれ、よく使われる模様の一つである（三つ巴も使われるが少ない）。二種の料理を組み合わせる場合、また酥餅（スゥ・ビン）や餃子（ヂァオ・ヅ）をくっつけて形づくる場合に、この二つ巴の形は見ばえがよい。

余談であるが、陰陽を表わすこの太極形に対して八卦形（バ・グア・シン）がある。これは易占の八卦であって、その☰☱☲☳などの表現を図案に取り入れて並べ方や、料理名に使われる。たとえば、八卦拼盤（バ・グア・ピヌ・パヌ）であるが、これは皿のまわりに縦・横・縦・横と八種の材料を並べ、中央に太極形を作る。八卦に陰陽はつきもので、この太極形を添えることを絶対に忘れてはいけないという。

腊《ラ》味《ウェイ》類《レイ》

—塩漬け肉料理—

中国では十二月頃になると、肉、鶏、アヒル、魚類を塩漬けにしてから（これを醃＝イエヌまたは腌という）、戸外の風通しのよい場所につりさげて乾燥させ、腊味類（ラ・ウェイ・レイ）を作る。腊味は、その他臘貨（ラ・フオ）、醃味（イエヌ・ウェイ）、醃貨（イエヌ・フオ）などといわれる。

塩漬けにして乾燥させたものを腊味というのは、中国では陰暦の十二月を腊月（ラ・ユエ＝または臘月）というが、この月に塩漬けの肉を作るところからきている。

また、腊には食物を風で乾燥させる意味もふくまれる。したがって、肉は腊肉（ラ・ルウ）、鶏は腊鶏（ラ・ヂ）、腸詰は腊腸（ラ・チァン）などといわれる。

この寒い時期に作れば、肉類は腐敗しないし、また空気が乾燥しているのでかわかすのに適している。

中国では半月から一ヵ月かかって作る腊味類を、長年の食生活の知恵として正月のご馳走や冬季の保存食品として利用してきた。塩味がよくきいているのでたくさんは食べられないが、酒の肴やごはんのおかずに喜ばれる。

また、腊味類のできあがりは日本で市販されているハム、ソーセージ、ベーコンやいろいろな燻製品などと似たようなものである。

腊《ラ》肉《ルウ》

四川風塩漬け肉

材料
豚バラ肉三kg
塩三〇〇g
硝石（硝酸カリウム）チリレンゲ一杯分（約三〇g）
花椒（ホア・ヂアオ＝サンショウの実）チリレンゲ二杯分

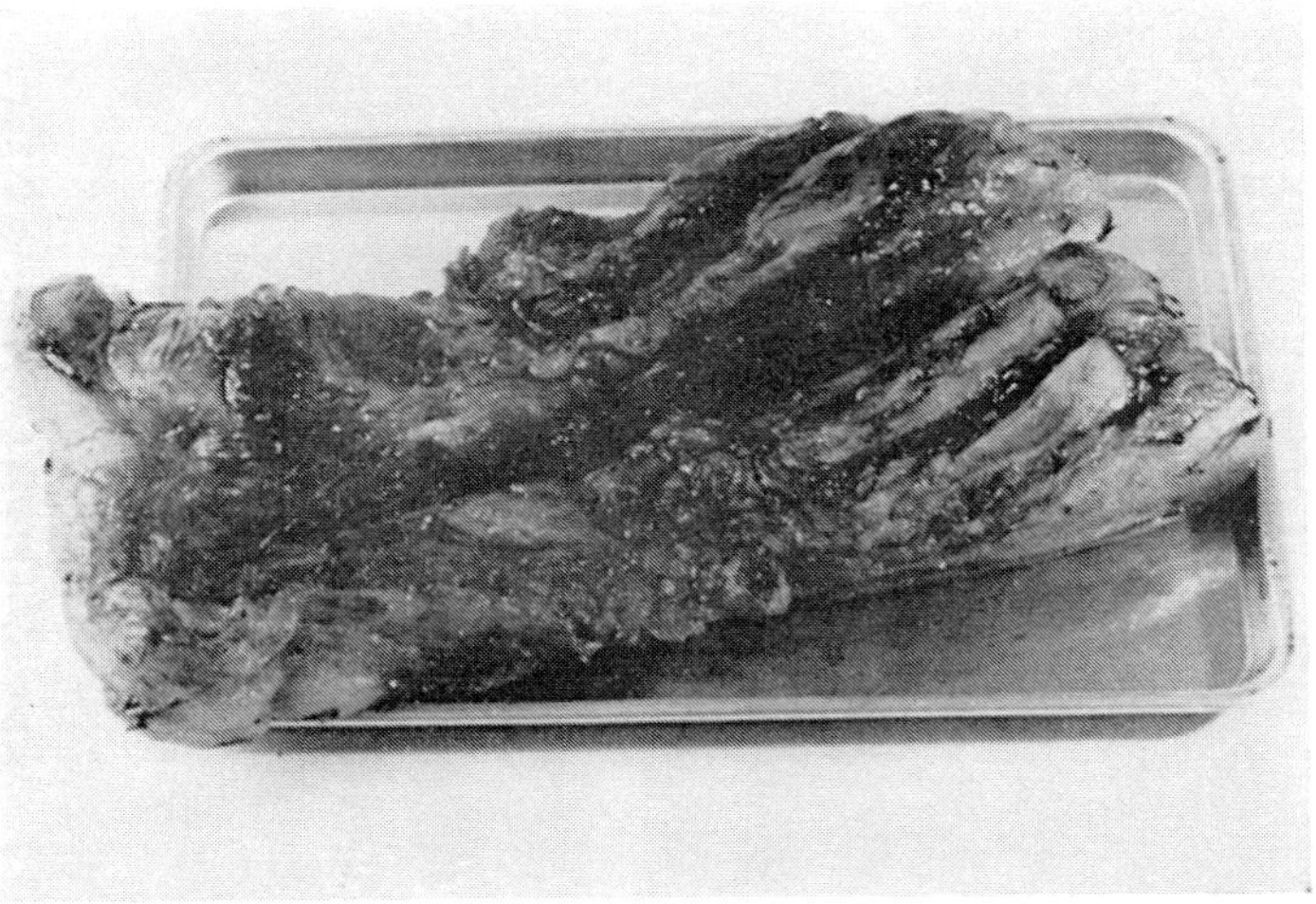

腊肉は、冬季（特に十二月）に大量に用意し、正月からだいたい三月頃までが食べ頃である。これはまた、あまり日数がたつと、脂肪分が変質し、赤肉の部分がかたくなりすぎておいしくない。

その他の時季（夏でも腐敗しないように注意すれば作られる）でも同じ方法で作る場合もあるが、その場合は腊肉といわずに醃肉（イエヌ・ルウ）という。

写真①の材料は、普通の豚バラ肉を使用したが、中国では皮付きの肉を丸ごと仕入れて、適当な大きさに切って塩漬けにする。

〔注〕日本の屠場から出る肉は、枝肉または半マルといって、一頭を半分に割って皮をはがしているものが普通なので、腊肉を作るときは前もって肉屋に皮付きの肉を頼んでおくとよい。

皮付きの半マルを塩漬けする場合は、残り毛をきれいに抜いて、腿、肩、バラ肉と三つに切り分ける。腿の大骨は抜くが、バラ肉などについている細い骨はそのままにしておく（取ってもかまわない）。

これをさらに適当な大きさに切り分けたのち、後述のようなやり方で塩漬けする。皮付きの場合でも皮がない場合でも、作り方は同じである。

腿、バラ肉、肩、ロースの部分はそれぞれ料理の種類によって使い分けるとよい。

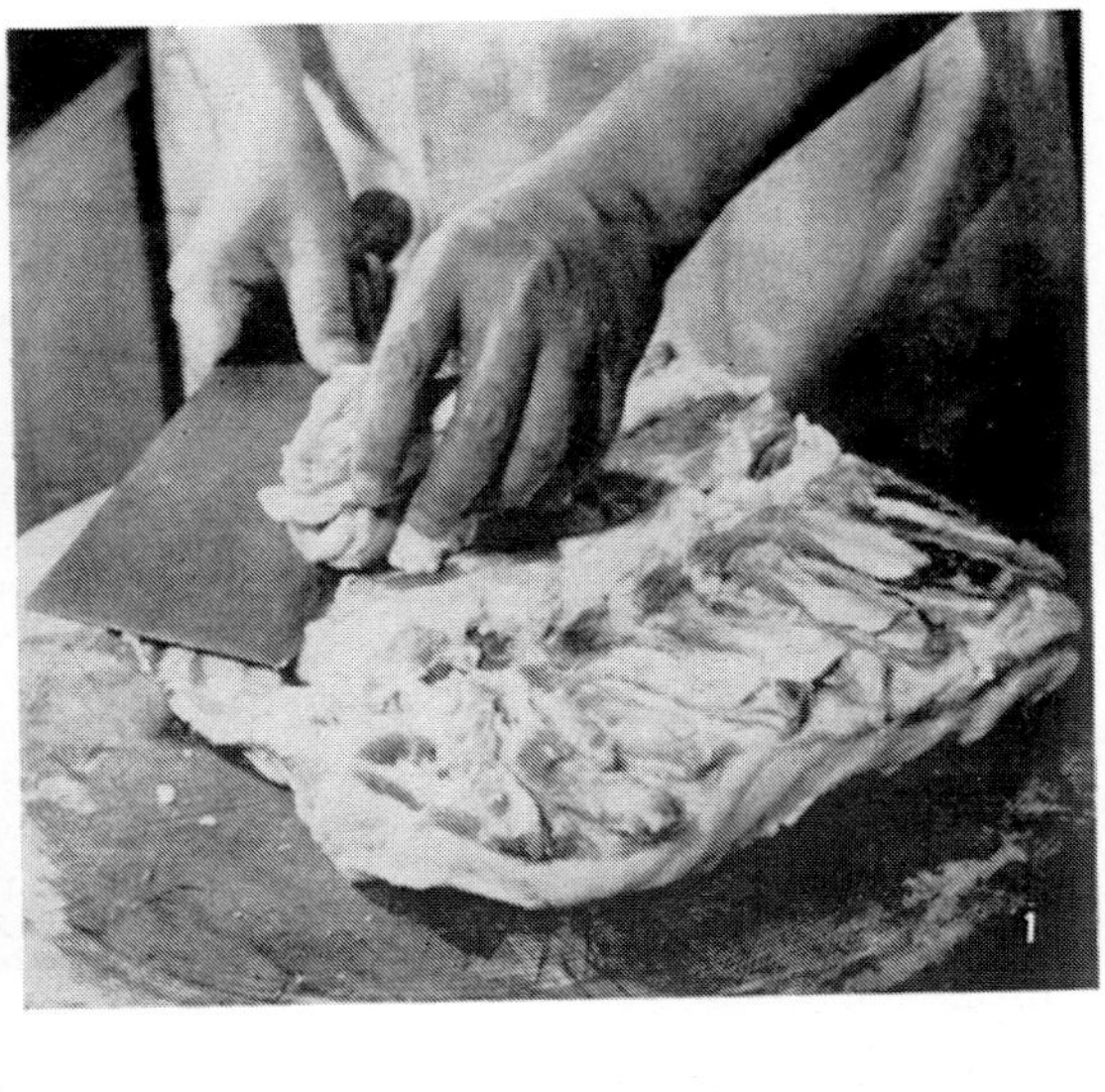
1

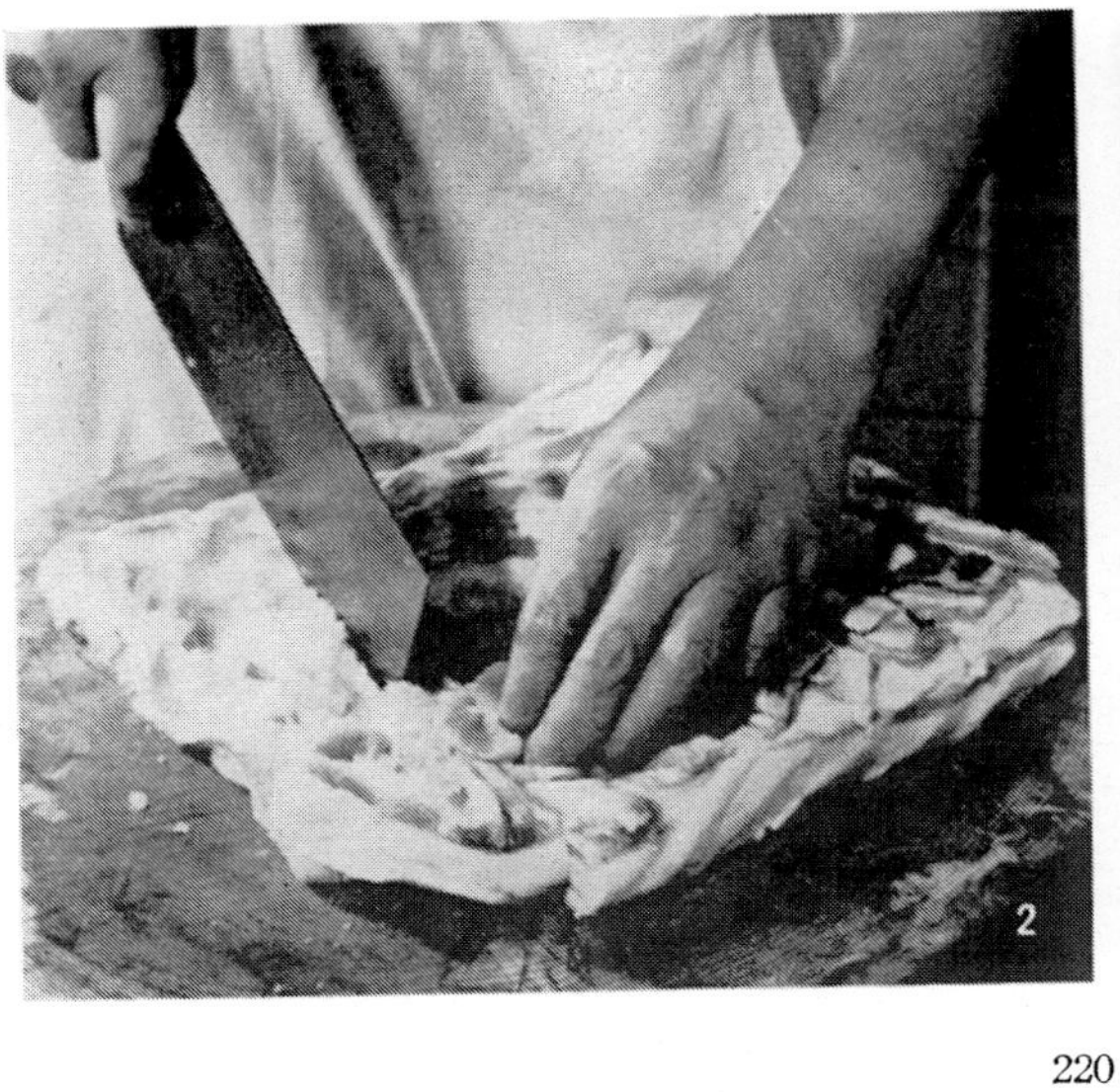
2

◆下ごしらえ

1　バラ肉は、写真①のように余分な肉を切り取って平らにならす。

次に写真②のように七〜八cm幅ごとに切っていくが、最初は切り離さずに、二度目で切り離す。切り離した状態はできあがり写真のようになる。これは、あとで乾燥させるとき、つりさげやすいようにするためである。

また、つるすときは、包丁で端に切り目を入れて針金を通してもよい。

2　鍋に塩三〇〇gと、花椒をチリレンゲ二杯入れ(写真③)、火にかけて熱する(写真④)。塩が少し色づき、花椒がこげて煙が立つようになったら、台の上に移して広げ、写真⑤のように硝石をチリレンゲ一杯分加えてよく混ぜ合わせる。

塩の熱いうちに、下ごしらえした肉を写真⑥のように箸で穴をあけながら手でよくもんで、塩をすりこむ（写真⑦）。

〔注〕塩の熱いうちに硝酸カリウムを加えて肉にすりこむと、塩が早く肉に浸透する。また肉に箸で穴をあけると塩がよく浸透する。

肉に塩をよくすりこんだら、ボールに一枚ずつ並べ、間に砂糖をひとつかみ入れながら重ねていき(写真⑧)、あまった塩は上にのせて重しをかけておく。

〔注〕(1)　肉が少ない場合は、ボールに入れてもよいが、多い場合は一斗罐や大きい寸胴を使用するとよい。肉はすき間ができないようにきちんと並べて入れる。

(2)　硝酸カリウム（硝石）を加えるのは、肉に赤みをつけるため。硝石は、市販のハムやソーセージなどにも使用されているので、その量さえ注意すれば害はない。

また、砂糖を加えると肉はやわらかくなるし、硝石の働きを助けると同時に、塩からさをやわらげる役目をする。

3　塩漬けした肉は、二日後に上下を並べ替える。漬けこんで三日たつと血水が浮き出てくるので、そのとき、肉を取り出し、風通しがよくしかも雨などにぬれないような場所につりさげてかわかす。

3

4

5

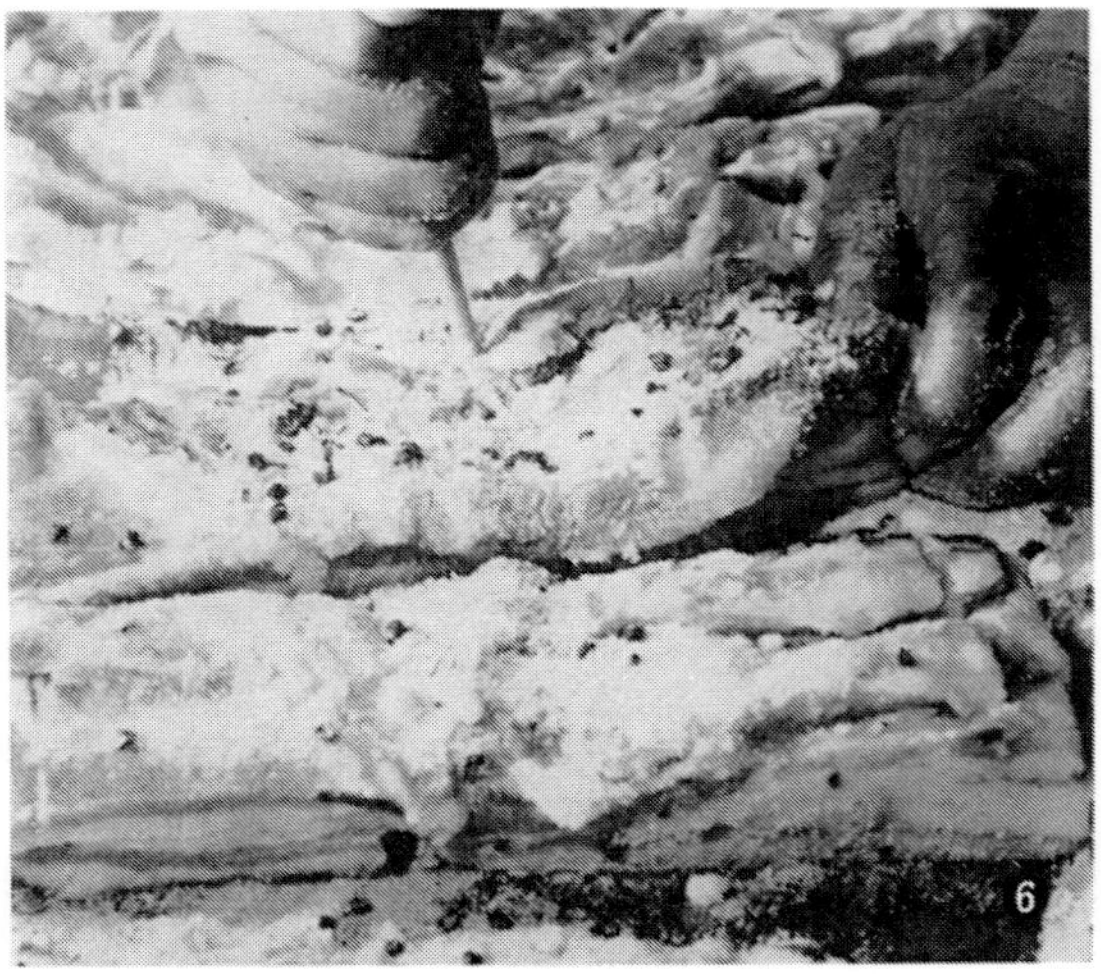
6

塩漬けの日数は三日ぐらいが標準であるが、この日数は、そのときの気候に左右される。たとえば、暖かい日がつづいた場合なら一日早く取り出し、寒かったら一～二日ぐらい伸ばす。

4 乾燥日数は、最低半月はほしい。二～三カ月乾燥させたままでもかまわない。できあがり写真は乾燥させた肉の状態。

〔注〕 半月ぐらい乾燥させたのち、三～四日おきに甜面醤（ティエヌ・ミエヌ・ヂアン＝甘いミソ）を二～三回塗る方法もあるし、木屑などで燻す方法もある。いろいろと、こころみるとよい。

中国の田舎では、自分の家で塩漬けにし、カマドの上につりさげてしぜんに燻して乾燥させる。

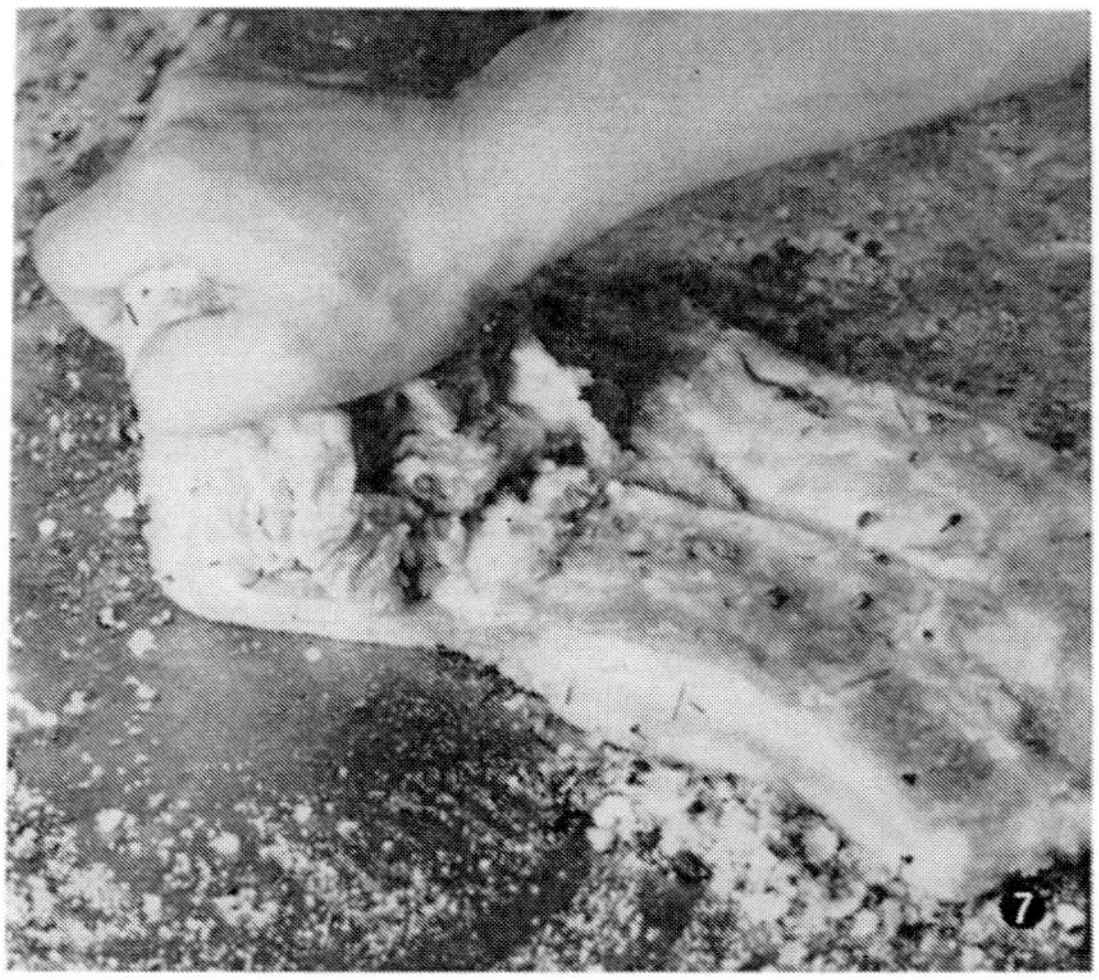
7

以上が乾燥までの下ごしらえである。

次に調理前の下ごしらえをあげておく。

乾燥した肉のまわりの塩気やホコリをタワシでよく洗い流す。洗ったあと、蒸したりゆでたりしてやわらかくするわけであるが、その方法には三通りある。

(1) 水煮（シュェイ・ヅウ）—洗った肉を、酒、ネギ、ショウガを加えたたっぷりの湯の中で、約四〇分～一時間ぐらいゆでるもの。

〔注〕 料理店では、このゆで汁を捨てるが、中国の一般家庭ではこのゆで汁に、ニンジン、ダイコンなどを加えてスープとし、やわらかくなった肉は薄く切って酒の肴とする。

8

(2) 水蒸（シュェイ・ヅェン）—ゆでる手間を省いて蒸す方法である。ボールに温湯を入れ、酒、砂糖適量とネギ、ショウガを加えて、四〇分～一時間ぐらい蒸す。

(3) 乾蒸（ガヌ・ヅェン）—洗った肉をバットか皿の上にのせ、酒、砂糖適量、ネギ、ショウガをたたいて肉の上にのせ、四〇分～一時間ぐらい蒸すもの。

〔注〕 この腊肉は、塩味が充分きいているので、その塩味の多少によって、水蒸、乾蒸と使い分けたり、湯や砂糖の量を加減する。

また、蒸したりゆでたりする時間も肉の部位や大きさによって加減する。

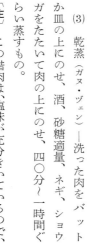

五《ウ》香《シアン》腊《ラ》肉《ルウ》

香料入り塩漬け肉

これは腊肉の一番おいしく、しかも代表的な料理で、肉を加工せずにそのまま薄く切って供するものである。単に腊肉ともいう。

◆作り方

蒸した腊肉は、なるべく熱いうちに薄く切って（写真①）、皿に盛りつけるとよい。写真②の皿のまわりにつけ合わせているものは、ニンジンとキュウリを花（ホア）に切って、塩もみしたものである。このように油っこいものには野菜を添えるとよい。

〔注〕(1) 盛付け方はきまっていないが写真②皿のように丸くまわして並べるとよい。一杯に並べてその中心に野菜を添えてもよいし、盛り上げて並べてもよい。

(2) 腊肉は冷蔵庫などに入れて冷たくなったものを、そのまま供したのでは、油っこくて食べられない。その場合には、もう一度蒸して供するとよい。

大量の場合には、あらかじめ扣碗しておき、客に供する前に蒸して、ホウレンソウなどを炒めて添えるとよい。

豆《ドウ》豉《ス》蒸《ヅェン》腊《ラ》肉《ルウ》

材料

蒸した腊肉
雪菜（シュエ・ツァイ＝中国の漬け物。罐詰になったものを中国から輸入している。ない場合は、カラシナ漬け、タカナ漬け、キョウナ漬けなどを代用してもよい）
豆豉（ドウ・ス＝浜納豆。豆ミソともいう）適量
ネギ少量
ショウガ少量

豆ミソ入り塩漬け肉蒸し

豆豉蒸腊肉

◆作り方

1 扣碗（コウ・ワヌ）—蒸した腊肉を長さ一〇㎝、厚さ三～五㎜ぐらいの大きな片（ピエヌ＝薄切り）に切る。

八～一〇枚ぐらいに並べた肉片を写真①のように包丁の上にのせて、碗の中に入れる。

碗の両側のあいたところにも肉を置き、切り屑になった肉は、見えないように中のほうへ入れる。

2 写真②のように、豆豉を一つかみ入れてから、化学調味料と砂糖、酒を適量入れる。

その上にみじん切りにした雪菜をのせる（写真③）。さらに少量のネギとショウガをのせてから約二〇分ぐらい蒸す。

3 蒸し上がったら、碗を皿にひっくり返して盛り、客に供する。

〔注〕(1) 腊肉の塩味と雪菜の塩加減に注意しながら作る。

(2) また、副材料に芥蘭菜（チエ・ラヌ・ツァイ＝ブロッコリ）を使うとおいしくなる。

◆応用料理

氷汁腊肉（ビン・ヅ・ラ・ルウ）—同じ要領であるが、氷砂糖だけのせて蒸し、蒸し上がったときにできた汁を煮つめるか、水溶き片栗粉を加えてトロミをつけ、皿に返し盛った腊肉にかけて供する。これは甘味と塩からい味とが混じり合った味の料理である。

生蒸腊肉（シェン・ヂェン・ラ・ルウ）—これは、二二三頁の五香腊肉に似ているが、生の腊肉を薄く切って皿に並べ、そのまま五分間ぐらい蒸して供する。中央に野菜を炒めて盛るとよい。

生《シェン》爆《バオ》腊《ラ》肉《ルウ》

材料

生の腊肉（二二〇頁のできあがり写真参照）
ピーマン
ネギ

塩漬け肉とピーマンの炒めもの

◆作り方

1 生の腊肉を、蒸さずによく洗い二〜三㎜厚さの片に切る。ピーマンは縦に四つ切りにする。ネギは長さ四〜五㎝の二つ割りにする（写真①）。

2 炒（チァオ）—最初に1で用意した腊肉片を炒める。肉のまわりが少しこげ、肉が巻き上がるような感じになったら、ピーマンを加えてさらに炒める。

さらに、豆瓣醤（ドウ・バヌ・ヂアン＝トウガラシミソ）、甜面醤（ティエヌ・ミエヌ・ヂアン＝甘ミソ）、酒醸（ヂウ・ニアン＝甘酒）、豆豉を適量加えて味付けしてから、ネギ、ショウユ、化学調味料、砂糖で味を整えて皿に盛る。

〔注〕(1) 腊肉の塩味に注意して味付けする。

(2) 蒸したり、ゆでたりした腊肉を使えば、回鍋腊肉（ホイ・グオ・ラ・ルウ）や回鍋醃肉（ホイ・グオ・イエヌ・ルウ）となる。回鍋とは鍋にもどすという意味で、このように一度蒸してから炒めるので、この名がある。

(3) また、副材料の野菜は、ピーマンのほかにキャベツ、セロリなどで代用してもよい。薄切りにしたニンニクを加えるとおいしくなる。

◆応用料理

豆豉腊肉丁（ドウ・ス・ラ・ルウ・ディン）—炒め

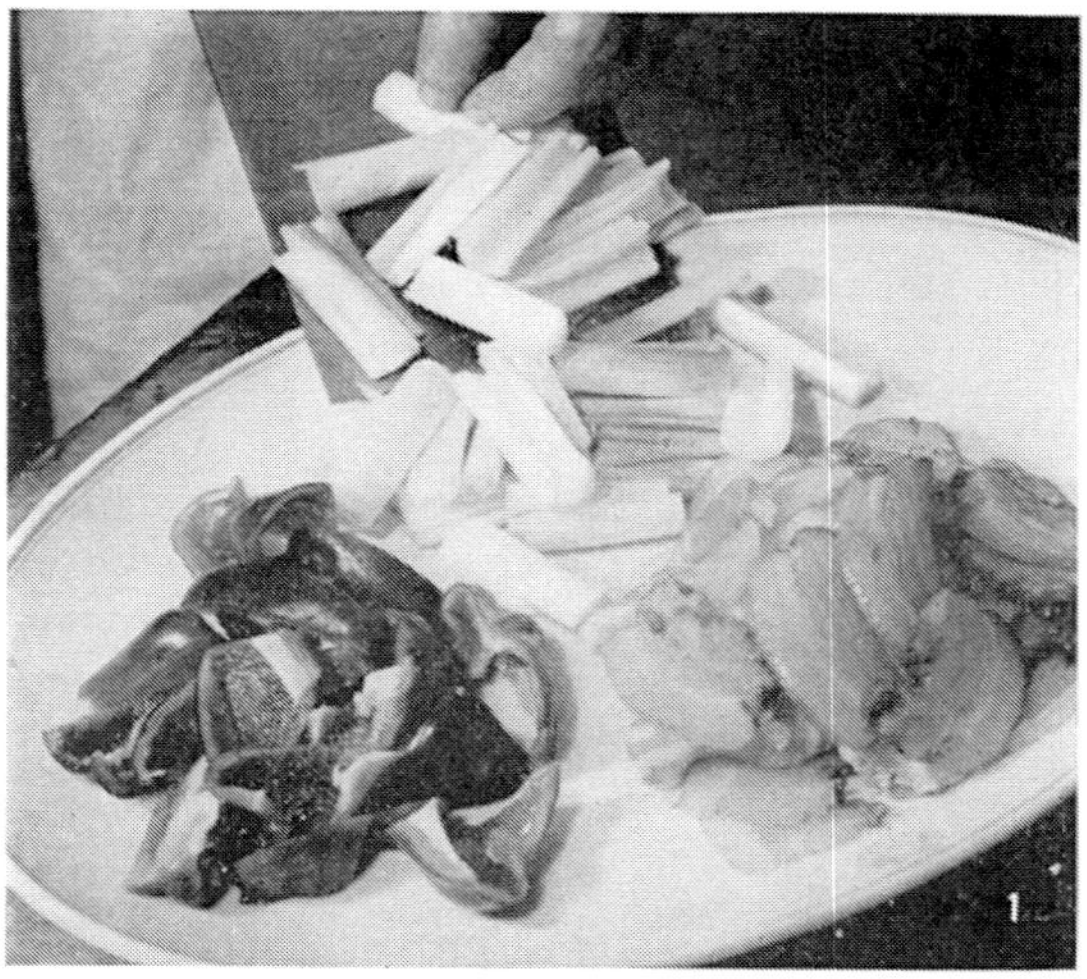
1

る料理としては前記の回鍋腊肉、回鍋醃肉が有名であるが、この料理のように丁（ディン）に切り（ゆでたものでも生でもよい）、豆豉や青椒（辛いもの）などと炒めてもおいしい。

叉焼腊肉（ツア・シャオ・ラ・ルウ）—ゆでた腊肉を四cm×一二cmぐらいに切って叉子（ツア・ヅ＝フォーク）にさし、卵白に片栗粉を混ぜた衣をつけて、ゆっくりと焼く。焼き上がったら適当な大きさに切って皿に盛り、パンを添える。肉をパンではさんで食べる。また焼く代わりに油で揚げるのも一つの方法である。

腊《ラ》鶏《ヂ》

塩漬けヒナ鶏の燻製

材料
ヒナ鶏一羽
硝石（硝酸カリウム）
花椒
塩適量

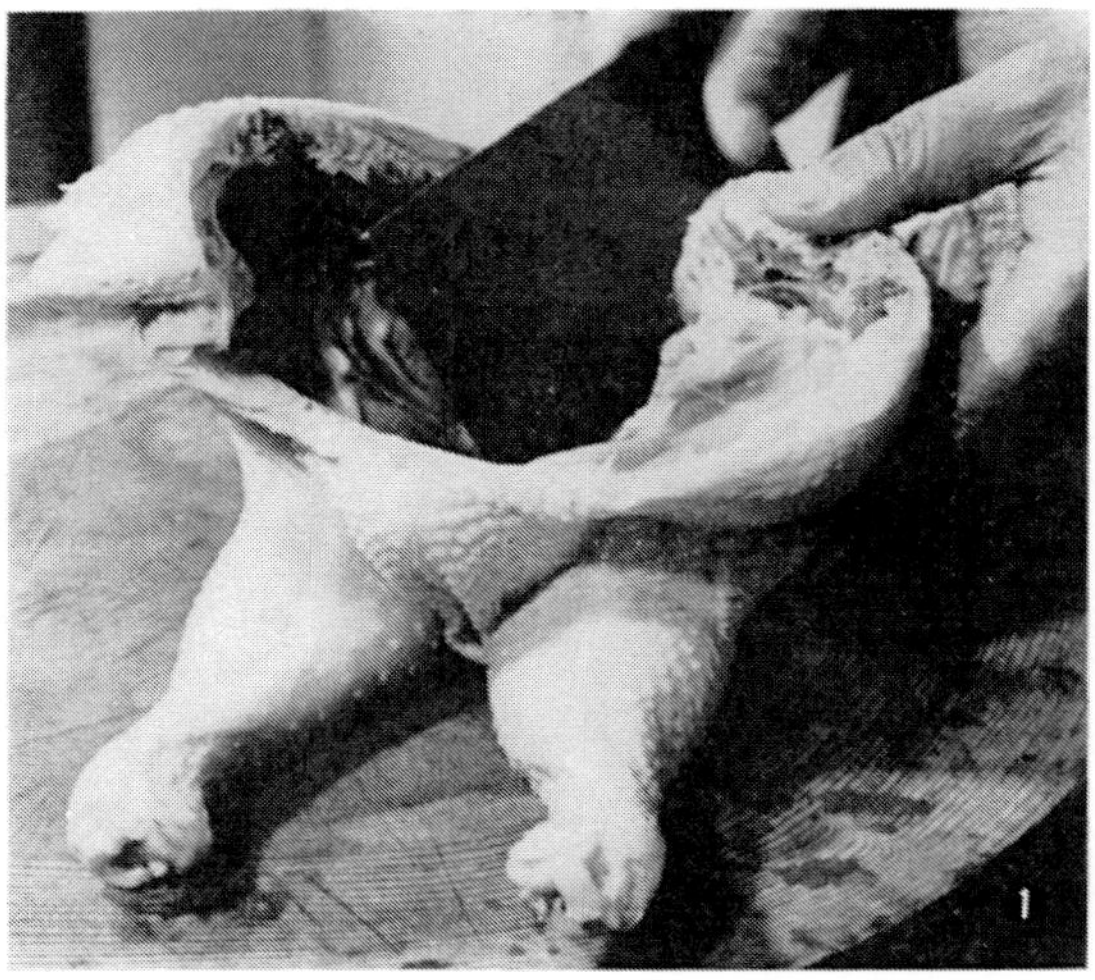
1

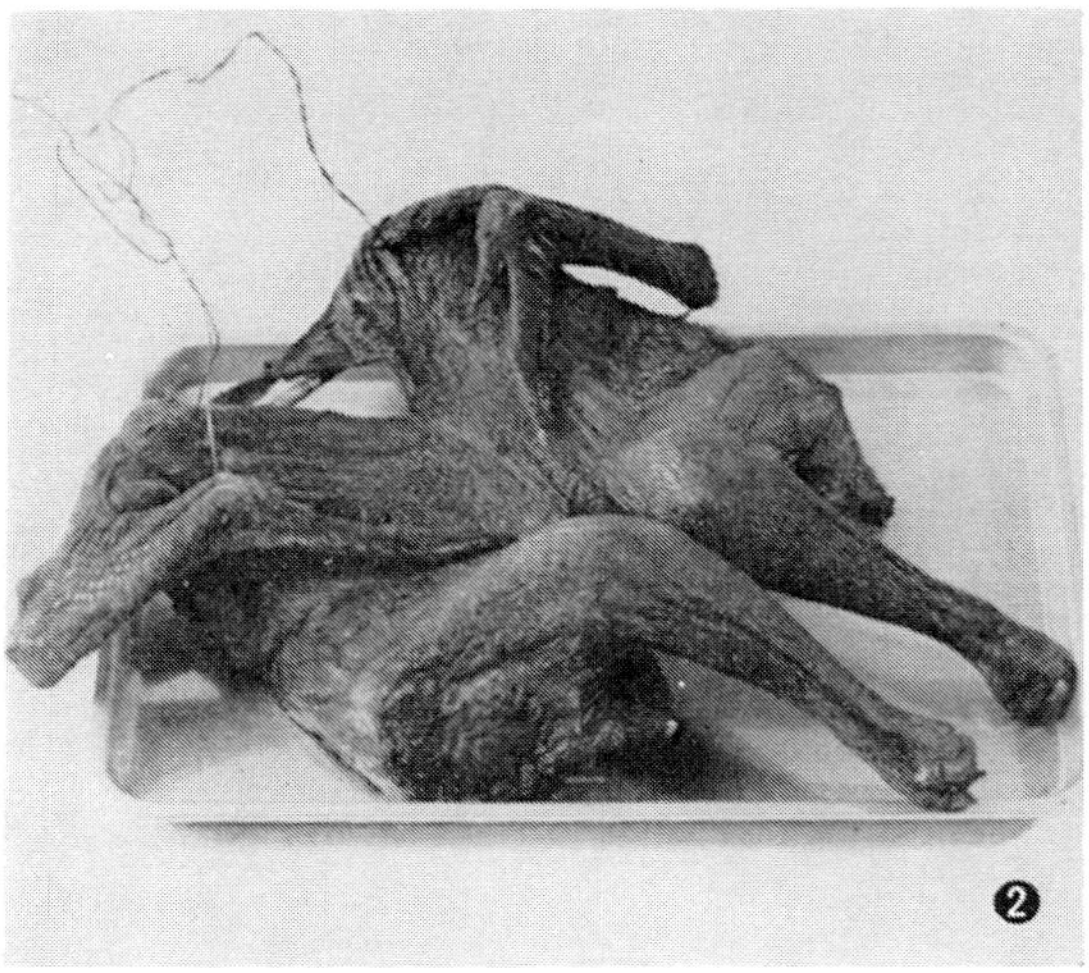
❷

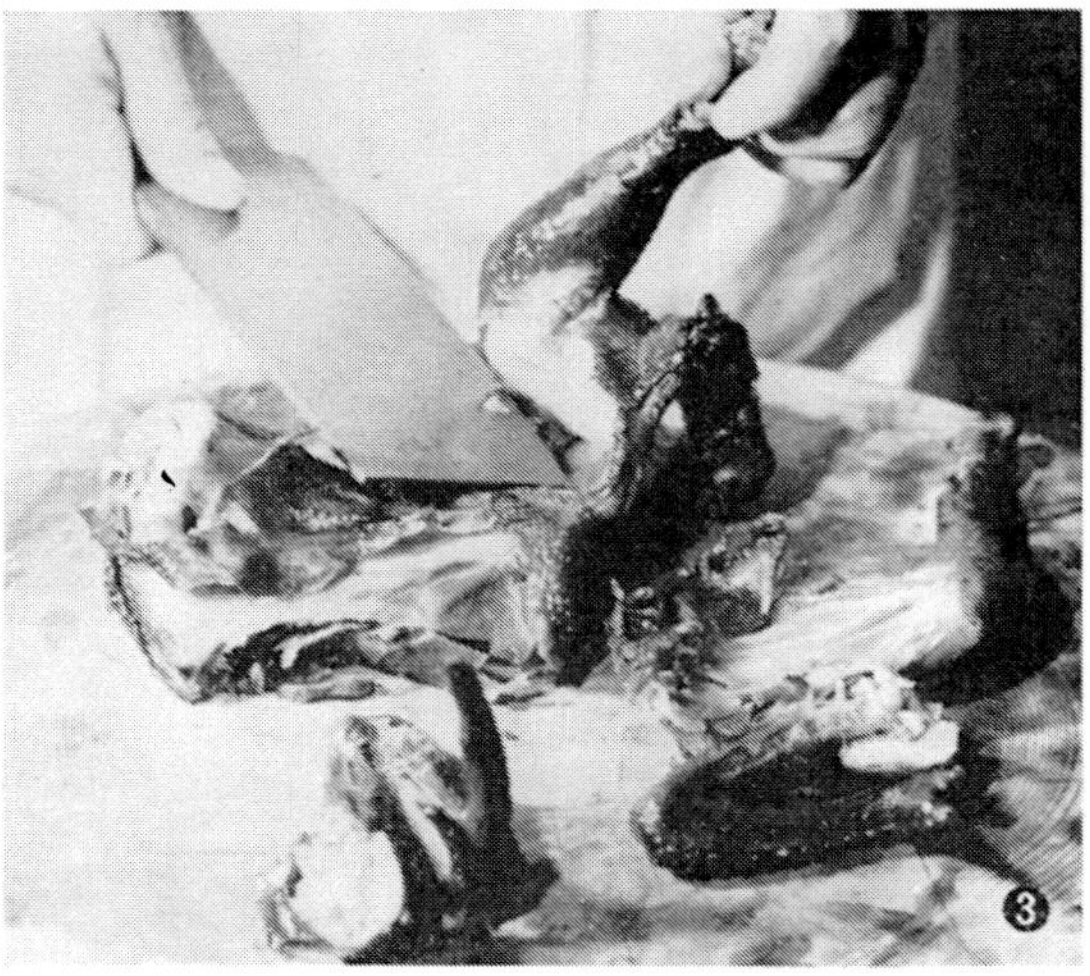
❸

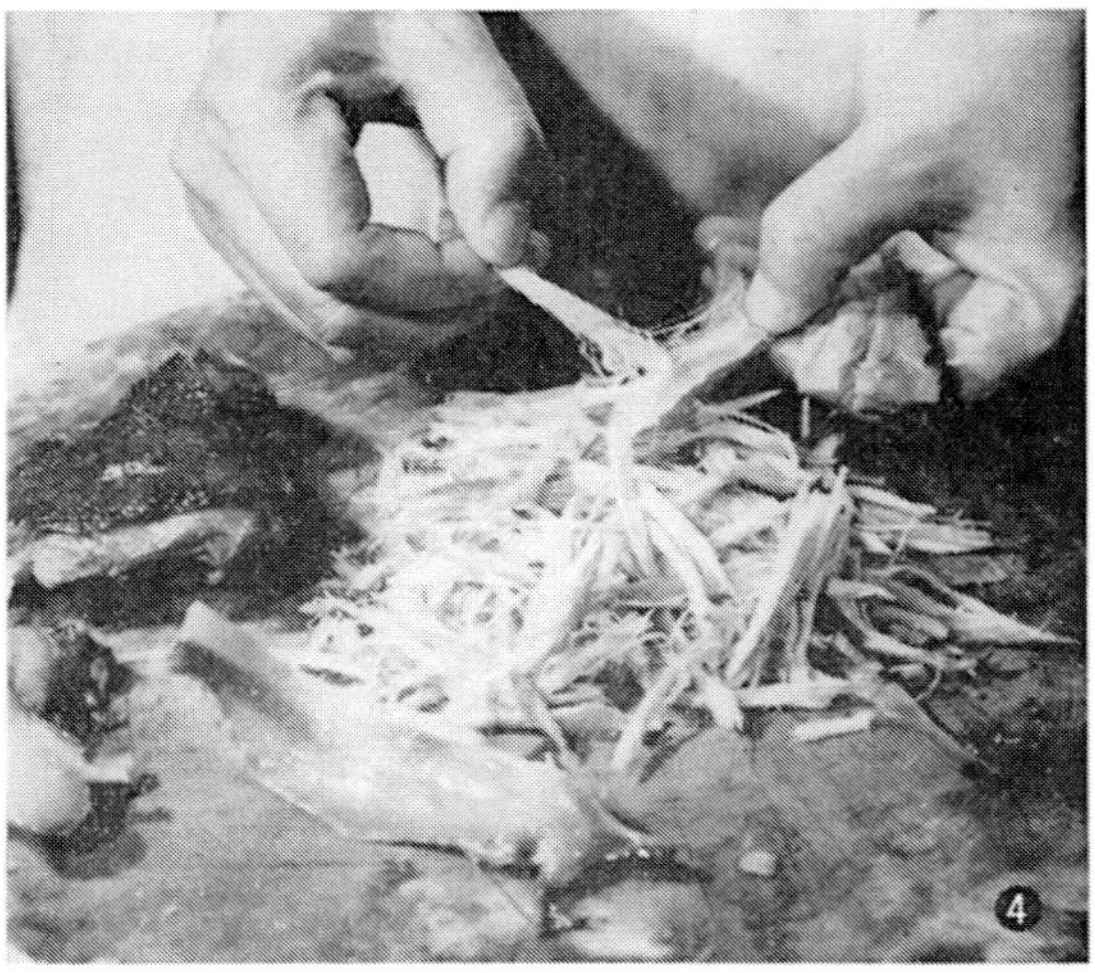
❹

腊鶏の作り方は、腊肉と同じである。アヒルや鴨を使っても同様に作れる。
名称は各地方によってそれぞれ異なる。たとえば、有名なものとして南京の板鴨（バヌ・ヤー）、広東の風鶏（フォン・ヂ）などがある。

◆作り方

1 ヒナ鶏は、大きいものを用意し、写真①のように背開きにして、腊肉と同じ要領で塩漬けにする。

〔注〕塩、硝酸カリウム、花椒の割合は、腊肉と同じである。塩の量は、塩を鶏にすりこんでから、少し塩があまるぐらいが適当。

(2) 腊鶏の塩漬けの期間は、腊肉よりも短く、一昼夜ぐらいが適当。

2 塩漬けにした鶏を取り出して、一～二日乾燥させる。

乾燥させた腊鶏を、カンナ屑、木の葉（ヒバの葉がよい）や茶葉などで五～一〇分ぐらい燻す。さらにそれを、腊肉と同じように最低半月以上風通しのよい場所で乾燥させる。

3 乾燥させた腊鶏（写真②）を腊肉と同じように洗って、三〇～四〇分ぐらい蒸すか、ゆでる。

〔注〕蒸し（ゆで）時間は鶏の大きさによって加減する。

4 腊鶏は、いろいろ加工せずにそのまま食べるほうがおいしい。薄切りにして供してもよいが、手で細くさいて供したほうが美味。

臘鶏のさばき方は、まず手羽先と腿をはずし（写真③）、次にできあがり写真のように手羽先の肩についている部分と腿の先の部分を残して皿に盛る。

ほかの部分は、骨を抜いて包丁で細切りにして皿の中央にしく。胸肉、腿肉は、写真④のように手で細くさいて、その上に盛り上げる。パセリを添えて供すると見ばえがよい。

金《チヌ》銀《イヌ》醃《イエヌ》鶏《ヂ》

鶏腿肉・豚背脂肉入り変わり塩漬け

臘鶏に似た作り方である前記の南京板鴨（ナヌ・ヂン・バヌ・ヤー）は昔から有名であったが、その後、品質が改良され最盛時（二十数年前）には年産二百六十万羽にのぼり、中国全土はもとより、遠く南洋方面にまでも送られたという。

作り方は、塩水に約一昼夜浸けてから取り出して、十日間ぐらい風干ししてできあがる。

また、風鶏（フォン・ヂ）の作り方も、大同小異である。ただ臘鶏と違うところは、内臓を抜いて内側から塩などをすりこみ、体の毛はそのままに干したり、あるいは羽毛の上から粘土を塗って干す。かわいてから、粘土をたたいて落とすと羽毛もいっしょに抜け落ちるという）。その名産地としては湖南、雲南、揚州などがあげられる。

材料

ヒナ鶏腿肉四〇〇g

猪肥膘（ヅウ・フェイ・ビアオ＝豚の背脂肉）一二〇g

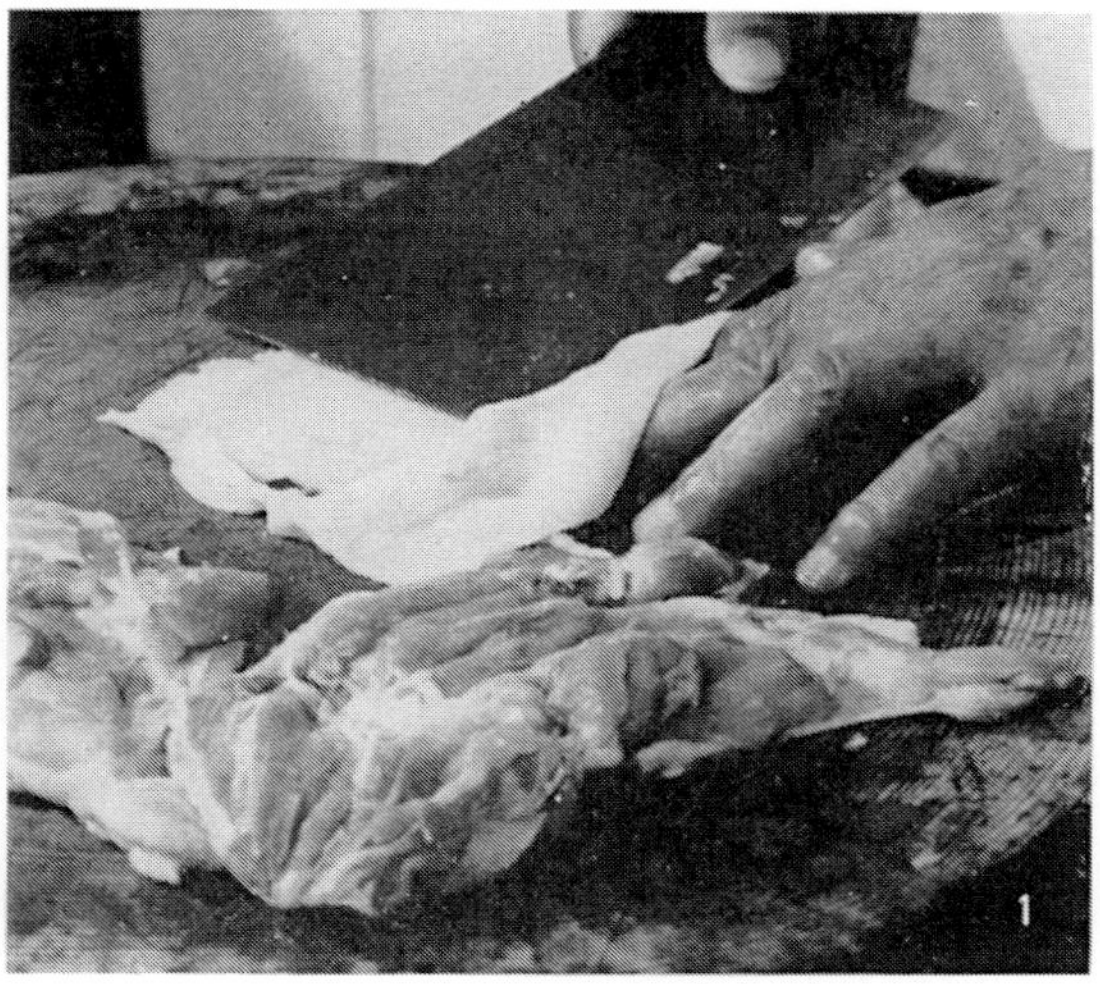

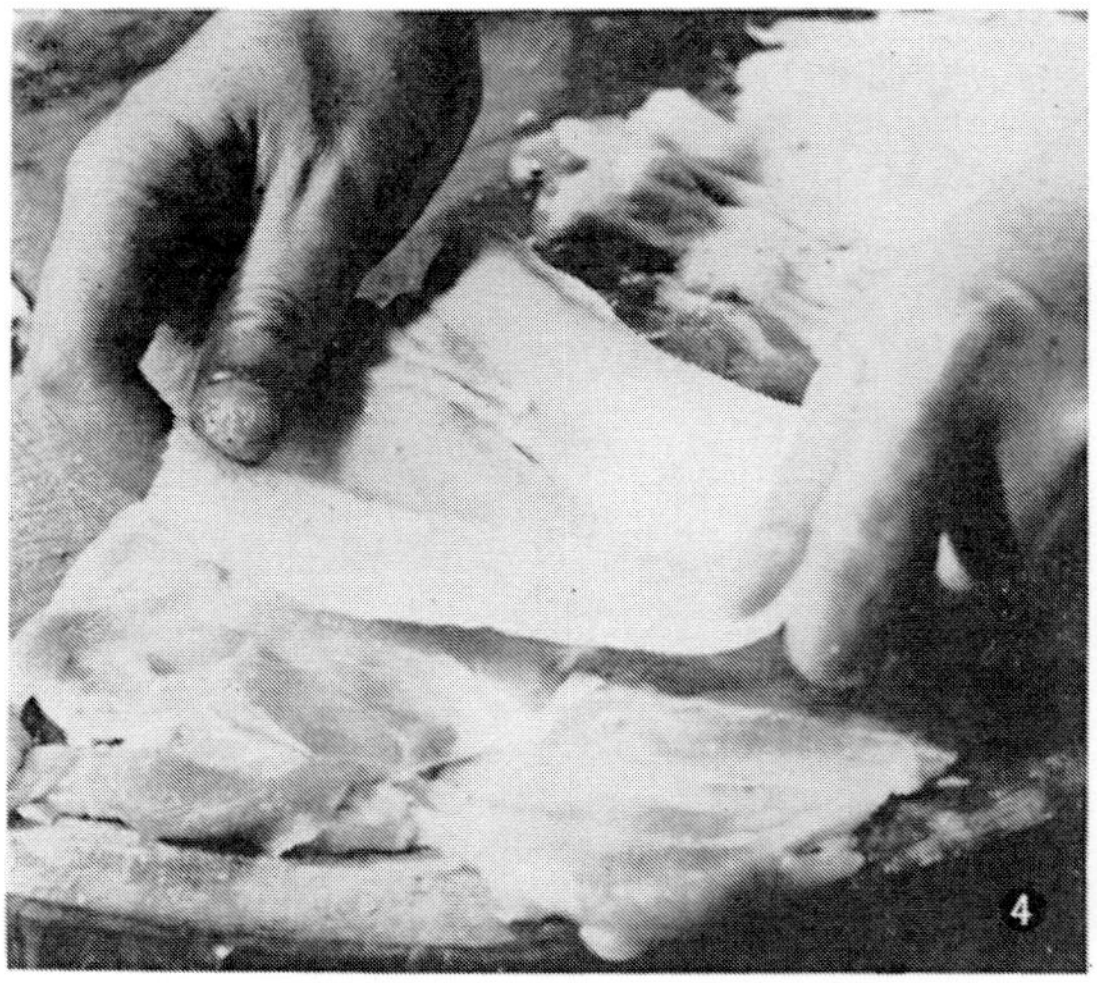

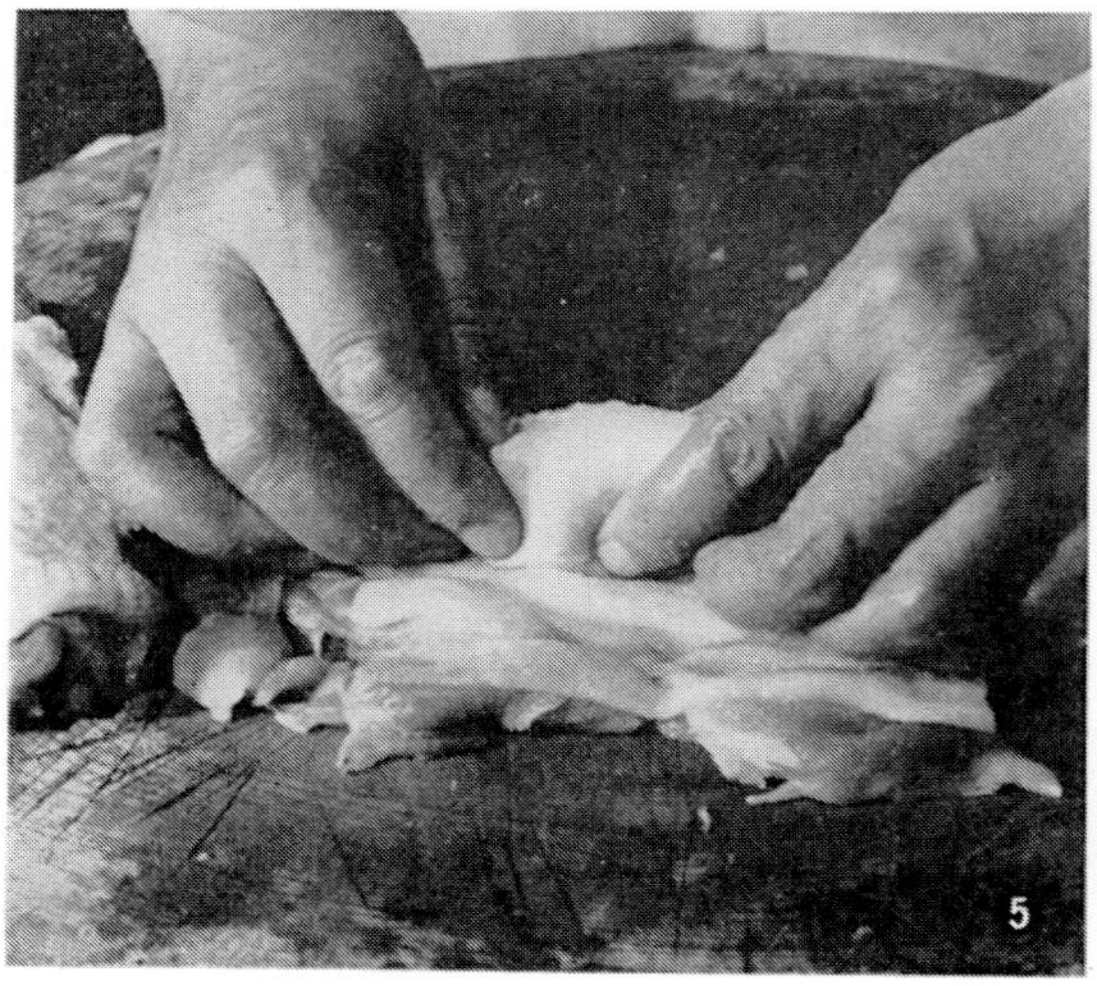

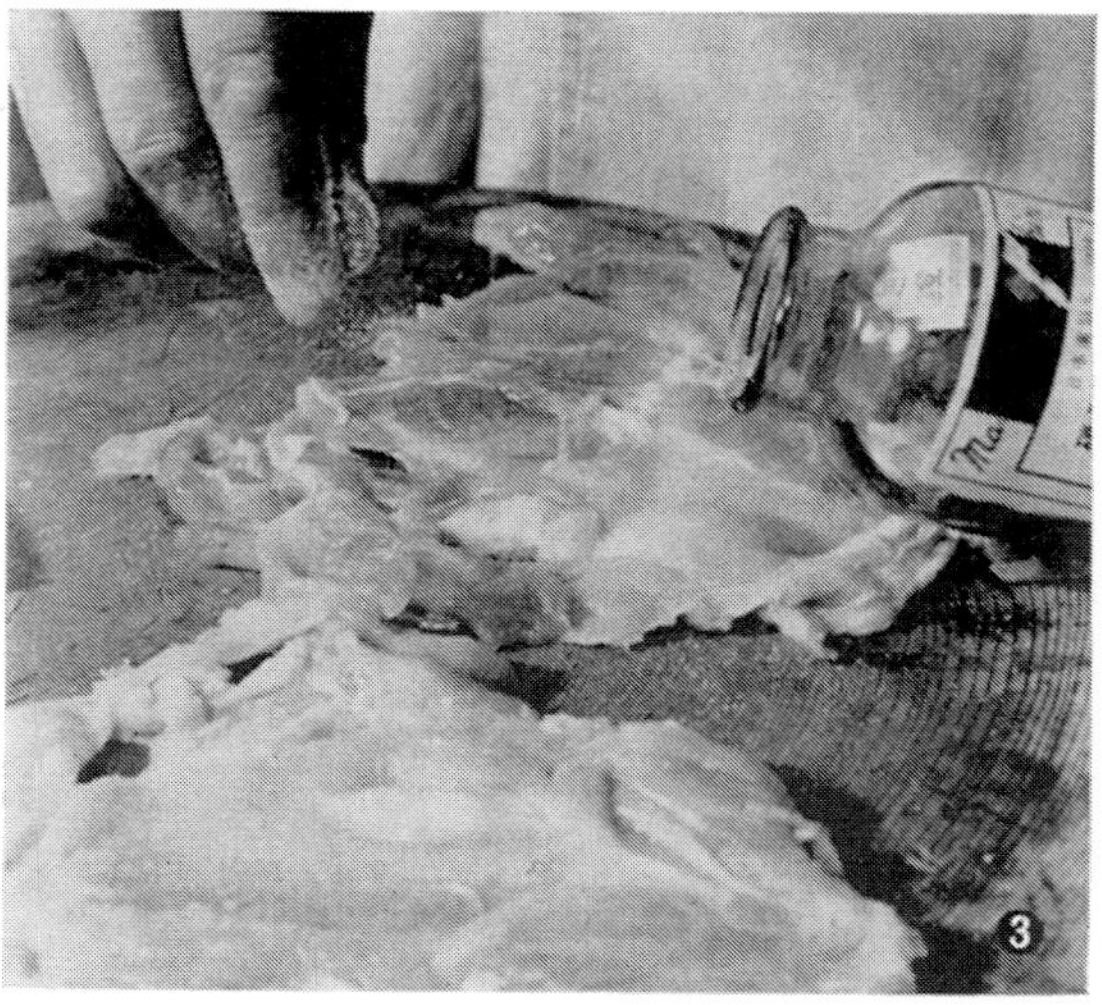

この料理は、鶏の腿肉で豚の背脂肉を包み、ハムのように巻いて作ったもので、赤い肉と白くすきとおった肉との配色が美しいのでこの名がある。

◆作り方

1　最初に背脂肉を大きい固まりのまま、なるべく薄く切る（写真①）。次に鶏腿肉を、写真②のように肉の厚い部分を両側に切り開く。

切り開いた鶏腿肉の肉側に、少量の塩と硝石を（割合は腊鶏と同じ）平均にふりかけて下味をつける（写真③）。さらにその上に、薄切りにした背脂肉をのせ（写真④）、写真⑤のように手前からかたく巻いていく。

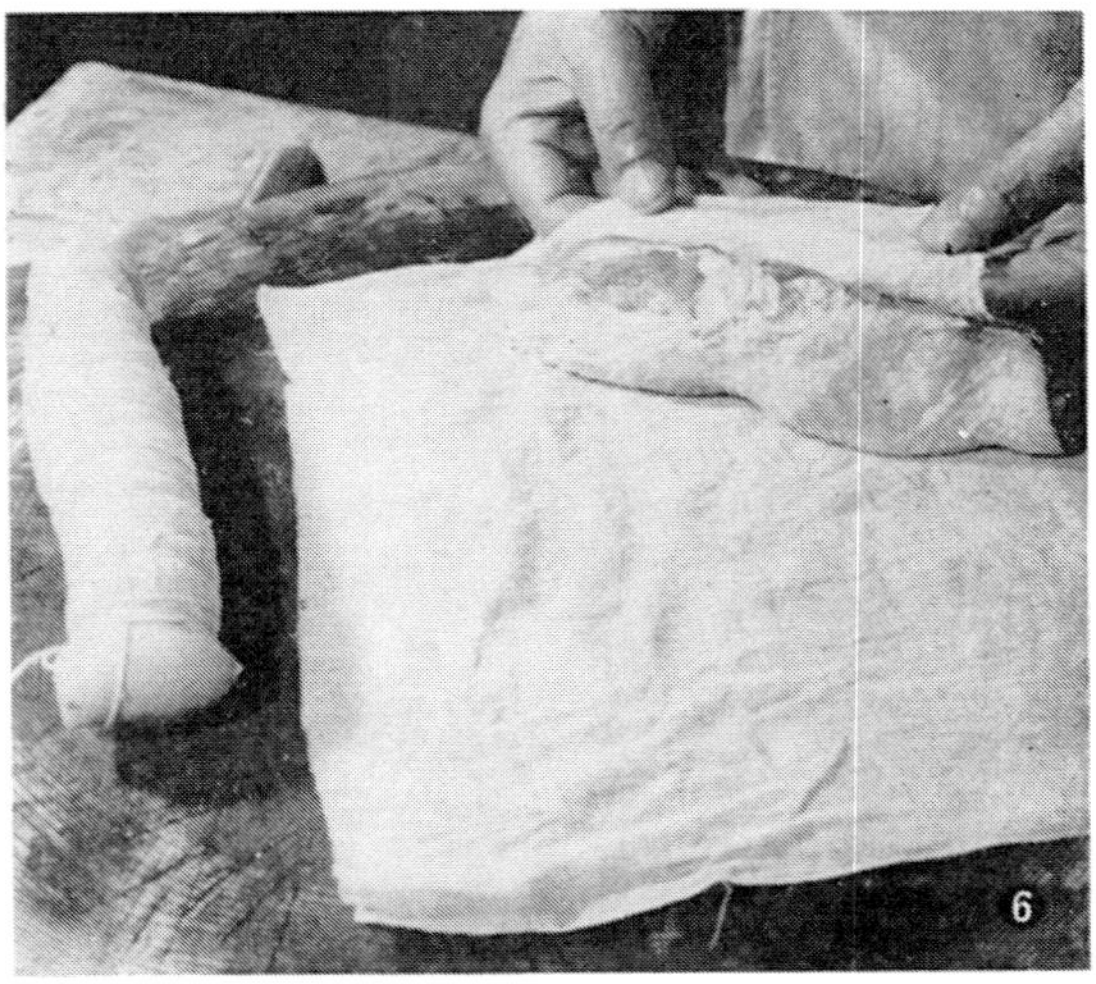
6

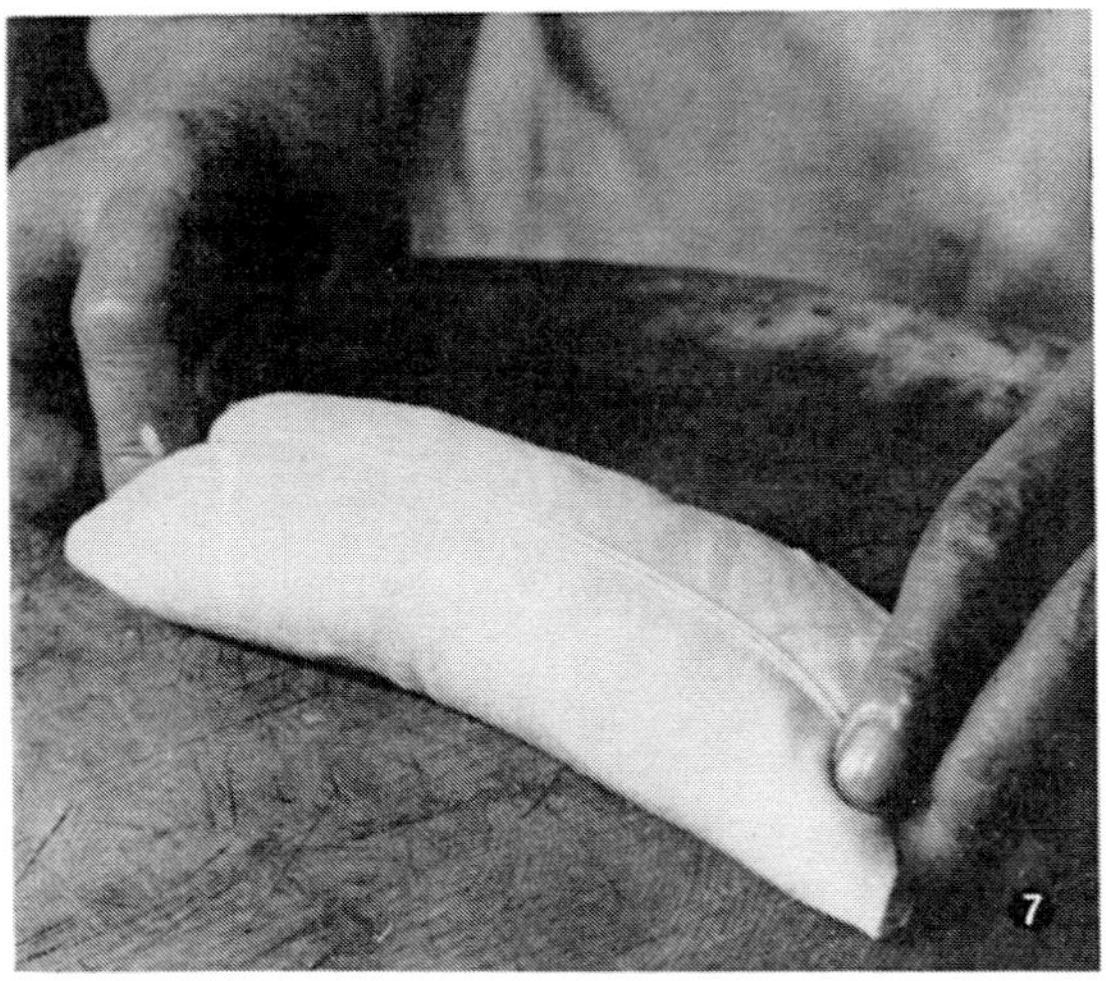
7

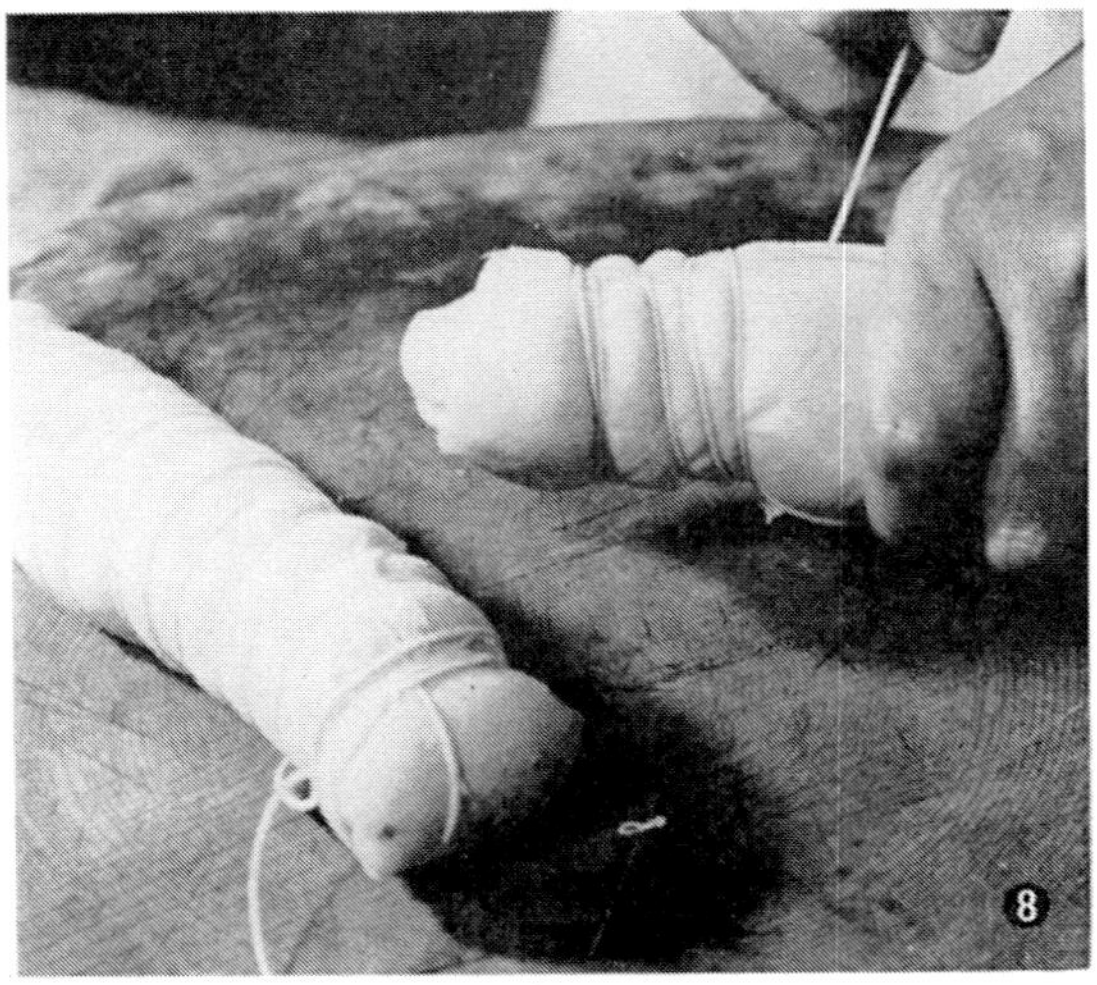
8

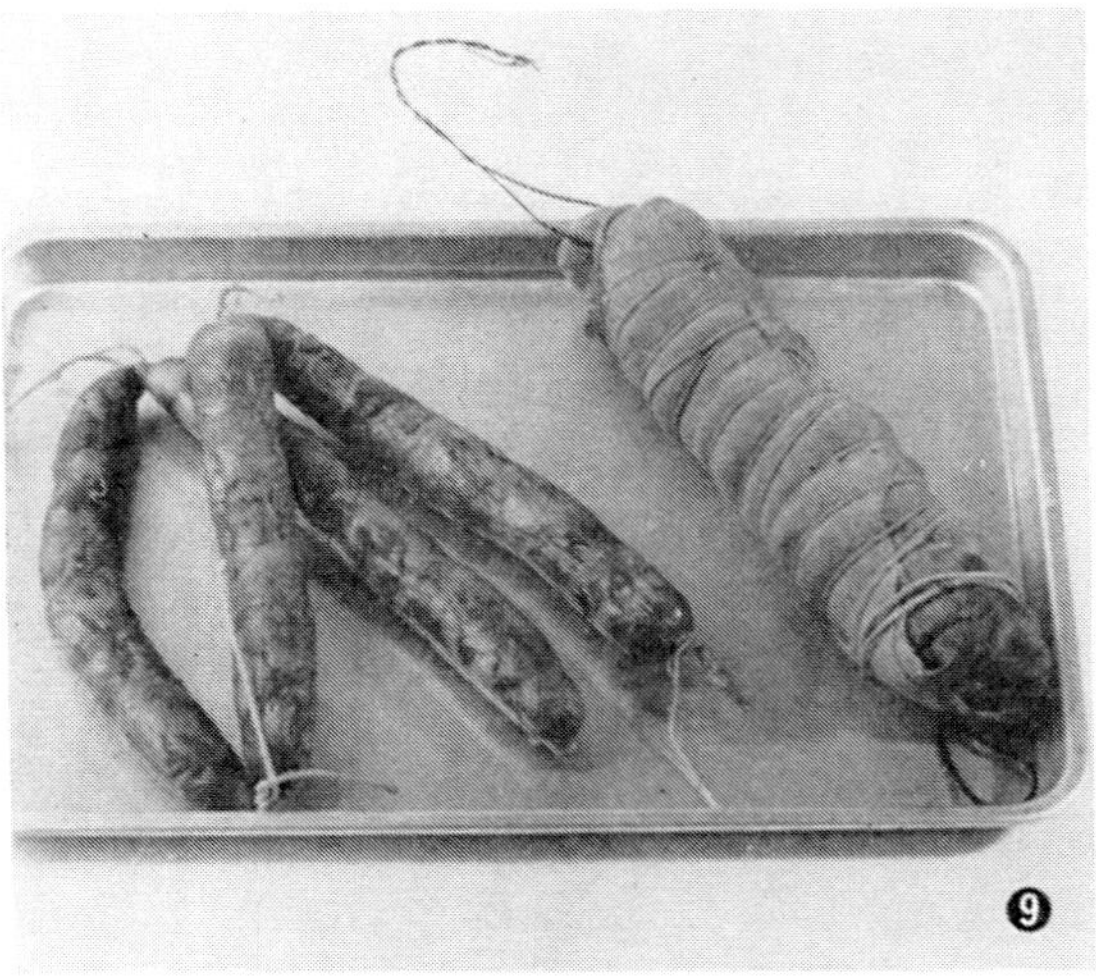
9

ふきんは、手ごろな大きさに切って用意し、写真⑥のように巻きこんで、両端を内側に折りこみ、くるくると巻く。

次に、丈夫なヒモを縦に二本かけてしばり(写真⑦)、さらに写真⑧のようにきつく巻きながらしばる。

これを、ボールに入れて塩漬けにしている腊肉の中に入れて、三日間ぐらいいっしょに塩漬けにする。

〔注〕 腊肉を漬けたとき、肉から水分が出て、血水の混ざった塩水が出てくるので、この醃鶏を入れると、ほどよく塩味がついて漬かる。

2 ほかの腊味類と同じように塩水に漬けたあと、取り出して乾燥させる(写真⑨右)。

3 乾燥させた金銀醃鶏をそのまま約三〇分蒸す。

さらにそれを少し冷ましてから(冷たくなってはいけない)、ふきんを取り除く(写真⑩)。

4 付合わせはトマトを用いる。蒸した金銀醃鶏は、厚さ二~三㎜の輪切りにする。

それを四~五枚ずつ皿の両端より中央に順々に並べて盛りつける(写真⑪)。

〔注〕 今まで述べてきた腊味類のうち薄切りにして客に供する場合は、すべて温かいうちに供する。

盛りつけたあと、少しぐらい冷たくなるのはよいが、一度冷蔵庫に入れた場合は、

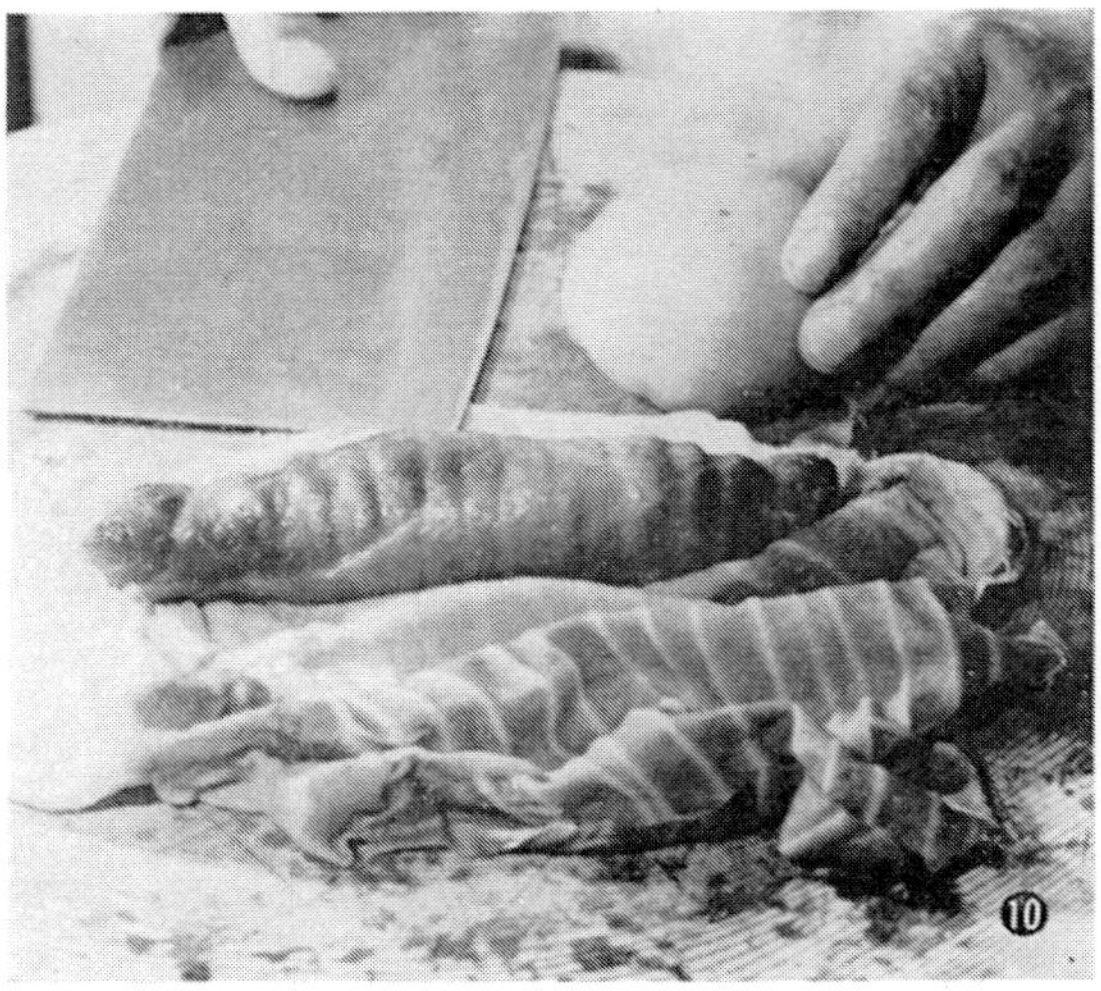

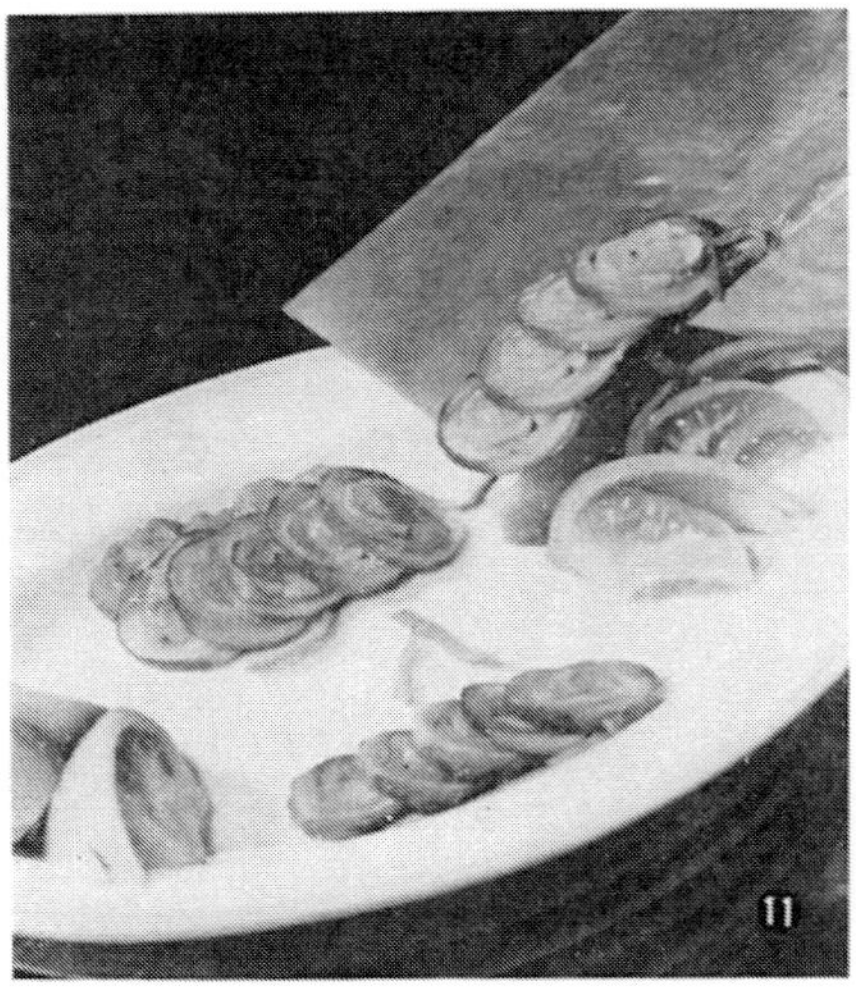

温め直して供する。そのまま供すると脂肉が固まっているので、油っこくなったり、肉がかたくなっていておいしくない。

家《ヂア》常《チァン》香《シアン》腸《チァン》

四川風の辛い腸詰

材料

豚のバラ肉七〇〇g
豚の小腸（二mぐらい）一本
香料
調味料（量―後述）

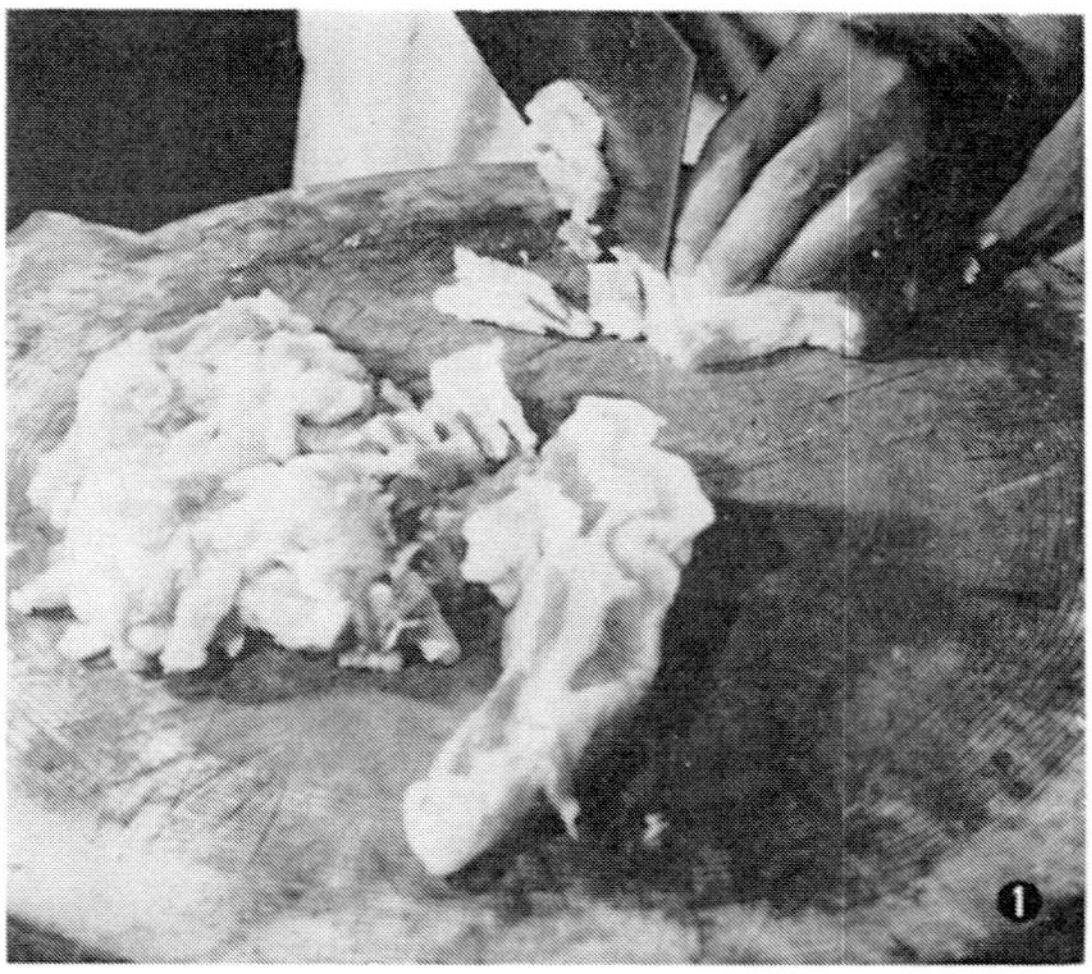

腊腸（ラ・チァン）は香腸（シアン・チァン）ともいい、ソーセージのようなものであるが、中国では各地方で味付けが異なる。

ここでは、四川風のトウガラシを使った腊腸の作り方を紹介しよう。

◆腊腸の下ごしらえ

1 小腸の下ごしらえ―最初に小腸を洗う（中もよごれているからよく洗う）。

小腸の中を洗う場合は、小腸の端を少しめくり、そのめくったところを水道の蛇口にあてて水を流すと、水の重みで順ぐりに裏返しになる。

それをボールに入れて、塩とミョウバンを加えてよくもんでから（よごれをよく取るため）、きれいに水洗いする。

次に裏返しになった小腸を先の要領で、水を流しこんで表に返す。

次に表の脂皮を少しはがし、その間に水を流しこむと、外側の脂皮から中の腸がスポッと抜け落ちる。

脂皮は使わないで、中の腸だけを使う。そのとき、腸はまた裏返しになっているから、先の要領で表に返して、ふきんで水気をとる。

〔注〕腸詰用の小腸は、横浜の中華街で、きれいに掃除して乾燥させたものを売っている。この小腸は、水でもどして使う。しかし肉を詰めこむとき、乾燥させた小腸は生

の小腸よりすべりが悪いので、なるべく生を使うとよい。

2　詰肉の下ごしらえ—豚のバラ肉を写真①のように薄切りにしてから、それをボールに移して味付けする（写真②）。

調味料の分量は、肉七〇〇gに対してチリレンゲ何杯で表示する。

ショウユ三杯・塩一杯・砂糖一杯・老酒（ラオ・ヂウ＝中国の銘酒。この腊腸に一番よく合うのは白乾＝バイ・ガヌであるが、ない場合は日本酒で代用）一杯・化学調味料一杯・豆瓣醤一杯・五香粉（ウ・シアン・フェヌ＝五種類の香料を合わせて粉末にしたもの）一杯・花椒粉（ホア・ヂアオ・フェヌ＝サンショウの実の粉）・硝石少量

5

（塩の$\frac{1}{10}$ぐらい）・ショウガ汁少量・ゴマ油少量

〔注〕(1)　チリレンゲ一杯は、計量スプーンの大さじ一杯に相当する。

調味料の配分はあくまでも標準であって、ちょっとの手加減で味が変わってくるので、必ず味見をして味を整えるようにする。

(2)　豆瓣醤のない場合はトウガラシの粉を代用するが、辛味を使わなくてもよい。

3　味付けした肉を直接小腸の中に詰めることができないので、まず、写真③のように腸をジョウゴにさしこみ、その根元をヒモでしばって固定する。

6

次に、ジョウゴの中に肉を少しずつ指でつっこむようにして詰める。腸が破れない程度まで肉をきつく詰めて両端をヒモでしばる（写真④）。

〔注〕肉を詰める前に、ゴマ油を少量たらし入れると、肉のすべりがよくなる。

肉を小腸に詰めこんでいくと、空気がはいっているので膨張してくる。それを防ぐために、空気のたまっている部分を楊枝でさして空気を抜いておく。

4　空気を抜き終わったら、適当な長さのところをヒモでしばる（写真⑤）。あまりきつくしばると、腸が切れるので、少しゆるめにしばる。

次にそれを風通しのよい場所につりさげて乾

7

燥させる。乾燥日数も半月以上は必要。必要なだけ取り出して、あとはそのまままつりさげておく。

◆作り方

臘腸（二三一頁の写真⑨左参照）をよく洗ってから、二〇分ぐらい蒸す。それを薄切りにする。

キュウリは写真⑥のように花に切ってから、皿のまわりに四～五枚ずつ重ねて並べる（写真③）。切り屑は見えないように中央に置く。

〔注〕盛付け方、付合わせの材料はいろいろと工夫していただきたい。

◆応用料理

葱爆臘腸（ツオン・バオ・ラ・チァン）――生の臘腸（蒸したものでもよい）を厚さ三㎜の斜めの薄切りにする。

長ネギは、薄切りにした臘腸と同じ長さに切り、さらにそれを二つ割りにする。

臘腸と長ネギを鍋に入れて炒め、ショウユ、砂糖少量、酒、化学調味料であっさりと味付けする。

家常香腸

この臘味類に似た作り方で有名なものに火腿（フォ・トェイ）がある。これはいわゆる中国ハムで、豚の腿肉を骨付きのまま塩漬けにし、干したものである（これに対して日本などのようなハムは洋腿＝ヤン・トェイ――西洋ハム――といって区別する）。

火腿は中国各地方で作られるが、中でも有名なのは浙江省の金華火腿（チヌ・ホア・フォ・トェイ）、雲南省の宣威火腿（シュアヌ・ウェイ・フォ・トェイ）である。

金華火腿は華腿（ホア・トェイ）の簡称があり、また南腿（ナヌ・トェイ）ともいわれる（これに対して北腿＝ベイ・トェイは江蘇省産）。華腿を細かく分けるといろいろな名称があるが、おもしろいのは前腿（カタニク）で作ったものが、その形により月腿（ユエ・トェイ）と名づけられ、またイノシシの腿肉で作った深山腿（シェヌ・シァヌ・トェイ）、イヌの腿肉で作った戌腿（シュ・トェイ）があることである。

華腿の作り方の特徴としては、塩漬け後の乾燥法は陽光にさらして干すので、水分が少なく二～三年その味に変化がない。また塩漬けの最後にミソを塗ってそのままかわかす醤腿（チアン・トェイ）、乾燥の途中竹の葉などで燻《いぶ》す燻腿（シュヌ・トェイ）などの種類もある。

宣威火腿は宣腿（シュアヌ・トェイ）といわれ、雲南火腿や雲腿（ユヌ・トェイ）の別名もある。これは華腿より大きく、皮が薄い。作り方の特徴は、華腿の日干しに対して陰干しである。したがって水分がいくらか多く、保管に気をつけねばならない。日本でよく見られる、中国ハムの罐詰はこの雲腿である。

火腿の調理法としてはよく洗って蒸したのち、普通のハムと同様にあつかってよい（もともと火腿が手にはいりにくいので、日本のハムで、その代用をしているのである）。

また、火腿だけの料理として有名なものに、叉焼宣腿（ツア・シャオ・シュアヌ・トェイ）、氷汁火腫（ビン・ヅ・フォ・ヴォン）などがある。

宴会料理の献立の組み方

中国では宴会料理を宴席（イエヌ・シィ）または筵席（イエヌ・シィ）という。

献立は菜譜（ツァイ・プゥ）、菜単子（ツァイ・ダヌ・ヅ）などというが、単に菜単でもよい。

四川料理で宴会料理の基本であった昔の組み方は右図のようなものであった（昭和十四～十五年頃まで通用）。

四冷盤（ス・ルン・パヌ）は四皿の冷たい料理のことで、酒の肴として供される。

糖食（タン・シ）は氷砂糖類のことで、泡酒（パオ・ヂウ）といって、老酒（ラオ・ヂウ＝中国の酒）を飲むときに盃の中に入れる。また水果（シュエイ・グオ）は果物のことで、口直しに供されるものである。

八大行菜（バァ・ダァ・シン・ツァイ）は八大菜ともいい、大皿や大碗で出す料理のことである。この八大菜のうち最初に出す料理を頭菜（トウ・ツァイ）というが、これはその宴会料理中の最高料理である。したがってその種類によって宴会料理の格がきまる。

また、中国ではこの頭菜の材料により宴席の呼び方を海参席（ハイ・シェヌ・シィ）とか魚翅席（ユィ・ツー・シィ）などといって区別する（下図参照）。

頭菜をふくめて八大行菜というのであるが、この中に四大柱（ス・ダァ・ヅウ）という四種の材料（鶏、アヒル、魚、肉、蹄花＝ティ・ホアのうちの四種）を使った料理を欠かすことはできない。また、このほか野菜料理も必ず加えなければいけない。

次に湯菜（タン・ツァイ＝スープ料理）、甜菜（ティエヌ・ツァイ＝甘い料理）が終わったら点心（ディエヌ・シヌ＝軽食、菓子類のこと）である。

以上のような献立の組み方が現在では上左図のように変わってきている。

また、皿数が偶数か奇数かにもあまりこだわらなくなっている。

〔注〕熱炒（ルォ・チァオ）とは温かい前菜のこと。大拼盤については拼盤類の項参照。左図のように並べるとそれぞれが全部独立した宴席で、混ぜてはいけないように見えるかも

前菜 ｛
四冷盤
糖食・水果

八大行菜 ｛
頭菜
鶏料理
アヒル料理
魚料理
肉料理
素菜
湯菜
甜菜

点心

大拼盤
熱炒
頭菜 ↕
大菜
湯菜
甜菜

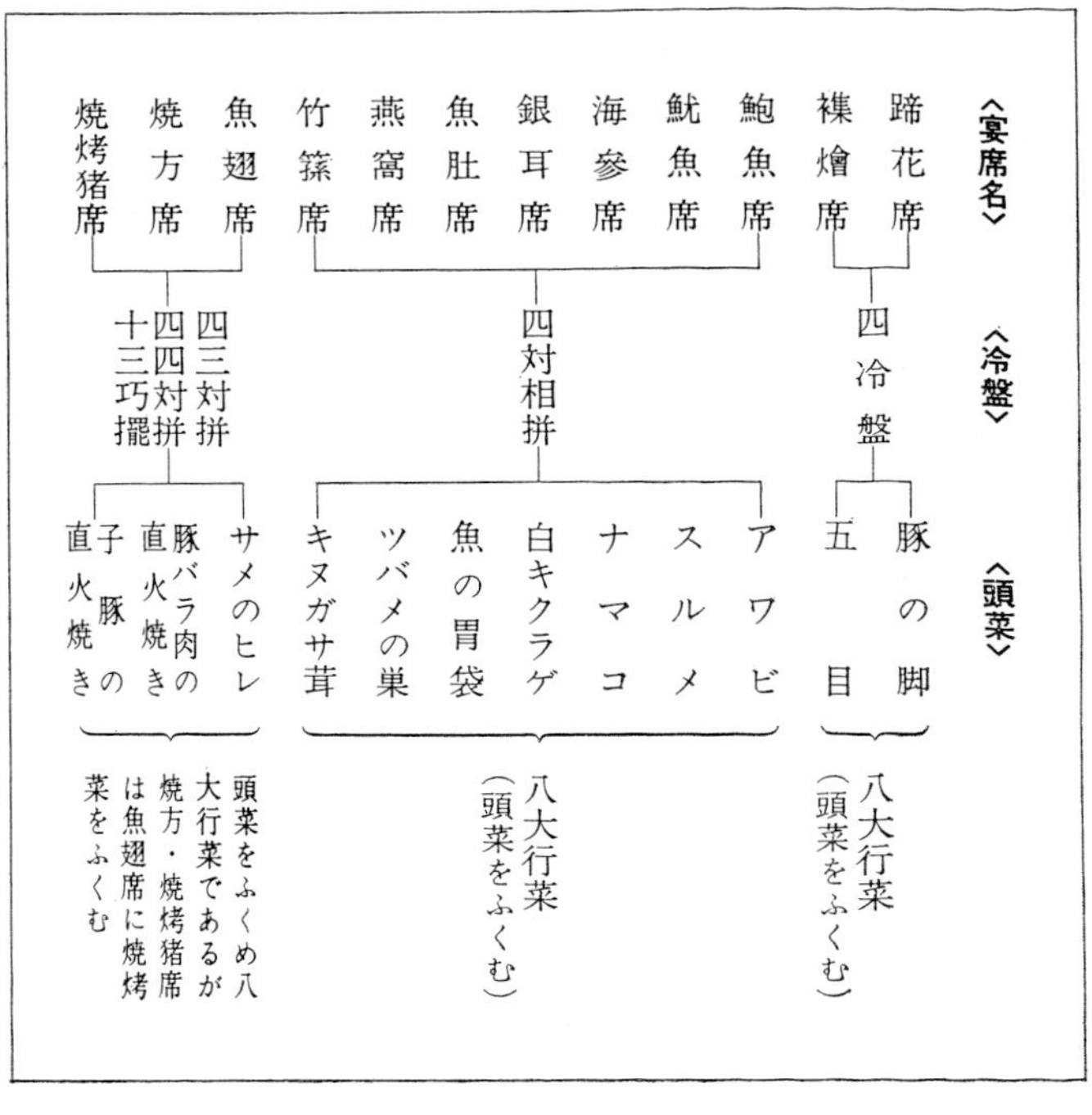

材料用語

野菜類

日本名	中国名	説明
葉菜類		
ハクサイ	白菜(バイ・ツァイ)	普通はハクサイをさすが、上海では結球白菜を黄芽菜(ホアン・ヤ・ツァイ)といい、タイナ、シャクシナの類を白菜という
タイナ・シャクシナ	白菜(バイ・ツァイ)	
キャベツ	捲心菜(チュアヌ・シヌ・ツァイ)	四川省では蓮花白(リエヌ・ホア・バイ)とも表現する
	洋白菜(ヤン・バイ・ツァイ)	西洋からきた種類に洋(ヤン)を使うことが多い
アオナ(漬け菜)	青菜(チン・ツァイ)	漬け菜類・シンだけを使うので青菜芯(チン・ツァイ・シヌ)の名がある
コマツナ	油菜(ユー・ツァイ)	
菜の花	油菜苔(ユー・ツァイ・タイ)	日本の菜の花は白油菜苔(バイ・ユー・ツァイ・タイ)．苔とは薹のことでトウが立ったの意
キョウナ・ミブナの類・	雪里蕻(シュエ・リ・ホン)	雪菜(シュエ・ツァイ)ともいい、漬けもの用
カラシナ	芥菜(チエ・ツァイ)	
ホウレンソウ	菠菜(ボ・ツァイ)	菠薐菜(ボ・リン・ツァイ)、赤根菜(ツ・ゲヌ・ツァイ)ともいう
フダンソウ	恭菜(ゴン・ツァイ)	
ツマミナ	鶏毛菜(チ・マオ・ツァイ)	菜秧菜(ツァイ・オウ・ツァイ)ともいう
シュンギク	茼蒿菜(トン・ハオ・ツァイ)	
食用タンポポ	薺菜(チ・ツァイ)	
アサガオナ	空心菜(コォン・シヌ・ツァイ)	蕹菜(ヤオ・ツァイ)、蕻菜(ホン・ツァイ)ともいう
レタス	生菜(シェン・ツァイ)	
チシャトウ	萵苣(ウォ・ヂュ)	萵苣筍(ウォ・ヂュ・スヌ)、青筍(チン・スヌ)の別名がある
アスパラガス	露筍(ル・スヌ)	芦筍(ル・スヌ)とも書く
セロリ	洋芹菜(ヤン・チヌ・ツァイ)	四川には旱芹(ハヌ・チヌ)といって、この洋芹と水芹の中間種がある
セリ	水芹菜(シュェイ・チヌ・ツァイ)	
カリフラワー	花菜(ホア・ツァイ)	菜花と逆に表現するときもある．花椰菜(ホア・イエ・ツァイ)ともいう
ブロッコリー	芥蘭菜(チエ・ラン・ツァイ)	中国のものは細いので全部使うが、大きい場合花はあまり使わない
コーラビ	苤藍(ピエ・ラヌ)	
芽キャベツ	小菜头(シアオ・ツァイ・トウ)	孢子甘藍(バオ・ヅ・ガヌ・ラヌ＝子持ちカンラン)の名もある
クレソン	豆瓣菜(ドウ・バヌ・ツァイ)	西洋菜(シィ・ヤン・ツァイ)ともいう
パセリ	香芹(シアン・チヌ)	外国芫荽(ワイ・グオ・ユアヌ・ソェイ)ともいう
ネギ	大葱(ダァ・ツオン)	葱(ツォン)で通用する

日本名	中国名	説明
ワケギ	香葱(シアン・ツオン)	分葱(フェヌ・ツォン)
リーキ	韮葱(ヂウ・ツオン)	
ニラ	韮菜(ヂウ・ツァイ)	
ニラの苗	韮黄(ヂウ・ホアン)	妙めものによい
ニンニクの茎	蒜苔(ソアヌ・タイ)	妙菜によい
ニンニクの苗	蒜苗(ソアヌ・ミアオ)	妙菜に使う
エンドウの苗	豌豆苗(ワヌ・ドウ・ミアオ)	豆苗(ドウ・ミアオ)ともいう
中国パセリ	香菜(シアン・ツァイ)	芫荽(ユアヌ・ソェイ)ともいう
シソ	紫蘇(ヅ・スゥ)	
タラの木などの木の芽	椿芽(チュヌ・ヤ)	香椿(シアン・チュヌ)の名もある
ノカンゾウのツボミ	黄花菜(ホアン・ホア・ツァイ)	干したものを金針菜(ヂヌ・ヅェヌ・ツァイ)という
ジュンサイ	蒓菜(チュヌ・ツァイ)	蓴菜(チュヌ・ツァイ)とも書く
フキ	款冬(コアヌ・ドン)	
オクラ	黄秋葵(ホアン・チウ・コェイ)	羊角豆(ヤン・ヂアオ・ドウ)の名もある．妙めもの、スープ料理に使う
根菜類		
タケノコ	筍子(スヌ・ヅ)	冬筍(ドン・スヌ)、春筍(チュヌ・スヌ)、苦筍(ク・スヌ)など種類が多い
ホソタケ	竹筍(ヅウ・スヌ)	竹笋(ヅウ・スヌ)とも書く
ダイコン	蘿蔔(ロオ・ボ)	白蘿卜(バイ・ロオ・ボ)ともいう
カブ	蕪菁(ウ・ヂン)	圓蘿蔔(ユアヌ・ロオ・ボ)ともいう
カブの一種	大頭菜(ダァ・トウ・ツァイ)	漬けもの用
新鮮な榨菜	菜頭(ツァイ・トウ)	菜脳売(ツァイ・ナオ・コ)の別名がある
ニンジン	胡蘿蔔(フゥ・ロオ・ボ)	紅蘿卜(ホン・ロオ・ボ)ともいう
二十日ダイコン	小蘿蔔(シアオ・ロオ・ボ)	圓紅蘿卜(ユアヌ・ホン・ロオ・ボ)ともいう
ジャガイモ	洋山芋(ヤン・シァヌ・ユ)	土豆(トゥ・ドウ)、馬鈴薯(マァ・リン・シュウ)などともいう
サツマイモ	紅苕(ホン・ショオ)	紅苕は四川方言、北方は地瓜(ディ・グア)または白薯(バイ・シュウ)
ナガイモ・ヤマトイモ	山薬(シァヌ・ヤオ)	山葯(シァヌ・ヤオ)とも書く

日本名	中国名	説明
サトイモ	芋頭(ユ・トウ)	芋艿(ユ・ナイ)ともいう
キクイモ	洋薑(ヤン・ヂアン)	菊芋(ヂュ・ユ)ともいう
クワイ(白)	茨菇(ツ・グ)	白茨菇(バイ・ツ・グ)ともいう
クワイ(黒)	荸薺(ビ・ヂ)	地栗(ディ・リ)、馬蹄(マ・ティ)、茨菇ともいう
レンコン	藕(オウ)	
チョロギ	甘露菜(ガヌ・ル・ツァイ)	甘螺(ガヌ・ロオ)、草石蚕(ツァオ・シ・ツァヌ)の名もある
ユリ根	百合(バイ・ホ)	
ラッキョウ	藠頭(チアオ・トウ)	
コンニャク	磨芋(モォ・ユ)	黒豆腐(ヘイ・ドウ・フゥ)ともいう
ショウガ	薑(ヂアン)	生姜(シェン・ヂアン)ともいう
新ショウガ	子姜(ヅ・ヂアン)	姜芽(ヂアン・ヤ)ともいう
ニンニク	大蒜(ダァ・ソアヌ)	蒜頭(ソアヌ・トウ)、胡蒜(フ・ソアヌ)の名もある
ゴボウ	牛蒡(ニウ・バン)	東洋蘿卜(ドン・ヤン・ロオ・ボ)の名もある
果菜類		
キュウリ	黄瓜(ホアン・グア)	胡瓜(フ・グア)、王瓜(ワン・グア)の別名がある
シロウリ	菜瓜(ツァイ・グア)	富瓜(フゥ・グア)、越瓜(ユエ・グア)の別名がある
食用ヘチマ	絲瓜(スー・グア)	
ニガウリ	苦瓜(ク・グア)	日本では九州地方でとれる
トウガン	冬瓜(ドン・グア)	
カボチャ	南瓜(ナヌ・グア)	
マクワウリ	甜瓜(ティエヌ・グア)	メロンもふくめて香甜瓜(シアン・ティエヌ・グア)の名がある
スイカ	西瓜(シィ・グア)	
ナス	茄子(チエ・ヅ)	
トマト	蕃茄(ファヌ・チエ)	西紅柿(シィ・ホン・シ)の名もある．蕃も西洋種の意味
ピーマン	青椒(チン・ヂアオ)	青いのでこの名があるが、シシトウガラシなどと区別するために蕃椒(ファヌ・ヂアオ)、灯籠椒(ドェン・ロン・ヂアオ)の名もある
シシトウガラシ・青トウガラシ	青椒(チン・ヂアオ)	
赤トウガラシ	紅辣椒(ホン・ラ・ヂアオ)	四川では海椒(ハイ・ヂアオ)ともいう
ヤングスイートコーン	玉筍(ユ・スヌ)	

日本名	中国名	説明
コムギ	小麦(シアオ・マイ)	麦子(マイ・ヅ)ともいう
ウドン粉	麺粉(ミエヌ・フェヌ)	
ウドンまたはソバ	麺條(ミエヌ・ティアオ)	干したものは、乾麺(ガヌ・ミエヌ)
パン	麺包(ミエヌ・バオ)	料理用語には土司(トゥ・ス)などの字をあてる
ナマ麩	麺筋(ミエヌ・ヂヌ)	
キビ	黄米(ホアン・ミィ)	
アワ	小米(シアオ・ミィ)	粟米(スゥ・ミィ)ともいう
コウリャン	高粱(ガオ・リアン)	
トウモロコシ	包米(バオ・ミィ)	玉蜀黍(ユ・シュゥ・シュゥ)または玉米(ユ・ミィ)ともいい、四川では包谷(バォ・グまたは包穀)という
コーンスターチ	包米粉(バオ・ミィ・フェヌ)	
ソバ	蕎麦(チアオ・マイ)	
ソバ粉	蕎麦粉(チアオ・マイ・フェヌ)	
	蕎麺(チアオ・ミエヌ)	
デン粉	豆粉(ドウ・フェヌ)	団粉(トアヌ・フェヌ)、菱粉(リン・フェヌ)
クワイからとったデン粉	馬蹄粉(マ・ティ・フェヌ)	
ダイズ	黄豆(ホアン・ドウ)	大豆(ダァ・ドウ)
トウフ	豆腐(ドウ・フゥ)	
アブラアゲ	油豆腐(ユー・ドウ・フゥ)	
押しドウフ	豆腐干(ドウ・フゥ・ガヌ)	
薄い押しドウフ	百頁(バイ・イエ)	千張皮(チエヌ・ヅァン・ピィ)ともいう
ユバ	豆腐皮(ドウ・フゥ・ピィ)	豆油衣(ドウ・ユー・イ)、豆油皮(ドウ・ユー・ピィ)
ミドリ豆	緑豆(リユ・ドウ)	
ミドリ豆からとったデン粉	緑豆粉(リユ・ドウ・フェヌ)	
薄く作った皮	粉皮(フェヌ・ピィ)	生と乾燥したものの二種ある
アズキ	紅豆(ホン・ドウ)	小豆(シアオ・ドウ)、赤豆(ツ・ドウ)ともいう
アズキアン	豆沙(ドウ・シァ)	

インゲン	菜豆(ツァイ・ドウ)	四季豆(ス・ヂ・ドウ)の名もある
十六ササゲ	豇豆(ヂアン・ドウ)	
ナタマメ	刀豆(ダオ・ドウ)	扁豆(ビエヌ・ドウ)の名もある
サヤエンドウ	荷蘭豆(ホ・ラヌ・ドウ)	
エダマメ	毛豆(マオ・ドウ)	
グリーンピース	青豆(チン・ドウ)	青豌豆(チン・ワヌ・ドウ)の名もある
ライマメ(ライマビーンズ)	莱豆(ライ・ドウ)	洋扁豆(ヤン・ビエヌ・ドウ)の名もある
ソラ豆モヤシ	発芽豆(ファ・ヤ・ドウ)	
ダイズモヤシ	黄豆芽(ホアン・ドウ・ヤ)	
ミドリ豆モヤシ	緑豆芽(リュ・ドウ・ヤ)	豆芽菜(ドウ・ヤ・ツァイ)ともいう
茸類		
シイタケ	冬菇(ドン・グ)	新鮮なものは鮮菇(シエヌ・グ)と名づけてもよい．また香菇(シアン・グ)の名もある．小は花菇(ホア・グ)ともいう
マツタケ	松菌(スン・ヂュヌ)	中国ではあまり見かけないので、日本式に松茸(スン・ルン)と表現してもよい
マッシュルーム	口蘑(コウ・モォ)	口茉(コウ・モォ)とも書き、蘑菇(モォ・グ)ともいう
フクロダケ	草菇(ツァオ・グ)	
海草類		
干シノリ	紫菜(ツ・ツァイ)	苔菜(タイ・ツァイ)ともいう
コンブ	海帯(ハイ・ダイ)	

穀(粉)類・豆・豆製品

日本名	中国名	説明
ウルチゴメ	大米(ダァ・ミィ)	米(ミィ)だけでも通用する．稲米(ダオ・ミィ)ともいう
コメの粉・上新粉	米粉(ミィ・フェヌ)	料理に使う場合はカラ煎りしてからひく
モチゴメ	糯米(ノオ・ミィ)	
モチゴメの粉・白玉粉	糯米粉(ノオ・ミィ・フェヌ)	
オオムギ	大麦(ダァ・マイ)	

果実・種実類

日本名	中国名	説明
リンゴ	蘋果(ピン・グオ)	苹果とも書く
ナシ	梨子(リ・ヅ)	
カキ	柿子(シ・ヅ)	
ミカン	橘子(ヂュ・ヅ)	桔子(ヂュ・ヅ)または柑子(ガヌ・ヅ)ともいう
モモ	桃子(タオ・ヅ)	
ハタンキョウ	李子(リ・ヅ)	
アンズ	杏子(シン・ヅ)	
ビワ	枇杷(ピ・バ)	
サクランボ	桜桃(イン・タオ)	
イチジク	無花果(ウ・ホア・グオ)	
イチゴ	楊苺(ヤン・メイ)	
ブドウ	葡萄(プゥ・タオ)	干しブドウは乾葡萄(ガヌ・プゥ・タオ)
バナナ	香蕉(シアン・ヂアオ)	
パイナップル	菠蘿(ボ・ロオ)	鳳梨(フォン・リ)ともいう
ナツメ	紅棗(ホン・ヅァオ)	
レイシ(ライチー)	茘枝(リ・ヅ)	
リュウガン	桂円(グェイ・ユアヌ)	龍眼(ロン・イエヌ)ともいう
ウメの実	梅子(メイ・ヅ)	
クリ	栗子(リ・ヅ)	板栗(バヌ・リ)ともいう
ココナッツ	木瓜(ムゥ・グア)	
オリーブ	橄欖(ガヌ・ラヌ)	
松の実	松子(スン・ヅ)	松仁(スン・レヌ)ともいう
ハスの実	蓮子(リエヌ・ヅ)	
アーモンド	杏仁(シン・レヌ)	
クルミ	核桃(ホ・タオ)	合桃とも書く
カシュウナッツ	腰果(ヤオ・グオ)	
ギンナン	白果(バイ・グオ)	銀杏(イヌ・シン)ともいう
ピーナッツ	花生仁(ホア・シェン・レヌ)	花生米(ホア・シェン・ミィ)ともいう
スイカなどの種	瓜子(グア・ヅ)	西瓜子(シィ・グア・ヅ)、白瓜子(バイ・グア・ヅ)などがある
ゴマ	芝麻(ヅ・マ)	

日本名	中国名	説明
乾果類		
松の実	松子仁(スヌ・ヅ・レヌ)	松子(スヌ・ヅ)ともいう
アーモンド	杏子仁(シン・ヅ・レヌ)	杏仁(シン・レヌ)ともいう
クルミ	胡桃仁(フ・タオ・レヌ)	合桃(ホ・タオ)ともいう
	瓜子仁(グア・ヅ・レヌ)	西瓜子(シィ・グア・ヅ=スイカのタネ)、南瓜子(ナヌ・グア・ヅ=カボチャのタネ)などがある
オリーブの実	橄欖仁(ガヌ・ラヌ・レヌ)	
糖果類		甜菜、点心がおも．乾燥・半乾性がある
ミカン	橘餅(ヂュ・ビン)	ミカンの皮．大小いろいろある
キンカン	金桔餅(ヂヌ・ヂュ・ビン)	金錢桔(ヂヌ・チエヌ・ヂュ)ともいう．金柑の砂糖漬け
リュウガン	桂円肉(グェイ・ユアヌ・ルウ)	リュウガンの果肉
レイシ	荔枝肉(リ・ヅ・ルウ)	ライチーの果肉
ナツメ	蜜棗(ミィ・ヅァオ)	ナツメの砂糖漬け
ナツメ	紅棗(ホン・ヅァオ)	棗脯(ヅァオ・プゥ)の名がある．干したもの
トウガン	冬瓜糖(ドン・グア・タン)	冬瓜条(ドン・グア・ティアオ)ともいい、棒状になっている
ハスの実	糖蓮子(タン・リエヌ・ヅ)	ハスの実の砂糖漬け
ウメ	糖青梅(タン・チン・メイ)	青い梅で作る
ブドウ	葡萄干(プゥ・タオ・ガヌ)	干しブドウ
サンザシ	山査糕(シァヌ・ザ・ガオ)	サンザシを使って作る
バラ	糖玫瑰(タン・メイ・グェイ)	バラの花の砂糖漬け
モクセイ	糖桂花(タン・グェイ・ホア)	モクセイの花の砂糖漬け
	紅絲(ホン・スー)	赤く色づけたココナッツの果肉の細切り
	緑絲(リユ・スー)	青く色づけたココナッツの果肉の細切り

魚貝類

日本名	中国名	説明
淡水魚		
コイ	鯉魚(リ・ユィ)	里魚(リ・ユィ)とも書く
フナ	鯽魚(ヂ・ユィ)	鮒魚(フ・ユィ)ともいう
ソウギョ	草魚(ツァオ・ユィ)	草を食べて生長するのでこの名がある．広東では鯇魚(ホアヌ・ユィ)

日本名	中国名	説明
シラウオ	銀魚(イヌ・ユィ)	
イカ	魷魚(ユウ・ユィ)	日本のヤリイカ類を魷魚、スミイカ類を墨魚、烏賊(ウ・ヅェイ・ユィ)と分けることもある
イカ	墨魚(メイ・ユィ)	
タコ	章魚(ヂアン・ユィ)	八脚魚(バ・ヂアオ・ユィ)の名もある
アワビ	鮑魚(バオ・ユィ)	鰒魚(フゥ・ユィ)の名もある
ホタテガイ	海扇(ハイ・シァヌ)	タイラギの貝柱もふくめて、鮮貝(シエヌ・ベイ)でもよい
サザエ	海螺(ハイ・ロオ)	香螺(シアン・ロオ)、螺螄(ロオ・ス)の別名がある
カキ	蠣黄(リ・ホアン)	生蠔(シェン・ハオ)の別名がある
マテガイ	蟶子(サン・ヅ)	
イセエビ	龍蝦(ロン・シア)	頭が龍に似ているのでこの名がある
大エビ	明蝦(ミン・シア)	閩虾(ミヌ・シア)、車エビ、クマエビなどにこの名を使う場合が多い
大エビ	對蝦(ドイ・シア)	大正エビにこの名を使う場合がある
小エビ	青蝦(チン・シア)	シバエビなど、ムキエビ(虾仁)と区別する場合に使う
小エビ	蝦仁(シア・レヌ)	ムキエビをさす場合もある．おもにシバエビなど
カニ	螃蟹(パヌ・シエ)	蟹(シエ)で通じ、上海では青蟹(チン・シエ)、福建省では蟳(シュヌ)と表現する

油類

日本名	中国名	説明
動物性	葷油(ホヌ・ユー)	葷とはナマグサものの意
ラード	猪油(ヅウ・ユー)	板油(バヌ・ユー=腹脂)からとったラードが最高
ヘッド	牛油(ニウ・ユー)	牛油、羊油などは清真菜(チン・ヅェヌ・ツァイ)に多く使われる
ヒツジの油	羊油(ヤン・ユー)	
ニワトリの油	鶏油(ヂ・ユー)	
アヒルの油	鴨油(ヤー・ユー)	
バター	黄油(ホアン・ユー)	
植物性	素油(スゥ・ユー)	素菜(スゥ・ツァイ)とは精進料理の意
ダイズ油	大豆油(ダァ・ドウ・ユー)	豆油(ドウ・ユー)ともいう

	青魚(チン・ユィ)	草魚をふくめこの四種の魚はコイに似た魚で大河系に住み二米近い大魚となる．日本では利根川系統の霞ガ浦付近に住む
ハクレン	鰱魚(リエヌ・ユィ)	白鰱(バイ・リエヌ)、花鰱(ホア・リエヌ)の二種ある
ライギョ	烏魚(ウ・ユィ)	
ウナギ	鰻魚(マヌ・ユィ)	
	鱔魚(シァヌ・ユィ)	青鱔(チン・シァヌ)—ウナギに似ているがもっと大型．黄鱔(ホアン・シァヌ)—ウナギに似た魚．腹部が黄色
	鱖魚(グェイ・ユィ)	桂魚(グェイ・ユィ)、花鯽魚(ホア・ヂ・ユィ)の別名がある．日本のオヤニラミ(小魚)の近種．
	鱸魚(ル・ユィ)	カサゴ(海水魚)にそっくりという 日本では九州の一部の川にだけ生息する魚で「ヤマノカミ」といわれ、カジカ科の魚
ナマズ	鮎魚(ニエヌ・ユィ)	鯰魚とも書く．日本のアユが中国ではナマズ
スッポン	甲魚(チア・ユィ)	(脚魚=チアオ・ユィ)．水魚(シュェイ・ユィ)の名もある．丸いので圓菜(ユアヌ・ツァイ)の名もある
ドジョウ	泥鰍(ニ・チウ)	泥鰌(ニ・チウ)とも書く
キンギョ	金魚(チヌ・ユィ)	
カワガニ	河蟹(ホ・シエ)	川や沼にいるカニ．毛が多いので毛蟹(マオ・シエ)の名もある
カワエビ	河虾(ホ・シア)	
タニシ	田螺(ティエヌ・ロオ)	
海水魚		
タイ	加吉魚(チア・チ・ユィ)	鯛魚(ディアオ・ユィ)、銅盆魚(トン・ペヌ・ユィ)の別名がある．紅魚(ホン・ユィ)ともいう
タラ	鱈魚(シュエ・ユィ)	大口魚(ダァ・コウ・ユィ)の別名がある
ヒラメ	鮃魚(ピン・ユィ)	比目魚(ビ・ムゥ・ユィ)の別名がある
タチウオ	帯魚(ダイ・ユィ)	
ニベ	大黄魚(ダァ・ホアン・ユィ)	ホンニベは一〜一・五米ぐらいになり、若魚はイシモチと間違う
キングチ	小黄魚(シアオ・ホアン・ユィ)・黄花魚(ホアン・ホア・ユィ)	ニベの小形魚．関東でいうイシモチはシログチともいわれ銀色．キングチまたはキグチは九州沿岸から中国沿岸一帯にかけて住む
マナガツオ	鯧魚(チアン・ユィ)	平魚(ピン・ユィ)、鏡魚(チン・ユィ)ともいう
サケ	鮭魚(グイ・ユィ)	
イワシ	鰛魚(ウエン・ユィ)	沙丁魚(シア・ディン・ユィ)ともいい、英語のサーディンからとった名と思われる
カレイ	鰈魚(ディエ・ユィ)	板魚(バヌ・ユィ)ともいう
トビウオ	鰩魚(ヤオ・ユィ)	飛魚(フエイ・ユィ)の名もある
フグ	鮐魚(タイ・ユィ)	河豚魚(ホ・トン・ユィ)の名もある
サメ	鮫魚(チアオ・ユィ)	鯊魚(シァ・ユィ)の別名がある

ラッカセイ油	花生油(ホア・シェン・ユー)	簡称は生油(シェン・ユー)
ナタネ油	菜子油(ツァイ・ヅ・ユー)	日本でいう白絞油のこと
ゴマ油	芝麻油(ヅ・マ・ユー)	麻油(マ・ユー)で通る．香油(シアン・ユー)の名もある

卵および乳製品

日本名	中国名	説明
ニワトリの卵	鶏蛋(ヂ・ダヌ)	
アヒルの卵	鴨蛋(ヤー・ダヌ)	そのまま用いるより次のような使い方が多い
ピータン	松花蛋(スン・ホア・ダヌ)	皮蛋(ピィ・ダヌ)のこと．石灰などを使って作る．皮をむくと松の花の模様が浮き出るのでこの名がある
	醎蛋(シエヌ・ダヌ)	塩漬けにしたもの．料理には卵黄だけを使うことが多い
	糟蛋(ヅァオ・ダヌ)	酒粕に漬けたもの
ウズラの卵	鵪鶉蛋(アヌ・チュヌ・ダヌ)	
ハトの卵	鴿蛋(ゴォ・ダヌ)	
牛乳	牛奶(ニウ・ナイ)	鮮奶(シエヌ・ナイ)ともいう
練乳	奶油(ナイ・ユー)	粉ミルクは奶粉(ナイ・フェヌ)
チーズ	奶酥(ナイ・スゥ)	奶餅(ナイ・ビン)ともいう
バター	黄油(ホアン・ユー)	白塔油(バイ・タ・ユー)の名もある

漬け物類

日本名	中国名	説明
漬け物	醎菜(シエヌ・ツァイ)	漬け物のことで醃菜(イエヌ・ツァイ)ともいう
	川冬菜(チョアヌ・ドン・ツァイ)	四川産葉菜
	大頭菜(ダァ・トウ・ツァイ)	雲南、北京が有名．大カブのこと
ザーサイ	榨菜(ザ・ツァイ)	四川特産．コブナの漬けもの
	醤瓜(チアン・グア)	日本のシロウリのミソ漬けで代用できる
	醃雪里蕻(イエヌ・シュエ・リ・ホン)	カラシナ漬けに似ている．罐詰がある
	醃蘿卜干(イエヌ・ロォ・ボ・ガヌ)	ダイコンを切って乾燥させ、漬けたもの

注 ここでは日本で市販されているものを取り上げた

検印
廃止

中国料理技術入門　定価 ￥2000

昭和43年9月5日 初版印刷
昭和43年9月10日 初版発行Ⓒ

著者　陳建民
　　　黄昌泉
　　　原田治
発行者　柴田孝子
印刷所　大日本印刷株式会社
製本所　協栄製本株式会社

郵便番号113—91
発行所　東京都文京区本郷3—33—5
株式会社　柴田書店
電話（813）6031（代表）
振替口座　東京・4515

中国料理技術入門（復刻版）

2024年6月30日　発行

著　　者 ©陳　建　民
黄　昌　泉
原　田　治
発 行 者　丸　山　兼　一
印 刷 所
製 本 所　TOPPAN株式会社

郵便番号113-8477
発 行 所　東京都文京区湯島3-26-9
株式会社　柴　田　書　店
電話　営業部　03-5816-8282
書籍編集部　03-5816-8260
URL　https://www.shibatashoten.co.jp

ISBN 978-4-388-06250-8

連盪川菜三十式

溜炒爆炸煸

煨焗蒸燜燉